分子運動生理学入門

【第2版】

監訳：
日本体育大学教授
中里浩一

Molecular Exercise Physiology
An Introduction
2nd Edition

編著：
Adam P. Sharples
James P. Morton
Henning Wackerhage

■訳者一覧 （訳出順）

中里　浩一	日本体育大学 保健医療学部
高橋　謙也	東京大学大学院 総合文化研究科
角　公一郎	株式会社 明治
菊池　直樹	日本体育大学 体育学部
本間　洋樹	日本体育大学 体育学部
齋藤　未花	順天堂大学大学院 スポーツ健康科学研究科
田村　優樹	日本体育大学 体育学部
小谷　鷹哉	東京大学大学院 総合文化研究科
阿藤　聡	東洋大学 健康スポーツ科学部
鴻崎香里奈	日本体育大学 保健医療学部
吉田　裕輝	日本体育大学 保健医療学部
宇野　博之	日本体育大学大学院 体育学研究科

Authorized translation of the original English edition,
Molecular Exercise Physiology-An Introduction, Second Edition
© 2022 Taylor & Francis

The right of Adam P. Sharples, James P. Morton and Henning Wackerhage to be identified as the authors of the editorial material, and of the authors for their individual chapters, has been asserted in accordance with sections 77 and 78 of the Copyright, Designs and Patents Act 1988.

All Rights Reserved. Authorised translation from the English language edition published by Routledge, a member of the Taylor & Francis Group

Translation copyright © 2024 by NAP Limited, Tokyo
All rights reserved.

Printed and Bound in Japan

訳者序文

　本書は『分子運動生理学入門』第 1 版に続く書であり，第 1 版と同様運動生理学を分子生物学的アプローチによって理解することを主たる目的としている。第 1 版の上梓が 2014 年であり，分子運動生理学はまだ黎明期と言って差し支えない。一方第 2 版は 2022 年に出版されており，当該分野の進展を如実に知ることができる。とりわけ大きな変化は随所にみられるオミクス解析である。

　オミクス解析は生体を構成するさまざまな分子を網羅的に解析する手法である。解析対象が DNA であればゲノミクス，mRNA であればトランスクリプトミクス，タンパク質であればプロテオミクス，代謝産物であればメタボロミクスとなる。さらにはこれらを統合するマルチオミクスも行われる。個体が対象となる生理学などの分野はそもそも 1 分子で説明できる現象のほうがまれであり，分子運動生理学に限らず現代の生命科学研究においてオミクス解析はデファクトスタンダードとなっている。見方を変えれば，現代の生命科学研究の方向性が運動生理学分野の研究に符合してきたと言える。したがって，今後分子運動生理学によって飛躍的な成果が得られる可能性がある。健康増進や疾病予防につながる身体活動の分子メカニズム解明を目指し NIH によって 2012 年より進められている MoTrPAC（Molecular Transducers of Physical Activity Consortium）とその成果はその好例であろう。

　上述のような状況は，第 1 版訳者序文でも述べた通り，運動に対する個体での表現型発現解析といった生理学的研究と分子生物学を用いた運動適応に対する分子レベルでのメカニズム研究とが両輪となった解析が当然のように求められる時代にすでに突入していることを示す。本書は，第 1 版と同様，これから運動生理学を研究しようとする学部学生や大学院生，あるいは分子生物学を用いて今後研究を展開しようとする運動生理学者の両方にとって，分子運動生理学への扉を開く格好の機会を与えるであろうことを確信している。

2024 年 9 月

訳者を代表して

中里　浩一

第 1 版　訳者序文

　本書は著名な分子運動生理学研究者である Henning Wackerhage 氏が編集し，自身で第 1 章に分子運動生理学の草分けである Frank W Booth 氏や Claude Bonchard 氏らの研究の足跡を紹介することで分子運動生理学の概念を解説している。簡単に言うと，「分子運動生理学」とは，分子生物学的アプローチによって運動生理学を理解しようとする学問と言えよう。さらに本書では，持久的トレーニング，レジスタンストレーニング，スポーツ栄養学，2 型糖尿病，老化など，スポーツ科学における主要なテーマについて，分子運動生理学的観点からその分野の研究における第一人者たちが当時（2014 年）の最先端の研究について解説している。当然ながら本書の大部分に割かれているのは運動適応の分子レベルでの知見である。

　本書の原書が上梓された 2014 年において分子運動生理学はまさに緒についた感があった。しかし，本翻訳書が発刊される 2019 年に本書を読み進めると，本書に記された大部分の記述はいまだに成立しているということ，および 2019 年ではさらに理解が進んだ分野があることの両方に気がつくはずである。これらの事実は，分子生物学の手法を駆使した分子運動生理学が今後，代謝を含めた運動生理学の分野で重要な研究領域になることを示唆している。それと同時に，分子運動生理学の黎明期に記された本書は，分子運動生理学をこれから習得しようというすべての研究者にとって格好の出発材料になりうると言えよう。

　運動生理学分野の主要な研究の方向性は，従来通りヒトを対象とした運動に対する急性あるいは慢性の生理学的適応を検討するものである。ただし，急速に研究者が増加しているのは，上に述べたような動物モデルを用い分子生物学的アプローチによって生理学的運動適応を理解する「分子運動生理学」分野である。さらに言えば，これまでヒトにおける生理学的適応研究とモデル動物を駆使した分子運動生理学的研究が同一の研究室で行われることはあまりなかったが，運動生理学あるいは代謝領域の最先端では，ある 1 つの事象を証明する科学的アプローチとしてこの両者を行うことが必須になりつつある。

　上述の通り，今後の運動・代謝研究において，運動に対する個体での表現型発現解析といった生理学的研究と，分子生物学を用いた運動適応に対する分子レベルでのメカニズム研究とが両輪となった解析が当然のように求められる時代に突入することはまちがいない。前者の運動生理学分野の教科書は多数目にすると思われるが，後者の分子運動生理学の教科書を目にすることはそうないであろう。
本書はこれから運動生理学を研究しようとする学部学生や大学院生，あるいは今後の研究に分子生物学を用いようとしている運動生理学者にとって，分子運動生理学への扉を開く格好の機会を与えるであろうことを確信している。

2019 年 6 月

訳者を代表して　石井　直方，中里　浩一

本書について

　本書『分子運動生理学入門』第2版は，学生向けの入門書である。スポーツパフォーマンス，栄養，身体活動や臨床に対する明確な関連性をもって，運動生理学を調査するための分子生物学的技術の出現の歴史，使用された方法，運動遺伝学とエピジェネティクス，様々な種類の運動後の適応につながる分子機構を紹介している。

　第2版である本書は，スポーツと運動科学の重要なトピックを中心に構成し，ノーベル賞受賞者を含む先駆的な科学者からの寄稿を特徴とし，エピジェネティクスとマッスルメモリー，衛星細胞，がんと運動，高地や暑熱，寒冷環境における運動に関する最先端の研究に基づいた新しい章を追加した。各章には学習目標，参考文献の紹介，確認問題，主要な研究者による研究の概要，この分野の重要な先駆者によるボックスディスカッションを配置しており，分子運動生理学コースの完全なリソースとなっている。分子運動生理学と筋生理学分野の論文および研究のための細胞生物学・分子生物学的実験方法も記載している。

　細胞生物学，分子運動生理学および筋生理学における上級レベルの学部コースまたは大学院コースの必読書であり，スポーツパフォーマンスと臨床現場の両方で運動生理学に高い関心を持つ学生にとって貴重なリソースとなるであろう。

編　集

Adam P. Sharples, PhD：世界第2位（300施設中）のスポーツ・運動科学施設 Norwegian School of Sport Sciences の分子生理学・エピジェネティクス教室教授。筋肥大と筋萎縮の基礎的な細胞的，分子的，エピジェネティックな機構を細胞モデルと全身アプローチの両方を使って研究。ヒトの筋が運動の「エピジェネティックメモリー」を有することを初めて示した。英国プロラグビーリーグの元選手。

James P. Morton, PhD：Liverpool John Moores University 運動代謝学教室教授。運動中の筋代謝における栄養素利用性の影響と，運動トレーニングへの骨格筋適応の分子制御を研究。ハイパフォーマンススポーツおよび産業におけるパフォーマンス関連の役割でも，著名なアスリートやチーム，施設と仕事をしている。

Henning Wackerhage, PhD：大学教授，分子運動生理学者。運動によるヒトの体力・健康改善の分子機構，特に骨格筋におけるいわゆる Hippo タンパクの役割，プロテオーム，メタボローム，運動パフォーマンス，疾病と加齢の関連性に関心がある。

■著者一覧

Keith Baar
University of California, Davis, USA

Claude Bouchard
Pennington Biomedical Research Center, USA

Jatin G. Burniston
Liverpool John Moores University, UK

Kenneth A. Dyar
Institute for Diabetes and Cancer (IDC) at Helmholtz Zentrum, München

Brendan Egan
Dublin City University, Ireland and Florida Institute for Human and Machine Cognition, USA

Javier Gonzalez
University of Bath, UK

Piotr P. Gorski
The Norwegian School of Sport Sciences, Norway

Mark Hearris
Liverpool John Moores University, Liverpool, UK

Nathan Hodson
University of Toronto, Canada

Pernille Hojman
University of Copenhagen, Denmark

Jonathan C. Jarvis
Liverpool John Moores University, UK

Neil R.W. Martin
Loughborough University, UK

Tormod S. Nilsen
The Norwegian School of Sport Sciences, Norway

Daniel J. Owens
Liverpool John Moores University, UK

Stephen Roth
University of Maryland, USA

Martin Schönfelder
TUM Department of Sport and Health Sciences, Technical University of Munich

Robert A. Seaborne
University of Copenhagen, Denmark

Claire E. Stewart
Liverpool John Moores University, UK

Daniel C. Turner
The Norwegian School of Sport Sciences, Norway

Mark Viggars
Liverpool John Moores University, UK and University of Florida, USA

目　次

第 1 章　　分子運動生理学への招待 1

第 2 章　　分子運動生理学における研究手法 25

第 3 章　　遺伝と運動：序論 86

第 4 章　　筋量と筋力の遺伝学 123

第 5 章　　持久性の遺伝学 143

第 6 章　　運動とエピジェネティクス 163

第 7 章　　シグナル伝達と運動 206

第 8 章　　レジスタンス運動への分子適応 255

第 9 章　　持久性運動に対する骨格筋の分子適応とその可塑性 289

第 10 章　分子スポーツ栄養学 327

第 11 章　高度，気温，概日リズムと運動 361

第 12 章　がんと運動 393

第 13 章　筋衛星細胞と運動 420

索　　引 444

vii

第1章
分子運動生理学への招待

Adam P. Sharples, Henning Wackerhage

DOI: 10.4324/9781315110752-1

はじめに

「分子運動生理学」は運動生理学の一分野であり，この分野のパイオニアである Frank W. Booth[1] らが使用した「分子・細胞運動生理学」の短縮版である（**Box 1.1** 参照）。本章の前半では，分子運動生理学を定義し，分子運動生理学と運動生化学を区別する。そして分子生物学と運動生理学からの起源を追う。

分子運動生理学の起源と定義

分子運動生理学は「運動に対する分子反応および運動後の生理的適応の基盤となる分子メカニズムの研究」と定義されている。この分野では，特に分子と細胞のレベルに焦点を当て，細胞における顕微鏡レベルの構成物質が運動にどのように反応し，最終的に細胞，組織，器官系レベルでの適応にどうつながるかを研究する。分子生物学のウェットラボ技術（訳注：実験室における実験テクニック）と生理学的手法を組み合わせて，細胞や組織における分子の構成やそれらの運動に対する反応を検討する。そのため，分子運動生理学者は，以下の4つの包括的な分野において研究を進めている。まず，① **遺伝的形質**（DNA に含まれる遺伝暗号の多型性）**の役割**と，それが運動に対する生理的反応や適応に与える影響である。最近ではより対象を絞り込み，② **エピジェネティクス**（遺伝学の上位概念）の役割をも対象としている。ここでは運動という環境の「ストレッサー」とその分子基盤となる遺伝学の両方が相互作用して，運動に対する分子反応や適応に影響を与える。例えば，運動が DNA レベルで遺伝暗号を改変し，その結果，運動後にある遺伝子のオン・オフが変化する。また，運動生理学者は，運動に対する分子反応という点で，次のようなことも理解したいと考えている。③ 運動という環境上の「ストレッサー」が，どのように**分子の「シグナル伝達」**ネットワークの量と活性を調節し，遺伝子のオン・オフとその結果としてのタンパク質発現レベルにつながるのか。

第 1 章

Box 1.1　Frank W. Booth：運動生理学における分子生物学的手法の登場

運動不足と運動の分子生物学における初期の先駆的科学者の略歴。Frank W. Booth 教授は，運動反応と適応の基礎となるメカニズムを分子生物学的に研究した先駆的な研究者である。

私の科学に対する哲学は，たくさん教えることの中で徐々に進展してきた。私がよく考える難問は，「人が歴史をつくるのか，それとも歴史が人をつくるのか」ということである。私の見解を述べるならば，こういった考えを呼び起こす言葉は，Karl Marx に敬意を表した引用句の一部からきている。人は自分自身の歴史をつくるが，自分の意のままにつくるわけではなく，自らが選んだ環境においてつくるわけでもない。そうではなく，過去から引き渡され与えられた，既に存在する環境においてつくるのである。確かに私のトレーニングとキャリアを通底してきた環境が，私の哲学的な進展を導いてきた。しかし同様に，（先に言及した）そういった来歴もまた，重要な役割を果たしてきたということを否定できない。私は，デニソン大学では法学を志してリベラルアーツの勉強を始めたが，その環境が私を他の学問分野へ導いた。受講していた生物学の授業が興味を引いたのである。偶然にも，大学2年生の時に大学で水泳チームを創設したが（私にチームがつくれるとしたらこの方法しかなかったのだが），アシスタントコーチだった Robert Haubrich が，私の生物学のアカデミックアドバイザーだったのである。1964 年に生物学専攻の際に私に求められた論文は，「運動による適応」であった。そして，2 つの出来事が同時に起きた。1 つ目は，私の医学部への志願がうまくいかなかったために，他の案を検討せざるをえなかったことである。2 つ目は，Haubrich 教授が，アイオワ大学の Charles Tipton の下で開発された新しい運動生理学の博士課程のパンフレットをくれたことである。私は，オハイオのコロンバスから列車に乗り，その運動生理学のコースをアイオワまで見に行った。私はその研究コースに興味を強く引かれたため，ついに 1965 年にはそのコースに入学したのである。Tipton 研究室の他の学生には James Barnard, Ken Baldwin, Ron Terjung がいた。我々は Charles Tipton を敬意をこめて Tip と呼んだ。Tip は，メカニズムを追い求め既存の科学的知見の打破に挑戦したいという私の希望を支援してくれた。1960 年代後半の大学生活は，ベトナム戦争に対する学生の不満や継続的な抗議集会，ケント州立大学での学生抗議者の殺害など非常に激しい時代だった。大学の管理者側は，（それまでの非民主的で公選されたわけでもない役人組織から，正規の組織へと法令順守が強化されたために失われた学究的な自由と，大学キャンパスにおける市民としての自由。そういった喪失を経て起きている今日の最低限の抵抗状態。こういった状況への対置として），まさに彼らのキャンパスにおける挑戦を，受け入れ可能なものとして呑まざるをえなかったのである。また，冷戦の時期（1945 年 2 月～1991 年 8 月）には，1957 年 10 月 4 日にロシア人が人工衛星スプートニク 1 号の打ち上げに成功し，米国が旧ソビエト連邦から被る連鎖的な脅威を非常に激化させた。スプートニクを打ち上げたその同じロケットで，地球上のどこへでも数分のうちに核弾頭を送ることができてしまうからである〔1964 年制作のブラックコメディ映画『博士の異常な愛情 または私は如何に

分子運動生理学への招待

して心配するのを止めて水爆を愛するようになったか（Dr.Strangelove or: How I Learned to Stop Worrying and Love the Bomb）』の中で狂った将軍が見せる核ホロコーストのように）。1958年，米国議会は国家防衛教育法を通過させた。Tipの運動生理学プログラムにその法律の助成があり，大学院生としての私の給料もこの助成から支払われた。宇宙開発事業において米国とロシアは競争関係にあった。米国人は，1969年にはじめて月面歩行を達成した。これにより無重力による生理的適応（不活動の生理的適応）への私の関心がさらに高まった。1968年，Circulation誌に発表されたJere MitchellとBengt Saltinの古典的なベッドレストによる生理適応に関する論文もまた，私の最初のポストドクター（ポスドク）先を宇宙医学の研究室に向かわせた。そして，1967年のJohn Holloszyの論文に感銘を受け，2番目のポスドク先をHolloszy研究室に選び，BaldwinとTerjungとともに参加した。Holloszy研究室では，Johnから批判的思考の訓練を受けた。Holloszyとの仕事を終えた後，私は2つの医学部（デトロイトのウェイン州立大学，ヒューストンの新しいテキサス医科大学）で職を得るチャンスがあった。私はヒューストンがNASAの本拠地であったため後者を選んだ。1975年にヒューストンに到着した直後，分子生物学が科学の最前線に浮上してきた。私は，身体不活動による 生理応答・適応のメカニズムを遺伝子の言葉で説明できる可能性に触れた。1980年代初期，テキサス州ヒューストンにあるテキサス・メディカルセンターのテキサス医科大学において分子生物学が生物学のツールとして用いられはじめた時に，私は幸運にも在籍することができた。ベイラー医科大学は私の職場から1ブロック離れたところにあり，私は，運動と不活動の自分の研究に，分子生物学の手法を融合し始めたその時期，ベイラー医科大学のセミナーを数多く聴くことができた。私の最初の大学院生Peter Watsonは，生化学と内分泌学を専門とするJoe Steinと協力しmRNAを測定した。ニトロセルロース膜上の単離されたRNA中の骨格筋α-アクチンcDNAを含む32P標識プラスミドのドットブロットハイブリダイゼーションを用い，1984年にAmerican Journal of Physiology誌に発表した。1980年にはKary Mullisがポリメラーゼ連鎖反応（PCR）を発見した。in vitroでDNA配列を増幅させる方法であり，それが商品化されると私はこの技術を使用しはじめた。

　冒頭に述べた「人が歴史をつくるのか，それとも歴史が人に何事かをさせるのか」という問いで締めくくりたいと思う。私はそれが遺伝子-環境相互作用の表現型を決定するようなものであると考えている。歴史と人間の好奇心が相互作用し，なぜ不活動が慢性疾患や寿命に影響するのかをうまく説明できるようになる。詩部門のピューリッツアー賞を受賞したRobert Frostは，「Stopping by Woods on a Snowy Evening（雪の夕べに森のそばに立つ）」を以下のように締めくくっている。

　　　　　　森は美しく，暗く深い
　　　　　　しかし私には，まだ約束がある
　　　　　　そして私が眠りにつく前に，行くべき道がある
　　　　　　そして私が眠りにつく前に，行くべき道がある
　　　私が眠りにつく前に行くべき道があるから，私は人生の旅を続けていく。

　　　　　　　　　　　　　　　　　　　　2013年8月，ミズーリ大学にて，Frank W. Booth

第 1 章

さらに，最終的にはそれがどのように細胞または組織レベルでの変化/適応に至るのか。もちろん，これらの分子メカニズムは，スポーツ・運動栄養学，環境生理学（高温，低温，高地，異なる時間帯），加齢，疾患（例：がん，糖尿病，肥満）など，運動生理学関連分野にも適用可能である。そのため，分子運動生理学はスポーツや運動の分野において分子生物学を用いた研究を取り入れることで急速に多様化し，パフォーマンスや健康に関連する分野において拡大している。これらの調節機構や分子機構の大部分は，血液や骨格筋組織，あるいは分離した衛星細胞（骨格筋における再生のための細胞），さらに，骨格筋組織ほどではないにしろ，時には脂肪組織で研究されている。これは，血液のサンプリングが比較的容易であることと，様々な運動条件下におけるヒト被験者や患者の骨格筋生検の入手可能性がますます高まっていることに起因するものである。最後に，分子運動生理学者は，④ **衛星細胞の役割**，運動後の骨格筋の修復と再生におけるその役割，さらに最近では骨格筋における分子「コミュニケーター」としての役割にも関心が持たれている。

本全体の構成と章だて

本書ではまず，分野としての分子運動生理学の発展の歴史を簡単に紹介する（**第1章**）。そして分子運動生理学者が用いている主な実験方法（**第2章**）の紹介を冒頭で行う。最初に方法論を示すことは，その後の理論中心の章で展開される研究の紹介における主な実験方法を理解するうえで重要になる。**第3章**ではスポーツ・運動遺伝学および分子生物学の「セントラルドグマ」である DNA → RNA →タンパク質を概説し，セントラルドグマが運動生理学とどのように関係しているのかを解説する。遺伝暗号の中の遺伝情報の多型性が，運動や生理的パフォーマンスに影響を与える生理的変化と関連する可能性があるということが重要である。**第4章**では，骨格筋量と筋力の遺伝学について，**第5章**では，持久性運動の遺伝学について取り上げる。**第6章**では，運動がいかにして先天的な遺伝暗号を「エピジェネティック」に修飾し，運動適応にかかわる分子反応を変化させるかについて述べる。DNA に対するエピジェネティックな修飾は，長期間保持される可能性がある。そのため本章では，エピジェネティックな「マッスルメモリー」の概念，およびこのパラダイムが運動・スポーツ科学全体でいかに重要な検討事項となりうるかに関しても議論する。**第7章**では，分子レベルでの運動に対する反応と関連する「シグナル伝達」の理論を紹介し，これらがどのように生理的レベルでの適応につながるかを概説する。**第8章**と**第9章**では，それぞれレジスタンス運動と持久性運動における分子レベルでの反応について概説する。そして，栄養状態の変化（**第**

10章)，高温・低温条件，高所，異なる時間帯，概日リズムの影響など，異なる環境条件（**第11章**），がんなどの疾病（**第12章**）と分子運動生理学との関連性を論じる。最後に，分子運動生理学における衛星細胞の役割について述べる（**第13章**）。

学問分野としての分子運動生理学小史

　分子運動生理学はどのように発展してきたのだろうか。20世紀には他の生命科学と同様に，運動生理学の最先端研究は，全身や器官系の研究から細胞や分子レベルの研究へと移行していった[2]。このことは，分子レベルの研究が臓器レベルの研究に置き換わったということではない。むしろ分子レベルの研究は，臓器や全身レベルでの事象を補完し，そして多くはそれらの事象を説明するために用いられた。適切な方法論が存在しなかったためにそれまで運動生理学者がアプローチできなかった問題に対して，分子生物学を用いることでアプローチすることが可能になった。このように，分子運動生理学は，古典的な運動生理学の延長線上にあり，それを補完する位置づけにある。運動生化学は分子運動生理学に先行し，かつその基礎を築いた。全身や臓器レベルの運動生理学を対象とした研究者が非侵襲的な方法を頻繁に用いていたのに対し，運動生化学者は侵襲的な方法を用いるようになり，ウェットラボ研究を主な分析方法とした。その結果，生理学者はウェットラボ法を習得し，かつ研究室に必要な消耗品や機器を備えるようになった。例えば，化学薬品，ピペット，pHメーター，遠心分離機，分光光度計，顕微鏡などが必要となった。また，ヒト骨格筋を研究していた運動生理学者は，Jonas Bergstromによって紹介された筋生検の技術を習得するか，あるいは動物モデルを用いて骨格筋組織を採取するようになった。これは骨格筋をはじめとする組織標本が，その後の生化学的あるいは病理学的分析に必要とされたためである（筋組織の病理学的分析の概要については第2章を参照）。

　ヒトにおける運動適応を生化学的に研究するためにヒト骨格筋の生検技術を用いたのは，1962年のJonas Bergstromがはじめてである。その成果は「Electrolytes in Man」という論文によって発表された[3]。その後, 1966年にBergstromとHultmanは，疲労困憊運動後におけるヒト骨格筋内グリコーゲンをはじめて測定した[4,5]。1967年にBergstromとSaltinは異なる栄養状態（高炭水化物/高タンパク質など）でのエクササイズ後および対照群における男性の大腿四頭筋筋グリコーゲンの測定を行った[6,7]。この研究に続いて，1971年にCostillは激ランニング後や複数回エクササイズ後の筋グリコーゲンの生検測定を，大腿四頭筋のみならず腓腹筋とヒラメ筋にも適用した[8,9]。このようにして，運動生化学は急性エクササイズおよび慢性トレーニング後の主要な生化

第 1 章

学的パラメータの変化を理解しようとする最初の学問分野となった。この時代の運動生化学では、現在ではルーティンで用いられているが、その当時は刺激的で最先端の方法であった酵素呈色分析、分光光度法や蛍光分析、組織学的測定などが用いられた。しかし、ここで紹介したヒト骨格筋を対象とする研究に先駆けて、1961 年に Gollnick はげっ歯類の骨格筋を対象として運動後の心臓や骨格筋組織のアデノシン三リン酸（ATP）と乳酸脱水素酵素（LDH）活性調節を研究したことで、運動生化学分野における先駆的な活躍をしたことが知られている[10,11]。John Holloszy もラットにおいて有酸素運動へのミトコンドリア適応に関連した生化学的酵素活性を測定することにより、運動生化学分野のパイオニアとなった[12]。Frank Booth（**Box 1.1** 参照）は Hollozsy[13-15] とともに運動への生化学的適応を詳細に研究することで[16-19]、長年にわたってこの分野をさらに発展させた。おそらく運動生理学に分子生物学を本格的に導入したのは Watson, Stein, Booth の 3 人である。彼らははじめて骨格筋の廃用や身体活動の停止を模した骨格筋不活動モデルにおける遺伝子/メッセンジャー RNA（mRNA）発現の変化（遺伝子のオン・オフとその量的変化）について検討を行った[20]。印象深い事実として、この研究は、後にノーベル賞を受賞するよりも先に、遺伝子発現解析の技術に PCR（ポリメラーゼ連鎖反応、後述）を用いていた。彼らはその後、ラットの運動もしくは廃用後の α アクチンおよびチトクローム C の mRNA 発現を検討した[17,21-23]。Frank Booth もまた、骨格筋タンパク質の合成[24]と分解[25]に関する研究を初期に行い、後にこれらを生化学的および遺伝子発現レベルでの適応と組み合わせる試みを行った[26,27]。歴史的にはこのような過程を経て、初期の運動生化学者により基礎固めがなされた「細胞および分子運動生理学」という特定の分野は Booth が文献の中で提唱するに至ったわけである[1,28-30]（**Box 1.1** 参照）。1980 年代後半には、Kerry Mullis が RNA と DNA を鋳型としてその配列を増幅する PCR を開発し、1993 年にノーベル化学賞を受賞した。これにより遺伝子発現解析はより高感度で迅速、正確になり、分子生物学分野でのスループットが向上した[31,32]。重要なことは、Booth の研究室は最初にげっ歯類の骨格筋へ直接的な遺伝子導入も行ったラボの 1 つであることである[33,34]。これにより、特定の遺伝子の発現レベルに介入できるようになり、運動適応における個々の遺伝子の役割をそのメカニズムとともに立証（あるいは反論）する強力なモデルができた。これらの遺伝子「ノックダウン」モデル、遺伝子「ノックイン」（または過剰発現）モデルについては後述する。さらに、スポーツと運動分野におけるこれらのモデルを用いた研究については第 3 章でより詳しく述べることとする。

スポーツと運動における遺伝学

運動生化学が終焉を迎える 1980 年代には遺伝子解析の技術的な進歩がみられた。Claude Bouchard（**Box 1.2** 参照）らは有酸素運動能力や体力が部分的に遺伝的特性によって説明しうることをはじめて明らかにした[35-37]。Bouchard は，1984 〜 1989 年にスポーツ・運動科学の分野で遺伝子分析（遺伝コードの個人間でのわずかな差異を評価すること）[38,39]を開始した。研究の初期には，赤血球抗原，血漿および骨格筋タンパク質量と電荷の変異体，組織適合性組織抗原に基づいて個人間の遺伝子の差異を決定していた。その後ほどなくして，ミトコンドリアと核の DNA 配列の差異が検討されるようになった[40,41]。これらの研究は，制限断片長の多型を用いた DNA 配列変異の探索に基づいていた。その後，繰り返し DNA 配列（マイクロサテライト）と連鎖分析を組み合わせた方法が用いられた[42]。Bouchard は Malina，Pérusse とともに，スポーツ・運動遺伝学の分野で最初でかつ広く評価された教科書『Genetics of Fitness and Physical Performance（フィットネスと身体能力の遺伝学)』[43]を上梓した。この本は，運動科学に関連する分子遺伝学の古典的理論と最新の理論を網羅しており，スポーツ・運動科学の研究者，科学者，学生にとって必読書となった。そして 1998 年，Claude Bouchard は，運動経験のない人の $\dot{V}O_2$max の 47% が遺伝性であり遺伝子が持久力の重要な予測因子であることを明らかにした。その 1 年後，彼は，HERITAGE Family Study においてスタンダードとした持久性トレーニングプログラムに対する $\dot{V}O_2$max のトレーナビリティについても検討を行い，トレーナビリティの遺伝的要素は約 50% を占めることを報告した。トレーニング前であってもトレーニング後の適応であっても，$\dot{V}O_2$max には家族内よりも家族間で 2.5 倍のばらつきがあった[44,45]。

同じ年（1998 年），Hugh Montgomery は雑誌『Nature』の論文で，ヒトの ACE 遺伝子（アンジオテンシン変換酵素。血圧や電解質バランスの調整に重要）の I 多型（ACE 遺伝子の変異型）が，一般的な上腕二頭筋屈曲筋力トレーニング後の肘屈曲反復回数と時間の延長に関連していると報告した。エリート登山家の集団内でもこの I アレルの頻度が増加していた[46]。彼の研究チームはその後，イギリスのエリート 5,000 m 走者において，200 m 走者および 400 〜 3,000 m 走者と比較して I アレルの頻度が増加していることを示した。このことは特定の遺伝子型が持久性パフォーマンスにおいて一定の役割を果たすことを示唆している。2000 年には Montgomery グループ内の Alun Williams がこの ACE 対立遺伝子はトレーニング後の骨格筋に力学的効率の向上をもたらすことを Nature 誌に再び報告した[47]。2000 年代初頭のこれらの草分け的な研究と 2003 年に報告されたヒトゲノム最終版の後，8000 万以上の共通対立遺伝子が同定さ

第1章

Box 1.2　Claude Bouchard：記述運動遺伝学から予測遺伝学へ

　分子運動生理学の先駆者であるClaude Bouchard教授は，スポーツ・運動科学においてはじめて運動遺伝学とDNA配列の研究を行った。

　私は最近40年間，主に2つのテーマで研究を進めていた。1つは肥満とその病的状態の遺伝学，もう1つは運動形質とトレーニングに対する反応における遺伝学に関するものである。幸運なことに，私は1999年までカナダのケベック市にあるラヴァル大学，その後はルイジアナ州バトンルージュにあるルイジアナ州立大学ペニントン生物医学研究センターという，非常に研究環境のよい2つの機関で研究を行うことができた。我々は早い段階で，心肺機能やその他の運動に関連した特性とそれらのトレーナビリティの遺伝率が，適切な交絡因子で調整した場合，40～50％程度になることを報告してきた。運動に関連した表現型や形質に関連する遺伝マーカーを同定しようとした我々の試みは，特に研究を開始した初期の段階は今日の基準からすると非常にナイーブなものであり，個人の遺伝的特性は赤血球タンパク質や酵素の多型，HLA遺伝子座の変異に基づくものであった。その後，骨格筋の酵素量や電荷の多型を遺伝マーカーに加えた。これらの研究では，パフォーマンスやフィットネス形質に対して有意な遺伝的予測因子を見出すことはできなかった。DNAのスクリーニング技術が利用できるようになると，我々は家族単位のゲノムワイド連鎖スクリーニングに着手し，ゲノム遺伝子座と多数の候補遺伝子をテストした。このような研究の背景には，遺伝的変異と表現型の間に直接的な関係があること，関心のある対立遺伝子変異が表現型に測定可能なサイズの影響を与えること，遺伝子発現の制御が単純な要素の集合によって決定されることなどいくつかの前提を置いていた。しかし，ゲノミクスの進歩，ヒトゲノムの構造およびその制御の仕組みの理解によって，これらの前提はいずれも成立しないことが明らかとなった。

　遺伝子発現解析の出現により，形質との関連がより強力な候補遺伝子を調査できるようになった。また，トランスクリプトミクスとゲノム変異の組み合わせがより多くの関心を引き寄せた。高スループットなDNAタイピングと配列決定技術の進歩により，運動遺伝学にパラダイムシフトが起こった。単一遺伝子の相関研究ではなく，メカニズムや予測に焦点をあてた偏りのないゲノムワイドなマッピングアプローチへ移行する明確なトレンドがみられた。これまで蓄積されたデータは，複雑な運動の形質とそのトレーナビリティはそのほとんどがそれぞれの効果量が非常に小さく，かつゲノムの非コード領域に存在する数百から数千のゲノム遺伝子座に影響されるという結論を支持するものであった。一般に個人またはその家族の祖先には固有の50万個の変異が存在している。その変異の中には，一塩基変異，挿入／欠失多型，スプライスサイト破壊，プロモーターやエンハンサー配列に影響を与える変異，CpGアイランド，miRNAや他のRNAのコード化配列などがある。さらに，現代の人類遺伝学のセントラルドグマは，人類は90％以上のゲノムDNA配列を共有しているということである。現在までに解読されたヒトゲノムからは3億2千万以上のDNA変異が発見されているが，このうち特定の集団に固有の変異は10％程度しかなかった。このように，我々は同じ人類であるのみならず，

同じゲノム，同じ生物学的祖先を共有しているのである。

　ある形質について，ヒトにおける DNA 変異とその形質との因果関係を確立することは，依然として大変困難な挑戦になる。エピゲノミクス，トランスクリプトミクス，プロテオミクス，メタボロミクスを確立されたゲノム DNA（または mtDNA）配列情報に組みあわせ，かつ最も高度な計算生物学やバイオインフォマティクスツールの支援を受けたとしても，有意なゲノム情報はあいまいであり抽出が困難である。なぜこの課題が困難を極めるかについてはいくつかの理由が考えられる。その中でも，個々の DNA 変異のほとんどがそれぞれに持つ影響が非常に小さく，ほとんどの場合 1% 程度の貢献に過ぎないが，にもかかわらず非常に重要であることが挙げられる。同様に重要なのは，任意の組織における遺伝子発現の制御は非常に不均一であり，かつ何十もの分子や DNA 制御部位に発現制御機構が広く分布していることも挙げられる。さらに，生物学的な冗長性が広く存在することも重要である。冗長性は代謝経路の制御における大きな変動，すなわち様々な反応結果につながること，を抑制する可能性を有している。特に後者は，正常な状態から大きく，あるいは急激に逸脱する可能性のある系において，恒常性を維持するのに有利である。

　このような困難にもかかわらず，本分野は進展を続けている。否定的な結果が得られたとしても，その理論が本当に無効である可能性があるため熟考することが重要である一方で，単にモデルの欠陥や現在の技術や機器の限界の反映である可能性もある。運動の表現型に関する遺伝学的研究の初期における失敗は，このような限界を示す良い例となる。より多くのリソースとスキルを動員した大規模な共同研究により，運動関連表現型に関連するゲノムおよび基礎生物学に関する理解が進むとともに，パフォーマンスと疾病予防における役割の理解を進展させるという観点から実施される様々な運動処方に対する反応についても実質的な進歩をもたらす可能性がある。今は，課題の大きさに落胆している時ではない。科学者である我々は，困難に直面した時，未知なるものに対峙した時，あるいは何が真実で何がそうでないかについての自らの無知に直面した時に成長する。Stuart Firestein（コロンビア大学）が示唆したように，洞察に満ちた無知は，科学的進歩の強力な推進力になる。分子運動生理学者は，これらの問題に対処するための豊富な知見と洞察力を有している。

　運動ゲノミクスの未来はワクワクするものだが，その道のりは平たんではなく，挑戦と障害に満ちていることだろう。

2021 年 6 月，ルイジアナ州立大学 ペニントン生物医学研究センターにて，

Claude Bouchard

れた。これらによって，スポーツパフォーマンスに関連する遺伝子多型を含む，ゲノムを基盤としたヒトの多様性を明らかにするための広範囲な研究を行う下地が整った。

　Bouchard と Teran Garcia は，骨格筋遺伝子発現プロファイリングと DNA 配列変異の組み合わせを，運動プログラムに反応する人間の多様性研究にはじめて導入した [48,49]。ハイスループット一塩基多型（single nucleotide polymorphism：SNP）ジェノタイピング法の開発，ヒトゲノム配列，DNA 配列変異の民族集団目録（HapMap

第 1 章

と 1000 ゲノムプロジェクトによる）により，2005 年に最初のゲノムワイド関連研究
（genome-wide-association-studies：GWAS）が実施された[50]。4 年後の 2009 年には，
2,622 名の非血縁者を対象に，身体活動レベルに関連する 160 万個の SNP を評価する
最初の GWAS が実施された[51]。その後，DNA「マイクロアレイ」（マイクロアレイに
ついては本章で後述し，第 2 章で詳述する）を用いて，持久力およびトレーナビリティ
の個人差を説明可能な既知の遺伝子多型が幅広く探索された[52,53]。DNA 多型性とヒト
における運動に関連した表現型の個人差との関連は非常に複雑であり，簡単には説明で
きないことが認識された。その結果，ヒトの生物学的個人差の根底にある遺伝学の役割
の理解を深めることを目的とした新しい技術や補完的なアプローチが検討されるように
なった。メタボローム解析は，定期的な運動の好ましい効果に関連する特定の血漿代謝
物を同定するために使用された[54]。約 5,000 の血漿タンパクを対象として，座位での
心肺機能と HERITAGE によるトレーニングプログラムへの反応に関連するタンパク質
（バイオマーカー）を同定した[55]。バイオインフォマティクス・パイプラインを用いて，
心肺機能フィットネスの生物学的基盤の探究，および候補遺伝子のリストの作成が行わ
れた[56]。現在では，これらの重要な初期のブレークスルーと，ゲノミクス，エピゲノ
ミクス，トランスクリプトミクス，プロテオミクス，メタボロミクス，生物シミュレー
ション，バイオインフォマティクスなどの最近の進歩により，分子運動生物学の分野は，
運動特性や様々な運動処方に対する反応性の基礎となる複雑な分子機構を深く研究する
ための環境が整備されたといえる。

　しかし，スポーツ・運動遺伝学分野には，実用的，方法論的，倫理的な問題がい
くつか存在する。例えば，現在確認されている DNA 変異の数は膨大であり（例：
1000genomes.org），これらの変異の中には一般的なものもあれば，稀なものやきわめ
て稀なものもある。そのため，スポーツや運動に関連する形質と DNA 変異との関連性
を検出するには，通常非常に大きなサンプルサイズが必要となる。さらに，ゲノムワイ
ド解析や全ゲノムシークエンスは，技術の進歩により経済的に安価に実施できるように
なった。その一方で何百人，何千人もの個人に対して実施しなければならない場合は，
依然として莫大な費用を要する。他の応用分野ほど慎重を期すものではないが，ヒトの
パフォーマンス特性や個人の運動適応能力についてゲノムワイド解析を行う場合，倫理
的問題を考慮する必要がある[57]。最も重大な倫理的問題の 1 つは，トレーニングやパ
フォーマンスの伸びを最大化させる目的で，パフォーマンスに関連する遺伝情報を才
能ある子供を識別する際に用いる場合である[58]。運動遺伝学の背景にある理論は第 3
章で取り上げ，筋の大きさと強さに関連する遺伝子変異は第 4 章で議論する。最後に，
持久性運動に関連する遺伝子変異については第 5 章で詳しく取り上げる。

10

分子運動生理学への招待

ヒトの運動適応におけるシグナル伝達と遺伝子制御ネットワーク解明を目指した非ヒト哺乳類運動適応モデル研究の黎明

　ヒトの細胞および分子運動生理学の研究の大部分は，ヒト骨格筋生検組織の入手が可能になるにつれて，骨格筋組織そのもので行われるようになった。しかし，主にげっ歯類を用いた非ヒト哺乳類モデルは，ヒトの運動適応の分子機構を理解するための切り口であり，重要な洞察を与えるものである。動物実験の利点の1つは，倫理的・法的な理由でヒトで実施することが困難な遺伝子「ノックアウト」（KO），トランスジェニック（「ノックイン」または「過剰発現」）モデル（遺伝子治療など）を利用できることである。ノーベル賞を受賞するに至ったこれらの研究手法は，Capecchi，Evans，Smithiesによってげっ歯類に任意の遺伝子変異を導入する先駆的な研究以来，1980年代から実験室で実施されるようになった[59-63]。この技術利用の好例として，代謝調節因子である PGC-1α（peroxisome proliferator-activated receptor gamma coactivator-1α）についての研究がある。PGC-1α は有酸素運動への骨格筋応答と適応に関連して，おそらく現在最も多く研究されている遺伝子/タンパク質である（持久性運動への分子調節因子については第9章にて詳述する）。PGC-1α は，nuclear respiratory factor 1（NRF1）および2（NRF2）を含む転写因子群を活性化し，mitochondrial transcription factor A（mtTFA）を活性化して，ミトコンドリア DNA の複製と転写を開始し，最終的にミトコンドリア生合成を行う[64,65]。その結果，運動トレーニング後の酸化活性やパフォーマンスの向上へとつながる。骨格筋ミトコンドリア生合成の重要な制御因子として PGC-1α を同定した最初の研究室の1つである Bruce Spiegelman の研究に端を発し[66,67]，げっ歯類における PGC-1α 遺伝子 KO モデルを用いて，有酸素運動または冷水療法後に PGC-1α がミトコンドリア生合成を促進することで酸化代謝を増大することが示された[66,67]。また，げっ歯類の骨格筋組織で PGC-1α を増加/過剰発現させると，IIa 型線維が赤筋様に変化しI型線維に似た酸化的な表現型になることも示された[68]。Baar と Hollozy は，ラットの急性水泳が，PGC-1α タンパク質レベル，δ-アミノレブリン酸合成酵素（δ-ALAS）遺伝子プロモーターへの NRF-1 結合，チトクローム c-オキシダーゼ IV プロモーターへの NRF-2 結合などを増加させることを示した[69]。さらに，げっ歯類運動モデルにおけるミトコンドリア生合成のためのシグナル伝達に PGC-1α が関与することを示した。同時期である1996年に，Graham Hardie によって発見されたエネルギーセンサー AMP kinase（AMPK）と p38 MAPK が PGC-1α を直接リン酸化することが示された[70]。さらには，AMPK の活性化がラット骨格筋における PGC-1α の遺伝子発現を増大させることも示された[71]。このような

11

第 1 章

げっ歯類モデルにおける初期の研究はすべて，2003 年に有酸素運動後に PGC–1α が顕著に増加することを示した最初のヒトでの研究へつながった[72]。その後，動物モデルで PGC–1α を KO すると，運動能力が低下することも確認された[73]。今日，PGC–1α はおそらく，ヒトにおける有酸素運動介入，冷水浸漬，栄養素（特にグリコーゲン）介入によって変化する遺伝子/タンパク質として最もよく研究されている。しかし，最近発見された有酸素運動後に動く他のシグナル伝達分子と比較した場合，その重要性については議論されている[74]。これについては第 7 章で後述する。しかし，げっ歯類モデルにおける初期の発見がなければ，ヒト骨格筋における有酸素運動に対する分子応答の理解はおそらくかなり遅れていただろう。AMPK/p38 MAPK/PGC–1α シグナル，および持久性運動反応におけるその他の重要な制御因子については，第 9 章にて詳細に述べる。

　げっ歯類の遺伝子 KO および過剰発現実験に関するもう 1 つの好例は，1990 年代後半に実施された。Williams のグループの Chin は，筋収縮に続く筋小胞体からのカルシウム放出の制御，それに続くカルシウム – カルモジュリン – カルシニューリン経路の制御，および「遅筋」または「速筋」遺伝子のスイッチオン・オフを制御する転写因子 NFAT の制御などを理解する先駆けとなった[75]。彼らは，カルシニューリンの遺伝子過剰発現を in-vitro（培養骨格筋細胞）で行なうことで遅筋型トロポニンやミオグロビン遺伝子の発現が誘発させたり，in-vivo（げっ歯類の骨格筋）でカルシニューリンの薬理阻害剤であるシクロスポリン A を投与することで速筋型の II 型線維の数を 50% 増加させるなどの実験を行った。つまり，カルシニューリンの活性化は遅筋線維形成を促進し，阻害は速筋線維形成を促進するという基本的なメカニズムが存在することが示唆された。これはその後 2000 年に KO マウスで確認された[76]。また同年，Schiaffino のグループによって，この線維型移行には上流の MAPK 経路，特に ERK が重要であることが明らかにされた[77]。しかし，この線維型移行はヒトの運動研究においてはまだ結果が一致していない。その点については第 9 章で述べることにする。

　骨格筋量の調節とレジスタンス運動への適応を理解するうえで動物モデルが基盤となる情報を与えるという観点に基づけば，牛における自然発生ミオスタチン変異による double muscling 表現型[78] はミオスタチン KO マウスを用いて再現されたことは重要である[79]。ミオスタチンは現在，骨格筋量を負に調節する最も重要な因子の 1 つと考えられており，このシグナル伝達経路がヒトの運動によってどのように変化するかについては第 8 章で詳しく説明する。ヒトでは不可能であるが，運動後の骨格筋成長（肥大）の分子制御の理解に大きな前進をもたらしたものに，げっ歯類モデルの相乗的切除（代償性肥大とも呼ばれる）がある。代償性肥大では協働筋を切除すると拮抗筋に急激に負

12

荷がかかり肥大を強力に促進することを用いており，力学負荷後の骨格筋肥大の分子制御を調べるモデルになっている。この方法は，1967年にGoldbergによってはじめて用いられ，わずか24時間の代償性肥大負荷でも急速な肥大反応が起こることが示された[80]。実際，代償性肥大モデルは高周波電気刺激によるラット筋収縮モデルとともにヒトのレジスタンス運動を模倣するように設計された。これらのモデルはmammalian target of rapamycin（mTOR）シグナル伝達経路が機械的負荷による骨格筋肥大に重要であることを発見するうえで基礎となった。実際，1990年代後半，BaarとEsserは，タンパク質合成を制御する主要な細胞内シグナル伝達分子であるmTORが，（mTORの下流にある翻訳開始因子p70s6Kの評価によって）負荷や機械的刺激に対して感受性を持つと考えられることを明らかにした。このことは，げっ歯類の上腕三頭筋の電気刺激（100 Hz）収縮にて観察された。その後すぐにSue Bodineのグループは，mTOR阻害剤であるラパマイシンが代償性負荷による筋肥大を防ぐことができることをげっ歯類において観察した[81]。その8年後，ヒトの骨格筋において，mTORがレジスタンス運動によって生理的負荷が課された後に活性化する重要なシグナル分子であることが確認された。この時，被験者に対して12 mgのmTOR阻害剤，ラパマイシンを投与した後，1 RMの70％の負荷で10回の脚伸展を11セット行わせた。その結果，ラパマイシン投与群では，通常レジスタンス運動後にみられる筋タンパク質合成の増加がみられなかったことから[82]，ヒトにおけるレジスタンス運動による骨格筋肥大におけるmTORの役割が明らかになった。mTOR経路は，レジスタンス運動誘発性の骨格筋肥大において，現在最も研究されている経路の1つである。mTOR経路，その上流と下流の制御因子，レジスタンス運動への適応に重要な他の相互作用する「クロストーク」経路については，第7章と第8章で詳しく説明する。

マイクロアレイとRNAseqによるゲノムワイド解析

2000年代初頭，RNAやDNA定量における技術および方法論の進歩により，Frank Boothの研究室（**Box 1.1**参照）はEric Hoffmanと共同でマイクロアレイ（マイクロアレイ法については 第2章で説明）を用いて「トランスクリプトーム」と呼ばれるゲノム規模の遺伝子転写/発現技術を本分野ではじめて用いた。その当時，ここでいう「ゲノムワイド」技術は，ヒトやマウスのゲノム配列が完全に公開される直前であり，技術的にもまだ早期の段階であった。そのため約3,000〜4,000の遺伝子転写産物と約3,000の発現配列タグ（expressed sequence tag：EST）を対象としたものであった。この研究では「速」筋線維である外側広筋と「遅」筋線維であるヒラメ筋の両者におい

第 1 章

て約 3,000 個の遺伝子と 3,000 個の EST の遺伝子発現プロファイルを比較した[83]。彼らは，2 つの筋線維タイプの間で，59 個の発現レベルに差がある遺伝子（発現レベルが有意に増加または減少した 59 個）が存在することを示した。その 1 年後の 2002 年，Esser のグループははじめて筋収縮後のトランスクリプトームに着手した。レジスタンス運動（上記の研究[84,85] で使用されたもの）モデルとしてげっ歯類の電気刺激が利用され，遺伝子マイクロアレイが実施された。この時使用したアレイ（Affymetrix Rat U34A GeneChips）には，約 7,000 の遺伝子と 1,000 の EST がのせられていた。重要な点は，運動 1 時間後に 18 遺伝子の小さなサブセットが変動していることが確認され，運動 6 時間後には約 70 の遺伝子が変化を示したことである[86]。また同じ年に，男性，女性，高齢者を対象に 9 週間のレジスタンス運動を実施した研究が発表され，レジスタンストレーニングによってすべてのグループの骨格筋で（合計 4,000 個のプロファイルから）約 100 個の遺伝子が有意に異なって発現していることが実証された。興味深いことに，男性対女性，若年者対高齢者の間で顕著な差を示した遺伝子が多数存在した[87]。この頃までには，遺伝子マイクロアレイ技術が急速に進歩し，Chen ら（2003）のさらなる研究により，わずか 3 人ではあるが，男性ヒトの急性レジスタンス運動後に 12,000 個を超える転写産物が検討された[88]。この研究では，片足で 300 回の求心性収縮，もう片方の足で 300 回の遠心性収縮を行った。この研究で同定された発現に変化のあった遺伝子の 50 ％は先に述べた電気刺激後のネズミの研究でもみられたものであり[86]，先行する動物データをヒトで検証した形となった。さらに彼らは，遠心性筋収縮によって特異的に変化する 6 つの遺伝子転写物を同定した。2003 年にヒトゲノム解読が終了し[89,90]，ヒトゲノム内の 26,588 のタンパク質をコードする遺伝子転写物に関する最新の知見が得られた。その結果，23,000 以上の遺伝子転写物に対する遺伝子アレイが利用可能になった。2007 年に行われた研究では，イルミナ社のマイクロアレイを用い，23,000 の遺伝子のうち 600 近くの遺伝子が，加齢と若年成人の安静時骨格筋にて発現に差があることがわかった。興味深いことに，若年成人と高齢者（男女）においてレジスタンス運動を 6 ヵ月間行ったところ，レジスタンス運動によって高齢者の遺伝子発現の大部分において，若年成人群で観察されるレベルにまで遺伝子発現を近づけることができた[91]。持久性運動に関しては，2007 年に，急性有酸素運動後のラットのトランスクリプトームがはじめて実施され，運動後 1 時間で 52 の遺伝子に発現変化がみられることが示唆された[92]。2011 年，Timmons と Bouchard は遺伝子マイクロアレイにより運動前の骨格筋生検を用いて慢性的な持久性運動によるトレーニングに対する $\dot{V}O_2$max の変化応答が，29 の「遺伝子発現シグネチャー」または「トレーニング応答性トランスクリプトーム」により予測されることを明らかにした。現在のマイク

14

ロアレイでは，約50,000の遺伝子転写産物（既知のタンパク質コード遺伝子転写産物およびその変異体）を比較することが可能である。2012年，この強力なアレイを用いて，若年および高齢の成人女性において，急性および慢性（12週間）のレジスタンス運動が661の遺伝子発現に影響を与え，それが骨格筋量や筋力の変化と関連することが明らかにされた。興味深いことに，遺伝子発現の最も顕著な変化は速筋線維（MHC IIa）において観察された[93]。最近では，RNAシーケンシング（RNA-sequencing：RNA-seq）という技術が開発され，マイクロアレイを凌駕しはじめている。これは，常に更新されるゲノム配列の知識を必要としないこと，従来あった「クロスハイブリダイジングプローブ」に関する問題が一部解消されること，マイクロアレイ技術におけるデータの正規化の差異が軽減されることなどがあるためである。さらに，マイクロアレイではこれまで見出されていない新規の遺伝子転写物を同定することができる。これまでに述べた通り，マイクロアレイは現在，コストパフォーマンスに優れ，高度に検証され，なおかつ豊富で有用なデータセットを提供している。哺乳類において最初にRNA-seqを用いた研究は2008年に実施された[94]。しかし，ヒトの運動研究では2015年にHjorthらが，45分間のサイクリングで550の遺伝子の発現が増加し，運動習慣のない男性における12週間のトレーニングで239の遺伝子が増加することを示した。その中で細胞外マトリックス遺伝子がより多く増加する傾向があると記述されたことが，RNA-seqを用いたはじめての発表であった[95]。2016年Lindholmのグループはヒトの持久性トレーニング，脱トレーニング，再トレーニング後のRNA-seqデータを発表した[96]。彼らは，主に酸化的ATP産生に関連する3,404の異なる発現遺伝子アイソフォームがあることを見出した。彼らの研究はまた，マイクロアレイでは不可能だったかもしれない34の新規転写物を特定した。これらはそのすべてがタンパク質をコードしている可能性を有していた[96]。2017年にはRNA-seqを用いた研究によって急性エクササイズと慢性トレーニングの両方後に，分泌タンパク質（骨格筋から分泌されると「マイオカイン」と呼ばれる）をコードする161と99の遺伝子転写物をそれぞれ特定することができた。さらには，この結果から運動後の骨格筋組織においてこれまで報告されていない17の「マイオカイン」を特定した[97]。2018年には，持久性運動とレジスタンス運動の両方を行った後の骨格筋の遺伝子発現をRNA-seqで調べた研究が発表され[98]，2020年には，レジスタンス運動と持久性運動の両方の鍛錬者における骨格筋と，非鍛錬者における骨格筋（年齢が等しい男女）を包括的に比較したRNA-seqの研究が発表されている。この研究では，生涯を通じた運動トレーニングが代謝性疾患の可能性の軽減に関連する遺伝子を変化させるために重要であることが実証された[99]。RNA-seqの中でも新しい分野の1つに，単一細胞RNAシーケンシング（scRNA-seq）がある。骨格筋組織は主に

筋細胞から構成されているものの，生検では（これらに限定されるわけではないが）筋衛星細胞，線維芽細胞，内皮細胞，免疫細胞，神経/グリア細胞，骨格筋間葉系前駆細胞（fibroadipogenic progenitors：FAPs）など，いくつかの異なる種類の細胞が含まれる。そこで，骨格筋組織を構成する細胞の遺伝子発現を同定するために scRNA-seq が開発された[100,101]。しかし我々の知る限りでは運動後の scRNA-seq 解析はまだ実施されていない。しかし，これらの研究はまもなく実施され，骨格筋組織を構成する様々な種類の細胞を統合している遺伝子制御ネットワークに関する重要な示唆を得ることができるだろう。もちろん，ハードルの1つは，筋組織の生検からこれらの異なる細胞集団を「選別」して分離できるようにすることである。幸いにして，骨格筋でも FACS（fluorescent activated cell sorting：蛍光活性化セルソーティング）技術や磁気ビーズに付着させた抗体を用いた技術が既に開発されている。生検からの細胞のソーティング，データベースで特定・保存されたユニークな細胞プロファイル，単一細胞のゲノムワイド/オミクス（OMIC）シーケンス解析の組み合わせが分子運動生理学をリードしはじめることになるだろう。

分子運動生理学におけるエピジェネティクスの台頭

現在，遺伝子の発現，すなわち遺伝子のオン・オフは，メチル化による DNA 自体の修飾や，DNA 結合タンパク質（ヒストンなど）の修飾によって，「エピジェネティック」に制御されることが知られている。これらの修飾はアセチル基やメチル基などの官能基の付加や除去によるものである。このような修飾はクロマチンへの転写因子の結合のしやすさを変化させる。そのため転写因子の結合が変化し遺伝子発現が促進または抑制される。例えば，DNA メチル化の増加や減少は，それぞれ遺伝子発現の減少や増加と関連している。これは，特定の遺伝子の DNA 上にメチル化が存在すると，遺伝子をオンにするための転写因子の結合が損なわれ，結果的に遺伝子発現が抑制されたり，あるいは逆に DNA がより緊密な構造になり転写因子が結合しにくくなったりするためである。特にプロモーターやエンハンサーといった遺伝子制御に重要な領域にメチル化が存在する場合に，こういったことが起きることが示されている。逆にメチル化が減ると転写因子の結合性や DNA へのアクセス性が向上し，遺伝子がオンになる環境が促進される。DNA メチル化が運動後の遺伝子発現の制御に与える影響については，最近出された総説[102-105]にもあるように，2009 年以降にようやく本格的に研究されるようになった。実際，運動後の骨格筋における DNA メチル化とその遺伝子発現制御について発表された最初の研究は，Juleen Zierath のグループによるものであっ

た。彼らは単発の高強度有酸素運動直後にミトコンドリア生合成に関連する PGC–1α, mitochondrial transcription factor A（TFAM），pyruvate dehydrogenase lipoamide kinase isozyme 4（PDK4）の DNA メチル化が減少することを示した。これらの遺伝子における修飾の変化は，対応する遺伝子の発現の増加と相関していた[106]。重要なことは，6ヵ月間の有酸素運動による慢性的なトレーニングによって，代謝に関連するいくつかの遺伝子のメチル化も変化することである[107]。これらの研究は分子運動生理学分野において，エピジェネティックな修飾をはじめて発表したものであった。そして，この研究はすべて単独の遺伝子をそれぞれ検討したものであった。レジスタンストレーニング後の骨格筋におけるメチル化の変化を示す最初のゲノムワイドな「オミクス」DNA メチル化（または「メチローム」）研究の1つは，2018年に Adam Sharples 教授の研究室で Robert Seaborne によって行われた。この研究によってレジスタンストレーニングが「hypomethylated」ゲノムシグネチャーと呼ばれるゲノム全体のメチル化低下を引き起こすことが実証された。遺伝子発現の観点からいえば，特に前述した遺伝子制御において重要な領域におけるメチル化 DNA の減少あるいは低メチル化 DNA の増加は，遺伝子の発現オンの状態と関連している。また，このエピジェネティックなシグネチャーは，トレーニングを完全に休止したデトレーニング期間であってもいくつかの遺伝子に保持されること，および過去にレジスタンストレーニングを行っていた場合には，再トレーニング中にさらに DNA が低メチル化され遺伝子がオンとなりうることも明らかとなった[108,109]。全体として，このようなデータは，これらの遺伝子が以前のトレーニング歴に関する記憶をエピジェネティックに保持していることを示唆している。いわゆる「エピ記憶」[102] およびそれが運動適応において果たす役割は，分子運動生理学者にとって非常に興味深いものである。なぜなら，急性・慢性を問わず，過去の運動経験が将来の運動に対する骨格筋の反応性に与える役割を理解できる可能性があるからである。このことは，例えばトレーニングのピリオダイゼーションを適切に設定することや，損傷から効果的に回復することにつながるかもしれない。エピジェネティックなマッスルメモリーについては，第6章で詳説している。その後，メチローム/トランスクリプトームを統合的に行った研究により，低メチル化状態はアクチン細胞骨格，細胞外マトリックス，その他の成長関連経路などの特定経路の遺伝子において観察され，これらの遺伝子群の発現がオンになる性質と関連していることが示された[110]。2021年，Masaar らによって，ヒトにおける高強度インターバルエクササイズ後のゲノムワイドなメチル化研究がはじめて行われた。この結果からより高レベルでの生理的・代謝的ストレスを惹起する運動（一定方向に走る運動よりはシャトルランのような方向を転換しながら走行する運動）にてメチル化の低下を促すことが示された。しかし，レジスタン

第 1 章

ストレーニング後のように成長関連経路の遺伝子群ではなく，MAPK，AMPK，インスリン経路などの代謝経路遺伝子群において低メチル化が観察された[111]。

DNAやクロマチンに対するエピジェネティックな修飾としてはヒストン修飾が存在する。ヒストン修飾も遺伝子発現を制御する転写因子群が遺伝子に対してアクセスすることを可能にするための基本的な仕組みである。ヒストン修飾の1例として，アセチル化が挙げられる。運動は，ヒト骨格筋のヒストンタンパク質のいくつかの異なるアミノ酸残基のリジンをアセチル化することと関連することが証明されている。アセチル化は一般にクロマチンの立体構造をよりタイトにする効果があるため，DNAにアクセスしにくくなり遺伝子発現が減少する。実際，グルコーストランスポーター4型（GLUT4：特に筋と脂肪において重要なインスリン応答性グルコース輸送体）遺伝子のプロモーター領域におけるヒストン3のリジンアセチル化と運動を関連付けた最初の研究によって，ヒストンが運動誘発性の遺伝子発現に重要な役割を果たす可能性が示唆された[112]。ヒストン脱アセチル化酵素（histone deacetylase：HDAC）およびヒストンアセチルトランスフェラーゼ（histone acetyltransferases：HAT）はヒストンにアセチル基を付加したり除去したりする酵素である。したがって，これらの初期の研究以降，HDACは運動に対する遺伝子発現変化に重要な役割を果たすことが確立された。例えば60分のサイクリング後，クラスII HDACはリン酸化され核に移動しアセチル化と運動適応に関連する遺伝子発現の上昇に関与することが示された[113]。また，運動中に生成される乳酸は，ヒストン4複合体を標的とする内因性HDAC阻害剤であり，そのためアセチル化されていたヒストンはそのまま残されて遺伝子発現の増加にかかわることとなった[114]。これまでのところ，運動適応におけるHATの役割についてはほとんど研究されておらず，したがって運動におけるこれらの酵素の役割はほとんどわかっていない[115-117]。また，運動適応において全く研究されていないHATのファミリーの中には運動適応における役割が全く検討されていないものもあり，今後さらなる研究が必要である。ヒストンがメチル化されることも重要である。ただし，これが遺伝子発現にどのように影響するかは，どのヒストンかつどの部位がメチル化されるかに依存する。一般に，ヒストンH3上のリジン4などのヒストンのメチル化（H3K4me3）は，ヒストンH3およびH4上の多数のリジン残基のアセチル化（アセチルH3およびアセチルH4）と同様に，遺伝子発現の上昇と関連する。一方，ヒストンH3上のリジン9と27のメチル化（H3K9me3，H3K27me3）およびヒストンH4上のリジン20メチル化（H4K20me3）によるトリメチル化は，遺伝子発現の減少に関与している。例えば，急性のレジスタンス運動後にH3がリジン4とリジン27の両方でメチル化されることが示されている[118]。ごく最近，ヒストンやクロマチンのアクセス性を評価する現在の

ゲノムワイドな「オミクス」技術（ChIPseq と ATAQ-seq，第 2 章で説明）を用いて，運動後の骨格筋の変化を調べる研究が行われるようになった。ゲノムワイドなクロマチン免疫沈降法（ChIP-seq）を用いた最も注目すべき研究は，有酸素運動トレーニングにより，遺伝子の重要な制御領域であるエンハンサーに近い部分のヒストンにおけるアセチル化が減少することを実証したことである[119]。この結果は，ヒストンのエピジェネティックな修飾が運動に対する急性応答と慢性適応における制御機構に重要な役割を果たす可能性を示唆している。しかし，分子運動生理学者としては，運動後のエピジェネティックな修飾の特定については，まだ緒についたばかりという印象が否めない。

　最後に，エピジェネティックな修飾には，タンパク質の構造や機能を変化させる mRNA の転写後修飾も含まれる。これには siRNA（低分子干渉 RNA）や miRNA（マイクロ RNA）などの低分子 RNA を介するものがある[120]。有酸素運動とレジスタンス運動の両方において miRNA 発現との関連性が検討され[121,122]，miRNA の発現は運動適応に対する反応性が高い人と低い人で異なる可能性が見出された[123]。Timmons のグループによる研究では，遺伝（ゲノム），遺伝子発現（トランスクリプトーム），miRNA（「miRomic」）が同一サンプルにおいて行われた。そのため，分子運動生理学分野では最初でかつ最も包括的な研究であった。実際彼らは，転写因子 Runx1，Pax3，Sox9 に関連する遺伝子ネットワークが持久性運動への適応と関連していること，また調節性 miRNA がこれらの転写因子を転写後に制御していることを見出した[124]。運動に応じて miRNA が転写された mRNA 配列に対して果たす役割，さらには運動に応じて翻訳されたタンパク質の構造や機能に及ぼす miRNA の役割などを調べた研究はきわめて限られている。

　将来的には，ゲノム，エピゲノム（メチローム，ヒストン/クロマチン修飾，miRomic)，およびそれらのゲノム全体のトランスクリプトームプロファイル（前節「マイクロアレイと RNAseq によるゲノムワイド解析」で説明）の統合が，分子運動生理学の将来の進歩をもたらす可能性は高い。しかしもちろん重要なことは，運動刺激に対する細胞のシグナル応答を形成するのは遺伝子によって転写されたタンパク質とそのタンパク質の「活性」であるということである。したがって，後述する通り，分子運動生理学の分野でもプロテオミクスが最も重要視されている。

分子運動生理学分野におけるシグナルタンパク質および プロテオミクスの重要性

　運動後に，我々の体の中で様々なシグナルが生み出される。これらのシグナルは（こ

第 1 章

こに挙げたもののみではないが），エネルギーレベル/グリコーゲンの変化，収縮によるカルシウムフラックス，低酸素，機械的緊張/負荷，アドレナリンや成長ホルモンなどの細胞外の「シグナル」という形で発生する。これらのシグナルは，骨格筋内の分子「センサー」タンパク質によって鋭敏に検出される。例えば，AMPK は，エネルギーフラックスや AMP/ADP 量の変化を感知する分子センサーである。カルモジュリンはカルシウムの分子センサー，HIF1-α は酸素のセンサー，mTORC は緊張とアミノ酸のセンサー，β アドレナリン受容体と成長ホルモン受容体はそれぞれアドレナリンと成長ホルモンのセンサーである。これらの分子シグナルによるシグナル検出は，細胞内（intracellular）にあるタンパク質の「シグナル伝達」または「シグナルカスケード」反応へとつながる。シグナルは通常，リン酸化/脱リン酸化により活性化/不活性化される。最終的に，このタンパク質の「活性」の増加は，転写因子（特定の遺伝子をオンまたはオフにするのに重要な役割を果たすタンパク質であり，DNA の遺伝子領域に結合するタンパク質）の活性化，および遺伝子発現/転写の変化へとつながる。最後に，遺伝子がオンになった後，そのメッセンジャー分子（mRNA）はリボソーム（細胞のタンパク質工場）に移動し，新しいタンパク質を合成する（翻訳/タンパク質合成と呼ばれる）。これにより，運動によって失われたタンパク質や骨格筋の成長，ミトコンドリアの生合成に必要なタンパク質などの細胞・組織レベルでの適応に必要な新しいタンパク質の合成につながる。1992 年，Fischer と Krebs によるタンパク質リン酸化の発見がノーベル化学賞の受賞につながった。この発見により，それまで行われていた遺伝子発現の研究およびリン酸化タンパク質特異的抗体を用いたウェスタンブロッティングにより，運動後のタンパク質リン酸化の役割を明らかにすることが可能になった[125]。ウェスタンブロッティングは，現在でも分子運動生理学の分野で，タンパク質の活性（すなわちリン酸化）や総量を測定するために日常的に行われている。しかし，分子生物学の進歩により，シグナル伝達ネットワークにおいてタンパク質はリン酸化/脱リン酸化だけでなく，アセチル化，脱アセチル化，sumo 化，ユビキチン化，グリコシル化，メチル化，脱メチル化もされることもわかってきた[126]。運動後のタンパク質活性と細胞シグナル伝達に関与するリン酸化とその役割に関する研究は盛んに行われている。それに対して，リン酸化以外の修飾については現在ではあまり研究されていない。運動後の PGC-1α の脱アセチル化などアセチル化/脱アセチル化を研究している研究者はわずかながら存在している[115]。その一方で，様々な最先端手法を用いたよりゲノム全体にわたった「プロテオミック」なアプローチが登場している（プロテオミクス手法については第 2 章に掲載）。実際，ラット[127]やヒトの骨格筋[128]におけるトレーニング適応に対してプロテオミクスを行った最初の研究はわずか 7 〜 8 年前に発表されたばかりである。2009

年には，ヒト骨格筋の生検試料から約2,000個のタンパク質が質量分析法を用いて同定された。同定されたものの大半は，量的に豊富な筋原線維タンパク質，代謝酵素，リン酸化を司るキナーゼなどであった[129]。タンパク質はRNAと異なりcDNA（mRNAの逆転写産物）のようにPCRで増幅できないためすべての（訳注：微量な）タンパク質を単離することが困難であること，また翻訳後修飾によりプロテオームがトランスクリプトームよりもさらに多様になってしまうことなどが理由である。質量分析によるタンパク質の同定が既存の遺伝子およびタンパク質データベースで予測される質量と比較して行われる場合，骨格筋サンプルの固有の「質量」の評価をしなければならない場合は，特にタンパク質の同定は困難である。しかし，プロテオミクスは非常に強力なツールになりつつあり，適切な市販抗体を必要とせず，またそもそも抗体によるタンパク質同定に依存する必要もない。さらに，既知のキナーゼを対象としたウェスタンブロッティングとは異なり，プロテオミクスにおける最新の「マイニング」/プロファイリングの進歩によって，これまで運動適応に関与することが確認されていなかったタンパク質（Protein Disulfide Isomerase Family A Member 3：PDIA3など[130]）が有酸素運動能力を調節する候補として発見されはじめている。近年，プロテオミクス研究により，リン酸化[131,132]，ユビキチン化[133]，筋線維タイプ特異的適応[134]，個々のタンパク質量の変化に対する合成と分解の寄与[135]などの，運動した骨格筋における翻訳後修飾の複雑なネットワークにおける独自の観察や結果が得られつつある。

将来像─統合的オミクス解析

　全体として，将来的には，運動介入したノックアウトあるいは過剰発現モデル，代償性肥大げっ歯類モデルや，ヒト運動介入研究において，最新のエピゲノム，トランスクリプトーム（前述），プロテオーム解析を組織および単一細胞レベルで行い，最新のシークエンス技術を用いた遺伝子プロファイリングを組み合わせた，より広範囲な統合的「オミクス」調査が必要であると考えられる。これにより，この分野では最も深い制御ネットワークを掘り下げ，分子運動生理学を次世代の研究へと発展させ，運動適応のメカニズム的基盤を明らかにすることが可能となる。

（中里　浩一）

第 1 章

■ 引用文献

1. Booth FW. *J Appl Physiol.* (1985).1988. 65(4):1461–71.
2. Baldwin KM. *J Appl Physiol.* (1985).2000. 88(1):332–6.
3. Bergström J. *Scand J Clin Lab Invest.* 1962. 14(suppl68):1–110.
4. Bergström J, et al. *Nature.* 1966. 210(5033):309–10.
5. Ahlborg B, et al. *Acta Physiologica Scandinavica.* 1967. 70(2):129–42.
6. Hermansen L, et al. *Acta Physiologica Scandinavica.* 1967. 71(2–3):129–39.
7. Bergström J, et al. *Acta Physiologica Scandinavica.* 1967. 71(2–3):140–50.
8. Costill DL, et al. *J Appl Physiol.* 1971. 31(3):353–6.
9. Costill DL, et al. *J Appl Physiol.* 1971. 31(6):834–8.
10. Gollnick PD, et al. *Am J Physiol.* 1961. 201:694–6.
11. Hearn GR, et al. *Internationale Zeitschrift fur angewandte Physiologie, einschliesslich Arbeitsphysiologie.* 1961. 19:23–6.
12. Holloszy JO. *J Biol Chem.* 1967. 242(9):2278–82.
13. Baldwin KM, et al. *Pflugers Arch.* 1975. 354(3):203–12.
14. Holloszy JO, et al. *Annu Rev Physiol.* 1976. 38:273–91.
15. Booth FW, et al. *J Biol Chem.* 1977. 252(2):416–9.
16. Tucker KR, et al. *J Appl Physiol Respir Environ Exerc Physiol.* 1981. 51(1):73–7.
17. Morrison PR, et al. *Am J Physiol.* 1989. 257(5Pt 1):C936–9.
18. Krieger DA, et al. *J Appl Physiol Respir Environ Exerc Physiol.* 1980. 48(1):23–8.
19. Booth FW. *Pflugers Arch.* 1978. 373(2):175–8.
20. Watson PA, et al. *Am J Physiol.* 1984. 247(1Pt 1):C39–44.
21. Booth FW, et al. *Fed Proc.* 1985. 44(7):2293–300.
22. Booth FW, et al. *Adv Myochem.* 1987. 1:205–16.
23. Morrison PR, et al. *Biochem J.* 1987. 241(1):257–63.
24. Booth FW, et al. *J Appl Physiol Respir Environ Exerc Physiol.* 1979. 47(5):974–7.
25. Seider MJ, et al. *Biochem J.* 1980. 188(1):247–54.
26. Wong TS, et al. *J Appl Physiol.* (1985).1990. 69(5):1718–24.
27. Wong TS, et al. *J Appl Physiol.* (1985).1990. 69(5):1709–17.
28. Babij P, et al. *Sports Med.* 1988. 5(3):137–43.
29. Booth FW, et al. *Physiol Rev.* 1991. 71(2):541–85.
30. Booth FW. *Exerc Sport Sci Rev.* 1989. 17:1–27.
31. Saiki RK, et al. *Science.* 1985. 230(4732):1350–4.
32. Mullis KB, et al. *Methods Enzymol.* 1987. 155:335–50.
33. Wolff JA, et al. *Science.* 1990. 247(4949Pt 1):1465–8.
34. Thomason DB, et al. *Am J Physiol.* 1990. 258(3Pt 1):C578–81.
35. Bouchard C, et al. *Ann Hum Biol.* 1984. 11(4):303–9.8.
36. Perusse L, et al. *Ann Hum Biol.* 1987. 14(5):425–34.
37. Bouchard C, et al. *Med Sci Sports Exerc.* 1986. 18(6):639–46.
38. Bouchard C, et al. *Med Sci Sports Exerc.* 1989. 21(1):71–7.
39. Chagnon YC, et al. *J Sports Sci.* 1984. 2(2):121–9.
40. Dionne FT, et al. *Med Sci Sports Exerc.* 1991. 23(2):177–85.
41. Deriaz O, et al. *J Clin Invest.* 1994. 93(2):838–43.
42. Bouchard C, et al. *Hum Mol Genet.* 1997. 6(11):1887–9.
43. Bouchard C, et al. *Genetics of Fitness and Physical Performance.* Champaign, IL: Human Kinetics, 1997.
44. Bouchard C, et al. *Med Sci Sports Exerc.* 1998. 30(2):252–8.
45. Bouchard C, et al. *J Appl Physiol.* 1999. 87(3):1003–8.
46. Montgomery H, et al. *Nature.* 1998. 393(6682):221–2.
47. Williams AG, et al. *Nature.* 2000. 403(6770):614.
48. Teran-Garcia M, et al. *Am J Physiol Endocrinol Metab.* 2005. 288(6):E1168–78.
49. Teran-Garcia M, et al. *Diabetologia* 2007. 50(9):1858–66.
50. Klein RJ, et al. *Science.* 2005. 308(5720):385–9.
51. De Moor MH, et al. *Med Sci Sports Exerc.* 2009. 41(10):1887–95.
52. Timmons JA, et al. *J Appl Physiol.* (1985).2010. 108(6):1487–96.
53. Bouchard C, et al. *J Appl Physiol.* (1985).2011. 110(5):1160–70.
54. Robbins JM, et al. *JAMA Cardiol.* 2019. 4(7):636–43.
55. Robbins JM, et al. *Nat Metab.* 2021. 3, 786–797.
56. Ghosh S, et al. *J Appl Physiol.* 2019. 126(5):1292–314.
57. Wackerhage H, et al. *J Sports Sci.* 2009. 27(11):1109–16.

58. Webborn N, et al. *Br J Sports Med.* 2015. 49(23):1486–91.
59. Robertson E, et al. *Nature.* 1986. 323(6087):445–8.
60. Evans MJ, et al. *Nature.* 1981. 292(5819):154–6.
61. Martin GR. *Proc Natl Acad Sci U S A.* 1981. 78(12):7634–8.
62. Thomas KR, et al. *Cell.* 1987. 51(3):503–12.
63. Doetschman T, et al. *Nature.* 1987. 330(6148):576–8.
64. Virbasius JV, et al. *Proc Natl Acad Sci U S A.* 1994. 91(4):1309–13.
65. Scarpulla RC. *J Bioenerg Biomembr.* 1997. 29(2):109–19.
66. Puigserver P, et al. *Cell.* 1998. 92(6):829–39.
67. Wu Z, et al. *Cell.* 1999. 98(1):115–24.
68. Lin J, et al. *Nature.* 2002. 418(6899):797–801.
69. Baar K, et al. *FASEB J.* 2002. 16(14):1879–86.
70. Knutti D, et al. *Proc Natl Acad Sci U S A.* 2001. 98(17):9713–8.
71. Suwa M, et al. *J Appl Physiol.* (1985).2003. 95(3):960–8.
72. Pilegaard H, et al. *J Physiol.* 2003. 546(3):851–8.
73. Handschin C, et al. *J Biol Chem.* 2007. 282(41):30014-21.
74. Islam H, et al. *Appl Physiol Nutr Metab.* 2020. 45(1):11–23.
75. Chin ER, et al. *Genes Dev.* 1998. 12(16):2499–509.
76. Naya FJ, et al. *J Biol Chem.* 2000. 275(7):4545–8.
77. Murgia M, et al. *Nat Cell Biol.* 2000. 2(3):142–7.
78. McPherron AC, et al. *Proc Natl Acad Sci U S A.* 1997. 94(23):12457–61.
79. McPherron AC, et al. *Nature.* 1997. 387(6628):83–90.
80. Goldberg AL. *Am J Physiol.* 1967. 213(5):1193–8.
81. Bodine SC, et al. *Nat Cell Biol.* 2001. 3(11715023):1014–9.
82. Drummond MJ, et al. *J Physiol.* 2009. 587(19188252):1535–46.
83. Campbell WG, et al. *Am J Physiol Cell Physiol.* 2001. 280(4):C763–8.
84. Baar K, et al. *Am J Physiol.* 1999. 276(1Pt 1):C120–7.
85. MacKenzie MG, et al. *PLoS ONE.* 2013. 8(7):e68743.
86. Chen YW, et al. *J Physiol.* 2002. 545(Pt1):27–41.
87. Roth SM, et al. *Physiol Genomics.* 2002. 10(3):181–90.
88. Chen YW, et al. *J Appl Physiol.* (1985).2003. 95(6):2485–94.
89. Venter JC, et al. *Science.* 2001. 291(5507): 1304–51.
90. Human Genome Sequencing C. *Nature.* 2004. 431(7011): 931–45.
91. Melov S, et al. *PLoS ONE.* 2007. 2(5):e465.
92. McKenzie MJ, et al. *Med Sci Sports Exerc.* 2007. 39(9):1515–21.
93. Raue U, et al. *J Appl Physiol.* (1985).2012. 112(10):1625–36.
94. Mortazavi A, et al. *Nat Methods.* 2008. 5(7):621–8.
95. Hjorth M, et al. *Physiol Rep.* 2015. 3(8):e12473.
96. Lindholm ME, et al. *PLoS Genet.* 2016. 12(9): e1006294.
97. Pourteymour S, et al. *Mol Metab.* 2017. 6(4): 352–65.
98. Dickinson JM, et al. *J Appl Physiol.* 2018. 124(6):1529–40.
99. Chapman MA, et al. *Cell Rep.* 2020. 31(12):107808.
100. Rubenstein AB, et al. *Sci Rep.*2020. 10(1):229.
101. Petrany MJ, et al. *Nat Commun.* 2020. 11(1):6374.
102. Sharples AP, et al. *Aging Cell.* 2016. 15(4):603–16.
103. Sharples AP, et al. Chapter Ten– Exercise and DNA Methylation in Skeletal Muscle. In: Barh D, Ahmetov II, editors. *Sports, Exercise, and Nutritional Genomics.* Academic Press; 2019. pp.211–29.
104. Seaborne RA, et al. *Exerc Sport Sci Rev.* 2020. 48(4):188–200.
105. Widmann M, et al. *Sports Med.* 2019. 49(4):509–23.
106. Barres R, et al. *Cell Metab.* 2012. 15(3):405–11.
107. Nitert MD, et al. *Diabetes.* 2012. 61(12):3322–32.
108. Seaborne RA, et al. *Sci Rep Nat.* 2018. 8(1):1898.
109. Seaborne RA, et al. *Sci Data (Nat).*2018. 5:180213.
110. Turner DC, et al. *Sci Rep (Nat).*2019. 9(1):4251.
111. Maasar MF, et al. *Front Physiol.* 2021. 12:619447.
112. Smith JA, et al. *Am J Physiol Endocrinol Metab.* 2008. 295(3):E698–704.
113. McGee SL, et al. *J Physiol.* 2009. 587(Pt24):5951–8.
114. Latham T, et al. *Nucleic Acids Res.* 2012. 40(11):4794–803.
115. Philp A, et al. *J Biol Chem.* 2011. 286(35):30561-70.

116. Dent JR, et al. *Mol Metab*. 2017. 6(12):1574–84.
117. LaBarge SA, et al. *FASEB J*. 2016. 30(4):1623–33.
118. Lim C, et al. *PLoS ONE*. 2020. 15(4):e0231321.
119. Ramachandran K, et al. *PLOS Biol*. 2019. 17(10):e3000467.
120. Valencia-Sanchez MA, et al. *Genes Dev*. 2006. 20(5):515–24.
121. Safdar A, et al. *PLoS ONE*. 2009. 4(5):e5610.
122. McCarthy JJ, et al. *J Appl Physiol*. (1985).2007. 102(1):306–13.
123. Davidsen PK, et al. *J Appl Physiol*. (1985).2011. 110(2):309–17.
124. Keller P, et al. *J Appl Physiol*. (1985).2011. 110(1):46–59.
125. Yamaguchi M, et al. *Jpn J Physiol*. 1985. 35(1):21–32.
126. Consortium EP. *Nature*. 2012. 489(7414):57–74.
127. Burniston JG. *Biochim Biophys Acta*. 2008. 1784(7–8):1077–86.
128. Holloway KV, et al. *Proteomics* 2009. 9(22):5155–74.
129. Parker KC, et al. *J Proteome Res*. 2009. 8(7):3265–77.
130. Burniston JG, et al. *Proteomics* 2014. 14(20):2339–44.
131. Potts GK, et al. *J Physiol*. 2017. 595(15):5209–26.
132. Steinert ND, et al. *Cell Rep*. 2021. 34(9):108796.
133. Parker BL, et al. *FASEB J*. 2020. 34(4):5906–16.
134. Deshmukh AS, et al. *Nat Commun*. 2021. 12(1):304.
135. Hesketh SJ, et al. *FASEB J*. 2020. 34(8):10398–417.

第2章
分子運動生理学における研究手法

Adam P. Sharples, Daniel C. Turner, Stephen Roth, Robert A. Seaborne,
Brendan Egan, Mark Viggars, Jonathan C. Jarvis, Daniel J. Owens,
Jatin G. Burniston, Piotr P. Gorski, Claire E. Stewart

DOI: 10.4324/9781315110752-2

■ 本章についての注意

本章は，本書で取り上げる理論や研究をサポートするために書かれている。後の章で，ここで紹介する手法が出てきた際には，本章を自由に参照していただきたい。分子運動生理学が比較的新しいテーマで，ここで紹介する手法を用いた経験がない場合は，本章（特に DNA と RNA を評価する手法）を読む前に**第3章**を読むこと，また，タンパク質の活性と量を評価する手法の前に**第7章**を読むことを推奨する。

■ 本章の学習目標

本章では以下のことを学習する。
1. 血液や骨格筋が分子運動生理学の研究に資する価値
2. DNA，RNA，タンパク質抽出・単離の方法の違い
3. 運動生理学に用いられる分子生物学的手法や細胞生物学的手法から得られるデータの価値
4. 細胞や分子の反応，さらには運動に対する適応と関連づけた，使用されている方法についての総括的な妥当性

はじめに

運動に対する生理学的な応答について検討する場合，運動介入後に複数回採血をすることが一般的である。得られたサンプルからは，骨格筋などの末梢組織の変化を引き起こすような，あるいは逆に，それら末梢組織によって変化が引き起こされる生化学的適応や分泌学的適応に関連した重要な情報が得られる。血液の採取は特に重要

で，ペプチド，ホルモン，サイトカインの変化だけでなく，細胞外リボ核酸（cell-free ribonucleic acid：cfRNA），マイクロ RNA（microRNA：miRNA），DNA，そして種々のエクソソーム（細胞内の物質を他の細胞へ輸送する細胞外小胞）に関する新規データが含まれている。このような血清のバイオマーカーは骨格筋内で産生されている可能性があり，測定により骨格筋内での産生を推測できる可能性がある。また，分子運動生理学では，血液に含まれる白血球成分を遺伝研究のための DNA 採取に用いることがある（「DNA の抽出と遺伝子解析」を参照）。遺伝研究では，すべての細胞で共通しているスポーツ・運動や生理学的な特性に関連する遺伝性の DNA 配列について検討するため，対象とする組織から直接 DNA を抽出する必要はない。しかし，骨格筋は末梢に位置し，経皮的に筋組織を採取することができるので，この分野の研究者は，骨格筋を対象として，DNA（遺伝学やエピジェネティクス），RNA（遺伝子発現），タンパク質量（例：細胞内シグナル伝達や総タンパク質量）の分析，さらには，筋に由来する細胞の単離や組織学的解析を行うことで，運動の影響について検討している。このように，血液や筋組織を採取することで，運動に対する分子的応答あるいは適応的応答を研究するための体系的なアプローチが可能である。

　分子運動生理学者は，骨格筋組織を採取することによって，運動，栄養，加齢，疾病の影響を分子レベルから細胞・組織レベルまで検討することができる。組織を適切なタイミングで採取することは極めて重要であることから，慎重に計画を立てる必要がある。ヒト骨格筋幹細胞の単離が可能となったことで[1]，倫理的な問題から難しいとされる長時間かつ複数回の筋生検を行わずに，試験管内の実験で経時変化について検討することが容易となった。本章では，はじめに筋生検を必要としない DNA（遺伝性 DNA 配列）の遺伝子解析に必要な手法について取り扱う。次に，筋生検をはじめとして，DNA，RNA，タンパク質に加えて，細胞の単離および細胞や組織の組織学的解析までをふまえて概説する。

　本章は生検や分子運動生理学者が活用する様々な分析手法について特定の順序で取り上げているが，読者が学習したい特定の手法を参照できるようにも書かれている。手法を取り扱うということや，現在の分子運動生理学者が多くの技術を活用していることから，本章は構成が非常に長くなっているが，本章で扱う手法をまとめて学習したいとは限らないだろう。本章の内容が難しい場合には，先に**第3章**と**第7章**を読むことを推奨する。そうすることで，手法に関する基礎的な知識を習得できるはずである。あるいは，本章で紹介する手法が後の章で紹介する研究に出てきた際には，本章の特定の節を読んでも構わない。最後に，本章は分子運動生理学の研究に取り組む学部生や大学院生向けに，実験に必要な基礎理論を提供することを目的としている。

分子運動生理学における研究手法

DNAの抽出と遺伝子解析

DNAの抽出と遺伝子解析の基礎

　遺伝子解析に骨格筋生検は必要ない。白血球や唾液，口腔粘膜検体がかわりに用いられる。DNA配列の解析および，それらの配列とスポーツや運動に関連した特性を考慮する際，DNAがどこから採取されてどのように解析が行われたかといった最も基本的なことに注意を払わなければならない。そこで本章では，血液/唾液/口腔粘膜からのDNA抽出手順，ポリメラーゼ連鎖反応（polymerase chain reaction：PCR）/DNA増幅の手順，DNAシーケンスやマイクロアレイなどの様々な技術を用いたDNA配列変異の解析手法を含む分子運動生理学分野におけるDNAの遺伝子解析について取り扱う。

血液，口腔粘膜からのDNA抽出

　ゲノムDNA（genomic DNA：gDNA）とミトコンドリアDNA（mitochondrial DNA：mtDNA）は（重要な例として，赤血球を除く）ほぼすべての体細胞に存在するが，研究では口腔内の上皮細胞（口腔細胞）か白血球からDNAを採取するのが一般的である。採血が頻繁に行われる研究では，凝固していない血液サンプルから得た白血球〔バッフィーコート（訳注：血液を遠心分離した時，赤血球と血漿成分の間に生じる白血球の層）〕を用いてDNAの抽出を行うことがある。採血を行わない研究では，綿棒を用いて頬の内側から口腔細胞を採取する方法が，より侵襲性の低いDNA採取方法となる。採取した細胞を対象として，破砕（「溶解」）後に細胞核からDNAを遊離させる処理を施すが，ほとんどの場合，市販のDNA単離キット（例：イギリス，Qiagen社のDNeasy Blood and Tissue Kit）を使用する。このキットには，細胞溶解，タンパク質変性（DNAからヒストンなどのタンパク質を除去する），残りのDNAの精製に必要な化学物質が含まれている。DNA単離には通常，キットに含まれる試薬を用い，高速での遠心分離を含む複数の工程に2〜3時間を要するが，効率化のために多検体を同時に処理することができる。採取し精製されたDNAは，最も安定した生体分子の1つであるため，密封チューブに入れて一般的な冷蔵庫や冷凍庫内で何年も保存することができる。このDNAは，分子運動生理学の分野で一般的に採用されている様々なDNA分析法を用いて評価することができる。

DNA増幅と遺伝子解析のためのポリメラーゼ連鎖反応（PCR）

　DNAは比較的容易に採取・抽出することができるが，研究において被験者から得ら

27

第2章

れるサンプルは貴重である。実験を適切に計画し関連する倫理的承認を得て参加者を募集することは，たいてい時間を要する複雑なプロセスである。そのため，はじめの研究から生じうる次の研究課題（新規または修正した倫理的承認の対象となる可能性がある）に向けて十分な量のDNAサンプルを保存するために，できるだけ少量のDNAを使用することが極めて重要となる。また，全ヒトゲノム領域のうち，非常に小さな領域や特定の分析〔特定数の一塩基多型（single nucleotide polymorphism：SNP）の研究など〕のみに関心を持ち，残りのゲノムは必要ない研究者もいる。これらの問題は，ポリメラーゼ連鎖反応（PCR）と呼ばれる，目的の小さなDNA領域を標的とし複製するDNA増幅技術[2]によって解決できる。この方法では，各被験者からごく少量のDNAを採取し，研究対象としたいDNAの領域や断片を特定した後，その小さなDNA領域を大量に複製することで，後のすべての「ダウンストリーム」の分析方法に活用することができる。

簡潔に説明すると，PCR反応には**マスターミックス，Taqポリメラーゼ，dNTPsまたはヌクレオチド，緩衝液**が必要となる。マスターミックスは，増幅したいDNA断片の始点と終点に結合する**フォワードプライマー**と**リバースプライマー**（～20 bpの短い一本鎖DNA）から構成される。Taqポリメラーゼは，プライマーが一本鎖DNAに結合したところから二本鎖DNAを合成する。dNTPsまたはヌクレオチドには，新しいDNAを合成するのに使われるdTTPs，dATPs，dGTPs，dCTPsなどがある。そして緩衝液には，pHを安定に保つためのMg^{2+}が補因子として含まれている。

PCRチューブまたはプレート内でマスターミックスと研究対象とするgDNAを混合

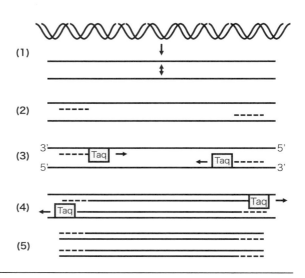

図2.1 ポリメラーゼ連鎖反応（PCR）の模式図。(1) 二本鎖DNA（dsDNA）を一本鎖へ変性または溶解する。(2) 一本鎖DNAにプライマー（点線）が結合する。(3) 結合したプライマー部位をTaqポリメラーゼが認識し，二本鎖を伸長または合成する。(4) Taqポリメラーゼは，一本鎖の末端に達するか反応温度が変化するまで，dNTPsを付加しながらDNAを合成しつづける。(5) PCRサイクルが終了すると，2つのdsDNAが合成される。dsDNAの数はサイクルごとに倍増し，25-35サイクル後におけるPCR産物は数百万個となる。

分子運動生理学における研究手法

し，急速に加熱・冷却できる機能を備えた**サーマルサイクラー**に設置する。サーマルサイクラーのサイクルは，**変性，アニーリング，伸長**の繰り返しである。変性では DNA 二本鎖を分離され，アニーリングではサンプルが冷却され，PCR のプライマーが目的の gDNA 領域に結合する。伸長では，プライマーが gDNA をアニーリングしたところまで Taq ポリメラーゼが DNA 二本鎖を伸ばすために適した温度までサンプルが再び加熱される。十分な量の gDNA ができるまで，PCR サイクルが 25 回以上繰り返されるのが一般的である（**図 2.1**）。

DNA 配列変異の解析

PCR の産物である二本鎖 DNA（double stranded DNA：dsDNA）は，肉眼ではみることができないため，特殊な方法で可視化する必要がある。DNA 断片の可視化には次のような様々な方法がある。**DNA 断片の分離と可視化**では，アガロースゲル上で DNA 断片をサイズで分離し，**臭化エチジウム染色**と**紫外線可視化**を行う。**制限酵素の消化と可視化**では，PCR 産物を（特定の配列を認識する）**制限酵素**で切断した後，アガロースゲルで分離し，臭化エチジウム染色と紫外線可視化を行う。**対立遺伝子の蛍光標識**では，蛍光色素（蛍光プライマーまたはハイブリダイゼーションプローブ）を PCR 反応溶液に加え，PCR 反応終了時にサーマルサイクラーで蛍光光度を測定する。この方法において，標準とは異なる DNA 変異体を持つ場合は異なる光を発する。そして**DNA シーケンス**では，すべての DNA・PCR 産物の全塩基を解読することができる **DNA シーケンサー**を用いて PCR の断片を直接シーケンシングする。

PCR 産物の大きさが遺伝子型によって異なる場合，**DNA の分離と可視化**が用いられる。（挿入/欠失または I / D の多型が持久的運動と関連していると推定されている）アンジオテンシン変換酵素（angiotensin converting enzyme：ACE）遺伝子を例に挙げると（**第 5 章**を参照），長さが 287 塩基対（base pair：bp）の遺伝子が挿入されている場合（I 対立遺伝子）と，この遺伝子を持たない場合（いわゆる欠失または D 対立遺伝子）がある[3]。この DNA 領域を増幅する際には，挿入の有無によって大きさの異なる PCR 断片を複製するためのプライマーを設計することができる。アガロースゲルによる分離では，挿入型対立遺伝子は欠損型対立遺伝子よりも長いため，ゲルを臭化エチジウム染色と紫外線可視化をすることで遺伝子型（すなわち II，ID，DD）を判別できる。同様に，制限酵素を使用して，短い特定の DNA 配列からなる制限部位で DNA を切断することもできる。これらの酵素は，特定の対立遺伝子が存在する条件において，PCR 産物を断片化するために使用される。これにより，大きさの異なる断片をアガロースゲル上で可視化し，視覚的に遺伝子型を判別できる。例えば，PCR 後の *Dde*I 制限酵

29

第2章

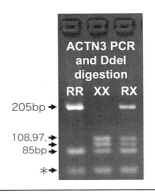

図 2.2 スピードとパワーに関連する遺伝子型であるACTN3 R577X の PCR 遺伝子型解析の結果の一例[4]。290 bp の PCR 産物は PCR で増幅された後，DdeI で 205 bp と 85 bp の断片に 1 回（ACTN3 577 RR）または 108 bp，97 bp と 85 bp の断片に 2 回（ACTN3 577 XX）切断される。「＊」は人工産物であるプライマーダイマーを示している。ACTN3 PCR and DdeI digestion：ACTN3 の PCR および DdeI による消化。

素による消化は，スピードとパワー能力に関与する ACTN3 R577X 遺伝子型[4]（**図 2.2**）を特定するために用いられる。この詳細については**第 4 章**で取り扱う。このような遺伝子型は**制限断片長多型**（restriction fragment length polymorphism：RFLP）として知られている。蛍光を用いた最新の技術は，サーマルサイクリング装置や消耗品に高いコストがかかるものの，アガロースゲルを用いた工程を必要とせず手順全体を簡素化できるため，前述のアガロースゲルを用いた手法は用いられなくなってきている。

　各 DNA 断片またはゲノム全体の塩基配列を解読できる直接的な **DNA シーケンス**が一般的になってきている。DNA シーケンスは前述したような蛍光技術を用いる。例外は，各 DNA 塩基（A，T，G，C）が異なる光を放ち，DNA の断片（もしくは全ゲノム）は PCR 技術によって増幅され，様々な大きさの断片が多数できることである。これらの大きさの異なる断片は，電気泳動によって整理された後，コンピュータ解析で塩基配列が決定される。全ゲノムでは，この手順が何千もの断片に対して同時に行われ，得られた配列はコンピュータ解析によって繋ぎ合わせられる。全ゲノムが大きな断片の状態で同時に解析される後者の手順では，**次世代シーケンサー**（next generation sequencer：NGS）[5] が活用される。NGS の価格は低下しており，わずか 10 年前には考えられなかった費用（10 万円以下）で，ヒトの全ゲノムの直接シーケンスができると企業が宣伝するほどである。NGS の詳細については本章で後述する。

　第 1 章で述べたように今や NGS の利用は広がりつつあるが，潤沢な予算と多くのサンプル数が必要となるため，現在の運動遺伝学の分野では一般的に用いられてはいない。本章で後述するが，実際にはより少ないサンプル数で実施可能な RNA シーケンス（RNA-sequence：RNA-seq）などの RNA/遺伝子発現解析において，NGS がより頻繁に利用されていると思われる。運動遺伝学の分野においては数千程度の特定の対立遺伝子に焦点が絞られてきた。また，一個体に存在する多数の対立遺伝子を一度に

決定するために，**マイクロアレイ**技術が利用されることもある。これは，ヒトゲノム上に存在する何十万もの SNP を測定できる SNP チップ（マイクロアレイ）を用いて，目的の形質との関連を調べる研究[6]，いわゆる**ゲノムワイド関連研究（genome-wide association studies：GWAS）**でよくみられる。研究者が特別に選択した多くの対立遺伝子が含まれるターゲットマイクロアレイを使うにせよ，より偏りのない探索的解析を可能にするためにゲノム中の数千の対立遺伝子を含む市販のチップを使うにせよ，マイクロアレイ技術を用いることで，少量の gDNA から相当量の情報を一度に得ることができる。マイクロアレイ解析（またはシークエンス）における大きな課題は，データを適切に解析するために必要となるバイオインフォマティクスと統計処理である。DNA マイクロアレイについては，「DNA のエピジェネティック解析」と「RNA 発現の解析」の節でより詳細に説明する。

ダウンストリーム解析のための生検およびサンプル処理（DNA，RNA，タンパク質抽出，免疫組織学，細胞単離）

生検と処理の紹介

トロカール生検針は 1868 年に Duchene によって発表された[7]。それからおよそ 100 年後，Bergström が骨格筋生検の解析のために改良した針を使用したことを報告した[8,9]。さらに 15 年後，Evans らは採取量を確保するために Bergström 針に陰圧を

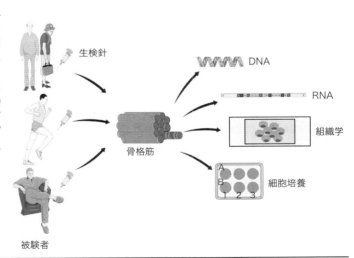

図 2.3　細胞および分子解析における骨格筋生検の活用。smart.servier.com を使用して作成。許諾の必要なし。Attribution 3.0 Unported（CC BY 3.0）license, https://creativecommons.org/licenses/by/3.0/.

第 2 章

導入した[10]。Bergström 針の発展と同時に，スカンジナビアの研究者は骨格筋組織採取のためにコンコトーム生検針を使用したことが報告されている[11,12]。陰圧により採取した筋サンプルは構造が失われ，組織学的解析の結果に悪影響を与えることがあるが，後者の方法を用いることで構造的な状態を保持したままの筋サンプルをより多く得ることができる。したがって，研究課題や必要なサンプル量に応じて生検の方法を使い分けなければならない。例えば，DNA や RNA 解析のみを行う場合には，コア針生検（市販の使い捨てニードルコアガンを使用）で十分な量のサンプルを確保できる。一方で，組織学的解析や細胞の単離が必要な場合には，コンコトーム生検針を用いてより多くのサンプル量を得るのが好ましい（**図 2.3**）。

生検の手順

　倫理の承認およびインフォームドコンセントを得た後，正確な無菌操作ができること，そして被験者が局所麻酔薬に対してアレルギーがないことを確認したうえで，適切な訓練を受けた研究者または医師が生検を行うことができる。簡潔に説明すると，組織を採取する位置の体毛を剃り，消毒や麻酔を行い，滅菌されたメスで皮膚と筋膜を小さく切開する。この時，サイクリング運動後の大腿四頭筋のグリコーゲン利用，または膝伸展運動後のタンパク質合成など，研究課題に応じてサンプルを採取する位置を決定する必要がある。切開した部位から針/コンコトームを挿入し，少量のサンプル（分析に必要な量に応じて 20 〜 350 mg の組織）を採取する。創傷部を圧迫して止血した後，手術用スクラブで洗浄し，ステリストリップ（訳注：抜糸後のキズを目立たなくする 3M ネクスケアの皮膚接合用テープ）で創傷部を閉じ，防水の包帯を巻く。筋生検手順の詳細については，Turner らの著書[13]を参照していただきたい。手順の始まりから終わりまではおよそ 30 分を要するが，その大部分は採取するための準備と採取後の傷口の閉鎖に要する時間である。組織採取自体は単回か複数回かによるが（生検は「パス」とも呼ばれる），数秒から数分程度の時間を要する。短時間に同じ部位から複数のサンプルを採取する場合（運動直後，3 時間後，24 時間後など），最初の採取がその後に採取するサンプルに与えうる影響について慎重に検討する必要がある。タイムポイントごとに必要な量の組織を採取するために，（利き足の影響を受ける可能性はあるが，両脚に同じ介入を行っている場合）もう一方の脚から筋組織を採取することがある。また，同じ脚に 3 〜 5 cm の間隔を開けて，新たに切開する場合もある。さらに重要なことは，被験者の健康と安全に最大限配慮するとともに，生検の手順が目的とする分析項目に与える影響について注意深く考慮することである。

　採取した筋組織は，速やかに氷上の無菌容器（核酸分解酵素を含まないエッペンド

ルフチューブや検体容器など）に移し，無菌条件下で抽出や保存のための処理（DNA，RNA，タンパク質，組織化学など；**図 2.3** 参照）に取り掛からなければならない。サンプルを複数の解析に使用する場合，採取したすべてのサンプルの安定性と妥当性を確保するための適切な前処理ができるよう事前に検討すべきである。さらに，サンプルや後の分析で得られるデータの信頼性を担保するために，採取した組織を 2 人以上で処理する必要がある場合もある。

　針から組織を取り出し，サンプルを氷上で滅菌シャーレに移した後，保存前あるいは次の手順へ移行する前に，滅菌メスで注意深く不純物，脂肪組織や線維組織を取り除く。細胞の単離に加えて組織化学などの他の分析を行う場合，それぞれの分析に適した処理を行うために，同じ部位から複数の組織採取，つまり「パス」を行う必要がある場合がある。

筋生検からの DNA 抽出

　筋組織から DNA を抽出した場合，その後の解析のために，サンプルは速やかに液体窒素で瞬間冷凍し，−80℃で保存する。また，サンプルは，核酸の状態を保つための特殊な市販の溶液で処理し冷凍保存することもある。DNA のみを分析する場合，DNA はかなり安定であるため，この手順は必ずしも必要ではない。しかし，後述するように同じサンプルから RNA を抽出する場合，RNA は保存期間中や凍結融解の繰り返しによって分解される可能性が高いため，この手順は重要な検討事項となる。次に，凍結保存したサンプルから DNA を抽出する。ここでは，市販のカラムを使用するキットに付属している溶解バッファーの中に組織を加えた後，小型のホモジナイザー機器（例：イギリス，Qiagen 社の TissueRuptor）を使用してサンプル 1 つひとつをホモジナイズする方法や，ホモジナイズ装置（例：ドイツ，Roche 社の MagNA Lyser）を用いて複数のサンプルを一度にホモジナイズする方法がある。後者の方法では，滅菌済みの小さいセラミックビーズを溶解バッファーとともにサンプルチューブ内に入れ，効率よく組織を破砕して細胞を溶解するために，機械で「振盪」する。その後，前述したように，白血球や口腔粘膜のサンプルと同様の方法を用いて，タンパク質変性と DNA 精製の過程を経て，DNA を抽出する。そして，サンプルの量と質を測定する。この測定では，特定の波長においてサンプルが吸収する紫外線を測定できる**分光光度計**（spectrophotometry）を使用するのが一般的である。ピペットを使用して，微量の DNA サンプル（～ 1 μL）を分光光度計（例：ThermoFisher Scientific 社の Nanodrop）のプローブに乗せる。分光光度計は，260 nm（DNA の最適波長）で吸収される紫外線量を感光装置で定量し，**ランベルト・ベールの法則**（Beer-Lambert law）により DNA の濃度が算出され

第2章

る。DNA の純度や「質」は，260 nm（核酸の吸光度測定に最適）と 280 nm（タンパク質の吸光度測定に最適）および 230 nm（不適切な抽出／分離手順によって混入した不純物を検出するための波長）の吸光度比から間接的に測定される。A260/A280 比が 1.8 ～ 2.0 の場合には，DNA の「純度が高い」といえる。DNA 定量のために**分光光度計**を用いる際の問題の 1 つは，RNA も同様の波長で光を吸収することである。したがってこの方法では，DNA サンプルに含まれる RNA の混入を検出することができない。そのため，RNA 分解酵素を使って，DNA サンプル内に混入した RNA を分解することがある。市販のカラムを使用するキットでは，RNA 分解酵素を使用する手順が含まれることが多い。DNA を直接測定する方法として，**蛍光光度法**（fluorometry）がある。この蛍光光度法では，DNA（RNA は含まない）とのみ反応する蛍光色素を使用することで，特に DNA 量が少ない場合に，UV 分光光度計よりも正確に DNA 量を測定することができる。しかし，この方法では標準となる DNA と蛍光試薬が必要となるため，より多くの費用がかかる。また，前述のように UV 分光光度法では吸光度測定値からサンプルの純度を間接的に判断できるのに対して，この方法はサンプル内に含まれるタンパク質や化学物質の混入を検出することができない。

筋生検からの RNA 抽出

RNA を抽出したい場合，−80℃（またはサンプルの状態を維持できるバッファー）で保存したサンプルを Tri-Reagent（TRIzol とも呼ばれる）または市販のキットに付属している溶解バッファーの中に入れる。Tri-Reagent 法は，市販のキットよりも安価であるため，よく用いられる。Tri-Reagent は，2 つの化学物質（**フェノール**と**グラニジンチオシアン酸塩**）が含まれる単相溶液で，これら 2 つの化学物質は，溶解や均一化の段階で細胞成分の破砕と分解をしながら，RNA 特異的な分解酵素である RNase（RNA を分解する酵素）の活性を阻害することで RNA の質を維持する。そして，3 つ目の試薬として**クロロホルム**を加えて遠心分離をする相分離と呼ばれる過程で，RNA が上層の「水溶液相」に溶解する。この水溶液相を慎重に取り出し，**イソプロパノール**を添加すると，溶液中に RNA が沈殿する。遠心分離後，RNA の沈殿を 75％エタノールで洗浄することで，これまでの工程で残った化学物質を除去することができる。安定性の低い RNA の状態を維持するため，沈殿した RNA を特殊な RNA 保存溶液または TE（Tris-EDTA）バッファーで再懸濁する。最後に，DNA と同様の方法を用いて RNA の量と質を測定する。RNA の最適な A_{260}/A_{280} 比は 2.0 ～ 2.2 である（DNA は 1.8 ～ 2.0）。DNA は RNA と同様の波長光を吸収することから，UV 分光光度計（例：ThermoFisher Scientific 社の Nanodrop）を用いた方法では RNA サンプルに含まれる

34

DNA の混入を検出することができない。そのため，Tri-Reagent を使用した方法では，DNA 分解酵素を使って RNA サンプル内に混入した DNA を分解することがある。多くの場合，市販のカラムを使用するキットには，抽出工程に DNA 分解酵素を使用する手順が含まれているため，RNA の量と質を定量する際にこの手順を繰り返し行う必要はない。最後に，前述の DNA と同様に，RNA にのみ結合する色素を用いた蛍光光度法も RNA の定量に使用することが可能であり，特定のサンプルに含まれる RNA の正確な濃度を知ることができる。

筋生検からのタンパク質抽出

タンパク質を抽出するためには，−80℃で保存したサンプルを液体窒素で冷却しながら粉砕した後，溶解バッファーを加え，氷上でホモジナイズする。ホモジナイズには，前述の小型ホモジナイザーまたはホモジナイズ装置を用いる。（本章で後述するウエスタンブロット法やプロテオミクスなどの分析項目に応じて）タンパク質の分解を抑制するプロテアーゼ阻害剤とタンパク質のリン酸化を抑制するホスファターゼ阻害剤を溶解バッファーに加えるのが一般的である。特にリン酸化タンパク質の解析を行う場合には（ホスファターゼ阻害剤の使用とともに），これらの準備を氷上で行うことも重要となる。ホモジナイズ後はサンプルを遠心分離する（1,000 g，4℃で5分など）。上清には可溶性タンパク質が含まれ，沈殿物には不溶性タンパク質（筋原線維タンパク質など）が含まれる。沈殿物は，長期保存やその後の解析を行う前に，分析用のバッファーで再懸濁し，ビシンコニン酸（BCA）またはブラッドフォードタンパク質測定法などの特定の方法によりタンパク質濃度を測定することもある。例えば，BCA タンパク質測定法では，アルカリ環境下で Cu^{2+} が還元される際に生成される Cu^{1+} を検出する [14]。BCA 法に付属する試薬をタンパク質試料と混合すると，BCA の2分子と銅（Cu^{1+}）1分子が結合し，紫色の反応を呈するようになる。この紫色は，タンパク質の高分子構造，タンパク質結合の数，4つのアミノ酸（システイン，シスチン，トリプトファン，チロシン）によって生じる [15]。色が濃いほどより多くのタンパク質が存在することを意味する。この複合体の吸光度は，分光計を用いて 540 ～ 590 nm の波長で測定すると，タンパク質濃度の上昇に対して直線的に変化する。

組織学分析とサンプルの処理

多くの組織学的手法では必要ないが，リン酸化タンパク質の分析を行う場合は，サンプルを氷上で操作することが推奨される。サンプルは液体窒素で予冷したイソペンタンの中で急速撹拌しながら瞬間凍結することで氷晶の形成を防ぐことができる。（筋線

第２章

維が垂直になるように）サンプルをコルク片にのせ，クライオスタットで切片を作成するか，パラフィンにのせてミクロトームで切片を作成する。いずれの方法を用いても 5〜 10 μ m 程度の非常に薄い連続切片を作成できる。サンプルをスライドガラスにのせて固定し，比色分析（核および細胞質成分をそれぞれ可視化するヘマトキシン・エオジン／ H&E 染色など），組織化学分析（基質の酵素反応によって色が変化する ATPase 染色など），免疫組織化学分析（一次抗体と二次抗体を用いた方法など）に用いられる。詳細については，「免疫組織化学法と免疫細胞化学法」の項を参照していただきたい。

筋生検からの細胞の単離

　筋生検後，まず筋組織をあらかじめ 4℃に冷やしておいた細胞培養液に入れ，クラス II の細胞培養キャビネット（訳注：キャビネットは機能や保護の対象によって複数のカテゴリーに分けられている）に運ぶ。次に，サンプルを滅菌済みのリン酸緩衝生理食塩水（phosphate buffered saline：PBS）で数回洗浄し，結合組織を取り除いた後，トリプシン–EDTA の中で鉗子，メス，ハサミを使って細分化する。トリプシンは酵素的な反応によりタンパク質を消化する。また，EDTA は細胞表面のカルシウムやマグネシウムを取り除くことで，トリプシンによって細胞間の接着分子を消化し，細胞同士を切り離すことができる。「スラリー」と呼ばれる細分化/消化された組織は，37℃で 10 分間温めながら混合し，あらかじめ 37℃に温めておいた培養用の血清を用いてトリプシンを中和する。残りの組織はさらに 2 回消化，細分化，中和を行う。この溶液を遠心分離（340 g，室温で 5 分など）した後，沈殿物を温めておいた増殖培地（37℃）で再懸濁し，（細胞の接着を助けるために）ゼラチンでコーティングした細胞培養フラスコに細胞を移す。定期的に培地を補充しながら，37℃，5% CO_2 の環境で，80％の培養密度になるまで 1 週間程度安置する（さらなる詳細については「単層細胞培養」の項を参照）。細胞は凍結するかまたは，細胞増殖，細胞遊走，細胞融合，細胞分化，細胞死などの実験にすぐに使用できる。さらに，細胞/筋管は DNA，mRNA，タンパク質分析などのために溶解することや，組織化学分析のために「固定」することもできる。

DNA のエピジェネティック解析

■ 本節の学習目標

　本節では以下のことを学習する。

1. DNA のメチル化を調べるための様々な方法
2. それらの方法の重要な違い

分子運動生理学における研究手法

3. 研究課題に応じた様々な手法
4. ヒストンおよびクロマチン修飾の解析に必要な方法
5. ヒストン修飾解析に用いられる ChIP シークエンスの利点と欠点
6. ヒストン修飾の研究に用いられる CUT&RUN および CUT&Tag の類似性と重要な相違点

DNA メチル化

はじめに

運動は，我々が受け継いだ遺伝的情報を「エピジェネティックに」修飾し，運動の適応にかかわる分子の応答を変化させる。これについては**第6章**で詳しく説明する。DNA のエピジェネティック修飾はいくつか知られているが，その中で最も注目されているのは DNA メチル化である。DNA メチル化の変化は，シトシン残基の5番目に位置する炭素においてメチル分子を付加または除去することなどである。この項は，現在 DNA メチル化の研究に用いられている最も著名な方法論（1つの DNA 塩基対からゲノム全体の解析まで）の概要と，分子運動生理学の分野におけるこれらの方法の適用性を示すことを目的とする。研究課題，サンプル数，コスト効率によって用いる手法は異なる。

ゲノム DNA のバルサルファイト処理

目的の組織や細胞から DNA を抽出した後は，バルサルファイト処理を行うことが DNA メチル化の解析における基本的な手順である。この処理により，メチル化されていないシトシンヌクレオチドはウラシルに変換される。前述した PCR 増幅の後，ウラシルヌクレオチドはチミンに変換される。しかし，この処理においてメチル化されているシトシンは保護されるため変化しない（**第6章**，**図6.1** 参照）。したがって，この処理によって，メチル化されたシトシンとメチル化されていないシトシン残基を，後述の「ダウンストリーム」解析で容易に識別することができるようになる（**図2.4**）。

ゲノムワイドメチル化シーケンス

DNA シーケンサーの急速な発展とコストの低下に伴い，シーケンサーの機能を活用した方法論が急増している。**全ゲノムバイサルファイトシーケンス**（whole genome bisulphite sequencing：WGBS）はその代表的な方法である。WGBS が通常の DNA シーケンスと異なる点は，DNA をまず前述のバルサルファイトで処理することである。この処理の順序はプロトコルによって異なるが，一般的には以下のような手順で行う。

図 2.4 バルサルファイト変換ワークフローの簡略図。メチル化されていないシトシン（C）残基（薄い灰色）は，バルサルファイト処理によりウラシル（U）に変換され，その後 PCR による増幅でチミン（T）となる。一方で，メチル化されたシトシン残基（濃い灰色）は，バルサルファイト処理後も変化しないため，その後の解析でメチル化されたシトシンと非メチル化シトシンの判別が可能になる。

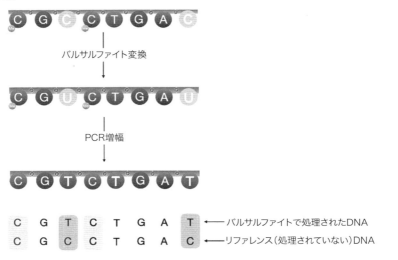

1. 超音波処理による DNA の断片化：超音波のエネルギーにより DNA を切断し，長さ 200～500 bp 程度の短い DNA にする。
2. 断片化した DNA の 5' 末端と 3' 末端からはみ出した不要な塩基を取り除き，末端に 1 つの「A（アデニン）」を付ける。
3. アダプターの付加：修復された DNA 断片の末端に特殊なアダプターを結合させる（「ライゲーション」）。ここでのアダプターは長いヌクレオチド配列となっており，DNA 断片の PCR 増幅を可能にする。同時に，アダプターを付加することで，固有のインデックス/バーコード配列の組み込みや断片をシーケンス用のフローセルに付着させることも可能となる（これらについてはすべて後述する）。
4. アダプターライゲーションした DNA にシークエンスインデックス/バーコードを付加し，PCR で DNA を増幅する。次に，アダプターライゲーションされた DNA は，配列特異的な「インデックス」と混合する。インデックスは通常 6～8 bp の長さのヌクレオチド配列であり，サンプル特異的に DNA 断片に付着する。これらインデックスにより，研究者は複数の生物学的サンプルを混ぜ合わせても（例：シーケンスコストの削減のため，基準となるコントロールと運動後条件のサンプ

ルの組み合わせ），固有のシーケンスインデックスから各サンプルを区別すること
ができる。その後，DNA サンプルを PCR により増幅することで，これらインデック
スを組み込むこと，そしてサンプル収量を増加させることができる。

5. 得られた DNA サンプルは，一般的に DNA ライブラリーと呼ばれ，その後シーケ
ンスおよび様々な品質管理を経て，生物学的意義を解明する準備が整う。

　ヒトゲノムに存在するおよそ 2,800 万個の CpG 部位を対象とする WGBS は，現在
用いられている手法の中で最も包括的なメチル化測定方法である[16]。しかし，正確で
信頼性の高い結果を得るためには，多くのシークエンスデータを必要とする。そのため，
複数の条件，複数のタイムポイントにおける非常に多くのサンプルを分析するとなれば，
（費用などの）複雑な問題が生じうる。

reduced representative sequencing

　reduced representative bisulphite sequencing（RRBS）は，ゲノム全体のメチル化
状態を調べるうえで費用対効果が高い方法の 1 つである[17,18]。RRBS のプロトコルは一
般に WGBS の方法に準じるが，決定的な違いが 1 つある。RRBS で使用される DNA は，
WGBS とは異なり，ランダムに断片化されるのではない。そのかわりに，特定の DNA
配列を認識する制限酵素を用いて「切断」する。例えば，RRBS の実験に最もよく使わ
れる制限酵素の MspI は，CCGG という DNA 配列を認識して切断する（**図 2.5**）。
　RRBS は，生物学的および経済的観点から，非常に有効であることが証明されている。
この方法では，遺伝子のわずか 1％ のシーケンスで，全 CpG 部位の 12％ まで，そして
遺伝子プロモーター領域に存在する既知のメチル化部位の 80％ 以上が対象となると推
定されている[18,19]。しかし，この方法の特性上，対象領域外の部位（遺伝子間領域など）
について探索する実験には適用できないことを考慮する必要がある。

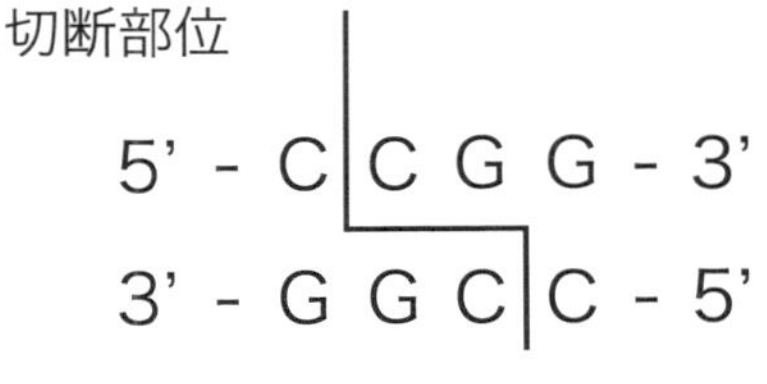

図 2.5　この DNA の切断により，両末端にシトシン
残基と CpG 部位を持つ断片が生成される。CpG 周囲
には遺伝子のプロモーターやエンハンサー領域が多く
存在するため，この酵素はこれらの興味深い制御領域
に由来する小さな DNA 断片を作り出すことができる。
大きな断片をフィルタリングすることにより，ゲノム
のこれらの興味深い領域（すなわち，プロモーター／
エンハンサーおよび領域内の CpG サイト）に由来す
る断片が多く含まれる DNA プールを作成することが
可能である。

切断部位

5' - C｜C G G - 3'

3' - G G C｜C - 5'

第 2 章

シーケンスとコンピューターワークフロー

　作成された DNA シーケンスライブラリーは，ほとんどの場合「合成によるシーケン
ス」として知られるシーケンスプロセスを経る。はじめに，DNA ライブラリーサンプ
ルをシーケンスプラットフォームに設置したフローセルに移す。次に，前述した通り，
一本鎖 DNA（single-stranded DNA: ssDNA）断片は，アダプター領域のハイブリダ
イゼーションによってフローセルに付着する。付着した DNA 鎖は増幅され，全く同じ
ssDNA（鋳型鎖）の「クラスター」が作製される。合成によるシーケンスは，DNA の
コピー鎖を作製することで行われる。この過程では，異なる色で蛍光標識された塩基が
段階的に加えられ，それぞれがヌクレオチドに応じて異なる色の蛍光シグナルを発する
（例えば，4 つの異なるヌクレオチドはそれぞれ 4 つの異なる色を発する）。DNA ライ
ブラリーの長さに応じて，DNA 全長がシーケンスされるまでこの手順が繰り返される。
シーケンス手順の最後に，もとの DNA 断片は一連のヌクレオチドシーケンスの中でコ
ンピューターによって特定される。これらのコンピューターシーケンスは一般的にシー
ケンスリードと呼ばれる。

　DNA シーケンスのリードは，ライブラリー作成時に用いられた固有のインデックス
によって分けられ，どのデータ（または DNA リード）がどの実験サンプルに由来する
かを確認できる。これらの DNA リードを照合した後，以下の一般的な手順にしたがっ
てコンピューターパイプラインにかけることができる。

1. シーケンスリードが適切に行われたことを確認するため，はじめに品質管理を行
   う。
2. シーケンスリードをトリミングし，各 DNA シーケンスリードの誤認しやすい部分，
   偏りのある部分，品質の悪い部分を取り除くことで，高品質で信頼できる領域の
   みが各シーケンスリードに残るようにする。
3. 目的とするゲノム（ヒト/ホモサピエンス，マウス/ハツカネズミなど）に合わせ
   て並べる。
4. 実験に応じた解析を行う。この解析には，異なる 2 つの条件やタイムポイント間
   における可変メチル化領域（differentially methylated regions：DMRs），可変
   メチル化 CpG 部位（differentially methylated CpG sites：DMCpGs）の特定な
   どがある。これらは可変メチル化位置（differentially methylation positions：
   DMPs），可変メチル化遺伝子座（differentially methylation loci：DML）として
   も知られる。

　シーケンス実験の必要条件を決める因子は複数ある。実験のサンプル数，サンプルの
供給源（微生物や生物の供給もとなど），実施する解析の種類などの因子は，得られる

データセットとその後の解析の信頼性や妥当性に影響を与えるため，実験計画の段階で慎重に検討する必要がある[20,21]。WGBS と RRBS では，データ解析時に質の高いシーケンスライブラリーとコンピューターの専門知識が必要となる。これらの手法，特にWGBS は，これまで知られていない，あるいはあまり特徴付けられていないゲノム領域を検出できる。これは未発見の DNA 部位や遺伝子を対象としたい場合に重要となる。

DNA メチル化のマイクロアレイ

　WGBS および RRBS とは対照的に，マイクロアレイでは既知の DNA 配列のみを用いる。メチル化をもととしたマイクロアレイチップは，チップ上に存在するすべてのCpG 標的部位に対して相補的な 2 つのバージョン（1 つはメチル化，もう 1 つは非メチル化）があることで機能する。実験用サンプル（運動前の筋生検など）から得たバイサルファイトに変換した DNA は，マイクロアレイチップ上のメチル化鎖または非メチル化鎖のいずれかと補完的に結合し，どちらと結合するかによって異なる特定の蛍光シグナルを発する。この反応は，実験サンプル中のすべてのバイサルファイト変換されたDNA 断片で起こる。そして，メチル化されている断片とされていない断片の数に応じて，CpG 部位特異的なベータ（β）メチル化値（0 〜 1 の間の数値）が算出される。このプロセスにより，個々の CpG 部位に存在する何十万にもおよぶメチル化プロファイルを同時に特徴付けることができる。

　シーケンスのワークフローとは対照的に，メチル化マイクロアレイプラットフォームの出力はすでに定量化されているため（例えば，各サンプルの各 CpG 部位は β メチル化値が定量化されている），データ解析をコンピューター上で手軽かつ容易に実行できる。

　マイクロアレイの技術は WGBS と比較して利用しやすいだけでなく，時間効率が高く，コンピューター処理の負担が小さい。さらに，この類の技術は発展し続けており，最近のメチル化 EPIC アレイ（アメリカの Illumina 社）では，ヒトゲノムの 85 万以上の CpG 部位を解析できるようになった[22]。これには，CpG アイランド，RefSeq 遺伝子，ENCODE 転写因子結合部位，FANTOM5 転写促進因子が含まれ，遺伝子領域を極めて綿密に包括している。さらに，比較的新しいアレイの技術の対象範囲は，従来モデル（HumanMethylation 450K BeadChip）で対象とした部位の 90％であるが，FANTOM5 と ENCODE によって潜在的な転写促進因子として同定された領域にある35 万の CpG 部位が追加されている。つまり，このアレイを用いることで，ヒトゲノムに存在する既知の CpG 部位について，最も包括的でありながら識別可能な探索を行うことができる。メチル化アレイの大きな欠点は，既知の配列情報を使ってアレイチップ

第2章

を作成すること，つまり種特異的に設計されていることである。例えば，ヒトの850K EPICアレイは，ラットやマウスのゲノムにも存在するシーケンスのための「プローブ」を含んでいるが，ヒトアレイを使用した場合，ラットやマウスのサンプルで確実に調べることができるCpGの数は，85万以上から2～3万へと著しく減少する。しかし，この問題を回避するために，種ごとに対応したアレイが登場し始めている。さらに，アレイはDNAの未知の領域やあまり特徴付けられていない領域（遺伝子間領域，リボソーム，mtDNAなど）を同定することができない。DNAメチル化解析におけるアレイとシーケンスをもととした手法の比較については，他の文献に詳しい[23]。

遺伝子座特異的メチル化シーケンス

標的とする領域特異的なDNAメチル化解析の方法として，「合成によるシーケンス」が数種類ある。多くの場合，バルサルファイトで処理したDNA，増幅産物に特異的なフォワードおよびリバースプライマー，目的の領域を増幅するPCR，データの「読み取り」を行うための電気化学的手法または光検出法が必要となる。これらの方法は，前述したシーケンス技術を簡略化したバージョンであるといえる。例えば，遺伝子座特異的パイロシーケンスでは，バイサルファイトで変換したDNAと特殊なビオチンで標識したプライマーを用いて，目的のDNA領域（通常350 bp以下）を増幅する。塩基ごとにヌクレオチドが追加されることによって，DNAテンプレートに付加されたヌクレオチドの数と特異的に比例する光シグナルから特定のゲノム領域におけるメチル化レベルを明らかにできる[24]。Bis-PCRシーケンス[25]や標的バルサルファイトシーケンスなどのより遺伝子座に特化した手法では，目的の領域をPCRで増幅することで，NGSを行う前に増幅した領域からシーケンスライブラリーを作成する必要がある。

ヒストン修飾とクロマチン近接性の解析

はじめに

エピジェネティックな修飾は，DNAをコンパクトな構造に密に結びつけているタンパク質にも起こる。ヒストンとして知られるこれらのタンパク質には，メチル化，ユビキチン化，アセチル化などの修飾を受けやすいヒストンから突出したアミノ酸の「テール」がある。これらの変化は，修飾の種類，ヒストンタンパク質の種類，テールの位置によって，DNAの機能を変化させうる。さらに，DNAと結合したヒストン複合体を包含する構造体を持つクロマチンに対しても，より高度な制御が行われる。例えば，あるヒストン修飾は他の分子を誘導することで，周囲のクロマチンのコンパクトな性質をより強めたり（「ヘテロクロマチン化」）弱めたり（「ユークロマチン化」）する。これ

により，分子間の近接性が変化し，DNA の特定の部位に入り込んで制御するような他の分子の働きが変化する。ヒストン修飾，クロマチンの近接性，これら 2 つの制御機構と運動の関係については，本書**第 6 章**，一般的な総説論文 [26,27]，運動に特化した総説論文 [28] で詳しく説明されている。したがってこの項は，ヒストン修飾とクロマチンの近接性を分析するために現在用いられている手法について概要を示すことを目的とする。

ヒストン修飾

　ヒストン修飾を解析するための最も一般的な方法は，**クロマチン免疫沈降法**（chromatin immunoprecipitation：**ChIP**）である。この方法では，固定剤（ホルムアルデヒドなど）を用いて DNA の状態を「固定」し，分子とヒストン間の相互作用を停止させる。ChIP 専用の細胞溶解バッファーを使用して，ヒストンと結合したままの DNA を溶解および抽出する。超音波処理によりサンプルを無作為に断片化し，選択した特定の修飾（例：ヒストン H3 のリジン 4 トリメチル化，または H3K4me3）と結合する抗体と反応させる。抗体と結合した（「免疫沈降した」）ヒストンは抽出され，近接する DNA が精製される。その結果，標的とするヒストンのマーカーの近くにもともと存在していた DNA 断片が残る。そして，これらの DNA 断片がゲノムのどの部分に由来しているかを正確に調べるために，3 つの方法が用いられる。

　全ゲノム解析の方法として，マイクロアレイを用いて DNA 断片を解析する ChIP-on-chip 法が最初に普及した。しかし，NGS の急速な発展により，ChIP シーケンスがより一般的な方法として用いられるようになった。この方法では，DNA 断片が前述の ChIP 法により精製され，DNA シーケンスライブラリーの作成に用いられる。どちらの方法を用いても，選択したヒストン修飾の結合位置および結合量に関する情報を得ることができる。しかし，いずれの方法も高い費用がかかるだけでなく，膨大なデータが得られるため，バイオインフォマティクスやデータ解析に関する高い専門知識が求められる [30]。現在では定量的 PCR（qPCR）を用いることでより対象を絞って精製した DNA 断片を解析することができるため，これらの課題を克服することが可能である。この方法では，研究者が対象としたいゲノム領域を正確に把握し，その領域を調べるための PCR プライマーを設計する能力が非常に重要となる。ChIP 法は，はじめに揃えなければならない道具が多いことに加えて，比較的多くの手間を要する。また，シーケンスを用いた方法では，データセット間の有意な差を確実に検出するために膨大なシーケンスデータが必要となる。

第 2 章

CUT&RUN

　バックグラウンドノイズの問題と，必要な道具やデータ量の問題を克服するため，2つの新しい方法が開発された。1つ目は，CUT&RUN（cleavage under targets and release under nuclease）である。これは，より効率的で費用対効果の高い分子結合部位を分析するための方法として 2017 年にはじめて確立された[31]。この方法は，前述した抗体免疫沈降法を同様に行った後，抗体を認識できる酵素と DNA を反応させることで，その周囲の DNA を切断する。得られた DNA 断片は精製され，一般的な手順に従って DNA シーケンスライブラリーが作成される。重要なことは，組織や細胞サンプルを事前に固定することなしに，酵素による切断が非常に特異的かつ効率的に行われるということである。そのため，バックグラウンドノイズや偽陽性検出の可能性を大幅に減らすことができる[32]。実際に，わずか 100 ～ 1,000 個の細胞から信頼性の高いデータを取得できることが示されている[31]。

CUT&Tag

　CUT&RUN 法は，開発されて以来，シーケンスに適した DNA 断片を精製するのに必要な時間を劇的に短縮するための修正や，シングルセルの解像度で実行するための修正が加えられてきた。CUT&Tag（cleavage under targets and tagmentation protocol）は CUT&RUN と同様の手法を用いるが，DNA 断片を切断する酵素には，その後の DNA 断片の増幅とシーケンスに重要となる DNA シーケンスアダプターがあらかじめ含まれている[33]。精製された DNA 断片は，シーケンスのために PCR によって増幅される。

　CUT&RUN と CUT&Tag は，シグナルに対するノイズの割合および偽陽性率が極めて低いことから[31]，従来の ChIP シーケンス法よりも優れた方法であるといえる。さらに，CUT&Tag 法に用いられる試薬や酵素にわずかな変更が加えられていることにより，従来の ChIP や CUT&RUN とは異なり，単一細胞への応用も十分に可能である。しかし，これら 2 つの手法は開発と改良が続けられているものの，比較的新しい手法である。そのため，これらの手法を用いる際は信頼性と再現性が重要となる。

クロマチン近接性の解析

　分子と酵素が特定の DNA 領域に近接できることは，DNA の機能にとって非常に重要である。例えば，ポリメラーゼが DNA の一部に近接することは遺伝子の転写，すなわち**第 3 章**と**第 6 章**で説明するメッセンジャー RNA（messenger RNA：mRNA）を増加させるうえで重要となる。クロマチン構造の凝縮（ヘテロクロマチン）と弛緩（ユー

44

クロマチン）は，特定のヒストン修飾のエピジェネティックな状態と綿密に関連している。そのため，近接性の解析は，サンプルゲノムの全体像を深く理解するためにヒストン修飾の解析と一緒に行うのが一般的である。**ATAC**（assay for transposase-accessible chromatin）シーケンスは，DNA のアクセス可能な領域を確認するために用いられる最も一般的な方法である。この方法では，前述の CUT&Tag 法と同様の酵素を用いる。具体的には，シーケンスアダプターにあらかじめ含まれている特殊な酵素が dsDNA に入り込み，結合・切断する。重要なことは，この酵素がゲノムのアクセス可能な領域に対してのみ機能することである。したがって，この方法を用いてDNA を精製すると，アクセシビリティが高い領域を多く含んだ DNA 断片が残ることになる[34]。これらの断片をシーケンスした後，ゲノム領域のアクセシビリティと関連するある特定の領域を含んでいる断片とともに，データを目的のゲノムに合わせて並べる。この方法は他の方法よりもはるかに効率的で，感度が高く，経済的であることが示唆されている[35,36]。

RNA 発現の解析

■ 本節の学習目標

本節では以下のことを学習する。

1. 遺伝子発現／mRNA 発現の過程
2. 遺伝子／mRNA 発現を測定するために用いられる逆転写（reverse transcription：rt）リアルタイム（real-time：RT）定量的ポリメラーゼ連鎖反応（quantitative polymerase chain reaction：qPCR）「rt-RT-qPCR」
3. 「標的とする」遺伝子／mRNA 発現を測定するための分析方法
4. 遺伝子発現のゲノムワイド解析「トランスクリプトミクス」の原理
5. 分子運動生理学の分野で使用されるマイクロアレイや RNA シーケンス（RNA-seq）を用いた遺伝子発現解析の方法
6. 遺伝子発現解析に用いられるマイクロアレイと RNA シーケンスの重要な違い

遺伝子転写または遺伝子発現

はじめに

運動によって引き起こされる遺伝子の変化やエピジェネティックな修飾は，遺伝子発現のオン・オフに変化をもたらす。この遺伝子のオン・オフ変化の過程は，**遺伝子転写**（gene transcription）または**遺伝子発現**（gene expression）と呼ばれる（遺伝

第2章

子転写全般の理論については**第3章**で詳述する）。遺伝子発現を測定するためには，まず**RNA**を抽出する必要がある。運動後の遺伝子発現について検討する場合，DNAと同様に骨格筋組織から直接RNAを抽出することができる。DNAは二本鎖（すなわち，二重螺旋構造）であるのに対して，RNAは一本鎖であるが，RNAとDNAは非常によく似ている。RNAの糖骨格はリボースであるのに対して，DNAの糖骨格はデオキシリボースであり（そのため，RNAはDNAよりはるかに不安定である），DNAにおける**チミン**（thymine：T）はRNAにおいて**ウラシル**（uracil：U）に置き換わっている（**第3章**，**図3.7**を参照）。mRNAとして知られるこのRNAは，DNAの「メッセージ」の複製であり，細胞のタンパク質生成装置（リボソーム）に送られることで，タンパク質の生産が開始される。前述したように，DNAからRNAを産生あるいは合成する過程を**転写**（transcription）といい，転写されたmRNAからタンパク質を合成する過程を**翻訳**（translation）という。

　遺伝子転写は，まず**RNAポリメラーゼ**と呼ばれるタンパク質が，DNAの遺伝子の「**プロモーター**（promoter）」領域内にある転写因子複合体と結合することで開始される。このプロセスは転写開始部位から始まる。この部位から，RNAポリメラーゼが標的dsDNA配列にコードされた対応する一本鎖RNA（ssRNA）を5'から3'（または左から右）方向に転写し始める。得られた**mRNA前駆体**（pre-mRNA）は，次にいくつかの転写後修飾を受け，mRNAの非コード領域（すなわち**イントロン**）が除去または「**スプライス**」される。したがって，最終的な**成熟mRNA**（mature mRNA）には，遺伝子のコード領域（すなわち**エクソン**）のみが含まれ，細胞質のリボソームによってタンパク質に翻訳される準備が整う（**第3章**，**図3.8**と**図3.9**）。そして，1つの遺伝子から多くのRNAの複製がつくられる。タンパク質をコードしているという潜在性から，この成熟mRNAの量を測定する場合が多い。運動介入によって各遺伝子の転写レベルが上昇したか低下したかについて分析するためには，本章で前述したように，RNAを抽出した後に定量し，「質」を確認する必要がある。最終的に，逆転写リアルタイム定量的ポリメラーゼ連鎖反応（**rt-RT-qPCR**）と呼ばれる方法を用いることで，RNAを分析することができる。

　重要なのは，前述したようにRNAはDNAと比較して非常に不安定であるため，いくつか重要な手技的課題があることである。最も重要なのは，**リボヌクレアーゼ**（ribonuclease：RNase）と呼ばれるRNA分解酵素がRNAを分解し，実験に使用できないような小さな断片に変えてしまう可能性があることである。したがって，実験室での適切な取り扱い（清潔な手袋と白衣の着用，RNase阻害剤による表面や器具の洗浄）を常に心がけ，関連するバッファーや試薬をつくる際には常にRNaseを含まないプラ

スチック器具とジエチルピロカーボン酸（DEPC）で処理した水を使用することが推奨される。

遺伝子発現測定のための逆転写リアルタイム定量的ポリメラーゼ連鎖反応

RNA を抽出し定量した後，はじめに**逆転写酵素**（reverse transcriptase）を使用して ssRNA を「逆転写」する。この逆転写酵素によって，ssRNA は**相補的 DNA**（complementary DNA：**cDNA**）として知られる dsDNA に変換される。cDNA はその後，加熱と冷却の過程を経て **PCR** による増幅を受け，目的とする遺伝子（「ターゲット遺伝子」）が増加するため，この酵素による変換は重要である（本章で前述，**図 2.1**）。

cDNA をサーマルサイクラーに設置し，はじめの**変性段階**（およそ 95℃）で cDNA を一本鎖に分離する。それよりも低い温度（およそ 55℃）で，**フォワードプライマー**と**リバースプライマー**（およそ 20 bp の短い一本鎖 DNA）を含んだ「マスターミックス」が ssDNA 上の相補的な対応部位に結合あるいは**アニール**することで二本鎖になる（一本鎖の一方の開始点にフォワードプライマー，もう一方の一本鎖の終了点にリバースプライマーが結合する）。次に，わずかに高い温度（およそ 72℃）で，**Taq ポリメラーゼ**がプライマー配列に結合し，バッファーに含まれる **dNTPs** または**ヌクレオチド**（すなわち，dTTPs，dATPs，dGTPs，dCTPs）を用いて一本鎖を二本鎖に**伸長**する。このバッファーには，pH を安定させる補因子として Mg^{2+} が含まれている。これで 1 サイクルが終了となる。はじめに 1 つの cDNA 鎖があったとすると，変性，アニーリング，伸長の過程を経て，cDNA が 2 倍になると考えることができる。その後，変性，アニーリング，伸長が繰り返される。**変性**では，dsDNA を再び 2 つの一本鎖に分離する。**アニーリング**では，PCR プライマーが目的の遺伝子領域に結合できるように再び温度が下げられる。**伸長**では温度を上昇させ，Taq ポリメラーゼと呼ばれる酵素により dNTPs が伸長・付着することで，dsDNA すなわち cDNA が新しく合成される（**図 2.1** 参照）。各 PCR サイクルの後，目的とする領域の遺伝子「産物」と呼ばれる新しいコピーの量は，各 PCR サイクル中に cDNA と結合する蛍光分子が取り込まれることにより「リアルタイム」に定量される。ここでの蛍光シグナルの強さは遺伝子産物の量に比例する。これは，ゲル電気泳動法（後述）を用いて PCR 増幅後の各サンプル内に存在する遺伝子産物の量を定量する従来の PCR 法とは異なる。つまり，リアルタイム qPCR の技術は，PCR 増幅手順すべてが完了した後ではなく，各サイクル後の遺伝子発現の違いを「リアルタイム」で検出できることから，その名前が付けられている。

第2章

rt-RT-qPCR 法

SYBR Green 色素は，PCR 産物をリアルタイムで検出・定量するために用いられる最もシンプルで一般的な蛍光分子である。SBYR Green は dsDNA と結合し，励起されると光を発する。したがって，目的とする遺伝子の cDNA の PCR 産物が，各サイクル後に蓄積するにつれて，蛍光シグナルが高まる。各サンプル中の結合した SYBR Green 蛍光の量は，蛍光閾値と呼ばれる規定の蛍光レベルに達するまでに必要な PCR サイクル数を数えることで算出される（**図 2.6**）。したがって，規定の蛍光閾値に到達するために必要な PCR サイクルが少ないほど，各サンプル内に存在する遺伝子産物の量が多いこと，すなわちターゲット遺伝子の発現量も多いことを意味する。言い換えれば，より多くのターゲット遺伝子がサンプル中で発現しているほど，より少ない増幅サイクルで遺伝子産物が蓄積し，規定の蛍光閾値レベルに達するために必要な蛍光シグナルを得ることができる。この関係は数学的に定義することができる。つまり，蛍光閾値に達するために必要なサイクル数（すなわち**サイクル閾値**または C_T **値**）は，はじめの鋳型数

図 2.6 一般的な rt-RT-qPCR 実験から得られた蛍光読み出し情報の概略図。4つの曲線は，別々の実験条件から得られた2つのサンプルにおける2つの異なる遺伝子を示している。黒の曲線はリファレンス／ハウスキーピング遺伝子（例：RPII β）を，灰色の曲線は目的の遺伝子（例：IGF-1）を表わしている。実線は運動後の状態を，破線は同じ個体からの運動前の状態を表わしている。水平の破線は，設定されたサイクル閾値（C_T）ラインを表わす。C_T ライン付近では，バックグラウンドレベルに対して蛍光が指数関数的に上昇する。リファレンス／ハウスキーピング遺伝子を示す運動前（黒破線）と運動後（黒実線）の両カーブで蛍光が同様に上昇している。このことから同様の C_T 値（C_T = 20.59 ± 0.14，平均 ± SD）であり，このリファレンス遺伝子は予想通りいずれの条件においても発現レベルが安定していることが示唆される。しかし，運動後の条件における目的の遺伝子の C_T 値（灰色実線，C_T = 22.18）は，運動前の条件（灰色破線，C_T = 26.86）よりもはるかに低く，一見するところ運動後の条件において IGF-1 の遺伝子発現が増加している（蛍光強度の上昇が早くなっている）ことが示唆される。この曲線から，後述する式を用いることで，運動前と運動後の IGF-1 の増加倍率を算出することができる。

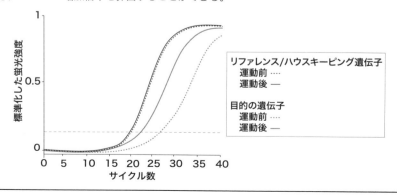

の対数に反比例する。したがって，C_T 値ははじめの鋳型数すなわち遺伝子発現を算出するために用いられる。この計算では，サンプルとリファレンス遺伝子を比較するための蛍光閾値を規定する必要がある。サイクル数に対する蛍光強度をグラフに示し，バックグラウンドレベルを超えて蛍光強度が指数関数的に上昇するところに閾値を設定する（**図 2.6** 参照）。各サンプルの C_T は，サンプルの蛍光曲線が閾値を超えるサイクル数と定義される。運動後などの実験サンプル間で得られた C_T 値は，リファレンス（またはハウスキーピング）遺伝子およびキャリブレーター（またはコントロール）サンプル（ベースライン/運動前など）の C_T と比較することで，mRNA 発現の相対的な変化を算出する（式は後述）。リファレンス遺伝子は，実験的な要因によって発現が変化しない「安定した」遺伝子とする。これらは通常，細胞の生存にかかわるような細胞の「ハウスキーピング」としての特性を持つ遺伝子で，運動刺激があっても安定的に発現している。

　融解曲線解析（melting curve analysis）は，遺伝子産物の「融解」温度（**Tm**）を区別するために行われる。この「融解曲線解析」は，目的とする 1 つの遺伝子ターゲット/目的遺伝子のみが増幅されたこと，すなわち PCR 産物の均質性（または特異性）を確認するため，そしてサンプルが汚染されていないことを確認するために用いられる。融解曲線を作成する際は，温度を徐々に上げながらサンプル産物の蛍光を測定する。産物が増幅されると蛍光強度の急激な上昇が観察され，その後産物が変性し蛍光強度が急激に減少する点が「融解」温度となる（**図 2.7**）。ピークが複数ある場合は，汚染や非特異的な増幅，あるいはプライマーがターゲット遺伝子にアニーリングできないことを示唆する（**図 2.7**）。また，低い温度において，小さなピークが複数みられる場合は，目的の遺伝子ではなく，相補的な配列を持つフォワードプライマーとリバースプライマーがお互い（あるいはそれら自身）にアニーリングすることによるプライマーダイマー問題が生じている可能性がある。このような場合，ここで用いたサンプルは解析に使用できない。また，RT-qPCR 後の融解曲線分析でプライマーの「特異性」（融解曲線分析で 1 つの産物のみが増幅されること）が確認できるまで，プライマーの再設計が必要となる場合がある。増幅された遺伝子が実際に目的の遺伝子であることを確認するために，産物のシーケンスを行うこともある。もしくは，PCR 産物のサイズは，既知の DNA 分子量マーカーとともにアガロースゲルで泳動し，臭化エチジウム結合と紫外線で可視化することで確認することもできる（後述するゲル電気泳動の項を参照）。

相対的遺伝子発現解析

　実験条件（運動後など）における目的のターゲット遺伝子のサイクル閾値または C_T 値，リファレンス遺伝子（またはハウスキーピング），そしてキャリブレーター/コントロー

図 2.7 rt-RT-qPCR において成功した（**A**）または失敗した（**B**）融解曲線解析の模式図。（**A**）1つの「ピーク」を示す曲線の例では，（低い融解温度で複数のピークを示す可能性がある）プライマーダイマー問題がなく，1つの産物のみが増幅されたことを示している。（**B**）非特異的な増幅により，2つの異なるピークを示す曲線の例。このような場合において，特定のサンプルエラーによる問題であれば，PCR解析を繰り返し実施する。問題が継続して発生するような場合は，プライマーを再設計してから実験を行う。

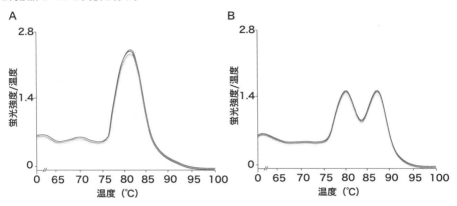

ル条件（基準値/運動前など）を用いて，相対的発現量を求めることができる（この時のサイクル閾値または C_T 値は，サンプルの蛍光曲線が閾値を超えるサイクル数として定義される。**図 2.7**）。発現値が1の場合は，キャリブレーター/コントロールサンプル（基準値/運動前など）に相当する。したがって，実験条件（運動後など）において観察される1という値からの変化は，運動前後における相対的な発現量の変化を意味する。例えば，実験条件における発現の値が2の場合は，運動前と比較して運動後の遺伝子発現が2倍になった，あるいは100％増加したことになる。相対的な発現量を求めるためには，RT-qPCR実験から得られた未処理の C_T 値を，Livak法[37]としても知られるDelta Delta C_T（$\Delta\Delta C_T$）の式など特定の式に代入する。

式1：ΔCT = 平均 CT (ターゲット遺伝子, テスト) − 平均 CT (リファレンス遺伝子, テスト)
式2：ΔCT = 平均 CT (ターゲット遺伝子, キャリブレーター) − 平均 CT (リファレンス遺伝子, キャリブレーター)
式3：$\Delta\Delta CT$ = 式1の ΔCT − 式2の ΔCT
式4：$2^{-\Delta\Delta CT}$ (標準化した発現比率が求められる)

ここでは以下の通りとする。
　平均 C_T (ターゲット遺伝子, テスト) = 実験「テスト」条件（例：運動後）におけるターゲット遺伝

子（例：IGF-1）の平均 C_T 値

平均 $C_{T\,(リファレンス遺伝子,\,テスト)}$ = 実験「テスト」条件（例：運動後）におけるリファレンス/ハウスキーピング遺伝子（例：RPII β）の平均 C_T 値

平均 $C_{T\,(ターゲット遺伝子,\,キャリブレーター)}$ = キャリブレーター条件（例：運動前）におけるターゲット遺伝子（例：IGF-1）の平均 C_T 値

平均 $C_{T\,(リファレンス遺伝子,\,キャリブレーター)}$ = キャリブレーター条件（例：運動前）におけるリファレンス/ハウスキーピング遺伝子（例：RPII β）の平均 C_T 値

具体例は以下の通りとなる。

式1：ΔC_T = 22.18 $_{(IGF-1,\,運動後)}$ − 20.69 $_{(RPIIΔ,\,運動後)}$

式2：ΔC_T = 26.86 $_{(IGF-1,\,運動前)}$ − 20.49 $_{(RPIIΔ,\,運動前)}$

式3：$\Delta\Delta C_T$ = 式1の $\Delta\Delta C_T$ (1.49) − 式2の $\Delta\Delta C_T$ (6.37)

式4：$2^{-(-4.88)}$ （標準化した発現比率は 29.45 となる）

　したがって，仮説上のデータであり，本当の解析ではないこの例では，運動前と比較した運動後におけるターゲット遺伝子（すなわち IGF-1）の発現比率はおよそ 29：1 である。これは，IGF-1 が運動後において非常に多く発現していることを意味する（補正した発現量の多さを 29「倍」高いと表現することもある）。

　この相対的な遺伝子発現の解析法は，リファレンス遺伝子とターゲット遺伝子の両方が各 PCR サイクルにおいて 5〜10% の誤差範囲で，かつ 100% に近い効率で増幅されることを仮定していることに注意が必要である（ここでの 100% の効率とは，各サイクル中に鋳型 DNA が完全に 2 倍になることを意味する）。実際に，リファレンス遺伝子とターゲット遺伝子の効率が同等で，かつ適度に高ければ（つまり，両方とも 85% 程度），相対的な差は同じであるため，出力時の差は生じない。しかし，効率が過度に低い場合（70% 未満），低品質または汚染されたサンプルであるか，あるいはプライマーに問題がある可能性が考えられる。この場合，サンプル全体を通して安定した高い効率が得られるまで，新しいサンプルを用いて実験を繰り返す必要がある。すべてのサンプルで高い効率が得られたとしても，ターゲット遺伝子とリファレンス遺伝子で効率が 10% 以上異なる場合，すべてのサンプルの効率を特定の式に代入することで補正できる[38]。これは「Relative Expression Software Tool：REST」というソフトウェアを使用することで可能である。しかし，これが頻繁に起こるようであれば，ターゲット遺伝子とリファレンス遺伝子のプライマーをより標準化された仕様にしたがって再設計する必要がある。

第２章

トランスクリプトミクス

はじめに

　前節では，mRNA のダウンストリーム解析のために骨格筋組織から RNA を直接抽出することに着目した。特に，標的とする「ターゲット」遺伝子の発現量を測定するために用いられる逆転写リアルタイム定量的 PCR（rt-RT-qPCR）の方法に焦点を当ててきた。分子運動生理学の分野において標的とする遺伝子の発現解析は，運動後のmRNA 量の変化を測定する際に非常に重要となる。rt-RT-qPCR は，初心者には複雑に思えるかもしれないが，分子生物学の分野において広く認識されており，一般的に用いられている。実際に，研究室ごとにサーマルサイクラーを所有していることがもはや一般的である。従来の非侵襲的な生理学的手法と比較すると，PCR 試薬および機器を含め rt-RT-qPCR は比較的高価ではあるものの，ある程度の研究費があれば手の届く範囲にある。しかしこの技術の限界点は，一度に測定できる遺伝子の数に限りがあるということである。ヒトゲノムにはおよそ 27,000 ものタンパク質をコードした遺伝子があることから，ターゲット遺伝子のレベルでよく知られている重要な制御因子に着目するというよりも，運動と関係した新しい遺伝子を発見したいと考える研究者もいる。これは，特殊な集団（エリートアスリート／負傷したアスリート，患者／高齢者，複雑な運動や栄養介入後など）から採取した貴重な筋組織を分析する際に特に重要である。「**トランスクリプトミクス**」としても知られている**マイクロアレイ**や **RNA シーケンス**を用いた**ゲノムワイド**な転写／遺伝子発現解析の出現により，rt-RT-qPCR で複数の遺伝子を調べるために使用した RNA 量と同じ量の RNA を用いて，より多くの遺伝子（あるいはすべての遺伝子）の発現レベルを同時に測定できるようになった。しかし，これらの技術は非常に多額の費用がかかるため，運動の研究において一般的に必要とされるサンプル数を分析することは難しい。ましてや，一過性運動後や長期的な運動トレーニング介入期間において，多くのタイムポイントを検討する場合はなおさらである。**第 1 章**では，分子運動生理学におけるマイクロアレイと RNA シーケンス技術の活用と開発の歴史的経緯について議論した。さらに，ジェノタイピング／SNP および DNA メチル化アレイのためのマイクロアレイ技術の活用についても前述した。ハイスループットなシーケンス技術に関しては，前述した DNA シーケンスと同様の方法が RNA シーケンスにも用いられている。rt-RT-qPCR と同様に，RNA はまず逆転写により cDNA を生成してからダウンストリームの解析に進む必要がある。また，マイクロアレイや RNA シーケンスでは，RNA の品質が高いこと（RNA の状態がどれだけ保たれているか）が重要である。したがって，前述の UV 分光光度計による RNA の標準的な「品質」チェックに加えて，（通常 Agilent Bioanalyzer を使用して行う）ゲル電気泳動および 28S と 18S リ

分子運動生理学における研究手法

ボソームのバンドの比率分析により，RNA の品質を追加分析する必要がある。これにより，1 ～ 10 の RNA インテグリティナンバー（RNA integrity number：RIN）が得られる。ここにおける 10 は，劣化が最も少ない最も品質の高いサンプルである。

マイクロアレイによるトランスクリプトーム解析

　DNA のマイクロアレイは，DNA/遺伝子チップとして知られる，機械制御により作製された小さく微視的なスライドを使用する。各チップには何千ものウェル（またはスポット）が埋め込まれており，それぞれに研究室で作製したオリゴヌクレオチド（略して「オリゴ」），すなわち特定の遺伝子に対応する「プローブ」または「レポーター」とも呼ばれる DNA 配列の小さな断片が含まれている。これらは，上記の rt-RT-qPCR ターゲット遺伝子発現解析における「プライマー」と同様の働きをする。しかし，マイクロアレイでは，ゲノム中に存在するすべての既知の遺伝子をコードするオリゴ配列が，各ウェルまたはスポットに 1 つずつ存在する。マイクロアレイ実験では，RT-qPCR の場合と同様に，まず各 mRNA サンプルを cDNA に変換する（**図 2.8**）。異なる条件（運動前と運動後など）における合成された cDNA サンプルは，混合前に蛍光標識され，マイクロアレイチップに添加される（**図 2.8**）。サンプルは，各ウェル内の相補的なオリゴ配列プローブに結合，すなわち「**ハイブリダイズ**」する。その後，サンプルに付着した**蛍光プローブ**をレーザーでスキャンし，検出することにより，遺伝子発現の変化を定量化することができる（**図 2.8** 参照）。蛍光シグナルの色は，コントロールサンプルと比較して，サンプルのサブセット内の mRNA 発現レベルが増加したか，減少したか，あるいは変化しなかったか（または同様に発現したか）を示す。例えば，コントロールサンプル（例：運動前の安静時/ベースライン）は，ある色（例：緑）の蛍光プローブで標識される一方で，実験サンプル（例：運動後）は，異なる色（例:赤）の蛍光プローブで標識されている。次に，これらのサンプルを混合し，マイクロアレイチップに添加する。チップが標識されたサンプルの混合溶液で満たされると，コントロール群と実験群から作製された cDNA が各ウェル内のプローブに同時に結合し，測定対象となっているすべての遺伝子の mRNA 発現レベルの差の測定値がわかる。これは「2 色プロファイリング」または「2 チャンネルマイクロアレイ」と呼ばれ，おそらくコントロールと実験サンプル間における**発現変動遺伝子**（differentially expressed genes：DEGS）を検出するために最もよく用いられる方法である。この例では，実験サンプル（運動後）がコントロールサンプル（運動前）に比べて発現レベルが高い（一般に「**アップレギュレーション**」と呼ばれる）場合，ウェルは赤い蛍光を発する。一方，黄色などの中間色は，グループ間で発現レベルが同等または不変であることを示している。これに対して，

第2章

図2.8 （**A**）トランスクリプトームマイクロアレイ解析を用いて骨格筋の遺伝子発現を測定する手順のワークフロー。（1）はじめに筋組織からRNAを抽出し，cDNAを合成して蛍光プローブで標識する。（2）蛍光標識されたcDNAをマイクロアレイチップに加え，ハイブリダイゼーションオーブンでチップ上のプローブとハイブリダイズさせる。（3）サンプルを洗浄し，（4）マイクロアレイスキャナーでスキャンする。（5）マイクロアレイにおける白黒の拡大出力画像。各ドットは1つのプローブに対応し，プローブの強度はもととなるサンプルに含まれているmRNAの量に対応している。（**B**）マイクロアレイ実験手順の模式図。（1）はじめに，運動前後の筋組織からRNAを抽出する。（2）mRNAからcDNAを合成し，条件ごとに異なる色の蛍光プローブで標識する。ここでは，運動前のサンプルは薄い灰色，運動後のサンプルは濃い灰色で標識されている。（3）次に，すべてのサンプルを混合してマイクロアレイチップに添加し，各ウェル内のオリゴプローブと相補的なmRNAを結合させる（「ハイブリダイゼーション」）。結合していないサンプルを除去するために，マイクロアレイチップを数回洗浄する。（4）最後にマイクロアレイチップをスキャンし，各ウェルの蛍光の色と強度を分析し，遺伝子発現を解析する。拡大した出力画像（4）は，378個という一握りの遺伝子のみを示しているが，マイクロアレイでは数千個の遺伝子を同時に分析できる。

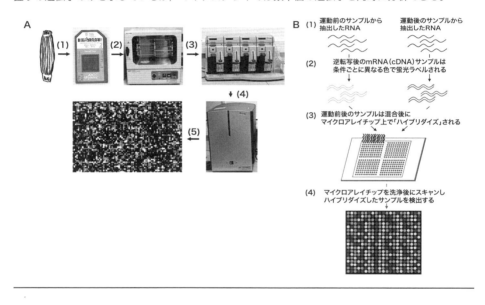

実験グループと比較してコントロール（すなわち運動前）グループで遺伝子発現が高ければ，ウェルは緑色の蛍光を発し，運動後に遺伝子発現が減少した（一般に「**ダウンレギュレーション**」と呼ばれる）ことを意味する（**図2.9**参照）。実験手順にしたがって，得られたデータを対象として品質保証（quality assurance：QA），品質管理（quality control：QC），正規化，そしてコントロールと実験条件の間における発現変動遺伝子解析が行われる。品質保証と品質管理は，各プローブあるいはアレイ全体に潜在的な問題を示唆するような蛍光強度の問題がないことを確認するために行われる。正規化

は，生物学的変化を維持しながら系統的な実験バイアスおよび技術的な差異を除去する。また，遺伝子オントロジー（GO ターム）(http://geneontology.org/docs/ontology-documentation/) またはKEGG〔訳注：Kyoto Encyclopedia of Genes and Genomes（京都遺伝子ゲノム百科事典）の略で，遺伝子やタンパク質，代謝，シグナル伝達などの分子間ネットワークに関する情報を統合したデータベースであり，バイオインフォマティクス研究に利用される〕パスウェイ解析を行うことで，特定の遺伝子オントロジー「用語」または定義された経路に含まれる数百の遺伝子の発現プロファイルを決定することができる。例えば，非常に重要な GO タームである「分子機能」には，「タンパク質キナーゼ活性」などの用語があり，KEGG パスウェイの例としては「AMPK 経路」や「mTORC経路」などがある。例えば，統計解析により AMPK 経路は運動前と比較して運動後で有意に濃縮されていることが示唆された場合，特定のタームまたは経路に含まれるどの遺伝子が増加または減少しているかについて，ソフトウェアを使用することで，通常は異なる色を使用し，視覚的に表わすような遺伝子オントロジーまたは経路図を作成することができる。DEG 解析の後，アレイデータの検証や確認のために，同定された最も統計的に有意な発現変動遺伝子の発現を rt-RT-qPCR でさらに解析することも一般的に行われる。前述したように，遺伝子発現プロファイリングのためのマイクロアレイに必要となる特殊な装置（例：レーザースキャン装置）とマイクロアレイチップ，各サンプルに必要な試薬を考慮すると，1 つのアレイで 1 サンプルしか分析できないため，いまだにかなりの費用がかかる。さらに，すべての遺伝子配列に関する事前かつ最新の知識が必要とされる。また，この技術では一塩基多型（SNP），選択的スプライシング，ノンコーディング RNA を検出できない（ただし，最新の遺伝子発現マイクロアレイでは，既知のタンパク質コーディング遺伝子と多くのノンコーディング転写バリアントを含め，5 万を超える遺伝子をプロファイリングできる）。一方で，RNA シーケンスは，これらの課題を克服できるマイクロアレイ以上の能力を有している。

RNA シーケンス（RNA-seq）

　　RNA シーケンスは通常「RNA-seq」と表わされ，すべての RNA を同時に分析するための方法である。マイクロアレイとは異なり，RNA シーケンスは探索する RNA 配列に関する予備知識を必要としない。そのため，NGS 技術を活用することで一塩基多型，選択的スプライシング，転写後修飾およびサイレンシング RNA（マイクロ RNA/mRNA とも呼ばれる），ノンコーディング RNA（non-coding RNA：ncRNA），エクソン - イントロン境界およびプレ mRNA を検出することができる。本項では，分子運動生理学で頻繁に使用されるようになった解析である遺伝子発現を定量するための

RNAシーケンスの使用に着目する。RNAシーケンスを行うには，まず単離したRNAを用いてシーケンス「ライブラリー」を作成する。RT-qPCRやマイクロアレイと同様に，まずRNAを単離し，cDNAに逆転写する。次に，cDNAを一定の大きさに断片化し，シーケンス用の「アダプター」をcDNA断片の末端に付加または「ライゲーション」する。これらのアダプターには，シーケンサーがシーケンスを開始する場所を認識するための一定の配列が含まれている。その後，前の項で説明したようにNGSが実行される。これらの重要なステップの前に，筋組織から抽出されたRNAの大部分（約90％）を占めるリボソームRNA（ribosomal RNA：rRNA）を除去するための処理が最初に行われることがある。したがって，未処理のままでは，シーケンスデータは，他の目的のRNA（例：プレmRNA，mRNA，miRNA，ncRNA）ではなく，主にrRNAを示していることになる。

　RNAシーケンス解析では，まず未処理の配列が種特異的なリファレンスゲノムに合わせて並べられ，このゲノムリファレンスを用いて遺伝子転写物が「構築」される。その後，各エクソンまたは全長遺伝子転写物に一致する「リード」の数をカウントすることにより，各遺伝子の発現量を推定することができる。マイクロアレイと同様に，遺伝子発現を測定するためには，ライブラリ断片サイズおよびリードの深さのばらつきを考慮してリードカウントを正規化することで，RNAシーケンスデータを正規化する必要がある。例えば，特定の転写物のリードカウントは，適切な測定単位を決めるために，サンプル内の遺伝子長およびマッピングされたリードの総数によって正規化される。（シーケンサーがフラグメントを片端からもう片方の端まで読む）シングルエンドシーケンスの場合，これは「reads per kilobase of transcript per million mapped reads（RPKM）」となる。（シーケンサーが転写物を最初のリードで読み，指定されたリード長でこの方向を終了し，断片の反対側の端から別のリードを始めることで，より正確なリードアライメントが可能になる）ペアエンドリードの場合，リードは「paired fragments per kilobase of transcript per million mapped reads（FPKM）」で正規化される。その後，発現変動遺伝子（DEG）解析を行い，サンプル間の発現レベルを比較することができる。RNAシーケンスのその他の利点は，解析によって対立遺伝子特異的発現（例：母方および父方の対立遺伝子とSNPの両方の転写）を検出できることと，遺伝子がどのように発現するのかに関連する特定の遺伝子座の変異である量的形質遺伝子座（expression quantitative trait loci：eQTL）を特定できることである。これにより，運動後の遺伝子発現を変化させやすい特定の遺伝子変異を持つ個人を特定することができる可能性がある。

（高橋　謙也）

分子運動生理学における研究手法

タンパク質の分析

■ 本節の学習目標

本節では以下のことを学習する。

1. ウェスタンブロット法の原理
2. ウェスタンブロット法の特徴
3. 分子運動生理学の観点から，翻訳後修飾やタンパク質発現量の測定にウェスタンブロット法を用いることの利点
4. プロテオミクスの原理
5. プロテオミクスの手法と解析における特徴と，分子運動生理学における有用性
6. 免疫組織化学/免疫細胞化学的分析の原理
7. 免疫学的標識法の特徴
8. 免疫学的標識法の骨格筋の表現型，タンパク質の発現，その局在や共局在，局在変位を評価するにあたっての利点

はじめに

mRNA は核内で遺伝子からの転写によって産生された後，核を出て細胞質へと局在変位(または移動)することで，**リボソーム**によってタンパク質に**翻訳**できるようになる。タンパク質レベルで起こる運動の重要な効果の多くは，タンパク質の局在，活性，および，しばしば「発現」と呼ばれるタンパク質総量が変化することによってもたらされる。さらに，すべての遺伝子発現が「機能的な」変化であるとは限らないため，遺伝子の転写変動が必ずしもタンパク質への翻訳の変化につながるとは限らない。したがって，タンパク質の発現量や修飾（**リン酸化**や**アセチル化**など）の測定は，運動に対する応答の鍵となる，遺伝子の転写（**第7章**参照），タンパク質の合成/分解（**第7章**，**第8章**参照），骨格筋の機能強化に関連する代謝関連タンパク質，ミトコンドリアタンパク質，筋線維/サルコメアタンパク質の適応変化（**第8章**，**第9章**参照）を制御しうる，シグナル伝達経路の活性化についての情報を得るための分子運動生理学の最も重要な方法である。

これらの理由から，分子運動生理学者は，転写制御や ATP の再合成における炭水化物や脂質の代謝といった細胞内機能が既知の個々のタンパク質の存在量/濃度だけでなく，タンパク質の活性を規定するリン酸化やアセチル化（**第1章**で紹介し**第7章**で詳述する）のようなタンパク質修飾の程度を測定することが多い。近年，タンパク質の大規模かつ網羅的な解析法（後述するプロテオミクスの項を参照）への関心が高まり，またその実施のハードルが下がってきているものの，過去 40 年間，ほとんどの分子生理

57

第2章

学研究室では，標的とするタンパク質の修飾と存在量を検出するための**ウェスタンブロッティング法**がタンパク質解析手法の主役であった。この方法は，1970 年代後半から 1980 年代前半にかけて，複数のラボで最初に開発されて以来[39,40]，その汎用性の高さ，低コストであること，入手可能な抗体の豊富さから，魅力的なタンパク質分析手法として生命科学に関するすべての領域にわたって用いられている。

ウェスタンブロッティング

はじめに

ウェスタンブロット法によるタンパク質の測定は，以下 4 つの必須段階からなる。

1. タンパク質の抽出と変性
2. ゲル電気泳動によるタンパク質の分離
3. ゲルから特定の膜〔ニトロセルロース，polyvinylidene difluoride（PVDF）など〕へのタンパク質の転写
4. 一次抗体，二次抗体を用いた標的タンパク質の検出，可視化

ウェスタンブロッティングは最終工程で抗体を使用するため，「イムノブロッティング」という名称もしばしば用いられるが，ともに同じ分析法を指す名称である。「ウェスタン」ブロッティングという名称は，W Neal Burnette[41] によってつくられたもので，1973 年に Edwin Southern によって開発され，後の 1975 年に発表された DNA に対する同様の方法である「サザン」ブロットをもじったものである[42]。

タンパク質の抽出と変性

組織試料からのタンパク質抽出については，本章の前半で簡単に紹介しているので参照されたい。骨格筋試料をウェスタンブロッティングに用いる場合，骨格筋が筋原線維と結合組織の秩序ある構造をとっていることから，培養細胞ライセートに比べて分析用のタンパク質溶液の調整に工夫が必要である。液体窒素冷却下で乳鉢と乳棒を用いて，骨格筋試料を凍結されたまま粉砕し（同様の効果が得られる他の手法でもよい），その破片/粉末を適切なホモジナイズ/溶解バッファー内で電動の組織用ホモジナイザーを用いて処理すると，細胞やオルガネラを剪断して結合組織を破壊する効果がある。可溶性タンパク質を抽出するための典型的なホモジナイズバッファーは，膜とタンパク質の相互作用を破壊するための Triton x-100 などの非イオン性洗剤，タンパク質分子内のジスルフィド結合を破壊するためのジチオスレイトール（DTT）などの還元剤，タンパク質分解を引き起こすプロテアーゼを阻害するための EDTA や EGTA などの他の試薬を含む pH 緩衝液（pH7-9）である。翻訳後修飾に関心がある場合，タンパク質抽出中

の脱リン酸化および脱アセチル化をそれぞれ回避するために, ホスファターゼ阻害剤(オルトバナジン酸ナトリウム, フッ化ナトリウムなど) または脱アセチル化酵素阻害剤 (トリコスタチン A, ニコチンアミドなど) のような試薬を添加する。現在では, 目的とする様々な翻訳後修飾を保持するために特別に調合された阻害剤の「カクテル」が市販されており, 標準的なホモジナイズバッファーに添加して用いることができる。

　ホモジナイズ後, ホモジネートを遠心分離し, 上清を回収するという, 最も簡便な手法において, 可溶性タンパク質は上清に含まれるが, 筋線維タンパク質は沈殿部に残存する。特定の細胞分画 (筋線維, 細胞質, ミトコンドリア, 核など) のタンパク質はホモジナイズ手順の一部として分離して回収することができる。細胞画分ごとのタンパク質分取は目的とするタンパク質や解析したい生命現象によっては有用であるが, 追加のタンパク抽出用バッファーや遠心分離の工夫が必要である[43]。上清に含まれるタンパク質濃度は, Bradford 法や BCA 法などの総タンパク質測定法を使用して測定される。この測定は, ホモジナイズで試料から得られるタンパク質の収量を決定するために重要なステップであるが, 後のステップでゲルにロードする分析試料中のタンパク質濃度を標準化するためにも重要である。

　次に, ドデシル硫酸ナトリウム (SDS) という負に帯電した (陰イオン性) 強力な界面活性剤を含む Laemmli サンプルバッファー[44] とホモジネート試料を混合し, 電気泳動に備えて試料中のタンパク質を変性させ, 負に帯電させる。試料中のタンパク質はこのバッファーの中で, 通常 95℃で 3 ～ 5 分間インキュベートすることにより熱変性される。この条件下では, タンパク質の 3 次元立体構造が完全に解けた状態(unfolding)となっており, SDS は二次元直鎖状となったタンパク質と結合して, 試料が冷却された際にタンパク質が再構造化 (refolding) するのを防ぐ。

ゲル電気泳動によるタンパク質の分離

　SDS- ポリアクリルアミドゲル電気泳動 (SDS–PAGE) と呼ばれる方法では, 架橋して分子ふるいを形成した状態になっているアクリルアミドポリマーゲルに, 前述のように調製した試料を通過させることで, 試料中の変性した負電荷のタンパク質を分離する。

　標準化された濃度のタンパク質を含む試料をゲル上部のウェルにロードし, ゲルに電流を流す。これにより, 試料中の負に帯電したタンパク質がゲル下部に設置された正電極に向かってゲル内を移動する。小さなタンパク質は大きなタンパク質よりも速くゲルを通過するため, この手法を用いることでタンパク質をそのサイズ, すなわち分子量 (kDa) に従って効果的に並べ替えることが可能である (**図 2.9**)。

第2章

図2.9 タンパク質の電気泳動に使用する装置と実施例。(**A**) SDS-ポリアクリルアミドゲル電気泳動（SDS-PAGE）用装置のセットアップ。電源からの電流を調節可能なパワーサプライ（1）を，タンパク質試料を添加したゲルを入れた電気泳動槽（2）に接続する。(**B**) SDS処理によって変性し，負電荷を帯びたタンパク質が，電気泳動時間とともにゲル底面の正電極に向かって移動する様子を示した模式図。SDS-PAGEにより，試料中の変性したタンパク質をそれぞれの分子量（kDa）に従って分離することができる。(**C**) 骨格筋のタンパク質のSDS-PAGE実施例。ウェスタンブロッティングでは，分離したタンパク質をゲルからメンブレンに転写し，特定のタンパク質に対する抗体を用いて可視化する。

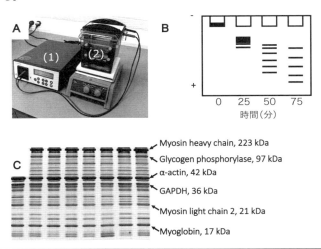

ゲルからメンブレンへのタンパク質の転写

　ゲル電気泳動でタンパク質を分離した後，タンパク質はゲル内部に潜り込んでおり，ゲル外部からの抗体による接触が難しい状態になっている。しかし，ウェスタンブロッティングでは，特定のタンパク質をそのタンパク質を標的とする抗体で捕捉することが分析の本質的な側面である。

　この目的を達成するため，ゲルとタンパク質を捕捉できるように設計されたニトロセルロースまたはPVDF膜のシートを重ね合わせた状態で電流を流し，ゲルからメンブレンの表面にタンパク質を溶出させる。この転写工程により，タンパク質は実質的に膜の表面に固定された状態となるので，抗体と接触させやすくなる。タンパク質をゲルからメンブレンに転写した後，スキムミルクやウシ血清アルブミン（BSA）などの一般的なタンパク質混合物とインキュベートして，メンブレンを「ブロッキング」する必要がある。乳や血清のタンパク質によりメンブレン上の無作為なタンパク質結合部位を覆い隠すことで，抗体の非特異的結合を防ぎ，標的タンパク質と選択的に結合できるようにする。

標的タンパク質の検出と可視化

目的とするタンパク質の定量を行うためには通常，タンパク質を転写したメンブレンを**一次抗体**，および**二次抗体**と分けてインキュベートする。一次抗体をメンブレン上の標的タンパク質と結合させ，二次抗体を目的タンパク質と結合した一次抗体と結合させることで目的のタンパク質を検出する。二次抗体には，可視化を可能にする分子または酵素を結合させたものを用いる。例えば，強化化学発光（ECL）と呼ばれる発光反応を触媒するホースラディッシュペルオキシダーゼ（HRP）が可視化に用いられる。ECLで放出される光は弱すぎて肉眼では観察できないが，写真フィルムか，数分間にわたって膜から放出される光を取り込むことが可能なカメラシステムを用いてデジタル画像を作成することで可視化できる（**図2.10**）。

分子運動生理学におけるウェスタンブロッティングの主な目的の1つは，運動後に変化する細胞内シグナル伝達経路を理解する手段として，急性運動に対するタンパク質の翻訳後修飾を検出することである。そのためには，AMPKタンパク質の172番目に位置するスレオニン残基（Thr^{172}）のリン酸化（**図2.10**）や，骨格筋全タンパク質におけるリジン残基のアセチル化状態など，目的とするタンパク質の特定の残基における特定の種類の修飾を検出する抗体が必要である。多くのメーカーが，幅広いタンパク質とその様々な修飾を網羅した抗体のカタログを用意しているため，研究者は必要に応じて，目的とするタンパク質の総量と修飾されている量の両方を調べることができる。

ゲルには注意深く等量の試料をロードしたとしても，検出した目的タンパク質の量は，ゲルにロードしたタンパク質の総量，あるいは転写したメンブレン上のタンパク質の総量，あるいはサンプル間で発現量が変化しないはずとされている，参照となる「ハウスキーピング」タンパク質発現量によって標準化する必要がある。例えば，解糖系の酵素であるグリセルアルデヒド3リン酸デヒドロゲナーゼ（GAPDH）（**図2.10**）やアクチンなどの存在量が普遍的に多いタンパク質が，参照タンパク質としてよく用いられている。しかし，アクチンの発現量はレジスタンストレーニングによって変動する可能性があるといった例があり，参照とするタンパク質は研究対象の運動介入の影響を考慮して選択しなければならない。

ウェスタンブロッティングは，目的のタンパク質存在量を全タンパク質または参照タンパク質に対する相対的な量として表現する手法であるため，半定量的な測定法とみなされており，また場合によっては変動係数（CV）が高くなる。例えば，高発現量の参照タンパク質で標準化した場合，CVが40％程度になってしまうが，ゲル中の全タンパク質量で標準化すると，CVを10％程度にまで低減できたとの報告がある[45]。あるいは，既知濃度のタンパク質を適切な濃度範囲でロードした際の検出量を検量線として

第2章

図2.10 ウェスタンブロットの実施例。(**A**) 最大酸素摂取量（$\dot{V}O_2max$）の80％の強度で35分間のサイクルエルゴメーター運動を行った時のヒト骨格筋における，AMPK α サブユニットのThr^{172}残基およびその下流の標的であるアセチル CoA カルボキシラーゼ（ACC）の Ser^{79}残基におけるリン酸化状態の変化。運動直後（+0h）のリン酸化 AMPKα（p-AMPK）とリン酸化 ACC（p-ACC）のバンド強度の増加は，それぞれのタンパク質の記載の残基におけるリン酸化の増加を示している。3時間の回復後（+3h）にこれらのタンパク質のリン酸化レベルが運動前（PRE）の状態に戻ることは，運動によるシグナル伝達と代謝調節の変動が一過性であることを示している。AMPK α と ACC の総タンパク質量は，ローディングコントロール/参照タンパク質として用いた GAPDH の量と同様に，どの時点でも変化していない。(**B**) $\dot{V}O_2max$ の80％の強度で毎日60分の有酸素運動トレーニングを14日連続して行った場合のヒト骨格筋にける転写共役因子 PGC-1α および代表的なミトコンドリアマーカータンパク質であるチトクロム C オキシダーゼサブユニット4（COXIV）の総タンパク質量の経日変化。トレーニング開始前（0日）と比較してトレーニング開始後（1〜14日）では PGC-1α は 50〜90％，COXIV は 20％程度の増加が認められる。ローディングコントロールとして用いた GAPDH の総タンパク質量はトレーニング開始後のどの時点でも変動していない。(**C**) ラット骨格筋の全筋溶解物（Whole）およびミトコンドリア画分（Mito 1,2）中の筋線維タンパク質である Desmin，核に存在するヒストン脱アセチル化酵素 HDAC5，およびミトコンドリアタンパク質である ATP 合成酵素 β（ATP synthase β）とマンガン依存性スーパーオキシドジスムターゼ（Mn-SOD）のタンパク質存在量。ミトコンドリア画分は，遠心分離を用いた方法（Mito 1），もしくは市販のミトコンドリア分離キット（Mito 2）により調製した。筋線維タンパク質や核タンパク質の存在量を調べることで，調製したミトコンドリア画分の純度や単離の成否が確認できる。

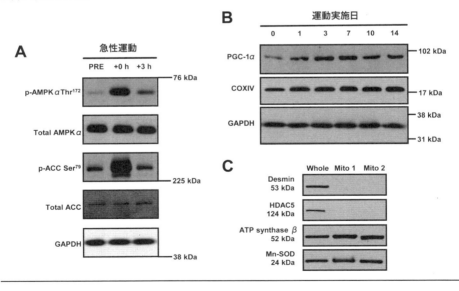

分子運動生理学における研究手法

参照することで，より正確かつ直接的に標的タンパク質の存在量を定量することが可能である[46]。

ウェスタンブロッティングにおけるさらに必要な検討事項

　本章ではウェスタンブロッティングの概要について簡潔に記述したが，前述した各工程にはいくつかのサブステップがあり，十分な感度を確保し有効で信頼できる結果を得るためには，技術的な検討と最適化が必要となる場合がある。そのような詳細は本章では取り扱わないが，興味のある読者は骨格筋と分子運動生理学に関する優れた記述[43]を含む他の文献[47,48]を参照されたい。

プロテオミクス

はじめに

　プロテオミクスは，タンパク質の存在量，代謝回転速度，修飾状態を大規模かつ網羅的に解析する手法であり，運動に対する骨格筋の応答に関する知見を得るためだけでなく，新しい仮説構築のためのデータ駆動型のアプローチとして活用できる[49]。RNAやDNAなどの均質な物理的・化学的特性を持つ他の階層の生体分子と比較して，タンパク質の物理的・化学的特性は多種多様であるため，その網羅的な抽出や解析は難しくなる。骨格筋は，筋線維タンパク質と代謝酵素などが豊富に含まれ，その少数のタンパク質が解析対象の大部分を占めるため，プロテオミクスにとって難しい組織であるが，この特性が利点となることもある。骨格筋の機能的特性を支え，運動パフォーマンスに関連するタンパク質が豊富に存在することは，筋が本質的に表現型研究において「自己強化する」基質であることを意味する。比較的単純なプロテオミクス手法であっても，ミオシン重鎖型のプロファイリングや酵素活性測定などの伝統的に用いられてきた手法よりも効率的に骨格筋の表現型の判定に適用することができる[50]。特にヒトを対象とした研究においては，生検で得られる骨格筋試料が微量であり，前述のウェスタンブロッティングなどの特定のタンパク質を標的とした分析に関して，1回の実験で実施できる数が制限される。そのため，プロテオミクスは運動に対する骨格筋の応答に関する新しい情報を発見するための実用的な手段ともなりうる。近年，プロテオミクスを用いた研究により，骨格筋に運動を課した場合のリン酸化[51,52]やユビキチン化[53,54]などの複雑な翻訳後修飾ネットワーク，筋線維型特異的な適応[55]，個々のタンパク質の合成・分解速度[56]に関する興味深い知見が得られつつある。これらの各分野では，それぞれ最適化した分析技術の確立が必要だが，すべてのプロテオミクスは**分離**，**質量分析**，**データ処理**という共通の3つの中核的な要素で構成されている。

第2章

プロテオーム解析のための分離技術

げっ歯類[57]とヒト[58]の骨格筋の運動トレーニングに対する反応に関する最初のプロテオミクス研究では，二次元電気泳動を使って，タンパク質をその等電点および分子量に基づいて「proteoform」に分離した。「proteoform」は，各タンパク質のスプライシングのバリエーションと翻訳後修飾状態の異なる組み合わせパターンからなり，プロテオームの真の機能的実体である。しかし，二次元電気泳動はすべてのタンパク質を識別するには力不足である。例えば，骨格筋を対象とした二次元電気泳動を用いた研究の多くは，それぞれが数種のproteoformとして観察される，数百種程度のタンパク質に限って報告している[59]。現在では，ほとんどの研究において，より包括的に骨格筋プロテオームをカバーできるように，酵素消化によりタンパク質を特定の部位で切断して得られるペプチドを分析する戦略が用いられている。酵素消化によって得られたペプチドは可溶性であるためタンパク質よりも扱いやすく，元々のタンパク質の存在量，代謝回転率，修飾状態などを推測するのに十分な情報を含んでいる。骨格筋を人工消化すると様々なペプチドが混合物として得られるが，**逆相液体クロマトグラフィー**を用いることで，相対的な疎水性に基づいてそれぞれのペプチドを分離することができる。逆相液体クロマトグラフィーはまた，各々のペプチドを規定の時間において**質量分析計**（直後の項目を参照）に供給する再現性のある手段となる[60]。ただし，異なるペプチドであっても，カラム上で同程度の保持力を持つこともあり，その場合，多数のペプチドが同時に質量分析計に導入されることになる。したがって，液体クロマトグラフィーの分離能と質量分析計の速度および分解能の組み合わせを最適化することが重要である。一度に大多数のペプチドが質量分析計に送られると，必要な情報が失われてしまう。骨格筋といった組織全体を消化して生成されるペプチドの数は非常に多いため，プロテオームの網羅する範囲を最大限広げるためには，しばしば事前のサンプル分画が必要となる[55]。さらに，翻訳後修飾を受けるタンパク質は，その全体量からみればごく一部である。したがって，リン酸化[61]，アセチル化[62]，ユビキチン化[53]など，残基特異的な共有結合性修飾を研究するためには修飾されたペプチドの濃縮技術が必要である。これらの手法では，各タンパク質内の異なる残基における異なる修飾といった複雑な組み合わせパターンに関する情報の連結性が失われるため，得られたデータからproteoformレベルでの洞察を得ることはできない。最近のproteoform解析では，部分消化法や未消化タンパク質の精密質量分析が用いられるが，一般的には個々のタンパク質にターゲットを絞る必要がある[63]。そのため，二次元電気泳動法は，特に骨格筋においては，筋線維プロテオームの大部分が類似したタンパク質アイソフォームから構成されており，運動刺激に対する応答性の違いにより異なるスプライシングバリアント

や翻訳後修飾状態として存在しているため，まだ十分に活用できる[56]。

質量分析装置

　プロテオミクスに使用される質量分析計は，荷電ペプチドイオンを生成する「イオン源」と，イオン化ペプチドを質量分析計に移すためのフィルター装置で構成されている。エレクトロスプレーイオン化（ESI）は，最も一般的に使用されているイオン化法であり，液体クロマトグラフィーと質量分析計との間をつなぐインターフェースでもある。液体クロマトグラフィーのカラムを通過することで分離されたペプチドは，質量分析計の入口付近にある細い針から溶離液とともにスプレーされる。スプレーされた液体は蒸発し，液中にあったペプチドは「気相」に入り，プロトン化（すなわち「荷電」）される。陽電荷を帯びたペプチドはすべて質量分析装置に取り込まれるが，イオンフィルターによって質量分析部分に到達するペプチドを選別できる。プロテオミクス研究で使用される質量分析装置にはいくつかの種類があるが，それらはすべて**タンデム型質量分析**として知られる共通のプロセスに基づくもので，端的に表わすと2段階に分けて質量分析を行う手法である。最初の段階である「MS」または「MS1」は，無傷のペプチドの質量を測定し，2番目の段階である「MS／MS」または「MS2」では，衝突誘起解離（collision-induced dissociation：CID）と呼ばれるプロセスによってペプチドを開裂した時に生成される断片（フラグメントイオン）の質量を測定する。質量分析計の性能において鍵となる要件は，測定速度，質量の分解能，質量精度である。ほとんどの質量分析装置は，MS1とMS2のデータ収集を交互に連続的に行う仕組みであるため，高品質のプロテオミクスデータを得るためには，各サイクルを1秒未満で完了させる速度が必要である。質量分析装置には，特定の瞬間に多数の異なるペプチドが供給されうるため，非常に近い質量のイオンを分離する（すなわち区別する）に十分な質量分解能力が求められる。質量精度の高さも，ペプチドや翻訳後修飾された残基の確実な同定に不可欠であることから，最近の装置では標準的に100万分の1（ppm）に近い質量精度水準を達成するに至っている。また，上記に挙げた質量分析装置の主要な性能要件は相互に関連していることを理解することが重要である。例えば，ほとんどの質量分析計では，データ取得の速度を遅くすることでより優れた質量分解能を得ることができる。したがって，実験の目的に合わせて質量分析装置の設定を最適化することが重要である。

データ処理

　質量分析により得られたペプチドやペプチド断片の正確な質量を，タンパク質や遺伝子のデータベースと照合することで，ペプチドの元となったタンパク質を同定できる。

第2章

図 2.11 重水素標識した筋のプロテオームプロファイリング。(1) 生体内で D_2O 標識する前と後に採取した骨格筋サンプルから抽出したタンパク質を，およそ 6 〜 20 アミノ酸のペプチドに消化する。○はアミノ酸を表わしており，異なる色の○は異なるタンパク質またはタンパク質由来のペプチドであることを示している。(2) タンパク質の酵素消化液中に混合物として存在するペプチドを逆相液体クロマトグラフィーで時間的に分離する。これによりペプチドは相対的な疎水性に基づいて分離され，質量分析計に送られる。(3) タンデム質量分析（MS/MS）には 2 つの段階があり，1 段階目（MS1）では無傷のペプチドの質量スペクトルを記録し，2 段階目（MS2）では CID でペプチドを断片化した後の質量スペクトルを記録する。MS1 で取得したデータは，各ペプチドの相対的存在量（すべての質量同位体の強度に基づく）と重水素（^2H）取り込み（質量同位体の相対分布に基づく）の両方を解析するために使用される。MS2 で取得したデータは，ペプチドのアミノ酸配列（図中では「AFAHWGR」）の決定および，ペプチドの断片化のパターンをデータベースと照合することによるタンパク質の同定のために使用する。生体内でタンパク質合成に使用されてタンパク質中に取り込まれた重水素標識アミノ酸は，MS1 のペプチドの質量同位体分布にシフトを引き起こす。重水素標識アミノ酸を含むペプチド（図中では 1 つの重水素が取り込まれている場合を示す）は，分子量から想定されるペプチドの質量数＋1，＋2，＋3…の質量数の質量同位体（アイソトポマー：m_1，m_2，m_3…）の存在量にのみ寄与し，m_0 質量アイソトポマーの相対存在量は重水素の取り込み（タンパク質合成）の関数として減少する。 Burniston, J.G et al., 2019[64)] Springer Nature: Springer. Omics Approaches to Understanding Muscle Biology. Methods in Physiology by Burniston, J., Chen, YW. (eds), 2019 より許可を得て転載。

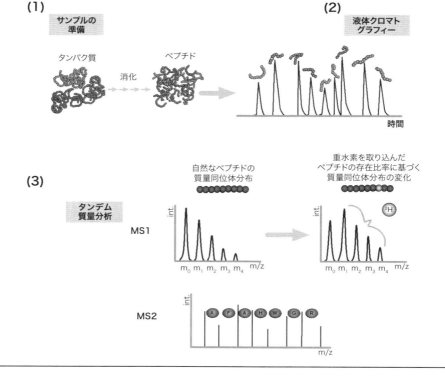

各タンパク質は，mRNA 配列に基づいたリボソームによる翻訳によってつくられ，固有のアミノ酸直鎖配列を有する。同様に，タンパク質の構成要素である各アミノ酸はそれぞれ固有の元素組成（炭素，水素，窒素など）を持っており，したがってその質量は予測可能である。また，質量分析用の試料は，特定の基質特異性を持つプロテアーゼを用いてタンパク質を消化して調製することで，試料中のペプチド配列に確定情報が付与される。例えば，トリプシン消化によって生成されたペプチドは，C末端にリジン（K）またはアルギニン(R)残基を持つことが確定情報となる。十分な質量精度で測定すれば，ペプチドの質量とそのペプチドから生成したフラグメントの質量から，ペプチドのアミノ酸配列を同定でき，さらにはそのペプチド配列を含む元のタンパク質を明確に同定することができる（**図2.11**）。また，ペプチドやフラグメントイオンのピークの強度から，異なるサンプル間のタンパク質の相対的な存在量の違いを推測することができる。さらに，実験中に重水素でラベルした水（D_2O または「重水」）を生体が利用可能な状況で供給した場合，ペプチドに導入される重水素量に由来する質量スペクトルの変動を解析することで，各タンパク質の合成速度を計算することができる[64]。

免疫組織化学法と免疫細胞化学法

免疫標識法とは

　前述したように，急性の運動刺激と長期の運動トレーニングの両方が，骨格筋細胞や筋線維内のタンパク質活性（リン酸化），タンパク質量，タンパク質の局在の変化を調節しうる。タンパク質の活性，局在，別のタンパク質との共局在の急性的な変化は，進行中のシグナル伝達カスケードや，運動や栄養摂取に対する骨格筋の応答に関連するタンパク質相互作用を反映している可能性がある[65,66]。免疫組織化学法は，ウエスタンブロッティングと同様に研究対象のタンパク質上の抗原に相補的なモノクローナルまたはポリクローナル抗体の結合性を利用する。モノクローナル抗体は，目的タンパク質の抗原となる分子上の1つのエピトープにのみ結合するが，ポリクローナル抗体は，目的抗原にある複数のエピトープに結合する。一次抗体を抗原に結合させた後は，酵素分子や蛍光分子で標識した二次抗体を加えて一次抗体を補足することで目的のタンパク質を可視化できる。免疫組織化学法は，組織をホモジナイズすることなく，化学固定や急速冷凍によって生体内の状態を保持することを基盤とするため，顕微鏡を使ってタンパク質そのものを可視化することができる。

　タンパク質の量を正確に定量する場合，他の方法（ウェスタンブロッティングや質量分析など）と比較して，免疫組織化学法は推奨できない。しかし，標的タンパク質の局在，またそれが急性の刺激に応答して変化するか，慢性的なトレーニングに適応して変化す

第2章

るかを調べることができる点で，免疫組織化学法は分子運動生理学者にとって独自の利点を有する。以下の項目では，免疫組織化学法（ヒト由来の組織生検やげっ歯類の骨格筋組織から作成した凍結/化学固定した超薄切切片で実施）と免疫細胞化学法（in vitroで培養し固定した細胞で実施）の両方を取り上げるので，**免疫標識法**と呼称する。

免疫標識法の概要

　免疫標識法によるタンパク質の検出と可視化には，大別して以下の3つの重要な工程がある。

1. 組織の前処理（骨格筋組織サンプルの切片化，または in vitro での細胞の固定など）
2. 抗体を用いた目的のタンパク質の免疫標識
3. 蛍光顕微鏡を用いた目的タンパク質の検出と可視化

組織の準備

　新鮮なヒト由来の骨格筋組織は，縦断面よりも横断面観察用に準備するのが一般的である。通常，横段切片作成時は，骨格筋組織をコルク板上に筋線維の向きが板面と垂直方向となるように配置し，Tissue-Tek（オランダの Sakura Finetek Europe 社）などの最適切断温度（optimal cutting temperature：OCT）コンパウンドに接着/包埋する。その後，包埋した生検試料は液体窒素（LN_2）で予冷したイソペンタン（2-メチルブタン）中で撹拌することで急速冷凍し（これにより氷結晶形成を防ぐ），-80℃で保存する。これはげっ歯類の骨格筋に対しても行うことができ，典型的には骨格筋の中腹部を切り出し，コルクの上に置いた状態でOCT/Tissue-Tek に完全に包埋することで実施する。この方法で骨格筋組織を凍結することにより，組織学的影響なく迅速に保存することができ，また目的のタンパク質を分解する可能性のあるプロテアーゼの作用も防ぐことができる。あるいは，動物の四肢全体をホルマリン（通常は水中10%ホルムアルデヒド）中で固定すると，組織に速やかに浸透し，筋の長さや構造をよりよく保存できる[67]。アルデヒドは，すべてのタンパク質と脂質を架橋するように作用するので，この方法では細胞構造と膜構造を保存することができる。しかし，アルデヒド処理は抗原上のエピトープを修飾する可能性があり，特にモノクローナル抗体を使用する場合，免疫標識に影響が出る場合がある。抗原の固定は加熱や酵素処理でも可能であるが，時間がかかり最適化が困難な場合がある。また，これらの処理では非特異的な結合が生じ，蛍光顕微鏡で目的のタンパク質を可視化する際に自家蛍光が強くなる可能性がある（後述）。

　凍結した組織は，-20℃〜-24℃に保つことが可能な保冷チャンバーを有するクライオスタット装置を用いて，通常5〜12 μm（0.005〜0.012 mm）の超薄切凍結切片

にする。試料は薄切する前に、クライオスタット保冷チャンバー内で温度を30分間平衡化させる。そして、試料の方を固定された刃に近づけることで超薄切切片を作成する。薄切された切片は「ロールプレート」の下に回収される。この切片の上にあらかじめ温められた正電荷のスライドガラス（例：アメリカ、Fisher Scientific 社の Superfrost Plus microscope slides）を金属製のロールプレートに接触させないように注意深く近づけることで、切片をスライドグラス上に回収することができる。できあがった凍結切片はマイナスに帯電しているので、実際に接触しなくてもスライドグラスに吸着するはずである。スライドグラス上の切片は、目的タンパク質の抗原性を保持するため、−80℃で保存する。in vitro で培養した細胞（下記参照）は、ホルマリン固定、あるいはメタノール/アセトンに短時間浸漬することによって、免疫細胞化学法に適した固定をすることが可能である。このようなアルコールを使用した処理は、細胞を瞬時に脱水固定できるが、内部構造に損傷を与える可能性があるため、プロトコルを最適化する必要がある。

抗体を用いた目的タンパク質の免疫標識

　前述のウェスタンブロッティングと同様に、一次抗体や二次抗体の非特異的結合を防ぐために、準備した組織切片を前もって「ブロッキング」する必要がある。ウェスタンブロッティングが伝統的に HRP の化学発光を利用して可視化するのに対し、免疫組織化学法/免疫細胞化学法では、**広視野蛍光顕微鏡**や**共焦点顕微鏡**を用いて検出できる特定の波長の蛍光分子/色素（すなわち蛍光体）を結合させた二次抗体で組織切片/細胞を免疫標識する。組織切片や細胞は、DNA のアデニン・チミンに富んだ領域に結合し、450 nm の波長の蛍光を発する 4'6-diamidino-2-phenylindole（DAPI）などの核酸マーカーと一緒に多重染色されることが多い。分子運動生理学者は、速筋や遅筋などの骨格筋型、持久性運動やレジスタンス運動といったトレーニングの実施内容、若齢者や高齢者といったライフステージによるミオシン重鎖アイソフォーム（I 型，IIa 型，IIx 型，IIb 型）含量の変化を標識し表現型として把握するために、特に免疫組織化学をよく利用する[68,69]。これらのミオシン重鎖抗体は、コンピューター上で半自動または自動的な画像解析プログラムを使って筋線維型やサイズを分析するために、しばしばジストロフィンやラミニンのような筋線維膜を構成するタンパク質に対する抗体と組み合わせて使用される[70,71]。免疫細胞化学法も同様であるが、筋芽細胞の細胞骨格構造や筋管細胞のサルコメアを明らかにする目的で、アクチンフィラメントすべてを標識できる蛍光体結合ファロイジン〔ファロイジンは毒キノコであるタマゴテングダケ（Amanita haloids）が生産する二環式ペプチド〕と組み合わせることが多い（筋芽細胞と筋管細

第2章

胞に関してはこの後の「培養細胞による運動モデル」の節で述べる）。

蛍光顕微鏡による目的タンパク質の検出と可視化

　抗体/色素で標識した組織切片/細胞は，光照射による蛍光色素の蛍光強度の減衰（photobleaching と呼称される）を防ぐために，蛍光減衰防止用マウント液で覆ってからカバーガラスで封入する。これにより組織切片が平坦になり，組織切片の乾燥や顕微鏡の対物レンズとの接触を防ぐことができる。組織切片や細胞，より具体的には目的とするタンパク質 – 抗体複合体に結合している蛍光分子を，レーザーや光源/フィルターシステムを用いて特定の波長の光を当てることで励起させ，その結果発生する蛍光をモノクロカメラで撮像する。従来の広視野蛍光顕微鏡と比較して，深度，励起/発光スペクトルの制御，バックグラウンド情報の低減が可能であるため，このような蛍光の検出と可視化において一般的に共焦点顕微鏡の方が適している。しかし，共焦点顕微鏡は非常に高価であるため，ほとんどの蛍光顕微鏡は，標準的な蛍光の検出と可視化を許容できるレベルで実行できるようになってきている。

免疫標識に関するさらなる考慮点

　一次抗体の選択，組織切片の作成，抗原抗体反応，蛍光色素の選択，染色画像取得の方法，免疫標識のための画像解析法などの技術的考察に関してより詳しい情報を得たい場合，参考文献 [68,70-74] を参照されたい。

培養細胞による運動モデル

■ 本節の学習目標

　本節では以下のことを学習する。
1. 筋衛星細胞，筋芽細胞，筋管とは何か
2. 分子運動生理学における培養細胞の用途
3. 培養細胞を用いたモデルの利点と限界
4. 運動に対する骨格筋の分子応答を *in vitro* で調べるために用いられる機械的伸張および電気刺激法
5. 様々な培養細胞モデルの特徴

衛星細胞とは

　胎児期の骨格筋組織発生段階においては，胚性幹細胞由来で筋細胞への分化が決定づ

けられた筋前駆細胞である筋芽細胞が動員され，分化・融合して多核の初代筋管（初代筋線維）を形成し，腱を介して骨に付着する。これらの初代筋線維は，胎児の成長に伴って長さと大きさを増していく。しかし，筋線維の本数は胎児期に決まっており，胎児期以降の骨格筋の成長は筋線維の数ではなく，その断面積（筋線維径，筋線維サイズ）が大きくなることで起こると考えられている。成人の骨格筋線維は最終分化した多核細胞である。これが意味するところは，多核の骨格筋線維は，核が1つの単細胞が分裂（有糸分裂）できるようには，自己複製や線維分裂（過形成と呼ばれる）はできないということである。実際，成人のヒトの骨格筋では，運動などの通常範囲内の生理的ストレスによる過形成は認められない。協働筋切除（協働して収縮する筋を外科的に切除することで拮抗筋による超生理的負荷をかけること）のような非生理的ストレスがかかった時のみ，哺乳類（典型的にはげっ歯類）モデルで骨格筋における過形成が観察される。しかし，通常の生理的条件下において成熟したヒトの骨格筋の過形成が認められていないにもかかわらず，反復運動などの外部からの刺激に応答して骨格筋サイズが増大し（肥大），身体的不活動や骨格筋不使用の期間に応じて骨格筋サイズが減少する（萎縮）ことがよく知られている。これはおそらく既存の筋線維がサイズアップまたはサイズダウンした結果であるが，筋線維中の一定の領域内に存在する核の数（筋核ドメイン）によって部分的に左右される（**第13章**で詳述する）。重要なのは，骨格筋が大きく損傷したり，運動後の伸張性傷害のような微小外傷を負ったりした後に再生，修復する能力を有することである。これらの事象は，自己複製能力を持たない骨格筋組織において，運動後の持続的な成長，修復，再生がどのように達成されうるのかという問いを投げかける。

衛星細胞と *in vitro* モデル

1961年，カエルの成熟筋線維の基底膜の下に存在する単細胞の集団がAlexander MauroとBernard Katzによって別々に発見された[75,76]。Mauroは，これらの細胞がその筋線維の周縁つまり「衛星」的な位置に存在することから，「衛星（サテライト）」細胞と名付けた。彼は，これらの衛星細胞が，まだ筋線維に融合していない静止状態（休止期）にある単核の筋芽細胞であると仮定した。実際，筋細胞の融合という概念は，1850年代半ばから1860年代にかけて，ドイツの科学者によって筋の変性と再生の実験がはじめて記録された後に早くも提案され，1920年代の終わりまでには *in vitro* において筋管形成過程（単核筋細胞つまり筋芽細胞が多核の初代筋線維に融合すること）の実在が実験的に証明された。筋核（互いに融合した筋芽細胞の核に由来する筋管/筋線維の核）が最終分化しており複製不能であるという概念さえ，彼ら初期のパイオニアによって提唱された（衛星細胞に関する歴史的洞察に興味がある読者は文献[77]を参照

されたい）。1961 年に衛星細胞が正式に同定されて以来，成熟した筋線維の基底膜下に単細胞状態で残っている常在筋細胞が，実際に活性化，増殖，分化，融合して骨格筋線維を修復できること，筋核数を介して骨格筋サイズの増大に寄与することが立証されてきた。これらの過程と運動における衛星細胞の役割については**第 13 章**で詳述する。

　前述の記載からわかるように，「培養皿上（in vitro）」の筋細胞は，分子運動生理学の分野において，修復，再生，肥大，萎縮のモデルとして実験に用いることができる。実際，主にマウスまたはラットに由来する市販の株化筋細胞（L6 株，Sol8 株，C2 株，C2C12 株など），および筋生検に由来する初代培養筋細胞が，現在もこの分野の研究に広く用いられている。これらの筋細胞と運動を模倣するための実験モデルの使用には，培養筋細胞と筋管の刺激に対する分子生理学的応答を調査するにあたって様々な利点があるが，多くの制限もある。細胞モデルによる研究は，細胞が分離された生体における元々の環境〔ニッチ（niche）〕に置かれていないという観点から，多分に還元論的〔訳注：複雑な事象であっても，それを構成する要素に分解し，それら個別（一部）の要素だけを理解すれば，元の複雑な事象全体の性質や振る舞いもすべて理解できるはずだ，と想定する考え方〕であると指摘する向きもあるが，筋細胞は生体内のニッチにおける多くの特徴を保持していることが示されている。例えば，身体的活動量の豊富な人/運動している人，または肥満，II 型糖尿病，がん悪液質などの疾病を抱える人から分離された筋細胞，さらには高齢のドナーから分離された筋細胞は，それらが存在した環境を記憶しているようであり，in vitro 培養環境においても in vivo で経験した環境に特徴的な細胞・分子プロセスや表現型を示す（詳細については総論[78,79]を参照のこと）。

　したがって，これらの細胞を用いることで，異なる生体内環境に対する筋細胞応答の内因的/内在的影響と，運動などの生理的ストレスによる外因的影響の両方を調査できる可能性がある。例えば，in vitro における機械的過負荷/機械的伸長や電気刺激といった筋損傷プロトコルを用いることで，運動によって骨格筋にかかる外因的なストレスを模倣することができる。さらに，細胞は特定の成長因子，ステロイド，栄養素，薬剤を培養中に容易に投与でき，遺伝子操作（遺伝子サイレンシング／ノックダウンまたは過剰発現の実施）によって，様々な刺激に対する骨格筋の分子的応答における特定遺伝子の役割を系統的に検証することも可能である。細胞研究ではまた，膨大な数の筋生検を繰り返す必要があるため in vivo 研究では倫理的な制約により不可能と思われるより幅広いタイムコースでの調査を実施できる。そして前述の細胞モデルは，運動，損傷，栄養，年齢や疾患に対する in vivo における応答と in vitro における応答の両方を評価するために，筋生検を用いた臨床研究と組み合わせることができる。

　in vitro モデルの欠点は，高価な施設，装置，試薬が必要なことである。例えば，無

分子運動生理学における研究手法

菌培養環境を構築するために垂直気流制御機能とフィルターで外界からのコンタミネーションを防止できるワークスペース〔culture hood（訳注：日本ではクリーンベンチと呼ばれることが多い）〕が必要であるだけでなく，細胞の維持/保存や関連分析を行うために CO_2 インキュベーター，光学/蛍光顕微鏡，液体窒素容器，それらの運用・整備コスト，定期的な試薬/消耗品の購入費用などが必要となる。上述のように，繰り返しサンプリングできるといった利点はあるものの，細胞を正常に培養できる期間にも限界がある。例えば，成熟した筋管は自然に収縮し，細胞培養皿から剥離することがある。また，長期間の培養は，細胞の過剰な増殖や汚染のリスク増加につながる。

　運動刺激を模倣するために有効であると考えられている in vitro モデルを紹介する前に，骨格筋由来の細胞を分離するための２つの方法論について理解しておくことが重要である。なぜなら，これらの方法の違いにより使用する in vitro モデルから得られる結果の解釈が変わる可能性があるためである。筋生検スラリーから，筋細胞表面に特異的に発現するタンパク質の抗体を用い，磁気ビーズを用いたソーティングやフローサイトメトリーの一種であり，特定の散乱光および蛍光特性に基づいて，細胞を１つずつ選別可能な蛍光活性化セルソーティング（FACS）といった方法を用いて，筋細胞のみの純粋な集団を「切り出して」研究に用いる場合がある。これにより，例えば分離してきた純粋筋細胞から得られる DNA，RNA，タンパク質の分析を通じて，筋細胞特有の分子応答を非常に正確に研究することができる。しかしこれらの方法では，生体内における細胞環境（cellular milieu）が失われてしまっているとの見方もある。第２の方法は，上記の精製ステップを省き，筋生検からすべての異なるタイプの細胞を保持したまま研究に用いることであり，これにより cellular milieu をより反映させることが可能であると考えられる。しかし，このように調製した研究材料から得られる分子応答は，大勢を占める筋芽細胞や線維芽細胞だけでなく，より小規模ではあるが内皮細胞，免疫細胞，神経/グリア細胞，骨格筋間葉系前駆細胞（fibro/adipogenic progenitors：FAPs）など，生検から分離される他の常在細胞タイプの混在を反映したものとなる。細胞の多様性という同様の問題は，筋生検のホモジネートにも当てはまる。このようなホモジネートから分離した，DNA，RNA，タンパク質は，例え細胞分取の過程で目にみえる細胞外マトリックスや脂肪を取り除いたとしても，引き続き生検に残存するすべての異なるタイプの細胞を反映したものとなる。異種細胞の分離技術や核特異的またはシングルセル OMIC 技術（**第１章**に概要を記した）の進歩により，上記のような細胞または組織サンプルの多様性にまつわる課題が解消されていくものと期待される。このように技術的進歩による課題解決が進行中であるものの，現在までのところ，我々の知識のほとんどは，同一の骨格筋から得た細胞や組織を研究サンプルとして用いることで得られたも

73

第２章

のである。筋原性細胞や線維原性細胞の占める割合を，日常的な免疫染色を用いて簡単に評価できることは in vitro 研究のちょっとした利点である（これは臨床研究における組織サンプルでも可能であるが，それほど簡単ではない）。しかし，この主要な細胞集団の特徴付けは，すべての in vitro 研究にとって極めて重要であることは明らかである。なぜなら，仮に実験条件間の細胞集団の割合の違いがあった場合でも，その違いを考慮した実験結果の解釈が可能となるからである。多くの場合，同じ研究者が同様の手法で若くて健康な（かつ，身体活動量も均等に揃えられているであろう）被験者から細胞を分離した場合，筋原性細胞と線維性細胞の比率はかなり一貫しているはずである。しかし，高齢者や疾病患者から細胞を分離した場合，筋原性細胞と線維性細胞の比率は変化する可能性がある。したがって，健常若齢者の集団と高齢者や疾病患者の集団との比較は，この点を念頭に置いて行う必要がある。次の項では，これらの培養細胞の使用方法と，in vitro 研究において運動を模倣するための実験手段について概説する。

単層細胞培養

　前述した方法で分離した細胞は，一般的には細胞の接着を促進するために特定の細胞接着性タンパク質（典型的にはゼラチン，ラミニンあるいはコラーゲン）でコーティングされたプラスチック製の培養用フラスコやディッシュに播種し，細胞の増殖・分裂を促す「増殖培地（栄養成分，血清，抗生物質を含む溶液）」中で培養することで生存性を高めることができる。細胞を平面底のプラスチック皿／フラスコで培養する場合，その方法は通常「単層（mono-layer）培養」と呼ばれ，本質的に細胞／筋芽細胞（筋芽細胞が融合している場合は筋管）が単一の層状に培養されることを意味する。筋芽細胞を有糸分裂／細胞分裂により増殖させ，コンフルエントになり，細胞培養プレートやウェルの表面の 80 ～ 90％を覆うまで細胞が増加するような最適な条件（すなわち，37℃，5% CO_2 で湿度管理された条件）に設定したインキュベーター内で培養することが重要である（**図 2.12**）。これにより，細胞が過密状態になったり「接触阻害」を受けたりして，分裂や分化，筋芽細胞の場合は筋管への融合のためのスペースが少なくなることを防いでいる。

　細胞がコンフルエントになったら（訳注：訳者は筋細胞を完全にコンフルエントにならない 80 ～ 90％程度培養面を覆うくらいまでに留めた方が，筋細胞の分化能維持などのためによいものと信じている），トリプシン／EDTA のようなタンパク質分解酵素で処理し，フラスコまたはディッシュの表面から剥離させる。その後，将来の実験のために細胞を凍結して液体窒素容器内で保存したり，実験に必要な細胞数に応じて細胞数を増やすために新しいフラスコに分割したり，より小さな培養面を持つ培養用マルチ

ウェルプレート，典型的には6ウェルや12ウェルのプレートに播種して，様々な条件での筋細胞の成長，分化，融合，筋管形成やその肥大を調べるためのアッセイを実行できる．筋細胞，特に筋管分化させた筋細胞を研究対象とする場合，融合して成熟した多核の筋管を形成するためのスペースが必要なため，多くの場合培養面の小さい24/36/96ウェルプレートではなく，6または12ウェルプレートが用いられる（**図2.12**）．分化と筋管形成を調べるために（そして形成した筋管に例えば運動を模倣した刺激，内分泌性因子，栄養素，薬剤，または遺伝子サイレンシング/過剰発現発のための試薬で処理するために），まず，筋芽細胞は通常6ウェルプレートに培地1 mL当たり0.8～1.5×10^4個の密度で1 wellあたり2 mL播種し（計1.6～3.0×10^4個/well），24時間程度インキュベートすることで培養面への定着を促すとともに，コンフルエント近くになるまで培養する．その後，筋管への分化・融合を誘導するために，増殖のために用いていた20％の血清を含む「増殖培地」から，「分化培地」として一般的に使用されている2％の血清しか含まない培地に，2 mLの分化培地で2回洗浄した後に交換する．培地中の血清量を落とすことで，血清中に高濃度で含まれる細胞の増殖・分裂を促すタンパク質，例えば，肝細胞成長因子（HGF），トランスフォーミング成長因子β（TGF-β），線維芽細胞成長因子（FGF）などの成長因子（ただしこれに限定されない）を低減する．また，血清の低減は，筋芽細胞自身からの成長因子，例えば骨格筋細胞への分化の基礎となるインスリン様成長因子1（IGF-1）およびIGF-2の発現・分泌を誘導する．市販されているマウス由来の筋芽細胞C2C12株では，この操作によりIGF-1とIGF-2発現レベルが効果的に増加し筋管分化を誘導できるが，ヒト生検由来の初代培養筋細胞では，このプロセスの開始を補助するために，分化培地へのIGF-1の追加が必要になることがある．

図2.12 単層培養した筋芽細胞（100％筋原性であるマウスC2C12細胞株）を低血清分化培地（DM）に移した後の典型的な時間経過に伴う形態変化．左から，DMに移し替えてから0時間後（30分後），およそ24～36時間後，48～72時間後，72～120時間後の細胞画像．0時間後の細胞は約80～90％コンフルエントの状態であり，24～36時間後まで細胞増殖が続き，48～72時間後に細胞が融合して筋管が形成され始める．その後72～120時間までに複数の多核筋管がはっきりとみえるようになる．

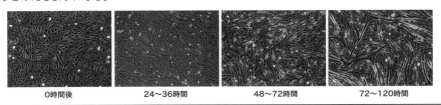

第 2 章

　栄養素，成長因子，ステロイド，機械的伸展刺激，電気刺激などの存在下で筋芽細胞の初期増殖を調べることに興味がある場合も，低血清培地に交換した時点でまだこれらの検討が実施できる。なぜなら，低血清培地に交換して 12 〜 36 時間後に細胞融合による筋管形成が開始されるまでの間，細胞はまだ細胞周期の S / G2 期を循環している（つまり，有糸分裂/増殖を繰り返している）ためである。実際，in vivo において筋組織が損傷すると，衛星細胞が活性化し，損傷/傷害した部位に移動して短期間増殖した後，既存の筋線維と融合する。つまり，培地中の血清レベルを下げることで，この初期増殖，筋管融合過程を in vitro モデルとして実現できる。その後，低血清培地に交換してから約 36 〜 72 時間後に，筋芽細胞は細胞周期（G1 期）を終了して分化し，筋芽細胞の融合に関与する MyoD，Myogenin，Myomaker といった多核筋管を形成するために重要な筋原性調節因子（MRF）の発現が増加し，その状態がさらに約 4 〜 5 日間継続する（**図 2.12**）。ここで，細胞に薬物を投与したり，伸展・過負荷刺激をかけたりしておけば（下記参照），筋管数，筋管あたりの核数といった細胞融合に伴う形態的指標や筋管サイズを測定することでその影響を評価できる。7 〜 10 日目には，ほとんどの筋管形成が完了し，成熟した筋管の表現型（直線的な外観，成体型ミオシン重鎖の発現上昇，新生児あるいは胚性ミオシン重鎖型の発現低下）を示すようになる。筋管は自発的に収縮することもあり，運がよければこの筋管の「単縮（twitch）」を光学顕微鏡で観察することができるだろう。骨格筋の損傷/傷害に対する衛星細胞の再生過程のモデルとしては，増殖/融合期の筋細胞がより適しているが，in vivo における骨格筋のモデルとしては，成熟筋管細胞の方がより適当だと考えられる。研究の目的が成熟した筋管に対する運動刺激に関するものであれば，次項で紹介するような運動を模倣した実験系を研究に用いることができる。

機械的負荷を用いた in vitro 運動モデル

　骨格筋の機械的負荷に関する研究において，in vivo では非常に初期の段階で協働筋切除（この研究では腓腹筋の腱を切断する方法）によって足底筋とヒラメ筋に過負荷（ストレッチング）をかけると，これらの筋が急速に肥大することが示された[80]。現在では，機械的負荷は，伸長性短縮（eccentric）運動のような刺激や筋損傷を引き起こすプロトコルに対する筋組織や筋細胞の分子応答と適応を研究するために，in vivo および in vitro の両方で広く用いられている。単層培養細胞に対する機械的負荷は，ニワトリの胚性筋芽細胞を用いてはじめて行われた。この研究ではシリコーン膜上で培養された筋芽細胞を多方向（異なる方向）に 18 時間伸展させ続ける（つまり「負荷」をかけ続ける）ことで，細胞のアミノ酸吸収，タンパク質合成や，筋管サイズが変化することを見

出した[81,82]。それ以来，筋芽細胞や筋管に機械的負荷を与える研究が数多く行われており，これらの研究については別の総説[83]を参照されたい。単層培養でこの種の伸展負荷プロトコルを行う in vitro のシステムとして最もよく知られているのは，Flexcell® FX-5000™ Tension システムで，柔軟なシリコンメンブレン上に細胞を培養し，減圧により細胞が接着したメンブレンを引き伸ばすことで伸展刺激を与える。通常，細胞をフィブロネクチンでコートした専用のシリコンボトム培養プレート（ドイツ，Dunn Labortecknik 社の 25 mm BioFlex®）上に播種し，低血清（2%）分化培地で 7 〜 10日培養して筋管に分化させ，これを Flexcell® システムに接続する。Flexcell® システムでは，上記の専用培養プレート状に形成させた筋管に対して，一軸伸展あるいは 等二軸伸展による負荷をかけることができる。このシステムでは高頻度の間欠伸展刺激または低頻度の持続伸展刺激プログラムを実行でき，それぞれレジスタンス運動刺激または持久性運動刺激を模倣するために利用することができる。in-vivo で運動後に観察される分子応答のいくつかは，単層培養細胞にこれらの伸展負荷をかけることで誘発できることが示されている（詳しくは総説[83]を参照されたい）。

　単層培養に負荷をかける際の問題点として，同じ向きに整列した筋線維によって構成される in vivo の筋組織とは対照的に，通常培養細胞は張力がかかっていない状態で筋管に分化するため，同方向に整列させるのが難しいことが挙げられる。さらに，単層培養は筋芽細胞や筋管のシートであり，おそらく in vivo でみられるような筋線維と周囲の細胞外マトリックス（ECM）による 3 次元（3D）構造を再現していない。それだけでなく，単層培養筋管は配向性がないため，発揮張力などの筋機能的特性の定量が困難である。これらの課題を回避する方法の 1 つは，3 次元細胞培養技術の活用である。骨格筋の生体工学あるいは「組織工学」に基づいた in vitro における 3 次元筋培養技術の登場は，30 年以上前にさかのぼる。この研究において，初代筋管細胞をコラーゲンマトリックス内で 3 次元的に培養し，コンピューター制御のシステムを使って伸展させることに成功している（Vandenburgh, 1988; Vandenburgh et al., 1988）。それ以来，多くの研究室が生体をより忠実に再現する 3 次元的な「皿の中の骨格筋」の作成を目指して，コラーゲン，フィブリン，ラミニン，その他多くの様々な生体材料（天然に存在するものだけでなく，人工的につくられたものを含む）をマトリックスとして用いた実験を行っている。例示したような ECM 上で筋細胞に張力をかけながら培養すると，張力をかけた部分の筋管が整列するだけでなく，細胞接着の促進や培養可能時間の延伸により筋管をより成熟させることができる。3 次元的な骨格筋構造の培養には，単層培養に比べて必要な細胞数が増加するだけでなく（これは，筋生検から得られる数が限られている初代ヒト筋細胞を使用する場合に特に問題となることがある），単層培養

第 2 章

における標準的な培地と比較して特殊な培地成分/サプリメントなどの追加が必要となるなど，多くの考慮すべき事項がある（Khodabukus & Baar, 2016）。また前述のように，筋生検から取得した細胞は異種細胞集団であり，筋芽細胞だけでなく線維芽細胞や他の骨格筋に常在する細胞を含んでいる。サンプル内の骨格筋特異的細胞の割合は，骨格筋様 3D 構造物においても分化能，成熟および生存性に決定的な影響を与えることから[84]，in vitro において 3 次元的な骨格筋を構築する際の重要な考慮事項となる。また，3D 骨格筋の構築は，単層培養よりもはるかに複雑で，多大な労力と費用がかかる可能性がある。その一例として，「自己組織化」3 次元培養技術を用いた生物工学的骨格筋モデルを簡単に紹介する（**図 2.13**）。

　細胞培養フラスコで筋芽細胞をコンフルエンスまで増殖させた後，特殊なシリコンで予めコーティングされた 6 ウェルプレート内に設置したフィブリン製の足場（scaffold）上に細胞を移植し，高血清（20%）培地で生育する。ウェル内には，一定の距離で糸状材を取り付けた一連のピンが配置されている（これは骨格筋の両端にある 2 本の腱を模している）。細胞がウェルに加えられてフィブリンマトリックスに接着すると，細胞自体が接着時に力を発生し，フィブリンはピンと糸状材による張力によって持ち上がり，丸まり始める（**図 2.13**）。この現象を，接着細胞を含むフィブリンマトリックスがプレート底面から分離できるように，細胞が接着しない特殊なシリコンでプレート底面をコーティングすることでサポートする（**図 2.13A**）。増殖培地で 2 〜 3 日培養した後，低血清（2%）の分化培地に切り替え，ピンと糸状材の間で 2 〜 3 日分化・融合させる（**図 2.13B**）。

　この後，筋管はピンと糸状材の間に高度に配列され，「ミオイド（myoid）」として知られる 3 次元の筋束を形成する（**図 2.13C**）。このように調製された筋管は 7% 血清入り培地でさらに約 7 〜 8 日間維持できる。この時点の筋管は成熟しており，高度に整列して円筒形の組織になる（**図 2.13D**，**図 2.14C**）。次に，フィブリン – 筋細胞組織の直径を，例えばデジタル式のノギスを使って測定する。これは，筋細胞組織/「筋束」の幅が，最も狭いところで 4 mm 未満という寸法であるからだが，このように測定した直径は最も成熟した筋管形成に関連する表現型である[85-90]。3 次元培養した筋細胞組織への負荷試験を開始する前に，ファロイジン（アクチン）またはデスミン（骨格筋における主要な中間系フィラメントタンパク質）と核を DAPI などを用いて共染色して，成体ミオシン重鎖の発現，筋管の数とサイズ，筋管あたりの核の数，他の形態学的測定などの免疫細胞化学的分析によって，筋管の成熟をさらに確認できる（免疫標識の項で前述）。定量的逆転写 PCR（qRT–PCR）も通常，胚性，新生児型，成体型のミオシン重鎖遺伝子発現量を測定するために行われており，胚性，新生児型の発現が低く，成体

図 2.13 生物工学的3次元フィブリン骨格筋組織の作成手法の模式図。生物工学的フィブリン骨格筋組織作成のための専用培養容器に筋芽細胞を播種して（**A**）0日目，および（**B**）3～4日目における代表的なマクロスコープおよび顕微鏡写真。播種した細胞は高血清〔20％熱不活性化ウシ胎児血清（hiFBS）または熱不活性化新生児ウシ血清（hiNBCS）〕を含む培地でコンフルエントになるまで培養した。（**C**）その後，低血清培地〔2％熱不活性化ウマ血清（hiHS）含有〕で48時間培養して筋管分化を誘導した，播種後5～6日時点の例。（**D**）分化後，7％血清（3.5％ hiFBS+3.5％ hiNBCS）含有培地で維持した播種14日後時点の成熟筋管の例。顕微鏡写真は10倍率であり，各図右下のスケールバー＝50 μmを表わす。図は研究が適切に引用されていれば使用許可を必要としない完全なオープンアクセス論文（Turner et al. *The Journal of Cellular Physiology*, John Wiley and Sons, 2021）[93] から転載。

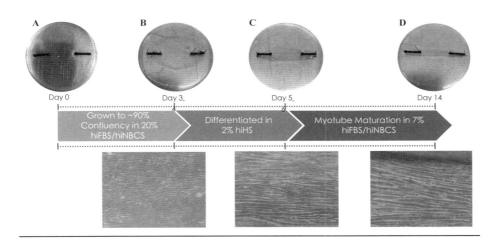

型のミオシン重鎖の発現が高いことを確認できれば，得られた筋管が成熟筋線維の表現型を示しているものと判断できる。また，成熟した3次元筋細胞組織では，光学顕微鏡下で自発的に単縮（twitch）する様子を観察できることもある。最終的に，これらのフィブリンミオイドに電気刺激を与え，電気刺激周波数と発揮張力の関係，筋長と発揮張力の関係を計測し，単縮時と強縮時の最大発揮張力を測定することで，生理的な骨格筋組織と同様の力発揮特性を持つことが確認できる[91,92]。

生物工学的骨格筋組織（bioengineered skeletal muscle constructs）の作製後，バイオリアクターシステムを使用して，短縮性伸長（eccentric）負荷を模倣した機械的負荷[13,93]を加えることができる。初期のバイオリアクターは，コンピューター制御のステップモーターを使用して，単一の生物工学的ミオイドに一軸方向の伸張を加えることができるものであったが[94,95]，同様のシステムでより高いスループット，すなわち6ウェル培養皿での同時実験も実現可能であった[96]。最近では，TC-3 tension bioreactor system（EBERS Medical Technology 社，スペイン）を用いて，最大 15 個の生物工学的ミオイド筋への一軸伸張刺激が可能になっている。このシステムでは，無菌細胞培養インキュベーター内で，同時に複数の三次元培養筋組織に対して，安静時の長さから伸長させる程度，伸長負荷の頻度，回数，セット，休止時間を操作することができ，ハイスループット性が高いだけでなく，高度に制御された負荷計画を実行できる（**図 2.14**）[93]。このモデルを用いた三次元培養筋組織への機械的負荷は，in vivo で運動した後のヒトやネズミの骨格筋組織と同様の転写応答が誘導されることを実証するために使用されてきた[93]。簡単に説明すると，成熟した生物工学的三次元骨格筋組織（前述）を TC-3 tension bioreactor system（**図 2.14i** 参照）に移植し，滅菌細胞培養インキュベーター内に設置した状態でこのシステムを使用できる。具体的には 3 次元培養筋組織をシステムの個々のチャンバー（**図 2.14ii**）内で緩衝液に浸し，バイオリアクターの伸展刺激用のアーム（**図 2.14iii**）に取り付ける。また，非負荷の 3 次元培養筋組織，すなわちバイオリアクターに接続するが，伸展させない筋を適切な対照として研究デザイン内に組み込むことができる。

　このようなシステムを用いることで，3D 筋組織に対して持久性運動やレジスタンス運動を模したレジームで負荷をかけることができる。持久性運動を模す場合は持続的な中等度の伸展レジーム（例：5％の伸展を 1 ～ 3 時間），レジスタンス運動を模す場合は間欠的なパターンでより激しい伸展レジーム（例：10％の伸展を 1 セット 10 回×セット間に休息を入れて 4 セット，これを 4 ～ 5 回繰り返す）を用いて負荷をかける。また，発育期の骨成長に伴う負荷〔継続性直線的漸増負荷（continuous ramp loading）と呼ばれ，例えばゆっくりと伸長させていく〕や協働筋切除に伴う負荷（静的ストレッチ，例：筋を素早く安静時の長さの 15％以上に伸ばし，その長さで長時間保持する）などの他の in vivo 環境やモデルによる機械的負荷も模倣することができる。負荷の頻度など，3D 培養筋組織への機械的負荷に関する詳細な例を知りたい場合は，文献[13,93]を参照されたい。

　運動モデリングの観点において，これらの in vitro 培養細胞の使用に関する現在の大きな限界は，反復運動や慢性的なトレーニングを行うことが困難なことである。これは，繰り返し負荷をかけるために，無菌培養状態を長期間維持するといった課題だけでなく，細胞や筋管の生存率，3 次元的な培養筋組織を維持するために必要なマトリックス構造の保持の面で問題があるからである。例えば，一般的に使用されているマウス C2C12 細胞株は 100％筋原性（すべて筋芽細胞）であるため，3 次元培養すると素早く大きな筋管をつくることが可能である。しかし，マトリックスを分解するタンパク質（マトリックスメタロプロテアーゼ：MMP）を多く産生するため，筋管が成熟すると足場となっ

図 2.14 生物工学的に作成された3次元フィブリン骨格筋組織に対する機械的負荷の模式図。(i) 生物工学的 3D 骨格筋組織の機械的負荷に使用した TC-3 バイオリアクターシステム（EBERS Medical Technology 社，スペイン）は3つのチャンバーからなり，各チャンバーには大体5つの生物工学的3D筋組織を収容できる（最大約15個の3D筋組織を1回の実験に用いることができる）。(i) の画像では「伸長負荷をかけている」チャンバーを白の円で，「負荷をかけていない」対照用のチャンバーを灰色の円で強調表示している。(ii) 1つのバイオリアクターチャンバー内にクランプされた5本の生物工学的フィブリン骨格筋組織の拡大図。(iii) F- アクチン（ファロイジン -FITC，灰色の整列した管のように見える部分）および筋核（DAPI，管の中に見える白い楕円の部分）を免疫細胞化学的に染色した単一の生体工学的骨格筋組織の共焦点顕微鏡写真。図は，研究が適切に引用されていれば使用許可を必要としない完全なオープンアクセス論文（Turner et al. *The Journal of Cellular Physiology*, John Wiley and Sons, 2021）[93] から転載した。図 (iii) の免疫細胞化学染色画像に関しては，初出は Seaborne らによる投稿論文（UBR5 is a novel E3 ubiquitin ligase involved in skeletal muscle hypertrophy and recovery from atrophy, *The Journal of Physiology*, Copyright-2019 The Physiological Society）[97] であり，許可を得て掲載した。

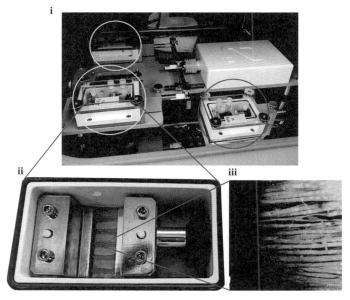

ているマトリックスが次第に分解され，構築した培養筋組織が壊れてしまう可能性があり，実験できる期間が短くなる。線維芽細胞集団が残存したヒト由来の初代細胞は，大きな筋管をつくるスピードが比較的遅く，そのためそもそも3次元培養筋組織をつくることが難しい。しかし，このような線維芽細胞がマトリックスタンパク質の産生と蓄積を補助することで足場となるマトリックス構造をより長く維持できるので，ヒト初代細胞由来の 3D 培養筋組織はより長い期間生育することができる[84]。さらに，ヒトの

筋細胞は MMP のようなマトリックス分解因子をそれほど積極的に産生しないことも，3 次元培養筋組織をより長く維持するためには有利である．前述のように，ドナーの特性によって初代培養筋細胞の成長/融合速度は異なるため，ヒト初代細胞由来の三次元培養筋組織の作成は非常に困難である．しかし，細胞集団の割合，試薬，マトリックス，生物工学的モデルシステムなどヒト由来の初代筋細胞を 3 次元培養組織化に用いるにあたっての最適化が急速に進んでいることから，総じて将来性は高いといえる．近いうちに，これらの in vitro モデルにより慢性的な運動を模倣した研究が実現可能となることが期待される．

電気刺激を用いた in vitro 運動モデル

機械的負荷を用いて in vitro で運動を模倣することの限界の 1 つは，筋組織の能動的な収縮を再現していないことである．そのため，電気刺激を用いて in vitro における短縮性収縮のモデル化が行われてきた．実際，電気刺激を用いた初期の研究において，単層培養細胞への低頻度の連続電気刺激により AMPK が活性化され，糖代謝と脂肪酸酸化が促進されること，高頻度の間欠的電気刺激によりタンパク質合成が増加することが示されている．これに関しては文献[83,98]で詳しく解説されており，文献[83]には生物工学的 3D 骨格筋組織に対する電気刺激に関する情報もまとめられている．

単層培養細胞に電気刺激を行う一般的な方法として，IonOptix C-Pace EM® システ

図 2.15 左：ヒト由来骨格筋細胞を用いた 3 次元フィブリンマトリックスハイドロゲルシステム．中央：3 次元培養筋組織中の成熟筋管の免疫細胞学的染色画像．アクチンフィラメント（灰色の管状の部分）と筋核（管の中の黒っぽい楕円の部分）を持つ筋管がラミニン ECM（白くて細い管）を取り囲み，整列している様子がわかる．右：様々な頻度で電気刺激することによって発揮される張力パターン．単独の電気パルス刺激は単縮（twitch）張力を発揮させる．刺激頻度を上昇させると単縮張力が合成され，一体となった強縮（tetanus）張力が発揮される．図は Madden L, et al. 2021[102]より転載．当該記事は適切に引用されていれば使用許諾の必要がないオープンアクセスジャーナル Elife からのものである．Attribution 4.0 international -CC BY 4.0 https://creativecommons.org/licenses/by/4.0/

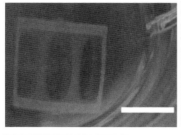 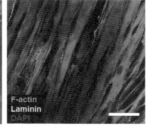 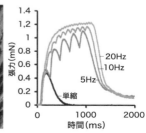

ム（アイルランド，IonOptix 社）を使用する方法がある。これは，細胞培養プレート
に挿入されたカーボン電極を通じて，細胞培養液に電流を流す仕組みになっている。こ
のシステムを使用すると，パルスの電圧，頻度（frequency），幅（duration）を制御
した電気刺激を課すことができる。例えば，細胞を増殖培地で 80 ～ 90 ％のコンフル
エントにまで成長させ，分化培地で 7 ～ 10 日分化誘導する。その後，低頻度（2 Hz）
で長時間連続的に（3 時間連続）パルス電気刺激（パルス電圧 13 V，パルス幅 2 ミリ
秒）を実施すると，筋管の酸化能力が増加することが示されている[99]。一方，レジス
タンス運動を模倣した方法として，より強力な収縮を誘発するために，よりパルス幅の
短い電気刺激（パルス電圧 15 V，パルス幅 0.4 ミリ秒）を高い頻度（100 Hz）で短時間，
断続的（各収縮の間に 4 秒の休息を入れながら 30 分）に課すプログラムが用いられる。
この電期刺激プログラムを用いることで，レジスタンストレーニング実施後のヒト骨格
筋と同様に，タンパク質合成を促す細胞内シグナル伝達経路が活性化することが示され
ている[100]。電気刺激法はまた，3D 培養筋組織に対しても同様の技術を用いて実施で
きる。具体的には，生物工学的フィブリンミオイド筋組織へ電気刺激を，単層培養細胞
と同様に 6 ウェルプレート内で実行した例がある[101]。電気刺激を用いた研究に 3D 培
養筋組織を使用する場合，単層培養細胞よりも 3D 組織の方が電気抵抗が大きいこと
もあり，in vivo の骨格筋における発揮張力 – 刺激頻度，および発揮張力 – 筋組織長の
関係を十分に模倣できることを確認するための慎重な検討が必要である[91,92]。しかし，
前述の通り 3D 培養の利点は筋管が整列していることで，配向性に乏しい筋管により多
方向に張力が発揮されてしまう単層培養細胞に比べて，電気刺激後の発揮張力をより正
確に測定できることである。他に，最新の電気刺激モデルとして「ハイドロゲル」シス
テムがあり（**図 2.15**），ここではあらかじめ確立された 3D キャストやフレーム内で細
胞をマトリックス（フィブリンやコラーゲンなど）と一緒に凝固させて用いる[102]。ハ
イドロゲル法で作成された筋組織もまた，電気刺激実験に供され，妥当な単縮および強
縮が発揮されることが実証されている（**図 2.15**）。また，この培養筋組織においては，
機能的で成熟したアセチルコリン受容体が構成されていることや，同化作用のある薬剤
投与によって肥大することが確認されている。

　本章では，筋生検から細胞を分離し運動刺激を模倣する培養モデルに使用できること
を学んだ。これらは，高度に制御された実験環境下において骨格筋の適応のメカニズム
を研究するための有用なツールとなりうる。ただし，このようなタイプの細胞モデルを
運動研究に用いる場合，研究課題，in vitro モデルのタイプ，そして得られた結果が in
vivo におけるヒトへの運動の効果に対して妥当なものであるか否かを慎重に検討する
必要がある。近い将来，電気的刺激と機械的負荷を同時に与え，筋収縮と筋伸張の両方

第2章

の刺激が可能な in vitro システムが実現し，これらの in vitro 研究はさらに発展してい
くものと思われる[13]。

(角　公一郎)

■ 引用文献 ···

1. Crown A, et al. J Endocrinol. 2000. 167(3):403–15.
2. Mullis KB. Sci Am. 1990. 262(4):56–61,4–5.
3. Rigat B, et al. J Clin Invest. 1990. 86(4):1343–6.
4. Yang N, et al. Am J Hum Genet. 2003. 73(3):627–31.
5. Alekseyev YO, et al. Acad Pathol. 2018. 5:2374289518766521.
6. Loos RJF. Nat Commun. 2020. 11(1):5900.
7. Duchenne GB. De la paralysie musculaire pseudo-hypertrophiqueou paralysie myo-sclérosique: P. Asselin; 1868.
8. Bergström J. Scand J Clin Lab Invest. 1962. 14(suppl68):1–110.
9. Bergström J. Scand J C Lab Invest. 1975. 35(7):609–16.
10. Evans W, et al. Med Sci Sports Exerc. 1982. 14(1):101–2.
11. Henriksson KG. Acta Neurol Scand. 1979. 59(6):317–23.
12. Dietrichson P, et al. J Neurol Neurosurg Psychiatry. 1987. 50(11):1461–7.
13. Turner DC, et al. Methods in Molecular Biology. Clifton, NJ: SpringerNature; 2019. 1889. pp. 55–79.
14. Smith PK, et al. Anal Biochem. 1985. 150(1):76–85.
15. Wiechelman KJ, et al. Anal Biochem. 1988. 175(1):231–7.
16. Lister R, et al. Nature. 2009. 462(7271):315–22.
17. Meissner A, et al. Nucleic Acids Res. 2005. 33(18):5868–77
18. Gu H, et al. Nat Protoc. 2011. 6(4):468–81.
19. Smith ZD, et al. Methods. 2009. 48(3):226–32.
20. Grehl C, et al. Epigenomes. 2018. 2(4):21.
21. Olova N, et al. Genome Biol. 2018. 19(1):33.
22. Seaborne RA, et al. Sci Data (Nat).2018. 5:180213.
23. Stirzaker C, et al. Trends Genet. 2014. 30(2):75–84.
24. Tost J, et al. Nat Protoc. 2007. 2(9):2265–75.
25. Holland ML, et al. Science. 2016. 353(6298):495.
26. Zhou VW, et al. Nat Rev Genet. 2011. 12(1):7–18.
27. Bannister AJ, et al. Cell Res. 2011. 21(3):381–95.
28. Seaborne RA, et al. Exerc Sport Sci Rev. 2020. 48(4):188–200.
29. Kimura H. J Hum Genet. 2013. 58(7):439–45.
30. Park PJ. Nat Rev Genet. 2009. 10(10):669–80.
31. Skene PJ, et al. eLife. 2017. 6: e21856.
32. He C, et al. eLife. 2017. 6:e25000.
33. Kaya-OkurHS, et al. Nat Commun. 2019. 10(1):1930.
34. Buenrostro JD, et al. Nat Methods. 2013. 10(12):1213–8.
35. Buenrostro JD, et al. Curr Protoc Mol Biol. 2015. 109:21.9.1–.9.9.
36. Schep AN, et al. Genome Res. 2015. 25(11):1757–70.
37. Schmittgen TD, et al. Nat Protoc. 2008. 3(6):1101–8.
38. Pfaffl MW. Nucleic Acids Res. 2001. 29(9):e45.
39. Renart J, et al. Proc Natl Acad Sci U S A. 1979. 76(7):3116–20.
40. Towbin H, et al. Proc Natl Acad Sci U S A. 1979. 76(9):4350–4.
41. Burnette WN. Anal Biochem. 1981. 112(2):195–203.
42. Southern EM. J Mol Biol. 1975. 98(3):503–17.
43. Bass JJ, et al. Scand J Med Sci Sports. 2017. 27(1):4–25.
44. Laemmli UK. Nature. 1970. 227(5259):680–5.
45. Vigelsø A, et al. J Appl Physiol. (1985).2015. 118(3):386–94.
46. Pillai-KastooriL, et al. Anal Biochem. 2020. 593:113608.
47. Ghosh R, et al. Expert Rev Proteomics. 2014. 11(5):549–60.
48. Mishra M, et al. Expert Rev Proteomics. 2017. 14(11):1037–53.
49. Hesketh SJ, et al. Expert Rev Proteomics. 2020. 17(11–12):813–25.
50. Malik ZA, et al. Proteomes. 2013. 1(3):290–308.

分子運動生理学における研究手法

51. Potts GK, et al. *J Physiol*. 2017. 595(15):5209–26.
52. Steinert ND, et al. *Cell Rep*.2021. 34(9):108796.
53. Parker BL, et al. *FASEB J*. 2020. 34(4):5906–16.
54. Baehr LM, et al. *Function*. 2021. 2(4):zqab029.
55. Deshmukh AS, et al. *Nat Commun*. 2021. 12(1):304.
56. Hesketh SJ, et al. *FASEB J*. 2020. 34(8):10398–417.
57. Burniston JG. *Biochim Biophys Acta*. 2008. 1784(7–8):1077–86.
58. Holloway KV, et al. *Proteomics*. 2009. 9(22):5155–74.
59. Burniston JG, et al. *J Proteomics*. 2014. 106:230–45.
60. Burniston JG, et al. *Proteomics*. 2014. 14(20):2339–44.
61. Guo H, et al. *J Mol Cell Cardiol*. 2017. 111:61–8.
62. Overmyer KA, et al. *Cell Metab*. 2015. 21(3):468–78.
63. Gregorich ZR, et al. *J Proteome Res*. 2016. 15(8):2706–16.
64. Burniston JG. Investigating Muscle Protein Turnover on a Protein-by-Protein Basis Using Dynamic Proteome Profiling. In: Burniston JG, Chen YW, editors. *Omics Approaches to Understanding Muscle Biology*. NewYork, NY: Springer US; 2019. pp. 171– 90.
65. Hodson N, et al. *Exerc Sport Sci Rev*. 2019. 47(1): 46–53.
66. Song Z, et al. *Sci Rep*.2017. 7(1):5028.
67. Willingham TB, et al. *Nat Commun*. 2020. 11(1):3722.
68. Murach KA, et al. *J Appl Physiol*. (1985).2019. 127(6):1632–9.
69. Schiaffino S, et al. *J Appl Physiol*. (1985).1994. 77(2):493–501.
70. Desgeorges T, et al. *Skelet Muscle*. 2019. 9(1):2.
71. Wen Y, et al. *J Appl Physiol*. (1985).2018. 124(1):40–51.
72. Feng X, et al. *J Vis Exp*. 2018. (134):e57212.
73. Kumar A, et al. *J Vis Exp*. 2015. (99):e52793.
74. Meng H, et al. *J Vis Exp*. 2014. (89):e51586.
75. Mauro A. *J Biophys Biochem Cytol*. 1961. 9:493–5.
76. Katz B. *Sci Am*. 1961. 205:209–20.
77. Scharner J, et al. *Skelet Muscle*. 2011. 1(1):28.
78. Sharples AP, et al. Epigenetics of Skeletal Muscle Aging. In: Vaiserman AM, editor. *Epigenetics of Aging and Longevity*. 4. Boston: Academic Press; 2018. pp.389–416.
79. Sharples AP, et al. *Aging Cell*. 2016. 15(4):603–16.
80. Goldberg AL. *Am J Physiol*. 1967. 213(5):1193–8.
81. Vandenburgh H, et al. *Science*. 1979. 203(4377):265–8.
82. Vandenburgh H, et al. *J Biol Chem*. 1980. 255(12):5826–33.
83. Kasper AM, et al. *J Cell Physiol* 2018. 233(3):1985–98.
84. Martin NR, et al. *Biomaterials*. 2013. 34(23):5759–65.
85. Khodabukus A, et al. *Tissue Eng Part C Methods*. 2009. 15(3):501–11.
86. Khodabukus A, et al. *Tissue Eng Part C Methods*. 2012. 18(5):349–57.
87. Khodabukus A, et al. *J Cell Physiol*. 2015. 230(10):2489–97.
88. Khodabukus A, et al. *J Cell Physiol*. 2015. 230(6):1226–34.
89. Khodabukus A, et al. *J Cell Physiol*. 2015. 230(8):1750–7.
90. Khodabukus A, et al. *Tissue Eng Part A*. 2015. 21(5–6):1003–12.
91. Dennis RG, et al. *In Vitro Cell Dev Biol Anim*. 2000. 36(5):327–35.
92. Huang YC, et al. *J Appl Physiol*. (1985).2005. 98(2):706–13.
93. Turner DC, et al. *Journal of Cellular Physiology*. 2021. 236(9):6534–47.
94. Player DJ, et al. *Biotechnol Lett*. 2014. 36(5):1113–24.
95. Eastwood M, et al. *Cell Motil Cytoskeleton*. 1998. 40(1):13–21.
96. Powell CA, et al. *Am J Physiol Cell Physiol*. 2002. 283(5):C1557–65.
97. Seaborne RA, et al. *J Physiol*. 2019. 597(14):3727–49.
98. Nikolic N, et al. *Acta Physiol (Oxf)*.2017. 220(3):310–31.
99. Tamura Y, et al. *Am J Physiol Cell Physiol*. 2020. 319(6):C1029-C44.
100. Valero-Breton M, et al. *Front Bioeng Biotechnol*. 2020. 8:565679.
101. Donnelly K, et al. *Tissue Eng Part C Methods*. 2010. 16(4):711–8.
102. Madden L, et al. *eLife*. 2015. 4:e04885.
103. Vandenburgh HH, et al. *In Vitro Cellular & Developmental Biology*. 1989. 25(7):607–16.

第**3**章
遺伝と運動：序論

Claude Bouchard, Henning Wackerhage

DOI: 10.4324/9781315110752-3

本章は初版では Stephen Roth と Henning Wackerhage が担当した。

■ 本章の学習目標 ・・

本章では以下のことを学習する。

1. 遺伝学の基本を理解する。
2. スポーツ・運動に関連する形質の多様性に遺伝的変異がどのように寄与しているか を理解する。
3. DNA の構造と機能，DNA 配列の変異の主な種類を理解する。
4. 分子生物学の「セントラルドグマ」（DNA → RNA →タンパク質）を理解する。
5. 遺伝子検査，遺伝子ドーピングなど，スポーツや社会にとって重要な概念について 議論する。

はじめに

　遺伝は，スポーツで成功するために重要な要素である。スポーツにおける遺伝の 重要性を示す一例として，NBA のバスケットボール選手が挙げられる。NBA のバス ケットボール選手の平均身長は約 2 m であるが，中にはさらに高い選手も在籍してい る。例えば，NBA のバスケットボール選手では Gheorge Muresan と Manute Bol な どが身長 2 m 31 cm である。一方，アメリカ人男性の平均身長は 1 m 76 cm である。 つまり NBA 選手の平均身長はアメリカの身長分布の 99.9 パーセンタイルに相当し， Gheorge Muresan や Manute Bol は世界で最も背の高い人々の中に入る。平均的な身 長の人がどんなに優れたバスケットボールの技術を持っていても，NBA のバスケット ボールで活躍できる可能性はほとんどない。ヒトの身長差の約 65 〜 80％は遺伝子の 違いで説明できるため [1]，世界的なバスケットボール選手になることは遺伝に大きく依

遺伝と運動：序論

存することになる。バスケットボール選手はスポーツにおける遺伝の重要性を示す顕著な例であるが，遺伝はすべてのスポーツにおいて重要な役割を担っている。バスケットボールのパフォーマンスにおける遺伝の重要性は，いわゆる1万時間ルール，すなわち1万時間の練習をすれば専門的なパフォーマンスが得られるということが，なぜ間違いであるかを示す重要な例でもある。バスケットボールの練習を1万時間行っても平均的な体格の人の身長は変わらないことから，NBAのハイレベルなバスケットボール選手になるためには遺伝とスポーツの練習の両方が必要であることがわかる[2]。

　世界保健機関（WHO）によると，遺伝学とは「遺伝を研究する学問」である。遺伝学は，生物における遺伝子，遺伝的変異，遺伝性を研究する学問である。本章ではまず，双生児や核家族，その他家系や養子縁組による親族の例を用いて，身長や$\dot{V}O_2max$，筋力，筋量，トレーナビリティといったスポーツ・運動に関する形質が遺伝するかどうかを評価する遺伝疫学の分野を取り上げる。生物学的な遺伝は細胞のデオキシリボ核酸（DNA）にコード化されているため，次にDNA分子，分子生物学のセントラルドグマ（DNA → RNA →タンパク質），ヒトゲノムについて説明する。次に，DNA配列の変異に着目し，遺伝とヒトゲノムの関連性を説明する。最後に，遺伝子検査，遺伝子治療，遺伝子ドーピングなどの実際的な問題について説明する。

スポーツ・運動に関連する形質が部分的に遺伝するという根拠は何か

　この問いに答えるには，いわゆる遺伝率を推定する必要がある。これは，ある集団におけるスポーツ・運動に関連した形質の変動が，どの程度遺伝によって占められているかを示すものである。例えば，ヒトの身長は57 cmから272 cmまで大きなばらつきがある。身長の遺伝率は，身長の母集団のばらつきのうちどの程度が遺伝で説明できるかを示している。

ある形質に対する生まれ（遺伝）と育ち（環境）の寄与をどのように定量化するか

　ヒトは，目，髪，肌の色が違う。また，背が低いか高いか，体力があるかないか，走るのが遅いか速いか，運動トレーニングへの適応性が低いか高いか，2型糖尿病やがんなどの病気になるリスクが低いか高いか，などの違いがある。このような多様性を考えると，次のような疑問が湧いてくるのは当然である。「私は短距離走は得意だが，持久力がないのはなぜか」「私が運動トレーニングにあまり適応しないのはなぜか」「そ

87

第 3 章

れとも，食事や運動プログラムのせいなのか」。ビクトリア朝時代の科学者，Francis Galton（1822 〜 1911）は，「生まれ」と「育ち」の両方がヒトの多様性に寄与していると主張している。Galton は，生物学的な遺伝（genetics）を nature，生活習慣や環境要因（物理的環境だけでなく，社会環境や運動トレーニングや食事などのライフスタイル）を nurture という言葉で表現した。遺伝は，対象となる形質について，ヒトの変動に影響を与える DNA 配列の変異が存在することを意味する。一方，環境は，物理的環境だけでなく，社会的環境や，運動トレーニングや食事などの生活習慣の要因も含む。

　生物学的あるいは行動学的な観点から，個人の特性には 2 つのタイプがある。例えば，デュシェンヌ型筋ジストロフィーのような病気を持っているか，持っていないかというような二律背反的な形質も存在する。このようなタイプの病気は，多くの場合，1 つの遺伝子に依存しており，その遺伝子は正常であることもあれば，欠陥があることもある。その他の形質は，いくつかの遺伝子の影響を受けて成熟する。例えば，目の色に関与する 8 つ（あるいはおそらくそれ以上）の遺伝子は，そのよい例である。

　一方，身長や $\dot{V}O_2max$ のトレーナビリティなどのいわゆる**量的形質**は正規分布の傾向があり，集団におけるその変動は多くの DNA 変異，環境因子およびそれらの相互作用に影響されるのが一般的である。量的形質の中で最も徹底的に研究されているのは，ヒトの身長である。何十万人もの被験者を対象とした研究により，身長は何千もの DNA 変異の影響を受けていることが示唆されている[3]。身長に影響を与える DNA 配列の変異は，それぞれ 1 ミリ単位で身長に関与している。このような形質を研究するには，何千人もの被験者のゲノム全体にわたる DNA 変異を分析する必要がある。このような要件を満たすことができないことが，現在でもスポーツ・運動遺伝学研究の限界となっている[4]。

　量的形質の変動に対する遺伝と環境（生活習慣を含む）の寄与を測定しようとする研究分野を**遺伝疫学**と呼ぶ。ある集団において，身長のような形質がどの程度遺伝に依存し，身体活動や食事のような環境要因にどの程度依存しているかを定量的に明らかにしようとするものである。遺伝疫学研究は一般的に観察研究であるが，ある形質が遺伝に大きく影響される場合，与えられた形質の変動の根底にある正確な DNA 変異と分子メカニズムを発見することを目的とした大規模なプロジェクトによって検証される。ヒトの場合，研究者は核家族，一卵性双生児，二卵性双生児，養子縁組をした親族の家族を用いて，$\dot{V}O_2max$[5]や筋線維タイプの分布[6]などの形質がある集団でどの程度遺伝するのかを推定してきた。

運動特性の分散成分

遺伝疫学者は，量的形質のばらつきのうち遺伝によって説明される割合をどのように推定するのだろうか。まず，形質の全体的な分散を定量化する必要がある。次に，全体的な分散をいくつかの寄与因子に分類する。例えば，筋力のような形質では，集団の全分散（V_P）は，遺伝によって説明される分散（V_G），運動や食事などの環境条件による分散（V_E），遺伝と環境との相互作用による分散（V_{GE}）に分けられる。残った分散は，誤差，特に測定誤差や日々の変動（V_{Er}）によって説明される。これを方程式の形で表わすと次のようになる。

$$V_P = V_G + V_E + V_{GE} + V_{Er}$$

ある集団における形質の分散のうち，環境（E），遺伝（G），環境による遺伝（GE）成分の有意性を把握するのに役立つ3つの図解を紹介する。ここでは，$\dot{V}O_2max$ トレーニング反応を興味のある形質として使用する。**図3.1 パネル A** では，環境因子である持久性トレーニングによって，すべての被験者の $\dot{V}O_2max$ が同様に増加し，ベースラインの $\dot{V}O_2max$ や持久性トレーニングに対する $\dot{V}O_2max$ 反応にばらつきがないことが示されている。$\dot{V}O_2max$ の変動は，持久性トレーニング（V_E）と誤差（V_{Er}）のみに起

図3.1 運動トレーニングと $\dot{V}O_2max$ の関係を表わした図。(**A**) $\dot{V}O_2max$ のばらつきは運動トレーニングへの暴露の度合いによって決定される。ばらつきの遺伝的要因はない。(**B**) 遺伝子多型によって説明されるベースライン時の $\dot{V}O_2max$ には個人差があるが，どの遺伝子多型も運動トレーニングに対して同等に応答する。よって分散のG成分とE成分は両方存在するが, GE成分は存在しない。(**C**) すべての成分（G, E, GE）が $\dot{V}O_2max$ のトレーナビリティのばらつきに寄与している。これらの図では誤差成分（Er）はほとんどないものとして仮定している。詳細は本文を参照。

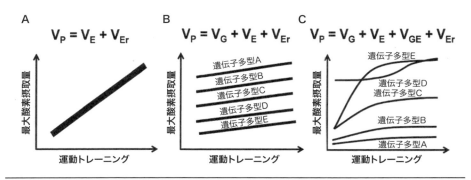

第3章

因し，トレーニング反応には遺伝（V_G）または環境による遺伝の要素はない。**図 3.1 パネル B** では，遺伝子型によってベースライン時の被験者が異なる。これは，G 成分があることを意味する。しかし，運動トレーニングによって同様に改善され，$\dot{V}O_2max$ のトレーナビリティも同様である。したがって，遺伝は $\dot{V}O_2max$ が持久性トレーニングにどのように反応するかには影響しないことから，GE 成分の分散は存在しないことになる。最後に**図 3.1 パネル C** では，異なる遺伝子型が持久性トレーニングに異なる反応を示すというシナリオがある。これは E と G（主遺伝的効果）成分があり，さらに $\dot{V}O_2max$ トレーナビリティを考慮した GE 成分の分散もあることを意味する。

遺伝率をどのように推定するのか

遺伝率とは，ある量的形質の変動のうち，ある集団における遺伝的差異による変動で説明される割合（すなわち，V_G/V_P）である。遺伝率を計算するために，ヒトの研究では，生物学的な家系や養子縁組による様々なタイプの親族に依存している。一般的に用いられる研究デザインには，双生児研究，養子研究，核家族研究などがある。

最初に問われるのは，対象となる運動形質について家族的な集合性があるかどうかである。この疑問を解決するために，家族内の分散と比較して家族間の分散を比較する。したがって，家族内分散よりも家族間分散の方が高いということは，ある家族のメンバーが，異なる家族の個人よりも類似していることを示唆している。例えば，HERITAGE Family Study では，運動習慣のない対象での $\dot{V}O_2max$ について，家族内よりも家族間

表 3.1　様々なヒトの親族ペアに予測される遺伝的共分散と共有環境的共分散

親族関係	家系に共通する遺伝的分散	同居に基づく共通の環境分散
配偶者	0	1
親子（同居）	1/2	1
兄弟姉妹（同居）	1/2	1
兄弟姉妹（別居）	1/2	0
異母兄弟姉妹（同居）	1/4	1
異母兄弟姉妹（別居）	1/4	0
叔父・叔母・姪・甥	1/4	0
いとこ（別居）	1/8	0
二卵生双生児（同居）	1/2	1
一卵生双生児（同居）	1	1

複雑なヒトの形質の遺伝率を推定するために，表で示した共有分散を利用した方程式が開発された。Bouchard, Rankinen[8] より改変。

で2.7倍の分散があった[7]。

　家族性集団が確認された場合，次のステップはその形質の遺伝率レベルを推定することである。この目的のために，二種類の双生児（一卵性/非一卵性），核家族ベースの定量化，養子とその里親や実親，兄弟姉妹との比較，あるいは最後に他のタイプの親族など，自然に発生する人間関係に依存する研究が行われている。**表 3.1** は，様々な親族のペアで予想される共分散の原因を共有遺伝的分率と共通環境（同居）レベルの観点からまとめたものである。

　これらの予想される共分散のレベルに基づいて，遺伝率（H^2）を推定することができる。例えば双生児研究では，一卵性双生児と二卵性双生児を集め，目的の形質を測定し，一卵性双生児と二卵性双生児の相関や対内変動を比較する。一卵性双生児の兄弟姉妹は，同じ細胞（接合子/受精卵）から発生するため，遺伝的変異がないことから，一組内変動は主に環境因子と誤差によって引き起こされる。一方，二卵性双生児の兄弟姉妹は，異なる細胞（別々の受精卵から生まれた接合子）から発生するため，遺伝子の50%しか共有しておらず，二卵性双生児ペアのメンバー間の形質変動は，遺伝的変動，環境変動，およびこれらの要因間の相互作用とエラー成分によって説明される。遺伝率の計算にはより正確で洗練された方法があるが，簡便な近似式はファルコナー式で得られる。

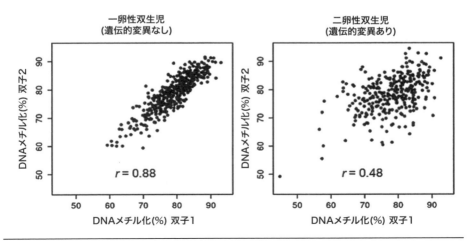

図 3.2　一卵性双生児と二卵性双生児における DNA サイトのメチル化レベル（%）の相関。遺伝的に同一の双生児は，メチル化レベルの低下によって遺伝子の50%のみが同一である双子よりもはるかに類似している。図は Hannon E, et al. 2018[9] のオープンアクセス（Attribution 4.0 International - CC BY 4.0, https://creativecommons.org/licenses/by/4.0/）*PLOS Genetics* から再作成したものであり，適切に引用されていれば共有，再利用，改変の許可は必要ない。

第3章

遺伝率 = 2（$r_{一卵性双生児} - r_{二卵性双生児}$）

例として，DNAの特定領域のメチル化度（CH3／メチル基の付加度）に関する双生児研究のデータを使って計算を行ってみよう[9]。一卵性双生児のペアでは0.88という高い相関がみられたのに対し，二卵性双生児では0.48という相関がみられた。**図3.2**の相関とFalconerの公式を用いると，次のような遺伝率の推定値が得られる。

遺伝率 = 2（0.88 −0.48）あるいは0.8

したがって，遺伝によって説明されるDNAメチル化レベルの分散は0.8または（0.8×100）80％に達する。これは，DNAメチル化の個人差の80％がDNA配列変異によって説明される可能性があることを示唆している。**注意：**この方法は，他の方法と比較して，遺伝率レベルが低くなる。共分散パターンからすべての情報を抽出し，最適化された遺伝率の推定値を開発するために，複雑なモデルや関連する方程式が用いられてきた[10]。

遺伝率は，ある形質に対する遺伝的差異の相対的な寄与を母集団的に推定したもので

図3.3 Visscher, Hillら[11]の図を引用し，回帰レベルをを両親（中親の値）とその子孫の間で比較することにより，遺伝率を推定できることを示す。(**A**) 両親の表現型（両親の平均値）と子孫の表現型の相関が低い（回帰直線の傾きが小さい）ことを示す。(**B**) 親の平均表現型とその子孫の平均表現型との間により密接な関係があり（回帰直線の傾きが大きい），Bのシナリオでの形質のばらつきはAで示した形質よりも遺伝に影響を受けていることを示す。ただし，どちらのシナリオでも個人の値のばらつきによって示されるように，大きな個人差があることがわかる。Visscher, Hill et al., Nature Reviews Genetics 9: 255-66, 2008, Springer Nature[11]より改変（図式のみ，点は実際の値を表わしていない）。

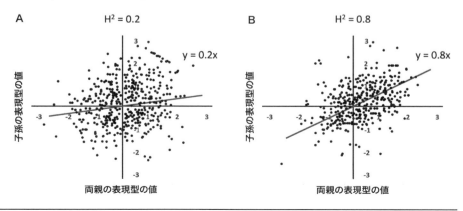

あるため，ある個人について有用な情報を提供するものではない。例えば，**図3.3** のようなデータを考えてみる。家族データを用いて，ある形質の回帰水準を両親（中親値）とその子ども [11] の間で比較することにより，遺伝率を推定することができる。図は，0.2 と 0.8 という2つのレベルの遺伝率に対する個人の得点の分布を示したものである。遺伝率が高い（80%）条件下でも，形質の中親値とその子孫の値の関係には非常に大きな個人差があることがわかる。これは，遺伝率が母集団の平均的な値であり，ある個体には当てはまらないことを示している。

運動関連形質に遺伝的要素があるかどうかを判断する補完的な方法として，ネズミの近交系（遺伝的に同一）系統間の分散と系統内の分散を比較する方法がある。ある実験では，全く訓練を受けていないラットの近交系 11 系統（1 系統あたり 6 匹）の持久力をテストした [12]。最も成績のよい系統は，最も成績の悪い系統に比べ 2.5 倍の距離を走ることができた。この結果，運動訓練を受けたことのない動物でも，持久力の遺伝的係数は 0.50（50%）となった。

遺伝疫学からヒトゲノムまで

遺伝疫学研究によって筋力や $\dot{V}O_2$max のトレーナビリティなどの形質が集団内で有意に遺伝することが示された場合，次の目標はその形質の遺伝性を説明する DNA 配列の変異を同定することである。その理由は，第一に，科学者は現象を記述するだけでなく説明することも目的としている。第二に，原因となる DNA 変異を発見することで，形質の根底にある基本的な生物学を明らかにすることができる。第三に，このような発見が実用化される可能性もある。例えば，HERITAGE 研究から，持久性トレーニングプログラムに対する $\dot{V}O_2$max の反応には大きな個人差があり，50%程度の遺伝的要素があることがわかっている [13]。

$\dot{V}O_2$max トレーニングに関連するすべての DNA 変異が発見されたとする。これらの変異体について遺伝子型判定を行い，その情報をもとに持久性トレーニングに対する反応の良し悪しについて個人に情報を提供することができます。つまり，遺伝子を利用したカウンセリングによって，将来的には運動処方の有効性を高めることが期待できる。しかし，現在では，何百万もの一般的な DNA 変異を 100 ドル，ゲノムのアデニン（A），シトシン（C），グアニン（G），チミン（T）の各ヌクレオチドを約 1,000 ドルで DNA チップで測定できるにもかかわらず，スポーツ・運動に関連する形質の個人差を説明する特定の DNA 変異を特定することは困難であることがわかっている（本章で後述する）。

第3章

DNAの塩基配列は哺乳類の生体の発達の設計図を構成している

　DNAは，スポーツの可能性を含む我々の生物の設計図をコード化した分子である。DNAは，リン酸，デオキシリボースと呼ばれる糖，プリン〔アデニン（Aと略される）やグアニン（Gと略される）など〕またはピリミジン〔シトシン（C）やチミン（T）など〕の塩基を含む4つのヌクレオチドから構成されている。

　1950年代はじめ頃までは，遺伝情報が核酸の列に含まれているのか，それともタンパク質の多様性に含まれているのか，まだ論争が続いていた。1944年，Oswald T. Averyはウイルスを使って核酸が遺伝情報の担い手であることを証明した。しかし，生物のDNAにどのように遺伝情報がコード化されているかはまだわかっていなかった。1953年，Francis CrickとJames Watsonは『Nature』誌に1ページの論文を発表し，この問題を解決した。Rosalind FranklinとMaurice WilkinsによるDNA構造のX線解析と，その他の核酸構造に関するデータに基づいて，彼らは現在有名なDNAの二重らせん構造を提案した[14]。彼らは，DNAは2本の鎖が互いに巻きついて二重らせんを形成しその内側に情報塩基がある，と正確に結論づけた（**図3.4**）。それぞれの鎖の中で様々な塩基（すなわちA，T，C，G）が強いリン酸結合で結ばれている。また，AはTに，Gはもう一方の鎖のCに，2〜3個の水素結合で結合しているが，リン酸結合に比べれば弱いため，2本の鎖は結合している。

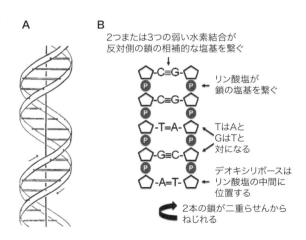

図3.4　（**A**）WatsonとCrick'sの二重らせん，（**B**）二重らせんのヌクレオチドが各鎖内のリン酸によってどのように結合されているのか，2〜3個の弱い水素結合が2本の鎖をどのように結合しているのかを示した図。

染色体とは何か

ヒトゲノムのDNAは46本の染色体に分かれている。通常，染色体は核の中で分散しており，個々の染色体を顕微鏡で確認することはできない。しかし，細胞分裂の中期と呼ばれる時期には，DNAが凝縮して密な染色体（15本）を形成し，2つの娘細胞に分離される。ヒトのゲノムは，22対の非性染色体（**常染色体**）と2本の**性染色体**（女性はXX，男性はXY）で構成されている。**図3.5**はヒトの細胞内の染色体を示したものである。

生殖細胞と体細胞の区別を理解することが重要である。男性の**生殖細胞**は精子，女性の生殖細胞は卵子と呼ばれる。成熟した生殖細胞には，体細胞（または非生殖細胞）では46本の染色体が存在するが，核内に22本の常染色体と1本の性染色体（つまり合計23本の染色体）しか存在しない。生殖細胞が23本の染色体を持つことを「**ハプロイド（haploid）**」といい，通常の体細胞は「**2倍体**」の染色体を持つ。ハプロイドの精子とハプロイドの卵母細胞が融合すると2倍体の受精卵（接合子）となり，これが新しい生物の最初の細胞である。接合体は2×22の常染色体と，2本のX染色体（XX，女性）またはXとY（XY，男性）の染色体を持っている。

図3.5 ヒトの46本の染色体。44（22対）の常染色体と呼ばれる非性染色体と，X染色体とY染色体の23番目の対がある。男性はX染色体とY染色体を持ち，女性はX染色体を2本持つ（そのうち1本は永久に不活性化）。1番は最も大きな染色体，22番は最も小さな染色体に割り当てられる。

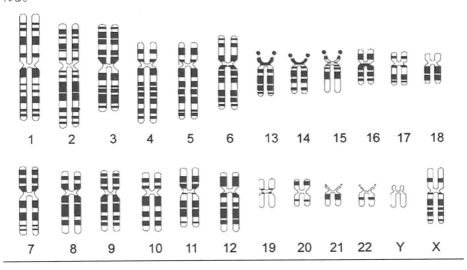

図3.6 細胞学的バンドと二重らせんの物理的長さをメガ塩基対で表わした，ヒト1番染色体の図（イデオグラム）。※すべての細胞学的バンドが示されラベル付けされているわけではない。Genetics Home Reference, National Library of Medicine, National Institutes of Health of the USA より抜粋，改変。

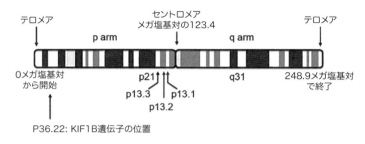

染色体はどのような構造をしているのか

染色体には2本の腕とセントロメアと呼ばれる中央のくびれがある。染色体の短腕はpで，長腕はqで表わされる。染色体の各アームは，セントロメアから各染色体アームの先端であるテロメアまで連続して番号が付けられた領域に細分される。特定の領域内の各バンド（図3.5にみられる染色体の暗いストライプと明るいストライプ）は番号で識別される。この命名法により，「細胞学的アドレス」によって任意の染色体領域を特定することが可能になる。例えば，染色体1は約2億4900万（メガ，M）のDNA塩基対で構成されている（図3.6）。1p22は，染色体1，pアーム，領域2，バンド2を指す。ヒトゲノム全体のDNA塩基の配列が現在利用可能であるため，正確な塩基に関して特定のヒト染色体上の物理的位置を1～100万の一連の番号として特定することが可能である。例えば染色体1には4,300の遺伝子がコードされている。キネシンファミリーメンバー1BをコードするKIF1B遺伝子は，細胞内で小胞を輸送するモータータンパク質をコードしている。これは1p36.22に位置し，DNAの10.21～10.38 M塩基に広がっている。

遺伝子，転写，翻訳

「遺伝子」という名前は，デンマークの植物学者Wilhelm Johannsenによって導入され，William Batesonが1905年に導入した「遺伝学」という用語に由来している。**遺伝子の単純な定義は「1つまたは複数のタンパク質をコードするDNA配列」**である。ゲノムは，細胞機構によって合成されるすべてのタンパク質のアミノ酸配列を特定する

図 3.7 （**A**）C，A，G，T の塩基からなる二本鎖 DNA。RNA ポリメラーゼが触媒となり，一本鎖の DNA が一本鎖の RNA に転写される。RNA は DNA に似ているが，糖としてリボースを持ち，チミン（T）の代わりにウラシル（U）を持つ。これは特定のタンパク質の指示を含む DNA のテンプレートとなる。（**B**）タンパク質はアミノ酸が折り畳まれた長い鎖である。DNA と RNA では 3 つのヌクレオチドが 1 つのアミノ酸をコードしている。リボソームは主に RNA からつくられる小器官で，RNA を読み取り RNA 鎖のヌクレオチド配列にしたがってタンパク質を合成する分子機構を持っている。

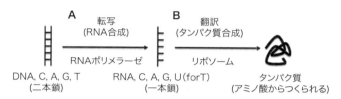

ために必要な情報をエンコードする。生物はタンパク質（例えば，筋の乾燥質量の約 70％がタンパク質である）から，または酵素と呼ばれる特別なクラスのタンパク質によってつくられる分子から構築されているため，これは重要である。

　タンパク質を生成するために遺伝子はどのように「読み取られる」のか。Francis Crick は 1956 年にノートに「セントラルドグマ」と呼ばれるものを書いた。今日，この未発表の概念は，**分子生物学のセントラルドグマ**として広く知られている。生体情報が「DNA → RNA →タンパク質」の方向に流れていく様子を表わしている。ドグマによれば，DNA は命の書の指示に相当する。RNA は DNA と非常によく似ているが一本鎖であるのに対し，DNA は二本鎖（つまり，二重らせん）であり，RNA の糖はリボースであるが DNA の糖はデオキシリボースである。「メッセンジャー」RNA（mRNA）としても知られる RNA は，DNA の「メッセージ」をコピーし，細胞のタンパク質生成機構（リボソーム内）に送達して，タンパク質を生成する。DNA からの RNA の作成または合成は**転写**と呼ばれ（RNA 合成は遺伝子発現とも呼ばれる），RNA からのタンパク質合成のプロセスは**翻訳**と呼ばれる。**図 3.7** は Crick のセントラルドグマを示している。分子生物学の最近の進歩を考えると，セントラルドグマは不完全であり，ドグマには例外があることを認識することが重要である。

　Genome Reference Consortium によると，ヒトゲノムには 20,465 個の遺伝子がある。ほとんどの遺伝子は，タンパク質の最初のアミノ酸としてメチオニンをコードする ATG 開始コドン（RNA では AUG に転写される）で始まる。遺伝子は，DNA では TAG，TGA，または TAA，RNA に転写されると UAG，UGA，および UAA である終止コドンでも終わる。トリプレットと呼ばれる 3 つの DNA 塩基は，タンパク質内の 1

第 3 章

表 3.2　DNA コドンとそれらがコードするアミノ酸

DNA コドン	アミノ酸	略称
ATT, ATC, ATA	イソロイシン	I, Ile
CTT, CTC, CTA, CTG, TTA, TTG	ロイシン	L, Leu
GTT, GTC, GTA, GTG	バリン	V, Val
TTT, TTC	フェニルアラニン	F, Phe
ATG	メチオニン	M, Met
TGT, TGC	システイン	C, Cys
GCT, GCC, GCA, GCG	アラニン	A, Ala
GGT, GGC, GGA, GGG	グリシン	G, Gly
CCT, CCC, CCA, CCG	プロリン	P, Pro
ACT, ACC, ACA, ACG	トレオニン	T, Thr
TCT, TCC, TCA, TCG, AGT, AGC	セリン	S, Ser
TAT, TAC	チロシン	Y, Tyr
TGG	トリプトファン	W, Trp
CAA, CAG	グルタミン	Q, Gln
AAT, AAC	アスパラギン	N, Asp
CAT, CAC	ヒスチジン	H, His
GAA, GAG	グルタミン酸	E, Glu
GAT, GAC	アスパラギン酸	D, Asp
AAA, AAG	リジン	K, Lys
CGT, CGC, CGA, CGG, AGA, AGG	アルギニン	R, Arg

つのアミノ酸をコードする。3 塩基コードには 4 つの DNA 塩基の 64 通りの組み合わせがあり，指定する共通アミノ酸は 20 個しかないため，遺伝コードは冗長であり，ほとんどのアミノ酸は複数のトリプレットによってコードされている。**表 3.2** に，各アミノ酸をコードするコドンを示す。

　典型的な遺伝子（**図 3.8**）は，**イントロン**と呼ばれる非コード領域によって中断された，**エクソン**と呼ばれるコード配列（つまり，エクソンはタンパク質のアミノ酸配列をコードする）で構成される。さらに，上方と下方に位置し，時には遺伝子から遠く離れた位置にある調節 DNA 配列があり，その転写は調節 DNA に依存している。エクソンの数は非常に多様で，1 つしか持たないもの（イントロンのない G タンパク質共役受容体遺伝子，G-protein-coupledreceptor genes：GPCR など）から，363 のエクソンを持つタイチン（遺伝子記号 TTN）のように数百持つものまである。

　二重らせんの 1 本の DNA 鎖のみが RNA に転写される。DNA からコピーされた非コードイントロン領域は RNA から切り出され（スプライシングされ），「RNA 前駆体」か

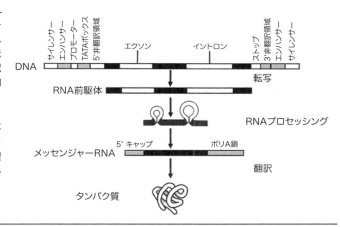

図 3.8 タンパク質をコードする遺伝子の簡略化された図。3つのエクソン遺伝子を示している。コード配列の両側には部分的に制御領域を示している。情報が，DNA から RNA，タンパク質へと流れる生物学の基本定理がイントロンのスプライシングを含む RNA 処理の主要ステップを示している。

ら成熟 mRNA へのプロセッシング中にエクソンが融合する。転写は，プロモーターと呼ばれる DNA 鎖に沿った開始部位で始まる。他の調節 DNA 配列は，エンハンサーおよびサイレンサー配列である。エンハンサーは短い DNA 配列で，タンパク質が結合すると活性化され，転写が増加する（遺伝子がオンになる）。遺伝子配列には様々な数のエンハンサーが含まれており，活性化されたエンハンサーの数と，その遺伝子の転写速度および結果として得られる mRNA の量との間には関係がある。対照的にサイレンサー配列は，遺伝子の転写を減衰または抑制する（サイレンシングする）リプレッサータンパク質に結合できる。サイレンサーはエンハンサーと同様に遺伝子コード配列の上流にあることが多いが，遺伝子の下流または遠く離れた場所にもみられる。遺伝子の下流または遠く離れた場所であっても，核内の DNA のループがエンハンサーまたはサイレンサー部位をプロモーターに近接させるため，転写率に影響を与える可能性がある。

以下は5つのコドン（つまり，5×3塩基）が最初にどのように転写されるかを示す具体的な例である。

Protein-coding DNA strand:	5'- ATG TTC ACT GGT GTG-3'
Antisense DNA strand:	3'- TAC AAG TGA CCA CAC-5'
	↓ ↓ ↓ ↓ ↓
mRNA	5'- AUG UUC ACU GGU GUG … AAA-3'
	↓ ↓ ↓ ↓ ↓
Protein	Met Phe Thr Gly Val

第3章

　おそらく，mRNA配列の5'末端と3'末端，および「AAA」注釈について疑問に思うだろう。5'と3'はDNA鎖のデオキシリボース糖の特定の炭素原子の位置を指し，DNA鎖の方向に関する情報を提供する。「AAA」は転写後に各mRNAに追加されるいわゆるポリAテールを表わし，これによりRNAがさらに安定する。RNAの転写は細胞の核で行われ，リボソーム内のタンパク質の翻訳は細胞質で行われる。ポリペプチドに翻訳されると，リン酸化，メチル化，アセチル化などの翻訳後修飾により，成熟した機能的なタンパク質が生成されたり，タンパク質の活性が変化したりすることがある。一倍体のヒトゲノムには32億対のヌクレオチドがあり，約2,000万の遺伝子をコード化できる。しかし，タンパク質をコードする遺伝子の数は，この推定値よりも約1,000倍少ない。しかし，ヒトゲノムで現在認識されている20,465のタンパク質コード配列よりもはるかに多くのタンパク質がある。コード化されたタンパク質の数が多いことは，その絶対数がまだ議論されている問題であるが，主に，転写バリアントと呼ばれる複数のmRNA転写物を生成するDNAコード配列によって説明される。遺伝子数と遺伝子転写産物との不一致は，オルタナティブプロモーターとオルタナティブスプライシングに起因することが最も多い。上記のように，スプライシングは，イントロンが除去されエクソン配列が一緒に融合されてmRNAになるプロセスである。

　選択的スプライシングとは，単一の遺伝子がエクソンの異なる組み合わせを介して複数のメッセンジャーRNAを生成する状況を指す（**図3.9**）。複数のエクソンを持つヒト遺伝子の約75％には，選択的スプライス部位がある。オルタナティブスプライシングは，1つまたは複数のエクソンの包含または除外のいずれかを引き起こす可能性がある。

図3.9　13個のエクソンを含むDNA配列は代替プロモーターと代替スプライシングの組み合わせにより3個のmRNAと最終的に3個のタンパク質を生成する例（ここでは詳細を示していない）。(**A**) 13個のエクソンをすべて含むmRNA，(**B**) 9個のエクソンを含むmRNA，(**C**) 6個のエクソンのみを持つmRNA。

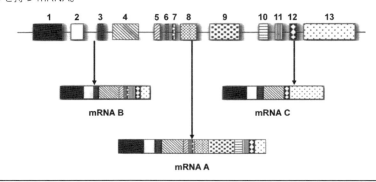

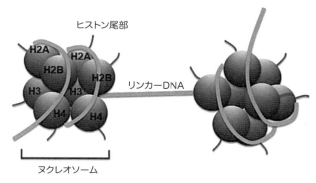

図 3.10 4種類のヒストンタンパク質（H2A, H2B, H3, H4）のそれぞれ各2コピーからなる8量体であるヌクレオソーム2個にどのようにDNAが巻き付いているかを示す図。リンカーDNAセグメントは約20のDNA塩基対で構成されている。

2 m あるヒトの DNA はどのようにして小さな核に収まっているのか

2倍体細胞のDNAの長さは直線にすると約2 mあり，細胞の小さな核に収まるようにパッケージ化されている。これはどのように行われているのだろうか。まず，線状のDNA（1次構造）がねじられて二重らせんを形成し，1ターンに10個のヌクレオチドが入る（**図 3.4**，2次構造）。次に，DNA二重らせんは**ヌクレオソーム**というタンパク質複合体の周りにひも上のビーズのように巻き付けられる（3次構造）。ヌクレオソームはいわゆるヒストン（H）タンパク質の4つのペア（2 × H2A, 2 × H2B, 2 × H3, 2 × H4）を含み，その周りに146のDNA塩基対のDNAが巻き付いている（**図 3.10**）。1つのヌクレオソームを囲むDNAは，リンカーDNAという約20の線形DNA塩基対によって，次のヌクレオソームのDNAに結合される。ヒストンはDNAの「カーラー」であるだけでなく，DNAのストレッチが生物学的相互作用のために開いているか，しっかりと閉じているかを制御する（このトピックについては後述する）。

最後に，クロマチンはさらに圧縮されて，ヒトゲノムのすべての染色体のDNAが小さな細胞核になる（四次構造）。クロマチンが実際に核内にどのようにパッケージ化されているかを高度な顕微鏡を使用して研究したところ，柔軟で無秩序できれいにパッケージ化されていないことが示されている[15]。

遺伝子の転写はどのように調整されているか

遺伝子発現の調節はヒトの生物学における最も困難な問題の1つである。運動への適応の多くは，運動刺激に反応して時間の経過とともに遺伝子の転写が増加または減少する時に起こるため，これは重要である（**第7章**で詳述）。核を持つすべての細胞にはヒトゲノムの完全なコピーが含まれている。一部の遺伝子は，そのRNAとタンパク質

第 3 章

が正常な細胞機能に不可欠であるため，ほとんどまたはすべての組織で発現する（「ハ
ウスキーピング」遺伝子）。しかし，ほとんどの遺伝子は特定の組織でのみ発現し，カ
ルシウム（Ca^{2+}），低グリコーゲン，または運動で発生する機械的負荷などの刺激を受
けた時に発現する。非常に多くの特定の要求を満たすには，遺伝子発現を厳密に制御し
調整する必要がある。これは主に，選択的スプライシング，複数のプロモーター，エン
ハンサー，サイレンサー配列の寄与による転写因子のネットワーク（後述）を介して達
成される。

　転写の開始には，調節された遺伝子の近くと遠くの両方に位置する特定の DNA 配
列（モチーフ）に結合する転写因子の存在が必要である（遠く離れた DNA モチーフは
DNA ループによって遺伝子に近づくことができる）。遺伝子転写の調節は，DNA に結
合し RNA ポリメラーゼが遺伝子を転写できるようにする 1,600 の転写因子が関与する
調整されたメカニズムである [16]。20,465 を超える転写遺伝子があり転写因子が 1,600
しかないことを考えると，ほとんどの転写因子は活性化された時に複数の遺伝子の配
列モチーフに結合することになる。つまり，転写因子あたり平均約 13 の遺伝子であ
る。転写因子の数は生物の生物学的複雑さの重要な特徴である。転写因子とコアクチ
ベーターとして知られるタンパク質がプロモーターまたはエンハンサーに結合すると，
RNA ポリメラーゼが転写因子複合体に結合して，標的 DNA 配列によってコードされ
る対応する RNA の転写を開始する。遺伝子の調節配列の一部であるエンハンサー，サ
イレンサーと他の応答要素が活性化されるかどうかによって，転写活性が増加，減少，
あるいは阻害されるかが決まる。遺伝子の DNA 配列がメッセンジャー RNA に転写さ
れると，1 次 RNA 転写物（つまり，元のテンプレート DNA の完全なコピー）は様々
な転写後修飾を受ける。不要な内部配列（イントロン配列）のスプライシングと除去，
残りのエクソンの融合，開始部位（5 プライムエンド）でのキャッピング，および転写
産物の末端（3 プライムエンド）でのポリアデニル化などである。スプライシング プ
ロセスは，エクソンとイントロンの接合部にある特定のヌクレオチド配列によって指示
される。

エピジェネティクス：DNA のメチル化，ヒストン修飾とは何か

　エピジェネティクスとは，DNA 配列の変異によらず，DNA やヒストンの化学的修
飾に起因する遺伝子発現の変化のことである [17]。エピジェネティクスの化学反応には，
DNA のメチル化と，ヒストンへのアセチル基などの小さな化学基の付加という，主に
2 つの種類がある（**図 3.11**）。DNA のメチル化とは，同じ鎖の中でグアニン（G）に

図3.11 エピジェネティック修飾の模式図。ヌクレオソームのヒストン尾部の化学的なアセチル化，メチル化，リン酸化，および二重らせん上のシトシン塩基のメチル化など。エピゲノムは遺伝子の転写／発現の制御に関与している。

結合するシトシン（C）に CH_3（メチル）基が付加されることである。これはCpGと呼ばれ，「p」は同じ鎖の2つの塩基をつなぐリン酸を意味する。一方，CGは片方の鎖のCともう片方の鎖のGが対になっていることを指す。メチル化されたシトシンが多く存在する領域はCpGアイランドとも呼ばれる。CpGアイランドはゲノム全体に存在するが，多くの場合遺伝子のプロモーター領域に集中している。

いくつかのシトシンに CH_3 メチル基がどのように付加され，その結果どうなるのだろうか。シトシンはDNAメチルトランスフェラーゼと呼ばれる酵素によりメチル化される。その結果，シトシンがメチル化され遺伝子の転写が低下する。これはメチル化によってDNAのその領域への転写因子の結合が弱まるためである。CpGサイトやCpGアイランドはプロモーター領域周辺に多く存在するため，メチル化が増加すると転写因子との結合の減少は遺伝子の転写を抑制する。対照的にプロモーター領域におけるCpGのメチル化が減少すると（脱メチル化や低メチル化），遺伝子発現が増加し，転写因子の結合が可能になることで遺伝子転写が増加する可能性がある。例外として，サイレンサーやレプレッサー配列でメチル化が増加することで，転写が増加する場合がある。CpGアイランドは基本的な自然商定でメチル化（または脱メチル化）することができるが，シトシン残基も栄養素，環境ストレス因子，運動などの刺激に反応して多かれ少なかれメチル化する。

エピジェネティクスの2つ目の現象には，DNAに巻きついているタンパク質であるヒストンが関与している。染色体の二本鎖DNAは，ヒストンタンパク質に巻きついたDNAで構成されるヌクレオソーム（3次構造）の中にぎっしりと詰まっている。アセチル化，メチル化，リン酸化などの化学修飾は，ヒストンテールと呼ばれるヒストンのN末端で優先的に生じ，側鎖の電荷を変化させ，DNAを転写因子の結合に利用できる

第3章

ようにするという作用がある。例えば，多くの場合，アセチル化（アセチル基の付加）が起こるとクロマチン構造が緩和されて遺伝子の転写が可能になり，逆にアセチル化が低下（脱アセチル化，アセチル基の除去）するとクロマチンがよりコンパクトになって転写が減少する。全体として，化学的ヒストン修飾はクロマチンのコンフォメーションを変化させ，それによって転写活性を変化させる可能性がある。

　まとめると，DNA メチル化やヒストンタンパク質の化学修飾のプロファイルがエピゲノムを構成する。エピジェネティックな修飾は，栄養や細胞傷害やストレスのような環境的要因の暴露の結果として，すべての年齢層で生じる可能性がある。急性の運動や運動トレーニング，運動不足がエピジェネティックな現象を引き起こす刺激となるかどうかの研究については**第6章**で述べる。骨格筋組織における DNA のエピジェネティックな修飾は，運動トレーニング後一定期間トレーニングを中止した後でも維持されることが明らかとなっており，いわゆるエピジェネティックな記憶「エピメモリー」が提唱されている。運動と筋の「記憶」のエピジェネティクスについても**第6章**で解説する。

ヒトゲノムの配列はどのように解読（解明，決定）され いくつの塩基対が存在するのか

　20世紀後半から21世紀初頭にかけての最大の科学的成果の1つが，ヒトゲノムと他の多くの生物種のゲノム配列解読であった。これらすべての DNA 配列解読プロジェクトの出発点は，2度のノーベル賞受賞者 Frederick Sanger によるチェーン・ターミネーション法を用いた DNA の配列解読の開発であった[18]。この方法は，ヒトのミトコンドリアゲノム（ミトコンドリアは mtDNA と呼ばれる独自の DNA を保有している）の16,569塩基対すべての配列解読にはじめて用いられた[19]。その後，複数の国が資金を提供するヒトゲノムプロジェクトコンソーシアムは，いわゆるショットガン DNA 配列解析を用いる民間資金の取り組み（Celera Corporation）と競合することになった。両チームは2001年にゲノム配列のドラフトを公開し，はじめにヒトゲノムプロジェクトコンソーシアムが2月15日に『Nature』誌に[20]，続いて Craig Venter と Celera Corporation が『Science』誌に発表した[21]。

　ヒトゲノム配列の解読により，その真の大きさが明らかになった。その大きさは23本の染色体を持つ1倍体配偶子（精子または卵子細胞）に着目するか，46本の染色体が持つ2倍体の体細胞に着目するかによって異なる。ヒトの1倍体細胞のゲノムは3,609,003,417塩基対（3.6ギガまたは360億）であるが（Genome Reference Consortium Human Build 38），2倍体細胞はその2倍（7.2ギガ塩基）を有している。

遺伝と運動：序論

ミトコンドリア DNA とは何か

　体細胞の各ミトコンドリアには，16,569 塩基対からなる環状の二本鎖 DNA 分子の
コピーがいくつか含まれている。ミトコンドリアゲノムは核 DNA と比較して非常に小
さい。ミトコンドリア DNA（mtDNA）は 1981 年に配列解読に成功した[19]。mtDNA
は核 DNA とは独立して自己複製することができ，独自の転写，翻訳システムを持って
いる。mtDNA の大部分は受精時に卵細胞を通じて母親から遺伝するが，いくつかのコ
ピーは父親から遺伝するというエビデンスもある。mtDNA は 37 個の RNA 転写物を
コードし，28 個はシトシンリッチ軽鎖に，9 個はグアニンリッチ重鎖に存在する。37
個の RNA はミトコンドリアでの ATP の再生に関連する 13 のポリペプチド，2 つのリ
ボソーム RNA，22 個のトランスファー RNA にプロセシング（加工）される。

　ミトコンドリアでは 1,000 種類以上のタンパク質が活性化しているため，mtDNA は
生物学的にミトコンドリアに重要な役割を果たしているが，その貢献度は小さい。正常
なミトコンドリアに必要な他のすべてのタンパク質や小分子は核ゲノムにコードされて
おり，ミトコンドリアに運ばれている。正常な mDNA は非常に重要であり，mtDNA
配列の遺伝的または後天的な異常はミトコンドリアの機能不全を引き起こす可能性があ
る。このような機能不全は運動不耐性や多くの病態のいくつかのケースで認められる。

DNA 配列の変異の原因と DNA 変異の種類

　DNA 配列の変異が身長や筋力，最大酸素摂取量のトレーナビリティや疾患リスクに
影響することについては，前述した。次に DNA 配列の変異がどのよう生じ，DNA 変
異の種類やヒトの集団おけるその頻度について説明する。はじめに，DNA 変異を定義
するために用いられる用語について説明する。**突然変異**は，DNA 配列（DNA の塩基配列）
を変化させる現象のことである。突然変異の結果が **DNA 変異**である。例えば，突然変
異は「...CTGT...」から「...CTAT...」に配列を変化することで G／A の DNA 変異とな
ることがある。対立遺伝子は特定の配列の DNA 変異である。例えば，ミオスタチン遺
伝子（筋量の調整に重要，**第 4 章**と**第 8 章**で解説）の DNA 配列において 20％の人が
「CTGT」を持ち，80％の人が「CTAT」と仮定すると，CTGT 変異は**マイナー（頻度）
対立遺伝子**であり，一方 CTAT 変異は**メジャー（頻度）対立遺伝子**となる。対立遺伝
子が 1％以下のものを**希少対立遺伝子**，1 ～ 5％のものを**低頻度対立遺伝子**と呼ぶ。集
団の 5％以上がマイナー対立遺伝子を有する DNA 変異は**一般的な対立遺伝子**として分
類される。集団の 1％以下で塩基置換が生じる場合には**一塩基多型**（single-nucleotide

105

polymorphism：SNP）と称される。SNPは最もよく研究されているDNA変異である。

一塩基置換の種類を**図3.12**に示した。多くの突然変異は同義置換もしくはサイレント置換であり，遺伝子コードの冗長性により最終的な遺伝子産物のアミノ酸を変化させない（**表3.2**参照）。これらはコードされているDNAで最も多くみられる変異である。非同義置換は異なるアミノ酸を（ミスセンス変異），または終止コドン（ナンセンス変異）を指定するコドンに変化させる。保存的置換は新しいアミノ酸が古いアミノ酸と化学的に類似しているDNA変異を指し，非保存的置換によって挿入されたアミノ酸は異なる化学的性質を持つ。非保存的置換は保存的置換よりも遺伝子がコードするタンパク質の性質が変化する可能性が高い。挿入および欠失（insertions and deletions：INDEL）は，DNA配列から1つ以上のヌクレオチドが付加もしくは除去されることを意味する。これらの変異は非コードDNAに比較的多く認められる。エクソンでは転写の結果生じるmRNAの3塩基（コドン）のリーディングフレームにマイナーもしくはメジャーな変化をもたらす可能性があるため頻度が低くなり，それによって最終的な遺伝子産物が変化する（フレームシフト変異）。遺伝子発現の調整に寄与する配列でINDELsが生じた場合，表現型に大きな影響を与える可能性がある。一例は，持久性運動関連形質と関連する最初の遺伝子多型の1つであるACE遺伝子をコードするアンジオテンシンI変換酵素遺伝子における2s87塩基対の存在（挿入）もしくは欠如（欠損）である[22]（**第5章**で解説）。

その他の小さなDNA変異には**可変数の繰り返し配列**（variable number of repeat sequences）がある。これは2〜3以上のヌクレオチドが複数回繰り返されるDNA変異である。例えば，ヒトゲノムにはCAジヌクレオチド反復配列が豊富に存在する。特

図3.12 一塩基バリアント。（A）一塩基の変化はコードされるアミノ酸に影響を与えない（同義またはサイレント），（B）アミノ酸を変える，（C）停止コドンをコードする，（D，E）一塩基の獲得または喪失，いわゆるフレームシフト変異が生じることを表わしている。

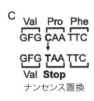
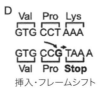

図 3.13　多数の塩基対を含む構造変異の模式図。(A) 大規模な挿入，(B) 大規模な欠失，(C) DNA の複製が含まれる。後者の例としては，食生活に関連するヒト唾液アミラーゼ (AMY1) 遺伝子の可変コピー数が挙げられる[23]。(D) DNA 断片は方向が反転していることがあり，(E) 二本鎖切断後の DNA 修復が不完全であることが原因である。(F) 細胞分裂の際に，染色体が異なる娘細胞に運ばれ，1 つの細胞でモノソミー (染色体が 1 本だけ) となり，トリソミー (染色体の 3 コピー) が生じることがある。ダウン症の原因となる 21 番染色体のトリソミーが最もよく知られている。

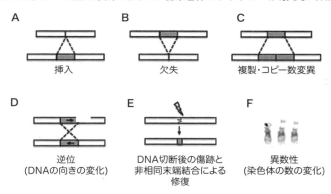

定の染色体部位に 100 コピーしか CA の反復を持たない人もいれば，10,000 以上のコピーの反復を持つ人もいる。このような反復の配列は個人の DNA 指紋のようなもので，法医学では一般的に DNA サンプルを個人と照合するために用いられる。デンプン消化酵素であるアミラーゼをコードするヒト AMY1 遺伝子には，コピー数の変動が 1 つ生じる。ヒトではアミラーゼ遺伝子のコピーの数の変異が大きく，例えばデンプンを多く食べる農耕民族はデンプンをあまり食べない狩猟民族より平均してコピー数が多い[23]。

最後に，**構造的な DNA の変異**がある。この場合，数百，数千，数百万の塩基が，ある染色体から別の染色体へ挿入，削除，天座される。場合によっては，染色体全体が増減し**異数性**を示すこともある[24]。構造的な遺伝子変異の数例を**図 3.13** に示した。

突然変異は体細胞で生じるか精子や卵子で生じるかによってその影響が異なる

突然変異は体細胞 (体の他の細胞) だけではなく生殖細胞 (精子か卵子) でも生じる可能性がある。生殖細胞の DNA 変異は，寿命の経過の過程で生じる同様の体細胞の DNA 変異よりも大きな影響を与える可能性がある。体細胞の DNA 変異は精子や卵細胞に存在しないため，子孫に受け継がれないからである。**突然変異の大半は細胞分裂の時と親細胞がその 7.2 億個の塩基対を複製する時に生じ，2 つの娘細胞のそれぞれに 1

第 3 章

つの完全なゲノムが存在するようにゲノムの**複製**中に 100,000 ヌクレオチドごとに 1
つの突然変異が発生すると推定されている。しかし，突然変異の 99% は複製過程の一
部として機能する校正メカニズムによって修正される[25]。DNA の校正後の実際の突然
変異率は低いが，ゼロではない。その結果，体細胞が分裂するたびに DNA 配列に変化
が生じる。紫外線やタバコの煙などの変異原への暴露によってさらに多くの突然変異が
生じ，暴露された組織の DNA 配列に特異的な変化を引き起こす[26]。

配偶子（精子や卵子）の発達とヒトの遺伝的多様性

　配偶子の卵子や精子は一倍体細胞であり，体細胞の通常の 2 × 23 の染色体の代わり
に 23 の染色体しか持っていない。では，46 本の染色体を持つ正常な細胞からどのよ
うにして配偶子になるのだろうか。これは，オスとメスの一倍体配偶子が生成される減
数分裂の過程で生じるものである。精子形成は精巣で生じ精子が大量につくられる。こ
れらの細胞の部分母集団である精子細胞は 2 回の減数分裂を経て 4 個の 4 倍体細胞を
形成する。女性の卵巣での配偶子産生の過程は卵形成と呼ばれる。胎児の発育中に数千
個の 1 次卵母細胞の細胞分裂による形成が始まる。1 次卵母細胞は減数分裂に入るが，
月経周期が始まる思春期まで減数分裂の過程は停止する。

　ヒトの遺伝的多様性には，次の重要な 2 つの減数分裂が寄与している。

1. **染色体の独立した組み合わせ**。配偶子は体細胞の各染色体のうち 1 つだけを受け
   取る。この染色体が母親からのものか父親からのものかはランダムな過程であり，
   それぞれの精母細胞または卵母細胞は母方と父方に由来する染色体のランダムな
   組み合わせを持つ。

2. **相同組み換え**。減数分裂の間，染色体が娘細胞に移行する前に染色体は交差し，
   同様の部位を交換する。例えば，母方と父方の 3 番染色体で交差が生じた場合，2
   つの染色体の間で DNA が交換される。減数分裂の間に，相同染色体のすべてのペ
   ア（母方と父方の染色体のペア）の間でおよそ 50 から 60 回の組み替えが行われる。

　減数分裂でのどちらかの親の染色体の独立した組み合わせと，各染色体のいくつかの
部位で生じる相同組み替えによって，遺伝的多様性は増大し，新しい接合体と最終的な
子孫はそれぞれの親からランダムに混合された染色体や DNA 変異を受け取ることにな
る。さらに，精子または卵母細胞で生じる新しい突然変異が接合体に存在し，子孫に受
け継がれる可能性がある。新生児は通常，両親の生殖細胞系列には存在しなかった最大
100 個の単一ヌクレオチドの変化を持っているため，これは良性の現象ではない[27]。

遺伝と運動：序論

ヒト集団においていくつかの DNA 変異はなぜ他のものより頻度が高くなるのか

　集団の中では，DNA の変異は「100 万人に 1 人」が持っていることもあれば一般的であることもある。ある DNA 変異が何世代にもわたって集団内で徐々に高い頻度になっていくかどうかは，どのような要因で決まるのだろうか。この答えは，進化，特に自然淘汰がその保有者にとって有益か，中立か，有害かによって，突然変異の頻度を変化させるということである。進化が対立遺伝子頻度の変化の要因であることは，Richard Lenski 独自の長期にわたる進化実験によって，実験的に明らかとなっている。1988 年 2 月 24 日，Lenski は大腸菌のコロニー（E. coli）12 個を，当初は酸素のないところでしか利用できない栄養素であるグルコースが少なく，クエン酸が含まれている培地で培養を開始した。この 12 個の大腸菌を 30 年以上培養した結果，6 世代以上の大腸菌が培養された。Lenski のチームは定期的に DNA サンプルを採取し，ゲノムが自然淘汰によって形成されているかどうかを調べた。彼らは，進化する大腸菌が何世代にわたってクエン酸を利用できなかったとしても，低グルコース，高クエン酸培地において大腸菌のダーウィン適応度（子孫の数によって定義される）が時間とともに増加することを発見した。その後 2008 年 6 月 25 日，31,500 世代を経てある大腸菌の集団の増殖が急激に増加した。急成長の理由は，酸素のある培地でクエン酸を代謝できる，いわゆる Cit+ 型と呼ばれる変異が持つランダムな突然変異だった。この変異は自然淘汰によってその集団に急速に広がり，Cit+ 大腸菌は酸素の存在下でクエン酸を利用できない大腸菌よりも速く増殖し，より多くの子孫を残せるようになったのである[28]。その後，Lenski のチームは 2,000，5,000，10,000，15,000，20,000，40,000 世代後の大腸菌の DNA 配列を追加解析した。20,000 世代目では，最初の大腸菌コロニーと比較して 29 の SNP と 16 の欠失，挿入，またはその他の多型を含む 45 の突然変異が選択された[29]。ではなぜこの実験が重要なのか。Lenski の長期進化実験は，特定の有利な DNA 変異が自然選択され，頻度が増加し，最終的に集団内で定着する（すなわち，すべてのメンバーがその DNA 変異を持つ）かどうかを示しており，進化の直接的な実験的証拠となるものである。ヒトでも同様のプロセスが起こるが，ヒトの世代時間は 20 ～ 30 年程度であるため，大腸菌では 4 年程度であるのに対し，わずか 1 万世代で 20 万～ 30 万年かかることになる。Lenski らは大腸菌（ゲノムサイズ 460 万塩基対）を低栄養の厳しい環境に置き，2 万世代を経て 45 の新しい DNA 変異を発見したが，これは新しい有利な DNA 変異の選択には長い時間がかかる可能性があることを示している。

109

第3章

「なぜ，DNAの変異の頻度は集団の中で時間とともに変化するのか」という最初の質問に戻ろう。その答えは，新規または既存の突然変異が常に自然淘汰を受けているということである。新しいDNA変異の頻度が世代を超えて増加するかどうかは，ランダムな事象だけでなくそのDNA変異体の生物学的効果に大きく依存する。

1. **有害なDNA変異**は機能損失を引き起こす。例えばヒトのDMD遺伝子機能欠損変異はDuchenne型筋ジストロフィーの原因となる。その保有者は子どもを持つことができないため，DMD遺伝子の病気の原因となるDNA変異は次世代に受け継がれず，ヒトの遺伝子プールに広がらない。これを「**負の選択**」という。

2. **有利なDNA変異**は個体のダーウィン適応度を高めるので，その頻度は集団内で時間の経過とともに増加する可能性がある。有利なDNA変異は何世代にもわたってより一般的な変異になる傾向があり，そのうちのいくつかは時間の経過とともに定着し，誰もが有利なDNA変異を保有する可能性がある。この現象を「**正の選択**」という。

3. **中立的なDNA変異**はダーウィン適応度に全く影響を与えないかごくわずかな影響しか与えない。しかし，ランダムな遺伝的変化により遺伝的プールから拡散したり消滅したりすることがある。

これは簡単なことのように思えるが，実際にはDNA変異の頻度の変化を把握することは難しいことが多い。例えば，ゲノムワイド関連研究（GWAS）により，慢性疾患と正または負に関連する何千もの一般的なDNA変異が明らかにされている[30]。有害なDNA変異がなぜ一般的な変異となり，負の選択によってヒトの遺伝子プールから排除されなかったのか。この場合，おそらくこれらのGWASによる一般的な変異の効果量が非常に小さいことに関係している。慢性疾患に関連する一般的な変異も広まった可能性があり，これはその変異が生殖適応度を支持する別の形質と同時に関連しているためである。別の例として，高い心肺機能[31]と高い握力[32]はともに死亡率の低下と関連している。では，なぜヒトが約80 mL/分/kgのVO_2maxや超人的な筋力を持つようになるDNA変異の正の選択の有力な証拠がないのだろうか。現在，我々が把握していない淘汰の流れがあるかを確かめるには，あと数千世代待つ必要があるのかもしれない。

個人のゲノムはヒトのリファレンスゲノムとどの程度異なるのか

DNA配列決定法の向上により研究者は何千もの全ヒトゲノムの配列を決定できるようになり，これにより基準となるヒトゲノムと比較してどれだけの遺伝的変異があるかが明らかにされた。最初のヒトゲノムの解読には約20年，30億ドルの費用がかかっ

たが，現在では次世代 DNA 解読法の開発により，ヒトゲノムの解読は 1 日 1,000 ドル以下で行えるようになった[33]。この次世代配列決定法は James Watson[34] のゲノムの配列決定に使われ，その後多くの人々のゲノムの配列決定が行われた。これらの配列決定実験を統合すると，一般的なヒトゲノムにはヒトのリファレンス配列にはみられない DNA 変異が約 400 万～500 万個存在することが明らかになった。ヒトのリファレンスゲノムと比較した場合，個人ゲノムの DNA 配列の 0.6% にあたる 36 億塩基対のうち約 2,000 万塩基が異なっている[24]。これらの DNA 変異の 99% 以上は SNP と短い INDEL である。さらに，一般的なヒトのゲノムには約 1,000 個の大きな欠失と 160 個のコピー数変異を含む最大 2,500 個の構造または染色体変異が存在する。さらに，ランダムに選択された個人は，最近発生した 200,000～500,000 のまれなバリアントも持っている。

DNA の変異は生物に様々な影響を及ぼす。ある種の変異は制御 DNA を変化させ，これを通じてタンパク質の量を変化させる。酵素の活性などの生物学的機能を変化させるものもあれば，そうでないものもある。では，個々のゲノムに存在する DNA 変異のうちどれほどが生理学的機能に影響を与えるのだろうか。現時点ではこの大きな疑問に対する答えは一部しか得られていない。例えば，ヒトは通常 mRNA を切断する DNA 変異を少なくとも 150 個持っており，その結果タンパク質の機能が部分的に失われたり，完全にノックアウトされたりすることがある。さらに，1 万以上の DNA 変異がタンパク質のアミノ酸配列を変化させ，約 50 万の DNA 変異は遺伝子コード配列の外にありながら，標的遺伝子の転写レベルを制御し，最終的にタンパク質の合成量を決定するゲノム領域に存在している[24]。

異なるヒト集団のゲノム配列はどの程度変化しているのか

ヒト科の生物が最初に進化した地域であるアフリカに存在した我々の祖先は，20 万年以上前に出現し始め，その後約 5 万年前に世界中へ移動し始めた[35]。我々の主要な祖先（ホモサピエンス）のずっと前に存在したネアンデルタール人やデニソワ人のような旧人類が約 40 万年前にアフリカを離れヨーロッパとアジアに住んでいたが，現代人の到着後に絶滅した。興味深いことに，旧人類と現代人は交流し交配していた。その結果，ゲノムのごく一部にネアンデルタール人またはデニソワ人の DNA が含まれることになった[35]。

我々の主な祖先がアフリカを離れて以来 2,000 世代以上が経過しているが，これは Lenski の長期進化実験の 60,000 世代よりはるかに少ない[36]。DNA 対立遺伝子の選択

第3章

的プロセスが一巡するまでの短い時間である。しかし，人類は北極から赤道まで地球上のほとんどの場所に定住しているため，アフリカ外への移動以来，強い選択圧によりいくつかのDNA変異が比較的早く選択された。例えば，アフリカから日照時間の短い寒冷地へ移動した結果，食事，免疫，身長，肌と目の色に関する対立遺伝子が選択された[37]。その一例として，北極圏のイヌイットの肉食に関連する対立遺伝子がある。そこではベリーなどの食用植物はわずかであり，短い夏の期間にのみ成長する[38]。重要なのは，最も一般的なDNA変異は世界の様々なヒト集団が同様の頻度で有していることであり，それらが大昔に出現し頻出するようになったことを示唆している[24]。特定の人種や民族にみられるDNA変異は10%以下であるのに対して，90%以上の変異は共通の祖先を持つすべての集団にみられることがわかっている。

スポーツ・運動に関連する形質に関連するDNA変異を発見するにはどうしたらよいか

本章の主な目的は，スポーツ・運動の形質と関連するDNA変異を同定する方法について説明することである。これらの変異は一般的なものかまれなものか，SNP，INDEL，構造バリアントなのか。それらは遺伝子の転写/発現のレベルまたはタンパク質のアミノ酸配列，あるいはその両方に影響を与えるのか。エピジェネティックな構造はどの程度重要なのか。このようなテーマでよく報告される研究には，大きく分けて2つのタイプがある。第一に，ある形質と関連するすべてのDNA変異を同定しようとする**遺伝関連研究**，第二に，あるDNA変異が形質と因果関係があるかどうかを判断しその根底にある生物学を明らかにするための**メカニズム研究**である。

ジェノタイピングアッセイの仕組みと遺伝関連研究とは

スポーツ・運動に関連する形質に関連するDNA変異をすべて同定することは困難な作業である。なぜなら，ヒトゲノムには8,000万以上のSNPに加え，他の多くのDNA変異が存在する。したがって，表現型に影響を与えるDNA変異を同定するにはハイスループットジェノタイピングアッセイが必要となる。スポーツ・運動遺伝学者の初期の研究では，ポリメラーゼ連鎖反応（PCR）を用いて長さの異なるDNAの伸長を増幅し，その後制御酵素を用いて長さの異なるDNA断片を生成するジェノタイピング反応を行うのが一般的であった。アガロースゲル上で電気泳動した後に可視化されたDNAバンドが，その個人が有する対立遺伝子を示す。これらのアッセイは1つまたは少数の変異のみを測定するだけで，特定の候補DNA変異がスポーツ・運動に関連する

遺伝と運動：序論

形質と関連しているかどうかを調べるために小規模なコホートで用いられてきた。

　先駆的な研究の例として，ACE I/D 多型と高所におけるパフォーマンスや筋力トレーニングのトレーナビリティとの関連[39]，ACTN3 R577X 多型とスプリント能力との関連[40]などがあり，それぞれ**第5章**と**第4章**で説明している。しかし，初期の研究のほとんどは被験者が比較的少なく，統計的な検出力が不十分で再現性が低かった。さらに一般的な DNA 変異とスポーツ・運動に関する形質との関連性が確認されたとしても，その DNA 変異は形質のごく一部（〜1％）しか説明できないことが明らかとなった。筋ジストロフィーにおける DMD 遺伝子のような単一遺伝子形質と同様な，$\dot{V}O_2max$ や筋の収縮速度の遺伝子が存在しないことに，研究者が気づくまでに時間がかかった。

　2004 年には，1回の実験で数千の DNA 変異のジェノタイピングを可能にする SNP チップの開発を報告する最初の論文が発表された。2007 年には研究コンソーシアムが，SNP マイクロアレイを用いて，7つの一般的な疾患をカバーする 14,000 人の患者の 50 万 SNP をジェノタイピングし，その対立遺伝子頻度を 3,000 人の対象者群と比較した。その結果，これらに疾患と有意に関連する 24 個の SNP 遺伝子座が同定された[41]。以来何百もの GWAS が報告されており調査結果はアクセス可能である（https://www.ebi.ac.uk/gwas/）。一般的に，GWAS の全体的な結果はマンハッタンプロットとして示され，x 軸はゲノムの位置（染色体），y 軸は各 SNP と形質との p 値を示す。重要なのは，多くの統計検定が行われるため，SNP と形質の関連性は p 値が 5×10^{-8} 以下にならないと有意とはみなされないということである。**図3.14** は，著者らが睡眠時間と関連する SNP を探索し，2 番染色上の PAX8 遺伝子座の近くに有意水準に達する 1 つの遺伝子座を発見した研究のマンハッタンプロットの例である。

　GWAS の重要な要件は，ある SNP との関連が確認されその結果が公表される前に結果が再現される必要があるということである。**図3.14** に示されている研究では，白人で最初に発見された 2 番染色体上の DNA マーカーとの関連が，アフリカ系アメリカ人で再現された[42]。今日，SNP マイクロアレイは最大で 200 万個の SNP をジェノタイピングし[30]，SNP と目的の形質との関連は時には 100 万人以上のコホートで調査されている[43]。

　スポーツ・運動遺伝学では，成人の余暇運動行動に関連する SNP を同定する目的で，2009 年に最初の GWAS の報告がされた。この研究ではいくつかの潜在的な SNP が同定されたが，ゲノム全体の p 値である 5×10^{-8} に達するものはなかった[44]。一般に，スポーツ・運動に関連する形質に焦点を当てた GWAS は，主にスポーツ・運動に関連する形質が数百万以上の DNA 変異の影響を受けているため，このような研究で一般的に使用されるサンプルサイズでは小さな効果量の関連性を明らかにすることはほとんど

113

図 3.14 睡眠時間を目的の形質としたゲノムワイド関連解析の結果のマンハッタンプロット。有意差が認められる SNP は p 値が $5×10^{-8}$ 以下を示す水平の破線より上に示されている。図は著者（Gottlieb DJ, et al. *Molecular Psychiatry* 20: 1232-9, 2015, Springer Nature）[42] の許可を得て転載。本章の著者（Bouchard C）はオリジナル原稿の著者であった。

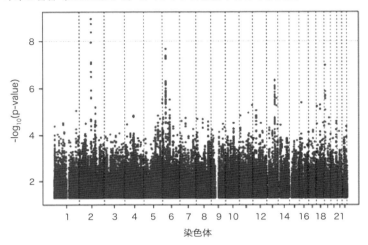

不可能であるため，成功していない。

次に，チベット人の高所順応に関連する DNA 変異の特定を目的とした研究[45]と，非常に高い $\dot{V}O_2$max に関連する SNP に焦点を当てた研究[46]の２つを簡単にレビューする。高所に関する研究では，研究者はケースコントロールデザインと DNA 変異チップを用いて，標高 3,200～3,500 m に住むわずか 35 人のチベット人と，海抜近くに住む 84 人の漢民族の，502,722 SNP の違いを調査した。その結果，低酸素誘導因子 2 α[45]をコードする *EPAS1* 遺伝子の近くで $5×10^{-8}$ で有意な SNPs を発見した。

一方で，$\dot{V}O_2$max 研究では平均 $\dot{V}O_2$max が 79 ± 3 mL/kg/分の持久系アスリート 1,520 人と対象群 2,760 人（平均 40 ± 3 mL/kg/分）を比較した。チベットの研究（n = 35）の 43 倍のエリートアスリート（n = 1,520）を用いており，アスリートと対象群の $\dot{V}O_2$max の差が非常に大きいことから，持久系アスリートとトレーニングしていない対象群の大きな差に寄与する DNA 変異の発見につながるはずである。驚いたことに，著者らは「世界クラスの持久系アスリートに特有の共通の DNA 変異プロファイルの証拠はない」[46]と結論づけた。その後のメタアナリシスでは，*GALNTL6* 遺伝子の近くに統計的に有意なマーカーをみつけた[46]。さらに *GALNTL6* は，$\dot{V}O_2$max に対す

遺伝と運動：序論

るもっともらしいメカニズムが現在存在しない酵素 N- アセチルガラクトサミニルトランスフェラーゼ様 6 をコードしている。100 人未満のチベット人と漢民族を比較した研究でチベット人の高所に対する耐性に関する形質についてはもっともらしい説明がつくにもかかわらず，1,500 人近くの並外れた持久力を有する持久系アスリートと 3,000 人近くの対照群を同様の方法で比較しても，並外れた $\dot{V}O_2max$ の遺伝的秘密がわからないのは不公平にもみえる。

　チベット高原の高所への適応は，数世代にわたって明らかに大きな効果量を持つ有利な DNA 変異の強い正の選択によって改善された。その結果，ほとんどのチベット人は EPAS1 遺伝子の高所に関連する対立遺伝子を有しているが，同じ対立遺伝子は海抜付近では有利にならないため漢民族は有していない。一方，$\dot{V}O_2max$ が高いことは死亡率の低さと関連しているが[31]，$\dot{V}O_2max$ を増加させる DNA 対立遺伝子に対する選択圧はまだ実証されていない。これには次のような多くの潜在的な理由が考えられる。このような対立遺伝子は生殖期間をはるかに超えて長寿に影響を及ぼすため生殖適性に影響を与えないこと，このような対立遺伝子は何百とあること，効果量が小さいという特徴があること，疫学研究で一般的に用いられる $\dot{V}O_2max$ は相関しない 2 つの形質，すなわち座りがちな対象者の $\dot{V}O_2max$ とトレーニングされた対象者の $\dot{V}O_2max$ レベルが複合されていること，などである。もう 1 つの要因は，DNA 変異が異なる集団で様々な影響を受け，世界的な遺伝的背景に依存する可能性がある。このことは，2012 年に『Science』誌に掲載された論文で証明された。研究者らは，サッカロミセス・セレビシエ酵母の 2 つの株で 5,100 の遺伝子欠失の影響を検討した[47]。その結果，一方の株では 44 個の遺伝子が生存に絶対的に不可欠であるのに対し，もう一方の株では 13 個の遺伝子しか不可欠でないことがわかった。ヒトにおいても，DNA 変異の生物学的影響は人によって異なる可能性がある[48]。

　要約すると，$\dot{V}O_2max$ のような顕著な表現型は 50％以上の遺伝率があるにもかかわらず，スポーツ・運動に関する形質と関連する DNA 変異を発見することは非常に難しいことが明らかとなった。しかし例外もあり，例えば EPAS1 の DNA 変異は，高所での生存のために正の選択によってチベット人に多く現れるようになったものである。その他の例としては，DNA 塩基の大規模な欠失とそれに続く EPOR 遺伝子の C 末端領域でのアミノ酸の切断により血中ヘモグロビンレベルがはるかに高くなることや[49]，筋肥大を引き起こす MSTN（ミオスタチン）遺伝子の突然変異[50] などがある。過去 10 年ほどの研究では，スポーツ・運動に関する形質の基礎となる遺伝子型を特定することに成功していないという認識に基づいて，他施設共同研究，大規模コホート，DNA 変異のゲノムワイド解析，遺伝子発現やメタボロミクス技術からの追加のサポートによる

第3章

エピジェネティック変異に焦点を当てた研究パラダイムが進んでいる [4]。これについては**第5章**と**第4章**でさらに解説する。

メカニズム研究は対象となる DNA 変異の基礎となる生物学を説明することができる

DNA 変異とスポーツ・運動に関連する形質との関連は，因果関係を意味するものではない。スポーツ・運動関連の遺伝学において因果関係を調べるためには，研究者は通常，関連する遺伝子を操作し，その操作が目的の形質に影響を与えるかどうかを検証する。遺伝子発現を低下させる方法や遺伝子を機能不全にする方法，過剰発現させる方法，コードされたタンパク質をより活性化させる方法がある。一般に，培養細胞や生体内において，目的の遺伝子の**機能喪失**（ノックダウンまたはノックアウト）または**機能獲得**（ノックイン）を達成することが目的である。

通常，遺伝子は細胞培養で最も簡単に操作できる。このような実験は *in vitro*（ラテン語で「ガラス（試験管）の中」の意）と呼ばれる。*in vitro* での遺伝子操作実験は，目的とする形質について有用な情報をもたらすことができるが [51]，$\dot{V}O_2max$ のようなより複雑な形質の研究においては生産性が低い。これらの実験ではエレクトポレーション，トランスフェクション薬剤，ウイルスなどの方法を用いて，低分子干渉 RNA（siRNA），小ヘアピン（shRNA），遺伝子構造物などの遺伝子操作剤を細胞やその核の中に入れ，遺伝子操作剤が遺伝子の発現をブロックしたり，低下させたり，増加させたり，遺伝子自体を操作したりできる。

また，遺伝子操作が病気を引き起こすのか，スポーツ・運動に関連する形質を変化させるのかを調査するために，動物の生体内で遺伝子をノックインまたはノックアウトする実験がよく行われる。最も重要な動物モデルはマウスである。2007 年，Mario R. Capecchi，Martin J. Evans，Oliver Smithies は「胚性幹細胞を用いてマウスに特定の遺伝子改変を導入する原理を発見した」としてノーベル生理学・医学賞を受賞した。この方法はトランスジェニックマウスにつながり，このような遺伝子操作された動物は遺伝子と表現型の関係性の理解に大きく役立っている。特に，筋肥大 [52] や持久力 [53] のようなスポーツ・運動に関連した形質を変化させる機能の獲得や喪失を引き起こす遺伝子は重要な意味を持つ。

従来，遺伝子の操作は高価で時間がかかり複雑であったが，**CRISPR–Cas** というゲノム編集技術により DNA の操作がはるかに簡単になった。CRISPR–Cas はどのように機能するのだろうか。この方法は，バクテリアが侵入するウイルスの DNA を検知して破壊する適応型バクテリアの免疫システムにヒントを得たものである。研究者たちは，このバクテリアの免疫システムがゲノムのあらゆる DNA 配列内の単一の遺伝子座（染

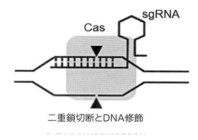

図 3.15　CRISPR-Cas によるゲノム編集の模式図。遺伝子や特定の DNA 配列を選択的に編集するために，シングルガイド RNA（sgRNA）が設計され，標的となる細胞や生物に導入される。sgRNA（灰色のボックスで示す）は Cas 遺伝子を sgRNA 結合部位に引き込む。Cas 酵素は両方の DNA 鎖を切断し，元の DNA 配列と比較して制御されていない，または制御された DNA 修飾をもたらす。CRISPR-Cas 技術は遺伝子のノックアウト，編集，ノックインに使用される。

色体上の固定位置），多くの場合は遺伝子を標的とするように再利用できることに気づいた。これを達成するために，目的の DNA 遺伝子座に特異的に結合するシングルガイド RNA（sgRNA）を作成する。第二段階では，Cas9 または別の DNA 修飾酵素が sgRMA を見つけだし，二本鎖切断やランダム変異を導入することによって遺伝子をノックアウトするか配列を改変する[54]。CRISPR-Cas を図 3.15 に概略的に示す。

　CRISPR-Cas は一般的に，遺伝子をノックアウトまたノックインすることにより細胞や生物の目的となる形質に影響を与えるかを調べるために使用されている。CRISPR-Cas は，デュシェンヌ型筋ジストロフィーのようなメンデル遺伝性疾患の治療に有効ではないかと，大きな期待が寄せられている[55]。欠点として，CRISPR-Cas の比較的容易な利用は，誤用や非倫理的な応用につながる可能性がある。例えば，生物兵器の作成，個人的な生物学的な強化，またはパフォーマンス向上のための遺伝子改変（**遺伝子ドーピング**，以下を参照）に使用できる可能性がある。

スポーツ・運動の遺伝学の進歩は有用なアプリケーションになるか

消費者を対象とした遺伝子検査

　口腔内の粘膜を綿棒で採取して送ると，個人の遺伝子プロファイルを最大限に活用するためのトレーニング方法を高い信頼性で知らせる電子メールが後日届くとしたら，どうだろうか。しかも，$\dot{V}O_2max$ のトレーナビリティ，筋肥大や筋線維の変化の可能性だけでなく，音楽，数学の才能や，病気のリスク，家系についても教えてくれるとしたら。消費者を対象とした遺伝子検査がはじめて行われてから 20 年が経ち，米国疾病対策予防センターの Scott Bowen と Muin J. Khoury が 2018 年 6 月にオンラインでまとめたように，消費者に提供される遺伝子検査はますます増加している。2017 年だけでも，1,200 万人以上の消費者が主に自分のゲノム，健康問題，家系について知るためにこれ

第 3 章

らの検査を利用している。

　スポーツ・運動に関連する形質について，消費者への直接遺伝子検査はどうだろうか。スポーツ・運動に関連する形質の多くは強い遺伝的要素を持っている。したがって，そのような形質を予測することができる測定可能な DNA 変異が存在すると期待するのは合理的なことである。このテーマは 10 年前に英国スポーツ運動科学協会（British Association for Sport and Exercise Sciences）の専門家グループによって調査され [56]，最近では国際的な専門家の集団によって検討された [57]。最新のコンセンサスは，子どもの才能の特定や個人に合わせた運動処方を目的とした消費者向けの遺伝子検査は，現在販売されている形では科学的なメリットはないということである。ジェノタイピングの質の低さや遺伝子カウンセリングの欠如といった問題があり，現在の商業的遺伝子検査の最も重要な限界点は，せいぜい消費者が興味を持っている形質のごく一部しか説明できないことである。現在，スポーツ・運動に関連する表現型の全部または一部に焦点を当てた消費者向けの遺伝子検査サービスを提供している企業は，約 50 社ある。これらの製品はいずれも，元となった集団と無関係の集団で適切に検証されていない。独立したサンプルでの発見や再現性の確認は，有効な診断テストの感度，特異性などの特性を適切に導き出すためには不可欠である。しかし，これらの商業的な遺伝子検査によって説明される分散が形質の分散の 5% 以下程度であることを考慮すると，感度と特異性が低く，分類ツールや診断ツールとしての科学的メリットがないことは明らかである。

遺伝子治療と遺伝子ドーピング

　遺伝子治療には 2 つの種類がある。1 つ目は，欠陥のある遺伝子を編集して，標的組織の細胞のゲノム内における DNA 配列を正常にする方法である。2 つ目は，正常に機能していない遺伝子をサイレンシングあるいはノックアウトする治療方法である。CRISPR–Cas はそのような遺伝子編集をはるかに容易にしたが [54]，CRISPR–Cas などの DNA 構築物を正しい標的細胞に送達するという課題は依然として困難であるが，もはや克服できないようにはみえない。一般に，治療用 DNA 構築物はいわゆるウイルスベクターを用いて送達されるが，これには 3 つの限界がある。

1. ウイルスベクターは，標的細胞に加えて他の種類の細胞に移動する可能性があるため，健康な細胞に害を及ぼすリスクがある。
2. ウイルスベクターが免疫反応や炎症反応を引き起こしたり，ウイルスそのものが病気を引き起こしたりする可能性がある。
3. 腫瘍の形成をもたらすオフターゲット作用のリスクが低い。

遺伝子置換療法は規制の厳しい治療分野であり，この技術に基づく臨床試験は治療法

が確立されていない疾患に限定されている。しかし，遺伝子治療は**遺伝子ドーピング**に悪用される可能性がある。世界アンチドーピング機構は，「遺伝子ドーピングとは，運動能力を高めることを目的とする遺伝子または遺伝的要素の治療目的以外の使用」と定義している。遺伝子ドーピングの目的が運動能力の向上であるとしたら，これは現実的な目標といえるだろうか。また，今日，遺伝子ドーピングを行うアスリートがいる可能性はどのくらいあるのだろうか。

　トランスジェニックマウスの研究から，生体内でDNA配列を操作することで，例えば筋量を増やしたり[52]，持久力を高めたり[53]できるのは明らかである。また，CRISPR–Cas はヒト胚の遺伝的欠損を修正するために物議を醸す方法で使用されている[58]。したがって，ヒト胚にパフォーマンスに影響を与える対立遺伝子を導入することは，技術的に可能である。そのため，不正なアスリートは CRISPR–Cas を使用して，重要な組織や臓器の細胞にパフォーマンスに影響を与える変異を導入しようとする可能性がある。しかし，CRISPR–Cas はヘマトクリット値を増加させたり，筋のミトコンドリア含有量を変化させたりするためにゲノムを編集する技術を提供する一方で，CRISPR–Cas などの DNA 構造物を正しい組織に送達するためにウイルスベクターを必要とするため，依然として大きな問題がある。このようなウイルスを使用することは，遺伝子治療で議論されているのと同じリスクがあることを意味する。もちろん，一部の不正なアスリートやコーチがすでにパフォーマンス向上の目的でDNAを操作しようとしている可能性は否定できない。しかし，最高の分子生物学者がデュシェンヌ型筋ジストロフィーのようなメンデル遺伝性疾患の修正に苦労していることを考えると，近い将来不正な生物学者がアスリートの DNA を安全に操作してパフォーマンスを向上させ，しかも遺伝子編集や構造物，ウイルスベクターを検出できないようにできる可能性は低い。率直にいって，スポーツパフォーマンスを向上させるために遺伝子編集を行うアスリートやコーチは，非常に危険で非倫理的な行為を行っているといえる。

まとめ

　我々の DNA 配列の違いが，健康や多くのスポーツ・運動に関連した形質に影響を与えるという強力なエビデンスがあることには，同意していただけるだろう。本章は，DNA 配列変異の役割とその分子運動生理学に対する意味を理解するための基礎を提供することを目的とした。スポーツ・運動に関連する形質が遺伝的要素の影響を受けているかを評価するために，双生児，家族などの家系や養子縁組に基づく方法に重点を置き，遺伝疫学の主なアプローチをレビューした。ヒトゲノムは生物学的遺伝の原因経路であ

第 3 章

るため，DNA 分子とその組織，DNA から RNA，タンパク質にどのように流れるかについて説明した。続いて，様々な種類の DNA 変異，人や集団におけるそれらの有病率について説明し，これらの変異体がスポーツ・運動の目的となる表現型に影響を与える生物学的な機能の喪失または獲得にどのようにつながるかに重点を置いて説明した。最後に，遺伝子検査，遺伝子治療，遺伝子ドーピングなどの実際的な問題に対するゲノム科学の進歩の影響について説明した。

スポーツ・運動に関する形質のばらつきに寄与する多数の DNA 変異を同定することは，非常に困難な作業であることが判明している[59]。この課題は分子運動生理学に限ったことではない。実際，遺伝子型の特徴を表現型に関連付ける試みは，これまでに調査された複雑なヒトの形質では成功例が限られている。それはなぜだろうか。簡単にいえば，以下の 3 つの観察が困難の原点である。第一に，複雑な形質は効果量が小さい遺伝子と対立遺伝子の影響を受ける。第二に，転写，翻訳などの細胞プロセスの制御は広く展開され非常に複雑である。第三に，遺伝子，タンパク質，経路レベルで冗長性が広範であるため，遺伝子型と表現型との関連を発見することがより困難になる。もちろん，効果量が大きい対立遺伝子を扱えば，この課題は単純となる。そのような遺伝子は存在するが(EPOR 遺伝子の切断変異)，それらは一般的ではなく例外的なものである。スポーツ・運動に関連する形質における遺伝的変異の役割を評価する際には，決定論で考えるのではなく，小さな増分または減少の可能性で考える必要がある。

しかし，楽観的になるべき理由もある。ヒトゲノム配列の進歩 (www.ncbi.nlm. nih. gov/Genbank or www.ebi.ac.uk.embl)，DNA 配列のばらつき (www.1000.genomes. org)，非コード化 DNA の構造と機能 (ENCODE) (www. encodeproject.org)，組織特異的遺伝子発現に対する遺伝子型の役割 (GTEx) (https://commonfund. nih.gov/ gtex)，ハイスループット技術，大規模 SNPs パネルによる GWAS，遺伝子発現プロファイリング，DNA メチル化およびヒストンプロファイリング，プロテオームおよびメタボロームのスクリーニングは，遺伝子型と表現型の関連を理解することを目的とした取り組みにより多くの推進力を与えている。さらに，計算生物学とバイオインフォマティクスは，非営利の科学推進団体によって提供されるオンラインのゲノムリソースの可用性と相まって成功の確率を大幅に向上させている。当初は気づかなかったことであるが，前進が可能であると信じるに足る理由が存在する。

遺伝と運動：序論

■ 確認問題 ・・

- 運動関連形質の遺伝的要素を研究することがなぜ有用なのか説明しなさい。
- 分子生物学のセントラルドグマと急性運動への反応やトレーニング適応における関連性を説明しなさい。
- どのような種類の DNA 配列の変異が，運動能力に影響を及ぼす可能性があるかを説明しなさい。
- タレント発掘とスポーツパフォーマンスに遺伝子検査を用いることの限界について説明しなさい。

（菊池　直樹，本間　洋樹，齋藤　未花）

■ 参考文献 ・・

Bouchard C & Hoffman EO, Editors(2011). Genetic and Molecular Aspects of Sports Performance. Encyclopaedia of Sports Medicine, John Wiley & Sons.
Lightfoot JT, Hubal M, & Roth SM, Editors,(2020) Routledge Handbook of Sport and Exercise Systems Genetics, Routledge.
Pescatello LS & Roth SM(2011). Exercise Genomics, Springer.
Strachan T & Read A,(2020). Human Molecular Genetics, 4th Edition, Taylor & Francis.

■ 引用文献 ・・

1. Silventoinen K, et al. *Twin Res: Off J Int Soc Twin Studies*. 2003. 6(5):399–408.
2. Gladwell M. *Outliers: The Story of Success*. 1st ed. New York: Little, Brown and Co.; 2008. p.309.
3. Wood AR, et al. *Nat Genet*. 2014. 46(11):1173–86.
4. Bouchard C. *Br J Sports Med*. 2015. 49(23):1492–6.
5. Bouchard C, et al. *Med Sci Sports Exerc*. 1986. 18(6):639–46.
6. Simoneau JA, et al. *FASEB J*. 1995. 9(11):1091–5.
7. Bouchard C, et al. *Med Sci Sports Exerc*. 1998. 30(2):252–8.
8. Bouchard C, et al. *Compr Physiol*. 2011. 1(3):1603–48.
9. Hannon E, et al. *PLoS Genet*. 2018. 14(8):e1007544.
10. Cardon LR, et al. *Behav Genet*. 1991. 21(4):327–50.
11. Visscher PM, et al. *Nat Rev Genet*. 2008. 9(4):255–66.
12. Barbato JC, et al. *J Appl Physiol*.(1985).1998. 85(2):530–6.
13. Bouchard C, et al. *J Appl Physiol*(Bethesda, MD: 1985). 1999. 87(3):1003–8.
14. Watson JD, et al. *Nature*. 1953. 171(4356):737–8.
15. Ou HD, et al. *Science*. 2017. 357(6349):eaag0025.
16. Lambert SA, et al. *Cell*. 2018. 172(4):650–65.
17. Siggens L, et al. *J Intern Med*. 2014. 276(3):201–14.
18. Sanger F, et al. *Proc Natl Acad Sci*. 1977. 74(12):5463.
19. Anderson S, et al. *Nature*. 1981. 290(5806):457–65.
20. Lander ES, et al. *Nature*. 2001. 409(6822):860–921.
21. Venter JC, et al. *Science*. 2001. 291(5507):1304.
22. Rigat B, et al. *J Clin Invest*. 1990. 86(4):1343–6.
23. Perry GH, et al. *Nat Genet*. 2007. 39(10):1256–60.
24. Thousand-Genomes-Consortium. *Nature*. 2015. 526:68.
25. Pray LA. *Nat Educ*. 2008. 1(1):100.
26. Alexandrov LB, et al. *Science*(New York, NY). 2016. 354(6312):618–22.
27. Albers PK, et al. *bioRxiv*. 2018.416610.
28. Blount ZD, et al. *Proc Natl Acad Sci*. 2008. 105(23):7899–906.
29. Barrick JE, et al. *Nature*. 2009. 461(7268):1243–7.
30. Visscher PM, et al. *Am J Hum Genet*. 2017. 101(1):5–22.

第 3 章

31. Kodama S, et al. *JAMA*. 2009. 301(19):2024–35.
32. Celis-Morales CA, et al. *BMJ*. 2018. 361:k1651.
33. Margulies M, et al. *Nature*. 2005. 437(7057):376–80.
34. Wheeler DA, et al. *Nature*. 2008. 452(7189):872–6.
35. Nielsen R, et al. *Nature*. 2017. 541(7637):302–10.
36. Good BH, et al. *Nature*. 2017. 551:45.
37. Mathieson I, et al. *Nature*. 2015. 528(7583):499–503.
38. Fumagalli M, et al. *Science*. 2015. 349(6254):1343–7.
39. Montgomery HE, et al. *Nature*. 1998. 393(6682):221–2.
40. Yang N, et al. *Am J Hum Genet*. 2003. 73(3):627–31.
41. Wellcome-Trust-Case-Control-Consortium. *Nature*. 2007. 447(7145):661–78.
42. Gottlieb DJ, et al. *Mol Psychiatry*. 2015. 20(10):1232–9.
43. Evangelou E, et al. *Nat Genet*. 2018. 50(10):1412–25.
44. De Moor MH, et al. *Med Sci Sports Exerc*. 2009. 41(10):1887–95.
45. Beall CM, et al. *Proc Natl Acad Sci USA*. 2010. 107(25):11459–64.
46. Rankinen T, et al. *PLoS One*. 2016. 11(1):e0147330.
47. Dowell RD, et al. *Science*. 2010. 328(5977):469.
48. Deplancke B, et al. *Science*. 2012. 335(6064):44–5.
49. de la Chapelle A, et al. *Proc Natl Acad Sci U S A*. 1993. 90(10):4495–9.
50. Schuelke M, et al. *N Engl J Med*. 2004. 350(26):2682–8.
51. Rommel C, et al. *Nat Cell Biol*. 2001. 3(11):1009–13.
52. Verbrugge SAJ, et al. *Front Physiol*. 2018. 9: 553.
53. Nezhad F, et al. *Front Physiology*. 2019. 10:262.
54. Knott GJ, et al. *Science*. 2018. 361(6405):866–9.
55. Nelson CE, et al. *Nat Med*. 2019. 25(3):427–32.
56. Wackerhage H, et al. *J Sports Sci*. 2009. 27(11):1109–16.
57. Webborn N, et al. *Br J Sports Med*. 2015. 49(23):1486–91.
58. Ma H, et al. *Nature*. 2017. 548:413.
59. Bouchard C. Exercise Genomics, Epigenomics, and Transcriptomics: A Reality Check! In: Lightfoot JT, Hubal MJ, Roth SM, editors. *Routledge Handbook of Sport and Exercise Systems Genetics*. New York: Routledge; 2019.

第4章
筋量と筋力の遺伝学

Stephen M. Roth, Henning Wackerhage

DOI: 10.4324/9781315110752-4

■ **本章の学習目標** ・・

本章では以下のことを学習する。

1. なぜ筋量と筋力は多遺伝子形質とみなせるのか。
2. ACTN3 遺伝子 R577X 多型と筋量，筋力の関連形質と関係しているのか。
3. ミオスタチン遺伝子の稀な変異が，筋量の増加にどのように関与しているのか。
4. トランスジェニックマウスにおける筋量に影響を与える遺伝子変異の種類。
5. どのように選択的繁殖が行われるのか，また近交系マウスの解析による筋量と筋力の遺伝学について。

はじめに
・・

ウエイトリフティング競技におけるスナッチ，クリーン＆ジャークの合計挙上重量の女性世界記録は Tatiana Kashirina 選手の 348 kg である。男性では Lasha Talakhade の 477 kg である。なぜ，これほどの重量を持ち上げることができるのだろうか。もちろん，力を産み出すのに必要な筋サイズ，筋力の向上だけでなく，動作，挙上技術を完璧にするには，長年のトレーニングが必要となる。競技に対する精神的な準備，栄養，スポーツに対する情熱も必要である。しかし，トレーニングを行っても誰もがこれらの記録に到達できる潜在能力を持っているわけではない。このような選手は実際にこれらの記憶を達成するために長年のトレーニングに加えて，これらのレベルの筋量，筋力を達成する能力がなければならない。本章で学ぶように筋量と筋力は非常に遺伝しやすい形質であり，上記の2人は他の人よりもウエイトリフティング競技に優れるための遺伝的優位性を持っている可能性がある。

本章を読む前に，スポーツと運動の遺伝学について解説した**第3章**を読むべきである。また，レジスタンス運動に対する適応について解説した**第8章**は，筋量と筋力の遺伝

123

第 4 章

学に深く関連していることから，本章と合わせて読むべきである。

　筋量と筋力は，DNA 配列変異やレジスタンストレーニングのような環境要因など多くの制御因子に影響される。本章ではまず，筋量と筋力の遺伝率について説明し，双生児研究や家族研究の知見について考察する。その後，筋量や筋力に関連する遺伝子多型と呼ばれる集団に共通する DNA 配列の変異について説明する。具体的な例として，スピードやパワーのパフォーマンスに関連する ACTN3 遺伝子 R577X 多型について解説し，次に筋量と筋力に関連する遺伝子多型が同定された他の研究結果をまとめる。これらの研究では，筋量と筋力に影響を及ぼす遺伝子多型の存在が確認されたが，これら遺伝子多型は筋量と筋力についての一部を説明できているにすぎない。現在これらの遺伝子多型は氷山の一角にすぎず，他にも筋量と筋力に影響を与える多くの遺伝子多型が存在するのか，これらの表現型に稀な DNA 配列変異が顕著な貢献をするのかは明らかではない。

　「遺伝子機能の欠失または獲得」が筋量，筋力に影響を与える多くの「候補」遺伝子を同定したトランスジェニックマウスモデルについて説明する。同定された遺伝子は**候補遺伝子**と呼ばれ，遺伝子またはタンパク質の機能に影響を与え，その結果，目的の表現型に影響を与え，その表現型の遺伝性のある側面を説明する可能性のある DNA 配列の変異を含む遺伝子の「候補」であるという考えを反映している。候補遺伝子は，対象である形質の根本的な組織を既存の解剖学と生理学に基づいて同定することが多く，また，対象となる形質に関連すると思われるゲノム領域を見つけることを目的とした遺伝子研究によって同定されることもある。モデル生物（例えば in vitro での培養筋細胞や in vivo でのトランスジェニックマウスまたはその他の種）を直接調べる場合，このような候補遺伝子は遺伝子を特異的に操作して発現や機能を低下または増加させ，表現型に変化を生じさせるような**機能喪失や機能獲得**実験によって同定されることが一般的である（**第 3 章**で詳述）。このような多くの候補遺伝子は筋量や筋力に大きな影響を与える mTOR やミオスタチン–Smad シグナルに関連している。これまでに，筋量に対して大きなエフェクトサイズを持つ稀なヒト DNA 配列が 1 つ報告されている。ミオスタチン遺伝子の第 1 イントロンの DNA 配列の変異であり，ホモ型接合体保有者は筋量が約 2 倍となり，ミオスタチン遺伝子変異を持つ動物種にみられる同様の筋表現型と一致する。最後に，遺伝子解析の新しい分野であるゲノムワイド関連解析（GWASs）と次世代シーケンサー（NGS）について，筋量と筋力の表現型における新しい DNA バリアントの貢献について明らかにするために議論する。

124

筋量と筋力の遺伝学

筋量と筋力はばらつきが大きく多遺伝子形質（ポリジーン形質）である

　ヒトには様々な体形や大きさがあるだけではなく，筋量，筋力やパワーにも大きな違いが存在する。ワルキューレやヘラクレスがいる一方で，筋量や筋力が低い女性や男性もいる。注目すべきは，一般的なヒトの集団の中で，筋量や筋力にどれだけ差があるかである。**表4.1**は若齢男性における筋線維数，筋線維サイズ，肘屈曲筋力，握力，膝伸展筋力の平均値とばらつきの範囲を示している。

　筋サイズや筋力のばらつきは95%信頼区間（95%の集団が示された下限値と上限値の間の値を持つ）の推定値から示される。ほとんどの変数において上限値は下限値の2倍であり，それは最も筋肉質な男性の筋線維の数がおよそ2倍で筋線維の大きさが2倍であることを示している。筋力についても，95%信頼区間で最も強い男性は最も弱い男性の2倍の筋力である。筋の大きさや機能におけるこのような大きなばらつきはどこからくるのだろうか。

　筋量と筋力は，他のスポーツや運動に関連する形質と同様に，**図4.1**にまとめた多くの制限因子に依存している。筋量や筋力のばらつきをもたらす制限因子は，レジスタンストレーニング（**第8章**）や栄養（**第10章**）のような環境要因と，エピジェネティクス（**第6章**）やDNA配列変異，または，遺伝子の両方に依存する。本章の目的は，後者に焦点を当て，筋量と筋力の遺伝子について，より具体的には筋量や筋力のばらつきに寄与するDNA配列変異について，我々が知っていることをレビューする。

　筋量や筋力に影響を与えるDNA配列変異は，一般的である場合もあれば稀である場合もあり，エフェクトサイズが大きい場合もあれば小さい場合もある。例えばACTN3 R577X DNA変異（1つのDNA変異は577番目のRと略記されるアルギニンを，他方

表4.1　若年男性における筋サイズおよび筋量，機能的パラメータの平均値とばらつき（標準偏差と95%信頼区間）

変　　数	平均 ± 標準偏差	95% は中間値***	参考文献
筋線維数*	648,000 ± 148,000	～352,000／804,000 本	1)
タイプⅠCSA	3554 ± 1214 μm^2	1070–6038 μm^2	1)
タイプⅡCSA	3589 ± 1528 μm^2	533–6645 μm^2	1)
肘屈曲**	387 ± 84 N	218–556 N	2)
握力	616 ± 98 N	420–812 N	2)
膝伸展	569 ± 118 N	334–804 N	2)

CSA：筋横断面積（筋線維サイズの指標の1つ）。* Lexell ら[1]は18～22歳男性の外側広筋から分析。** Silventoinen ら[2]は16～25歳のスウェーデンの軍人のデータを使用。すべてガウス分布と仮定し平均値と標準偏差から算出。*** 95% は「中間」であり，若い男性の95%がその範囲内のパラメータ（筋線維数，CSA，筋力など）を持っていると確信できることを意味している。

125

第4章

図 4.1 筋力と筋量は多くの制限因子に依存する。それぞれの制限因子は DNA 配列変異の影響を受け，環境因子のうち，トレーニング，栄養が最も重要なものである。

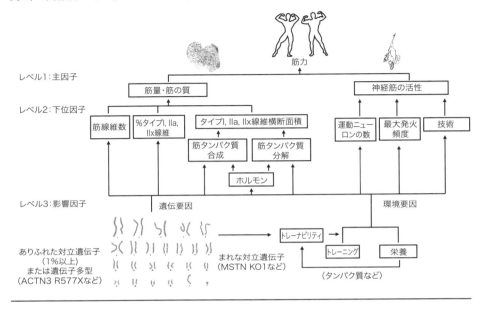

はXと略記されるストップコドンをコードする。本章後半で詳述）は，一般的であるが，RR，RX または XX 保有者間の差は小さい[3]。一方で，ヒトのミオスタチン（MSTN）遺伝子における変異は稀であるが，前述のベルリンの少年は MSTN をコードする第2染色体の2本のコピーにそれぞれ変異を有していた。

しかし，MSTN 変異体のホモ接合体の影響は大きく，その男児は同年齢の子どもの2倍の筋量を有していたようである[4]。本章で示すように，筋量や筋力は多くの遺伝子における DNA 配列の変異に依存するため，多遺伝子形質として考えられる。さらに，レジスタンストレーニングプログラム（運動に対するトレーナビリティ）による筋量や筋力の増加も大きく異なる[5,6]。しかし，$\dot{V}O_2max$ の遺伝率とは対照的に，筋量や筋力のトレーナビリティの遺伝率はまだ定量化されていないが，持久系のトレーナビリティの場合のように筋量や筋力のトレーナビリティは顕著に遺伝することはありうる（**第5章**を参照）。筋量や筋力の制限因子，DNA 配列の変異やトレーニング，栄養の依存度を**図 4.1** に示した。

筋量と筋力の遺伝学

筋量と筋力の遺伝率

　筋量と筋力の遺伝率はどのように知ることができるのであろうか。**第3章**で紹介したように，双生児研究や家族研究によって，遺伝的要因の役割に関するエビデンスが示された。個人の筋力を評価する方法として，腕の屈曲筋力，膝の伸展筋力と相関があり，簡単に実施できる握力テストが用いられる[2]。Silventoinen ら[2] は100万人以上の16 ～ 25 歳の男性の握力を測定し，50 ～ 999 N の間で変動がみられた。これらの対象者のうち100人は使用した筋力計の限界を超えた。このように，最も握力の強い人と最も弱い人では約20倍の差があった。この研究には多くの一卵性双生児（$_{MZ}$/identical），二卵性双生児（$_{DZ}$/nonidentical）が含まれていたため，握力の遺伝性を推測することができた。一卵性双生児における握力の相関係数 r は 0.66 で，二卵性双生児の 0.35 に比べ大きかった。第3章取り上げた Falconer の公式を用いると，握力の遺伝率 h^2 は 2（r_{MZ} － r_{DZ}）または 2（0.66 － 0.35）= 0.62，つまり 62% となる。これは，握力が顕著に遺伝するということを示唆している。

　一般的に，推定された筋力の遺伝率は，測定した筋力の種類と対象者によって異なる。一般的に，双生児研究は被験者が少なく，前提となる環境要因に問題が多いため，その値はおおよその指標として解釈すべきである。静的，動的，爆発的筋力の遺伝率の概要を**表 4.2** に示す[7]。

　表 4.2 では筋力の遺伝率の推定値に大きなばらつきがみられるが，これは主に双生児や家族の研究に限界があることによるものと思われる。とはいえ，これらの研究では，他のスポーツや運動に関連した形質と同様に，筋力が顕著に遺伝することが実証された。

　筋力は筋量に大きく依存するが，ヒトでは筋量を直接測定することはできない。しかし，体重から脂肪量と DXA，MRI，超音波検査などのスキャン技術を用いて間接的に測定することができる骨量を引いた除脂肪体重によって，筋量を推定することが可能である。男性では体重の約 38%，女性で 31% が骨格筋であり[8]，体組成にもよるが，男性で除脂肪体重の 50%，女性で 40% が骨格筋である。除脂肪体重の推定遺伝率は高く，

表 4.2　静的筋力，動的筋力，爆発的筋力の推定遺伝率[7]

	双生児研究	家系研究
静的筋力	14 ～ 83%（20 研究）	27 ～ 58%（5 研究）
動的筋力（等速性，短縮性，伸張性）	29 ～ 90%（3 研究）	42 ～ 87%（短縮性のみ 2 研究）
爆発的筋力またはパワー（ジャンプテスト，ウィンゲートテスト）	34 ～ 97%（7 研究）	22 ～ 68%（1 研究）

Peeters ら[7] も参照。この表では Peeters ら[7] の論文とは異なりパーセンテージで示した。

第 4 章

60 〜 80％である [9-11]。大腿部の周径から推定した筋横断面積も推定遺伝率 91％と高い遺伝性を示す [12]。これらの知見はすべて，筋力の主要な制限因子である筋量は高い確率で遺伝するということを示唆している。

筋量は筋線維数と筋線維の平均サイズによって決まる。動物研究では筋線維数は胚形成期に決定され，一般的に成獣ではほとんど変化しないことが示されている [13]。しかし，個体によって筋線維数が大きく異なる。例えば Lexell らは，ヒトの屍体を調査した結果，18 〜 22 歳の男性の外側広筋の筋線維数は 393,000 〜 903,000 と差がみられると報告した [1]。つまり，筋線維数は個体間で 2 倍以上の差が存在することになり，非トレーニング者であっても他の者に比べて大きい理由を説明できる。筋当たりの筋線維数の遺伝率は不明であるが，非トレーニング者の中でも差が大きく，成人においてはトレーニングや栄養の線維数への影響が小さいことから，おそらく子宮内や初期発達段階での栄養とともに，DNA 配列変異や遺伝率が筋線維数に大きな影響を与えていることが強く示唆される。

筋力は筋量に依存するが，筋量はこれまでに示したように顕著に遺伝する。筋力は神経筋の活性，すなわち，最大限に神経支配する神経系の能力に依存している。残念なことに，神経系に関する遺伝率を検討した双生児研究や家族研究は存在しないため，神経筋活動の遺伝性についてはほとんど知られていない。これらをまとめると，筋量と筋力は DNA 配列にかなり依存している。言い換えると，遺伝的な影響を受けているといえる。遺伝率の推定値は大きく異なるが，筋力ではおおよそ 50％が遺伝する。除脂肪体重と筋量は約 60 〜 90％遺伝し，神経筋活動の遺伝率は不明である。筋量と筋力は顕著に遺伝することを前提として，ここでは筋量と筋力の遺伝の原因となるありふれた対立遺伝子および稀な対立遺伝子や DNA 配列変異について解説する。

筋力や表現型におけるトランスジェニックマウス

遺伝子多型または稀な DNA 配列変異の同定は，筋量および筋力に影響する遺伝子に関するこれまでの知見に基づく。この同定が行われる遺伝子は**候補遺伝子**と呼ばれる。このような遺伝子多型は一般的に in vitro での培養筋細胞や in vivo でのトランスジェニックマウスもしくは他の種における機能獲得や機能喪失実験によって同定される。トランスジェネシスによって筋肥大がおこる遺伝子を同定するために，ある遺伝子の機能獲得や機能喪失がマウスの筋肥大をもたらすことを報告した論文を体系的に検索した。この解析によって筋のサイズを 5 〜 345％増加させる 47 の遺伝子が明らかになった（**図 4.2**）。筋量に影響を与える遺伝子の多くは，ミオスタチン–Smad 経路，Igf–1–

図 4.2 機能獲得（**A**, **C**）または機能喪失（**B**, **D**）が筋量（**A**, **B**）または筋横断面積（**C**, **D**）を増加させる遺伝子。図は Verbrugge SAJ ら[14]から引用し，*Frontiers in Physiology* にオープンアクセスとして掲載されたもので，適切に引用されていれば許可は必要ない（Attribution 4.0 International -CC BY 4.0, https://creativecommons.org/licenses/by/4.0/）。

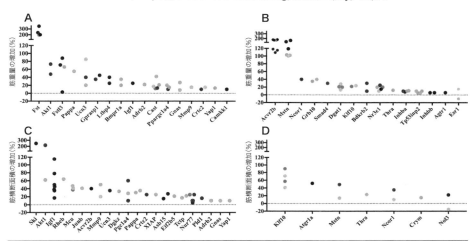

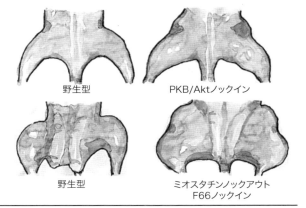

図 4.3 上段：恒常的活性型 PKB/Akt1 の過剰発現もしくはノックインによりマウスの筋肥大が生じる。野生型および PKB/Akt ノックインの図は Lai KM ら[15]の研究から再現した。下段：ミオスタチンノックアウトおよび F66 ノックインの組み合わせで，筋量が約 4 倍増加した。ミオスタチンノックアウト/F66 ノックインマウスの図は Lee SJ[16]の研究から再現した。

Akt-mTOR 経路（**第8章**）とアンジオテンシン-ブラジキニン経路に属している[14]。

この解析から，骨格筋は多くの遺伝子の影響を受けていて，ミオスタチンのように筋量を減少させるものもあれば，PKB/Akt のように筋の成長を刺激するものもあることが明らかになった。この影響を説明するために，**図 4.3** に筋肥大を起こしたトランスジェニックマウスを示し，表現型についてより理解できるようにした。

我々はこれまで何を学んできたのだろうか。まず，出生時や成人において遺伝子のノッ

第 4 章

クインやノックアウトを行った場合，PKB／Akt–mTOR 経路 [15] とミオスタチン–Smad 経路 [17,18] はともに骨格筋肥大を誘導できる。両経路とも遺伝子の改変が出生時から存在する場合には筋線維数に影響を与えるし，発生のどの段階においても筋線維のサイズに影響を与える。さらなるシグナル伝達経路は筋サイズや筋力に影響を与える可能性もあり，最近のレビューでは，トランスジェニックマウスモデルで筋量に影響を与える 47 個の異なる遺伝子が報告されている [14]。これらの遺伝子のうち，ヒトを対象に研究が行われているのはごく一部に過ぎないが，持久系遺伝子（第 5 章）と同様に，ヒトにはこれらの遺伝子の変異が存在する。大規模な DNA 配列決定プロジェクトは，ほとんどすべてのヒト遺伝子においてアミノ酸配列を変化させる，あるいは機能喪失を引き起こす DNA 配列変異がエクソンに存在することを示している。これらのデータベースは，スポーツ・運動遺伝学者にとって「宝の山」である [19,20]。

次の一般的な観察結果は，PKB／Akt–mTOR 経路 [15] とミオスタチン–Smad 経路 [21] に関する遺伝子を標的とすることによって誘発された筋肥大は脂肪量が減少し，結果として筋が発達した脂肪の少ないマウスとなったことである。ミオスタチンノックアウトマウスは筋あたりの筋原線維タンパク質合成が増加し [22]，PKB／Akt–mTOR 経路における変異の活性はこの経路の主な機能であるため筋タンパク質の合成が活性化する [23]。したがって，これらのマウスではおそらく高いレベルでタンパク質代謝が行われ，かつ筋タンパク質合成が分解を上まわるかたちで定常状態になっている。アミノ酸同士 1 つのペプチド結合に対するタンパク質合成と転写のエネルギーコストは，4 つの ATP に相当する。これらの情報から考えて，タンパク質合成に必要なエネルギーは，新しいタンパク質 1 g あたり 3.6 kJ である [24]。したがって，PKB／Akt–mTOR 経路の活性化やミオスタチン–Smad 経路の阻害は，全身のタンパク質合成と分解を亢進させ，その結果基礎エネルギー転換を増加させる。このようなことから，ミオスタチンノックアウトマウスの代謝率は，野生型のものと比べ著しく高い [21]。高い筋量を維持するために高いエネルギーコストがかかることは，筋量を増加させる DNA 配列の変異がヒトの中で増えなかった理由の 1 つと考えられる。それは栄養が限られている場合，筋量が増加すると代謝率が高まり，それによって生存可能時間が制限されてしまうからである。

選択的繁殖と近交系マウス種

本章の最後に，筋量や筋力に影響を及ぼす遺伝子を同定するためのバイアスのない戦略としての，選択的交配と近交系マウス種の研究結果について解説する。農家や馬のブリーダーを別として，遺伝学者は①理想的には筋のサイズに影響を与えるすべて

図 4.4 体重の多い，少ないによって選択された系統に属する 2 種のマウスのヒラメ筋の筋量，筋線維数，線維サイズの違い。この例では，ベルリン系はヒラメ筋に 630 本の筋線維を有しており，タイプ I 線維は横断面積（μm^2）当たり平均 700 μm^2，タイプ IIa 線維は平均 750 μm^2 であった。対照的に，ドゥンマースドルフ系はヒラメ筋に 1,223 本の筋線維数を有しており，タイプ I 線維は横断面積（μm^2）あたり平均 2,000 μm^2，タイプ IIa 線維は平均 2,600 μm^2 であった。この例は，筋線維数や筋線維サイズ，筋線維組成に影響する遺伝子変異が存在することを示唆している。

ベルリン系(少)
(2.4mg)

ドゥンマースドルフ系(多)
(22.4mg)

の DNA 配列の変異について選択的繁殖の累積的な効果を検討するため，そして②この DNA 配列の変異を特定するため，選択的繁殖実験を実践してきた。体重に関する選択的研究では，筋量が体重と相関するため，筋量を増減させる遺伝的変異や対立遺伝子の蓄積を招いた。例えば，体重の重い DUH 系統の雄マウスの腓腹筋の重さは約 247 mg である一方，体重の少ない選択的繁殖マウスの腓腹筋の重量はわずか 66 mg にすぎない[25]。選択された対立遺伝子には，成長ホルモン系に関する遺伝子変異のような細胞の成長に影響を及ぼすもの，またミオスタチン–Smad 経路のように筋量に特異的に影響を及ぼすものが存在する可能性がある。

また，マウスは遺伝的要因が筋線維の数やサイズに影響を与えるかどうかを理解するうえでも役立っている。マウスのヒラメ筋は，様々な理由でこのような研究に特に有用な筋である。まず，ヒラメ筋は小さな筋なので，横断面積の線維数を短時間で数えることができる。また，マウスのヒラメ筋はほとんど，既に利用可能な抗体を使用して ATPase に基づく筋線維のタイプ分けや，入手しやすい抗体を用いた免疫組織化学染色によって容易に区別できるタイプ I 線維とタイプ IIa 線維のみで構成されている。さらに，ヒラメ筋は他の体肢筋とは異なり，ヒトに存在しないが多くのげっ歯類に存在する IIb 線維を発現していない[26]。このような分析により，異なる近交系マウスにおける筋線維数は，例えばアルジェリアマウス（m.spretus）では約 250 本[27]，一般的に研究室で使用される C57BL/6 や C3H また DBA/2 のような系統のマウスでは 500 ～ 800 本あることが明らかになっている[28]。最後に，高重量の体重のために選択された DUH 系統では最大 1,250 本の線維がある。これは，マウス系統間の筋線維数の変化の多くが DNA 配列変異によって決定されることを意味する。しかし重要なことに，筋が大きいからといって必ずしも筋線維数が多いわけではない（**図 4.4**）。しかし，体重の大き

第 4 章

い小さいで選別したことが名前の由来である LG / J 系統と SM / J 系統では，ヒラメ筋とその他の筋の大きさが 2 倍も異なる[25]。

関連研究と ACTN3 遺伝子 R577X 多型

筋量・筋力とその変化に影響するありふれた DNA 配列変異や対立遺伝子を特定するために，多くの関連研究が行われてきた。おそらく，最も多く検討されてきた遺伝子多型は ACTN3 R577X 遺伝子であると思われるので，他の関連研究を紹介する前にこの遺伝子について詳しく説明する。

α-アクチニン（ACTN）はアクチン結合タンパク質であり，骨格筋のサルコメアの Z 帯に存在する。2 つの ACTN アイソフォームが存在し，ACTN2 は全筋線維で発現するが ACTN3 は速筋のタイプ II 線維のみで発現している。当初，筋ジストロフィー患者において ACTN3 欠損が発見されたが，Kathryn North らは ACTN3 の欠損は筋疾患のない人においてもありふれた変異であること，そしていわゆる ACTN3 R577X 遺伝子多型が筋疾患の原因遺伝子ではないことを実証した[29]。ポリメラーゼ連鎖反応（PCR）と DNA シーケンスを用いて，ACTN3 遺伝子のエクソン 16 において C → T の一塩基多型（single-nucleotide polymorphism：SNP）が確認された。その結果，アミノ酸 577 は通常アルギニン（R）となるところが終止コドン（X）に変化するため，DNA 配列におけるこの 1 つのヌクレオチドの違いが ACTN3 タンパク質を大きく変化させている。それゆえ，この多型は ACTN3 遺伝子 R577X 多型と呼ばれ，ACTN3 タンパク質を指す。

577 番目の早期の終止コドンにより短くなることで，機能を持たない ACTN3 が産生され，機能が低下してしまう。したがって ACTN3 577X 対立遺伝子は遺伝子ノックアウトに相当する。

DNA シーケンスは高価で時間がかかるため，研究者は簡便な PCR 分析を開発した。この手法ではまず ACTN3 遺伝子のエクソン 16 の増幅を行う。PCR に続いて制御酵素の Dde I による切断を行う。この酵素は，577R 対立遺伝子を 205 および 85 塩基対の長さに切断する一方，577X 対立遺伝子を 108，97，86 塩基対に切断する（**図 4.5A**）。酵素処理後の PCR 産物のアガロースゲル上での電気遊動により，2 つのバンドの場合はホモ接合の 577R キャリアで，3 つのバンドの場合はホモ接合の 577X キャリアである。205，97，86，85 のバンドの組み合わせの場合はヘテロ接合型の ACTN3 R577X キャリアである[30]。この PCR 分析を用いて，研究者は世界中の個人の DNA を分析した。その結果，577X ノックアウト対立遺伝子のホモ接合体は，アフリカのバンツー族では 1 ％未満であったが，ヨーロッパ人では約 18 ％であったことが見出された[3]。

132

図 4.5 (**A**) ACTN3 R577X PCR ジェノタイピングテストの結果[3]。PCR によって増幅された 290 bp は DdeI により 205 bp, 85 bp 断片（ACTN3 577RR），または 108 bp, 97 bp, 85 bp 断片（ACTN3 577XX）のいずれかに切断した。*はアーチファクトであるプライマーダイマー。(**B**) ACTN3 遺伝子 R577X 多型と種目特性。RR は正常なアルギニンを ACTN3 の 577 残基に有する個体, XX 型はこの位置に早期停止コドンを有し, RX はヘテロ接合体であり Yang N らの研究[3]から再現した。重要な発見は，パワー系アスリートは筋力発揮を阻害する ACTN3 577XX 遺伝子を有する者がごく少数だったことである。

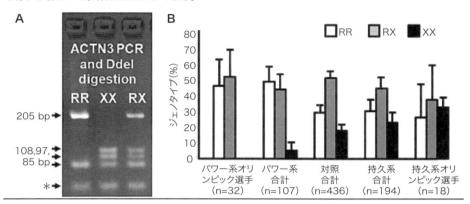

これらの結果から複雑な疑問がいくつか生じる。第一に，なぜ 577X 対立遺伝子は一部の個体群において蓄積したのだろうか。第二に，なぜ XX ホモ接合キャリアによる ACTN3 ノックアウトが起きているヒトにおいて明確な表現型がみられないのだろうか。劇的な表現型の欠如を説明する要因として，ACTN2 が速筋のタイプ II 線維において ACTN3 の損失を補っている可能性があることが挙げられる。この理由から，少なくともある集団において 577X 対立遺伝子は中立あるいはわずかに有益であったために，ヒトの進化の過程で蓄積された可能性がある。また，研究チームは ACTN3 が速筋線維で発現することから，ACTN3 R577X 多型が運動パフォーマンスと関連している可能性があると推測した。このことを調べるために，107 人のパワー系アスリート（陸上，水泳，競輪，柔道，スピードスケート）と 436 人の対照群のゲノム DNA を入手し，194 人の持久系アスリート（長距離水泳，自転車競技，ランナー，ボート，クロスカントリースキー）と比較した。この中にはオリンピック出場経験のある 50 人も含まれていた。その後，ACTN3 遺伝子 R577X 多型を測定したところ，**図 4.5B** に示すように ACTN3 遺伝子 R577X 多型の分布がアスリートの群間で異なることを見出した。

32 人のパワー系オリンピック選手には XX ノックアウト遺伝子多型を有するものは存在しなかったが，対照群と同じ分布であった場合，XX 遺伝子型を有する者が 6 人い

第4章

ると予想される。対照的に持久系アスリートでは XX 遺伝子型が対照群よりも多かったため，持久的パフォーマンスにとっては有益であることが示唆された。

ACTN3 R577X 遺伝子検査は，将来のパワー系エリートアスリートを特定するのに有益だろうか。ACTN3 R577X 遺伝子検査は才能識別テストとして市販されている。しかし，才能識別テストとして有益かという問いに対する答えは「ノー」である。その理由は以下の通りである。まず，約80％の人が RR または RX の遺伝子型を持つ。このことは，多くの人が，頻度が多少異なるが，パワー系と持久系両方のオリンピック選手に典型的な遺伝子型を保持していることを示す。XX ACTN3 ノックアウト保有者は人口の18％しかいない。これらの XX キャリアは，持久系スポーツにおいてわずかな利点しかないかもしれないし，スピード系やパワー系オリンピック選手になるための多くの要因のたった1つが欠落しただけという可能性もある。したがって，このテストは集団の18％を除外するものにすぎないといえる。未成年の DNA や胚の DNA を使用しない限り，検査を行うことに大きな倫理的問題はないと我々は考えている。

追跡調査研究では，スピード系アスリートとパワー系アスリートにおいて，特にヨーロッパ人において，RR キャリアの頻度が一般に高いことが確認されている[31]。よりメカニカルな研究では，ACTN3 ノックアウトにおいてパワー発揮の低下と符合して，速筋線維から遅筋線維へのタイプ移行がみられた[32]。ヒトにおける関連研究では，XX キャリアは RR キャリアよりもタイプ II 線維の割合が5％少なかった。これは，XX 遺伝子型はパワー系パフォーマンスを低下させるという仮説と一致する[33]。結論として，ACTN3 R577X 遺伝子多型は競技パフォーマンと関連しているが，その影響は小さく，XX 遺伝子型を持つエリートレベルのアスリートにだけみられるかもしれない。

特定の遺伝子変異候補が筋量や筋力に関連しているかを調べるために，他の多くの関連研究が行われてきた。これらの研究のいくつかの結果を**表4.3**に示す。

表4.3は，ヒトにみられる筋力，筋量や関連する形質のばらつきの一部を説明するヒトにおける共通の DNA 配列変異または多型があることを示している。しかし，これらの研究のサンプルサイズは非常に小さく，結果は注意してみる必要がある。運動・スポーツ分野の第一人者の最近のレビュー[47]では，このような関連研究はサンプルサイズが小さい，表現型が複雑である，表現型測定技術のばらつきがあるなど問題が多く，その結果，研究間での再現や比較が困難であることを指摘している。よりよい方法としては，以下に説明する GWAS と，複数の研究のメタアナリシスの両方が挙げられる。

筋量や筋力に明確に寄与する DNA 配列変異が比較的少数しか同定されていないことを考えると，筋力や筋量の説明できない遺伝性は未発見の多型によるものか，あるいは稀な DNA 配列変異が重要な役割を果たしているのか，ということが重要な問題である。

筋量と筋力の遺伝学

表 4.3　ヒトの筋量と筋力に関連する遺伝子多型やありふれた DNA 配列変異

Gene	影響を受ける形質と関連研究	対象者数	文献
アクチビン受容体 1B（ACVR1B）	筋力（QTL マッピング研究）	500,266	34)
ACTN3 R577X	筋パワートレーナビリティ，関連研究	157	35)
CNTF SNPs	筋力	494	36)
IGF-1 プロモーター遺伝子多型	筋力トレーナビリティ，関連研究	67	37)
IGF2 'Apal' SNP	握力，関連研究	693	38)
IGF2 'Apal' SNP	除脂肪体重，筋力，持久力関連研究	579	39)
IL1 5RA SNPs	筋量トレーナビリティ，関連研究	153	40)
ミオスタチン K 153R	筋パワー，関連研究	214	41)
ミオスタチン経路遺伝子	筋力（QTL マッピング）	329	42)
TNFα プロモーター SNP	筋量，関連研究	1,050	43)
UBR5 SNP	筋線維横断面積，筋線維組成	357	44)
ビタミン D 受容体ポリ A 反復	筋力，関連研究	175	45)
ビタミン D 受容体 SNP	筋力，関連研究	109	46)

　この疑問に対する答えを得るために，スポーツや運動に関連した大規模な全ゲノムシーケンス解析が待ち望まれている[48]。また，**表 4.3** に示した多型のそれぞれは，筋力や筋量の遺伝性の一部しか説明できないという事実は，例えば，単一の多型の検査では，その個人の筋力についてほとんど有用な情報を得られないことを意味している。遺伝子多型が相加効果を有することを考えると，筋力と筋量に影響を与える多型を測定し，遺伝的筋力と筋量を示す指標となる遺伝子スコアを計算するという方法が考えられる。この方法は，個人の遺伝的な筋力と筋量の可能性を示すよりよい指標になりうるが，これらの DNA 配列の変異が決定的に同定されて初めて有効となる。

　筋力に関してゲノムワイドな SNP 解析が行われている。ベルギーのチームによるいくつかの研究では実験的多重遺伝子アプローチが用いられた。チームはまず 367 人の兄弟の連鎖解析を行い[49]，その後 283 人の兄弟でゲノムワイドな SNP の多点連鎖解析を行った[50]。連鎖解析は，筋力や CSA などの特異的な表現型と関連している染色体上の近い DNA 配列の同定を目的としている。この技術は，DNA が染色体単位で遺伝子，その多くが家族内で共有されるという事実に基づいている。したがって，複数家系の染色体領域と目的とする形質との相関を調べることができ，それらの染色体領域には候補遺伝子が含まれており，個別に調べることができる。近年，連鎖解析は GWAS に移り変わり，目的の形質と関連するゲノム領域をより精密にマッピングできるようになった。最初のベルギー人を対象とした連鎖解析は，ミオスタチンそのものではなかったが，ミオスタチン経路におけるいくつかの遺伝子について筋力との連鎖が示された[49]。2 つ目の研究

135

図 4.6 上の写真はヒトの大腿四頭筋の MRI 画像である。大腿部の筋は灰色にみえる。下は大腿の筋横断面積に影響する，量的形質遺伝子座のゲノムワイドリンケージスキャンの結果である。LOD スコア 2.2 の点線は関連性を示唆しており，3.3 の実線は強い関連性を示している。De Mars G ら[50)] より引用。

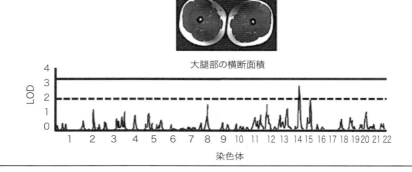

では，染色体の 14q24.3 に関連性を示す顕著なピークの存在が見出された（**図 4.6**）。

研究者は，これまでの研究で同定された領域をさらに絞り込むために連鎖解析を行い，筋力に関連するアクチビン受容体 1B（ACVR1B）を同定した[34)]。トランスジェニックマウスモデルにおけるこの遺伝子の研究では，筋の形質にかかわる遺伝子におけるばらつきへの影響をよりよく理解するための次の段階を可能としたが，この分野ではこれまで限られた研究しか行われていない。この遺伝子は，レジスタンス運動への適応を制御する可能性があり，**第 8 章**で説明するミオスタチン経路に関連している。

エフェクトサイズの大きい稀な DNA 配列変異の一例としての ミオスタチンノックアウト遺伝子変異

ここまで，ありふれた DNA 配列の変異，すなわち遺伝子多型と筋量，筋力との関連について述べてきた。しかしこのような多型は，例えばヒトの握力は個体によって 20 倍の差がみられるように[2)]，遺伝性のごく一部を説明できるだけである。後述するように，筋量と筋力について表現型が十分に決定された大規模な集団に対する GWAS を実施することで，筋量と筋力の遺伝的なばらつきを説明する遺伝子多型の発見につながる可能性がある。

さらに，筋量と筋力に影響する稀な DNA 配列変異が，特定の個人や家系に存在する可能性がある。前述したように，大規模なコホート研究における全ゲノムシーケンシングによって，筋量と筋力に関連する一般的な DNA 配列変異や稀な DNA 配列変異の存

在を特定できる[48]。この節では，筋量に対して大きなエフェクトサイズを有する稀な DNA 配列変異の詳細について説明する。この原理証明の例には，ヒトにおいて筋量が 2 倍になる表現型と関連するミオスタチン遺伝子の欠損変異がある。これは，遺伝子をノックインまたはノックアウトすることで筋量や筋力に影響があるという，前述したトランスジェニックマウスのモデルと原理的に類似している。

　筋量の主要な制御因子であるミオスタチンについては**第8章**で説明する。ここでは，アスリートの家系に生まれた男子について検討する。彼は生後，刺激誘発性の不随意の単収縮が観察され，それがさらなる調査の引き金となった。この調査の中で，少年は大腿と上腕に並はずれた筋量を有していた[4]。超音波検査では，大腿四頭筋の筋量が，年齢と性別を一致させた対象の平均の標準偏差の 7.2 倍であることが示された。並はずれた筋量を有する家族であることを示す事実が次々に出現したため，マウスや他の動物種においてミオスタチン遺伝子の突然変異が筋量の倍増を引き起こすように，この家族がミオスタチン遺伝子の欠損変異を有するのか否かを検証することを決定した[17,51]。このようにしてミオスタチン遺伝子の突然変異はその表現型の原因の候補となり，研究者はこの仮説を検証しはじめた。

　ミオスタチン遺伝子は 3 つのエクソンから構成され，すべてのエクソンとイントロンを増幅するためのプライマーを設計し，PCR 産物の DNA 配列の決定を行った。その結果，エクソンに異常な DNA 配列はみつからなかったが，最初のイントロンの G が A に変異した **IVS1 + 5G → A** と略される DNA 配列の変異に注目した。これはイントロン 1（IVS は介在配列を意味し，イントロンと同義である）の 5 塩基対後にグアニン（G）がアラニン（A）に変化している DNA 配列の変異である。

　研究者らは，今度は IVS1 + 5G → A が稀な DNA 配列変異であることを証明しなければならなかった。そうでなければ，この配列変異を保有する者はみな筋量が倍化する表現型を示してしまうかもしれない。はじめに，大規模な集団において IVS1 + 5G → A 配列変異を検出するために，簡略化した遺伝子多型解析法を開発した。ACTN3 遺伝子 R577X 多型に用いたのと同様の制御断片長多型（restriction fragment length polymorphism：RFLP）PCR 分析を開発し，PCR 反応により 166 bp の PCR 産物を増幅し，制御酵素 AccI によって 135 塩基対と 31 塩基対に切断した。一方，少年の IVS1 + 5G → A 遺伝子変異断片は切断されなかった。断片化された PCR 産物をアガロースゲル上で電気泳動した後に，一般的な IVS1 + 5G 対立遺伝子は 135 bp のバンドとして現れた一方で，切断されていない稀な IVS1 + 5 A 対立遺伝子は 166 bp のバンドとして現れた（**図 4.7**：一般的な 31 bp のバンドが示されていないことに注意）。この分析によって，母親がヘテロ接合体である一方でこの少年はホモ接合体であることが，実

第4章

図4.7 (**A**) 幼児の下肢全体の表現型は明確な骨格筋肥大を示している。研究者はミオスタチン遺伝子のDNA変異が肥大を引き起こすと仮説を立て，ミオスタチン遺伝子に対してPCRとサンガー配列決定を行い **IVS1 + 5G1 → A** 変異を同定した。(**B**) 模式図はIVS1 + 5G → A PCR分析の結果である。DNA配列変異を起こしたミオスタチン遺伝子の一部をPCR増幅した後，制限酵素Acc1を使って野生型のPCR産物を切断し135 bpと31 bpを得た。一方，変異体は166 bpのままであった。この図では患者がDNA変異体のホモ接合体で，母親はヘテロ接合体，対照は通常のDNA配列のホモ接合体であることが示されている。(**C**) 患者とラットと対照のヒトの血清の分析。様々な分子量のミオスタチンを検出するJA16抗ミオスタチン抗体による解析結果である。重要なバンドはミオスタチンプロペプチドであり，幼児にはみられない。Schuelke Mら[4]より引用。

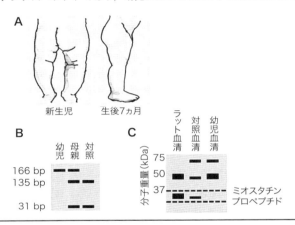

証された。また，IVS1 + 5A対立遺伝子が稀なDNA配列変異であるという仮説通りに，すべての対照が一般的なIVS1 + 5G対立遺伝子のホモ接合体であることが示された。

　この段階ではまだ，IVS1 + 5A対立遺伝子がミオスタチン濃度（血中）に影響を及ぼすか否かは明らかでなかった。これを検証するために，通常ミオスタチンを分泌することがわかっている動物や患者から採取した血液に免疫沈降法を使用することでミオスタチンを濃縮し，異なる分子量のミオスタチンを検出するためにウエスタンブロッティングを実施した。ウエスタンブロッティングの結果，少年の身体には一般的にヒトの体内に存在するミオスタチンの前駆体となるペプチドが存在しないことが明らかとなった。このことは決定的ではないものの，IVS1 +5G → A変異がミオスタチン前駆体ペプチドの欠損を引き起こし，筋量が倍化する表現型の潜在的な原因となりうるということの有力な証拠となった。

　この研究によって，筋量と筋力に大きな影響を与える最初の稀なDNA配列変異が特定され，ミオスタチンの重要な役割が再び強調された。これは，マウスにおけるミオスタチン遺伝子のノックアウトによって骨格筋の肥大が引き起こされた先行研究の

結果と一致している[17]。同様に，自然発生的なミオスタチン遺伝子のノックアウトは Piedmontese や Belgian Blue 血統によるウシの筋量の差と関係があるとされている[51]。2つの生物種においてミオスタチン遺伝子と身体能力の高さが関連づけられており，ミオスタチン遺伝子が影響を与えるのは筋量だけでないことが示唆されている。まず，レース用のブリーウィペットという犬種は，自然発生的なミオスタチン遺伝子ノックアウト変異のヘテロ接合であることが示されている[52]。次に，競走馬のサラブレッドに対する GWAS を実施し，ミオスタチンがレース成績のよい予測因子であることを見出した[53]。ミオスタチンに関するすべての研究によってミオスタチンノックアウト変異は自然に起こりうるものであり，筋量の顕著な増大を誘発することが示された。しかし，ミオスタチンノックアウト変異は筋量の増大のみを引き起こし相対的な筋力の増強を起こさない場合もあることが示されており[54]，腱の構造にミオスタチンが影響している可能性がある（**第8章**参照）。

　まとめると，この研究により，筋量と筋力に大きな影響を与えることのあるミオスタチン遺伝子において稀な DNA 配列変異が存在することが示唆された。全ゲノム解析はこのように稀な DNA 配列変異の発見を加速し，稀な DNA 配列変異はヒトや他の動物種における筋量や筋力の多様性に大きな影響を与える[48]。

除脂肪体重，筋量，筋力に関する GWAS と NGS の研究

　これまで述べてきたように，遺伝学的研究は筋量と筋力の遺伝率に大きく寄与するものを特定できていない。少数の遺伝子多型と稀な変異のみが筋の表現型に影響を与えることは，確信をもって示されている。研究者たちは，重要な DNA 配列変異を特定することが期待できる新しい遺伝子解析技術，すなわち GWAS や NGS 研究へと移行している。

　候補遺伝子研究では，Smad − ミオスタチン経路でみられるように，筋にとって重要であることが知られているシグナル伝達経路に存在する遺伝子に着目している。これらの研究はすでに知られている生理機能の範囲に収まる遺伝子を探すことに限定されているが，これら既知の経路遺伝子や DNA 領域を発見するためには，GWAS という異なるアプローチが必要となる。ここでは，単一の遺伝子や少数の既知の遺伝子を調べるのではなく，ゲノム全体にわたって何千もの多型を広く調べ，シグナル伝達経路の知識だけでは重要であると気づかないような遺伝子の DNA 配列変異を同定することができる。筋量と筋力に関する GWAS は完了しつつある。候補遺伝子研究と同様に，サンプルサイズは重要な考慮事項であり，GWAS は十分な統計的検出力を得るために多くの被験

第 4 章

者が必要である。そのため，GWAS は標準的な方法で測定される表現型の焦点をあて，数千人もの被験者を測定することができる。例えば，85,000 人以上における男女の四肢の除脂肪量を調べるための GWAS が実施され，130 以上のゲノム領域が同定され，38 個の候補遺伝子が同定された [55]。

握力についても同様に 195,000 人以上を対象とした GWAS が実施され，握力と関連する 16 のゲノム領域が同定された [56]。さらに，GWAS は標準的なアプローチを用いることが多いため，「メタアナリシス」という手法で複数の GWAS を合わせて比較することができ，さらなる統計検出力を加えることができる。最近のメタアナリシスの 1 つは，除脂肪体重（筋量の間接的指標）を調査する 53 の異なる GWAS の結果を組み合わせたものである [57]。これらの GWAS の結論はそれぞれ独自であったが，メタアナリシスによってすべての知見を検証し類似点を見つけることができた。これらすべての研究において，除脂肪体重と関連する 5 つの遺伝子（HSD17B11, VCAN, ADAMTSL3, IRS1, FTO）が同定されたが，そのうちの 1 つ（FTO）のみが候補遺伝子アプローチによって以前から特定されていたものであった。これらの遺伝子が筋量にどのように影響するかについてはほとんどわかっていないが，これらの GWAS の結果は同定された遺伝子それぞれについて詳しい解析を行うための強力なエビデンスとなるものである。

筋量や筋力に影響を与えるかもしれない稀な DNA 配列変異を特定するために，GWAS に加えて NGS も用いられている。GWAS は一般的な DNA 多型を対象としているのに対して，NGS は 1 人または少人数のみが持つ稀な変異を分析することができる。事実上，NGS はゲノム全体の迅速なシーケンシングであり，かつては法外に高価なプロセスであったが，現在では多くのサンプルを解析する場合は 1 サンプルあたり 1,000 ドル未満である。除脂肪体重の研究はまだ始まったばかりであるが，形質に寄与する特定の DNA 配列変異を同定するだけでなく，表現型の遺伝性の根本となる稀な DNA 配列変異と一般的な DNA 配列変異の割合について精査するために，NGS 分析技術は開発された。

まとめ

筋量，筋力は筋線維の数，大きさ，神経筋活動によって制限を受ける。これらの制御因子は，ありふれた DNA 配列変異や稀な DNA 配列の変異，そしてレジスタンストレーニングや栄養などの環境要因に依存する。除脂肪体重，筋量，筋力はすべて大きな差があり（ヒトにおいて握力は 20 倍以上も異なる），有意に遺伝する。遺伝率の推定値は大きく異なり，信頼性のある推定値を出すことはできない。筋量と筋力は，あり

筋量と筋力の遺伝学

ふれた DNA 配列変異，もしくは *ACTN3* 遺伝子 R577X 多型，ミオスタチン IVS + 5G → A 対立遺伝子のような稀な DNA 配列変異である遺伝子多型の両方に依存する。人種における筋量と筋力のばらつきのうち，どの程度が遺伝子多型や DNA 配列変異のよるものかについては，今のところ明らかにされていない。トランスジェニックマウスモデルや近交系マウスは，筋量や筋力の違いが筋線維数や筋線維サイズに影響する DNA の配列変異によることを示している。また，マウスを用いた研究では，機能獲得や機能喪失に関する遺伝子改変の組み合わせによって，野生型マウスと比較して少なくとも筋量を 4 倍に増やすことができることが示されている。重要な候補遺伝子は PKB / Akt‒mTOR およびミオスタチン‒Smad シグナル伝達経路でみつかっており，これらは**第 8 章**で取り上げるレジスタンス運動への適応にも関与している。現在，筋の表現型に関する GWAS や NGS 研究が始まっており，今後さらに理解が進んでいくと予想される。

■ **確認問題** ・・・

● 筋量と筋力を制限する要因を説明するための図を描きなさい。原因となる要因としてありふれたまたは稀な DNA 配列変異を含めること。

● ヒトの筋サイズや筋力の遺伝性にについてわかっていることを説明しなさい。

● *ACTN3* 遺伝子 R577X 多型の発見について説明しなさい。*ACTN3* 遺伝子 R577X 多型の検査のみで世界レベルの走者になりうる人物を特定することができるか。

● 幼児の筋量を倍増させるような稀な DNA 配列変異であるミオスタチン遺伝子の変異を特定するために研究者たちが使用した実験手法について説明しなさい。

● PKB / Akt‒mTOR 経路またはミオスタチン‒Smad 経路の遺伝子変異が筋のサイズを増加させた 2 つのトランスジェニックマウスについて比較し説明しなさい。野生型マウスと比較した際に最も筋量増加が生じるのはどのような場合か。

● GWAS や NGS 研究は筋量や筋力に関連する DNA 配列変異を同定する性能をどのように向上させるか説明しなさい。

（本間　洋樹，菊池　直樹）

■ **参考文献** ・・・

Bouchard C & Hoffman EP (2011).*Genetic and Molecular Aspects of Sports Performance*: 18 (*Encyclopedia of Sports Medicine*), John Wiley & Sons.

Peeters MW, Thomis MA, Beunen GP, & Malina RM (2009). Genetics and sports: an overview of the pre-molecular biology era. *Med Sport Sci* 54, 28–42.

Pescatello LS & Roth SM (2011). Exercise Genomics, Springer.

Schuelke M, Wagner KR, Stolz LE, Hubner C, Riebel T, Komen W, Braun T, Tobin JF, & Lee SJ (2004). Myostatin mutation associated with gross muscle hypertrophy in a child. *N Engl J Med* 350, 2682–8.

Yang N, Mac Arthur DG, Gulbin JP, Hahn AG, Beggs AH, Easteal S, & North K (2003).ACTN3 genotype is associated with human elite athletic performance. *Am J Hum Genet* 73, 627–31.

第 4 章

■ 引用文献

1. Lexell J, et al. *J Neurol Sci.* 1988. 84(2–3):275–94.
2. Silventoinen K, et al. *Genet Epidemiol.* 2008. 32(4):341–9.
3. Yang N, et al. *Am J Hum Genet.* 2003. 73:627–31.
4. Schuelke M, et al. *N Engl J Med.* 2004. 350(26):2682–8.
5. Ahtiainen JP, et al. *Age.* 2016. 38(1):10.
6. Hubal MJ, et al. *Med Sci Sports Exerc.* 2005. 37(6):964–72.
7. Peeters MW, et al. *Med Sport Sci.* 2009. 54:28–42.
8. Janssen I, et al. *J Appl Physiol.* 2000. 89:81–8.
9. Hsu FC, et al. *Obes Res.* 2005. 13(2):312–9.
10. Souren NY, et al. *Diabetologia.* 2007. 50(10):2107–16.
11. Bogl LH, et al. *J Bone Miner Res.* 2011. 26(1):79–87.
12. Huygens W, et al. *Can J Appl Physiol.* 2004. 29:186–200.
13. Ontell MP, et al. *Dev Dyn.* 1993. 198(3):203–13.
14. Verbrugge SAJ, et al. *Front Physiol.* 2018. 9:553.
15. Lai KM, et al. *Mol Cell Biol.* 2004. 24(21):9295–304.
16. Lee SJ. *PLoS One.* 2007. 2(8):e789.
17. McPherron AC, et al. *Nature.* 1997. 387(6628):83–90.
18. Whittemore LA, et al. *Biochem Biophys Res Commun.* 2003. 300:965–71.
19. Lek M, et al. *Nature.* 2016. 536(7616):285–91.
20. Karczewski KJ, et al. *Nature.* 2020. 581(7809):434–43.
21. McPherron AC, et al. *J Clin Invest.* 2002. 109:595–601.
22. Welle S, et al. *Am J Physiol Endocrinol Metab.* 2011. 300(6):E993–1001.
23. Proud CG. *Biochem Biophys Res Commun.* 2004. 313(2):429–36.
24. Hall KD. *Br J Nutr.* 2010. 104(1):4–7.
25. Lionikas A, et al. *J Anat.* 2013. 223(3):289–96.
26. Smerdu V, et al. *Am J Physiol.* 1994. 267(6Pt 1):C1723–8.
27. Totsuka Y, et al. *J Appl Physiol (1985).* 2003. 95(2):720–7.
28. Nimmo MA, et al. *Comp Biochem Physiol A Comp Physiol.* 1985. 81(1):109–15.
29. North KN, et al. *Nat Genet.* 1999. 21(4):353–4.
30. Mills MA, et al. *Hum Mol Genet.* 2001. 10:1335–46.
31. Alfred T, et al. *Hum Mutat.* 2011. 32(9):1008–18.
32. MacArthur DG, et al. *Hum Mol Genet.* 2008. 17(8):1076–86.
33. Vincent B, et al. *Physiol Genomics.* 2007. 32(1):58–63.
34. Windelinckx A, et al. *Eur J Hum Genet.* 2011. 19(2):208–15.
35. Delmonico MJ, et al. *J Gerontol A Biol Sci Med Sci.* 2007. 62(2):206–12.
36. Roth SM, et al. *J Appl Physiol.* 2001. 90(4):1205–10.
37. Kostek MC, et al. *J Appl Physiol.* 2005. 98:2147–54.
38. Sayer AA, et al. *Age Ageing.* 2002. 31:468–70.
39. Schrager MA, et al. *J Appl Physiol.* 2004. 97:2176–83.
40. Riechman SE, et al. *J Appl Physiol.* 2004. 97:2214–9.
41. Santiago C, et al. *PLoS One.* 2011. 6(1):e16323.
42. Huygens W, et al. *Physiol Genomics.* 2004. 17(3):264–70.
43. Liu D, et al. *J Appl Physiol.* 2008. 105(3):859–67.
44. Seaborne RA, et al. *J Physiol.* 2019. 597(14):3727–49.
45. Grundberg E, et al. *Eur J Endocrinol.* 2004. 150:323–8.
46. Wang P, et al. *Int J Sports Med.* 2006. 27(3):182–6.
47. Lightfoot JT, et al. *Med Sci Sports Exerc.* 2021. 53(5):883–7.
48. Wheeler DA, et al. *Nature.* 2008. 452(7189):872–6.
49. Huygens W, et al. *Physiol Genomics.* 2005. 22(3):390–7.
50. De Mars G, et al. *J Med Genet.* 2008. 45(5):275–83.
51. McPherron AC, et al. *Proc Natl Acad Sci USA.* 1997. 94(23):12457–61.
52. Mosher DS, et al. *PLoS Genet.* 2007. 3(5):e79.
53. Binns MM, et al. *Anim Genet.* 2010. 41(Suppl2):154–8.
54. Amthor H, et al. *Proc Natl Acad Sci USA.* 2007. 104(6):1835–40.
55. Hernandez Cordero AI, et al. *Am J Hum Genet.* 2019. 105(6):1222–36.
56. Willems SM, et al. *Nat Commun.* 2017. 8:16015.
57. Zillikens MC, et al. *Nat Commun.* 2017. 8(1):80.

第5章
持久性の遺伝学

Stephen M. Roth, Henning Wackerhage

DOI: 10.4324/9781315110752-5

■ **本章の学習目標** ・・・

本章では以下のことを学習する。

1. なぜ持久性パフォーマンスが遺伝特性に影響されるのか。$\dot{V}O_2max$ とそのトレーナビリティ，筋線維の割合の遺伝性について。

2. トランスジェニックマウスモデルの持久性パフォーマンスと関連形質について。

3. 持久性能力に関する遺伝的変異に対する選択的繁殖と近交系マウスの影響について。

4. 持久力に関連する ACE 遺伝子 I/D 多型と，持久性運動に関する研究の限界について。

5. 持久性パフォーマンスに関連する遺伝子スコアやゲノムワイド関連研究について。

6. 稀な EPO 受容体突然変異によってどのように持久性能力が向上するか。

7. 若年アスリートの心臓突然死に関連する遺伝子検査について。

はじめに

・・

　持久性パフォーマンスといえば，競走馬のフランケルが歴代の名馬である。フランケルは 14 回のレースで勝利し，世界最高峰の競走馬ランキングで最高得点である 140 ポイントを獲得した。競走馬のキャリアを終えた後，フランケルは種馬となったはじめてのシーズンに 133 頭の牝馬と交配し，持久性の DNA を新世代の多くの競走馬に受け継いだ。これによって，2017 年の Ascot's Champion Stakes で勝利したクラックスマンなどの勝ち馬が誕生している。フランケルの種付け料は 125,000 ポンドと報告されていたが，2018 年には 175,000 ポンドに増加している（http://www.bbc.com/sport/horse-racing/41823871）。フランケルによって，持久性の走能力のために何世代にもわたって選択的繁栄が行われた結果，チャンピオンレベルの種馬と牝馬の血統を持つ馬が生まれた。

143

第 5 章

　ヒトではどうかというと，トレーニングを行っていないヒトでは $\dot{V}O_2max$[1] や筋線維組成[2]，ヘモグロビン濃度や体重（すべて持久力を制限する要因である）が大幅に異なるだけでなく，同じ持久性トレーニングプログラムによる適応も異なる[3]。双生児研究や家族研究から，このような違いの多くは個人や家族間で異なる遺伝子配列によって説明できることが示唆されている。多くの研究が発表されているにもかかわらず，エリート持久性パフォーマンスに関連する DNA 配列については，残念ながらほとんど明らかになっていない。

本章の内容について

　本章を読み終えた後には以下のことが可能となる。

1. 持久性パフォーマンスに制限をかける要因や持久力の遺伝率について説明する。
2. ヒトの持久性パフォーマンスに影響する DNA 配列の変異について議論する。

　本章を読む前に**第 3 章**を読み，スポーツ・運動遺伝学に関して理解を深めておく必要がある。また，第 9 章では持久性トレーニング適応の分子制御因子について述べており，本章と合わせて読むことを推奨する。持久性運動に関連する研究は，運動生理学が生理学の一分野となった時から多くの生理学者の主要な研究対象となった。研究者はヒトの持久性パフォーマンスの限界を明らかにし，エリートアスリートと平均的なアスリートの違いを明らかにすることに力を入れてきた。実際，酸素摂取量は Archibald Vivian（A.V.）Hill[4] らの研究者によって 1920 年代にすでに測定されている。一般的な持久力の研究は，運動中の心血管系や骨格筋系の機能や，トレーニングや栄養などの環境的要因よる影響に着目してきた。しかし，酸素摂取量とそのトレーナビリティの遺伝率は両方とも 50％程度であるにもかかわらず[3]，酸素摂取量と持久性トレーニングに関する研究のうちごくわずかしかヒト集団における持久性能力とトレーナビリティの大きなばらつきの要因となる遺伝子変異について検討していない。それでも，遺伝が持久性能力の特性に及ぼす影響についての研究技術が向上するにつれて，持久力に関連する遺伝研究に従事する運動生理学者が増加している。

　本章ではまず，最大心拍出量や血中酸素運搬能力，筋線維組成の違いなど，持久系競技におけるパフォーマンスを制限する可能性のある要因について概略する。持久性能力や，おそらくその制限因子のほとんどは，遺伝や多因子遺伝の影響を大きく受ける。遺伝的要因の重要性は，持久性能力が向上するトランスジェニックマウスモデルの研究から明らかとなっており，PEPCK マウスにおいて最も顕著に持久力が向上することがわかっている[5]。このようなトランスジェニックマウスの象徴は「候補遺伝子」であり，

144

持久性の遺伝学

一般的もしくは稀な DNA 配列の変異は，持久性能力に関連する特性に影響を及ぼす可能性がある。持久性パフォーマンスの人為選択は，げっ歯類や競走馬の持久力向上のための人為選択や，近交系マウスにおける持久性能力の特性の変化についても議論する。このような遺伝的要因についての研究は，ヒトを対象に行うことが難しく，持久性の特性は一般的および稀な遺伝子変異の両方に寄与しており，どちらも決定的な同定が難しい。その中で，我々は持久性の特性と関連する最初の一般的な多型である ACE 遺伝子 I／D 多型との関連性について議論する。その後，より発展した解析方法であるゲノムワイド関連解析（GWAS）や，持久力向上の遺伝的背景を明らかにするためにこの分野がどのように進展しているのかについて概略する。次に，オリンピックで 3 度金メダルを獲得したクロスカントリースキー選手の Eero Antero Mäntyranta の家族で発見されたエリスロポエチン（EPO）受容体 [6] の稀な DNA 配列の変異について説明する。このいくつかの DNA 配列の変異については，持久性の特性に大きな影響を与える可能性がある。最後に，アスリートの突然死について，さらには遺伝子検査がこれらの惨事を防ぐ予測の手段として将来的に一般的になる可能性についての根拠を概略する。

持久性：多遺伝子（ポリジーン）形質

マラソンなどの持久性パフォーマンスは，$\dot{V}O_2max$，乳酸性作業閾値（lactate threshold：LT）における $\dot{V}O_2max$ の割合（% $\dot{V}O_2max$）や動作効率など，**量的形質**（quantitative traits：QT）の多くの制御因子に依存する（**図 5.1**）[7]。これらの因子の多様性は，持久性トレーニング（**第 9 章**）や栄養（**第 10 章**）などの環境的要因と DNA 配列の変異などの遺伝的要因の両方によって説明できる。持久性は，遺伝的多様性に影響される多くの制限因子に依存するため，持久性そのものは本章全体を通して述べるように多遺伝子形質であることが明らかである。

$\dot{V}O_2max$，そのトレーナビリティと筋線維タイプの割合に関する遺伝率

ヒトの持久性パフォーマンスの遺伝に関する最も初期の研究は，双生児および家族を対象にしたものであった。これらの研究では $\dot{V}O_2max$ や筋線維タイプの割合の遺伝率が推定され，$\dot{V}O_2max$ の遺伝率は 40% [8] ～ 93% [9] であるとされた。さらに最近では，$\dot{V}O_2max$ の遺伝率は 50% [1]，$\dot{V}O_2max$ のトレーナビリティの遺伝率は 47% と推定されている [3]。したがって，遺伝率の算出方法に限界があることを考慮したうえで（**第3章を参照**），$\dot{V}O_2max$ とそのトレーナビリティはともに約 50% 遺伝すると推定される。

145

図 5.1 持久性パフォーマンスは多くの制限因子に依存し，一般的および稀な DNA 配列の変異，量的形質遺伝子座やトレーニング，栄養などの環境的要因によって影響を受ける。ACE I/D: アンジオテンシン変換酵素挿入/欠失，EpoR: エリスロポエチン受容体。画像（脳，肺，脚）の引用: Grey's Anatomy より引用, Creative Commons CC0 License (https://creativecommons.org/publicdomain/zero/1.0/; or Creative Commons Attribution-ShareAlike License, https://creativecommons.org/licenses/ by-sa/4.0/.) の下許可を必要としない。

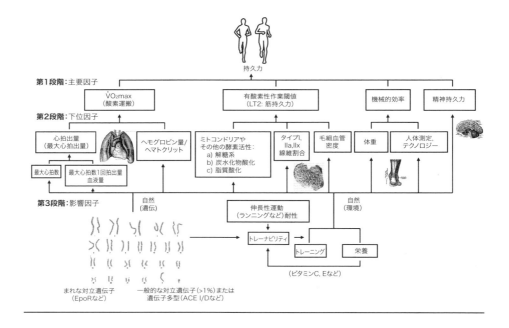

最大心拍数や一回拍出量，心拍出量など $\dot{V}O_2max$ の基盤となる多くの特性は同様の遺伝率である。

　$\dot{V}O_2max$ の次に，筋線維組成は持久性パフォーマンスに影響する主要な要素である。**第 9 章**で述べるように，ヒトの成人の骨格筋は収縮速度が遅いタイプ I 線維，中間のタイプ IIa 線維，速いタイプ IIx 線維で構成される。また，ヒトはミオシン重鎖 IIb の遺伝子を持つが，通常ヒトの骨格筋では発現しない[10]。筋線維タイプの割合は，個体の中でも筋によって異なり，目の筋の 15%，ヒラメ筋の 89% が遅いタイプ I 線維である[11]。遺伝学的な点から最も重要な発見は，筋線維タイプの割合に個人間で生稀つき大きな違いがあることである。例えば，北アメリカの白色人種の約 25% では，外側広筋に占めるタイプ I 線維の割合は，35% 以下もしくは 65% 以上であった[2]。運動筋の筋線維タイプの極端な割合は，スピード・パワー系アスリートは速いタイプ II 線維の割合が

高く，持久系アスリートは遅いタイプ I 線維の割合が高い[12,13]。この研究で Costill と Saltin は「これらの測定は部分的な遺伝的資質であり，筋量，スピード，持久性が要求されるアスリートの能力を早期に判断することができる」と結論を出した[12]。筋線維タイプの遺伝率の推定値は，遺伝的影響はないとする研究[14]から，男女それぞれ 92.8 〜 99.5％であるとする研究[15]まであり，このような研究に限界があることは明らかである。現在，コンセンサスのとれた推定値は約 45％とされている[2]。

まとめると，$\dot{V}O_2max$，そのトレーナビリティと筋線維タイプの割合など，持久性に関する重要な制限因子の約 50％は遺伝的影響を受ける。以降，ヒトにみられる持久性形質の多様性に貢献する一般的な DNA 配列変異および稀な DNA 配列変異について述べる。

トランスジェニック動物と動物繁殖研究は DNA の変異が持久力に及ぼす影響について何を示すか

多型や稀な突然変異についての特定は，遺伝が持久性能力に関連する形質に及ぼす影響についてのこれまでの知見に依存している。このことが実証された遺伝子は**候補遺伝子**と呼ばれ，遺伝子またはタンパク質の機能に影響を与え，それによって目的の表現型に影響を与え，その表現型の遺伝性のある側面を説明する DNA 配列の変異を含む遺伝子の「候補」であるという考え方を表わしている。候補遺伝子は，標的の形質のもととなる組織についてすでに明らかとなっている解剖学や生理学に基づいて同定されることが多く，また標的の形質と関係があると思われる遺伝領域を見つけることを目的とした遺伝学研究によって同定されることもある。モデル生物で直接調べる場合（試験管内では培養筋細胞，生体内ではトランスジェニックマウスや他の種など），そのような候補遺伝子は，その遺伝子の発現や機能を特異的に増減させ，その結果として表現型の変化を調べる，機能の向上や低下を通して同定されるのが一般的である（**第 3 章**で概説，**第 4 章**で筋量や筋力との関連性について述べている）。

持久性能力に関連する候補遺伝子の情報の多くは，トランスジェニックマウスを開発しそれらの持久性能力を調査することによって得られている。これらの研究は，遺伝子をノックアウトするか過剰活性させることで調査している。マウスの持久力を変化させる遺伝子の詳細を明らかにするために，これらのことについて報告している文献を系統的に調査した結果，トランスジェネシス（遺伝子導入）により，持久力が最大 1,800％増加する遺伝子を 31 個発見した（**図 5.2**）。

最も顕著だったのは，糖新生酵素 PEPCK–C をコードする Pck1 遺伝子変異のトラン

第 5 章

図 5.2 マウスにおける機能獲得（**A**）や機能損失（**B**）が持久力を向上させる遺伝子[16]。Yaghoob Nezhad F ら，2019 [16] より引用（*Frontiers in Physiology*：Attribution 4.0 International -CC BY 4.0, https://creativecommons.org/licenses/by/4.0/）。

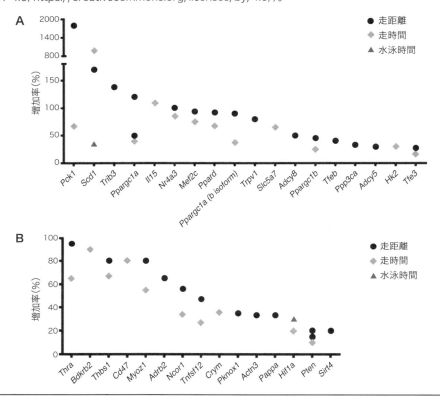

図 5.3 骨格筋特異的な PEPCK 遺伝子発現による分速 20 m での走距離に対する効果。PEPCK 筋マウスは野生型と比較して分速 20 m で 10 倍以上の距離を走ることができた。Hakimi P ら，2007 [5] より引用（*Journal of Biological Chemistry*：Attribution 4.0 International -CC BY 4.0, https://creativecommons.org/licenses/by/4.0/）。

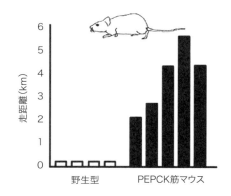

スジェニックマウスモデルであった。この酵素は，通常は肝臓特異的に発現しているが，骨格筋に過剰発現するとエネルギー代謝が変化する。著者らは，PEPCK–C が過剰発現したマウスは 20 m/min で 6 km まで走ったのに対し，対照であるワイルドタイプはその速度では約 200 m で疲労したことを発見した（図5.3）。

この PEPCK マウスは，いくつかの遺伝子が持久性関連形質に大きな影響を与えることを示している。

ヒトにおけるこれらの DNA 配列の違いは，ヒトの持久力の多様性を説明できるのだろうか。はじめに，60,706 人のエクソン配列（エクソーム）における全ゲノムの解読により，コードされたタンパク質のアミノ酸配列を変化させる DNA 変異の影響により，ヒト遺伝子のノックアウトが生じることが明らかになった。これらのノックアウトの中にはホモ接合型もあり，いくつかの遺伝子にヒトノックアウトが存在する[17]。例えば，ミトコンドリア生合成調整タンパク質 PGC–1α をコードする PPARGC1A の DNA 変異を検索すると，genome aggregation データベースで 385 のミスセンス SNP と 5 つの機能欠損 SNP が検出されたが，いずれもホモ接合型ではなかった[17,18]。このことから，少なくともマウスでは，機能の増減が持久力を向上させる遺伝子の機能調整的な DNA 配列変異（unction-modulating DNA sequence variation）が示された。そのため，$\dot{V}O_2max$ などの持久力のマーカーと関連する SNP を探索する GWAS 研究によって，なぜこれらの遺伝子との関連性が明らかにならないのかが疑問である[19]。

近交系マウス系統の持久力および持久性関連形質の選択的繁殖

本章の終盤では，持久力に関連する形質に影響を与える遺伝子を特定するための偏りのない戦略として，選択的繁殖や近交系マウス研究について述べる。持久性関連形質の選択的繁殖は，レースドックや競走馬の繁殖のために昔から行われてきた。持久力の選択的繁殖の目的は，始祖集団（founder population）において持久性の高い形質に寄与する DNA 配列の変異を累積することである。Wisloff らは走能力の低いラットと高いラットを選択的に繁殖させた[20]。11 世代の後，走能力が高いランナーと低いランナーでは疲労困憊するまでの走距離が 3.47 倍も異なっていた（図5.4）。

これは，遺伝学的に走能力に有利な遺伝子形質を蓄積させたことになる。さらに研究者らは持久力の調整因子として知られている遺伝子の発現を測定し，例えば PGC–1α と PPAR–γ が走能力の低いラットよりも高いラットにおいて有意に高く発現することを明らかにした。これは，これらの遺伝のプロモーターやエンハンサー領域で，PGC–1α と PPAR–γ の発現を増加させる因子の DNA の配列変異によって生じること

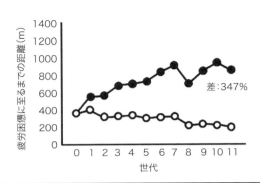

図5.4 走能力の高いラットと低いラットの11世代以上の選択的繁殖。この研究によって選択的繁殖により選り分けられた走能力の高いラットは，持久性能力に影響を与えるミトコンドリア生合成や筋線維タイプに影響を与える因子（例えばPGC1-αやPPARγ）の含有量が高いことがわかった。WisloffUら[20)]より引用。

を示唆している。

別のモデルとして近交系マウスがある。近交系マウスの場合，少なくとも20世代以上連続して家族を交配させることによって遺伝子変異が定着する。この手順を経て，動物は遺伝的にほとんど同一となり，結果として例えば骨格筋量や筋線維タイプの割合などの運動関連の類似した形質を有するようになる。このような近交系マウス系統は，多くのゲノムにおけるDNAが解読されているため，分子運動生理学やスポーツ・運動遺伝学において強力なツールとなっている。つまり，研究者は自発的なランニング，筋サイズ，筋線維の数または筋線維タイプの組成などの表現型や量的形質（QT）を測定することができる。そして，連鎖解析を用いることで，生まれつきの形質から生じるQTの多様性の原因となる未知のDNA配列や**量的形質遺伝子座**（quantitative trait loci：QTL）を明らかにできる。新しいDNA配列解析技術を用いてこれらの領域を直接解読することで，形質のもととなる特定のDNA配列変異を特定することができる。

近交系マウス系統は，心理的要因に依存するような自主的なホイールランニングに影響を与えうるQTLの探索のために用いられる。**図5.5A**に41種の近交系マウス系統ごとのホイールランニングの距離の平均値を示したが，系統間には大きな差があること，およびそれぞれの系統内では差が小さいことがわかる。これらは2つのことを示しており，第1に系統間の大きな差があることは異種性の始祖集団（heterogenous founder population）のDNA配列の変異が自主的なホイールランニングに強く影響することを示唆している。第2に系統内の差が小さいことは，異なる近交系マウス間でのDNA配列の変異の影響が大きいことを示唆している。**図5.5B**に自主的なホイールランニングの距離の差に関連するマウスゲノムのQTLを示した。最も高いQTLは12染色体上に位置している。

今では，近交系マウス系統の研究でみられる自主的なホイールランニングの距離の差

図 5.5 （**A**）異なる近交系マウス系統の 1 日あたりの平均走距離（平均 ± 標準偏差）。（**B**）x 軸はマウス染色体上の位置を示し，y 軸はゲノム 1 の変異が平均走行距離に影響を及ぼす可能性の尺度を示す。Lightfoot JT ら[21] より引用。

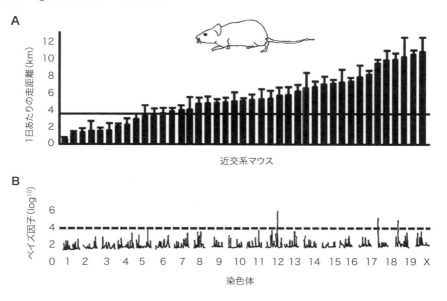

に関連する DNA 配列の変異をより選択的に解析することができる。

関連研究と ACE 遺伝子 I/D 多型

　最近までスポーツや運動の関連形質に関する遺伝子の最新情報は，『Medicine and Science in Sports and Exercise』誌に公表されていた[22]。これらの情報によって，持久性パフォーマンスなどのスポーツ・運動に関連した形質に関して，遺伝的な関連研究などの研究結果の概要を把握することができる。この節では，はじめに持久性関連の多型とされるアンジオテンシン変換酵素(ACE)遺伝子挿入/欠失(I/D)多型に焦点をあて，次に持久性関連形質との関連性が認められている他の多型を挙げる。重要なことは，スポーツ・運動遺伝学は急激に変化しており，単一遺伝子多型の研究はますます時代遅れとなりつつあり，その代わりに GWAS やより複雑な分子遺伝学的研究が主流となりつつあるということである。

　ACE 遺伝子はレニン-アンジオテンシン系と血圧の調節に中心的な役割を果たすこ

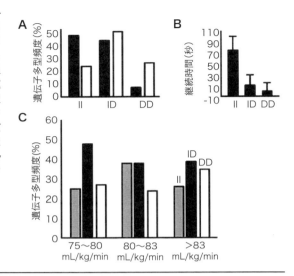

図 5.6 （A）25 人のイギリスの登山家（黒）と 1906 人の健康な白人（白）の ACE 遺伝子 I/D 多型頻度の比較。（B）イギリス軍の新兵における 10 週間の身体トレーニング後の肘屈曲運動の継続時間と ACE 遺伝子 I/D 多型との関連性。（C）エリート持久系アスリートを対象にした研究では，ACE 遺伝子 I/D 多型と $\dot{V}O_2max$ の間には関連性がない。A, B：Montgomery HE ら[26] より，C：Rankinen T ら[25] より引用。

とから，持久性パフォーマンスの候補として注目された。ACE 遺伝子はイントロン 16 の 287 塩基対の挿入/欠失（I/D）多型により多型が生じ，両方の対立遺伝子が多くの集団で共通しているため，この DNA 配列の変異は多型であると考えられている[23]。1997 年の論文では，ACE 遺伝子 I/D 多型が軍の新兵におけるトレーニングの適応として，左心室の成長と関連し，I/I 型を有するものは D/D 型を有するものと比較して大きな心臓の成長が示された[24]。この研究を機に，持久性関連形質における DNA 配列の多様性の重要性を決定することを目的とした研究が多く行われるようになった。アスリートを対象としたいくつかの横断研究において，レベルの高い持久系アスリートの多くは，一般の対象者よりも ACE 遺伝子 I/D 多型を有していることが報告された。しかし，すべての研究結果が一致しているわけではなく，いくつかの研究では持久性関連の形質，特に $\dot{V}O_2max$ との関連がほとんど，あるいは全くないことが報告された[25]（図 5.6）。

これらの矛盾した結果には主に 2 つの理由がある。まず 1 つ目は，ACE 遺伝子 I/D 多型のエフェクトサイズが相対的に小さいためである。真の関連性を検出するのに十分な統計力を得るためには，対象者数が 100 あるいは 1,000 といった大規模な研究が必要である[27,28]。多くの運動遺伝学研究で典型的であるように，これらの大きなサンプルサイズは，ACE 遺伝子 I/D 多型に関するほとんどの研究で達成できていないことから，これらの研究は小さな効果を示すには不十分である可能性があると考えられる。2 つ目は，ACE 遺伝子 I/D 多型は，$\dot{V}O_2max$ だけでなく骨格筋の持久性に関連している可能性が考えられる。骨格筋には局所的，組織特異的なレニン – アンジオテンシン系が

あり，その機能が ACE 遺伝子 I/D 多型によって変化する可能性がある。したがって，代謝効率と骨格筋線維のタイプを調査する研究が相次いで報告され，重要な関連性が認められている。ACE 遺伝子 I/I 型は，D/D 型と比較して代謝効率が高いことや筋線維タイプ I の割合が高く，これらが持久性パフォーマンスの向上に寄与する可能性がある。興味深いことに D/D 型は筋力とパワーの形質と関連するが，本章ではこの内容については解説しない。

　全般的に ACE 遺伝子 I/D 多型は，I/I 型が持久性パフォーマンスにわずかな影響を及ぼし，I/I 型を有するものがわずかに有利であるように見受けられる。しかし，ACE 遺伝子 I/D 多型のエフェクトサイズが小さいため，I/I 型を持つエリート持久系アスリートが必ずエリートになるわけでもない。言い換えると，ACE 遺伝子 I/D 多型が持久性パフォーマンスへ寄与する多くの要因の 1 つであると考えるべきである。

　長年にわたり，他にも多くの多型が持久力に関連する形質に関連していることが報告されている。持久性パフォーマンスの形質に関連したいくつかの重要な遺伝子研究を**表5.1** に示した。しかし，遺伝子解析の横断研究の質として最低限であるとされている1,000 人以上のサンプルサイズのものはない。

表 5.1　ヒトの持久性関連形質に影響を与える DNA 配列変異（重要な研究のみ）

遺伝子	形質への影響と研究デザイン	対象者数	文献
PPARGC1A	$\dot{V}O_2max$ の予測	599	29)
PPARGC1A	持久系アスリートと対照群の症例対象研究	204	30)
PPARGC1A	持久系アスリートと対照群の症例対象研究	395	31)
ADRB2	$\dot{V}O_2max$	63	32)
ADRB2	持久系アスリートと対照群の症例対象研究	600	33)
ADRB2	$\dot{V}O_2max$	62	34)
VEGFA	$\dot{V}O_2max$	146	35)
NOS3	トライアスロンにおける競技パフォーマンス	443	36)
ADRB1	$\dot{V}O_2peak$，運動時間	263	37)
ADRB1	$\dot{V}O_2peak$	892	38)
HIF1A	$\dot{V}O_2max$ と $\dot{V}O_2max$ のトレーニング応答	125	39)
BDKRB2	筋収縮の効率	115	40)
BDKRB2	持久系アスリートと対照群の症例対象研究	346	36)
CKM	$\dot{V}O_2max$ と $\dot{V}O_2max$ のトレーニング応答	240	41)
AMPD1	$\dot{V}O_2max$ のトレーニング応答	400	42)
ATP1A2	$\dot{V}O_2max$ のトレーニング応答	472	43)
PPARD	$\dot{V}O_2max$ のトレーニング応答	264	44)

第 5 章

　つまりこれらの研究は，$\dot{V}O_2max$ や持久性のトレーナビリティなどの持久性関連形質の多様性の一部を DNA 配列の一般的な変異および多型によって説明できることを実証している。しかし，このような形質の遺伝率のすべてを説明することはできず，残りの遺伝率が現在知られていない多型に関連しているのか，あるいは稀な DNA 配列の変異が大きな影響を及ぼしているのかは，現時点では不明である。この問題に対する最終的な答えを得るためには，持久性関連形質の表現型が確実に得られる大規模なコホートにおいて全ゲノム配列を解析することが必要である。

複数多型：遺伝子スコアとゲノムワイド関連研究

　エフェクトサイズの小さい単一遺伝子多型の関連研究はあまり有益ではなく，アスリートに 1 つの多型を検査したとしても，持久系アスリートの遺伝的潜在能力に関する情報を得るには限界がある。そのため，個体の持久性に関する遺伝的潜在能力を予測するために，いくつかの多型を「遺伝子スコア」として算出して評価している [45,46]。GWAS は，スポーツや運動の関連形質との関連性がある複数の遺伝子多型を偏りなく調査する方法として行われている [47]。

- 「遺伝子スコア」に関する研究では，1,423 人のロシア人アスリートと 1,132 人の対照群における複数の持久性に関連する多型が解析された [46]。この研究では，多重遺伝子効果のデータを分析し，持久系アスリートは 9 個以上の持久性関連対立遺伝子を保有している可能性が有意に高く，持久性関連多型が持久性スポーツの才能に寄与していることが示唆された。しかし，対照群の 38％は 9 個以上の持久性関連対立遺伝子を有していることから，この遺伝子スコア検査を実際に活用するには限界があり，持久力に関連するいくつかの対立遺伝子の有無によって持久系アスリートを確実に特定することはできないことが示唆されている（**図 5.7**）。これらの初期の遺伝子スコア分析は，しばし

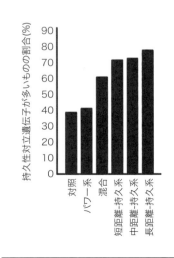

図 5.7 持久性対立遺伝子を数多く有するものの割合。この研究から，持久系アスリートは持久性対立遺伝子を数多く（9 個以上）有していることがわかった。Ahmetov ll ら [46] より引用。

持久性の遺伝学

ば不十分な候補遺伝子研究に依存していることから，その応用性もいくらか限定的である。

多遺伝子や「遺伝子スコア」研究の次の段階は，持久力関連形質と関連する一般的なDNA配列の変異や多型を全ゲノムで調査することである。ここでは2つの研究を紹介する。はじめに，Timmonsら[48]は一般的な持久性トレーニングプログラムに対する$\dot{V}O_2max$の応答（$\dot{V}O_2max$トレーナビリティ）を測定した人を対象に筋生検を行った。その際，TimmonsらはVO$_2$maxのトレーナビリティを予測するDNA配列変異を見つけるために，いわゆる量的形質遺伝子座（QTL）戦略という高度な戦略を用いた。彼らの研究の主な流れは以下の通りである[48]。

- マイクロアレイを用いて，安静時の筋のmRNAの発現を測定する。
- 統計解析を用いて，発現が$\dot{V}O_2max$のトレーナビリティと最も相関するmRNAを決定する。これらのmRNAを**定量的分子マーカー**として用いる。
- 別の実験で，**定量的分子マーカー**の遺伝子配列内のSNPを解析し，$\dot{V}O_2max$のトレーナビリティと関連するSNPデータを分析する。

この実験における重要な発見は，$\dot{V}O_2max$トレーナビリティの全分散の23%を予測する11のSNPを識別できたことであった（**図5.8**）。$\dot{V}O_2max$のトレーナビリティの約50%が遺伝することを考えると[3]，この方法は一般的なDNA配列の変異に基づく$\dot{V}O_2max$のトレーナビリティの遺伝的変異の半分が予測できることになる[48]。しかし，この結果をこの研究以外にも一般的に適用できるようにするためには，他のコホートの被験者で検証する必要がある。この結果が検証された場合，$\dot{V}O_2max$のトレーナビリティの大部分を遺伝的に説明することは，持久性トレーニングプログラムの前に，潜在的に低いもしくは高い適応をするものを識別するために活用でき，その後のトレーニングの処方に役立つ可能性がある。

他の$\dot{V}O_2max$のトレーナビリティに関する研究ではGWASが行われた[47]。この研究では99家族473人の324,611個のSNPの解析を行った。すべてのSNPと$\dot{V}O_2max$のトレーナビリティとの関連性を高度な統計手法によって解析した。この研究の過程を経て，$\dot{V}O_2max$のトレーナビリティの49%を予測する21個のSNPを同定し[47]，これは$\dot{V}O_2max$のトレーナビリティの遺伝率が約50%であることから，遺伝的多様性のほぼすべてを説明しているといえる。これらのDNAチップは一般的なDNA配列の変異を検出することを前提としており，$\dot{V}O_2max$のトレーナビリティの遺伝的多様性のほぼすべてが稀な対立遺伝子ではなく一般的な対立遺伝子によるものであることが示唆される。これらの結果は再現性を確保するための研究が必要であるが，両研究とも持久性関連形質と関連するDNA配列の変異を見出す新しい方法を示している。

155

第 5 章

図 5.8 （**A**）この研究では mRNA 発現分析を行い，その発現が $\dot{V}O_2max$ のトレーナビリティを予測する，いわゆる分類遺伝子の mRNA を同定した．次に $\dot{V}O_2max$ トレーナビリティを予測する SNP について分類遺伝子の mRNA を調べた．得られた 11 の SNP を遺伝子予測スコアの計算に用いた．（**B**）予測遺伝子スコアと $\dot{V}O_2max$ のトレーナビリティとの関連性．この研究では，予測遺伝子スコアによって $\dot{V}O_2max$ のトレーナビリティの約 23% が説明できた．Timmons JA ら [48] より引用．（**C**）$\dot{V}O_2max$ のトレーナビリティと関連する SNP の GWAS（図中の●は 1 つの SNP を表わすが，実際はもっと多くの SNP を測定した）．著者らは 39 個の SNP が $\dot{V}O_2max$ のトレーナビリティの相違の 49% を説明できるとした．（**D**）予測遺伝子スコアは，$\dot{V}O_2max$ トレーナビリティを予測する 21 個の SNP 数から計算した．Bouchard C ら [47] より引用．

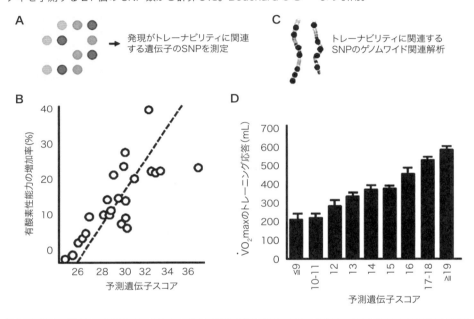

　GWAS は一般的な DNA 配列の変異に焦点を当てていることから，個人や家族の持久力の形質に大きな影響を与える可能性があるが，集団に対しては稀な変異も考慮する必要がある（一例を次節で示す）．このように，研究者は次世代シーケンシング（next-generation sequencing：NGS）と呼ばれる全ゲノム解析を用いて，持久性関連形質に影響を与える可能性のある稀な DNA 配列の変異を同定しようとしている．NGS は比較的に安価な方法（旧来の方法と比較して）で，かつては非常に高価だった全ゲノムの解析を速く行うことが可能である．このような研究により，持久性パフォーマンスの表現型に対する一般的な DNA 配列の変異と稀な DNA 配列の変異の寄与についてよりよく把握することが可能になる．

持久性の遺伝学

　サンプルサイズがスポーツパフォーマンスに対する遺伝的影響の分析において主要な限界点であることが認識される中で，世界中の研究グループがコホートやデータを統合し，どの研究グループも単独で行うよりも統計的により有意でパワーのあるサンプルサイズを獲得しつつある。これらのグループで最も注目されているのが，世界中から 15 の異なる研究グループのデータを統合した「アスローム・コンソーシアム（Athlome Consortium）」と呼ばれるグループである[49]。大規模かつ高品質なサンプルサイズと GWAS および NGS の技術を組み合わせることで，持久性パフォーマンスの形質の根底にある遺伝的要因をより確実に特定できるようになるだろう。

大きなエフェクトサイズを有する稀な DNA 配列変異の例としての Eero Antero Mäntyranta とエリスロポエチン受容体突然変異

　前節では，主に一般的な持久性対立遺伝子や多型について論じた。しかし卓越した持久性パフォーマンスは，持久性パフォーマンスに大きな影響を与える 1 つ以上の稀な遺伝子配列変異に部分的に依存する場合がある。そのような DNA 配列の変異を説明するために最も適した例として，フィンランドの家族で発見されたエリスロポエチン受容体（EPOR）遺伝子の変異がある。この節ではこの研究について詳説する。

　赤血球の除去と再輸液によって，ヘマトクリットや $\dot{V}O_2max$ がすぐに減少または増加することが多くの研究によって示されている[50]。そのため，血液ドーピングおよび骨髄による赤血球産生を刺激しヘマトクリットを増加させるエリスロポエチン（EPO）の投与は，$\dot{V}O_2max$ と持久性パフォーマンスに大きな影響を与える[50]。国際自転車競技連合（Union Cycliste Internationale：UCI）は，血液ドーピングと EPO を抑制するため，ヘマトクリット 50％以上およびヘモグロビン 170 g／L 以上を異常値と定義し，これらの値を超えた場合は懲戒処分の対象となることを明記している。このことを述べたうえで，フィンランドのクロスカントリースキー選手で，オリンピックで 3 回金メダルを獲得した Eero Antero Mäntyranta とその家族についての話を始めよう。Eero は稀な赤血球関連表現型が受け継がれた家族の一員であった。この家族の男性のヘモグロビン濃度は 183 ～ 231 g／L であり[6]，この値は UCI によれば異常値で，心血管系の有害な合併症の可能性があり人体には有害であると考えられている。この形質はこの家族のみで維持されていることから，遺伝的形質であると推測された。さらに，骨髄は正常で EPO 値は低値～正常，かつ個人の血漿は赤血球前駆体細胞を刺激しないことが報告された。したがって，骨髄，EPO および他の赤血球の産生に影響を与える血清ホルモンなどの問題は考えにくかった。

157

ヘマトクリット値が高い原因は何だろうか。研究者らは，影響を受けた家族から得た骨髄と血球の EPO 濃度は低く，通常コロニーを形成しない EPO の非存在下でさえより多くの赤血球コロニーを形成することを発見した。これは，細胞内の何かが赤血球の産生を増やす原因になっていることを示唆している。研究者らは，EPO 受容体（EPO receptor：EPOR）がその候補遺伝子ではないかと考えた。彼らは EPOR 遺伝子を網羅するプライマーをデザインし，影響を受けた家族のゲノム DNA および対照を用いて EPOR 遺伝子を増幅した。さらに，増幅した EPOR 遺伝子の配列を決定し，G から A への突然変異が 6,002 位で発見され，この変異を EPOR 6002 G → A と記述した。この突然変異は DNA 中に早期終止コドンをもたらし，短縮された EPOR mRNA およびタンパク質が生じるものであった。通常，不完全に転写されたタンパク質は劣化したり機能が低下したりするが，今回の場合は EPOR タンパク質の短縮型は活性が亢進していた。この結果に対する最も可能性の高い解釈として，遺伝子変異の影響によって EPOR タンパク質の欠損部が何らかの形で EPOR 活性の阻害作用を有するのではないかと考えた。

この研究の時点では DNA シーケンスは高価であったため，著者らは EPOR 遺伝子の PCR 産物を消化するために制限酵素 NcoI と StyI を用いた。この分析では対照群の PCR 産物は NcoI と StyI によって 2 つのバンドに切断されたが（**図 5.9**），変異を有する家族の PCR 産物では切断されなかった（1 つのバンド。ヘテロ接合体を有する場合は 3 つのバンドが出現する）[6]。**図 5.9** はバンドが 1 つの個体が存在しないことを表わしており，これはホモ接合体の保有者が存在しないことを意味している。過去のすべての研究において EPOR 遺伝子の突然変異のホモ接合体の保有者が報告されていないことから，変異がホモ接合体であれば致死的である可能性を示唆している。

研究者らは次に無作為に 50 名のフィンランド人の献血者の DNA も調べ，突然変異が通常の群には存在しないことを確認した。

Eero Antero Mäntyranta へ話を戻す。突然変異のヘテロ接合体の保有により，彼のヘマトクリット値とヘモグロビンは，おそらく現在の自転車競技では出場禁止となるほど高かった。本来，EPO や血液ドーピングと同等の利点があり，$\dot{V}O_2max$ や持久力のパフォーマンスが向上した。EPO ドーピングが知られておらず，血液ドーピングがない時代であったことを考えると，彼が遺伝的優位性を持って競技を行っており，1960 年にスコーバレーで 1 つ，1964 年にインスブルックで 2 つの金メダルを獲得できたことを部分的に説明できる。

ここで，次のような重要な問題が提起される。彼が現代の自転車競技者であれば，高すぎるヘマトクリット値から，競技への参加を禁止されるべきだろうか。もちろん，禁

図 5.9 EPO 受容体の稀な突然変異。稀な *EPOR* DNA 配列の多様性の影響を受けたフィンランド人家族の家系とアガロースゲルでの遺伝子テストの結果の概略図。黒のシンボルと「+」は影響された家族を，白のシンボルと「−」は影響を受けていない家族を表わす。de la Chapelle A ら[6] より引用。影響を受けていない家族は突然変異を持っておらず，233 bp と 100 bp 断片を持ち，それらの *EPOR* の PCR 産物は制限酵素 NocI あるいは StyI によって 2 つに切断される。影響を受けた家族のヘテロ接合体は 3 つのバンドを持つ。233 bp と 100 bp は通常の *EPOR* 対立遺伝子であり，333 bp は変異対立遺伝子である。変異型に関してホモ接合体である家族はただ 1 つの 333 bp のバンドを持つが，存在しなかったため，この遺伝子型に関してホモ接合体であることは致死的であることを示している。

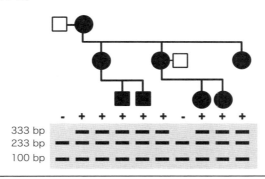

止されるべきではない。なぜなら，スポーツの才能とは，要するにスポーツに有利な一般的な DNA 配列と稀な DNA 配列変異を保有するということだからである[45]。したがって，結果としてアンチドーピング規範に反する DNA 配列の変異を持つ人は，そのような遺伝子変異が自然なものであることを証明するために遺伝子検査を利用し，異常な結果が変異に起因することを示すことができれば，競技に参加することが許されるべきである。まとめると，EPOR 6002 G → A DNA 配列の変異は，持久性パフォーマンスに大きな影響を与える稀な DNA 配列の変異が存在することの原理として証明された。

スポーツ突然死の遺伝学

持久性パフォーマンスの根底にある遺伝的要因について理解することのもう 1 つの側面は，スポーツにおける悲劇的な突然死，特に激しい運動をする健康的な若いアスリートにみられる突然死の要因を明らかにすることである。これらの突然死の大半は，不整脈，冠動脈奇形と心肥大に関連するものである[51]。しかしこれらは特発性であり，アスリートは事前の症状や問題，リスク増加に関する知識がないことを意味する。若年アスリートの死因の大半は，心臓や冠動脈の構造は正常であるが心臓の電気的リズムが正

第5章

常でない「不整脈突然死症候群（sudden arrhythmic death syndrome：SADS）」であるとされている。この異常な心臓のリズムは身体活動によって悪化する。

　一方，SADS や突然死の原因の把握は，検査を用いることで特定され，リスクを効率的に予測することができれば SADS の予防に役立つことが考えられる。しかし，すべてのアスリートに対する高度な心臓検診は現時点ではコスト的に困難であることから，毎年心臓に異常のあるアスリートがスポーツに参加し，不慮の事態に見舞われている。稀な DNA 配列変異のような遺伝的要因がこれらの異常に大きく寄与していることから，将来的に遺伝子検査は運動による心臓突然死のリスクを予測する，スクリーニングのツールなることが考えられる。一方，特定の心疾患の根底にある特定の DNA 配列の変異が明らかとなっているが，リスクの予測のための遺伝子検査は，そのような変異の全容が解明されていないため，幅広いアスリートのスクリーニングにはまだ有効ではない。それでも，研究者は若年アスリートの突然死のリスクの増加に寄与する遺伝的要因についての知見を積み重ね続けており，このような遺伝子検査による予測が主流になる日が来ることを期待している。

まとめ

　生理学的な評価が複雑な持久性パフォーマンスは多遺伝子形質である。$\dot{V}O_2max$ は重要な変数であり，$\dot{V}O_2max$ とそのトレーナビリティの約50％ [3]，筋線維タイプの組成の約45％ [2] が遺伝する。トランスジェニックマウスは心肺機能や筋線維タイプの割合，ミトコンドリアの量，実際のランニングパフォーマンスに変化を示す。最も印象的な例は，骨格筋 PEPCK 酵素が過剰発現しているマウスである。このようなトランスジェニックマウス研究により，DNA 配列の変異が持久力に関連する形質に影響を及ぼす可能性がある候補遺伝子が特定された。選択的繁殖は，競争犬や馬の繁殖だけでなく，走能力の科学的研究にも用いられている [20]。近交系マウス系統はそれぞれ持久力が異なるが，近交系マウス系統間での持久力の違いは小さく，これは遺伝的変異がこれらの違いを説明していることを示している [21]。多くの近交系マウス系統のゲノムが解読されているため，遺伝子変異は持久力にかかわる遺伝子変異を同定できる [21]。ヒトでは，初期の研究では一般的な DNA 配列の変異や ACE 遺伝子 I/D 多型のような多型と持久力に関連する形質との関連性を示している [26]。しかし，一般的な遺伝子多型は持久力に対する効果量が小さく，このような多型の影響について示すには大規模なサンプルサイズが必要である [27,28]。発表されている研究の多くは，違いを説明するにはサンプルサイズが小さすぎるため，結果が一貫していない。したがって，新しい研究の傾向は GWAS，

160

全ゲノム配列，大規模なコンソーシアムや持久性関連形質に寄与する遺伝子多型をより正確に予測できる他の高度な研究デザインに移行している[47,48]。しかし，稀な DNA 配列変異も持久性関連形質の多様性に寄与しており，その証拠として EPOR 6002 G → A 対立遺伝子は早期の終止コドンの結果，EPOR の高活性やヘマトクリットを増加させる。持久力に関連する形質に対する稀な DNA 配列変異の重要性は，現時点では不明であり，持久力の形質における特定された個人の表現型の全ゲノムシーケンス[52]のみが最終的な答えを導く。持久力のパフォーマンスに有意に貢献する一般的および稀な DNA 配列の変異が最終的に特定されると，このような研究に基づいて遺伝子検査が発展し，若年のアスリートのパフォーマンスの予測やトレーニングプログラムをパーソナライズできる可能性がある[53]。同様に，この種の遺伝子検査は若年アスリートの心臓突然死のリスク変異の予測のために，さらに普及することが考えられる。

■ 確認問題 ···

● 持久性パフォーマンスを制限する要因について，図を描いて説明しなさい。必ず一般的な DNA 配列変異と稀な DNA 配列変異を原因因子として含めなさい。

● 持久力の基礎となる主要な形質の遺伝率について説明しなさい。

● 持久性パフォーマンスや持久力関連形質の遺伝的背景の理解を深めるために，トランスジェニックマウスや近交系マウス系統をどのように用いることができるかについて説明しなさい。

● 持久性パフォーマンスと関連する遺伝子多型を 1 つ説明しなさい。遺伝子多型の研究の限界点は何か。

● ヒトの持久性能力の遺伝的背景を同定する候補遺伝子研究を発展させるための，最近のアプローチについて説明しなさい。

● Eero Mäntyranta が成功したのは，どのような遺伝的優位性があったからか。

(齋藤　未花，菊池　直樹)

■ 参考文献 ···

Bouchard C & Hoffman EP (2011). *Genetic and Molecular Aspects of Sports Performance*: 18 (Encyclopedia of Sports Medicine), John Wiley & Sons.

Bray MS, Hagberg JM, Perusse L, Rankinen T, Roth SM, Wolfarth B, & Bouchard C (2009). The human gene map for performance and health- related fitness phenotypes: the 2006–2007 update. *Med Sci Sports Exerc* 41, 35–73.

de la Chapelle A, Traskelin AL, & Juvonen E (1993). Truncated erythropoietin receptor causes dominantly inherited benign human erythrocytosis. *Proc Natl Acad Sci USA* 90, 4495–9.

Hagberg JM, Rankinen T, Loos RJ, Perusse L, Roth SM, Wolfarth B, & Bouchard C (2011). Advances in exercise, fitness, and performance genomics in 2010. *Med Sci Sports Exerc* 43, 743–52.

Peeters MW, Thomis MA, Beunen GP, & Malina RM (2009). Genetics and sports: an overview of the pre-molecular biology era. *Med Sport Sci* 54, 28–42.

第 5 章

Pescatello LS & Roth SM (2011). *Exercise Genomics*, Springer.

■ 引用文献 ·······································

1. Bouchard C, et al. *Med Sci Sports Exerc*. 1998. 30(2): 252–8.
2. Simoneau JA, et al. *FASEB J*. 1995. 9:1091–5.
3. Bouchard C, et al. *J Appl Physiol*. 1999. 87(3):1003–8.
4. Hill AV, et al. *Q J Med*. 1923. 16:135–71.
5. Hakimi P, et al. *J Biol Chem*. 2007. 282(45): 32844–55.
6. de la Chapelle A, et al. *Proc Natl Acad Sci USA*. 1993. 90(10):4495–9.
7. Bassett DR, Jr., et al. *Med Sci Sports Exerc*. 2000. 32(1): 70–84.
8. Bouchard C, et al. *Med Sci Sports Exerc*. 1986. 18(6): 639–46.
9. Klissouras V. *J Appl Physiol*. 1971. 31(3): 338–44.
10. Smerdu V, et al. *Am J Physiol*. 1994. 267(6 Pt 1):C1723–8.
11. Johnson MA, et al. *J Neurol Sci*. 1973. 18(1):111–29.
12. Costill DL, et al. *J Appl Physiol*. 1976. 40(2):149–54.
13. Costill DL, et al. *Med Sci Sports*. 1976. 8(2):96–100.
14. Bouchard C, et al. *Can J Physiol Pharmacol*. 1986. 64:1245–51.
15. Komi PV, et al. *Acta Physiol Scand*. 1977. 100:385–92.
16. Yaghoob Nezhad F, et al. *Front Physiol*. 2019. 10:262.
17. Lek M, et al. *Nature*. 2016. 536(7616): 285–91.
18. Karczewski KJ, et al. *Nature*. 2020. 581(7809):434–43.
19. Rankinen T, et al. *PLoS One*. 2016. 11(1):e0147330.
20. Wisloff U, et al. *Science*. 2005. 307(5708):418–20.
21. Lightfoot JT, et al. *J Appl Physiol*. (1985).2010. 109(3):623–34.
22. Sarzynski MA, et al. *Med Sci Sports Exerc*. 2016. 48(10):1906–16.
23. Rigat B, et al. *J Clin Invest*. 1990. 86(4):1343–6.
24. Montgomery HE, et al. *Circulation*. 1997. 96:741–7.
25. Rankinen T, et al. *J Appl Physiol*. 2000. 88:1029–35.
26. Montgomery HE, et al. *Nature*. 1998. 393:221–2.
27. Altmuller J, et al. *Am J Hum Genet*. 2001. 69(5):936–50.
28. Studies N-NWGoRiA,et al. *Nature*. 2007. 447(7145):655–60.
29. Franks PW, et al. *Med Sci Sports Exerc*. 2003. 35(12):1998–2004.
30. Lucia A, et al. *J Appl Physiol*. (1985).2005. 99(1):344–8.
31. Eynon N, et al. *Scand J Med Sci Sports*. 2010. 20(1):e145–50.
32. Moore GE, et al. *Metabolism*. 2001. 50:1391–2.
33. Wolfarth B, et al. *Metabolism*. 2007. 56(12):1649–51.
34. McCole SD, et al. *J Appl Physiol*. (1985).2004. 96(2):526–30.
35. Prior SJ, et al. *Am J Physiol Heart Circ Physiol*. 2006. 290(5):H1848–55.
36. Saunders CJ, et al. *Hum Mol Genet*. 2006. 15(6):979–87.
37. Wagoner LE, et al. *Am Heart J*. 2002. 144(5):840–6.
38. Defoor J, et al. *Eur Heart J*. 2006. 27(7):808–16.
39. Prior SJ, et al. *Physiol Genomics*. 2003. 15(1):20–6.
40. Williams AG, et al. *J Appl Physiol* (1985).2004. 96(3):938–42.
41. Rivera MA, et al. *Med Sci Sports Exerc*. 1997. 29(11):1444–7.
42. Rico-Sanz J, et al. *Physiol Genomics*. 2003. 14(2):161–6.
43. Rankinen T, et al. *J Appl Physiol*. 2000. 88:1571–5.
44. Hautala AJ, et al. *Am J Physiol Heart Circ Physiol*. 2007. 292(5):H2498–505.
45. Williams AG, et al. *J Physiol*. 2008. 586(1):113–21.
46. Ahmetov, II, et al. *Hum Genet*. 2009. 126(6):751–61.
47. Bouchard C, et al. *J Appl Physiol*. 2011. 110(5):1160–70.
48. Timmons JA, et al. *J Appl Physiol*. 2010. 108(6):1487–96.
49. Pitsiladis YP, et al. *Physiol Genomics*. 2016. 48(3):183–90.
50. Cooper CE. *Essays Biochem*. 2008. 44:63–83.
51. Finocchiaro G, et al. *J Am Coll Cardiol*. 2016. 67(18):2108–15.
52. Wheeler DA, et al. *Nature*. 2008. 452(7189):872–6.
53. Roth SM. *J Appl Physiol*. 2008. 104(4):1243–5.

第6章
運動とエピジェネティクス

Daniel C. Turner*, Robert A. Seaborne*, Adam P. Sharples*
* これらの著者は同等に貢献した。

DOI: 10.4324/9781315110752-6

■ 本章の学習目標

本章では以下のことを学習する。

1. エピジェネティクスの基本原理
2. 一般的なエピジェネティック修飾の種類
3. 持久性運動による適応における DNA メチル化，ヒストン修飾，miRNA の役割
4. レジスタンス運動による適応における DNA メチル化，ヒストン修飾，miRNA の役割
5. マッスルメモリーにエピジェネティクスがどのように寄与しているか。

はじめに

第3章～第6章ではスポーツや運動における遺伝学の理論，骨格筋量や持久力における遺伝や遺伝子の役割について述べた。本章では運動における**エピジェネティクス**の役割について説明する。エピジェネティクス（直訳すると「上」+「遺伝学」）とは，環境因子（身体活動や運動など）と我々が受け継いだ DNA との相互作用を扱う領域である。最終的には運動に対する一過性の生理応答と中長期的な適応に影響を与えるものである。例えば，運動は DNA に化学的変化をもたらし，それが運動後の遺伝子発現誘導のスイッチのオン・オフに影響を与えることがある。エピジェネティクスは必ずしも新しい分野ではないが，科学者が運動との関連でエピジェネティクスを本格的に研究し始めたのはここ 10 年ほどのことである。**第1章**では分子運動生理学におけるエピジェネティクスの歴史を簡単に説明し，**第3章**では DNA とヒストンタンパク質に生じる重要なエピジェネティック修飾を紹介した。**第7章**では，運動に対する分子レベルでの応答を理解するのに不可欠な「シグナル伝達」の中でも，エピジェネティクスを取り扱う。本章の論点は，分子運動生理学におけるエピジェネティクスといった新しい分野の

163

第6章

視点を紹介し，運動に反応して起こる主なエピジェネティック修飾をより深く理解することである。また，これらのエピジェネティック修飾を引き起こす多様なタイプの運動（持久性運動とレジスタンス運動など）の影響についても概説する。最後に，DNAやヒストンタンパク質へのエピジェネティックな修飾は運動後も保持されることから，エピジェネティクスは筋の「記憶」，いわゆる「マッスルメモリー」に関与していると考えられている[1]。そこで本章では，マッスルメモリーにおけるエピジェネティクスの役割と，なぜこの現象が分子運動生理学者にとって興味深いものであるかについて論じる。

エピジェネティクスとは何か

エピジェネティクスは，1940年代にConrad Waddingtonが「遺伝的要素（遺伝子型）が周囲の環境と相互作用して『表現型』をつくり，それによって『遺伝子型と表現型』の間のギャップを埋める概念である」と述べたことに端を発している。それ以来，先駆的な技術の開発により，エピジェネティクスに対する理解とその定義は大きく進展した。実際，エピジェネティクスは，遺伝したDNAの塩基配列の違いに起因しない遺伝子発現の変化を扱う研究分野として，より一般的に知られるようになった[2]。要するにエピジェネティクスの研究は，遺伝的変異や突然変異によるDNAの塩基配列の変化ではなく，クロマチン，ヒストン，DNAの生物学的/生化学的修飾が対象となる（**第4章**，**第5章**で説明）。換言すれば，遺伝子発現のオン・オフは，DNAそのもの，あるいはゲノムDNA（gDNA）を包んでいるヒストンなどのタンパク質の修飾によって後天的に制御できることを意味する。分子運動生理学では，運動によってDNAにどのような修飾が生じるのか，そしてエピジェネティクスが運動やトレーニングの適応につながる生理応答にどの程度関与しているのかが重大な関心事となっている。エピジェネティックな修飾は，一過性に変化し遺伝子発現に影響を与えるものである。しかし，エピジェネティック修飾の中には長期的に保持されるものもある。さらに，過去のトレーニング経験などによって，その修飾が「強化」されるものさえある。例えば，エピジェネティックな修飾は，過去のトレーニング期間だけではなく，後のトレーニング休止期間や再トレーニング期間にも記憶されることが示されている[3,4]。

エピジェネティック修飾を引き起こすものは何だろうか。エピジェネティック修飾の種類と，これらの修飾を担う酵素は完全には解明されていない（文献[5]に総説あり）。現在，200以上の修飾と関連する酵素が同定されている[6,7]。しかし，最も一般的なエピジェネティック修飾は，SUMO化，リン酸化，ユビキチン化，アセチル化，メチル化であり，後者2つが現在最も研究されている。

運動とエピジェネティクス

エピジェネティクスの分野は，非常に複雑で膨大な量の生物学的プロセスを包含しており，本章ですべてを取り扱うことはできない。そこで本章では，分子運動生理学の観点から最も包括的に研究されている**DNA メチル化，ヒストンメチル化，アセチル化，非コードのマイクロ RNA（miRNA）**などの修飾の一部を主に取り上げることとする。では，これらの修飾は何で，どこで，どのように起こるのだろうか。

エピジェネティック修飾とは何か，どこで，どのようにして起こるのか

DNA メチル化

エピジェネティック修飾が起こる主な場所は2つある。1つはヌクレオソームを結合する「リンカー DNA 領域」である。

細胞核内では，約150 bp の二重螺旋構造の DNA が4組のヒストンタンパク質(H2A, H2B, H3, H4) にしっかりと巻き付き，DNA を凝縮して包装するための足場として機能している。これらの DNA–タンパク質複合体は**ヌクレオソーム**と呼ばれ，その外観からしばしば「紐付きビーズ」と呼ばれる（**第3章，図3.11**参照）。各ヌクレオソームは，短い鎖（〜20〜90 bp）のリンカー DNA で隔てられており，このリンカー DNA は，エピジェネティック修飾（特に **DNA メチル化**）をよく受ける。**第3章**で説明したように，DNA は4種類のヌクレオチドから構成されている。プリン塩基のアデニン（A）とグアニン（G），ピリミジン塩基のチミン（T）とシトシン（C）である。一般に，メチル化修飾を受けやすいのは DNA 中のシチジル酸ヌクレオチドで，シチジル酸ヌクレオチドのピリミジン環の5位に共有結合でメチル（CH_3）化学基を付加し，5–メチルシトシン（5mC）となる（**図6.1**参照）。これらのシトシンヌクレオチドのメチル化は，CpG ジヌクレオチドの位置で起こり，CpG 部位としても知られている。CpG 部位は，DNA の同じ鎖内に，シトシンヌクレオチドとグアニンヌクレオチドがリン酸（「p」）基で結合していることが特徴である。このプロセスにより，メチル化が進み，一般に「**ハイパーメチル化**」と呼ばれる状態になる。そして，一般的に運動によって CpG 部位のメチル化状態が変化するか否かを調べられている。

一方，シトシンヌクレオチドから CH_3 メチル基が除去されると，5–ヒドロメチルシトシン（5–hmC）となり，メチル化の程度が低下する（**脱メチル化**とも呼ばれる）。このような生化学的プロセスは，CpG 部位がメチル化されるか脱メチル化されるかを決定するいくつかの重要な酵素によって触媒される。例えば，メチル基を付与，認識，除去するために酵素が必要であり，それぞれ「ライター」「リーダー」「イレーザー」と呼ばれることがある（詳細なレビューは文献[5]参照）。DNA メチル基転移酵素（DNMT），

165

第 6 章

図 6.1 DNA とヒストンテールにおけるエピジェネティック修飾の概観。●：メチル化された CpG サイト，○：脱メチル化された CpG サイト，A：アセチル化，M：メチル化，TET：DNA 脱メチル化酵素（ten-eleven translocation enzymes），DNMT：DNA メチル基転移酵素（DNA metyltransferase），HMTs：ヒストンメチル基転移酵素群（histone methyltransferases），HATs：ヒストンアセチル基転移酵素群（histone methyltransferases），HDACs：ヒストン脱アセチル化酵素群（histone deacetylases）

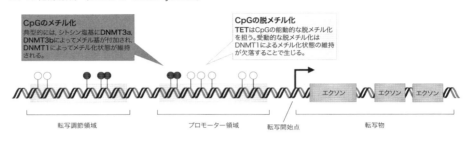

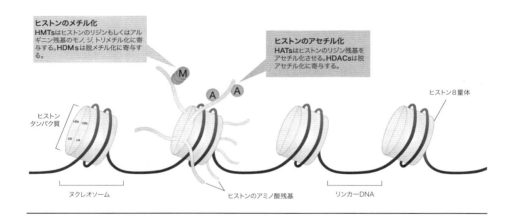

DNMT3a，DNMT3b および DNMT1 は，DNA メチル化の増加を促進する主な酵素ファミリーである（**図 6.1**）[8]。前者の 2 つの酵素（DNMT3a および DNMT3b）は de novo または新たなメチル化を起こす際に必須となる。一方，後者の DNMT1 酵素は，細胞分裂中のメチル化の維持に最も重要であり，娘細胞がメチル化状態を維持できるようにしている[9,10]。実際，DNMT1 酵素の活性が失われると，DNA 複製の際に DNA のメチル化が失われることになる。しかし，DNA 脱メチル化酵素（TET1，2，3）として知られる別の重要な酵素群は，メチル基の除去を直接触媒するため，これは脱メチル化を引き起こす積極的な機構と考えられている[11,12]（**図 6.1**）。DNMT と TET 酵素

運動とエピジェネティクス

が持久性運動やレジスタンス運動後にどの程度 DNA メチル化反応をどの程度調節するかについては，本章で後述する。

ヒトのゲノムには約 2,800 万個の CpG 部位（ゲノムの 1%未満）が存在し，その大部分（～ 70 ～ 80%）がメチル化されていると推定されている[13,14]。CpG サイトのクラスターは CpG アイランドと呼ばれ，多くの場合，第 3 章で定義し図示した DNA のプロモーター領域，エンハンサー領域，サイレンサー領域に位置している[15]。これらの特定の DNA 配列（プロモーター領域，エンハンサー領域，サイレンサー領域）は，それぞれメッセンジャー RNA（mRNA）発現の開始，発現上昇，発現抑制を担っていることから，これらの DNA 領域のメチル化状態の変化が遺伝子発現レベルを決定する可能性がある。CpG メチル化タンパク質の動員を介して DNA のメチル化が上昇すると，転写機構（すなわち RNA ポリメラーゼや転写因子）の結合を阻害し，続いて遺伝子転写の開始を抑制し[16]，結果として遺伝子発現量を減少させる。さらに，DNA のメチル化は凝集したクロマチン（**ヘテロクロマチン**と呼ばれる）を形成あるいは強化するタンパク質の動員を引き起こし，これも遺伝子の転写プロセスを阻害する[17]。逆に，メチル化された DNA が減少/脱メチル化されると，クロマチンの緩み（**ユークロマチン**と呼ばれる）が起こり，転写因子が結合し，遺伝子の転写が可能になり促進される。これは，メチル化の変化が遺伝子プロモーターやエンハンサー領域で起こった場合に最も起こりやすい。したがって，一般的には DNA のメチル化の上昇によって遺伝子発現は減少し（常にではない），DNA のメチル化の低下によって遺伝子発現が増加する（これも常にではない）ということになる。しかし遺伝子サイレンシング領域でメチル化が起こると，逆に正の相関が生じる可能性が高くなる。例えば，遺伝子サイレンシング領域内では，メチル化の増加が遺伝子発現の増加につながり，メチル化の減少が遺伝子発現の減少につながる可能性がある。また，プロモーター領域，エンハンサー領域，サイレンサー領域内のメチル化だけではなく，遺伝子本体のメチル化も遺伝子の転写抑制に寄与することも証明されている[18-20]。本章の後半では運動と DNA メチル化の関連に焦点を当てるが，ゲノム全体の DNA メチル化を評価する場合，これを**メチローム**と呼ぶ方が適切であるといった考え方もある。そこで本章では，**第 2 章**で紹介したマイクロアレイやバイサルファイトシーケンスを用いて運動後のゲノム全体の DNA メチル化を評価した研究に言及する場合は，メチロームという表現を使用する。

ヒストンの修飾

ヒストンは，4 種類のヒストンタンパク質（H2A，H2B，H3，H4）がそれぞれ 2 つから構成される 8 量体構造をとっている。これらのヒストンは DNA をクロマチン構造

にしっかりと結合し，遺伝情報を凝縮して核に封じ込めるのに寄与している。これらの個々のヒストンタンパク質から突き出ているのは，ヒストンテールである（**図6.1**）。ヒストンテールは様々なエピジェネティック修飾の標的となる。例えば，ヒストン3から突き出たヒストンテールに沿って位置する4番目のアミノ酸（H3K4など）は，メチル化修飾を受けやすい部位である。同じヒストンテールでも，27番目のアミノ酸位置にあるリシン残基（H3K27）はメチル化とアセチル化の両方の修飾を受けやすく，これらのアミノ酸には常に1つの修飾しか起こらない（共エピジェネティックな修飾を受けることができないなど）。ヒストンテールには，メチル化，アセチル化，ユビキチン化，リン酸化という4つの修飾が生じる。これらの修飾には，修飾の生成，認識，除去を行う酵素（一般に，それぞれライター，リーダー，イレーザーと呼ばれる）が必要である。

　ヒストンレベルではエピジェネティック修飾の生成と除去を担う酵素は複雑であり，酵素の詳細については過去の総説[21,22]を参照されたい。端的に述べると，いくつかのタンパク質ファミリーはヒストンメチル基転移酵素（HMTs）として知られ，ヒストンのリシン残基のメチル化に寄与する。これらの酵素は，リシン残基のアミノ酸のNH3+基の各水素をメチル分子に置き換えることができる。各リシン残基は最大3つのメチル分子を受け入れることができるため，3段階のメチル化（モノメチル化，ジメチル化，トリメチル化など）を行うことが可能である。リシン残基上のこれらのメチル分子の除去は，ヒストン脱メチル化酵素（HDM）と呼ばれるいくつかの酵素によって行われる。例えば，脱メチル化するタンパク質酵素の大きなファミリーであるJumonji C（JmjC）ドメイン含有タンパク質は，H3K9やH3K4などの部位を脱メチル化する[23]。通常，ヒストンのメチル化は遺伝子発現を低下させる転写の抑制に関連することが多い。しかし，これは必ずしもそうではなく，修飾される標的アミノ酸とその修飾の「レベル」（モノ，ジ，トリメチル化など）に大きく依存する。例えば，上記のアミノ酸残基を例にとると，H3K27のトリメチル化（H3K27me3）は遺伝子プロモーターの不活性化や遺伝子転写の減衰に強く関連している。しかし，この同じヒストンのアミノ酸のモノメチル化（H3K27me1）は，転写活性の高いDNAプロモーター領域に局在することが示唆されており，遺伝子発現の増加と関連している[24]。**ヒストン・マーク**（「マーク」とはヒストンタンパク質のある特定の部分から突出したアミノ酸残基を修飾することを意味する）H3K4もメチル化の標的であるが，モノ，ジ，トリいずれのメチル化であっても遺伝子発現の活性化に強く関連している[24]。したがって，ヒストンメチル化は複雑であり，ヒストンのメチル化にかかわるデータや研究論文を解釈する際には十分に注意する必要がある。

　一方，ヒストンテールのアセチル化修飾は比較的理解しやすい。ヒストンのアセチル

化を担う酵素は，一般にヒストンアセチル基転移酵素（HAT：GNAT，MYST，P300 /CREB ファミリーの 3 つの主要タンパク質ファミリー）とヒストン脱アセチル化酵素（HDAC：クラス I，クラス II，クラス III，クラス IV HDAC というサブカテゴリーが存在する）と呼ばれている。ヒストンのメチル化とは異なり，ヒストンアセチル化は 1 つのレベルでしか存在しない。分子運動生理学者にとって特に関心が高いものは，クラス III HDAC である。このクラスの酵素には，老化，ストレス応答，カロリー制限などのプロセスに共通して関与するサーチュインが含まれているためである[25]。**第 7 章**で一般論また**第 9 章**で持久性運動に関連して論じるが，サーチュインは NAD^+／NADH センサーとして機能し，運動時のエネルギー代謝やミトコンドリアの還元/酸化の状態（レドックス状態）によって活性が変動する。一般に，ヒストンがアセチル化されると，その遺伝子座（特定の遺伝子の部位または場所）付近の転写が促進される。これは，アセチル基がヒストンと DNA 間の電荷を変化させることでクロマチン構造が緩み，転写因子などが DNA にアクセスしやすくなるためである[26]。

エピジェネティック修飾としてのノンコーディング RNA

miRNA といった非コード RNA は，3 番目の主要なエピジェネティック制御因子である。18-25 塩基からなる一本鎖 RNA の miRNA は，mRNA 分子の 3'UTR 領域に直接結合し，タンパク質に翻訳される直前に mRNA の鎖を切断する。これは mRNA が転写された後に起こるため，転写後エピジェネティック修飾と呼ばれる[27]。個々の miRNA は数百の成熟 mRNA 分子を標的としていることが報告されており[28]，ヒト遺伝子の 30％以上が miRNA によって制御されていると推定されている[29,30]。RNA ポリメラーゼ II は，細胞核内で miRNA を転写し，primary miRNA（pri-miRNA）を生成する（**図 6.2**）。pri-miRNA は，次にリボヌクレアーゼ（DROSHA）とタンパク質（DGCR8 /Pasha）複合体によって処理され，precursor-miRNA（pre-miRNA）と呼ばれる長さが約 60 〜 100 nt のヘアピン構造をとるものが生成される（**図 6.2**）。pre-miRNA はその後核外に輸送され，ダイサーと呼ばれる別のエンドヌクレアーゼによってさらに処理され，長さ 18 〜 25 nt の miRNA が形成される[31]。これらの小さな miRNA は，アルゴノート 2 というタンパク質と結合して RNA 誘導性サイレンシング複合体（RISC）をつくり，この新しくできた複合体を標的の mRNA に導くことができる（**図 6.2**）。一般に，この miRNA 複合体が特定の遺伝子の mRNA に結合すると，標的となる mRNA 分子を直接分解するか，タンパク質への翻訳を抑制することにより，遺伝子発現やタンパク質発現が低下する[27]。これは RISC-miRNA 複合体が特定の mRNA の 3'UTR 領域に結合した場合であるが，一部の研究では，コーディング領域（あるいは mRNA の

第6章

図 6.2 miRNA の生合成機構の概観。(**1**) miRNA は,まず RNA ポリメラーゼ II (Pol II) によって転写され,長さ約 60〜100 nt の primary-miRNA (pri-miRNA) となる。(**2**) pri-miRNA は,DGCR8/Pasha および DROSHA タンパク質複合体によって切断され,precursor-miRNA (pre-miRNA) となる。(**3**) pre-miRNA は Exportin-5 (XPO5) により核外へ輸送される。(**4**) 細胞質内で pre-miRNA は DICER によって処理され,「パッセンジャー鎖」(黒) と「ガイド鎖」(グレー) の両方の miRNA 鎖 (約 18〜25 nt) からなる「二本鎖」をつくる。Argonaute-2 (Ago) タンパク質がこの二本鎖に結合して RNA-induced silencing complex (RISC) がつくられる。(**5**) その後,RISC-miRNA 複合体を標的 mRNA に誘導するためにガイド鎖のみが保持される。(**6**) 最終的に miRNA の標的 mRNA は分解され,リボソームで起こるはずのタンパク質の翻訳が阻害される。

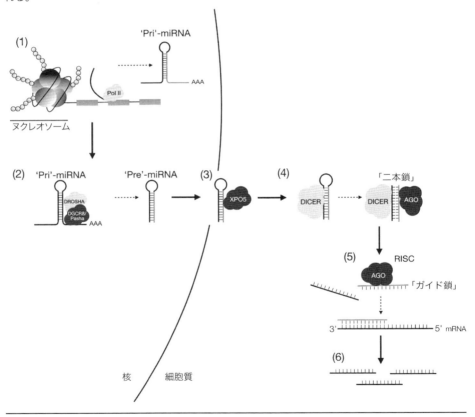

5'UTR 遺伝子座) に結合すると活性化が起こり,タンパク質翻訳が促進されることも示されている[32]。

興味深いことに,miRNA はヒストンと DNA メチル化の両方と相互作用し,miRNA-エピジェネティックフィードバックループを形成することが示されている。

運動とエピジェネティクス

ヒストンと DNA の主要なエピジェネティック酵素（DNMTs, HDACs, HMTs など）は，miRNA の標的となることが示されている[33]。逆に，miRNA の発現そのものは，それらが転写される局所的なエピジェネティックの制御下にあることが示されており，例えば特定の miRNA のプロモーター領域の過剰メチル化は，その発現を減少させるのに十分であることが示されている[34,35]。

エピジェネティック修飾と持久性運動

運動に対する細胞や分子の反応は，運動の種類に依存する。例えば，骨格筋に強い負荷が加わるレジスタンス運動では筋線維のサイズと筋力が増大する。一方で，ミトコンドリアの量，酸化能力，疲労耐性が向上するのは，主に弱い負荷での持久性連続収縮によって誘導される（**第 7 ～ 9 章**で詳述）。興味深いことに，上記のような対照的な適応をもたらす遺伝子発現応答は，様々なエピジェネティック修飾によっても制御される。そこで次項ではまず，持久性運動に対する一過性応答と長期的適応に関連する主要なエピジェネティック修飾（すなわち，DNA メチル化，ヒストンメチル化/アセチル化および miRNA 変化）に焦点を当てる。その後，一過性あるいは長期的なレジスタンス運動後に生じるエピジェネティックな修飾を論点とする。

一過性の持久性運動と DNA のメチル化

第 1 章で述べたように peroxisome proliferator-activated receptor γ co-activator 1α（PGC-1α）は持久性運動後に著しく発現量が増加する遺伝子であり[36,37]，その増加は持久性運動によるミトコンドリアの増加や酸化能力の向上といった一連の応答・適応の「象徴」として考えられている[38,39]。運動に対する分子レベルでの応答と適応については，**第 7 章**と**第 9 章**で詳述する。簡単にいうと，PGC-1α は核呼吸因子 1（NRF-1），NRF-2，myocyte enhancer factor-2（MEF2），エストロゲン関連受容体 α（ERRα），ミトコンドリア転写因子 A（TFAM）などの複数の転写因子に結合し，協働的に制御することによって，転写をより高い水準で活性化させる。このプロセスは，最終的に酸化的エネルギー代謝やミトコンドリアに関連した遺伝子の mRNA の発現を促進する[40]。運動の適応における PGC-1α の役割が明らかにされていることから，骨格筋における DNA プロモータ領域のメチル化および運動後の遺伝子発現の変化を調べた初期の研究は，PGC-1α に焦点を当てたものであった。運動以外の視点でみれば，PGC-1α のプロモーター領域のメチル化の程度と骨格筋組織での PGC-1α 遺伝子の発現量との間に負の相関関係があることも示されてきた[41]。具体的な研究例を挙げると，健常

第 6 章

人と II 型糖尿病患者の骨格筋でこの転写共役因子の DNA メチル化状態についてプロファイリングを行った。健常者はプロモーターのメチル化レベルが最も低く遺伝子発現が最も大きかったのに対し，II 型糖尿病患者はプロモーター領域のメチル化レベルが高く遺伝子発現が減少していた。別の研究でも，9 日間のベッドレストにより，PGC-1α の DNA メチル化レベルが上昇し，遺伝子発現が減少した後，同様のパターンが示された[42]。持久性運動は一般的に PGC-1α の遺伝子発現を増加させることが知られていることから，「運動は，寝たきりの人の DNA メチル化の増加と PGC-1α の遺伝子発現の減少を防ぎ，健常人レベルまで改善できる可能性がある」といった仮説が考えられる。しかし，4 週間の運動（70% $\dot{V}O_2peak$ の負荷で 30 分/日のサイクリング）により，DNA メチル化の減少と PGC-1α の遺伝子発現の増加傾向がみられたが，完全に健常人の水準まで回復したわけではなかった[42]。運動そのものが PGC-1α の DNA メチル化状態を変化させることを証明した最初の研究は，健常人を対象とした一過性の持久性運動(80% $\dot{V}O_2peak$ の負荷で 1,674 kJ/400 kcal を消費するまでのサイクリング)であった。この研究では，他のミトコンドリア関連遺伝子（TFAM，PDK4，PPAR-δ）とともに PGC-1α の脱メチル化が促進され，これらの遺伝子発現が有意に増加することが示された[43]。運動は一般に DNA 全体に対する低メチル化刺激であり，彼らは運動によって DNA 全体のメチル化が低下することを示した。この研究から得られたもう 1 つの興味深い知見は，これらの変化が消費エネルギー量（1,674 kJ/400 kcal）を一致させた低強度の運動（40% $\dot{V}O_2peak$）では生じず，高強度（80% $\dot{V}O_2peak$）で運動を行った時にのみ生じたことである。このことから，運動強度は骨格筋における DNA 脱メチル化の重要な要因であることが示唆された。しかし他の研究では，持久性トレーニングを受けた競技者において，定常状態のサイクリング（約 60% $\dot{V}O_2peak$ で 120 分のサイクリング）を行った場合，主要な代謝関連遺伝子（FABP3，COX4I1）の DNA の脱メチル化とそれに伴う遺伝子発現の上昇が観察されると報告している[44]。この研究では，運動後に PGC-1α 遺伝子の発現量が増加したが，DNA メチル化は評価されなかった。研究者らは，ロータロッド運動（35 rpm 20 分，40 rpm 30 分，45 rpm 10 分）後に PGC-1α の初期に同定された型（エクソン 1a）と代替第 1 エクソン型（エクソン 1b）のプロモーターのメチル化状態を調べた[45]。なお，初期に同定されたプロモーター（A）は代替プロモーター（B）よりも安静時に発現が高いが，代替プロモーター B は運動，寒冷刺激，低グリコーゲン濃度で運動を実施した後の遺伝子発現の増加に対して，高反応性であることが以前に示されている[46,47]。興味深いことに，このマウス研究では，運動の実施に伴ってプロモーター（A）の DNA が低メチル化されるが，遺伝子発現は増加しないことが示された（おそらく，以前に観察されたように安静時のレベルが高い

172

ことが原因）。さらに，代替のプロモーター（B）のメチル化状態に変化はみられなかったが，プロモーター（B）のヒストン 3 上のリシン 4 のトリメチル化（H3K4me3）が増加し，プロモーター（B）による転写活性が大幅に増加したことが報告されている[45]。前述したように，このエピジェネティックな修飾は，転写因子などの DNA のアクセス性を高めることと関連している。換言すれば，遺伝子発現がより容易に起こるような DNA 状態となっている[48]。したがって，PGC-1α のプロモーター（B）は，運動に応じてヒストンのメチル化がより大きく増加し，遺伝子発現が増加しやすいことを示すこれらの研究は，持久性運動後に観察される PGC-1α 遺伝子発現の増加に対してヒストン修飾が DNA メチル化よりも重要である可能性を示している。しかし，このことをヒトで確認するためにはさらに多くの研究が必要であり，運動強度の依存性などがあるか否かについても調査する必要がある。

　一過性の持久性運動後に主要な代謝関連遺伝子にはエピジェネティックな変化がみられるものの，**第 1 章**で紹介し**第 7 章**と**第 9 章**で詳述する AMPK や p38MAPK 経路のような持久性運動の一過性生理応答に関連する経路や標的遺伝子との関連性はほとんどわかっていない。端的にいえば，AMPK は運動のエネルギーとして必要な ATP の代謝（[ATP]／[ADP][P_i]）の重要なセンサーであり，p38 MAPK は酸化ストレス，運動中のグリコーゲン分解の重要なセンサーである。こうした知見が十分ではない理由は，健常人の骨格筋で一過性の持久性運動後に「メチローム」として DNA の全領域のメチル化をプロファイルする，マイクロアレイやシーケンス技術を使った研究がほとんどないためである。ただし，少数ではあるものの，検討された研究も存在する。DNA マイクロアレイ技術を用いた最近の研究で，一方向のみの運動と方向転換などを含む運動の後のヒト骨格筋の約 85 万個の CpG 部位（メチル化アレイの原理と方法については第 2 章に記載）の DNA メチル化状態の網羅的解析が行われたことである。走行距離，走行速度，加減速の回数は両条件とも同じであったが，プロトコルに方向転換を取り入れるだけで，直線走行と比較して生理的（心拍数），代謝的（乳酸濃度），運動負荷（GPS で測定）が大きく変化することが確認された。メチル化状態では，方向転換運動は DNA の低メチル化を誘発し，この低メチル化は直線的なランニング運動と比較して AMPK，MAPK，インスリンの標的遺伝子群で顕著であった[49]。さらに，方向転換運動では，血管内皮増殖因子（VEGFA）などの重要な血管新生遺伝子や，核内受容体サブファミリー 4A1（NR4A1）などの代謝系転写因子遺伝子のプロモーター領域特異的な低メチル化がより顕著にみられた。興味深いことに，最近のスプリントランニングのトランスクリプトーム解析や運動のトランスクリプトームメタ解析では，VEGFA と NR4A1 はヒト骨格筋の PGC-1α 遺伝子発現の変化に対応して関連すると最も高く評価されてい

る遺伝子であった[50,51]。当該研究では，PGC–1αのメチル化状態に有意な変化は検出されなかったが，PGC–1α，VEGFA，NR4A1の発現が増加することが確認されている。すなわち，運動後のDNAメチル化状態の変化と遺伝子発現の変化といった観点からみれば，これらのいくつかの遺伝子には重要な関係があることが示唆される。例えばPGC–1αは，VEGFAを標的とすることで血管新生/毛細血管形成を刺激することが知られている転写因子，エストロゲン関連受容体α（ERRα）を共活性化することが知られている（**第9章**で持久性運動との関連について，**第11章**で異なる環境条件での詳細について説明する）。全体として本研究は，一過性の運動がDNAメチル化のグローバルな減少を誘導することを示した以前の研究を拡張するものである。加えて，AMPKやMAPK，インスリンシグナルの下流標的遺伝子群で顕著な変化が生じることも同定した。もう1つの重要な発見は，骨格筋の運動30分後では，24時間後と比較して，これらの遺伝子群でより顕著なメチル化の低下が確認されたことである。メチル化状態の変化は運動後に極めて急速かつダイナミックで，運動後3〜6時間に典型的にピークとなる遺伝子発現の変化（**第7章**で詳述）に先行する可能性があることが示唆された。しかし，この研究では，すでに十分なトレーニングを受けている人を対象に，スプリント・インターバル運動を実施させていることから，より持久性運動を代表するような運動後の応答を調べる必要がある。一過性の持久性運動後のDNAメチル化状態の変化と，それが遺伝子発現やタンパク質レベルでの適応の変化に真に関連するかどうか，また，これらの生理的応答の時間的な同期性についても今後さらに研究が必要であると思われる。

長期的な持久性トレーニングとDNAのメチル化

骨格筋のDNAメチローム解析を行った最初の持久性トレーニングの研究では，初期のDNAメチル化アレイ技術を用い，約29,000のCpGサイトのメチル化状態の網羅的解析が行われた。この研究では，平均年齢37.5歳の男性28人を対象に，6ヵ月の持久性トレーニング（週3日，運動強度は不明，ただしトレーニング後の$\dot{V}O_2max$は持久性運動能力の向上を示唆）を実施した[52]。被験者のうち，一等親にII型糖尿病患者がいるものは15人，いないものは13人であった[52]。上記の一過性の持久性運動と同様に，両群において（つまり，II型糖尿病の家族歴に関係なく）長期的な持久性トレーニングはメチル化状態の低下を引き起こした。トレーニング前に比べてトレーニング後に同定された有意に異なるメチル化状態の遺伝子数は，メチル化の上昇が766に対し，メチル化の低下は2,051であった。トレーニング後の低メチル化は，インスリンおよびカルシウムシグナル伝達経路，ならびに糖質およびレチノール代謝のパスウェイでより顕著に観察された。Rowlandsらは，肥満のII型糖尿病患者を対象とした漸増負荷の

持久性トレーニング（65 ～ 85％の心拍予備能で 40 ～ 60 分のサイクリングを週 3 日，計 16 週）後に，より広い範囲のマイクロアレイ技術（約 45 万 CpG サイトのプロファイリング）を用いて，トレーニング後の DNA メチル化の大きな減少を報告した[53]。具体的には，386 の CpG 部位が脱メチル化されたのに対し，169 の CpG 部位がメチル化され，脱メチル化が優勢であることを報告している[53]。このメチル化状態の違いは，糖質・脂質代謝，代謝性疾患，細胞死と生存，心血管系の発達・機能にかかわるパスウェイに濃縮されていた[53]。したがって前述の 2 つの研究では，長期的な持久性トレーニング後には DNA の低メチル化が優勢的に生じることが確認された。同年発表された研究では，さらに代謝および酸化的リン酸化に関連するパスウェイにおいて，持久性トレーニング後にメチル化プロファイルの変化が起こることが確認された[54]。この研究では，日常的にトレーニングを実施していない健康な男女が 3 ヵ月の漸増負荷の片側持久性トレーニング（45 分の片側膝伸展運動，4 日/週，3 ヵ月）を行った。前述の研究とは若干異なり，Lindholm らはトレーニング後に同数の CpG の低メチル化と高メチル化を報告している[54]。しかし，他の研究では行わなかった遺伝子発現の網羅的解析をゲノム全体のメチル化解析と同時に行ったところ，4,919 のメチル化が変化した CpG 部位のうち 273 の遺伝子の発現量が増加したことが明らかになった。一方で，メチル化が亢進し，255 の遺伝子の発現が低下したことが明らかになった。さらに，メチル化された遺伝子の大部分は遺伝子発現と負の相関関係を示した。さらに，Lindholm らの研究から得られた興味深い知見は，トレーニングによって誘発されたメチル化の変化のほとんどがいわゆるエンハンサー領域で起こり，プロモーター領域では顕著には起こらないということであった[54]。しかし著者らは，メチル化と関連する遺伝子発現の両方をみると，骨格筋の構造（COL4A1，COL4A2，LAMA4），アクチン – ミオシン相互作用（PPP1R12A），酸化的代謝（MDH1，NDUFA8），カルシウム放出（TRDN）に関連するいくつかの興味深い遺伝子の DNA メチル化状態と遺伝子発現との間に有意な負の相関関係があったことを指摘している（**図 6.3** に概略を示す）。 なお，これらの遺伝子のメチル化状態の変化は，プロモーター領域，転写開始点の近傍，第 1 エキソン内でも起こっていた[54]。したがって，持久性トレーニングによりプロモーターのメチル化が変化する頻度は低いかもしれないが，これらの知見は，プロモーター領域で変化した CpG 部位が対応する遺伝子の発現レベルに影響を与える可能性がおそらく高いことを示唆している。これらの研究は概ね同意できる結果を示しているが，数年後に同じ範囲の DNA メチル化アレイを用いて行われた別の研究では，持久性トレーニング後のメチル化にはほとんど変化がみられなかったことも留意しなければならない。実際 Robinson らは，12 週にわたり持久性の運動のセッション（90％以上の $\dot{V}O_2$peak で 4

図 6.3 一過性の持久性運動と長期的な持久性トレーニングによる DNA のメチル化状態の変化および遺伝子発現の制御の概観。この図は運動後の DNA メチル化と遺伝子発現の逆相関が典型的な例を示している。メチル化の上昇(白い線から上)またはメチル化の低下/脱メチル化(白い線から下)を示す。＊：文献 43 で評価された遺伝子，＃：文献 49 で評価された遺伝子。†：文献 44 で評価された遺伝子。‡：文献 52 で評価された遺伝子。＆：文献 54 で評価された遺伝子

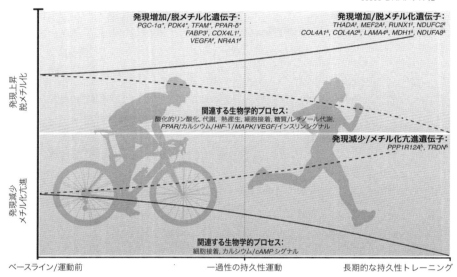

×4分の高強度運動を3分の休息をはさんで週3日，70%以下の $\dot{V}O_2peak$ で45分の低強度の上り坂での歩行運動を週2日）を行い，トレーニング前と比較して CpG メチル化の変化は 10% 未満だったと報告した[55]。この報告は，一過性の持久性運動と長期的なトレーニング後のメチル化状態の変化を報告した前述の研究とは異なっている。この研究でメチル化状態の有意な変化が確認できなかった理由の1つは，著者らが比較的少数の参加者でメチル化の変化を確認するために厳しい統計的「カットオフ」を用いたことだと考えられる。統計的カットオフは偽陽性の結果を減らすために重要であり，他の研究でも同様の統計的カットオフが用いられているため，このことは必ずしも間違っているわけではない。DNA メチル化アレイやシーケンシング技術により，少人数のコホートで全ゲノムにわたる多数の CpG 部位を同時に解析し，全参加者で一貫して変化しているメチル化部位を同定または発見することができる。この方法により，研究者は全遺伝子の中から潜在的に分析対象となりうるメチル化の変化を知り，将来の研究

運動とエピジェネティクス

においてさらに検証することが可能となる。例えば，遺伝子領域の標的配列決定を行って，高いスループットの実験でみられたメチル化の変化を定量的に確認し，DNA メチル化の変化が遺伝子発現の変化，あるいはタンパク質レベルの変化とも関連しているかどうかを調べることが可能となる。したがって，より大きなサンプルサイズで個々の遺伝子に標的を絞った解析を行うことにより，標的とする分析候補遺伝子の発現量やメチル化状態を検証することができる。さらに，今後の研究では異なる実験モデルで目的の遺伝子を調べることで，これらの報告を追試したり反証したりすることもできる。もう1つの問題は，検証されたメチル化部位の数が多くの研究で異なっていることである。例えば，数百から数千の CpG 部位のメチル化の変化を報告している研究があり，分析対象数に大きな違いがある。この大きなばらつきは，採用した被験者の数が異なることや，使用した統計的カットオフの設定が異なることにも一部起因している。

　DNA のメチル化状態の変化と持久性トレーニングに関して言及すべき最後の重要な研究は，最新のマイクロアレイ技術を使用して，持久性トレーニング（4 日/週，10 週間の漸増強度）後により多くの CpG 部位（85 万以上の CpG 部位，方法は**第 2 章**参照）の DNA メチル化状態を調べたものである[56]。この研究において Stephens らは II 型糖尿病患者の骨格筋を分析し，クレアチンリン酸（PCr）の回復率によって，運動に対して十分な応答がみられた被験者と十分な応答がみられなかった被験者に分類している[56]。トレーニング期間終了後，2 つのグループ間で 533 の CpG 部位でメチル化状態の違いがあり，不十分な運動応答を示した被験者のグループではグルタチオン代謝，インスリンシグナル，ミトコンドリア代謝経路に関連する遺伝子のプロモーターメチル化が減少していた[56]。まとめると，この研究は運動適応において DNA のメチル化亢進よりはメチル化の抑制が起きていることを示唆している。しかし，十分な運動応答を示した被験者は，不十分な運動応答を示した被験者よりもメチル化低下が顕著であったと仮定する方がより妥当であるかもしれない。運動への十分な応答者は，非反応者に比べて，トレーニング前に DNA のメチル化が低下していた可能性があるという説明もできるかもしれない。しかしこれらの推論は，さらなる検討を重ねることで結論を出す必要がある。身体活動レベルの向上は，骨格筋の DNA メチル化プロファイルと関連することが証明されており[57,58]，運動への応答性がより高かった被験者が過去に運動を多く行っていた可能性があるという一般的な仮定のもと，この仮説を支持する間接的な証拠になるだろう。しかし，遺伝的に運動反応性の高い人はそうではない可能性がある（**第 4 章**，**第 5 章**参照）。さらに，PCr の回復速度が，他の分子的・生理的システムにおいて運動者がトレーニングに反応するようになるかどうかを決定するかどうかも，この結果の解釈に影響を与える可能性がある。要約すると，持久性トレーニングは，代謝関連遺伝子

第 6 章

群のメチル化の変化を誘発するようである。さらに，標的遺伝子のメチル化低下と遺伝子発現の増加は，持久性運動トレーニングに応答して確かに起こるようである。

　最後に，この分野のこれまでの研究のほとんどが，関連性を重視したものであったことにも触れておきたい。すなわち，DNA メチル化と遺伝子発現の「関連性」である。他方，マウスの DNA メチル化酵素 3a（DNMT3a）を「ノックアウト」（実験的に遺伝子を欠損）し，エネルギー代謝と運動能力への影響を調べることにより，「DNA メチル化の変化が運動後の遺伝子発現変化の原因となっているか」という課題に取り組もうとしている研究もある[59,60]。DNMT3a が de novo つまり「新しい」メチル化に関与していることから，DNMT3a を除去すると DNMT3a 欠損によりトレーニングによる脱メチル化が一層亢進するものと予想された。しかし，2 つの別々の研究で対照的な結果が報告されている。1 つの研究では筋特異的 DNMT3a ノックアウトはマウスのエネルギー代謝と運動能力に影響を与えないことが示されたが[59]，他の研究では全身持久力，酸化的エネルギー代謝の能力の上昇が減弱されることが示されている[60]（**図 6.2**）。したがって，これらの対照的な結果についてはさらなる調査が必要である。この研究をさらに発展させるために，今後の研究では，de novo または「新しい」メチル化が起こる能力を抑制するのではなく，脱メチル化を直接担う TET 酵素を過剰発現させて，運動・トレーニングによる適応を評価することが適切であると考えられる。これらの研究は，分子運動生理学において今後注目すべき重要な研究である。

持久性運動とヒストン修飾，クロマチン構造の変化

　前項では，持久性運動・トレーニングが DNA のメチル化状態にどのように影響し，それがどのように遺伝子発現の変化と関連するかについて説明した。本項では，骨格筋の持久性運動・トレーニングの後に（DNA ではなく）ヒストンレベルで起こる主要なエピジェネティック修飾に焦点を当て，これらがどのようにクロマチン構造を変化させ，最終的に遺伝子の転写プロセスに影響を与えるかについて解説する。ヒストンのメチル化とアセチル化は運動によって影響を受け，運動応答性の遺伝子の発現パターンを変化させることから，分子運動生理学の分野では大きな関心を集めている。本項では，骨格筋で行われた研究を中心に論じるが，骨格筋以外の組織で運動後に起こるヒストン修飾に焦点を当てた重要な研究も存在する。興味のある読者には，Mcgee SL と Walder KR による素晴らしい総説[61]をすすめる。

　持久性運動に対するヒストンのアセチル化について調べた最初の研究のいくつかは，げっ歯類の骨格筋を対象に実施された。ある初期の研究では，ラットに一過性の持久性運動（5 × 17 分のインターバル水泳に 3% の体重負荷を追加）をさせ，グルコース輸

送体 GLUT4 のプロモーター領域のヒストン 3（H3）のアセチル化をクロマチン免疫沈降（chromatin immunoprecipitation：ChIP，**第 2 章**参照）により評価した[62]。これは GLUT4 遺伝子の重要な領域で，転写因子である MEF2 がプロモーターに結合し，GLUT4 遺伝子の転写プロセスをオンにする領域である。GLUT4 は骨格筋のグルコース取り込みに重要である。また MEF2 は PGC-1α によって活性が増強するように制御されている転写因子である。さらに，MEF の活性は長時間の運動（CaMKII の活性化を介する）あるいは高強度の持久性運動（AMPK の活性化を介する）により活性化する（**第 9 章**に詳述）。また，ラットの運動後に GLUT4 プロモーター領域への MEF2A の結合が増加し，GLUT4 遺伝子の発現が増加することを報告している[62]。このことから，運動によるアセチル化レベルの上昇は，MEF2A が GLUT4 遺伝子プロモーターに結合しやすくなるようにクロマチン状態を弛緩させると考えられている。興味深いことに，筋収縮に伴うカルシウム濃度の上昇で活性化する CaMKII を実験的に阻害すると，GLUT4 の遺伝子発現と GLUT4 のプロモーター領域への MEF2 の結合が減少したが，ヒストンのアセチル化の増加も減弱された[62]。この研究により，ヒストンのアセチル化が，MEF2 が GLUT4 遺伝子のプロモーターとの結合を可能にし，GLUT4 の遺伝子発現を増加させるのに重要であることが確認できた。これらの知見を裏付けるように，他の研究でも持久性運動後に遺伝子発現を変化させる異なる遺伝子近傍の H3 アセチル化が増加することが示されている。Joseph ら[63]は，上記の研究と同様の運動モデル（5 × 17 分のインターバル水泳を 5 日連続で行う）をラットに採用し，運動によって転写因子 NRF-1 が結合する MEF2A プロモーター領域の H3 アセチル化が増加し，NRF-1 と MEF2A 遺伝子発現も増加することを実証した[63]。また先の研究と同じ方法で CaMKII を阻害すると，運動による H3 アセチル化の増加，それに伴う MEF2A や NRF-1 遺伝子の発現の増加が抑制されることを示した[63]。Smith らも，上記の一過性の水泳運動の後に CaMKII のリン酸化の増加を示していることも，重要な知見である[62]。これらの研究を総合すると，運動後のヒストンアセチル化の増加は，カルシウム／CaMKII シグナルの変化を介して，グルコース輸送に関与する遺伝子の転写プロセスを調節することが示された。運動におけるカルシウムを起点とした細胞内情報伝達と持久性運動・トレーニング後の表現型については，**第 9 章**でより詳しく説明する。上記のげっ歯類の研究と同様に，ヒトの骨格筋においても持久性運動後のヒストンアセチル化状態の変化が検討されている。McGee らは，ヒトの骨格筋におけるヒストンアセチル化レベルをはじめて解析し，一過性の持久性運動（70 〜 80％ $\dot{V}O_2$max，60 分のサイクリング）によりヒストン全体の H3 アセチル化状態，特に遺伝子転写の伸長ステップと関連するリシン残基 36（H3K36）のアセチル化状態が著しく上昇することを発見した[64]。ヒスト

第 6 章

ンのアセチル化シグナルは，ヒストンアセチル基転移酵素（HAT）とヒストン脱アセ
チル化酵素（HDAC）の活性によって調節されていることから，著者らは HDAC クラ
ス IIa の主要な脱アセチル化酵素である HDAC4 と HDAC5 の活性について調べた。興
味深いことに，運動後には核内の HDAC4 と HDAC5 の局在量が著しく減少した。これ
は，運動によってこれらの酵素が核外に輸送され，遺伝子発現への抑制作用が低下した
ことを示唆している。著者らは，当該研究で遺伝子発現を測定していない。しかし他の
研究により，HDAC4 と HDAC5 は骨格筋の特異的遺伝子（上記の MEF2 を含む）と相
互作用することができ，その結果骨格筋特異的遺伝子の転写活性を抑制することが示さ
れている。さらに，筋形成（すなわち，**第 2 章**と**第 13 章**でより詳細に述べる骨格筋
線維/筋管の形成）を損ない [65]，持久性トレーニング後に典型的にみられる骨格筋の適
応（遅筋線維の割合の増加と持久性運動能力の上昇，**第 9 章**参照）を抑制することが
実証されている [66]。もう 1 つの興味深い発見は，HDAC の核内移行は，これまでの実
験動物の研究で観察されたものを含め，持久性運動・トレーニングに関連するキナーゼ
の働きに依存しているということである。実際，McGee らは運動後に CaMKII のリン
酸化レベルの上昇（〜 2 倍）も示している。このキナーゼの活性上昇は，骨格筋細胞に
おける HDAC の核外輸送にも関連しており [67]，ラット海馬においても持久性運動後に
HDAC5 の mRNA とタンパク質の減少が確認されている [68]。これらの結果の意味する
ところは，HDAC4 タンパク質には CaMK に認識されるドメインがあり，HDAC5 にも
影響を与える HDAC4 と CaMK 間の相互作用を引き起こしているということである [69]。
McGee らは，運動後に AMPK のリン酸化レベルが上昇する（〜 4 倍）ことも報告して
いる [64]。持久性運動・トレーニングにおける AMPK の役割がよく知られているので（第
9 章参照），驚くべき結果では必ずしもないが，安静条件で著者らは，ヒトの骨格筋培
養細胞で AMPK 活性（AMPK 活性化物質, AICAR を用いて）を実験的に増加させると，
HDAC リン酸化の増加，HDAC5 の核内局在量の減少，H3 アセチル化（リシン 9 およ
び 14）および GLUT4 遺伝子発現が増加することを示している [70]。これらの研究から，
運動によってヒストン H3 のアセチル化が増加するのは，HDAC4/5 脱アセチル化酵素
が AMPK によってリン酸化され，核外移行するためであることが示された。

　最近の研究では，他の運動応答性遺伝子の近傍にある H3 アセチル化状態や，骨格
筋の種類の間でヒストン H3 アセチル化レベルを比較しているものがある。Masuzawa
らは，ラットの一過性の持久性運動（24 m/min，20 分のトレッドミル走）後の遅筋
（ヒラメ筋）と速筋（足底筋）の両方で，PGC–1α 遺伝子領域の H3 タンパク質の総ア
セチル化状態および H3K27 アセチル化状態を調べた [71]。PGC–1α は持久性運動に対し
て極めて高い反応性を示し，持久性トレーニング後の骨格筋のミトコンドリア生合成を

180

制御することから，特に注目されている（**第9章**参照）。この研究では，運動によって H3K27 のアセチル化状態が上昇し，それは PGC-1α 総遺伝子発現およびアイソフォーム特異的な PGC-1α 遺伝子発現の上昇にも対応していた。これは，酸化的な代謝適応に寄与する PGC-1α 遺伝子の発現制御においてヒストンのアセチル化が重要な役割を担っていることを示唆している[71]。この研究での興味深い発見は，ヒストンアセチル化の増加が速筋優位の足底筋と比較して，遅筋優位のヒラメ筋でより顕著だったことである。また同グループでは，より長期間の持久性トレーニングに関連して，1日に行う運動の総時間と量の両方がヒストンアセチル化状態に与える影響についても調査した。この研究で Ohsawa らは，マウスに3種類の持久性トレーニングを実施し，いずれも 24 m / min の速度でトレッドミルを走らせたが，1日の運動時間を変え，異なる期間（4～8週）で実施した[71]。3つの方法のうち2つでトレーニング後に H3 アセチル化の総量が増加し，トレーニングプロトコルの1つでは H3.3 ヒストンアイソフォームがヌクレオソームに動員されることが確認された[71]。 H3.3 のヌクレオソームへの動員は，遺伝子発現にポジティブな影響を与える H3K4me3 などのヒストン修飾と関連している。本章前半で述べたように，H3K4me3 も PGC-1α alternative B promoter で持久性運動後に増加し，PGC-1α の遺伝子発現増加に対応している[45,72,73]。実際本研究では，マウスの H3.3 アイソフォームのヌクレオソームへの動員を確認したサンプルにおいて，遺伝子発現が最大であった[71]。

　ヒストンのメチル化に目を向けると，Ohsawa らは異なるトレーニング実施が様々なヒストンタンパク質のメチル化状態に与える影響を検討し，特にヒストン4のリシン 20 上のトリメチル化（H4K20me3）に注目した。というのは，この特定の修飾が凝集したクロマチン（ヘテロクロマチン）に関連し，遺伝子の発現量減少に関連づけられているためである[74]。興味深いことに，上記の H3.3 の総発現量の増加を示したトレーニングでは，H4K20me3 のレベルが有意に減少した[71]。したがってこれらの知見は，持久性運動が誘導する H3.3 変異体の総発現量の増加と H4K20 の脱トリメチル化が，凝集したクロマチン構造の弛緩に寄与し，標的とする遺伝子の発現量を増加することを意味している[71]。メチル化 H4K20 の遺伝子の転写抑制効果とは対照的に，他のヒストンタンパク質（特にヒストン3）のメチル化は，逆に遺伝子転写の増加と関連している〔例：ヒストン3上のリシン4のトリメチル化（H3K4）〕。したがってこの修飾は，運動との関連でこのヒストン修飾を研究する研究者の関心を集めてきた。本章で前述したある研究では，漸増的持久性運動を行ったマウスが PGC-1α 代替プロモーター B の DNA メチル化レベルの減少を示さず，PGC-1α の代替プロモーター B の H3K4me3 メチル化の増加を示したことを報告している[45]。著者らは，運動後に PGC-1α の従来

第 6 章

型プロモーター A では DNA の低メチル化（しかし遺伝子発現には影響しない）を観察したのに対し，PGC–1α の代替プロモーター B では H3K4me3 の増加が遺伝子発現の増加に対応していたことから，ヒストンのメチル化（H3K27 アセチル化も同様）が持久性運動後の PGC–1α 遺伝子発現の上昇にかかわる重要なエピジェネティック修飾である可能性があるとまとめている[46]。しかしヒトでは，DNA のプロモーター領域の脱メチル化と PGC–1α の遺伝子発現の増加が関連していることを明らかにした対照的な結果があり[43]，これらの知見を生物種を超えて一般化することは困難である。

分子運動生理学におけるエピジェネティクスの分野では，ヒストンのアセチル化およびメチル化の修飾と運動後の転写プロセスへの影響から，持久性運動によって変動する重要なエピジェネティック修飾の仕組みに関心が高まっている。

持久性運動と非コード miRNA

miRNA は標的とする mRNA の発現を転写後に制御することができるため，運動による応答・適応に関与する重要な転写後エピジェネティック修飾と考えられている。さらに，miRNA は種類によって組織特異的であり，その中で骨格筋でのみ発現するものは一般に myomiR と呼ばれている。この筋特異的 miR–1 ファミリーは miR–1, miR–206, miR–133a, miR–133b からなり，いずれも心筋と骨格筋の両方で高い発現を認める[75]。ただし，miR–206 は骨格筋に特異的に発現すると考えられている[76]。この miRNA ファミリーの筋生理学における重要性は以前から注目されており，そのうちのいくつかは心筋の発生，筋形成，筋再生，細胞運命決定の過程に関与している（文献[77]に総説あり）。本章で既に示唆したように，一般的に miRNA は，いくつかの例外はあるものの，その標的遺伝子の翻訳活性を抑制することに関連している[30]。分子運動生理学の観点から，様々なタイプの運動に対する miRNA の発現の差異が報告されており，運動後の mRNA の転写後修飾を制御するメカニズムについて興味深い知見が得られている。運動後の血中 miRNA の変化を検討した研究もあるが[78-80]，本章では骨格筋組織において持久性運動による miRNA の応答に焦点を当てる。

持久性運動後の miRNA の反応について調べた最初の研究の 1 つが，Mark Tarnopolsky の研究チームで実施された。著者らは，マウスに一過性の持久性運動（15 m / min，90 分のトレッドミル走）を実施させ，筋形成や代謝の変化に関連するいくつかの miRNA の発現が変動することを明らかにした[81]。特に miR–107 と miR–181 の発現は，骨格筋特異的な miR–1（筋形成の制御に関連）とともに，運動後 3 時間の時点で増加した。興味深いことに，miRNA の発現で最も大きな変化がみられたのは miR–23 で，80％以上も有意に減少していた[81]。さらに，miR–23 の減少に伴い，

PGC-1αとその下流の標的であるALAS，シトクロムc，クエン酸合成酵素のmRNA発現が運動後に増加した。miR-23はPGC-1αの負の制御因子と考えられている。運動後のPGC-1αタンパク質発現の増加はmiR-23の減少と負の相関があることから，この知見はこのmiRNAと持久性運動後の代謝適応との関連性を示唆している[81]。これらの知見を裏付けるように，他の研究でもmiRNAとPGC-1αの発現の関連した変化が報告されている。Aoiらはある研究で，マイクロアレイ技術を用いて，マウスの持久性トレーニング（18 m/min，20分から始めて，32 m/min，60分まで増加，5日/週）後のいくつかのmiRNAの発現レベルをに明らかにした[82]。4週間のトレーニング後，1つのmiRNA（miR-21）の発現は増加し，3つのmiRNA（miR-696，miR-709，miR-720）は減少した[82]。興味深いことに，トレーニング後のmiR-696の減少は，身体不活動や廃用性萎縮によって逆の影響を受け，マウスの後肢を5日間固定すると発現レベルが上昇した。そこで著者らは，miR-696の予測されるmRNA標的を調査し，827の潜在的な標的遺伝子の中にPGC-1αが含まれていることを見出した[82]。これらの予測を確認するために，in vitroの培養骨格筋細胞でmiR-696を過剰発現させると，PGC-1αとその下流の標的遺伝子であるPDK4とCOXIIの発現を抑えることが示された[82]。これらの研究から得られたin vivoおよびin vitroのデータを総合すると，miR-696はPGC-1αの転写後プロセスを制御し，その結果，持久性トレーニングに対する適応を制御していることが示唆される。

　他のmiRNAは，ミトコンドリア生合成を促進する様々な遺伝子を標的としていることが示されている。実際，Yamamotoらは，骨格筋細胞と骨格筋組織の両方で実験を行い，miR-494を同定し，その特徴を明らかにした[83]。マイクロアレイ解析により，筋芽細胞分化の過程で有意に減少した唯一のmiRNAはmiR-494であり，これはミトコンドリアDNA（mtDNA）量の増加と一致し，ミトコンドリア数の増加を示唆するものであった。培養筋細胞における実験の結果，miR-494をノックダウンすると，転写因子A（mtTFA）とフォークヘッドボックスj3（Foxj3）のタンパク質発現とともにミトコンドリア量が増加し，一方miR-494を過剰発現するとこれらの要素すべてが逆に減少することが示された[83]。運動に対するミトコンドリアの適応におけるmiR-494の役割を明らかにするために，マウスの水泳（7 × 15分間隔，各5分の休憩）を7日行った後，miR-494も評価された。骨格筋の培養細胞の実験の結果から予想されるように，miR-494は著しく減少し，PGC-1αやmtTFA，Foxj3の遺伝子発現が増加した[83]。これらの結果を総合すると，運動後の骨格筋のミトコンドリア量を調節する重要なmiRとしてmiR-494が明らかにされた。

　前述の研究はマウスの骨格筋における持久性運動に対するmiRNAの反応を調べたも

のであるが，ヒトの骨格筋における長期的な持久性トレーニングに対する miRNA の反
応も研究されている。Nielsen らによる最初の研究は，12 週間の持久性トレーニング
（週３日の持久的サイクリングと高強度インターバルトレーニング）の前後に，一過性
の持久性運動（最大出力 65％で 60 分）を行った後のヒト大腿四頭筋における骨格筋
特異的 miRNA の発現パターンを分析したものである[84]。マウスの骨格筋でみられた
ように[81]，miR-133a の発現と並んで miR-1 の発現も一過性の運動後に増加した。こ
のような知見は，ヒトの骨格筋において，ベッドレストによる７日間の身体不活動後に
miR-133a が減少することを示した後の研究でも支持されている[85]。しかし興味深い
ことに，これらの miRNA の発現量は，12 週間のトレーニング後も変化しなかった[84]。
さらに，長期的なトレーニングによって低下した安静時におけるその他の miRNA の発
現量は，２週間のトレーニング休止後に回復し，安静時の miRNA の発現量はトレーニ
ング前の水準に戻った[84]。一過性の運動後に miR-1 や miR-133a の発現が高まること
から，より長期的な持久性トレーニング後にも発現が同様に増加するのではないかと推
測されたため，当該研究の結果は意外な結果であった。しかし著者らは，一過性の運動
直後に発現量が上昇し，３時間後には運動前の水準に低下したことから，長期的な持久
性トレーニング後に観察された miRNA の発現が変化しなかったのは，miRNA の一過
性の挙動が影響した可能性があると推察している。一過性の持久性運動後の miRNA の
応答を支持するものとして，Russell らは，ヒトの骨格筋において，中程度の強度（約
70％ $\dot{V}O_2peak$）の 60 分のサイクリング運動後に miR-1，miR-133a，ならびに miR-
133b および miR-181a の発現量が増加することを報告している[86]。さらに，エンド
リボヌクレアーゼ（RNA 分解酵素）である Drosher，Dicer，核輸送タンパク質であ
る Exportin-5 など，miRNA 分子の生成（または生合成）に不可欠ないくつかの構成
要素の mRNA 発現レベルは，一過性運動後にすべて上昇した（**図 6.2**）。また，強度
（75 ～ 100％ $\dot{V}O_2peak$）と時間（30 ～ 90 分）を変化させる運動を 10 日間行った後，
著者らは miR-1 と miR-133a の発現がそれぞれ増加，減少したと報告したが，これ
は Nielsen ら[84] が 12 週間の持久性トレーニング後に両者の発現に変化がなかった結
果を一部支持しているものの，異なるものであった。この miR-1 発現の不一致は，お
そらく２つの研究の被験者のトレーニング状況の違いによるものであると推察される。
Russell らの研究では，Nielsen ら[84] の被験者と同様の強度と時間で運動したにもかか
わらず，体力水準が低かったことから（$\dot{V}O_2peak$ とパワー発揮が低いことで類推），よ
り大きな運動によるストレスが与えられた可能性がある。これによって miR-1 のレベ
ルを上昇させた可能性は，合理的な示唆だと考えられる[86]。この仮説を裏付けるよう
に，２つの研究では，持久性トレーニングの期間が 12 週と 10 日と大きく異なってお

運動とエピジェネティクス

り，Nielsen らの研究ではより体力水準の高い被験者がより長い時間運動したため，持久性トレーニングに対して異なる適応を引き起こした可能性がある。興味深いことに，Keller らは，ヒトを対象に 6 週間の持久性トレーニング（トレーニング前の $\dot{V}O_2$max の 70％で 45 分のサイクリングを 4 回/週）後の運動応答性 miRNA を同定するためにマイクロアレイ解析を行った。その結果，トレーニング後に増加する miRNA を 7 個同定し，一方で減少する miRNA を 14 個発見した。この減少する miRNA の中に miR-1 が含まれることを見出している [87]。当該研究では，多くの転写因子のm RNA 配列の中にいくつかの miRNA 結合部位（miRNA が結合して遺伝子発現に影響を与えることができる遺伝子上の領域）が同定され，これらもすべて持久性運動後に遺伝子発現レベルで増加することが明らかにされた。実際に，転写因子である RUNX1, PAX3, SOX9 には，運動後に減少した 14 種類の miRNA のうち 4 種類（miR-101，miR-144，miR-92，miR-1）に対する miRNA 結合部位が存在していた。一方で，これらの遺伝子は運動後に増加した 7 種類の miRNA の標的配列は有していなかった。全体として，これらの特定の miR（miR-101，miR-144，miR-92，miR-1）の減少が，持久性トレーニング後に観察される遺伝子発現の上昇に重要であることが示唆された。特に興味深いのは，運動後に減少した miR-1 で，筋形成に重要な転写因子 paired box 3（PAX3）を標的とすることが以前から指摘されている（**第 2 章**，**第 13 章**参照）[87]。運動による miR-1 の発現変動パターンは一貫しているものの，運動や身体不活動に応答して miR-1 の発現量が変化することは確かである。しかし，研究によって運動による miR-1 の発現変動パターンが一致していないことから，miR-1 の正確な役割を決定的にすることは現時点では困難である。

これまでの研究から，非コードスモール RNA である miRNA は，持久性運動に対する応答や適応に重要な役割を担っていることが明らかとなっている。これらの miRNA の多くは身体不活動によって逆の影響を受けることからも，持久性運動による骨格筋の適応を考えるうえで重要なエピジェネティックな制御因子であるという考えが一層支持される。

(田村　優樹)

レジスタンス運動におけるエピジェネティクス

有酸素/持久性運動の研究と比較して，レジスタンス運動トレーニングとエピゲノムの変化，そしてその変化が生理的適応にどのような影響を及ぼすかについては，未だ検討の余地が多い。実際，急性・慢性のレジスタンス運動後のエピゲノムの状態，またこ

185

第 6 章

れらの DNA 修飾が様々な生理学的適応の制御に果たす役割を解明するための包括的な研究が行われるようになったのは，ここ数年のことである。その一方で，これまでに行われたエピゲノム研究によって驚くべき結果が複数得られており，分子運動生理学においてエピジェネティクスは非常にエキサイティングな分野と位置付けられている。

レジスタンス運動と DNA のメチル化

2014 年にレジスタンス運動とエピジェネティクスの最初の研究が発表されて以来，レジスタンス運動後のエピジェネティックな変化について行われた研究は DNA メチル化に着目したものがほとんどである。2014 年の研究において Rowlands らは，II 型糖尿病の肥満ヒト被験者のグループに対して 16 週間のレジスタンス運動トレーニング（すべての主要な筋群を標的とした 8 種類のレジスタンス運動を挙上できなくなるまで 6 〜 8 レップ，週 3 回）を行わせた。その後，ゲノム全体のメチル化分析アレイ（Infinium HumanMethylation 450 BeadChip）を用いてヒト骨格筋のメチロームにどのような影響を与えるか検討し，500 以上の CpG 部位で DNA メチル化パターンが統計的に有意な変化を示したこと，またこれらの部位のほとんど（400 以上の CpG 部位）がメチル化の減少（低メチル化）を示したことを報告した[53]。さらに，変化があった CpG 部位がどの遺伝子に局在しかつこれらの遺伝子が生物学的プロセスにおいてどのような役割を果たしているかを特定した。その結果，組織形態，細胞発生，細胞集合/組織化にかかるプロセスにおいて変化のあった CpG が濃縮されていることを明らかにした。したがってこの研究は，慢性的なレジスタンス運動トレーニングがヒトの骨格筋におけるメチル化を低下させ，さらにこの変化が組織適応の主要なプロセスと関連している可能性をはじめて示唆するものとなった。さらに同研究において，16 週間のレジスタンス運動と 16 週間の持久性運動を比較したところ，両方の運動様式で同様に低メチル化する様子が確認された。ところが重要なことに，持久性運動とレジスタンス運動では，異なるパスウェイに位置する異なる遺伝子にメチル化の変化が起きていた。このことは，ヒト骨格筋での DNA メチル化は，その骨格筋が行った運動の種類によって異なることを示唆している[53]。レジスタンス運動がヒト骨格筋において低メチル化変化をもたらすという報告は，その後複数の有力な研究によって支持された。まず，循環器系に存在する白血球において，12 週間の慢性的なレジスタンス運動〔開始後 2 週間は 40 〜 50% 1 RM（15 回 × 4 セット），その後の 10 週間は 70% 1 RM（10 〜 12 回 × 3 セット）〕が，DNA メチル化レベルを全体的に低下させた[88]。同じく白血球を対象とした Denham ら（2016）はターゲットとする遺伝子群を特定しメチル化を分析した。その結果，レジスタンス運動（80% 1 RM を 8 〜 12 レップ × 3 セット，週 3 回，8 週間）後，

186

成長ホルモン放出ホルモン（GHRH）と線維芽細胞成長ホルモン（FGH1）の両方の遺伝子発現に対応し，DNAメチル化レベルが著しく低下することを見出した[89]。

　より高度なアレイ技術（**第2章**記載の方法論を参照）が開発されたことによりレジスタンス運動後のヒト骨格筋におけるメチロームをより広範囲に調べることができるようになった。2018年，Seaborneらは，急性および慢性レジスタンス運動後に最も包括的に骨格筋でのメチロームの検討を行った[3,4]。著者らは運動前レベルと比較して急性レベル（レジスタンス運動実施30分後）においてメチル化が有意に減少したCpG部位が10,284あったことを報告した。この低メチル化CpG部位数は同じ急性のレジスタンス運動後にメチル化が上昇したCpG部位の数（7,600部位）を上回った。すなわち急性のレジスタンス運動刺激後にヒトのメチロームは低メチル化を示すことが再び明らかにされた[4]。しかし，この研究でより興味深かったのは，慢性的なレジスタンス運動トレーニングプログラムにおける知見であった。7週間のトレーニング，脱トレーニング，再トレーニングといった3種類のモデルを用いて，慢性レジスタンス運動の実施（トレーニング），その後のトレーニング停止（脱トレーニング），慢性レジスタンス運動の再開（再トレーニング）において骨格筋メチロームに起きる変化を検討した。この研究において観察された骨格筋の変化として，最初のレジスタンス運動トレーニング後に下肢の除脂肪体重が有意に増加し，それに続く7週間の脱トレーニング後には運動前の基本レベルに戻ったことを報告している。さらに7週間の再トレーニング後，下肢除脂肪体重は最初のトレーニングよりも増加した。その増加量は7週間前のトレーニングレベルの除脂肪体重で正規化してもなお初回のレジスタンス運動トレーニングで観察された増加量より大きかったと報告されている。このことは，等尺性膝伸筋最大随意収縮を用いた筋力測定においても同様の傾向が観察されたことからも裏付けられた。すなわち1回目のレジスタンス運動トレーニングよりも再トレーニングによる除脂肪体重の増加がより顕著であったといえる。レジスタンス運動プログラム後の骨格筋組織を検討した結果（Illumina社製MethylationEPIC '850K' BeadChipアレイを使用），最初の7週間のレジスタンス運動トレーニングとその後の脱トレーニングを比較すると骨格筋のメチロームに大きな「リモデリング」が確認された。そのリモデリングにおいて17,000以上のCpG部位で有意な変化が起きており，脱トレーニング後に比べて最初のレジスタンス運動トレーニング後の方が脱メチル化部位が多い傾向にあることがわかった。しかしさらに興味深いのは，2回目の再トレーニング後に得られた変化であった。実際，Seaborneらは，1回目のトレーニング開始前と脱トレーニング期間において有意にメチル化されたCpG部位はほぼ同数であったが，再トレーニング中に脱メチル化されたCpG数が初回のトレーニングによって脱メチル化された数の2倍になって

いることを見出した。つまり、この研究によって、下肢の除脂肪体重と筋力が最も大きく増加した2回目の再トレーニング後の方が、初回のトレーニングと比較して、脱メチル化された CpG サイトの数が著しく増加したことが見出された[3,4]。これらのデータによれば、脱トレーニングによってより多くの DNA 部位が脱メチル化されていれば、それはおそらくそれまでにトレーニングを経験したためであろうことが示唆される。この仮説は、DNA 部位の一部はトレーニングをした後も（骨格筋量が減少する脱トレーニング期間中であっても）脱メチル化状態が維持されることを想起させる。さらには、その後の再トレーニングによって DNA の同じ領域で脱メチル化される部位が単に増加した、あるいは脱メチル化活性が高まった（大きくなった）のではないかという仮説も想起される。最終的に著者らが結論したことは、興味深いことに、いくつかの遺伝子において初回のトレーニングを終えた脱トレーニング中（得られた骨格筋が完全に失われトレーニング前の状態に戻ったとしても）、メチル化の低下による遺伝子発現上昇のフラグは維持していたことである。これは、DNA がメチル化という「シグネチャー」を長期間保持していたことを示唆しており、DNA メチル化レベルでの分子的な「記憶」の存在を示唆するものである。再トレーニング中に他の遺伝子においても低メチル化の増強と遺伝子発現の増加を示しており、このこともやはりトレーニング経験時のエピジェネティック状態の保持または記憶を示すものであった。エピジェネティックによるマッスルメモリーとその分子運動生理学的理解については、本章後半に別の節で説明する。

　エピジェネティクスにおける変化が何をもたらすかを理解することは重要である。この理解がなければ、エピジェネティクス的変化の真の意味を解釈することはできない。この問題を部分的に解決するために、Turner ら[58]は、健康なヒトの一般に公開されているトランスクリプトームデータベースを用いてヒトを対象とした急性および慢性レジスタンス運動後の大規模バイオインフォマティクス解析を行った。この解析と同様のレジスタンス運動後のメチロームデータセット[3,4]をオーバーラップさせた解析を実施した。この探索的研究により、急性レジスタンス運動後に発現が上昇した866個の遺伝子のうち270個の遺伝子が低メチル化（メチル化の減少）していることが確認された。逆に、レジスタンス運動直後に発現が低下した936個の遺伝子のうち216個が低メチル化を示していることも明らかにした[58]。しかし、発現上昇が観察された遺伝子のうちメチル化度の低い部位はプロモーター領域に多く存在し、（訳注：遺伝子発現上昇あるいは減少のどちらか一方ではなく）遺伝子発現調節に影響を及ぼす可能性が高いことがわかった。これらの解析から、レジスタンス運動直後の DNA メチル化と遺伝子発現には関連があり、先行研究と同様メチル化度の低下がみられることが示唆された。慢性的なレジスタンス運動トレーニング後に同じ解析を行った時も同様の傾向がみられた。

著者らは，慢性的なレジスタンス運動トレーニング後に転写が増加した2,018個の遺伝子のうち592個が脱メチル化されており，その一方で転写が減少した430個の遺伝子のうち98個がメチル化されていたと報告している。重要なことは，この研究により，急性および慢性レジスタンス運動後にメチル化の低下および遺伝子発現の上昇が顕著にみられた遺伝子群が存在するパスウェイも同定されたことである。エピジェネティックな変化が顕著にみられたパスウェイは，組織形成，細胞外マトリックス，アクチン組織形成とリモデリング，メカノトランスダクションなどであった。これらの経路は，骨格筋のリモデリングと制御に関与するため，レジスタンス運動後に遺伝子発現レベルで変化することが既に知られていた。ただし本研究がはじめて明らかにしたことは，レジスタンス運動およびトレーニングに反応して，これらの経路の遺伝子のメチル化レベルおよび遺伝子発現変化に強い関連があることである。

　この研究は急性レジスタンス運動とレジスタンストレーニングの両方におけるゲノム全体のDNAメチル化の変化と遺伝子発現との間の関連を検討し関連性を見出した最初の試みではあったものの，DNAのメチル化修飾がトランスクリプトーム挙動のすべての変化を説明できないことは明らかである。なぜならこのデータセットはレジスタンス運動プロトコル，運動後経過時間，生検採取した解剖学的部位，生検材料の取り扱いが異なる一般公開されたものであることが一因となりうる。例えば，レジスタンス運動後の急性期におけるトランスクリプトームデータは，レジスタンス運動後24時間までの任意の時点で生検を行ったすべてのパブリックデータが含まれている。その一方で，メチロームにおけるデータセットはレジスタンス運動後30分という早いタイミングで採取した筋生検を用いたものである。この種の研究は参加者のサンプルサイズが大きく検出力が高いと思われるが，一般に入手可能な公開されたデータセットで比較分析を行う場合に条件が一致しないことはよくある問題である。この問題に対処するための方法としては，実施に費用がかかったとしても，今後の研究では同じ参加者による急性および慢性のレジスタンストレーニングを行うことにより，統制のとれたマルチオーム解析を実施することを目指すべきである。

　ここまでに紹介した研究は，急性期，慢性期を問わず，レジスタンス運動がヒトのメチロームに及ぼす影響についての理解を深めるうえで大きな前進をもたらした。ただしこれらの研究に限界点がないわけではない。特に，これらの研究で用いられたビーズチップアレイ技術は強力ではあるが，リボソームDNA領域やmtDNAに関連する領域など，ゲノムの特定の領域を調べるには限界がある（**第2章**で述べた通り）。しかし，最近行われた2つの研究では，レジスタンス運動後の骨格筋のエピジェネティックな状態を，DNA塩基配列決定に基づく化学的手法により決定することで，アレイ法の欠点を克服

第 6 章

している。

　最近の研究では，reduced representative bisulphite sequencing（RRBS：方法については**第 2 章**参照）法を用いて，過負荷処理を施したマウスの筋核におけるメチロームの変化が検討された。過負荷処理は in vivo でのヒト骨格筋の肥大を模倣する際によく使われるプロトコルである。これまでの研究のほとんどは骨格筋を組織全体のホモジネートとして調べており，このホモジネートには他の細胞タイプ（線維芽細胞など）が異なる割合で含まれている可能性が高いからである。しかし MuraCh 博士の研究室で行われた今回の研究は遺伝子改変マウスモデルを用い，筋核（筋線維に含まれる核）の標識化と蛍光活性化セルソーティングにより筋線維から筋核を精製した。その後 RRBS 法を用いて，偽手術によるコントロール群と過負荷処理マウス群との間で筋核の DNA メチロームを検討することが可能になった[90]。その結果，これまでの研究と同様過負荷後の筋核において低メチル化リモデリングが起きていることを同定し，11,000 以上の CpG 部位が低メチル化されていることを見出した。その一方で高メチル化部位は 3,500 未満であった[90]。彼らの RRBS に基づいたパスウェイ解析の結果，骨格筋肥大，成長や品質管理に関与する主要な制御因子を示唆している。実際著者らは，PTEN，PIP3 および TP53 パスウェイが過負荷刺激後に低メチル化されることを確認した[90]。これらのパスウェイは骨格筋成長の重要な制御因子とされる mTOR（mechanistic target of rapamycin）に影響を与えている[91]（詳細は**第 8 章**にて述べる）。著者らはこれらの知見をさらに発展させ，RRBS を用いてマウスの漸増負荷ホイールランニングによる 8 週間のトレーニングが CpG メチル化修飾にどのように影響を受けるかを検討した[92]。また，筋核と間質における細胞の核の両方のメチル化状態を検討するために精巧な「核」標識実験を実施した。これはすでに述べたことではあるが，筋組織生検には筋核（筋線維内の核）と，衛星細胞（**第 13 章**参照）や他の非筋細胞タイプ（線維芽細胞など）のような他の細胞の核の両方が含まれることによる。したがって，この研究の目的は，レジスタンストレーニング後のメチル化の変化が，筋線維そのものあるいは筋組織ニッチ内に存在する他の筋由来の細胞（以下に説明する 1 つの注意点がある）で起こるかどうかを単純に比較検討することとした。実際 Wen らは，トレーニング後の筋核においてプロモーターの低メチル化が高メチル化よりもやや高頻度で発生しており，そのようなプロモーターの低メチル化は間質核においても優勢であることを確認した[92]。これらのデータは，上記[4]で詳細に述べた 1 回目のレジスタンストレーニング後にヒト骨格筋組織全体において観察されたメチル化の傾向と同様であった。筋核において活性化したパスウェイとしては，特に Wnt シグナル伝達経路と筋肥大関連経路でプロモーター CpG の低メチル化が観察された。ヒトにおけるレジスタンス運動後にお

いても，成長関連経路の低メチル化と遺伝子発現の上昇が観察された[58]。興味深いことに Wen らは，間質細胞の核における Wnt 経路の制御の違いをも見出した。間質細胞における核では Wnt 経路遺伝子がメチル化されているのに対して筋核ではメチル化されていないという逆のプロファイルが明らかになった[92]。この研究によって，マウスでの運動トレーニング後に筋線維自体でどの経路がエピジェネティックに制御されるかを同定するために重要なことは，筋由来であっても異なる細胞の核を区別して実験することである。唯一の注意点は，間質細胞には筋衛星細胞が含まれていることである。筋衛星細胞はトレーニング後に最終的に筋線維に融合して筋核になることを考えると（**第13章参照**），トレーニング後のメチル化が筋幹細胞に与える寄与を同じ研究の中で区別することができなかったということである。エピジェネティクスに基づいたマッスルメモリーを研究するために，著者らはマウスでトレーニングを反復して（トレーニング，脱トレーニング，再トレーニング）実施させている。そこで，ヒト骨格筋における反復トレーニング，脱トレーニング，再トレーニングによるメチル化研究と比較し，以下のエピジェネティクスに基づいたマッスルメモリーの項で再度考察することとする[4]。

　さらに最近の研究は，シークエンス技術を利用したレジスタンストレーニング後のメチローム解析が用いられているという点が優れている。mtDNA はヒトゲノムの中でも最も興味深い対象の 1 つである。**第 3 章**で述べた通り，mtDNA は染色体ゲノムの一部ではなく，進化的に異なる起源を持つ約 16 kb の環状 DNA である。ヒトゲノムの中で最初に全塩基配列が決定された重要な部分であったが[93]，その配列を DNA アレイ技術に取り入れることは困難であった。そのため今日にいたるまで BeadChip アレイのプラットフォームに mtDNA ゲノムを認識するプローブは存在しない。しかし最近の研究では，RRBS 技術における制限酵素断片解析の利点を生かすことで（**第 2 章参照**）トレーニング経験のないヒト高齢者の mtDNA メチロームがレジスタンス運動によってどのようにリモデリングされるかが解析された[94]。その結果，6 週間の全身レジスタンス運動トレーニングの後，16 kb の mtDNA 領域の DNA メチル化が有意に減少したことが報告された。特に 6 週間後に調査した 254 の CpG のうち 159 の部位でメチル化が減少していた。興味深いことに，mtDNA ゲノムの約 1.2 kb の D-loop／control 領域にトレーニング後の脱メチル化部位が濃縮していることが明らかになった。この領域は約 16 kb の mtDNA 全体の複製と転写を制御するために重要であり，mtDNA の H 鎖および L 鎖上のいくつかの遺伝子の発現とタンパク質量の解析からこのことが確認された。この研究は，ヒトを対象としてレジスタンストレーニング後に DNA の脱メチル化が進むというこれまでの知見を裏付けるものであったが，重要な点は従来は核ゲノムであったがそれ以外の領域においても脱メチル化が起きることをはじめて検討したこ

第 6 章

とである[94]。このような変化がレジスタンス運動によって起こることを考えると，有酸素運動によるミトコンドリアの変化の方がより大きいことが予想される。今後は持久運動後の mtDNA のメチル化を検討することが望まれる。

　急性的および慢性的な運動による DNA メチル化の変化は近年急速に注目され始めた。そしてその結果，運動に対する分子レベルでの応答に重要な役割を果たすことがわかってきた。しかし，慢性レジスタンストレーニングによる骨格筋の適応反応を総合的に理解するうえで，CpG メチル化レベルの修飾が適応反応の全体像の中でどのような役割を果たすのかについてさらなる研究が必要である。

レジスタンス運動とヒストン修飾，クロマチンダイナミクス

　最初に簡単に述べた通り，ヒストン修飾は哺乳類におけるエピジェネティックな制御因子の 1 つであり，細胞レベルでのトランスクリプトームを決定する重要な因子だと認識されている。にもかかわらず，レジスタンス運動トレーニングによるヒストン修飾およびそれが遺伝子発現にどのような影響を及ぼすかを検証した研究はほとんどない。

　最近 Lim ら（2020）は，ヒト骨格筋におけるレジスタンス運動後の様々なヒストン修飾に関して，これまでで最も包括的な形での検討を行った[95]。著者らは最初にRNA-seq によってトランスクリプトーム全体の解析を行い，急性レジスタンス運動（バックスクワット，シングルレッグランジ，デッドリフト，60% 1 RM，6 レップ，2 セット）後に 150 以上の遺伝子の発現上昇を観察した。一方，慢性的なレジスタンス運動トレーニング（レッグプレス，レッグエクステンション，レッグカール，3 セット，週 3 回，10 週間）によって発現が変化した遺伝子ははるかに少なかった（発現上昇は 4 遺伝子，発現低下は 5 遺伝子）[95]。Lim らは急性レジスタンス運動後の変化に着目し，有意に発現が増加することが示された遺伝子の転写部位において，ヒストン 3 とその変異体に関する興味深い結果を報告した。まず，急性レジスタンス運動後に転写活性化される遺伝子における H3 の総量が劇的に減少することを報告した。このことは，ヒストン 3（H3）変異体である H3.3 の絶対量の減少によって，さらに確認された。急性レジスタンス運動による H3 全体の減少を考慮して H3 レベルと相対化しても，有意性は保たれたままであった。著者らは，これらのデータは急性レジスタンス運動後のヌクレオソーム分解を示唆するものだと推測している。この観察が興味深い点は，H3.3 がヌクレオソームに組み込まれることによって，遺伝子を活性化するクロマチン修飾が蓄積されることが仮定されていることである[96]。例えばこの著者らは，持久性トレーニングによって H3.3 のヌクレオソームへの組み込みが増加することを見出している[71]。

　さらなる詳細な検討により，著者らは H3K27 のトリメチル化が絶対値および H3 量

に対する相対値の両方で有意に増加していることも報告している。彼らはまた，H3 のアセチル化と H3K4 のモノメチル化の増加も報告している[95]。in vitro での先行研究により，様々な種類の細胞において H3K27me3 と H3K4me1 がそれぞれ遺伝子転写と負と正の相関があることが示されている[24]こととも関連する。骨格筋に関連する点でいえば，これらの修飾は筋芽細胞と筋管の両方で筋原性 basic helix loop helix（bHLH）転写因子である MyoD に高度に保存されており，骨格筋特異的な遺伝子転写につながる可能性がある[97]（筋形成および筋衛星細胞における MyoD とその役割については**第13章**で取り上げている）。これらの興味深い結果にもかかわらず，レジスタンス運動トレーニング後のヒストン修飾の制御に関する研究は他にほとんどなく，分子運動生理学研究においてさらに研究を進めるべき領域である。しかし，この研究分野はかなり期待が持てる領域であり，近い将来エキサイティングで探索的で興味深い研究が次々と行われるであろう。

レジスタンス運動と non-coding RNA

レジスタンス運動後の myomiR，特に miR-1 ファミリーの挙動を解明する研究からは，まだ不確かな点があるものの興味深い知見が得られている。Karyn Esser らの初期の取り組みにおいて，骨格筋に対する肥大刺激後のリモデリングにおいて miR-1 と miR-133a が重要な役割を果たすことが明らかになった[98]。代償性肥大モデル（**第1章**参照）を用いて 7 日間の慢性過負荷/肥大刺激を足底筋に与えたところ，miR-1 と 133a の pri-miRNA 発現が有意に増加し，かつ miR-206 が劇的に増加（〜18.5 倍）することを見出した[95]。ただし，これらの miRNA の mature フォームの発現量は約 50％減少していた[95]。Esser らは miRNA のプロセシング経路（**図 6.2**）の主要な構成要素である Drosha と Dicer の発現を検討した。ところが両者の発現は 50％程度増加していた。したがって肥大後の骨格筋における miRNA の pri-miRNA と mature フォームの発現量の不一致は，miRNA のプロセシング調節では説明できないことが示唆された[95]。急性同化刺激（レジスタンス運動と必須アミノ酸摂取）後における myomiR である miR-1 ファミリーの発現分析は他のグループによっても行われており，Drummond らも miR-1 発現の減少を実証している[99]。ヒト（若年者と高齢者の比較）を対象としてベースライン，運動後 3 時間，6 時間の骨格筋を採取し，若年者において運動後 6 時間で pri-miR-1，pri-miR-133a の減少が確認された。この知見とは反対の結果であり，Karyn Esser のグループ[98]の以前の知見とは一致するが，Drummond らは若年者と高齢者の両方で運動後のすべての時点において pri-miR-206 が高値であることを見出した[99]。また，miR-1 と mi-133a の pri-miR レベルは，ベースラインで

若年者より高齢者において高値であった点は重要である。mature な miRNA 量について，Drummond らは miR-1 がベースラインと比較してレジスタンス運動後 3 時間および 6 時間の両時点で，若年者においてのみ有意に減少していることを見出した。この結果はマウスで得られた結果と一致している[99]。特に miR-1 は，IGF-1／Akt シグナル伝達経路内の様々な因子を標的として直接結合することが示されている[100]。この経路は，**第 8 章**で述べる筋肥大刺激への応答／適応[91,101,102] に関与する重要な経路である。これらの知見を統合しさらに発展させるためには詳細な研究が必要ではあるものの，miRNA 発現が同化刺激や肥大刺激に対する分子反応，ひいては骨格筋の適応に重要な役割を果たす可能性がある基本的な証拠は提示されたといえるだろう。

　最後に，ヒトにおける 12 週間のレジスタンス運動トレーニングに対するハイレスポンダーとローレスポンダーの外側広筋における興味深い研究を紹介する。これらのグループ間で miRNA 反応パターンに差があることを示唆する結果が得られたことは重要である。Davidsen らは，レジスタンストレーニングを行ったコホートの上位（ハイレスポンダー）20％と下位（ローレスポンダー）20％をそれぞれサンプリングし，外側広筋における 21 種類の miRNA 発現を検討した。これらのアレイ解析のうち miR-26a，29a，378 においてローレスポンダーでのみトレーニング前と比較して有意にその量が減少していたものの，ハイレスポンダーでは差がなかったと報告している[103]。Davidsen らはさらに miR-378 発現の変化（トレーニング前との比較）と除脂肪体重の変化との相関解析を行い，両者の間に有意な正の相関が存在することを見出した。このことは miR-378 発現の維持がレジスタンストレーニング後の除脂肪体重の増加に重要である可能性を示唆した[103]。骨格筋の適応における miR-378 の役割は in vitro でも検討されており，筋形成抑制タンパク質である MyoR の主要な標的であることが報告されている。miR-378 は MyoR の筋形成抑制を減衰させる作用があり，その結果筋芽細胞の分化が促進されることが示されている[104,105]。

　レジスタンストレーニング中およびその後の分子応答を形作る分子メカニズムの中においてmyomiR が一定の役割を果たす証拠が提示されつつある。しかし，筋肥大応答における small non-coding RNA が果たす役割が十分に理解されかつその意義が解明されるためには，さらなる精力的な研究が必要である。

運動とエピジェネティクス分野における今後の展望

マッスルメモリー

　本章ではここまで，急性および慢性の持久性運動やレジスタンス運動後の遺伝子発現

運動とエピジェネティクス

変化に関連する主要なエピジェネティック修飾を中心に概説してきた。最後に，最近注目されつつある概念である「マッスルメモリー」と，この現象の根底にある主要な分子メカニズムについて議論する。最近のこの分野の発展により，エピジェネティクス，特にエピジェネティック修飾による化学変化すなわち「刻印」が保存されることこそが，「マッスルメモリー」という現象の分子基盤と関連付けられるようになった。言い換えれば，エピジェネティックな修飾は運動後も保存されるため，マッスルメモリーいわゆる「エピメモリー (epi-memory)」に重要な役割を果たすと想定されてきている[1]。しかし，筋記憶におけるエピジェネティクスの役割を理解するためには，まずマッスルメモリーとは何かを定義し，この現象に寄与する重要な細胞メカニズムに触れる必要がある。

　ではマッスルメモリーとは何なのか。「記憶」という言葉からは，脳（あるいは中枢神経系）に保存されている人生の中で遭遇した特定の瞬間やできごとという概念が想起される。しかし，ある種の遺伝物質によって多くの臓器の個々の細胞自身が記憶するという指摘は従来からなされている。例えば，最近，骨格筋細胞には細胞記憶とエピジェネティック記憶が存在することが報告されている。骨格筋における記憶は，「ある環境刺激に対してその刺激が以前に遭遇したものであれば，適応（ポジティブ）または不適応（ネガティブ）な反応をする骨格筋の能力」と定義されている[1]。運動の観点からいえば，骨格筋は通常適応する方向で有利なように反応する。さらに，以前に同じようなタイプの運動を行ったことがある場合，その運動トレーニングに対してポジティブな分子的および表現型適応は増強されることが明らかになりつつある。例えば，レジスタンストレーニングによって骨格筋を肥大化させた経験がある場合，2回目のレジスタンストレーニングではより速やかにかつより大きく骨格筋は肥大する。これは長期間にわたる運動の中止，あるいはレジスタンストレーニングを中止して骨格筋を運動前の状態に戻す「脱トレーニング」を行った後でも維持される。1990年代に行われた研究により，レジスタンストレーニングをしておけば，数ヵ月トレーニングを中止した後の「再トレーニング」においてより大きな適応反応を示すように骨格筋を「プライミング」することができることが実証されている[106]。最近10年の詳細な分子メカニズム研究によって，細胞（筋核など）およびエピジェネティック（DNAメチル化など）レベルでの骨格筋の記憶に関する主要なメカニズムが徐々に解明されている。

細胞レベルでのマッスルメモリー

　Kristian Gundersons らははじめて骨格筋には細胞レベルで同化刺激を「記憶」する能力があることを明らかにした。Egner らはマウスに14日間テストステロンを投与することで筋肥大を誘発させ，かつ既存の筋線維に衛星細胞が融合することで筋核数

第 6 章

を増加させた（**第 13 章**参照）[107]。3 週間テストステロンを「ウォッシュアウト」さ
せると骨格筋のサイズはベースライン/テストステロン投与前まで減少した。一方，テ
ストステロン処理によって得られた筋核の増加は維持された。最も重要なことは，3 ヵ
月という十分な長さのテストステロンウォッシュアウト期間の後代償性過負荷（**第 1
章**で紹介した骨格筋肥大を誘発する刺激）を課したところ，事前にテストステロン処
理したマウスでは骨格筋横断面積が 31％増加したのに対して対照の無処置マウスでは
同じ期間に 6％の増加にとどまったことである[107]。この結果は，過去にテストステロ
ン処理されたマウスはその後過負荷を課した場合により早く骨格筋が肥大することを
示唆した（**図 6.4**）。また，同じ Gundersons らのグループは代償性肥大によっても
マウス EDL に対して筋核を増加させることが可能であり，かつ除神経による筋萎縮に
よって過負荷で増加された筋核は失われないことを示した[108]。しかし，ここで用い
られた代償性肥大や除神経モデルの方法論（訳注：代償性肥大も徐神経も組織の不可逆的
切除を伴うこと）の限界により，これらの研究では負荷により新たに獲得された筋核が
反復負荷時にさらなる筋肥大をもたらすかを検討することは不可能であった。この限界
点（訳注：組織の非可逆的切除）を克服するため，最近ではより生理学的に適切なレジ
スタンストレーニングモデルを利用して，筋力トレーニング経験があればその後の再ト
レーニング時により大きな筋肥大が得られるか，さらに最初のトレーニングに増加した
筋核が脱トレーニング後に保持されて筋肥大促進に寄与するかを検討している。この研
究では，マウスに 8 週間の漸増負荷的ラダークライミング（体重 50％から徐々に体重
300％まで増加させるラダートレーニングを 3 セット×5 レップ，1 日 2 回，3 日おき，
8 週間）を実施し，その後 20 週間の脱トレーニング，さらに 8 週間の再トレーニング
を行わせた[109]。これまでの研究と同様に，筋核はトレーニングによって増加し，脱トレー
ニング中も持続された。興味深いことに，再トレーニング後，骨格筋量に関する測定値
はすべて（すなわち，CSA と絶対質量）大きくは増加しなかったが，相対筋量は反復
運動後にさらに増加した[109]。これらの研究を総合すると，テストステロンやレジスタ
ンス運動/機械的負荷などの同化刺激により新しい筋核が獲得され，その筋核が保持さ
れることが骨格筋が過去に筋肥大したことの「記憶」につながることが示唆された。

　上述の通り，テストステロンやレジスタンス運動や代償性肥大などの過負荷に
よって筋核が増加することは一定のコンセンサスが得られている。しかし，John
McCarthy と Charlotte Peterson のグループは遺伝的に筋衛星細胞を除去しても正常
な骨格筋肥大反応が得られたと報告しており，筋衛星細胞から供給され増加した筋核
が必ずしも負荷による肥大に必須ではないのかもしれない[110]（詳細は**第 9 章**と**第 13
章**を参照）。さらに，より生理的な運動誘発性骨格筋肥大モデルとして知られるげっ歯

196

運動とエピジェネティクス

類の漸増負荷ホイールランニング（progressive weighted wheel run：PoWeR）トレーニングにおいて，脱トレーニング期間において増加した筋核の有意な保持がみられないことが示されている[111]。しかし，このPoWeRモデルは主に酸化型筋線維（遅筋）の肥大を誘発していた。高負荷レジスタンス運動においては速筋線維に生じる筋線維タイプの移行が起きており，PoWeRモデルでは異なる適応が起きているのかもしれない。また，ここまで述べてきた研究はすべてげっ歯類の骨格筋で行われたものであることも注意すべきである。

したがって，ヒトの骨格筋はレジスタントレーニングによってより多くの筋核を獲得するのか，さらにげっ歯類の筋肥大モデルと同様，新しく獲得した筋核は脱トレーニング中も保持されるのか，という点が重要な疑問になる。Niklas PsilanderとKristian Gundersenらはヒト大腿四頭筋を対象として10週間のレジスタントレーニング（70～85％1 RM，片側脚伸展運動およびレッグプレス運動を週3回，運動していない脚を対側対照肢とした）前後，20週間の脱トレーニング後，さらに5週間の両側（最初の10週間は片側）再トレーニング後における筋サイズと機能，筋核数の変化を評価することでこの疑問に対する答えを得ようとした[112]。げっ歯類の結果と異なり，最初のトレーニング期間後骨格筋サイズと筋力が増加したにもかかわらず，筋核数と筋核あたりの線維容積は変化しなかった。さらに，骨格筋量と筋力は，1回目のトレーニング後と反復トレーニング（再トレーニング）後のトレーニング脚間で有意な差がなかった。このことは,最初のトレーニング期間中に筋核数が変化しなかったために,最初のトレーニング刺激が再トレーニング時のトレーニング効果増強のための筋の「プライミング」に至らなかったことが示唆された[112]。この興味深い観察に加えて本研究の生データを利用可能としたことから，他の研究者がデータセットを再分析し，この研究の独自の解釈をJournal of Applied Physiology誌のviewpointに発表した[113]。各タイムポイントにおける全被験者の平均値ではなく，個々の被験者のデータを性別ごとに分析することによって，レジスタンス運動に対するヒトの骨格筋の反応が被験者によってばらつきがあることが実証された。しかし，ほとんどの被験者はトレーニングによって筋核を得たが，脱トレーニング後はその筋核を維持できていないことも明らかになった。ただしごく一部の被験者は脱トレーニング後も筋核を維持していた。このような結果の差異は学会でさらなる注目を集め，複数の骨格筋を専門とする科学者が学会専門誌の同じ号にコメントを発表した[114]。本章でこれらすべてを取り上げることはかなわないが，ヒトにおいてレジスタントレーニング後に筋核を保持するかどうかについてはまだ議論の余地がある。しかし，被験者個々人によってレジスタントレーニングに対する反応が異なることを考えると，この現象をさらに検討するためには男女を問わずより多くのヒ

197

第6章

トの参加者を対象として，複数のレジスタンストレーニング処方を用いた研究を追加する必要がある。

エピジェネティックなマッスルメモリー

これまでみてきたように，げっ歯類の骨格筋においてレジスタンストレーニング後に新たに獲得された筋核を維持することが，骨格筋においてその後のトレーニングに対する反応性を高めるためには重要であるが，ヒトでは十分に解明されているとはいいがたい。関連して興味深いことは，エピジェネティクスがヒトにおける骨格筋でのトレーニング歴を記憶するためのもう1つの重要なメカニズムとして注目されてきたことである。最近エピジェネティクス分野において，運動に反応して修飾されるDNAメチル化パターンが骨格筋における運動のマッスルメモリーに不可欠である可能性が示された。Adam Sharples教授のグループは，ヒト大腿四頭筋を対象として7週間のレジスタンストレーニング（3日/週），7週間の脱トレーニング（通常生活を送らせる），さらに7週間のトレーニング（再トレーニング）を行わせた。その後ヒト骨格筋組織におけるDNAとRNAについて，ゲノム全体のメチル化（85万個のCpG部位）と標的遺伝子mRNA発現解析を行った[4]。著者らは，7週間のレジスタンストレーニングによって除脂肪体重が増加したことを確認するとともに，レジスタンストレーニング後は高メチル化（増加）部位よりも低メチル化（減少）部位の数がわずかに多いことを明らかにした。しかし興味深いことに，脱トレーニングによって除脂肪体重がベースライン（運動前）に戻っても，低メチル化と高メチル化の両方のCpG部位の数はそのままであった。しかし，除脂肪体重の増加が最も顕著であった再トレーニング後において低メチル化CpG部位はトレーニング時と再トレーニング時の2倍に増加した。その一方で高メチル化部位の総数は21週間の介入期間中一定であった[4]。エピジェネティックに修飾されかつその修飾の種類に呼応する発現変化（すなわち，低メチル化と高遺伝子発現）を示す遺伝子を調査したところ，2つの異なる遺伝子の特性があることを見出した。1つ目の特徴は，初回のトレーニング後に遺伝子発現が増加し，メチル化が低下した遺伝子群であった。参加者が運動を中止し除脂肪体重が運動前のレベルに戻っても，興味深いことにこれら遺伝子におけるメチル化抑制は脱トレーニング中も維持された。さらに興味深いことには，遺伝子発現も上昇したままであった。さらに，これらの遺伝子の低メチル化は再トレーニング中も維持されかつ一部の遺伝子ではさらに低メチル化が進んだ。同時に遺伝子発現もさらに亢進していることがわかった。したがって，1つ目の遺伝子特性は，骨格筋が初回のレジスタンストレーニングによる肥大時に得たDNAメチル化としてのエピジェネティックな記憶を保持していることである。脱トレーニングを

運動とエピジェネティクス

図6.4 骨格筋におけるマッスルメモリーに関する2つの仮説の図式。細胞によるマッスルメモリーとエピジェネティックなマッスルメモリー。

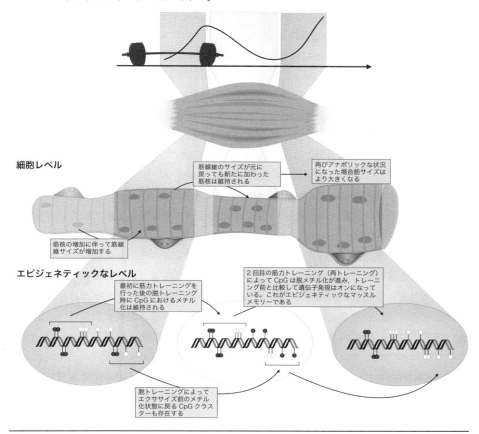

経ても DNA の低メチル化は維持され，その後に続く再トレーニング後によりさらに大きな低メチル化と遺伝子発現という増強がなされる。別の遺伝子群における2つ目の遺伝子特性について，初回のトレーニング後に低メチル化と遺伝子発現の増強がみられることは同じである。しかし，2つ目の遺伝子群では脱トレーニングにより DNA メチル化および遺伝子発現はともにベースライン/運動前のレベルに戻った。ところが，興味深いことに，これらの遺伝子群は，再トレーニング実施後において初回の7週間のトレーニング後と比較してより大きな脱メチル化と高遺伝子発現が観察された（**図 6.4** 参照）[4]。これらの知見と同様に，げっ歯類におけるトレーニング，脱トレーニング，再トレーニングのモデルを用いてメチル化の特性を調べた最近の論文においても，初回

第 6 章

のトレーニング後に脱トレーニングを行うと，DNA の低メチル化が発生しその後再び
メチル化されることが報告されている。重要なことは，マウス足底筋に存在する筋核
におけるメチル化の特性を他の間質細胞の核を対照として調査したことである [92]。こ
の研究では，Wen らは，漸増負荷ホイールランニング（PoWeR）プロトコルを用いて
マウスを 8 週間運動させ，その後 12 週間の脱トレーニングと 4 週間の再トレーニング
を行わせた。その後 RRBS と RNA シーケンスを用いて，筋核と間質核の両方における
DNA メチル化と遺伝子発現をそれぞれ測定した [92]。

　初回のトレーニング後，筋核内ではプロモーター領域においては低メチル化が高メチ
ル化と比較してやや大きく，一方，間質細胞の核では低メチル化が起きていることを示
した。この結果はヒト骨格筋において初回のレジスタンストレーニング後に観察され
たメチル化の特徴と一致していた [4]。遺伝子のメチル化プロファイルも異なる細胞腫の
核では異なっており，Wnt シグナルと肥大経路に関連する遺伝子は筋核内の遺伝子プ
ロモーターで低メチル化を示したが，これらの遺伝子は逆に間質核のプロモーター領域
で高メチル化を示した [92]。これらの違いは，同じ骨格筋内であっても異なる細胞タイ
プではエピジェネティックな反応が異なることを区別するために細胞種類別に核の分析
を行うことの重要性を明らかにした。さらに，少なくともげっ歯類においては，マッス
ルメモリーという現象は筋核で起こることがわかった。また，脱トレーニング中に報告
されたメチル化の特性は上述のヒトでの先行研究における主要な発見を裏付けるもので
あった [4]。実際，初回のトレーニング後に観察されたメチル化の特徴は，脱トレーニン
グ中も維持された。これは初回のトレーニングにおける筋肥大時のエピジェネティック
なマッスルメモリーの存在を裏付けるものであった。特に，低メチル化は間質細胞の核
で脱トレーニング後も維持され，一方高メチル化は主に筋核で維持された [92]。したがっ
て，脱トレーニング中にヒトの骨格筋全体をホモジネートすることによって観察された
低メチル化の維持 [4] は，げっ歯類での観察に基づけば，筋核の高メチル化よりも間質
細胞で観察された低メチル化が反映されたものであったと考えられる。しかし，げっ歯
類における研究結果では，脱トレーニング後も筋核内のいくつかの遺伝子で低メチル化
の維持が観察され，高メチル化された遺伝子よりもその数が少なかったということは注
目に値する。最後に，このげっ歯類を対象とした研究では，5 週間の再トレーニングに
よってより大きな筋肥大が観察されたにもかかわらず，（訳注：エピジェネティックの
解析に供するサンプルが不足していたなど）様々な手続き上の理由により，再トレー
ニング後のエピジェネティックな反応を分析することができなかった [92]。したがって，
この研究ではトレーニング後に脱メチル化し再トレーニングでさらに脱メチル化が進行
するという，上記のヒト研究で説明された 2 つ目のエピジェネティックな記憶特性を

運動とエピジェネティクス

再現することができなかった。したがって，ヒトにおける第二のエピジェネティックな特性は，げっ歯類にて検証ができていない。今後，この実験プロトコルを用いた研究，特にこの記憶特性が筋核と間質細胞の核のいずれで生じるかを確認することが重要であると思われる。しかし，筋核と間質細胞の核の間における差異はトレーニングと脱トレーニングに対する細胞ごとの特異的なエピジェネティック反応があることを明確に示しており，エピジェネティック修飾によるマッスルメモリーの分野において新しい知見を提示することに大きく貢献するものである。この分野における今後の重要な課題の1つは，この研究の間質細胞としている核には筋衛星細胞の核が含まれていることである。筋衛星細胞はトレーニング中に筋線維に融合して筋核になると仮定すれば，トレーニング後のメチル化に対する筋衛星細胞の寄与をこの研究で区別できていないということになる。したがって，今後の研究では，筋衛星細胞におけるメチロームの変化を分けて解析し，そのデータをトレーニング，脱トレーニング，再トレーニングによって筋衛星細胞が融合する前後の筋線維中の筋核から得られたデータと比較すべきであろう。というのも筋衛星細胞は（多核であり細胞分裂できない筋線維と異なり），単核の細胞であり細胞分裂（増殖）を行う能力を持ち，かつ筋線維と融合して筋核数の増加に寄与するからである（詳細は**第8章**と**第14章**で述べる）。したがって，筋衛星細胞はエピジェネティック修飾の情報を細胞分裂後も娘細胞に伝え，それが最終的に筋核として筋線維に組み込まれることで，より長期のマッスルメモリーが形成可能になっているとも考えられる。

　全体として，レジスタンストレーニングに対するエピジェネティックな反応についてより詳細な理解を得るために，今後はヒトにおいて細胞核特異的な研究を進めると同時に，げっ歯類の実験モデルによってその知見を補完することが必要である。急性または慢性的な持久性運動に対するエピジェネティックな反応について検討した報告はレジスタンス運動に比べて多いにもかかわらず，持久性トレーニングにおける脱トレーニングおよび再トレーニングに対するDNAメチル化の研究はあまり行われていない。Simone PorcelliとAdam Sharplesの研究室が発表した未発表データによれば，ヒトゲノムには1,000以上のCpG部位があり，これらはより高強度の持久性トレーニング後に得られる脱メチル化が脱トレーニング後にも維持される可能性が示されている。しかし，特定の反応経路における遺伝子がどう変化するか（そして，それらがレジスタンス運動によって変化する経路および遺伝子と異なるかどうか），さらにはメチル化における変化が遺伝子発現の変化と関連付けられるか，などについてはさらなる解析が必要である。

　本章では，タンパク同化ステロイドや運動トレーニングに伴って生じる「ポジティブ」な記憶（骨格筋の肥大）に特に焦点をあてた。しかし，損傷や廃用，代謝性疾患，がん

第6章

性悪液質，老化（サルコペニア）に伴う骨格筋萎縮後に骨格筋は「負の」メモリーを獲得する可能性がある。実際，T2Dや肥満者由来の培養骨格筋細胞は脂質代謝やインスリン感受性の障害といった形で負の効果を記憶していることが示されている[115, 116]。さらに，大量の炎症性サイトカイン TNF-α が骨格筋細胞に暴露されると，筋管サイズが減少し，DNA メチル化が変化する。またその変化は TNF-α を除去した後も長く保持される[117]。加齢により，ヒトの骨格筋組織では脱メチル化に対して高メチル化がより顕著（上述した運動後のメチル化の傾向とは逆）になる[118]。興味深いことに，生涯を通じて定期的に運動をしてきた高齢者の骨格筋では，生涯を通じてあまり運動をしてこなかった高齢者の骨格筋と比較して，脱メチル化と比較してより高度にメチル化された傾向を示す[57]。さらに，最近，加齢によって骨格筋のミトコンドリア（mtDNA）ゲノムは高度にメチル化されることが明らかになった。トレーニングした若年成人での観察結果に基づけば，レジスタンストレーニングによって高度にメチル化された mtDNA がより脱メチル化した状態へと若返ることができた[94]。このことは，加齢に伴う骨格筋の負のエピジェネティック修飾が，運動トレーニングを行うことによって打ち消される可能性を示唆している。

　まとめると，骨格筋はテストステロンやレジスタンストレーニングなどの過去の経験を記憶しており，将来再び同様の運動を行った時にその反応が増強される結果になる。これまで，このマッスルメモリーと呼ばれる現象には2つのメカニズムが提案されている。それは，①細胞性メモリー（筋核数の増加とその維持），②エピジェネティックメモリー（DNA メチル化の維持）の2つである。細胞による記憶やエピジェネティック記憶がどの程度の持続時間を示すかは現在のところ不明であり，この点はこの分野の今後の研究の焦点になると思われる。また，ヒストンタンパク質上で起こる DNA メチル化以外のエピジェネティック修飾やクロマチンの3次元構造などの他の因子が運動後も保持され，それが将来の運動に対するゲノム応答の増強につながる可能性も存在する。したがって，これら DNA メチル化以外のエピジェネティック修飾も，マッスルメモリー研究の重要な分野となりうる。最後に，運動頻度，強度，トレーニングのタイミングを変えることで，マッスルメモリーがより長く持続される可能性はないだろうか。これらの重要な課題が解明すれば，理論的には，アスリートや運動愛好家が「最適化されたマッスルメモリー」トレーニングをピリオダイゼーショントレーニングプログラムの中に取り入れることができるようになる。これが実現すれば，必要なトレーニングの総量や強度の減少に有効である可能性がある。つまり，より多くの時間を回復（けがの減少につながる），または特定のイベント/スポーツ固有のスキル獲得に時間を費やすことができるようになる。例えば，もしアスリートがより高い運動量/強度のトレーニン

運動とエピジェネティクス

グをより少い頻度で行っても同じようにトレーニング効果があるのであれば，回復のための時間をより多く確保できるため有益である。しかしこれらの疑問に答えるためには，トレーニング，脱トレーニング，再トレーニングのすべてにおいて，すべてのトレーニング変数の効果を検証するためにデザインされた多くの研究が必要となる。

■ 確認問題 ∙∙∙

- 一般的なエピジェネティック修飾の種類と，それらがどのように遺伝子発現に影響を与えるかを説明しなさい。運動に対する分子応答において，なぜこれらの修飾が重要であるかについて論じなさい。

- 持久性運動による DNA メチル化，ヒストン修飾，miRNA の最も重要な変化を説明し，これらが運動に対する急性応答あるいは慢性的なトレーニングに対する適応に分子レベルでどのように関与しているかを論じなさい。

- レジスタンス運動による DNA メチル化，ヒストン修飾，miRNA の最も重要な変化を説明し，これらが運動に対する急性応答あるいは慢性的なトレーニングに対する適応に分子レベルでどのように関与しているかを論じなさい。

- マッスルメモリーに寄与する 2 つの主要な理論（細胞性とエピジェネティック）を説明し，トレーニング，脱トレーニング，再トレーニングに応答して骨格筋に生じるエピジェネティック修飾の全体像を説明しなさい。その論述の中で，エピジェネティクスとマッスルメモリーの関係をさらに深く理解するために今後マッスルメモリー研究ではどこに注目していくべきかを記述しなさい。

(中里　浩一)

■ 参考文献 ∙∙∙

Seaborne RA & Sharples AP (2020). The interplay between exercise metabolsm, epigenetics, and skeletal muscle remodeling. *Exerc Sport Sci Rev* 48(4),188–200.

Sharples AP, Stewart CE, & Seaborne RA (2016). Does skeletal muscle have an 'epi'-memory? The role of epigenetics in nutritional programming, metabolic disease, aging and exercise. *Aging Cell* 15(4),603–16.

McGee SL & Walder KR (2017). Exercise and the skeletal muscle epigenome. *Cold Spring Harb Perspect Med* 7(9), a029876.

Sharples AP & Seaborne RA (2019). Exercise and DNA methylation in skeletal muscle. In: Debmalya Barh and Ildus I. Ahmetov, editor. *Sports, Exercise, and Nutritional Genomics*. Academic Press, Cambridge, MA. pp.211–29.

■ 引用文献 ∙∙∙

1. Sharples AP, et al. *Aging Cell*. 2016. 15(4):603–16.
2. Siggens L, et al. *J Intern Med*. 2014. 276(3):201–14.
3. Seaborne R., et al. *Sci Data*. 2018. 5:1–9.
4. Seaborne R., et al. *Sci Rep*.2018. 8(1):1–17.
5. Seaborne RA, et al. *Exerc Sport Sci Rev*. 2020. 48(4):188–200.

第 6 章

6. Duan G, et al. *PLoS Comput Biol*. 2015. 11(2):1–23.
7. Minguez P, et al. *Mol Syst Biol*. 2012. 8(599):1–14.
8. Suzuki MM, et al. *Nat Rev Genet*. 2008. 9(6):465–76.
9. Trasler J, et al. *Carcinogenesis*. 2003. 24(1):39–45.
10. Denis H, et al. *EMBO Rep*.2011. 12(7):647–56.
11. Tahiliani M, et al. *Science (80-)*.2009. 324(5929):930–5.
12. Ito S, et al. *Nature*. 2010. 466(7310):1129–33.
13. Lister R, et al. *Nature*. 2009. 462(7271):315–22.
14. Ziller MJ, et al. *Nature*. 2013. 500(7463):477–81.
15. Bird AP. *Nature*. 1986. 321(6067):209–13.
16. Bogdanović O, et al. *Chromosoma*. 2009. 118(5):549–65.
17. Jones P., et al. *Nat Genet*. 1998. 19:187–91.
18. Anastasiadi D, et al. *Epigenetics Chromatin*. 2018. 11(1):1–17.
19. Ball MP, et al. *Nat Biotechnol*. 2009. 27(4):361–8.
20. Brenet F, et al. *PLoS One*. 2011. 6(1):e14524.
21. Greer EL, et al. *Nat Rev Genet*. 2012. 13(5):343–57.
22. Torres IO, et al. *Curr Opin Struct Biol*. 2015. 35:68–75.
23. Marmorstein R, et al. *Biochim Biophys Acta-Gene Regul Mech*. 2009. 1789(1):58–68.
24. Barski A, et al. *Cell*. 2007. 129(4):823–37.
25. Lee IH. *Exp Mol Med*. 2019. 51(9):1–11.
26. Eberharter A, et al. *EMBO Rep*. 2002. 3(3):224–9.
27. Lujambio A, et al. *Nature*. 2012. 482(7385):347–55.
28. Selbach M, et al. *Nature*. 2008. 455(7209):58–63.
29. Valinezhad Orang A, et al. *Int J Genomics*. 2014. 2014(June2013): Article ID 970607.
30. Vasudevan S, et al. *Science (80-)*.2007. 318(5858):1931–4.
31. Yi R, et al. *Genes Dev*. 2003. 17(24):3011–6.
32. Ørom UA, et al. *Mol Cell*. 2008. 30(4):460–71.
33. Kwa FAA, et al. *Drug Discov Today*. 2018. 23(3):719–26.
34. Jin C, et al. *J Neurooncol*. 2017. 133(2):247–55.
35. Shao L, et al. *Mol Cancer Res*. 2018. 16(4):696–706.
36. Baar K, et al. *FASEB J*. 2002. 16(14):1879–86.
37. Pilegaard H, et al. *J Physiol*. 2003. 546(3):851–8.
38. Puigserver P, et al. *Cell*. 1998. 92(6):829–39.
39. Wu Z, et al. *Cell*. 1999. 98:115–24.
40. Martínez-RedondoV, et al. *Diabetologia*. 2015. 58(9):1969–77.
41. Barrès R, et al. *Cell Metab*. 2009. 10(3):189–98.
42. Alibegovic AC, et al. *Am J Physiol– Endocrinol Metab*. 2010. 299(5):752–63.
43. Barrès R, et al. *Cell Metab*. 2012. 15(3):405–11.
44. Lane SC, et al. *J Appl Physiol*. 2015. 119(6):643–55.
45. Lochmann TL, et al. *PLoS One*. 2015. 10(6):1–16.
46. Masuzawa R, et al. *J Appl Physiol*. 2018. 125(4):1238–45.
47. Allan R, et al. *Eur J Appl Physiol*. 2020. 120(11):2487–93.
48. Schuettengruber B, et al. *Nat Rev Mol Cell Biol*. 2011. 12(12):799–814.
49. Maasar MF, et al. *Front Physiol*. 2021. 12(February):1–17.
50. Rundqvist HC, et al. *PLoS One*. 2019. 14(10):1–24.
51. Pillon NJ, et al. *Nat Commun*. 2020. 11(1).
52. Nitert MD, et al. Diabetes. 2012. 61(12):3322–32.
53. Rowlands DS, et al. *Physiol Genomics Exerc Heal Dis Multiomic*. 2014. (46):747–65.
54. Lindholm ME, et al. *Epigenetics*. 2014. 9(12):1557–69.
55. Robinson MM, et al. *Cell Metab*. 2017. 25(3):581–92.
56. Stephens NA, et al. *Diabetes Care*. 2018. 41(10):2245–54.
57. Sailani MR, et al. *Sci Rep*. 2019. 9(1):1–11.
58. Turner DC, et al. *Sci Rep*. 2019. 9(February):1–12.
59. Small L, et al. *PLoS Genet*. 2021. 17(1):1–24.
60. Damal Villivalam S, et al. *EMBO J*. 2021. 40(9):1–15.
61. Mcgee SL, et al. *Cold Spring Harb Perspect Med*. 2017. 7(9):1.
62. Smith JAH, et al. *Am J Physiol– Endocrinol Metab*. 2008. 295(3):698–704.
63. Joseph JS, et al. *Biochem Biophys Res Commun*. 2017. 486(1):83–7.
64. McGee SL, et al. *J Physiol*. 2009. 587(24):5951–8.
65. Lu J, et al. *Proc Natl Acad Sci U S A*. 2000. 97(8):4070–5.

運動とエピジェネティクス

66. Potthoff MJ, et al. *J Clin Invest*. 2007. 117(9):2459–67.
67. McKinsey TA, et al. *Nature*. 2000. 408(6808):106–11.
68. Gomez-Pinilla F, et al. *Eur J Neurosci*. 2011. 33(3):383–90.
69. Backs J, et al. *Mol Cell Biol*. 2008. 28(10):3437–45.
70. McGee SL, et al. *Diabetes*. 2008. 57(4):860–7.
71. Ohsawa I, et al. *J Appl Physiol*. 2018. 125(4):1097–104.
72. Wirbelauer C, et al. *Genes Dev*. 2005. 19(15):1761–6.
73. Hake SB, et al. *J Biol Chem*. 2006. 281(1):559–68.
74. Lu X, et al. *Nat Struct Mol Biol*. 2008. 15(10):1122–4.
75. Chen JF, et al. *Nat Genet*. 2006. 38(2):228–33.
76. Hak KK, et al. *J Cell Biol*. 2006. 174(5):677–87.
77. Horak M, et al. *Dev Biol*. 2016. 410(1):1–13.
78. Polakovičová M, et al. *Int J Mol Sci*. 2016. 17(10).
79. Silva GJJ, et al. *Prog Cardiovasc Dis*. 2017. 60(1):130–51.
80. Van Guilder GP, et al. *Am J Physiol Heart Circ Physiol*. 2021. 320(6):H2401–15.
81. Safdar A, et al. *PLoS One*. 2009. 4(5):19–22.
82. Aoi W, et al. *Am J Physiol – Endocrinol Metab*. 2010. 298(4):799–806.
83. Yamamoto H, et al. *Am J Physiol– Endocrinol Metab*. 2012. 303(12):1419–27.
84. Nielsen S, et al. *J Physiol*. 2010. 588(20):4029–37.
85. Ringholm S, et al. *Am J Physiol – Endocrinol Metab*. 2011. 301(4).
86. Russell AP, et al. *J Physiol*. 2013. 591(18):4637–53.
87. Keller P, et al. *J Appl Physiol*. 2011. 110(1):46–59.
88. Dimauro I, et al. *Redox Biol*. 2016. 10:34–44.
89. Denham J, et al. *Eur J Appl Physiol*. 2016. 116(6):1245–53.
90. Von Walden F, et al. *Epigenetics*. 2020. 15(11):1151–62.
91. Bodine SC, et al. *Nat Cell Biol*. 2001. 3(11):1014–9.
92. Wen Y, et al. *Function*. 2021. 2(5):1–11.
93. Andersen S, et al. *Nature*. 1981. 290:457–65.
94. Ruple BA, et al. *FASEB J*. 2021. 35(9):e21864.
95. Lim C, et al. *PLoS One*. 2020. 15(4):1–18.
96. Loyola A, et al. *Trends Biochem Sci*. 2007. 32(9):425–33.
97. Blum R, et al. *Genes Dev*. 2012. 26(24):2763–79.
98. McCarthy JJ, et al. *J Appl Physiol*. 2007. 102(1):306–13.
99. Drummond MJ, et al. *Am J Physiol – Endocrinol Metab*. 2008. 295(6): 1333–40.
100. Elia L, et al. *Circulation*. 2009. 120(23): 2377– 85.
101. Glass DJ. *Curr Opin Clin Nutr Metab Care*. 2010. 13(3):225–9.
102. Glass DJ. *Nat Cell Biol*. 2003. 5(2):87–90.
103. Davidsen PK, et al. *J Appl Physiol*. 2011. 110(2):309–17.
104. Gagan J, et al. *J Biol Chem*. 2011. 286(22):19431–8.
105. Lu J, et al. *Proc Natl Acad Sci U S A*. 1999. 96(2):552–7.
106. Staron RS, et al. *J Appl Physiol*. 1991. 70(2):631–40.
107. Egner IM, et al. *J Physiol*. 2013. 591(24):6221–30.
108. Bruusgaard JC, et al. *Proc Natl Acad Sci U S A*. 2010. 107(34):15111–6.
109. Lee H, et al. *J Physiol*. 2018. 596(18):4413–26.
110. Mccarthy JJ, et al. *Development*. 2011. 138(17):3657–66.
111. Murach KA, et al. *J Cachexia Sarcopenia Muscle*. 2020. 11(6):1705–1722.
112. Psilander N, et al. *J Appl Physiol*. 2019. 126(6):1636–45.
113. Murach KA, et al. *J Appl Physiol*. 2019. 127(6):1814–6.
114. Miller Pereira Guimarães, et al. *J Appl Physiol*. 2019. 127:1817–20.
115. Kase ET, et al. *Biochim Biophys Acta– Mol Cell Biol Lipids*. 2015. 1851(9):1194–201.
116. Bakke SS, et al. *PLoS One*. 2015. 10(3):1–17.
117. Sharples AP, et al. *Biogerontology*. 2016. 17(3):603–17.
118. Turner DC, et al. *Sci Rep*. 2020. 10(1):1–19.

第7章
シグナル伝達と運動

Brendan Egan, Adam P. Sharples

DOI: 10.4324/9781315110752-7

■ **本章の学習目標** ·······························

本章では以下のことを学習する。

1. 運動やトレーニングに対する適応の制御という観点から，急性運動に対する分子応答を概説する。

2. 運動に対する分子応答，シグナル伝達説を説明し，これらのプロセスが骨格筋の運動適応の中心であることを説明する。

3. 有酸素運動，レジスタンス運動，高強度間欠的運動の種類と急性運動に対する分子応答を区別して説明する。

4. 様々な種類の運動後のシグナル伝達の特異性とコンカレント運動の干渉効果について説明する。

5. 骨格筋におけるシグナル伝達の研究の実践との関連性および運動模倣を含む運動の代替法の未来について議論する。

はじめに

骨格筋は運動やトレーニングにどのように適応するのだろうか。この疑問は，John Holloszy が，げっ歯類の骨格筋のミトコンドリア量が激しい運動やトレーニングに反応して顕著に変化することを実証して以来，半世紀以上にわたって運動生理学者を悩ませてきた（**第1章** [1] 参照）。運動やトレーニングに対する適応は，運動やトレーニングによる機能的要求の変化により，筋のサイズ，筋力，持久力，収縮速度の変化を伴った骨格筋の構造と機能のリモデリングにより説明される [2]。言い換えれば，骨格筋は実施された運動やトレーニングの種類に応じてより大きく，より強く，より速く適応する。この変化は，運動不足や骨格筋のインスリン抵抗性が関与する病態生理学的な疾患状態の予防や改善に有効であり，アスリート以外にとっても有益である [3]。

また，「運動やトレーニングの特定の**種類**や**様式**に対して，骨格筋はどのように異なる適応をしていくか」という疑問もあるだろう。運動やトレーニングに対する適応の幅広さは，マラソンランナーと短距離走のエリート選手とでは，形態学的外観，エネルギー利用，パフォーマンスパラメーターが大きく異なることからもわかる。しかし，適応は必ずしも持久力と筋力・パワーの一方向に偏るわけではない。例えば，陸上の十種競技のエリート選手は，持久力と筋力が求められる様々な種目を行う。プロのラグビー選手は，高い持久的な能力に加え，高い筋力とスプリントパフォーマンスを繰り返す能力を有している。

簡単にいえば，運動やトレーニングによって誘発される適応はトレーニング刺激の結果であり，トレーニング量（セッションの頻度，強度，期間），トレーニングの種類（持久性トレーニング，レジスタンストレーニング，インターバルトレーニング，スプリントトレーニングなど），実施方法（ランニング，サイクリング，ローイングなど）によって大きく左右される。しかし，これらのパラメーターを変えることが，どのようにして異なる適応反応を引き起こすのかということは未だ十分に明らかとなっていない。現代では，運動によって分子反応のネットワークが活性化され，これが繰り返しの運動による適応反応を引き起こすため，これらのネットワークはトレーニング刺激の種類に対する感度が高いと考えられている。

本章は「ヒトはどのように，そしてなぜ運動に適応するのか」「異なるタイプの運動に対する類似した適応と異なる適応はどのようにして起こるのか」といった疑問に答えることを目的とする。まず，運動刺激の性質と，骨格筋の運動に対する分子反応への影響について概説する。その結果生じる運動トレーニングに対する分子的適応については，**第8章**（レジスタンス運動）と**第9章**（持久性運動）で詳細に解説する。次に，「**シグナル伝達説**」について概説する。運動に対する分子応答とそれに伴う運動誘発性シグナル伝達がどのように骨格筋の適応をもたらすと提唱されているのかについて説明する。この理論は，急性運動に対する分子応答が骨格筋の運動やトレーニングに対する適応をどのように決定するのかを説明するものとして，現在最も広く受け入れられている。どのように運動「**刺激**」が分子「**シグナル**」を生成し，それが「**センサー**」タンパク質によって**感知**され，「**シグナル伝達**」タンパク質によって伝達され，「**エフェクター**」タンパク質が**転写，翻訳，タンパク質合成，タンパク質分解**，その他の細胞プロセスを制御するのかを説明するものである。これらすべてのプロセスが，筋（そしておそらく他の臓器も）が時間とともに運動に適応する分子基盤となる。現在考えられている骨格筋における運動適応のいくつかの主要な調節因子の例と，新規の分子因子を同定するための新しい技術について考察する。重要なこととして，分子反応は多様な運動タイプに対し

第7章

てある程度の特異性を示すものの，現時点ではこれらの反応は運動やトレーニングに対する多様な適応反応を完全に説明するものではなく，本章ではこの点についても考察する。最後に，このレベルの分子制御を調べることの意義と応用の可能性について考察し，具体的な例として運動模倣薬の考えについて解説する。

本章の準備として，分子運動生理学の歴史，シグナル伝達理論，持久性運動のAMPK／PGC–1α経路，レジスタンス運動のmTOR経路など，最も研究されている制御因子を紹介する**第1章**，分子運動生理学と本章の多くの知見が明らかになったウェットラボでの基礎研究方法を紹介する**第2章**，スポーツ・運動遺伝学を紹介し，遺伝子発現，転写と翻訳などを概説する**第3章**を読んでおくことをすすめる。各章では，本章で説明する経路やプロセスを理解するうえで重要な核となる概念を取り上げている。

ヒトはなぜ運動に適応するのか
—ホメオスタシスとオーバーロードの相互作用—

生理的な適応や表現型的（フェノタイプ）な適応とは，運動やトレーニングなどの外的要因や，高度などの環境要因に反応して個体内で起こる変化のことである。例えば，漸進的なレジスタンストレーニングを行うことで骨格筋量が増加することは表現型となりえ，高地で持久性トレーニングを行うことでヘモグロビン量の増加により酸素運搬能力が向上することも表現型となりうる。適応研究の歴史の初期のアイデアとして，Julius Wolff は1892年に過負荷の概念について骨の力学的負荷と適応を関連付け「Das Gesetz der Transformation der Knochen〔The Law of Bone Remodelling, Maquet and Furlong 訳（1986）[4]〕」として発表した。この原理は，現在 Wolff の法則として知られている。この原理は，過負荷という言葉の意味を機械的な過負荷だけでなく運動の開始や回復に伴って生じる恒常性を乱す刺激と捉えれば，骨格筋など他の器官にも適用することができる。この場合の過負荷とは内部環境の恒常性（ホメオスタシス）を乱す運動刺激のことであり，運動刺激を繰り返すことで「トレーニング効果」と呼ばれる生理的適応が生じる。

そのため，ホメオスタシスの概念が，我々がなぜ，どのように運動に適応していくのかを紐解くうえで中心となる。ホメオスタシスとは，外部環境が著しく変化しても，内部環境は比較的一定または均一に維持する能力のことである。運動生理学者にとっては，運動に対して全身（広く），あるいは骨格筋（局所的に）が一定性を維持する能力として捉え直すことができる。運動の定義はこの事実を含んでおり，運動とは「恒常的な状態を破壊するような，筋による力の発生を伴うあらゆる活動」[5]とされている。運動は，

シグナル伝達と運動

ほとんどすべての臓器においてホメオスタシスの乱れを引き起こすが，特に骨格筋において顕著であり[6,7]，ホメオスタシスを再確立または維持するための急性反応や長期的な適応を誘発する。本章では，骨格筋を中心に運動に対する適応反応を仲介するシグナル伝達について解説する。

骨格筋の細胞レベルと制御レベルでは，運動トレーニングに対する適応反応は，エネルギー供給にかかわる主要タンパク質の存在量，制御，または最大活性の変化，収縮タンパク質や細胞外マトリックスなどの細胞構成要素の再構築，リボソームやミトコンドリアなどのオルガネラの生合成など多くの形態をとる[8-12]。これらの細胞の変化の結果として，血管新生（新しい血管の発達），筋肥大，基質利用の変化など，組織やシステムのレベルでの変化が起こるのである。骨格筋の形態と機能におけるこれらの協調的な変化を目的論的に理解すると，細胞のホメオスタシスへの障害を最小限に抑えるために起こるということであり，この細胞のホメオスタシスのよりよい維持が，将来的な運動中の耐疲労性の向上と，またそれによって運動中の基質供給，ミトコンドリア呼吸能力，収縮機能の最大化によりパフォーマンスの向上に寄与すると考えられる[2,13]。

我々はどのように運動に適応するのか—シグナル伝達説—

過負荷の原理は，定期的かつ漸進的な運動トレーニングにより繰り返しホメオスタシスの乱れが生じ，それが将来的な運動によるホメオスタシスの乱れを防ぐ適応に必要な刺激となる（すなわち，ヒトは**なぜ**運動に適応するのか）と述べているが，この原理では骨格筋や他の器官が刺激に反応して適応するメカニズム（すなわち，ヒトは**どのように**運動に適応するのか）については説明していない。よって，運動トレーニングが骨格筋に様々な適応をもたらすことはまちがいないが（筋サイズ・筋力の適応の詳細については**第8章**，持久的な適応の詳細については**第9章**を参照），これらの変化がどのようにして起こるか，そのメカニズムについては依然として多くの研究課題が残っている。本書初版の対応する章では，Burniston ら（2014）[14] がこれらのメカニズムに関して「適応のシグナル伝達説」と名付けたモデルとしてまとめたが，この第2版の本章で，これを改訂・更新した（**図7.1**）。このモデルは，運動刺激の発生からタンパク質の量や活性の変化（これは「細胞内の遺伝情報」と類似した内容）までの6つの連続したステップとして示しているが，後述するように，様々なステップの間には時間的・分子的重複が存在する（**図7.1**）。

一般にシグナル伝達とは，細胞の外や内から発生する刺激，ストレス，シグナルを指す。通常，キナーゼやホスファターゼのカスケード（次々に反応が伝わる），またはそ

209

第7章

図7.1 骨格筋の運動適応を支える「シグナル伝達説」に包含される，運動に対する分子応答とそれに関連する運動誘発性のシグナル伝達を図式化したもの。各ステップの詳細と主要な因子は本文に記載している。4E-BP1：eukaryotic translation initiation factor 4E-binding protein 1, Akt：protein kinase B, AMP：adenosine monophosphate, AMPK：AMP-activated protein kinase, AR：androgen receptor, ATP：adenosine triphosphate, β-AR：beta-adrenergic receptor, $[Ca^{2+}]_i$：intracellular calcium concentration, CaM：calmodulin, CaMK：Ca^{2+}/calmodulin-dependent protein kinase, cAMP：cyclic AMP, DNMT：DNA methyltransferase, eEF：eukaryotic translation elongation factor, ERR：estrogen-related receptor, FAK：focal adhesion kinase, FOXO：forkhead transcription factor O box subfamily, HAT：histone acetyltransferase, HDAC：histone deacetylase, HIF：hypoxia-inducible factor, HIIT：高強度間欠的トレーニング, IGF：insulin-like growth factor, JAK-STAT：Janus kinase-signal transducer and activator of transcription, MAFbx：muscle atrophy F-box, MICT：中強度連続的トレーニング, mTORC1：mechanistic target of rapamycin complex 1, MuRF：muscle RING finger 1, NAD^+：oxidised form of nicotinamide adenine dinucleotide, NADH：reduced form of NAD, PGC-1：peroxisome proliferator-activated receptor γ coactivator 1α, PHD：prolyl hydroxylase domain, PKA：protein kinase A, PO_2：partial pressure of oxygen, S6K1：ribosomal protein/p70 S6 kinase, SIRT：sirtuin, SIT：スプリントインターバルトレーニング, TFAM：mitochondrial transcription factor A, UBR5：E3 ubiquitin- protein ligase UBR5, UPS：ubiquitin-proteasome system, VEGF：vascular endothelial growth factor

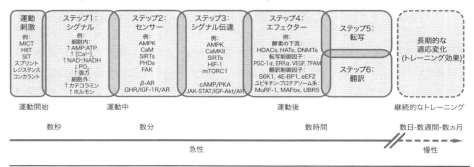

の他の翻訳後のメカニズムやシグナル伝達のプロセスによって，細胞内の様々な場所（細胞質，核など）のターゲットとなるタンパク質にシグナルを伝達し，下流のプロセスを調節し活性化をもたらす。本テーマの内容でいうと，運動を開始すると，血液，酸素，栄養素の供給，ATP のターンオーバーおよび基質変化の速度，筋収縮および力学的負荷に関連する全身および細胞レベルで起こる多数の急性反応の**刺激**となる。これらの反応は，血中酸素の減少や**細胞内酸素分圧**（PO_2）の低下といった**分子シグナル**（**ステップ1「シグナル」**）を生み出し，局所組織の低酸素化のシグナルを生み出す；ATP のターンオーバーやミトコンドリアの還元/酸化（酸化還元状態）の変化により，それぞれ［ATP］/［ADP］［Pi］と NAD^+/NADH の変化のシグナルが発生する；筋収縮，

筋の**張力**の増大と維持には筋小胞体（sarcoplasmic reticulum: SR）からの**カルシウムイオン（Ca2⁺）**が放出される。**循環しているホルモン**の濃度上昇といった収縮している筋の外からのシグナルもあり，運動の種類や強度に応じて分泌される。例えば，テストステロン，成長ホルモン，インスリン様成長因子1（IGF–1）といったホルモンは，レジスタンス運動により顕著に増加し，アドレナリンやノルアドレナリンなどのカテコールアミンは有酸素性/持久性運動で顕著に増加する。同様に，運動前，運動中，運動後の内因性，外因性の**栄養状態**は，循環中のグルコース，アミノ酸，遊離脂肪酸（FFA）濃度の変化を通じてシグナル伝達に影響を与える。さらに，運動終了後の数時間は，恒常性回復の一環として多くの急性反応が継続し，炎症および抗炎症反応，体液バランスの回復，乳酸の酸化および除去，運動中に酸化した筋グリコーゲンおよび筋内トリグリセリドの再合成，筋タンパク質合成（MPS）の上昇などがみられる。

　運動中や運動後のこれらの反応は，上記の分子シグナルの変化を検知する様々な**センサータンパク質（ステップ2「センサー」）**によって総合的に感知される。例えば，AMP–activated protein kinase（AMPK）やサーチュイン（SIRT1 など）は，それぞれ前述の［ATP］/［ADP］［Pi］や NAD⁺/NADH の変化を感知する細胞内センサーの役割を担っている。**カルモジュリン**（CaM）は，筋収縮に必要な SR の Ca²⁺ の変化を感知するセンサーである。「**メカノセンサー**」は，筋を通して機械的負荷（張力）の変化を感知できる多様なタンパク質の集合であり，下流の経路は **mTORC** の活性化に収束するものが多く発見されている。センサータンパク質には，細胞膜上に存在し，循環濃度の変化から生じる特定のペプチドホルモンシグナルを感知する**受容体**も含まれる。例えば，成長ホルモン，IGF–1，アドレナリンなどがあり，それぞれ成長ホルモン受容体（GHR），IGF–1 受容体（IGF–1R），β–アドレナリン受容体（β–AR）を活性化する。アンドロゲン受容体（AR）のようなステロイドベースのホルモンシグナルに対する細胞内受容体もセンサータンパク質に含まれる。この受容体は，通常は細胞質に位置しているが，活性化により核へと移行し，遺伝子発現を調節する。AR はテストステロンの特異的な受容体であり，この種の脂質ベースのホルモンは，細胞膜上の受容体の活性化に依存するのではなく，細胞膜を直接通過するという点が特徴的である。

　このように，一次メッセンジャーや二次メッセンジャーとして働くセンサータンパク質は，代謝，力学，ホルモン，神経刺激から生じるシグナルを，複雑な**シグナル伝達ネットワークを通じて伝達する（ステップ3「シグナル伝達」）。この分子情報のシグナル伝達には，主にタンパク質–タンパク質の相互作用や翻訳後修飾（リン酸化やアセチル化など）が含まれ，細胞内で感知した分子シグナルを中継するタンパク質の活性化や抑制につながり，最終的に無数の**エフェクタータンパク質（ステップ4「エフェクター」）**

第 7 章

に結合される。転写因子や共調節因子のようなエフェクタータンパク質は，翻訳開始・
伸長因子などとして，**転写プロセス（ステップ 5「転写」）**や，**タンパク質翻訳**（ステッ
プ 6「**翻訳**」）を制御する。

　ステップは 6 つに分けられる。運動刺激による恒常性の乱れが分子シグナルを生み出
し（ステップ 1），それをセンサータンパク質が感知し（ステップ 2），シグナル伝達を
誘導し（ステップ 3），エフェクタータンパク質を介した転写・翻訳前の制御（ステップ 4）
が運動中および回復初期（数分から数時間）に起こる。その後，メッセンジャー RNA
（mRNA）とタンパク質量の変化（ステップ 5 と 6）が，その後の数時間から 1 日後に
起こる（**図 7.1**）。最終的に運動能力やパフォーマンスの向上をもたらす変化は，繰り
返しの運動による累積効果によって，その後の数日，数週間，数ヵ月に起こる[15, 16]。
したがって，個々の運動は適応のための刺激として必要であるが，運動に対する長期的
な適応（つまり，運動トレーニング）は，それぞれの急性運動の漸進的かつ累積的な効
果の結果であり，それによって新たに機能的な閾値がもたらされる。

　運動に対する骨格筋の適応の分子制御に関するこのシグナル伝達モデルは，今世紀に
入ってから明らかになってきた[17,18]。スポーツ・運動科学者が細胞や分子レベルの分
析技術を用いることで（**第 1 章**，**第 2 章**参照）多くの新事実が解明され，多数のレビュー
も報告された[8,9,12,19,20]。このシグナル伝達モデルは，運動による急性反応と長期的な適
応を結びつける分子イベントの説明として，現在も最も広く受け入れられている。ここ
からは，分子生理学の基本的な概念，鍵となる因子，プロセスについて説明する。シグ
ナル伝達説のステップ 1 ～ 6 について以下で詳しく説明していくが，その前に，運動
刺激の種類と，それが運動に対する分子反応にどのような影響を与えるかを理解するこ
とが必要である。

運動刺激の性質と急性運動に対する分子応答への影響

　運動に対する分子応答とそれに関連する運動誘発性のシグナル伝達は，シグナル伝達
説（運動やトレーニングに対する適応の特異性を説明するためによく用いられる説）に
包含されるため，まず運動刺激の性質と急性運動に対する分子応答への影響を考えるこ
とが重要である。現在では，運動の種類と強度が最もよく研究されている独立変数であ
り，継続時間の効果についてはあまり定義されていない。しかし，大まかにいえば，運
動の種類（有酸素運動とレジスタンス運動など）と強度（低強度と高強度など）は，骨
格筋に重複する生理的反応と異なる生理的反応の両方を引き起こし，その程度は力（負
荷），速度，継続時間，頻度，収縮回数などの要因に大きく依存する。またこれらの要因は，

212

図 7.2 運動刺激の性質。(**A**) 様々なスポーツの，主に行われるトレーニングと競技におけるパフォーマンスの持続時間を表わした概略図。(**B**) 持久性運動とレジスタンス運動は，筋収縮の力の大きさと，トレーニングセッション中に行われる，または疲労する前に所定の強度で行うことができる筋収縮の数によって大別される。(**C**) 中強度持続性トレーニング（MICT），(**D**) 高強度間欠的トレーニング（HIIT），(**E**) 低容量スプリントインターバルトレーニング（SIT）を表わす。強度はサイクルエルゴメーターで $\dot{V}O_{2max}$ を評価する典型的な漸増運動テストで達成された最大出力（% W_{max}）の割合として描かれている。同様の表現は，ランニングを用いたテストやトレーニングにおいて，% W_{max} の代わりに $\dot{V}O_{2max}$ 時の速度（$v\dot{V}O_{2max}$）の割合を用いて行うことができる。

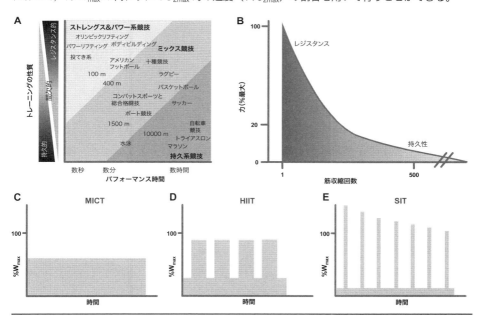

動員される筋線維タイプにも影響を及ぼす。筋線維タイプは運動に対する分子的反応に重要な役割を果たすとされているが，本章では遅筋と速筋がともに存在する骨格筋に焦点を当てて説明する。

運動を以下の3つに分けて説明する。①有酸素性（または持久性）トレーニング，②筋力トレーニング，③中間的なトレーニング：有酸素性トレーニングと筋力トレーニングの組み合わせ，サーキットトレーニング，高強度間欠的トレーニング（HIIT），スプリントインターバルトレーニング（SIT），ショートスプリントトレーニングなど，様々な組み合わせ（**図7.2**）。我々は，有酸素運動とレジスタンス運動を運動タイプの対極に位置づけ，急性代謝・分子反応と慢性適応変化の違いを概念化している[8,21]。しかし本章の別の節で後述するが，この概念は理論的には有用だが，いくつかの理由から持久

第 7 章

力と筋肥大の表現型が示す急性分子反応と生理的・機能的適応の間の特異性と連続性を完全に説明するには十分ではない。

過去 20 年の高強度間欠的運動（high-intensity intermittent exercise：HIIE）モデルの運動への関心の高まり，中間的なトレーニングに関する検討によって，中間的なトレーニングが有酸素運動とレジスタンス運動の両方から得られるトレーニング効果をもたらすことが示されている。HIIE は，持久力系や筋力・パワー系の表現型に類似した改善をもたらす。ショートスプリントトレーニング（一般に，スピードとパワーを開発することを目的とした短時間（10 秒未満）の激しい運動）でも，幅広い適応反応をもたらすことが確立されているため，驚くべきことではない[22]。また，骨格筋における適応反応は，スプリント努力の持続時間，スプリント間の休息，セッション内のボリュームに大きく依存する[22]。

本章で述べたような有酸素運動の従来の認識は，中強度持続性運動（moderate-intensity continuous exercise：MICE）またはトレーニング（MICT）である。しかし，「インターバル（断続的）トレーニング」も「有酸素性」運動・トレーニングの一種として，何十年も前から確立されてきた。最近，運動・トレーニングにおいて HIIT や SIT を中心とした HIIE が注目を集めている（**図 7.2**）。MacInnis と Gibala（2017）[23]は，このテーマに関する包括的なレビューの中で，HIIT を一般的に最大心拍数の 80％以上を引き出す強度で行う「最大に近い」運動と定義し，一方で SIT を最大酸素摂取量（$\dot{V}O_2max$）と同等以上の強度で行う運動と定義した。したがって，「オールアウト」または「最大上」の運動として区別される。HIIE は，有酸素運動（サイクリングやランニングなど）やレジスタンス運動（ウェイトリフティングやプライオメトリクスなど）だけでなく，自重運動や重りを用いたスプリントなどの様々な新しい運動，方向転換を含む短いスプリント（10 秒以下）で，短い回復期間（通常 60 秒以下）を挟むスポーツ特有の反復スプリント能力を高める運動などがあり，分類法としては不完全である。SIT は，高（力）出力，全力疾走（例えば，数分の回復を挟んで 30 秒の全力疾走を繰り返す）を少数回のセット繰り返すだけで，有酸素運動と同様の分子応答を誘導する[24]。さらに，ハイボリュームの SIT は，骨格筋に持久的な能力の向上を引き起こすことが示されており[25]，これは低ボリュームの SIT でも比較的早期（例えば 2 週間以内）に誘発される可能性が示唆されている[23]。

運動刺激について検討するうえでは，個人のトレーニング状況も考慮することが重要となる。代謝的，力学的，ホルモン的，神経的，分子的な反応における運動やトレーニングの効果は，トレーニングを受けたグループと受けていないグループの反応を比較すること（クロスセクショナルデザイン）や，同一個人内でトレーニング介入前後で調査

シグナル伝達と運動

し比較検討すること（プレポストデザイン）で検証される。クロスセクショナルデザインの場合，同じ相対強度〔例えば，% $\dot{V}O_2$max や 1 回反復最大負荷（% 1 RM）を合わせる〕で運動を行い反応を比較検討することが最も一般的だが，トレーニングをしたグループの方がトレーニング効果により絶対強度（例えば，発揮パワーや持ち上げた負荷）がはるかに大きいということがしばしばある。プレポストデザインでは，トレーニング期間の前後で同じ絶対強度で運動を実施し反応を評価することが最も一般的であるが，トレーニング後の急性反応の検討は，トレーニング効果によりトレーニング前と比較して低い相対強度で評価されることが多くなる。

　トレーニング状況やトレーニング期間が急性運動に対する分子反応に及ぼす影響については，同じ相対強度，同じ絶対強度，最大努力に対する反応，様々なトレーニング背景の比較（例えば，有酸素運動とレジスタンス運動のアスリート）など，様々なデザインの研究が行われている。先行研究によると，中程度から十分にトレーニングを行っている人[26-28]，トレーニング介入後[29-31]において，シグナル伝達経路の活性化や mRNA 量の変化の程度が減衰することが示されている。ホメオスタシスが乱れることが，運動に対する適応反応を誘導する分子経路を活性化したり抑制したりするために必要な刺激やシグナルだが，運動・トレーニングを継続すると，身体は運動という刺激に対してホメオスタシスを維持する能力が向上する。最終的には，運動を繰り返すうちに，ホメオスタシスに対する摂動(AMP と ADP の変化,筋グリコーゲンの枯渇,筋損傷の程度など)が小さくなり，急性運動に対する分子応答が減弱する。一方で，トレーニング後の分子反応の減退は，シグナル伝達や遺伝子発現過程の効率がよくなっていることが反映されているといった考えが近年出てきている。その例として，トレーニングを繰り返した骨格筋では，低メチル化と呼ばれる遺伝子のエピジェネティックな変化を通じて，「マッスルメモリー」が観察される（**第 6 章**で詳述）。このようなエピジェネティックな変化は，ディトレーニング後にトレーニングを再開する際，遺伝子発現の変化がより効率的に，時にはさらに大きく起こることに繋がる[32,33]。

　本節をまとめると，多様な運動の特徴は，力（負荷），速度，持続時間，頻度，収縮回数の点で異なっている。これらのパラメータは，骨格筋に作用する代謝的，機械的，ホルモン的，神経的刺激の重要な決定要因であり，1 回の運動によって引き起こされるホメオスタシスへの摂動に影響する。本章後半を通してわかるように，運動の基本的な特性は，シグナル伝達モデルの各段階において，運動に対する分子反応に影響を与える。

第 7 章

ステップ 1 ―「シグナル」：急性運動により引き起こされる ホメオスタシスの変化に対する分子シグナルの反応

ステップ 1 では，運動の開始と継続，そして運動後の回復期間において，運動している骨格筋に内在的および外在的な反応が生じ，それが運動に対する分子応答を開始する重要なシグナルとなる。ホメオスタシスの概念に戻ると，安静時の筋線維では，ホメオスタシスとは様々な代謝経路における基質フラックス，細胞膜におけるイオン分布，SR における Ca^{2+} の放出吸収，収縮タンパク質のサイクルなどがある。しかし，急性運動という刺激は，ホメオスタシスの維持に多数の課題を与える。以下がその例である。

- 細胞膜を介した電解質の不均衡
- 筋細胞や組織の体積の変化

図 7.3 収縮する骨格筋内の主要な運動誘発性シグナル伝達経路の概要。ADP：adenosine diphosphate, DGK：diacylglycerol kinase, ERK：extracellular signal-regulated kinase, JNK：c-Jun N-terminal kinase, PA：phosphatidic acid, ROS：reactive oxygen species。その他の略語は図 7.1 を参照。

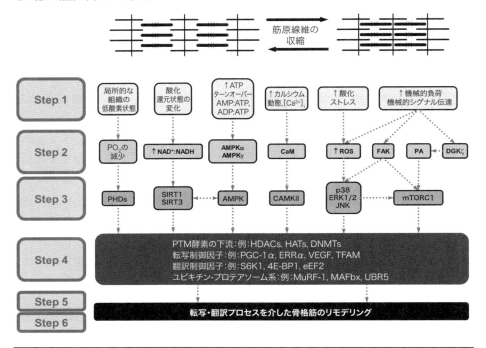

シグナル伝達と運動

- Ca^{2+} 放出，細胞質リン酸化電位（[ATP] / [ADP] [Pi]）やミトコンドリアの還元/酸化（レドックス）状態（NAD+/NADH）に関連する代謝物など，様々なエネルギー産生経路や ATP ターンオーバーの制御における変化
- 筋グリコーゲンの濃度の低下
- pH の低下
- 酸素分圧の低下
- 酸素フリーラジカル産生の増加
- 筋温の上昇
- 機械的負荷/張力の増加，およびそれに伴うサルコレメルの破壊

　上記に挙げたものは，収縮している骨格筋に内在する（細胞内）反応だが，カテコールアミン（アドレナリン，ノルアドレナリンなど），ホルモン（GH，IGF-1，テストステロン），グルコース，アミノ酸，遊離脂肪酸の濃度など，一般的なホルモンや基質の環境など，運動に対する分子反応に影響を与える外来（循環）因子も影響する。これらの内因性・外因性因子は，急性運動刺激によって引き起こされるホメオスタシスへの摂動を構成する反応の多く（すべてではない）に関連しており，これらの因子によりシグナル伝達経路が開始される（**図 7.3**）。

ステップ 2―「センサー」：運動によって誘発されるシグナルの検知

　ステップ 2 では，ホメオスタシスへの摂動に繋がる細胞内や細胞膜に存在する数々の**センサータンパク質**とシグナル伝達経路を紹介する。このモデルでは，これらのセンサータンパク質を，**低分子センサー，膜貫通型レセプター（受容体），その他の細胞内センサー/レセプター**に分類している。**低分子センサー**とは，Ca^{2+} や AMP，ADP などの分子と結合できるドメインを持つタンパク質で，これにより細胞は，それぞれ CaM や AMPK などのセンサータンパク質を通じて，これらの分子の濃度変化を感知することができる（**表 7.1**）。**膜貫通型**（または**細胞表面型**）**受容体**は，一般的に単一タンパク質（G タンパク質結合型受容体など），酵素結合型受容体（受容体チロシンキナーゼなど），タンパク質複合体（リガンドゲートイオンチャネルなど）で，細胞膜に膜貫通型で埋め込まれ，細胞外に生じるシグナルを細胞内のプロセスに伝達できる，すなわち外部シグナルを代謝の内部制御に結合させる。受容体の活性化は，インスリンなどのホルモンやアセチルコリンなどの神経伝達物質などのリガンドが細胞表面の関連する受容体に結合することで起こり，その結果，下流のイベントのカスケードが引き起こされる。ホルモン受容体のサブクラスは，テストステロンのようなステロイドホルモンの受容体

217

第7章

表 7.1　センサータンパク質とレセプター，それらの機能と骨格筋における役割，運動誘導シグナル伝達に関連する下流標的，経路，プロセス

センサータンパク質，レセプター	制　御	下流の因子，経路，プロセス	文　献
内在性/細胞内シグナルのセンサー			
AMPK (AMP-activated protein kinase)	・ヘテロ三量体複合体（触媒性 α，制御性 β，γ サブユニット）の Ser/Thr キナーゼ ・AMP/ATP 比，Cr/PCr 比，筋グリコーゲンの枯渇をモニターし細胞のエネルギー状態を感知	・代謝酵素のリン酸化を通じて代謝を急性的に調節 ・転写制御因子（HDAC，PGC-1a，CREB，FOXO1 など），翻訳制御因子（TSC2 など）の活性制御を通じて適応的な変化を調節	Kjøbsted, Hingst [36]
CaMKs (Ca^{2+}/calmodulin-dependent protein kinases)	・CaM 依存的に活性化される Ser/Thr キナーゼ ・$[Ca^{2+}]_i$ の上昇は，下流のキナーゼやホスファターゼを活性化する多機能性のシグナルトランスデューサーである CaM によって感知される	・HDACs，MEF2，CREB，SRF などの転写制御因子の活性を制御することにより適応的な変化を調節	Chin [37]
サーチュイン (silent mating type information regulation 2 homolog：SIRT)	・NAD^+ 依存性タンパク質脱アセチル化酵素ファミリー ・NAD^+ の変動や NAD^+/NADH の比率を感知する ・NAD^+ の増加により SIRT の酵素活性が高まる	・転写制御因子（SIRT1）およびミトコンドリア酵素（SIRT3）のリジン脱アセチル化を触媒する ・酸化還元状態と遺伝子発現，酵素の機能を結びつける	Philp and Schenk [38]
PHD (prolyl hydroxylases)	・細胞内の酸素分圧を感知する酵素 ・細胞内の酸素分圧が低いと PHD の水酸化酵素活性が阻害される ・HIF-1α の水酸化は HIF-1α のプロテアソームによる分解を導く	・細胞内酸素分圧の低下と PHD 活性の抑制により，HIF-1α の水酸化が低下し，HIF-1 依存性の遺伝子発現が増加する	Lindholm and Rundqvist [39]
MAPK (mitogen-activated protein kinase)	・ヒト骨格筋における3つの主要な MAPK サブファミリー：(i) ERK1/2，(ii) JNK，(iii) p38 MAPK ・成長因子，サイトカイン，活性酸素を含む細胞内ストレスの変化を感知する	・転写制御因子を含む細胞質または核に局在する多様な基質のリン酸化により転写イベントを制御する ・mTORC1 とは独立した経路でタンパク質の翻訳を制御することが示唆されている	Kramer and Goodyear [40]
FAK (focal adhesion kinase)	・インテグリンシグナル伝達経路においてチロシンキナーゼとして働く膜貫通型の受容体の一種 ・細胞の内外から生じる力（最も顕著なのは骨格筋の張力）を感知する	・mTORC1 などのメカノトランスダクション経路の下流ターゲットのリン酸化を促進しタンパク質合成を促進させる	Boppart and Mahmassani [41]
mTORC (mechanistic target of rapamycin complex)	・機能的にも構造的にも異なる2つのタンパク質複合体，mTORC1 と mTORC2 として存在する Ser/Thr キナーゼ ・成長因子，インスリン，アミノ酸，メカノトランスダクションに関連する因子など様々な入力を感知する	・骨格筋と運動に関する研究においては mTORC1 活性に最も焦点が当てられている ・mTOR シグナル伝達経路，特に 4E-BP1 と S6K1 を介してタンパク質翻訳と細胞増殖の制御に作用する	Goodman [42]

シグナル伝達と運動

センサータンパク質，レセプター	制　御	下流の因子，経路，プロセス	文　献
外因性/細胞外シグナルのセンサー			
β-AR (β-adrenergic receptor)	・GPCR のラージファミリーに属する 7 回膜貫通型ヘリックスのトポロジー ・カテコールアミンや神経伝達物質のシグナルを感知して伝達し細胞内シグナルを活性化する ・G タンパク質に依存する経路でシグナルを伝達し主要な生理機能を制御する	・アデニル酸シクラーゼを活性化し，ATP を cAMP に変換し，いくつかの異なる cAMP 依存性プロテインキナーゼを活性化し，標的タンパク質をリン酸化して基質利用や力増強などの細胞プロセスを変化させる ・β-アゴニストによる慢性的な活性化は骨格筋の肥大に関連する	Cairns[43]
AR (androgen receptor)	・ステロイド受容体スーパーファミリーの一員でリガンド依存性の核内転写因子 ・テストステロンを含むアンドロゲン / ステロイドホルモンの濃度を感知する	・テストステロンが AR に結合し特定のアンドロゲン応答エレメントに結合して転写因子として作用することで転写を制御する ・アンドロゲンによるタンパク質合成の増加は IGF-1/Akt や ERK1/2 を経由して mTORC1 を通じて誘発される ・AR はサテライト細胞に発現しており筋の成長と再生のためのサテライト細胞の活性化，サテライト細胞数の増加を引き起こす可能性が示唆されている	Rossetti[44]
GHR (growth hormone receptor)	・サイトカインクラス I 受容体ファミリーに属する膜貫通型受容体 ・成長ホルモンの循環濃度を感知する	・成長ホルモンが骨格筋 GHR に結合し，JAK-STAT シグナルを活性化し，mTORC1 を通じてタンパク質合成を増加させることによる直接的な影響 ・肝臓からの IGF-1 の産生が増加し，その結果，骨格筋の IGF-1R シグナルが増加することによる間接的な効果	Dehkhoda[45]
IGF-1R (insulin-like growth factor 1 receptor)	・膜貫通型のチロシンキナーゼ受容体 ・循環する IGF-1 やオートクリン・パラクリン的に作用する IGF-1 や MGF によって活性化する	・IGF-1 と IGF-1R の結合により，細胞内アダプタータンパク質 Shc またはインスリン受容体基質 1（IRS-1）のリン酸化が起こり，それぞれ MAPK および PI3K/Akt シグナルが活性化される ・下流では，mTORC1 シグナルを介し，主にタンパク質合成が促進される	Schiaffino[46]

第7章

で，通常細胞内（細胞質）に存在し，核内受容体と呼ばれる。ARのようなこれらの受容体は，DNAに直接結合し，標的遺伝子の転写に影響を与える能力を有する転写因子として機能するため，遺伝子発現に強い影響を与える。**その他の細胞センサー/レセプター**としては，代謝物やリガンドの存在ではなく，物理的特性のセンサーが一般的であり，例えば細胞内の伸縮や負荷のセンサー，細胞間の物理的相互作用のセンサーなどが挙げられる。

　ここではAMPKを例に，**低分子センサー**の機能と役割について説明する。AMPKはセリン・スレオニンキナーゼと呼ばれるタンパク質の一種で，3つの異なるタンパク質からなるタンパク質複合体（「ヘテロトリマー」と呼ばれる）として存在する。AMPKはキナーゼとして働くことで，代謝酵素のリン酸化による細胞代謝の調節や，転写因子などのシグナル伝達タンパク質のリン酸化による転写や翻訳の調節を行う。AMPKのキナーゼとしての活性は，ADPとAMPの結合（活性化），グリコーゲンの結合（阻害）に影響される。運動によるAMPKのリン酸化と酵素活性の増加は，運動による細胞のエネルギー不足，筋収縮の過程におけるATP加水分解と再合成の結果としてのADPとAMPの増加によって誘発される。さらに，AMPKの活性化はしばしば強度依存的に起こるが，これはおそらくATPターンオーバーとアデニンヌクレオチド濃度に対する運動の強度依存的な効果，また運動強度が高くなると筋グリコーゲンへの依存度が高くなり，筋グリコーゲンが枯渇することが反映していると考えられる。運動によるAMPKの活性化における筋グリコーゲン濃度の役割は，炭水化物の摂取量が低下した状態や筋グリコーゲン量が少ない状態でトレーニングを行うと，AMPKの活性化が大きくなり，運動トレーニングによる骨格筋の適応的変化が長期的に大きくなると考えられており，近年注目されている[34]。全体としてAMPKの活性化は，異化経路を刺激して細胞のエネルギー貯蔵量を回復させると同時に，生合成経路と同化経路を抑制することによってATP濃度を保護するように作用する。つまり，恒常性の障害によるAMPKの活性化は，最終的には恒常性を回復するように作用するということになる。実際，AMPKを繰り返し慢性的に活性化させる実験モデル（運動トレーニングの代用として利用）では，骨格筋に有酸素性トレーニングでみられるような適応的変化，例えばミトコンドリアの数とサイズの増加が観察される。この結果は，急性運動に対する反応が，その後の運動負荷に対してより恒常性を維持することに繋がる適応的変化をもたらすことを証明する。

　細胞は，**ホルモン受容体**や**神経伝達物質受容体**などの**膜貫通型受容体**を介して，内分泌系や神経系からのシグナルも感知する。ホルモン受容体の一例として，βアドレナリン受容体（β–AR）が挙げられる。β–ARはGタンパク質共役型受容体（GPCR）で，カテコールアミンのアドレナリンとノルアドレナリンにより活性化される。アドレナリ

220

ンが受容体の細胞外ドメインに結合すると，細胞内領域が変化し，いわゆる G タンパク質が活性化される。これにより膜 Ca^{2+} チャネルの開口，ATP からアデノシン 3′, 5′-環状―リン酸（cAMP）を生成する酵素であるアデニル酸シクラーゼの刺激などのカスケード現象が引き起こされる。これはグリコーゲン分解の速度，すなわち筋グリコーゲンの分解速度の増加など，筋代謝に直接的な影響を及ぼす。この制御では，cAMP の増加がプロテインキナーゼ A を活性化し，その結果，グリコーゲンホスホリラーゼが不活性な b 型から活性化型の a 型へと変化する。グリコーゲンホスホリラーゼは，筋グリコーゲンをグルコース –1– リン酸に分解し，グルコース –6– リン酸として解糖系経路に入る前の酵素として重要な働きをする。したがって，収縮している骨格筋内のグリコーゲン分解の調節は，細胞表面の受容体を介して循環しているアドレナリンとノルアドレナリンが作用するというように，筋外から生じるシグナルによって一部調節されている。運動中の細胞内調節は，筋小胞体 Ca^{2+} 濃度の変化，ADP，AMP，無機リン酸（Pi）の蓄積を介しても起こると考えられている[34]。

　最後に，小分子や神経系・内分泌系からの入力以外のシグナルを感知する細胞センサー/レセプターを紹介する。これらのセンサーは，伸縮/長さ，張力/力，電位，他の細胞の表面にあるタンパク質や分子との相互作用を感知する。骨格筋におけるそのような受容体の例としては「メカノレセプター」として知られるタンパク質があり，その役割は信号伝達の「メカノセンサー」制御（「メカノトランスダクション」でもある）として，特にレジスタンス運動と MPS[12] の制御において現在調査されている。MPS のプロセスと運動からの回復時の MPS 速度の顕著な上昇，タンパク質摂取による血中アミノ酸濃度の増加は，レジスタンストレーニングによる筋肥大の誘導の中心であると考えられている[35]。すなわち，運動と適切な栄養摂取により MPS が一過性に増加することを繰り返すことで，筋原線維タンパク質の蓄積，そしてトレーニングした筋のサイズアップにつながる（第 8 章参照）。MPS の急性的な調節において，メカノトランスダクションの一例として，タンパク質チロシンキナーゼとして働く膜貫通型受容体の一種である FAK（focal adhesion kinase）タンパク質を挙げる。FAK タンパク質は，骨格筋の構造を通じて収縮力を伝達するための重要な要素であり，収縮活性のセンサーとしても機能することができる。高い収縮力は，構造変化と FAK リン酸化酵素活性の活性化をもたらし，MPS は，mTORC（mechanistic target of rapamycin complex），リボソームタンパク質/p70 S6 キナーゼ（S6K1）および mTORC 依存および非依存のいくつかの下流経路に関連するメカニズムを通じて活性化する[12]。mTORC や他のレジスタンス運動に関連するメカノセンサーについての詳細は，第 8 章に紹介した。

　これら 3 つの例は，運動における骨格筋の最も重要なセンサータンパク質であるが，

第 7 章

他にも多くのセンサータンパク質が存在し，発見され続けている。選択したセンサータンパク質の概要と運動誘発性シグナル伝達との関連性を**表** 7.1 に示す。

ステップ 3—「シグナル伝達」：運動で誘発されるシグナル伝達

　ステップ 3 では，運動刺激，それに伴う恒常性維持の乱れ，関連するシグナルが細胞内センサーと相互作用し，シグナルを増幅または減衰させ，**シグナル伝達**経路が活性化または抑制されるメカニズムを紹介する。この段階に関する研究の多くは，「古典的」なシグナル伝達（すなわち，タンパク質間相互作用，リン酸化やアセチル化などの翻訳後修飾，タンパク質転位），特に下流の転写および翻訳制御因子の活性を調節することに関連している（**図** 7.3）[8,9,14]。これらの制御因子，すなわちエフェクタータンパク質とその関連プロセスは，以下に述べるようにステップ 4 を構成する。まず，シグナル伝達がモデルの「エンジンルーム」であることから，細胞内シグナル伝達の古典的な特徴を先に説明する。

　シグナル伝達経路は，以下のいくつかのメカニズムにより，感知した情報を伝達する。

- **タンパク質 – タンパク質相互作用**：タンパク質と他の分子との結合により，1 つのタンパク質から次のタンパク質へ情報が伝達される。

- **タンパク質の修飾**：共有結合による修飾（リン酸化，アセチル化，グリコシル化，ユビキチン化など，**表** 7.2 参照）は，タンパク質の形状を変化させることにより，タンパク質の活性を変化させる。

- **トランスロケーション**：核，細胞質，膜，小器官，細胞内から細胞外へのシグナル伝達タンパク質の移動，およびその逆により，細胞内空間を通してシグナルが伝達される。

- **合成と分解**：シグナル伝達タンパク質の濃度の変化により，細胞内シグナルを増幅または停止させることができる。

　上記のメカニズムは，シグナル伝達の各段階に寄与するようにリンクしている。例えば，あるタンパク質が次のタンパク質に結合して修飾するためには，タンパク質間の相互作用が必要となる。修飾によるタンパク質の形状の変化は，その後，タンパク質を移動させる局在化シグナルを露出させる。翻訳後修飾によって核に移動し，遺伝子の転写に影響を与えることもある。ユビキチン化の場合は，修飾によってプロテアソームへ移動し，そこでタンパク質が分解され，シグナル伝達イベントが終了する。以下に，運動する骨格筋における分子制御の具体例を挙げながら，それぞれの伝達過程をより詳細に説明する。

222

シグナル伝達と運動

タンパク質 – タンパク質および他の分子の相互作用

　タンパク質は，互いに修飾し合い情報を伝達するため，互いに接触する必要がある。さらに，多くの細胞機能は多量体タンパク質複合体に依存しており，例えば AMPK は前述のようにヘテロ三量体複合体となる。多量体タンパク質複合体のもう 1 つの例は mTORC である。mTORC は複数のタンパク質からなり，栄養，成長因子，運動によって誘導される MPS の活性化に関与する因子で，リボソームにおける翻訳活動の重要な制御因子である。mTORC は，それぞれの複合体を構成する様々なタンパク質のコンフォメーションと構成によって，mTORC1 または mTORC2 となり，それぞれの複合体が細胞代謝において異なる役割を果たす。タンパク質とタンパク質の相互作用は，比較的弱い化学結合に基づくことが多く，一般にタンパク質結合ドメインが関与し，「レゴ」ブロックのような働きをする。例えば，あるタンパク質の WW ドメイン（「W」はトリプトファンというアミノ酸の 1 文字コード）は，他のタンパク質のプロリンリッチモチーフ(PPxY など)と相互作用する。タンパク質間相互作用のもう 1 つの例として，DNA に結合して遺伝子の転写を促進するタンパク質である転写因子が，DNA 配列を認識して結合するために，結合する必要があることが挙げられる。例えば，PGC–1α (peroxisome proliferator–activated receptor γ coactivator 1α) は，NRF–1 (nuclear respiratory factor 1) を含む転写因子として知られる複数のタンパク質を誘導し，結合，コアグレートすることによって転写コアクチベーターとして機能する。NRF–2, MEF2 (myocyte enhancer factor 2)，ERR α (estrogen–related receptor α)，TFAM (mitochondrial transcription factor A) などの転写因子と呼ばれる複数のタンパク質をリクルート，結合，コグレギュレーションすることにより，遺伝子発現，特に運動に応じて代謝遺伝子やミトコンドリア遺伝子の発現を制御している[47]。PGC–1α は，ミトコンドリア生合成の「マスター」または「ホールマーク」レギュレーターであるため，運動トレーニングによる骨格筋の適応の中心であると考えられており，**第 9 章**で詳述す。シグナル伝達におけるタンパク質間相互作用の例として PGC–1α とその関連転写コグレーターを紹介したが，これらの因子は，以下のステップ 4 と 5 で説明する転写プロセスの制御におけるエフェクタータンパク質の主要な例でもある。エフェクタータンパク質としての活性は，上流のシグナル伝達経路によって制御されるため，シグナル分子とエフェクタータンパク質の 2 つの役割を担っており，運動に対する分子応答のステップ，因子，プロセスが重複していることを示す例となる。

タンパク質の修飾

　シグナル伝達タンパク質は，特定のアミノ酸残基への「側鎖」の付加や除去によって

223

第 7 章

表 7.2　タンパク質の修飾，その反応を触媒する酵素，修飾されたタンパク質中のアミノ酸（残基）

修飾（付加・除去）	修飾酵素	アミノ酸（残基）の修飾
リン酸化，脱リン酸化（PO_4^{3-} または P_i）	キナーゼ，ホスファターゼ	Ser, Thr, Tyr（いずれも OH 基を持つ）
ユビキチン化：「ユビキチン」と呼ばれる 8.5 kDa のペプチドの付加	ユビキチンリガーゼ，脱ユビキチン化酵素	Lys
スモイル化：「Sumo」と呼ばれる 12 kDa のペプチドの付加	Sumo リガーゼ，Sumo 特異的プロテアーゼ	Lys
アセチル化，脱アセチル化（CH_3CO）	アセチラーゼと脱アセチラーゼ	Lys
メチル化，脱メチル化（CH_3）	メチルトランスフェラーゼ，脱メチル化酵素	Lys, Arg
グリコシル化：タンパク質に O-GlcNAc などの糖鎖の付加	グリコシル化酵素	Ser, Thr, Asn
脂肪のアシル化とプレニル化（ミリスチン酸，パルミチン酸，ファルネシル，ゲラニルゲラニル）	脂肪の付加および除去酵素（例：プレニラーゼなど）	Gly や Cys のような低分子アミノ酸

修飾される。これは通常強い共有結合を介して生じ，タンパク質の形状（コンフォメーション）を変化させる。タンパク質の異なるアミノ酸にはいくつかの小さな化学基を付加することができる。多くの場合，特定の修飾が次の修飾の前提条件となることがあり，あるタンパク質の機能を変化させるためには，いくつかの残基を連続的に修飾する必要がある場合がある。しかし，そのすべてがシグナル伝達において明確な役割を担っているわけではない。最もよく研究されているタンパク質の修飾，これらの修飾を触媒する酵素，および修飾されるアミノ酸を**表 7.2** に列挙した。

　最も研究されているタンパク質の修飾はリン酸化である。1950 年代，Edmond Fischer と Edwin Krebs は，タンパク質のリン酸化とその酵素活性の刺激との間に関連性を持たせることに初めて成功した。彼らの研究は，可逆的なタンパク質のリン酸化が，前述のグリコーゲンホスホリラーゼの酵素活性の重要な調節機構であることを実証し，1992 年にノーベル生理学・医学賞を受賞した。タンパク質は，Ser/Thr キナーゼ（AMPK など）によってセリン（Ser）またはスレオニン（Thr）残基が，Tyr キナーゼ（FAK など）によってチロシン（Tyr）残基がリン酸化される（**表 7.2** 参照）。Ser, Thr, Tyr は，水酸基（OH）部分に ATP から取り出した無機リン酸が結合する。 ATP ＋ タンパク質 ↔ ADP ＋ タンパク質 − P_i。なお，P_i は無機リン酸または PO_4^{3-} を意味し，単なるリン原子ではない。生理的な pH では P_i はマイナスに帯電しており，この修飾によって他のマイナス電荷を押し退け，アミノ酸のプラス電荷を引き寄せることによってタンパク

質のコンフォメーション（形）を変化させる。このような構造変化が，リン酸化がタンパク質の機能（多くの場合，酵素の活性）に影響する。

全タンパク質の少なくとも 1／3，場合によっては 1／2 までがリン酸化されていると推定され，このことからもリン酸化修飾が制御機構として重要であることが示唆される。実際，500 を超えるヒトの遺伝子がプロテインキナーゼをコードしており，これはヒトゲノム全体の約 2％に相当する。リン酸化は可逆的な修飾であり，リン酸化されたタンパク質はセリン・スレオニンまたはチロシンホスファターゼによって脱リン酸化される。チロシンキナーゼの数は，チロシンホスファターゼの数とほぼ同じである。しかし，セリン・スレオニンホスファターゼの数（〜 40）は，既知のセリン・スレオニンキナーゼの数よりはるかに少ない。このようにリン酸化酵素とキナーゼの数が異なるのは，それぞれの作用機序が異なるためと思われる。

キナーゼは通常，リン酸化されたタンパク質上の特定のアミノ酸モチーフを認識する高い選択性を持っている。一方，ホスファターゼは通常，多くのタンパク質を脱リン酸化することができるが，制御サブユニットと相互作用することにより，個々のタンパク質を脱リン酸化する。例えば，プロテインホスファターゼ1(PP1)は，PP1制御サブユニット 3A と相互作用して，筋グリコーゲンホスホリラーゼを特異的に脱リン酸化する。

シグナル伝達タンパク質のトランスロケーション

シグナル伝達は，細胞内のシグナル伝達タンパク質の移動にも依存している。最も重要な輸送イベントの 1 つは，細胞質 – 核間のシグナル伝達タンパク質の双方向シャトリング（すなわちトランスロケーション）である。このような移動は，タンパク質上の核移行シグナル（NLS）の活性化に依存する場合がある。NLS は，核膜孔を通して細胞質から核にタンパク質を輸送するタンパク質によって認識される。通常，NLS の活性化には，タンパク質の修飾やタンパク質間相互作用の変化が関与し，NLS が露出する。例えば，NF–κB は細胞質内にある時は，それを阻害する IκB と結合している。IκB が NF–κB の NLS を覆い隠し，核内への移行を妨げる。同様に，クラス IIa ヒストン脱アセチル化酵素（HDAC）とシャペロンタンパク質 14–3–3 の結合は，NLS を覆い隠し，核輸出配列（NES）を露出させ，HDAC4 の核輸出と細胞質への保持をもたらす。3 つのセリン残基（Ser246，Ser467，Ser632）のリン酸化は，14–3–3 との結合を高めることで HDAC4 の移動を調節し，核外輸送と遺伝子転写の抑制につながる重要な役割を担っている。HDAC クラス IIa は，運動に対するシグナル伝達の複雑さを説明するうえでよい例である。

HDAC は，本章で後述するようにヒストンのアセチル化と脱アセチル化の状態のバ

第7章

ランスに寄与することで遺伝子転写を制御し，その結果クロマチン構造に影響を及ぼす（**第6章**で詳述）。**表7.2**に示すように，HDACの酵素活性による脱アセチル化は，標的ヒストンタンパク質のリジン残基の翻訳後修飾であり，主に転写抑制をもたらす。上記のような核小体シャトリングは，クラスIIa HDACの機能を制御する基本的なメカニズムであり，AMPKやCaMKIIなどの上流キナーゼによるセリンリン酸化などの翻訳後修飾によって制御され，HDACと14-3-3ファミリータンパク質の結合を修飾していることがわかっている。しかし，HDACクラスIIaは，特定の標的転写因子と直接相互作用して不活性化することによっても転写抑制を行うことができ，さらに，標的転写因子を不活性型に切り替えるいくつかの異なるコアプレッサーやタンパク質修飾酵素をリクルートする。したがって，シグナル伝達のいくつかの特徴（タンパク質間相互作用，タンパク質の修飾，転位）は，HDACの機能制御において同時かつ相互依存的である。有酸素運動を1回行うと，HDACクラスIIaのリン酸化が進み，核外輸送が増加し，ヒストンアセチル化が進み，HDAC–MEF2タンパク質相互作用が減少することによってGLUT-4やPGC-1αなどの運動反応性遺伝子のHDAC媒介抑制が減少することが証明されており，クラスIIa HDACは運動に対する分子応答の中心をなすものとしてみられている[19]。

シグナル伝達タンパク質の合成，分解，安定化

　最後に，運動と関連するシグナル伝達メカニズムについて，シグナル伝達タンパク質の合成や分解速度，安定化を変化させることによって伝達を調節することを紹介する。この概念について，運動中に起こる細胞内酸素分圧（PO_2）の低下によるHIF（hypoxia–inducible factor）の制御を例に説明する（**第11章**で詳述）。簡単に説明すると，HIFはHIF-1αとHIF-1βという2つのサブユニットからなるヘテロ二量体の転写因子である。正常な酸素条件下ではPHD（prolyl hydroxylase）酵素によってHIF-1αの水酸化が起こり，HIF-1αの分解が誘発される[39]。PHDは細胞の酸素濃度のセンサーとして働き，低酸素状態や酸素濃度が低下した状態では，PHD酵素の水酸化酵素活性が阻害され，HIF-1αが安定化する。その結果，HIF-1αは核に移動してHIF-1βと活性複合体を形成し，赤血球生成，血管新生，解糖およびエネルギー代謝にかかわる標的遺伝子の転写をもたらす[39]。HIF-1αタンパク質は急性的に有酸素性の運動中に増加し，核に蓄積し，DNA結合が強まる[48]。

　シグナル伝達の終了におけるタンパク質分解の役割に特化したもう1つの例は，筋の発達や筋形成を制御する筋原性制御因子MyoD, Myf5, myogenin, MRF4である（**第2章**，**第13章**で詳述）。これらのシグナルは，転写因子の選択的な分解によって終了

される。

　例えば，MyoD シグナルは，ユビキチンリガーゼ MAFbx がユビキチンを MyoD に結合させ，MyoD を 26S プロテアソームにより分解のため印をつけ，停止する[49]。前述の PGC–1α の例と同様に，この例は翻訳後修飾によるシグナル伝達と，次のステップで述べるエフェクタータンパクとして働く転写制御因子の活性の両方を包含している。

ステップ 4 ― 「エフェクター」：エフェクタータンパク質と運動誘発性の適応を制御するプロセス

　シグナル伝達モデルの最初の 3 つのステップは，最終的に細胞内経路の活性化や抑制に関与する。そしてこれらの経路は，モデルのステップ 4 ～ 6 を構成する転写と翻訳プロセスの制御に関与する無数の下流のエフェクタータンパク質（**エフェクター**）に結合する。これらの最後の 3 つのステップの結果は，エネルギー供給に関与する主要タンパク質の存在量，制御や最大活性の変化，収縮タンパク質や細胞外マトリックスなどの細胞成分のリモデリング，リボソームやミトコンドリアなどのオルガネラの生合成である[8-11]。言い換えれば，これらの変化は，運動が適応によって骨格筋を変化させる最終的なプロセスである。本章では，転写と翻訳の制御を，これまで述べてきたシグナル伝達経路の下流にある運動に対する急性反応として考える。**表 7.3** は，骨格筋における運動トレーニング誘発性の変化と関連する転写および翻訳の制御因子の一覧表で，その多くはレジスタンス運動と持久性運動について，それぞれ**第 8 章**と**第 9 章**で詳しく説明する。

　歴史的に，転写因子，コアクチベーター，リプレッサーの活性は，大きな関心の対象であった。この関心は，適応過程としての組織の形態と機能の変化が徐々に構造的なリモデリングと長期的な機能調整を引き起こすタンパク質の変化に先立ち，mRNA の存在量の急性・慢性の変化によって駆動されるという報告によりもたらされた[9]。言い換えれば，産生され拡散された遺伝子のコピー（mRNA）は，コードされたタンパク質の翻訳とアセンブリーを介して，筋組織のリモデリングを指示するためのメッセージを提供する。この関係に基づき，急性運動セッションと慢性運動トレーニングから生じる機能調整に関連する mRNA の存在量の違いを系統的に調べることで，筋適応の根底にあるメカニズムが明らかになるだろうという仮説が立てられた。運動応答性遺伝子の転写は，依然として骨格筋における運動トレーニング誘発性適応のモデルの中心であり[50]，ここ 10 年で特にエピジェネティクスに関連する転写前後のプロセス，すなわちヒスト

第 7 章

表 7.3　骨格筋における運動トレーニング誘発性の適応の制御因子として提唱されたエフェクタータンパク質とプロセス

タンパク質	機能と制御
転写制御因子	
ERR (estrogen-related receptor)	・ERRα と ERRγ は酸化組織で多く発現する構成的な転写活性能を持つオーファン核内オーファン受容体である ・OXPHOS，脂肪酸酸化，ミトコンドリア DNA 遺伝子，血管新生を制御する ・ERRα は PGC-1α によって制御されている。PGC-1α 誘導性のミトコンドリア生合成と VEGF 誘導性の血管新生に必要である
FOXO (forkhead transcription factors, O-box subfamily)	・アセチル化やリン酸化などの翻訳後修飾により制御される ・FOXO1 は，エネルギー代謝に関与する遺伝子を制御し，利用するエネルギーのシフトを制御する ・FOXO3 は，筋特異的なユビキチンリガーゼの MAFbx と MuRF1 のアップレギュレーションを通じて筋萎縮を促進する
HAT (histone acetyltransferase), HDAC (histone deacetylase)	・ヒストンのアセチル化状態を変化させることで遺伝子発現を制御する拮抗性の酵素 ・アセチル化と脱アセチル化をそれぞれ触媒することによる転写活性化因子（HAT）と転写抑制因子（HDAC） ・HAT と HDAC のバランスにより転写速度が決定される
HIF (hypoxia-inducible factor)	・HIF-1α と HIF-1β からなるヘテロ二量体転写因子 ・低酸素症：PHD 活性が阻害され，HIF-1α が安定化する ・低酸素症：PHD 活性が阻害され，HIF-1α が安定化し，HIF-1β と結合して活性化する ・活性化された HIF-1 は赤血球造血，エネルギー代謝，血管新生に関与する標的遺伝子の転写を誘導する
TFAM (mitochondrial transcription factor A)	・核ゲノムにコードされているミトコンドリア DNA の複製，維持，転写，および正常なミトコンドリア機能に不可欠な転写因子 ・PGC-1α による NRF-1，NRF--2 のプロモーターへの活性化により発現が制御される
MEF (myocyte enhancer factor) 2	・幅広い代謝および筋原性遺伝子のプロモーターに存在する結合部位を通じて筋のリモデリングに関与する MADS ボックス転写因子 ・class II HDAC との連携は MEF2 の活性を抑制する ・PGC-1α と協調して転写を促進する
NRF (nuclear respiratory factor) 1, 2	・核にコードされた転写因子で多くのミトコンドリア遺伝子の制御に関連する ・NRF-1は 5 つの電子伝達鎖複合体すべての遺伝子を制御している ・TFAM の活性化を介してミトコンドリア DNA の転写を制御する ・PGC-1α による NRF-2 および ERRα との共活性化は，それら自身および NRF-1 の発現を制御する
PPAR (peroxisome proliferator-activated receptor)	・リガンド依存性の核内ホルモン受容体ファミリー（PPARα, β/δ, γ） ・レチノイド X 受容体と二量体化し，PPAR 応答エレメント（PPRE）に結合することで，転写を制御する ・脂質代謝と全身のエネルギー代謝における調節的役割
PGC (PPARγ coactivator) family	・転写コアクチベーターファミリー：PGC-1α，PGC-1β，PGC-1α 関連コアクチベーター（PRC） ・PTM によって制御され，熱産生，糖新生，筋分化，細胞増殖の経路を制御する ・細胞代謝において転写活性化因子と転写抑制因子として中心的な役割を担う ・ミトコンドリア生合成の核・ミトコンドリア制御において支配的効果が観察される

228

シグナル伝達と運動

タンパク質	機能と制御
翻訳制御因子	
S6K1 (ribosomal protein/p70 S6 kinase)	・mTORC1 の基質で，mTORC1 の活性化によりキナーゼ活性が上昇し，リボソームタンパク質 S6（rpS6）などの下流標的のリン酸化につながる ・S6K1 の活性化は，eIF4B を介した翻訳開始と eEF2K を介した翻訳伸長を引き起こすと考えられている ・S6K1 と rpS6 のリン酸化は，mTORC1/同化シグナル伝達の指標としてよく用いられる
eIF (eukaryotic initiation factor)	・eIF は mRNA の認識，リボソームサブユニットのプライミング，プレ翻訳開始複合体と翻訳開始複合体の形成を通して，翻訳開始を制御する因子である ・eIF3 と eIF4 はそれぞれシグナル伝達タンパク質である S6K1 と 4E-BP1 に結合しており，mTORC1 の活性化後にリン酸化され，その結果，eIF3 と eIF4 が S6K1 と 4E-BP1 から切り離され，リボソームの集合と翻訳開始のステップが進む
4E-BP1 (eukaryotic translation initiation factor 4E-binding protein 1)	・翻訳開始因子で，mTORC1 によるリン酸化のもう 1 つの主要な標的である ・eIF4 から 4E-BP1 が取り除かれることで，翻訳開始前にプレ翻訳開始複合体が mRNA 鎖にリクルートされる ・4E-BP1 のリン酸化は，mTORC1/同化シグナル伝達の指標としてよく用いられる
eEF (eukaryotic elongation factor)	・eEF は，リボソームへのトランスファー RNA の取り込みを促進し，ペプチド結合が形成されるとリボソームが次のコドンへ移行するのを促進することで，mRNA からタンパク質への翻訳を助ける ・eEF2 のリン酸化は主に eEF2 キナーゼ（eEF2K）によって制御され，eEF2 キナーゼは S6K1（mTORC1 活性化の下流）によってリン酸化および阻害され，それによって eEF2 が活性化される ・mTORC1 非依存的なメカニズムによっても制御されている可能性がある

ン修飾[19]，DNA メチル化[20]，マイクロ RNA（miRNA）[51] の新たな役割が発見されたことで，このモデルにさらに興味深い複雑性が加わった（**第 6 章**参照）。

しかし，タンパク質合成に関与する主要な経路，すなわち mTORC，S6K1，および翻訳の様々なステップに関与するいくつかの下流標的が，運動によって急性に活性化されることが繰り返し観察されていることから，タンパク質翻訳の制御は，このステップにおいて重要性を増していると考えられてきた[12,52]。細胞の恒常性維持はダイナミックなプロセスであり，したがって生存を最適化するためには，細胞は内在的あるいは外在的な環境の変化に迅速に対応できなければならない。したがって，このような応答を制御するタンパク質は，必要以上に mRNA の翻訳速度に依存するのではなく，既存の mRNA の翻訳速度を変化させることによって，短時間で増減できなければならない。運動によってタンパク質合成が通常の速度以上に刺激される場合，特定のタンパク質の翻訳は主に翻訳効率と翻訳能力により決定される。リボソーム生合成による翻訳効率（単

第7章

位 RNA あたりのタンパク質合成量）の上昇と翻訳能力（単位組織あたりの総 RNA 量）の向上は，いずれも運動に対する適応反応の重要な調節因子とされている[10]。結局のところ，運動に対する mRNA 量の変化（増加または減少）の有無にかかわらず，運動の表現型や機能的な結果は，量の変化，最大活性，活性や機能を決定する制御機構に対する感受性などの形で，タンパク質に完全に依存している。

（小谷　鷹哉）

ステップ5—「転写」：遺伝子発現の制御

遺伝子の転写の詳細および調節の全体像については，**第3章**を参照されたい。ここでは簡単に転写の制御の重要な段階を概説する。転写プロセスは，主に以下の段階に分けることができる。

- 遺伝子の転写を可能にするためにクロマチン構造の変化
- RNA ポリメラーゼ II の転写開始地点への動員。
- RNA ポリメラーゼ II による DNA から RNA への転写。
- 転写の終了。

運動によって遺伝子の転写プロセスの制御のほとんど，もしくはすべてが変化することが示されている。ここでは転写の調節における重要な点と運動に対する応答性について概説する。

DNA のクロマチン構造が変化（弛緩）することで，転写因子が DNA に結合することができるようになり，遺伝子の転写が可能となる。プロモーターと呼ばれる DNA の領域は，RNA ポリメラーゼ II の結合部位となる転写開始点に近接している。転写因子とともに，転写開始前複合体が形成される。転写開始前複合体は，遺伝子の転写を低レベルで促進することができる。しかし，運動や他の活性化シグナル伝達経路によって，近接したプロモーター領域およびエンハンサー領域に結合する配列特異的転写因子によって転写が調節され，転写速度が大幅に向上する。

プロキシマルプロモーターは，コアプロモーターから数百塩基対上流の DNA 領域である。一方で，エンハンサー領域はしばしば転写開始部位から数十万塩基対離れている。しかし，DNA のループによって，遠位のエンハンサー領域が近接プロモーターに近づくことがある。ただし，隣接する遺伝子に影響を与えるエンハンサーは非常に稀であることが実証されている。現在の予測によると，ヒトのゲノムには約 70,000 のプロモーター様の領域と約 400,000 のエンハンサー様の領域があるとされている[53]。これは，このプロモーターおよびエンハンサーによる転写制御プロセスが複雑であることを

示唆している。例えば骨格筋に関する研究では，筋形成にかかわる転写因子 MyoD は，20,000 以上の DNA の領域に結合することが報告されている[54]。

さらに，ヒトのゲノムには約 1,800 個の転写因子が存在すると推定されている[55]。これらの中で転写因子は，特定の DNA モチーフを認識する DNA 結合ドメインを持つ。一般的な DNA 結合ドメインのタイプには，C2H2 型 zinc-finger，ホメオドメイン，基本的なヘリックスループヘリックスが含まれる[55]。転写因子が正しい DNA 結合モチーフを作成するためには，同種または異種の二量体（タンパク質 – タンパク質相互作用）を形成する必要がある。これらの転写因子は，前述の PGC–1α などの共役因子の結合によってさらに調節される。骨格筋の遺伝子発現の調節においては，PGC–1α は NRF–1，NRF–2，MEF2，ERRα，TFAM との相互作用を行う。また，単回の持久性運動によって，MEF2[56]，NF–κB[57]，NRF–1 と NRF–2[58] などの様々な転写因子は，DNA 結合能を変化させる。

クロマチン構造の変化およびエピジェネティクス

遺伝子発現のエピジェネティックな調節については**第3章**で簡単に紹介し，また**第6章**では運動のエピジェネティクスについてより詳細に論じている。しかし，シグナル伝達においてもクロマチン構造の変化と DNA の化学修飾の変化は重要であることから，本章でもエピジェネティクスを取り扱う。

ヒトのゲノム中の DNA は全長が約 2 m と推定されている。わずか 10 μm しかない小さな核内に DNA を収めるためには，密に収納される必要がある。この DNA の密な収納は，8 つのヒストンタンパク質から構成される複合体に DNA を巻きつけることで実現される。ヒストン複合体と DNA の集合体をクロマチンと呼び，1 つのヒストン複合体に巻きつけられた DNA をヌクレオソームと呼ぶ。

クロマチン構造の変化により DNA が紐解かれなければ，遺伝子の転写は行われない。DNA の凝集と弛緩は，クロマチンリモデリングとして知られており，ヒストン修飾はこの重要な制御因子である。ゲノムへの凝集した DNA と弛緩した DNA の情報のマッピングは，ヒストンの化学修飾が細胞特異的であることや遺伝子，転写開始点，および転写調節領域と関連すること，これらを介して遺伝子発現が調節されることを明らかにした[53]。実際シグナル伝達経路は，特にヒストン H3 および H4 のテール領域でヒストンタンパク質をメチル化（CH_3，メチル基），アセチル化（CH_3CO，アセチル基），リン酸化することにより，クロマチン構造の変化を調節する[19,20]。これらの修飾を触媒する酵素には，ヒストンメチル基転移酵素とヒストン脱メチル化酵素，ヒストンアセチル基転移酵素，ヒストン脱アセチル化酵素（HDAC）などが含まれる。化学修飾は，

まず修飾されたアミノ酸，次に化学修飾のタイプ（ac はアセチル化，me1，me2，m3 はそれぞれメチル化，ジメチル化，トリメチル化を表わす）を示すことで略記される。例えば，H3K27me3 はヒストン 3 のリシン 27（K はリシンの 1 文字略記）のトリメチル化を示している。

エピジェネティック修飾は，運動に対する分子応答と適応を調節する要因の 1 つである。特に，一過性の持久性運動によって，ヒストン修飾の一時的な変化[59] や，遺伝子特異的な DNA メチル化状態の変化[60] が誘導され，運動による遺伝子発現の変化に先行して現れることが知られている[59,60]。例えば，運動は HDAC の活性を抑制することでヒストンアセチル化を増加させることを可能にしている[59]。これによってクロマチンの弛緩が促進され，転写が活性化される。同様に，特定の遺伝子の GC-rich consensus-binding 配列の DNA の脱メチル化が増加し，様々な運動応答性遺伝子で観察される。このような変化は，クロマチンの弛緩が促進され転写が活性化されることに寄与する。

最近では，レジスタンス運動[32,33] や方向転換を伴う繰り返しスプリント運動[61] においても，一過性の運動によって誘導される脱メチル化と同じパターンが観察されている。ゲノム全体のレベルでは，運動直後に一時的に脱メチル化された遺伝子と，回復期にmRNA 量が増加する遺伝子には，関連が認められた[32,33]。重要なこととして，脱メチル化が確認された多くの遺伝子は，様々な種類の運動の応答と適応に重要であることが明らかにされている。また，トレーニング，脱トレーニング，再トレーニングによって生じる骨格筋のエピジェネティックな記憶と関連する遺伝子も同定されている[32,33,61]。

運動とエピジェネティック調節を結びつける分子ネットワークは，近年では研究者の多くの関心を集めている。多数の酵素がアセチル化/脱アセチル化およびメチル化/脱メチル化を調節しており，これらの多くは代謝やシグナル伝達にも関連している。とりわけ，運動応答性のキナーゼ（AMPK や CaMKII など）は，DNA やヒストンの化学修飾を制御する上流因子である[19,20]。

mRNA の転写後修飾

RNA polymerase II によって生成された初期の転写物は，mRNA になるために転写後修飾を受ける。ほとんどのヒト遺伝子は，タンパク質をコードする遺伝子の部分であるエクソンと，それらを挟むイントロンから構成されている。イントロンはスプライソームによって除去され，どのエクソンを保持するかによって異なるスプライスバリアントが生じる。運動生理学においては，IGF-1 遺伝子のオルタナティブスプライシングによってメカノグロースファクター（MGF，ヒトでは IGF-1Ec，げっ歯類では IGF-

1Eb とも呼ばれる）を生成する。これは，Geoffrey Goldspink のグループによって1990 年代後半に発見された[62]。スプライソソームの活性は，異なるスプライスサイトを認識するタンパク質によって一部制御されるが，現時点では，運動がオルタナティブスプライシングをどのように制御するかは明確ではない。

　転写後の RNA は，small RNA によっても修飾される。典型的には，長さが約 21 〜26 ヌクレオチドである small interfering RNA（siRNA）および miRNA がある[63]。miRNA と siRNA は異なる方法で生成されるが，選択的に mRNA 分解するといった類似した機能を持っている。合成後，miRNA と siRNA は RNA 誘導サイレンサーコンプレックス（RISC）の一部となる。miRNA と siRNA は，ターゲット mRNA 中の相補的な配列に結合することによって RISC 複合体に特異性を与え，ターゲット mRNA の分解または mRNA の翻訳の抑制を引き起こし，最終的にタンパク質の量の低下を引き起こす。現在までに 2,000 以上の miRNA トランスクリプトが同定されており，ヒトの遺伝子トランスクリプトの 30％までがこの種の調節の影響を受けると推定されている。miRNA によるタンパク質量の変化は大きくはない（量の変化は 10％未満であることが多い）。しかし，単一の miRNA は数十から数百の異なるタンパク質の量を変えることができるため，運動などの刺激に対する miRNA の変化が運動・トレーニングによる適応に大きな影響を与える可能性がある。1 つの miRNA が多くの標的を持つことができる一方，同時に 1 つの転写物は複数の miRNA による標的になる可能性があり，解釈はより複雑になる。miRNA の量の変化は，持久性運動[64]とレジスタンス運動[65]の両方で生じ，miRNA は運動・トレーニングの適応を調節する可能性がある。そのため，持久性運動とレジスタンス運動における miRNA の変化については第 6 章で詳述する。

一過性の mRNA の発現変動のデータをどのように解釈すべきか

　mRNA の転写後の修飾は，運動の一過性の応答を解釈するうえで重要な点を示している。遺伝子発現は，転写以降の様々な段階で制御される。そのため，タンパク質の増減や機能の変化が運動の一過性の刺激に対する応答としてどの程度変化するかは，mRNA の変化から常に予測できるわけではない[66]。さらに，相対的な mRNA の発現量は，対象タンパク質の発現量を正確に反映するわけではない。また，mRNA の発現量の情報は，タンパク質の翻訳後修飾や酵素活性などの特徴について情報を与えない[67]。したがって，遺伝子発現とは転写調節因子の活性化から機能性タンパク質の合成までを包括するプロセスを指す[68]。mRNA の存在量の増加は，しばしば遺伝子発現の増加として言及されるが，これは厳密には正しくない。というのは，遺伝子発現の増加という現象は，遺伝子によってコードされた「タンパク質の増加」まで保証できないためである。

第 7 章

　mRNA とタンパク質発現パターンの相関が，酵母においては，定量的な mRNA デー
タからタンパク質の量を予測するために不十分だという報告がある[69]。実際，いくつ
かの遺伝子について，それぞれの mRNA の相対的な発現が同様である一方で，対応す
るタンパク質の量は 20 倍以上異なっていた。逆に，一定量のタンパク質が観察されたが，
同じ時間枠で対応する mRNA の量は 30 倍以上異なっていた。このように，mRNA の
変化を解釈する際には，mRNA はタンパク質の鋳型物質であるにもかかわらず，両者
の量的関係は単純でも線形でもない。酵母などのモデル生物の研究は，mRNA やタン
パク質の動態を探索するにあたって，高い時間分解能により数百のタイムポイントを設
定することが可能である。一方，分子運動生理学においてヒトの骨格筋において同様の
概念を適合させることは，被験者数とサンプリングポイントに制約があるため不可能
である。筋生検サンプルを対象とした解析は時間分解能に制約がある。mRNA やタン
パク質の半減期や変化の動態は非常に大きい。例えば一過性の持久性運動後，PGC–1
α mRNA の発現は強く増加し，通常は運動後 2 ～ 4 時間のピークを迎え，その後 1 ～
8 時間持続する。しかし，PGC–1α タンパク質の半減期は比較的短く（約 2.3 時間），
AMPK や MAPK などの上流キナーゼによるリン酸化によって安定化されることがある。
その結果，PGC–1α タンパク質の半減期が 3 倍になり，観察される PGC–1α タンパク
質の量が増加する[70]。したがって，一過性の運動の応答において mRNA とタンパク質
の両方の量を測定する場合，これらの特徴に注意を払う必要がある。

　レジスタンストレーニングの負荷の変化に応じた mRNA とタンパク質の量の変化
の例を考えてみたい。最近注目されている遺伝子の 1 つは，E3 ユビキチンリガーゼ
UBR5 である。（E3 ユビキチンリガーゼとその作用については，本章後半で説明する）。
UBR5 の DNA メチル化，mRNA とタンパク質の量を測定した場合，UBR5 の異なる
発現パターンを生み出す慢性的な肥大化刺激と萎縮刺激に対して，複数の種にわたり
mRNA およびタンパク質発現パターンに強い一致がみられることがある[32,71,72]。ただ
し，UBR5 のような大型タンパク質（300 kDa 以上）では，急性運動後に mRNA から
タンパク質に翻訳されるのに時間がかかるため，mRNA とタンパク質の量の変化を検
出するための測定ポイントを決定する際には注意が必要である。

　もう 1 つは，14 日間にわたる持久性トレーニングを，1 日あたり約 80 % $\dot{V}O_2peak$
で行った例である。初日，3 日目，7 日目，10 日目，14 日目のトレーニングセッショ
ンの翌朝（運動後 16 時間）に筋生検を行い，mRNA とタンパク質の動態を調べた研究
である[16]。ERR α やシトクロム c などの遺伝子については，1 回目の運動セッション
後から mRNA の増加が観察され，トレーニング期間中も維持されるという予想通りの
パターンが現れた。しかし，タンパク質量の増加は 3 回目と 7 回目のトレーニングセッ

ション後になって初めて観察された。逆に，PGC-1αタンパク質量の増加は運動による mRNA 量の増加よりも先に起こり，GLUT4 タンパク質量には mRNA 量ほどの増加は認めなかった。これらの結果は，遺伝子固有の mRNA およびタンパク質の動態を考慮する必要性を強調するものである。このような現象に興味を持った読者には Booth と Neufer（2012）の文献[66]を勧める。

これらの側面についての認識は，遺伝子発現を測定した研究の結果を解釈する際にも重要である。具体的な例を挙げると，運動後の筋生検サンプルでは，よく研究対象となるのがピルビン酸脱水素酵素キナーゼ4（PDK4）である。PDK4 はピルビン酸脱水素酵素（PDH）複合体の調節にかかわる。PDH 複合体は，解糖系とミトコンドリアでの酸化的リン酸化をつなぐ重要な段階である。PDK4 によるリン酸化によるこの複合体の不活性化は，ピルビン酸からアセチル CoA への変換を弱め，解糖系のアロステリックな抑制とグルコース酸化の抑制を引き起こす[73]。一過性の運動や絶食に対する PDK4 の mRNA 量は急速かつ強力に増加するが，このような PDK4 の mRNA 量の変化が「グルコースの節約」といった結果につながると主張するのは誤りである。簡単にいえば，mRNA のみを測定しても，この変化が PDK4 タンパク質の量の変化につながる証拠はなく，PDH 複合体のリン酸化を引き起こす酵素活性が増加しているという証拠になりえないからである。より保守的な主張としては，（例えば運動によって）PDK4 の転写調節が変化し，この応答がグルコースの節約と脂肪酸酸化の増加に貢献する代謝応答の一部を形成する可能性があるというものである。

より一般的にいえば，特定の mRNA が一過性の運動中や運動後に有意に変化したことは，筋収縮がその遺伝子の転写調節に作用した可能性を示唆するものである。ただし，その後タンパク質量が変化しない場合，一過性運動がタンパク質レベルで必ずしも検出可能な変化を生じさせるわけではないことを示す。筋生検によって提供される時間分解能の課題に加えて，mRNA およびタンパク質の半減期といった動態，タンパク質測定の感度に関する問題も，データの最終的な解釈に考慮される必要がある（**第2章**）。これらの結果は，単に mRNA とタンパク質の量の変化が一過性であることを反映している可能性がある。つまり，筋生検のサンプリングポイントは，それぞれの半減期や安定性の変化による mRNA とタンパク質の実測および機能的変化に対立する可能性がある。

ステップ6—「翻訳」：mRNA からタンパク質の合成

成熟した mRNA はリボソームによってタンパク質に翻訳される。リボソームは，rRNA（リボソーム RNA）の小さな 40S サブユニットと大きな 60S サブユニットが結

合して 80S リボソームをつくる。リボソームはリボソームタンパク質によって制御され，特に mTOR シグナル伝達経路によって調節される。1990 年代後半に，筋肥大中に翻訳調節因子が変化することが注目され[74]，その後の研究で，運動が MPS を増加させるための主要なメカニズムとして mTOR 経路を介した翻訳の活性化が示された（後のセクションで，持久性運動とレジスタンス運動に対する適応における MPS の役割についてさらに議論を行う）。タンパク質翻訳は，以下の 3 つの段階で行われる。

1. 開始：リボソームと mRNA が結合する段階
2. 伸長：リボソームが mRNA を読み取り，アミノ酸に翻訳する段階
3. 終結

3 つのプロセスがすべて厳密に制御されている。翻訳制御の律速段階は，開始段階である。翻訳開始は，真核生物の開始因子（eIF）によって調節される多段階プロセスで，80S 開始複合体の形成で終了する。翻訳の前に，リボソームのサブユニットは別々に存在し，40S サブユニットは転移 RNA（tRNA）の結合によって「プライム」される必要がある。tRNA には，mRNA の AUG 開始コドンに対応する相補的な配列が含まれており，またアミノ酸メチオニンにも結合している。タンパク質はアミン N 末端から合成され，カルボキシル C 末端で終了する構造をとる。そのため，すべてのタンパク質はメチオニン残基で始まるものの，翻訳後に取り除かれることもある。40S リボソームのプライムは，eIF3 によって部分的に調節され，43S 前開始複合体をつくる。次に，eIF4 がmRNA の 5'- 末端（5'-cap と呼ばれる）を 43S 複合体に導き，リボソームが開始コドンを見つけるまで mRNA を進める。その後，他の eIF が 60S サブユニットを募集して80S 開始複合体を形成し，ポリペプチド鎖の合成が開始される。

　非活性化状態では，翻訳開始因子の eIF3 と eIF4 はそれぞれ，情報伝達タンパク質である S6K1 と 4E–BP1 に結合している。特に，レジスタンス運動や必須アミノ酸，インスリンなどのホルモンによって mTORC1 が活性化されると，S6K1 と 4E–BP1 がリン酸化される（そして mTOR シグナル伝達経路の様々な他のタンパク質もリン酸化される）。その結果，eIF3 と eIF4 は S6K1 と 4E–BP1 から解離し，リボソームの組み立ての促進に貢献する。

　80S 起始複合体の組み立てに続いて伸長が行われる。伸長のプロセスは，**真核生物の伸長因子**（eEF）によって制御され，mRNA のコドンをテンプレートとして正しい tRNA の配列を誘導する。伸長は，活性化された tRNA（すなわち，各アミノ酸に結合した tRNA）の結合，ペプチド結合の形成，非活性 tRNA の解離を含むサイクルで進行する。このようにしてリボソームは mRNA を移動し，ストップコドンに達すると，**真核生物の解放因子**（eRF）によってプロセスが終了する。タンパク質の翻訳の一過性の

シグナル伝達と運動

調節以外にも，リボソームやリソソーム（タンパク質分解に関連するオートファジー，後述）の生合成と機能，骨格筋の適応のためのサテライト細胞の重要性（**第13章**）など，この分野で注目されている新しい領域がいくつかある[10]。

タンパク質分解の制御

シグナル伝達は，タンパク質の寿命を制御し，その分解速度を調節することでも細胞内に影響を与える。タンパク質の分解は，少なくとも下記の3つの機構がある。

● ユビキチン–プロテアソーム系
● オートファジー–リソソーム系
● 細胞質プロテアーゼシステム

細胞質のタンパク質分解システムには，アポトーシス細胞死に関連するカスパーゼプロテアーゼと，カルパインプロテアーゼが含まれる。これらのシステムはタンパク質の代謝回転には強く関係していないため，このセクションの残りの部分では，運動と骨格筋に関連するユビキチン–プロテアソームとオートファジー–リソソーム経路の役割に焦点を当てる。

細胞内のほとんどのタンパク質は，タンパク質のユビキチン化（**表7.1**で言及されているタンパク質修飾）により，その後26Sプロテアソームで分解されるユビキチン–プロテアソーム系(UPS)によって分解される。タンパク質は，リシン残基のεアミノ基，あるいは場合によってはタンパク質のN末端にユビキチンを付加することにより，分解のために選択される。ユビキチン自体は76個のアミノ酸残基を持つ小さなタンパク質であり，あらゆる組織に普遍的に存在することからこの名前が付けられた。ユビキチン化は，E1，E2，E3酵素の3つのタイプの酵素によるエネルギーを必要とするプロセスである。ユビキチンは，最初にE1活性化酵素によって活性化され，その後，数多くのE3リガーゼと相互作用するいくつかのE2結合酵素の1つに転移される。実際のターゲットタンパク質のユビキチン化は，E2-E3ペアによって実行される。このプロセスに，標的タンパク質への特異性を与えるのはE3リガーゼである。骨格筋固有のE3リガーゼには，MuRF1とatrogin-1がある。これらは，骨格筋萎縮モデルで最初に発見されたものであり，骨格筋萎縮が生じる条件下では，骨格筋タンパク質分解の主要な調節因子である[75]。ただし，他の多くのE3リガーゼも骨格筋のタンパク質分解を調節しており，ヒトのゲノムには600種類以上のE3リガーゼが存在する。ユビキチン化されたタンパク質は，30以上のタンパク質から構成されるバレル状の複合体である26Sプロテアソームを介して消化される。UPSの骨格筋萎縮における役割はよく確立されている。しかし，この経路が運動による適応に重要な役割を果たすかどうかは明確ではない。例

第7章

えば，MuRF1 と atrogin-1 の発現は，様々な様式の一過性運動に対して増加，変化なし，または減少することが観察されている[76]。ただし，MuRF-1 の発現が一過性の持久性運動と一過性のレジスタンス運動の両方に誘導される一般的な傾向としては，運動誘発性シグナル伝達経路による UPS の活性化の役割を示唆している。

　興味深いことに，最近の研究により，E3 ユビキチンリガーゼの UBR5 が，骨格筋量の新しい調節因子であることが明らかとなった[32,71,72]。特に注目すべきは，UBR5 の活性が MuRF1 および MAFbx とは対照的であり，その発現は同化作用と筋肥大に関連することである。骨格筋特異的に UBR5 を欠損させると，同化シグナル伝達を減衰させ，骨格筋萎縮を引き起こす[32,71,72]。これらの知見は，骨格筋適応の調節における UPS の役割がタンパク質の「分解」/筋萎縮経路に留まらないことを意味している。すなわち，骨格筋量のプラスとマイナスの調節因子を分解することによって，骨格筋肥大と骨格筋萎縮に対してそれぞれの役割がある可能性が高いことを示唆している。これについては，レジスタンス運動に対する分子適応に関して論じた第8章で詳述する。

　他のタンパク質分解機構と同様に，オートファジーも運動に対する骨格筋の適応に関与する可能性がある。オートファジーは，タンパク質やオルガネラを捕捉し，それらをリソソームで分解する機構である。マクロオートファジーは，細胞質の特定のオルガネラやタンパク質複合体が，オートファゴソームと呼ばれる液胞によって包まれ，その後リソソームと融合することによって生じる。ミクロオートファジーは，細胞質成分を直接リソソームに取り込むことによって生じる。また，シャペロン介在性オートファジーや選択的オートファジーなどのより選択的なタイプのオートファジーは，特定のタンパク質を分解することができる。UPS によるタンパク質分解の概念と同様に，オートファジーは一見すれば非常に破壊的に思えるかもしれない。しかし，オートファジーは1回の運動セッションによって活性化される[77]。そして実際には，トレーニングによる骨格筋萎縮の適応のために必要なプロセスである可能性がある[78]。概念的には，一過性の運動が細胞内の情報伝達経路を活性化し，骨格筋タンパク質の代謝回転を増加させること（すなわち，分解と合成の両方を活性化すること）と位置づけられる。この代謝回転の増加は，運動トレーニングに伴う収縮タンパク質や細胞外マトリックスなどのリモデリングに必須であると考えられている。

運動応答性の細胞内シグナル伝達の統合的理解

　ここまで，転写や翻訳の変化を制御する分子機構について詳しく説明した。これらの機構が一過性の運動によって活性化または抑制される。この一過性の変化を反復するこ

とで，トレーニング効果として適応的な変化を引き起こすことができることを説明してきた。また，これらのプロセスの現在知られている調節因子の例もいくつか示した。こうした複雑な機構について理解を深めることは容易ではないが，他の章で詳しく説明しているものを含め（**第6，8，9章**参照），重要なポイントをまとめ，既知と未知の知識を統合することを目指す。実際，運動の適応に関与するタンパク質は数百になるが，未知のものが多数存在する可能性が高い。これを解決するための探索的な視点が，以下で説明する最近の「オミクス」研究である。骨格筋の適応に関与するシグナル伝達経路や適応についての詳細な議論は，他の総説論文から入手できる[8,9,12,19,20]。

　要約すると，長期的適応にかかわる運動によるシグナル伝達は，恒常性への無数の攪乱が我々の身体内，特に骨格筋で生じることから始まる。この中にはエネルギー代謝と骨格筋機能の変化が含まれる。これらのすべての攪乱は「**シグナル**」（ステップ1）として分子的な「**センサー**」（ステップ2）またはセンサータンパク質によって感知され，次に「**シグナル伝達**」経路やネットワーク（ステップ3）に伝達される。このようなシグナル伝達は，タンパク質－タンパク質の結合，リン酸化とその他の修飾を介して機能する。シグナル伝達タンパク質は，細胞質と核の間を移動することもある。最後に，運動によって誘導された下流のシグナル伝達タンパク質は，「**エフェクタータンパク質**」（ステップ4）を調節する。このエフェクタータンパク質には，転写因子，タンパク質合成の調節因子，タンパク質分解の調節因子などを含む。また，これらのエフェクタータンパク質は，これらの筋中の適応を促す遺伝子「**転写**」（ステップ5）とタンパク質「**翻訳**」（ステップ6）の調節因子と考えることもできる。これらについては，後の章で説明する。

シグナル伝達経路の同定

　細胞内のシグナル伝達の経路は非常に複雑であり，一部の経路が互いの活性を補完し，他の経路が互いの活動を妨げ鈍化させる可能性がある。さらに，あるシグナル伝達経路と下流の標的の活性化/抑制，またその貢献度と大きさは，運動刺激の強度，持続時間，様式に大きく依存する。さらに，これらは栄養状態や酸素供給などの他の環境変数にも依存する。「なぜこのような制御の複雑さがあるのか」といった疑問は，実にもっともである。1つの答えは，複数の細胞内情報伝達には冗長性がある（すべての経路が常に活性化されるわけではなく，必要なわけでもない）ため，複数の代謝および生理学的刺激に対する適応的応答を微調整できる可能性があるということである。実際，冗長性と代償的制御は生物学的システムの主要な特徴であり，ホメオスタシスの様々な課題に対する生理学的応答と適応を維持するために働く。持久性運動とレジスタンス運動の両方が筋収縮，エネルギー消費の増加，ホメオスタシスの揺さぶりという同じ基本的な特性

第 7 章

を共有している。にもかかわらず，異なるタイプの運動の代謝的，機械的，ホルモン的，神経的な刺激の大きさは異なり，持久性トレーニングとレジスタンストレーニングの適応の性質に一定の違いがみられる。したがって，細胞内の情報伝達（適応の基盤となるプロセス）の 1 つの仮説は，運動刺激のタイプとその時の環境変数が誘発する分子的な特性と経路の分岐が最終的な適応に反映されるということを示す。

　初期の研究では，運動の頻度，力，収縮時間の広い要素の違いが，一過性の持久性運動とレジスタンス運動に対する分子的な適応の分岐を引き起こすことを示唆していた。例えば，Atherton ら（2005）[79] は，Wistar ラットの骨格筋を摘出し，連続低周波（10 ミリ秒パルス幅，10 Hz，180 分）で持久性運動を模倣するか，間欠的な高周波（約 20 分にわたる 100 Hz での 10 回 × 3 秒の収縮 6 セット）でレジスタンス運動を模倣する電気刺激を与えた。ここで留意すべき点は，電気刺激の「周波数」は収縮回数の数を指すのではなく，1 秒あたりに送信される刺激パルスの数を指すことである。つまり，高周波の電気刺激は，高い張力の収縮に相当する。それぞれの収縮特性に応じた骨格筋内の分子レベルの変化が生じる。そして，このような分子レベルの細胞内の変化の結果は，レジスタンス運動の後に同化シグナルと筋肥大に関連する経路（Akt / mTOR シグナリング）が選択的に活性化され，持久性運動モデルの後にミトコンドリアの適応に関連する経路（AMPK / PGC-1α 経路）が選択的に活性化されることを示した。さらに，持久性運動のような刺激は Akt / mTOR とその下流の標的分子/経路を抑制する。著者らは「AMPK / Akt マスタースイッチ」と AMPK / PGC-1α または Akt / mTOR の選択的な活性化が，持久性運動とレジスタンス運動に関連する特徴的な適応を説明することができると仮説を立てた[79]。

　この研究は，異なる筋収縮様式に対して，異なる分子レベルの変化を誘導することが可能であることを示している。しかしその研究以来，トレーニング適応の特異性を説明する単純なスイッチの仮説を支持するためのヒトを対象としたデータはほとんど存在しない。したがって，特異的な分子応答がそれぞれの運動様式における生理的および機能的な適応を決定しているという概念は，理論の域を出ていない[2]。ただし，特異性の概念を完全に否定するわけではない。以下のセクションでは，これらの研究のスポーツ現場での意義を説明する際に有用である点を整理する。具体的には，低酸素環境下で行われた運動や炭水化物の利用可能量が減少した状態での運動に関連するシグナル伝達の特異性についてより説得力のある研究などを紹介する。

細胞内シグナル伝達間の「阻害作用」

　シグナル伝達の特異性の議論と関連する概念の 1 つは，シグナル伝達経路の干渉であ

シグナル伝達と運動

る。最初に提唱された時，この仮説は，持久性運動による AMPK の活性化が mTORC1 依存性の経路の活性化に拮抗することでレジスタンス運動の適応を促す経路の活性化を減弱させる可能性があり，それによって相反する分子応答がそれぞれの適応に基づく干渉効果を生み出す可能性があることを示唆した[80,81]。この仮説は，1980 年代初頭に最初に観察された「コンカレントトレーニング」または「干渉」効果として知られる現象を説明するための分子的基盤であった[82]。単純にいえば，持久性運動とレジスタンス運動の両方による持久力と筋力のトレーニングは，レジスタンス運動のトレーニングだけを行う場合に比べて，力，パワー，筋肥大の面で，レジスタントレーニングによる適応が低下する可能性がある。エリートの十種競技選手のデータは，主に持久力または主に力/パワーを必要とする競技で優れることが可能であることを示唆しているが，両方に優れることはできないということが示されている[83]。したがってこの現象は，持久性運動とレジスタンス運動に応答して調節されるシグナル伝達経路の特異性によって説明されることが提案されていた。しかし実際には，コンカレントトレーニング効果は運動やトレーニングの研究では広く観察されておらず[84]，また AMPK の活性化による mTOR シグナル伝達の阻害が現象を完全に説明するわけではない[85]。

　この議論は，持久性運動とレジスタンス運動を連続したスペクトルの両端として概念化することが理論的に有用であることを示す。しかし前述したように，以下の 2 つの明白な理由から，これはあまりにも単純化された枠組みであるといわざるをえない。最初の理由は，骨格筋の適応に関する分子ネットワークには，異なる一過性の応答のメカニズムを区別または分離することが不可能なほど多数の重複があることである。実際，Atherton らの研究（2005 年）[79] 以降の多くの研究で，持久性運動とレジスタンス運動に対する異なる分子応答を観察できなかった。これらの概念は別の文献で詳しく議論されている[81,85]。二番目の理由は実践的なもので，両極端の間にある多くの「中間的な」種類の運動があり，持久性運動とレジスタンス運動に似た適応反応を引き起こすことがある。同様に，運動セッションの特定の要求と誘発された分子反応との一致は完全ではない。例えば，SIT は高い（力）パワー出力の繰り返し，断続的なスプリント活動を少数回繰り返すことで構成されている。骨格筋の適応としては，持久力の向上が顕著である[23]。これらの結果は，SIT が主に持久性運動・トレーニングに関連するものと同様の分子応答を誘発することに一致している[86-88]。もう 1 つの矛盾点は，持久性運動トレーニングが筋線維のわずかな肥大を引き起こすことが可能であることである[89]。一方，レジスタントレーニングがミトコンドリア機能[90] や $\dot{V}O_2max$ で測定される全身の酸化的エネルギー代謝の能力[91] をわずかに改善することである。最後に，ヒトの筋生理学に関する多くの研究では，均質化溶液を分析してきた。しかし，均質化溶液での

241

第7章

分析は，筋線維Ｉ型とⅡ型の特異的な結果をマスキングまたは検出不可能となってしまう可能性がある。最近の研究では，運動中の筋グリコーゲンの利用[92]や，骨格筋のタンパク質の適応の網羅的解析[93]において，骨格筋線維タイプ特異的に見られるものも報告されている。

　これらのポイントは，これらの異なる種類の運動刺激に対して，いくつかのシグナル，センサー，シグナル伝達タンパク質とパスウェイ，そして下流のターゲットやプロセスがいくらかの差異を示すということを強調している。しかし，離散的で特定のシグナル伝達経路による運動トレーニング適応が生じるといった極端な視点は適切ではない。実際に，本章の細胞内の情報伝達経路は主に直線的に描かれている（**図7.3**）。しかし，特定の経路には依存度，クロストーク，干渉，冗長性などの要因が複雑に絡み合うため，遺伝子発現の変化に対する各パスウェイの正確な貢献度を決定することは困難である。この複雑さに反するのは，「マスターレギュレーター」や「マスタースイッチ」の概念である。これらは，持久性運動によるミトコンドリア適応の文脈におけるPGC-1α，あるいはレジスタンストレーニングによる筋肥大の文脈におけるmTORC1などのように，骨格筋の適応の決定的な要因として認識されている。このようなマスターレギュレーションの概念は魅力的であるが，1つのタンパク質や経路が骨格筋の適応のすべてを制御できる可能性は極めて低い。骨格筋の適応の制御因子に関する多くの基礎科学の発見は，トランスジェニックおよびノックアウトマウスモデル，*in vitro*細胞培養実験を用いて展開されている。遺伝子の機能や重要性を同定し，細胞内の情報伝達機構を解き明かすために不可欠なアプローチである。しかし，これらの実験モデルを使用してタンパク質の量または経路の活性の変化は完全な消失から数百倍の増加まで変動することがある。留意すべき点として，運動に対する生理的な変化は，そのような変化よりもはるかに低い水準であることが多い。

　例えば，先に述べたようにPGC-1αはしばしばミトコンドリア生合成のマスターレギュレーターであり，それゆえに骨格筋のトレーニングによる適応の中心を担うと考えられてきた[47]。しかし第一に，ヒトの運動研究は観察研究としての性質を持つため，骨格筋の適応について因果関係を確立することはできない。第二に，PGC-1αをノックアウトしたマウスの観察結果では，全身[94]または筋特異的[95]なPGC-1αの欠失は，骨格筋の持久性運動トレーニングによる変化に影響を与えないことが示され，PGC-1αとは独立した経路も骨格筋の適応に貢献していることが示唆される。PGC-1αがいわゆる「マスター」レギュレーターでないといった詳細な議論については，他の文献で行われている[11,96]。もちろんこの議論は，PGC-1αが骨格筋の適応の重要な調節因子ではないと示唆するものではない。おそらく，ただ単に「マスター」レギュレーターではな

いだけである（他に重要な調節因子が存在すれば）。同様に，mTORC1 に依存しない経路が筋肥大を調節することを示す証拠が出てきたことも，mTORC1 がこのプロセスの「マスター」レギュレーターであるという考えに反するものである[42]。

筋タンパク質合成の促進

我々の考えでは，過去数十年間に普及した誤解の1つは，マスターレギュレーターやスイッチの概念に関連して，持久性トレーニングの適応は転写プロセスの調節に依存し，一方レジスタンストレーニングの適応は翻訳プロセスの調節に依存するというものである。そこで，我々はこの誤解の根源であると信じられているものについて，ここで簡単に取り上げる。

骨格筋量は，筋タンパク質合成（muscle protein synthesis：MPS）と筋タンパク質分解（muscle protein breakdown：MPB）のプロセスのバランスによって決定されると提唱されている。MPB は前述したタンパク質分解経路が大部分を制御していると考えられている。筋肥大は，MPS の累積が長期間にわたって MPB の累積を上回る場合に生じる[35]。MPB は測定が困難であり，筋肥大の調節において MPS よりも重要性が低い可能性があるため，レジスタンストレーニングによる筋肥大の調節については，MPS の制御を理解することに多くの焦点が当てられている。その結果，これまでの分子生理学研究では，MPS の重要な制御因子である mTORC1，S6K1，4E-BP1 および関連する下流標的の活性化に主に焦点を当ててきた。しかし，リボソームの生合成，サテライト細胞の機能（活性化，増殖，分化，生存），筋核ドメインのサイズと筋核数[10]をはじめとする筋肥大の調節には多数の他のノードが存在する。当然ながら，液性因子である成長因子やサイトカイン[97]も含まれる。

しかし，持久性トレーニングによるミトコンドリアのサイズ，数，機能の著しい変化が観察されることから，ミトコンドリアの生合成プロセスと転写因子および転写プロセスによるその制御に焦点を当てた研究が多く実施されてきた[11]。また，レジスタンストレーニングおいては，MPS および筋肥大が主たる研究対象となっているが，レジスタンス運動は一過性，長期的な状況の両方で骨格筋のメチローム（DNA メチル化状態の網羅的解析）とトランスクリプトーム（転写物の網羅的解析）にも著しい影響を与えることがわかっている[31-33,50,98]。近年，ミトコンドリアの分裂・融合ダイナミクス，ミトコンドリアの unfloded protein response（ミトコンドリアの分子レベルでの品質管理応答），マイトファジーによるミトコンドリアの品質管理など，数多くの分子プロセスが骨格筋におけるミトコンドリア適応の調節因子として浮上している[11]。これらのプロセスにおいても，UPS やオートファジーのプロセスに関連した制御が行われる。

第 7 章

具体的には，転写調節に加えて運動誘発のシグナル伝達経路によって，機能不全のミトコンドリアの除去と生合成の活性化との協調的なプロセスで骨格筋内のミトコンドリアの代謝回転が開始されると考えられている。

　この議論において重要な点は，「MPS」という用語の明確化である。最も広義には，総合的な MPS を指す。筋肥大がより多くの筋タンパク質の蓄積を必要とするのは事実であるが，有酸素運動，レジスタンス運動，SIT やその変種などいかなる種類であっても，運動への適応過程においてタンパク質合成の増加が必要とされる可能性が最も高い。すなわち，既存の mRNA 量や運動誘発による mRNA 量の変化から新しいタンパク質が合成されるということである。したがって，MPS をレジスタンス運動にのみ関連するプロセスとみなすことは誤りである。例えば，SIT は一般的に MPS および骨格筋同化を促進する強力な刺激となる [52]。また，レジスタンス運動によって誘発される MPS の増加が，単一の運動セッション後の数時間以内に筋サイズの予測される変化と常に相関するわけではない [99,100]。むしろ，異なる種類の運動への適応の特異性は，異なるタンパク質分画（筋原線維，筋形質，ミトコンドリア）の反応の差異 [101] および個々のタンパク質 [35] に依存する可能性が高く，「総合的な」MPS はこれらすべての分画を総合した結果を生み出す。さらに，筋力の増加が筋サイズや断面積の増加と無関係であること，すなわち肥大を伴わない神経適応 [102] や断面積単位あたりの筋力の増加が起こりうることも注目に値する。しかし，シグナル伝達経路がどのようにして骨格筋の神経筋変化に影響を与えるのかという分子基盤は，まだ十分に解明されていない。

オミクス解析の台頭

　これまでの多くの経路とターゲット選定は，細胞生理学においてよく知られた標準的な役割を持つ経路に関する情報に大きく依存している。これは，一過性の運動における分子応答の文脈では，「既知の」分子や経路に基づき選定されたデータに重点を置いている。qPCR やウエスタンブロット（**第 2 章**参照）などの手法の限界は一度に 1 つまたは数個の mRNA やタンパク質ターゲットしか測定できず，これらのターゲットの選択はやや主観的であることである。別のアプローチとして，すべてではなくとも多数の遺伝的変異，代謝物，ヒストン修飾，DNA メチル化，mRNA，タンパク質を「バイアスなし」で測定するアプローチがある。メタボロミクス，エピゲノミクス，トランスクリプトミクス，プロテオミクスなどの手法は，それぞれ代謝物，エピジェネティック修飾，mRNA，タンパク質の変化を評価するためのバイアスなしアプローチの例である。これらの手法のそれぞれは一般的に多量のデータを生成し，バイオインフォマティクスを用いて分析される。これらの手法をオミクスアプローチと総称することができる。オミ

クスアプローチの分子運動生理学における歴史的な出現については第1章で，これらの手法自体については第2章で詳述している。ここでは，オミクスアプローチの利点を説明する具体例として，細胞内情報伝達の文脈でトランスクリプトミクスとプロテオミクスの関連性について簡単に説明する。

mRNAの量の変化をトランスクリプトミクス（発現マイクロアレイまたはRNA-seqを使用した遺伝子発現プロファイリング）によって調べることは，一過性の運動が骨格筋の転写プロファイルに及ぼす影響，また不活動やより長期的な運動トレーニングによって誘発された骨格筋への影響について，大きな示唆を提供する。最近では，持久性運動やレジスタンス運動を含むヒトの研究から得られたデータがメタアナリシス法を用いて統合され，オンラインのオープンアクセスデータベースであるMetaMEx（www.metamex.eu）が作成されている。また，データベースを簡単に調べるためのインターフェイスも提供されている[50]。このデータベースには，骨格筋から得られたmRNAの網羅的解析のデータセットが66個含まれている。その中には一過性の持久性運動の研究が13件，一過性のレジスタンス運動の研究が8件含まれている。このデータベースを使用して，遺伝子オントロジーやパスウェイ解析を行い，転写因子NR4A3（核受容体4A3，またはNOR-1とも呼ばれる）が，最も運動と不活動に応答する遺伝子の1つであることが発見された。この転写因子の発現は，持久性運動とレジスタンス運動の両方によって誘導されることが示された[50]。バイアスのないオミクスアプローチを用いた発見の利点に従った特徴も示されている。NR4A3の役割は，持久的な表現型を生み出すことであるにもかかわらず，それまでの研究者によって注目されていなかったことが一例となる[103]。この知見を踏まえて，別の研究では，方向転換の反復スプリント走行の3時間後にNR4A3 mRNA量に著しい変化がみられ，これらの変化がDNAのNR4A遺伝子領域の脱メチル化と整合していた。

本章の焦点であるシグナル伝達に関して，プロテオミクスは分子運動生理学者が無偏的なアプローチで一過性および長期的な運動応答を研究するために使用する主要なオミクスアプローチである。RNA抽出と遺伝子発現プロファイリングとは対照的に，タンパク質に関しては一度の抽出ですべてのタンパク質を単離することは事実上不可能であり，タンパク質を増幅することも不可能である。また，プロテオームはトランスクリプトームよりもはるかに多様である。しかし，質量分析法によって検出できるすべてのタンパク質をカタログ化するためのプロテオームマイニング技術を中心に，多くの技術的進歩がある。例えば，既に10年以上前にParkerら（2009）はヒトの骨格筋の生検サンプルから2,000以上のタンパク質を同定した[104]。これらの同定されたタンパク質には，本章で他で言及されているセンサーとしての役割をもつタンパク質（AMPKや

第 7 章

CaMK など）や多数の eIF，プロテアソームサブユニット，E3 リガーゼなどのシグナル伝達タンパク質も含まれていた。より最近，Deshmukh ら（2021）[93] は，筋線維タイプ特異的な方法で骨格筋のプロテオーム解析の新しいアプローチを説明し，これまでの他の研究よりも深い骨格筋プロテオームのカバー率を達成し，この方法により 4,000以上のタンパク質を検出した。このアプローチにより，安静時に I 型線維と II 型線維の間で異なる 471 のタンパク質が同定され，さらに運動トレーニングに反応するいくつかの新しいタンパク質が線維タイプ特異的な適応を示すことを明らかにした[93]。

オミクス技術のコストが低下していることや，翻訳後の修飾の検出方法の革新により[105]，同様のバイアスのないアプローチを，運動に対して急激に応答する分子ネットワークを理解するために適用することが可能となった。そして，これにより運動における骨格筋の適応の新しい調節因子が明らかにされる可能性がある。注目すべき例の 1つは，トレーニングを実施していない男性を対象とした持久性運動後（最大負荷の 82～ 85％で 9 ～ 11 分）のヒト骨格筋のホスホプロテオームの探索である。これによって 1,004 のリン酸化サイト（562 のタンパク質の約 12％）が運動に応答することが明らかにされた[106]。これらのリン酸化サイトのいくつかは既知の運動応答性タンパク質キナーゼ（AMPK，CaMK，mTOR など）の標的であったが，大部分のキナーゼや基質のリン酸化サイトは，過去には運動誘発性のシグナル伝達と関連付けられたことはなかった。同様の研究が，マウスの前脛骨筋に電気刺激を与え，最大強度収縮を用いて 3秒の収縮を 10 セット 6 回，収縮間に 10 秒，セット間に 1 分の休息を設定したレジスタンス運動を模倣した実験として実施された[107]。この分析により，5,983 個のリン酸化部位の中で，663 個が運動によって応答することが示された。既知の運動応答性タンパク質キナーゼ（p38 MAPK，CaMK，mTOR）のリン酸化部位がリン酸化することが示されたが，持久性運動とは対照的に，リン酸化部位の高い割合が Z– ディスクに関連するタンパク質に存在した。Z– ディスクタンパク質の約 75％がリン酸化の変化を生じていた。最大強度の収縮によって，横紋筋特異的セリン／スレオニンプロテインキナーゼ（SPEG）とオブスキュリンという 2 つの Z- ディスクキナーゼのリン酸化状態が劇的に変化し，これらは筋のメカノトランスダクションにおいて役割を果たす可能性がある新しいキナーゼとして提唱された[107]。

Hoffman ら（2015）[106] と Potts ら（2017）[107] の研究では，これらの新しいキナーゼの翻訳後修飾の変化が，長期的な運動の適応にどのような役割を担うのかについてはまだ理解に至っていない。しかしこれらの発見は，骨格筋における運動誘発性シグナル伝達についてまだ多くの発見がある可能性を示唆している。このためオミクスアプローチは，運動に対する応答で濃度が変化したり修飾されたりするタンパク質を，

シグナル伝達と運動

バイアスなく大規模に発見することを可能にする。これにより，研究者は1つのターゲットに注目する手法よりもはるかに速い方法で新しい仮説を立て，新しい示唆を得ることができるようになった。最近の例の1つは，Potts ら（2017）[107] の研究を同じ研究グループが発展させ，運動によって活性化され骨格筋のサイズと機能の潜在的な調節因子である TRIM28 とその Ser473 のリン酸化部位を新たに同定した（ただし，非生理学的なモデルであるマウスを対象とした研究）[108]。また，収縮によって引き起こされるリン酸化イベントの大部分はラパマイシンに感受性がなかったことも注目すべき発見であり [108]，これは上記の mTORC 非依存性シグナル伝達経路が，骨格筋肥大の調節に重要であるとする新しい概念を支持するものの1つとして解釈されている [42]。

骨格筋のシグナル伝達を理解することのスポーツ現場での意義

スポーツの実践者は，分子運動生理学におけるすべての科学的な取り組みや結果の実用的な意義について疑問を抱くかもしれない。運動に対する分子反応の知識が最終的に実践に役立つかという問いに対する答えは，現時点では限定的ながら役立つということになる。分子応答は，まだ異なる種類の運動への適応の特異性を完全に説明することはできない。しかし，これらの方法を使用することで，既存の運動トレーニング戦略を微調整し，新しいアイデアを探求することができるという十分な証拠がある。トレーニング戦略の例としては，炭水化物の利用可能量を低下させた状態でのトレーニング（**第10章**），高地トレーニングや暑熱環境への暴露（**第11章**），運動の実施タイミング（**第11章**），血流制限（**第10章**）などがある [35,109,110]。

最初の4つの戦略の中心的な理念は，これらの戦略は，より大きなホメオスタシスの乱れを引き起こし，分子反応を最大化し，骨格筋（および他の組織や臓器）の優れたトレーニング適応を促進し，フィットネスやパフォーマンスの基盤となる要因の1つ以上を強化するという考えのもとに行われる [109]。実際には，これらの戦略の多くは現実世界での効果の観察から始まり，その後の研究でその効果の機序を調べるための研究を行うために科学者を動機づける。そのようなメカニズムがよりよく知られると，通常の状態と「介入された」状態のもとでの一過性の分子応答の研究が行われる。独立変数はしばしば炭水化物の利用可能量の減少，高所環境の再現などが設定され，定量的な方法で効果が検討される。最終的に，少なくとも一過性運動時における最適応答の条件を決定し，これを実践に応用することが目的となる。同様に，分子生理学的な方法を使って最適な運動処方を決定することへの興味が増していることから，前述したように，コンカレントトレーニングの文脈で [81]，あるいは MICT から SIT への量反応関係を理解

第 7 章

するために使用することができる[23]。

　これらの文脈での一過性応答の研究を支える重要な前提条件の 1 つは，一過性応答と長期的適応との間に連続性があるということである。しかし，MPS の一過性の変化と筋量の長期的な変化の不一致や，細胞内の情報伝達経路の干渉などのコンカレントトレーニング効果の不一致のようなことも生じる。炭水化物の利用可能量を低下させたトレーニングが分子的適応を促進するにもかかわらず，パフォーマンスの利益に必ずしも反映されないという，このような不一致の別の例もある（例えば，より大きなミトコンドリア適応）（**第 10 章**参照）。したがって，このような戦略を実践に応用する前に，一過性研究の結果を解釈する際には注意が必要である。

　スポーツの分野以外でも，年齢，生物学的性別，体組成，体力レベル，過去トレーニングの経験などに応じて，ヒトの運動の生理応答が異なる理由を解き明かそうとする基礎科学に関心が集まっている。数ある要素の中で，トレーニングに対する応答の多様性の要因は，部分的には安静時の発現パターンや運動に対する一過性の応答の違いによって説明できると考えられている[111,112]。レジスタンストレーニング，脱トレーニング，再トレーニングに対する DNA メチル化と遺伝子発現の応答を調べた最近の研究では，一過性のレジスタンス運動後に DNA のメチル化状態が低下し，トレーニング中も脱トレーニング中も，その低メチル化状態が維持される遺伝子がいくつか同定された。しかし重要なことは，その後の再トレーニング後に，遺伝子発現の誘導が亢進することが示されたことである[32]。1 つの解釈は，骨格筋が同化刺激のエピジェネティックメモリを持っていることに加えて，一過性応答のバイオマーカーを特定し，長期的な適応を予測することができる可能性があるということである。したがって，魅力的な仮説は，分子生理学アプローチを用いて，各個人の運動応答（持久力，筋力，インスリン感受性など）を予測し理解することができるというものである（運動に応答する遺伝的要因についての議論は**第 4，5 章**で扱っている）。究極的には，現在の広範な公衆衛生ガイドラインに対して，運動処方を個人と状態または希望される結果に合わせる，個別化運動処方の到来を表わすものになるであろう。

　最近設立された Molecular Transducers of Physical Activity Consortium（MoTrPAC）は，米国国立衛生研究所の複数機関から 1 億 7,000 万ドルの資金援助を受けて設立され，多元的なオミクスおよびバイオインフォマティック分析を用いて，前臨床的な基礎研究と臨床的なヒト研究における一過性および長期的運動に対する分子応答・適応のマップを構築することにより，運動が健康を改善し，疾患を軽減する方法を明らかにすることを目的としている[113]。全体的なテーマは，これらの生物学的プロセスと経路をよりよく理解することによって，ターゲットを絞った運動処方の開発が可能になることを目指

している。MoTrPAC の研究者たちは「運動模倣薬」と呼ばれる薬理介入の開発基盤を提供することも目的としており，この概念について次の節で述べる。

運動模倣薬

遺伝子操作やノックアウトマウスにおける運動トレーニングに類似した現象の観察，あるいは同様の効果を薬理学的に生み出すことを目指して運動模倣薬の開発に関心が集まっている。例えば，AMPK の慢性的な活性化を誘導する方法として，AMPK の $\gamma 3$ サブユニットに R225Q 多型を過剰発現することによるマウスの骨格筋での活性化[114]や，1％の β- グアニジノプロピオン酸（β-GPA）が豊富な食事をラットに与えることによるミトコンドリア生合成と高い持久性運動能力の表現型の誘導[115]がある。同様に，骨格筋の成長を阻害する成長および分化因子であるマイオスタチンの活性を阻害すること（**第 8 章**参照）による筋肥大の表現型を引き起こす遺伝子ノックアウト[116]または薬理的阻害[117]などが報告されている。

運動模倣薬に関する初期の関心は，持久性運動の代謝的適応を薬で再現することに集中し[118,119]，それから「**薬で運動効果**」といった概念が生まれた。最近では，加齢による骨格筋量の減少に対処するための薬物療法の潜在的可能性にも多くの関心が寄せられている[120]。しかし，分子運動生理学の分野で数十年の経験を持つリーダーたちは，運動模倣薬の提案について最初から現在までほとんど懐疑的であった[121,122]。やや意味論的な点ではあるが，運動模倣薬は誤称であり，単一の薬が一過性運動の多様な生理学的，代謝的反応，およびそれによる利益を生み出すことはありえないという点が重要な指摘となる。また，分子応答と運動トレーニングによる多臓器にわたる効果の複雑さは，現在利用可能な単一治療法の能力をはるかに超えている。運動の多臓器にわたる効果を再現できないことは，運動模倣薬の概念に対する主要な批判の 1 つである。また，現在の関心が主に骨格筋に焦点を当てているため，例えば動脈硬化や心血管系への影響を扱っていないという点も問題視されている[122]。

「運動の効果を 1 錠の薬で」といった概念は，単に運動したくない人のための近道として一般に認識されている。しかし，運動効果を模倣する薬剤療法は，身体的な障害，昏睡状態，麻痺などの理由で運動ができない人々に対して，運動効果を模倣するための薬剤療法を提供することを目的としている。現在，そのような人にとって，運動の利点を得るための唯一の代替手段は，不随意的な運動を通じて代謝的な利益や適応をもたらす骨格筋への電気刺激である[123]。ただし，個別化された運動や介入をサポートするための補助的な治療薬としての価値は見逃せない。つまり，運動の一過性の応答や適応を

増強または促進するための化合物である。

例えば，2型糖尿病における運動の治療効果の中心的な部分は，骨格筋のインスリン抵抗性の改善である。高い血液中の遊離脂肪酸濃度の結果として生じる異所性脂肪は筋細胞内脂肪（intramuscular lipid：IMCL）の増加を引き起こし，骨格筋のインスリン抵抗性の主要な原因の1つである。さらに悪いことに，2型糖尿病患者は低い持久的運動能力に苦しんでおり[124]，特に血漿遊離脂肪酸が300 μM以上に上昇した場合，運動中に筋細胞内脂肪を酸化する能力が低下する[125]。しかし，2型糖尿病患者が脂肪組織リパーゼの抑制によって血漿遊離脂肪酸濃度を薬理学的に低下させた状況で運動をすると，一過性運動のグルコース代謝およびインスリン感受性の改善を増強することができる[126]。この恩恵は，仮に低い運動強度であっても受けることができる[127]したがって，薬物療法は，運動模倣薬ではないが，運動時の脂肪酸の代謝をターゲットとすることで，骨格筋のインスリン抵抗性を改善するための主要な戦略となる。また，患者が低用量の運動から予想されるよりも多くの利益を得ることができるようになる。

近年，虚弱やサルコペニアに関する文献からも，運動模倣薬に関する注意点が浮上している。筋量の分子的制御が十分に理解されており，様々な分子候補が「薬剤標的化」されることが可能であるため，サルコペニアをターゲットにした多くの薬剤療法が，第1・2相臨床試験に進んでいる[120]。これらの化合物には，マイオスタチン阻害剤，アクチビン受容体拮抗剤，選択的アンドロゲン受容体モジュレーター（SARM）が含まれている。この分野の最初の薬剤は，サルコペニアの定義的特徴である筋量の低下に対処するように設計されており，結果として筋肥大が生じ，筋力の向上や患者の機能改善が期待されている。現在までの多くの試験の結果，筋肥大の効果は印象的であるものの，筋力や患者の身体機能の改善には限定的な成功しか収めていない[120]。つまり，運動刺激がない状態で筋を大きくすることは，おそらく機能改善につながらないということを示している。この例は，運動の多様な効果を薬剤で再現することの課題を示しており，増加した筋量を患者の機能改善に発展させることは，骨格筋の同化促進をターゲットにした現在の薬剤候補の主な課題である。ただし，このような治療法を非常に少量の運動と組み合わせることで，単独のアプローチよりも患者に顕著な利益を提供できるかもしれないという興味深い考えがある。こういった点で，運動模倣薬が最終的に役立つ可能性があると期待される。

別の見方として，運動に対する複雑で多臓器性の反応を再現するためには，多くの種類の薬剤が必要であり，単一の運動模倣薬では到底到達できないといったものがある。つまり，1つの運動模倣薬ではなく「複数の薬剤」が必要となるであろう。Hawleyら（2021）[122]は最近，理論的にはこのようなアプローチが可能であると主張している。

シグナル伝達と運動

しかし実際には既に病気の治療やリスク低減のために複数の薬剤を服用している人々が存在しており，これらの薬剤は多少有効であるものの，我々の自然史や進化の過程では日常的な身体活動が含まれており，運動がない状態ではいかなる薬理的アプローチでも完全に成功する可能性はほとんどないと主張している。特に運動模倣薬の概念に興味のある読者には，Hawley ら（2021）[122] による論考を読むことを強く勧める。

まとめ

　本書のコーパスが示すように，分子運動生理学は，スポーツ科学や運動科学の新たな展望から，運動やトレーニングの効果や応用に広範な影響を与える発見が実験室で行われることを認識するに至り，この分野の柱となった。本章では，主に骨格筋と運動による適応の基盤となる一過性の分子応答に焦点を当てた。過去数十年にわたって多くの示唆が得られたが，トレーニング効果の特異性を導くタンパク質や生物学的な経路のより完全な理解には及んでいない。また，現在までほとんど無視されている重要な質問は，性差が運動反応に対する修飾効果を持つか否かである。本章で説明されている運動誘導性のシグナル伝達の知見や仮説は，運動適応における骨格筋分子制御の研究の枠組みを提供し，様々な対象者（健康/疾患/競技），運動様式（持久性/間欠性/レジスタンス/コンカレント），および併用効果や干渉効果（栄養/低酸素/熱刺激）などの研究の礎ともなる。これらの研究は，オミクスアプローチのより広範な適用と組み合わされると，今後数年で多くの新しい知見が得られるであろう。

■ 確認問題

- 骨格筋の運動適応のメカニズムを説明する手段として，運動に対する分子応答とそれに関連する運動誘発性シグナル伝達を要約しなさい。
- 運動刺激から運動誘発性シグナル伝達を経て，タンパク質の量/活性の変化に至る6つのステップを説明し，各ステップに関連する制御因子を具体的に言及しなさい。
- 代謝物，AMPK，転写制御因子などの下流標的の変化の連続性の例を詳述し，運動誘発シグナル伝達を説明するための概念図を作成しなさい。タフツ大学の Visual Understanding Environment（VUE）などのコンセプトマッピング用の専用ソフトウェアをダウンロードすると，この作業の助けとなるであろう。
- 持久性運動とレジスタンス運動を比較対照し，シグナル伝達経路が異なる運動タイプに対してどのように異なる反応を示すかについて例を挙げなさい。
- 分子運動生理学に関連する運動模倣薬の概念を批判しなさい。また，潜在的な運動

第 7 章

模倣薬が，生活習慣病の患者に健康改善効果を与える可能性を論じなさい。

（田村　優樹）

■ 参考文献 ●●

Booth FW & Neufer PD (2012).Exercise genomics and proteomics. In: Farrrell PA, Joyner MJ, Caiozzo VJ (eds) ACSM's Advanced Exercise Physiology. 2nd edn. Lippincott Williams & Wilkins, Baltimore, MD, pp 669–98.

Egan B & Zierath JR (2013).Exercise metabolism and the molecular regulation of skeletal muscle adaptation. Cell Metab 17 (2),162–84. doi:10.1016/j.cmet.2012.12.012

Hawley JA & Joyner MJ & Green DJ (2021). Mimicking exercise: what matters most and where to next? J Physiol 599 (3), 791–802. doi:10.1113/jp278761

Saltin B & Gollnick PD (1983). Skeletal muscle adaptability: significance for metabolism and performance. In: Peachy LD, Adrian RH, Geiger SR (eds) Handbook of Physiology, Section 10: Skeletal Muscle. American Physiological Society, Bethesda, MD, pp 555– 631.

Seaborne RA & Sharples AP (2020). The interplay between exercise metabolism, epigenetics, and skeletal muscle remodeling. Exerc Sport Sci Rev 48 (4), 188–200. doi:10.1249/jes. 0000000000000227

■ 引用文献 ●●

1. Holloszy JO. *J Biol Chem.* 1967. 242(9): 2278–82.
2. Booth FW, et al. *Physiol Rev.* 1991. 71(2): 541–85.
3. Pedersen BK, et al. *Scand J Med Sci Sports.* 2015. 25(Suppl 3):1–72.
4. Maquet P, et al. *The Law of Bone Remodelling.* Berlin: Springer-Verlag,1986.
5. Winter EM, et al. *J Sports Sci.* 2009. 27(5): 447–60.
6. Coyle EF. *Am J Clin Nutr.* 2000. 72(2 Suppl):512S–20S.
7. Hawley JA, et al. *Cell.* 2014. 159(4):738–49.
8. Egan B, et al. *Cell Metab.* 2013. 17(2): 162–84.
9. Hoppeler H, et al. *Compr Physiol.* 2011. 1(3):1383–412.
10. Brook MS, et al. *Eur J Sport Sci.* 2019. 19(7):952–63.
11. Hood DA, et al. *Biochem J.* 2016. 473(15):2295–314.
12. Wackerhage H, et al. *J Appl Physiol.* (1985).2019. 126(1):30–43.
13. Holloszy JO, et al. *J Appl Physiol.* 1984. 56(4):831–8.
14. Burniston JG, et al. Signal Transduction and Adaptation to Exercise: Background and Methods. In: Wackerhage H, editor. *Molecular Exercise Physiology: An Introduction.* 1st ed. Oxon, UK: Routledge; 2014. pp.52–78.
15. Perry CG, et al. *J Physiol.* 2010. 588(Pt23):4795–810.
16. Egan B, et al. *PLoS One.* 2013. 8(9): e74098.
17. Wackerhage H, et al. *J Sports Sci Med.* 2002. 1(4):103–14.
18. Fluck M, et al. *Rev Physiol Biochem Pharmacol.* 2003. 146:159–216.
19. McGee SL, et al. *Nat Rev Endocrinol.* 2020. 16(9):495–505.
20. Seaborne RA, et al. *Exerc Sport Sci Rev.* 2020. 48(4):188–200.
21. Egan B, et al. *Cell Metab.* 2016. 24(2):342–.e1.
22. Ross A, et al. *Sports Med.* 2001. 31(15):1063–82.
23. MacInnis MJ, et al. *J Physiol.* 2017. 595(9): 2915–30.
24. Gibala M. *Appl Physiol Nutr Metab.* 2009. 34(3): 428–32.
25. Saltin B, et al. *Acta Physiol Scand.* 1976. 96(3): 289–305.
26. Coffey VG, et al. *FASEB J.* 2006. 20(1): 190–2.
27. McConell GK, et al. *J Physiol.* 2020. 598(18):3859–70.
28. Steenberg DE, et al. *J Physiol.* 2019. 597(1):89–103.
29. Benziane B, et al. *Am J Physiol Endocrinol Metab.* 2008. 295(6):E1427–E38.
30. Fernandez-Gonzalo R, et al. *Acta Physiol (Oxf).* 2013. 209(4):283–94.
31. Mallinson JE, et al. *Scand J Med Sci Sports.* 2020. 30(11):2101–15.
32. Seaborne RA, et al. *Sci Rep.* 2018. 8(1):1898.
33. Turner DC, et al. *Sci Rep.* 2019. 9(1):4251.
34. Hearris MA, et al. *Nutrients.* 2018. 10(3).

シグナル伝達と運動

35. McGlory C, et al. *J Physiol*. 2019. 597(5):1251–8.
36. Kjøbsted R, et al. *FASEB J*. 2018. 32(4):1741–77.
37. Chin ER. *Exerc Sport Sci Rev*. 2010. 38(2):76–85.
38. Philp A, et al. *Exerc Sport Sci Rev*. 2013. 41(3):174–81.
39. Lindholm ME, et al. *Exp Physiol*. 2016. 101(1):28–32.
40. Kramer HF, et al. *J Appl Physiol (Bethesda, MD: 1985)*. 2007. 103(1):388–95.
41. Boppart MD, et al. *Am J Physiol Cell Physiol*. 2019. 317(4):C629–c41.
42. Goodman CA. *J Appl Physiol (Bethesda, MD: 1985)*. 2019. 127(2):581–90.
43. Cairns SP, et al. *J Physiol*. 2015. 593(21):4713–27.
44. Rossetti ML, et al. *Mol Cell Endocrinol*. 2017. 447:35–44.
45. Dehkhoda F, et al. *Front Endocrinol (Lausanne)*. 2018. 9:35.
46. Schiaffino S, et al. *Skelet Muscle*. 2011. 1(1):4.
47. Martínez-Redondo V, et al. *Diabetologia*. 2015. 58(9):1969–77.
48. Ameln H, et al. *FASEB J*. 2005. 19(8):1009–11.
49. Tintignac LA, et al. *J Biol Chem*. 2005. 280(4):2847–56.
50. Pillon NJ, et al. *Nat Commun*. 2020. 11(1):470.
51. Domańska-Senderowska D, et al. *Int J Sports Med*. 2019. 40(4):227–35.
52. Callahan MJ, et al. *Sports Med*. 2021. 51(3):405–21.
53. ENCODE Project Consortium. *Nature*. 2012. 489(7414):57–74.
54. Cao Y, et al. *Dev Cell*. 2010. 18(4):662–74.
55. Vaquerizas JM, et al. *Nat Rev Genet*. 2009. 10(4):252–63.
56. McGee SL, et al. *FASEB J*. 2006. 20(2):348–9.
57. Durham WJ, et al. *J Appl Physiol (Bethesda, MD: 1985)*. 2004. 97(5):1740–5.
58. Baar K, et al. *FASEB J*. 2002. 16(14):1879–86.
59. McGee SL, et al. *J Physiol*. 2009. 587(Pt 24):5951–8.
60. Barres R, et al. *Cell Metab*. 2012. 15(3):405–11.
61. Maasar MF, et al. *Front Physiol*. 2021. 12:619447.
62. Yang S, et al. *J Muscle Res Cell Motil*. 1996. 17(4):487–95.
63. Bartel DP. *Cell*. 2018. 173(1):20–51.
64. Russell AP, et al. *J Physiol*. 2013. 591(18):4637–53.
65. Davidsen PK, et al. *J Appl Physiol*. 2011. 110(2):309–17.
66. Booth FW, et al. Exercise genomics and proteomics. In: Farrrell PA, Joyner MJ, Caiozzo VJ, editors. *ACSM's Advanced Exercise Physiology*. 2nd ed. Baltimore, MD: Lippincott Williams & Wilkins; 2012. pp. 669–98.
67. Hojlund K, et al. *Mol Cell Proteomics*. 2008. 7(2):257–67.
68. Orphanides G, et al. *Cell*. 2002. 108(4):439–51.
69. Gygi SP, et al. *Mol Cell Biol*. 1999. 19(3):1720–30.
70. Handschin C, et al. *Endocr Rev*. 2006. 27(7):728–35.
71. Hughes DC, et al. *Am J Physiol Cell Physiol*. 2021. 320(1):C45–c56.
72. Seaborne RA, et al. *J Physiol*. 2019. 597(14):3727–49.
73. Sugden MC, et al. *Arch Physiol Biochem*. 2006. 112(3):139–49.
74. Baar K, et al. *Am J Physiol*. 1999. 276(1 Pt 1):C120–C7.
75. Bodine SC, et al. *Science*. 2001. 294(5547):1704–8.
76. Rom O, et al. *Free Radic Biol Med*. 2016. 98:218–30.
77. Martin-Rincon M, et al. *Scand J Med Sci Sports*. 2018. 28(3):772–81.
78. Lira VA, et al. *FASEB J*. 2013. 27(10):4184–93.
79. Atherton PJ, et al. *FASEB J*. 2005. 19(7):786–8.
80. Baar K. *Med Sci Sports Exerc*. 2006. 38(11):1939–44.
81. Baar K. *Sports Med*. 2014. 44 (Suppl 2):S117–25.
82. Hickson RC. *Eur J Appl Physiol Occup Physiol*. 1980. 45(2–3):255–63.
83. van Damme R, et al. *Nature*. 2002. 415(6873):755–6.
84. Murach KA, et al. *Sports Med*. 2016. 46(8):1029–39.
85. Coffey VG, et al. *J Physiol*. 2017. 595(9):2883–96.
86. Gibala MJ, et al. *J Appl Physiol (Bethesda, MD: 1985)*. 2009. 106(3):929–34.
87. Granata C, et al. *Sci Rep*. 2017. 7:44227.
88. Little JP, et al. *Am J Physiol Regul Integr Comp Physiol*. 2011. 300(6): R1303–10.
89. Konopka AR, et al. *Exerc Sport Sci Rev*. 2014. 42(2):53–61.
90. Porter C, et al. *Med Sci Sports Exerc*. 2015. 47(9):1922–31.
91. Ozaki H, et al. *Eur Rev Aging Phys Act*. 2013. 10(2):107–16.

253

92. Hokken R, et al. *Acta Physiol (Oxf)*.2020.e13561.
93. Deshmukh AS, et al. Nat Commun. 2021. 12(1):304.
94. Leick L, et al. *Am J Physiol Endocrinol Metab*. 2008. 294(2):E463–E74.
95. Rowe GC, et al. *PLoS ONE*. 2012. 7(7):e41817.
96. Islam H, et al. *Metabolism*. 2018. 79:42–51.
97. Schiaffino S, et al. *J Neuromuscul Dis*. 2021. 8(2):169–83.
98. Raue U, et al. *J Appl Physiol*. 2012. 112(10):1625–36.
99. Mitchell CJ, et al. *PLoS One*. 2014. 9(2):e89431.
100. Damas F, et al. *J Physiol*. 2016. 594(18):5209–22.
101. Wilkinson SB, et al. *J Physiol*. 2008. 586(Pt 15):3701–17.
102. Reggiani C, et al. *Eur J Transl Myol*. 2020. 30(3):9311.
103. Goode JM, et al. Mol Endocrinol. 2016. 30(6):660–76.
104. Parker KC, et al. *J Proteome Res*. 2009. 8(7):3265–77.
105. Wilson GM, et al. *Exerc Sport Sci Rev*. 2018. 46(2):76–85.
106. Hoffman NJ, et al. *Cell Metab*. 2015. 22(5):922–35.
107. Potts GK, et al. *J Physiol*. 2017. 595(15):5209–26.
108. Steinert ND, et al. *Cell Rep*. 2021. 34(9):108796.
109. Hawley JA, et al. *Cell Metab*. 2018. 27(5):962–76.
110. Preobrazenski N, et al. Eur J Appl Physiol. 2021. 121:1835–1847.
111. Timmons JA. *J Appl Physiol (Bethesda,MD: 1985)*. 2011. 110(3):846–53.
112. Timmons JA, et al. *F1000Res*. 2016. 5:1087.
113. Sanford JA, et al. *Cell*. 2020. 181(7):1464–74.
114. Garcia-Roves PM, et al. *J Biol Chem*. 2008. 283(51):35724–34.
115. Bergeron R, et al. *Am J Physiol Endocrinol Metab*. 2001. 281(6):E1340–E6.
116. Amthor H, et al. *Proc Natl Acad Sci U S A*. 2007. 104(6):1835–40.
117. Wang Q, et al. *J Physiol*. 2012. 590(Pt 9):2151–65.
118. Lagouge M, et al. *Cell*. 2006. 127(6):1109–22.
119. Narkar VA, et al. *Cell*. 2008. 134(3):405–15.
120. Rooks D, et al. *J Frailty Aging*. 2019. 8(3):120–30.
121. Booth FW, et al. *J Physiol*. 2009. 587(Pt 23):5527–39.
122. Hawley JA, et al. *J Physiol*. 2021. 599(3): 791–802.
123. Guo Y, et al. *Mech Ageing Dev*. 2021. 193:111402.
124. Wahl MP, et al. *Front Endocrinol (Lausanne)*. 2018. 9:181.
125. van Loon LJ. *J Appl Physiol*. 2004. 97(4):1170–87.
126. van Loon LJ, et al. *Diabetologia*. 2005. 48(10):2097–107.
127. Hansen D, et al. *Eur J Sport Sci*. 2018. 18(9):1245–54.

第8章
レジスタンス運動への分子適応

Keith Baar

DOI: 10.4324/9781315110752-8

■ 本章の学習目標 ···

本章では以下のことを学習する。

1. 骨格筋量を高めるトレーニング戦略と筋力を高めるトレーニング戦略の違い，およびそれらをサポートするエビデンス

2. mTORC1 シグナル経路がレジスタンス運動に対してどのようにタンパク質合成を促進し，筋肥大を引き起こすか

3. mTORC1 非依存的なレジスタンス運動によるタンパク質合成および筋肥大機構。

4. 骨格筋量の調節にミオスタチン-Smad 経路が与える影響

5. 運動によるタンパク質同化応答における E3 ユビキチンリガーゼの役割

6. 筋衛星（サテライト）細胞の定義ならびに筋収縮による骨格筋適応と筋損傷からの再生における各機能

7. 筋衛星細胞の特性と筋線維への融合を制御する分子メカニズム

はじめに
···

　レジスタンス運動やストレングストレーニングは，骨格筋が短時間に高い負荷に抗して収縮する運動と定義されている。レジスタンス運動を十分な頻度，強度，継続時間で繰り返すと，神経活動，骨格筋量，筋力やパワーが向上する。本章では，はじめに実践的なレジスタンストレーニングの原理を解説し，次にレジスタンス運動による筋細胞の過形成，筋線維数の増加，筋肥大，筋線維断面積（CSA）の増加について概説する。一般的な運動生理学を考察した後，レジスタンス運動への適応における分子メカニズムについて概説する。

　レジスタンス運動は，転写，筋タンパク質合成，タンパク質分解，筋衛星細胞の挙動などを制御するシグナル伝達経路を活性化する。本章では最初に，我々の筋がレジ

255

スタンス運動による機械的な刺激を，主に筋タンパク質合成の増加により筋肥大を招く化学的な信号へと変化する仕組みを検討した研究を紹介する。ここでは，mTORC1（mechanistic target of rapamycin complex 1）経路に焦点を当てる。mTORC1 経路は，複数の入力を統合し，筋タンパク質合成の程度を決定し，筋肥大へと導く際の筋細胞内の中心的な因子である。mTORC1 経路は代謝ストレスがあると活性化しにくく，カロリー収支がマイナスであったりグリコーゲンが少なかったりすると筋はあまり成長しない。mTORC1 や筋肥大と相対する経路として，ミオスタチン／Smad シグナル伝達経路が存在する。ミオスタチンや Smad シグナルの機能低下をもたらす遺伝子欠損（**第4章**で詳述）は，細胞膜中のホスホイノシチド 3,4,5 三リン酸（PIP3）の制御を通じて，筋のサイズに大きな影響を与える。次に，ストレングストレーニングはどのようにして筋肥大とは異なるシグナル伝達を活性化させるのかについて焦点を当てる。筋線維内のシグナル伝達を示した後，筋幹細胞や筋衛星細胞が筋損傷時にどのように自己再生や分化に関与するのかを紹介する。さらに，レジスタンストレーニングや筋損傷時に対する反応における筋衛星細胞の機能についても概説する。加えて，筋衛星細胞を用いて幹細胞と筋の発達のような基本的な細胞生理学の概念についても解説する。本章を読み進める準備として，適応につながるシグナル伝達や分子反応について解説した**第7章**を先に読むことをおすすめする。さらに，**第4章**では，筋の成長を制御する mTORC1 経路とミオスタチン–Smad 経路の遺伝学について取り上げている。そして最後に，**第13章**では，筋衛星細胞の役割に関する知識をさらに深めるため，持久的な運動やレジスタンス運動における筋衛星細胞の反応や役割，筋衛星細胞とその他の細胞とのコミュニケーション，加齢が筋衛星細胞におよぼす影響などについて見ていく。

レジスタンス運動：現在の推奨，トレーナビリティと科学的エビデンス

　レジスタンス運動やストレングストレーニングプログラムの核は過負荷の原則であり，筋力の向上は適応を引き起こすのに十分な回数，強度，持続時間の計画的かつ漸進的な運動によってもたらされるものである。それゆえ，レジスタンストレーニングのプログラムを計画する際は，**負荷**〔最大挙上重量に対する割合（repetition maximum：RM）〕，**量**（反復回数，セット数，週あたりの実施回数），**速度**（重い／遅い，軽い／速い，等尺性），**休憩**（セット間の休息時間），**漸進性**（トレーニングプログラム中の変数の変更方法）について決める必要がある。また，計画する際はトレーニングの**目標**（筋力，パワー，筋肥大），**使用できる器具の種類**（マシン，フリーウェイト，自重），**筋の収縮様式**（エキセントリック，コンセントリック，アイソメトリック）についても考慮する

図 8.1 （**A**）レジスタンストレーニングプログラムに応じた筋横断面積（CSA：cross-sectional area）および（**B**）1 回反復最大重量（1 RM）の増加は，女性（グレー/白の曲線），男性（黒の曲線）とも個人差がみられる。Hubal MJ ら[1)] より再描画。

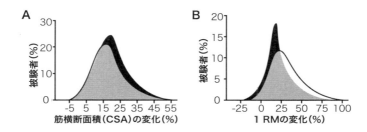

図 8.2 （**A**）レジスタンストレーニングプログラムに応じた筋横断面積（CSA）および（**B**）1 回反復最大重量（1RM）の増加は，それぞれトレーニングの量と負荷によって異なる。Mitchell ら[2)] より再描画。

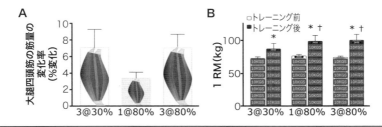

必要がある。さらに，レジスタンストレーニングのプログラムは，外傷後のリハビリ中の患者，がん患者，子ども，トレーニング初心者，高齢者，アスリートなど個々の状況に合わせた異なるプログラムが必要となる。

　また，最適なプログラムを作成し実行したとしても，筋量と筋力の適応の個人差は大きい。トレーニングによる個人差は Hubal らの研究で確認されており，同じトレーニングプログラムでも，筋量〔筋横断面積（CSA）〕や筋力（1 RM）が増加しない被験者もいれば，筋量が 40％以上，筋力が 100％以上増加した被験者もいることが報告されている（**図 8.1**）。また，レジスタンストレーニングによる筋力の変化（**図 8.1**）と筋量の変化（**図 8.2**）は異なるため，筋量と筋力は関連しているが，完全に関連しているわけではないことがわかる。筋力を正確に測定することの難しさなどがデータに影響している可能性があるとはいえ，このデータはレジスタンス運動のトレーナビリティには個人差が大きいことを明確に示している。したがって，非常に優れたトレーニングプロ

第 8 章

グラムであっても，必ずしも万人に最適であるとは限らない。

　トレーナビリティには個人差があることを考慮したうえで，効果的なレジスタンスト
レーニングのためのプログラムの変数とは何かを考えてみる。現状では，科学的根拠に
基づいた，筋量と筋力を高めるための万人に最適な唯一のトレーニングプログラムとい
うものは存在しない。とはいえ，ここ 10 年の間に，筋量と筋力を増大させるために重
要となる変数は定義されてきている。興味深いことに，筋量を増加させるのに必要なプ
ログラムと，筋力を高めるのに必要なプログラムは異なる。この事実は Stuart Phillips
の研究室の一連の研究により証明された。Mitchell らの研究では，被験者に 1 RM の
30％または 80％のレッグエクステンションを 1 セットまたは 3 セット行わせた[2]。最
終セットでは，レッグエクステンションが完全にできなくなるまで実施した。

　10 週間のトレーニングの後，磁気共鳴画像法（MRI）で測定した筋量（サイズ）は，
トレーニングで扱った重量にかかわらず，実施したセット数が多い高容量のトレーニン
グでより増加することが観察された（図8.2）。一方で筋力は，実施したセット数にか
かわらず，重い負荷（80％ 1 RM）を持ち上げたトレーニングでより増加した[2]。これ
らの結果から，トレーニングによる筋肥大には限界まで行うといったトレーニングボ
リュームが重要で，筋力の向上にはトレーニングで扱う重量が重要となることが示唆さ
れる。Mitchell らの研究は，負荷と筋肥大の関連性について，負荷が大きいほど筋量
が増加することを示した Wong と Booth の代表的な研究（実験動物ラットを対象に実
施）とは異なる結果を示した[3]。これらの研究の違いは，Wong と Booth の研究ではラッ
トの骨格筋に電気刺激により不随意的なトレーニングをさせたのに対して，Mitchell の
研究はヒトが随意的にトレーニングを行った点である。Wong と Booth の電気刺激に
よる運動は，電気刺激によって骨格筋内のすべての運動単位が動員されるが，Mitchell
の研究では被験者が重量を持ち上げるために必要な運動単位のみが動員される。実際，
ヒト骨格筋の運動単位がすべて動員されるのは，1 RM 時か限界時のみである。したがっ
て，負荷は筋肥大を誘発するシグナル反応を活性化させるが，骨格筋内のすべての筋線
維が負荷を感知する（すべての運動単位が活動する）のは限界時のみとなる。つまり，
筋肥大が目標である場合，ウエイトルームでは限界まで行うことが重要となる。

　レジスタンストレーニングに対する適応として起こる初期の筋力の向上は，神経 – 筋
の活性化の増大によるものであり，筋量の増加が筋力向上に寄与するのは，それ以降の
段階となる[4]。具体的には，レジスタンストレーニングにより，運動単位の最大発火頻
度の増加，活動電位の倍化などが検出されるようになる[5]。しかし，適応の初期段階で
は神経系の適応が優位であるといっても，筋タンパク質合成は単回のレジスタンス運動
直後に増加する[6]。トレーニング初心者においても筋タンパク質合成は増加するが，筋

力の向上への寄与は小さいという矛盾がある。骨格筋があまり肥大していないにもかかわらず筋力が向上するのは，与えられた運動により多くの運動単位を動員するような神経適応によるものである。トレーニングの初期段階においては，MRIのような感度の高い技術を用いても筋肥大を検出することはできない。

ヒトの筋線維

　ヒトの筋は，数千から数十万本の筋線維で構成されている。例えば，事故の犠牲となった平均年齢19 ± 3歳の若年者から採取した外側広筋（大腿四頭筋の外側）は，393,000 〜 903,000本の筋線維で構成されていたことが確認されている[7]。これは数が多いということだけではなく，筋線維数に大きな個人差があることを示している。

　この筋線維数のばらつきが，トレーニング未経験者でも筋が大きい人も小さい人もいるという理由の説明になるかもしれない（筋線維数の遺伝性については第4章参照）。ヒトの筋線維は長さ20 cm[8]，面積10,000 μm^2に達するものがあり，ヒトの筋線維が非常に大きいという事実からいくつか疑問が生じる。以下にいくつかの疑問を取り上げることにする。

過形成

　最初の疑問は，レジスタンス運動により筋内の筋線維数は増加するのか，というものである（この過程は過形成として知られている）。第2章で述べたように，一般的には，成人の筋では，レジスタンストレーニング後の筋肥大には，過形成はあまり寄与しないと考えられている。しかし，極端な成長刺激に対しては，筋線維数が増加することがある。動物実験を対象にしたメタアナリシスでは，協働筋切除（後肢の腓腹筋とヒラメ筋を切除することで，足底筋にかかる負荷が増加し，著しい筋肥大が誘発される）など，筋線維サイズが劇的に（50％以上）増加するモデルでは，その増加のうちの平均約7％が線維分裂による筋線維数の増加によるものであると示唆されている。この数字は後にGoodmanらの研究でも確認されており，マウスの協働筋切除によって筋線維数が60％まで増加するが，これは筋量の増加の6％までしか占めなかったことが示唆されている[9]。分子運動生理学の理解に貢献する協働筋切除モデルについては第1章で，筋再生における過形成の役割については第13章でより詳しく取り上げている。

　このように過形成はげっ歯類や鳥類における極端な筋肥大の場合には起こりうるが，ヒト成人におけるレジスタンス運動後には起こらないとされている。しかし，ヒト骨格筋におけるレジスタンストレーニングあるいはステロイドの使用による長期的な筋肥大

第 8 章

では，筋線維の過形成をもたらすかどうかは不明である。ヒトの筋線維数は，発育の特定の段階で増加すると考えられている。例えば Glenmark らは，筋生検を用いた縦断的な研究において，16 〜 27 歳の間に，男性は筋線維横断面積が変化せずに体格が 17％増加したことを報告している[10]。これは，思春期における筋肥大は，部分的に筋線維数の増加によるものである可能性を示唆するものである。

筋肥大

筋肥大はサルコメアを並列に増やすことに依存するが，その前に，骨格筋と筋中のタンパク質に関するいくつかの事実を先に確認しておく。骨格筋は，男性の体重の 38％以下，女性の 31％以下を占める[11]。しかしこれには個人差があり，痩せ型の人はさらに割合が高く，肥満型の人は割合が低くなる。水分摂取状態にもよるが，骨格筋は 70％が水分（筋 1 kg あたり 700 mL），30％が固形物（筋 1 kg あたり 300 g）で構成されている。この固形物のうち，70％以下（筋 1 kg あたり 215 g）は筋原線維タンパク質である[12]。骨格筋には何千種類ものタンパク質が発現しているが，最も多いタンパク質はサルコメアの筋原線維タンパク質である。全タンパク質の 20 〜 40％（絶対量として筋 1 kg あたり 45 〜 85 g）がミオシン重鎖（「モーター」），15％（筋 1 kg あたり 30 g）がアクチン（「トラック」）であると推計されている[14]。レジスタンス運動による筋肥大は，主に筋線維の肥大，つまり線維数を増やさずに個々の線維を太くすることにより起こる。筋肥大は，筋原線維のタンパク質出納バランスが正のときに起こる。筋タンパク質出納バランスとは，筋タンパク質合成と筋タンパク質分解の差で決まる。ヒト骨格筋のタンパク質合成の測定は困難であり，筋タンパク質分解の測定はさらに困難をきわめる。しかし，世界中のいくつかの研究室では，安定同位体を用いることで，骨格筋内の筋線維，細胞質，細胞外マトリクス，ミトコンドリアのタンパク質の代謝回転を容易に測定することが可能である。

ヒト骨格筋タンパク質合成の測定

ヒトの筋タンパク質合成は，安定同位体で標識したアミノ酸または水をヒトに注入し，筋での蓄積量を分析することで測定できる。例えば，自然界の炭素の約 99％は 12C であるが，1％はさらに重い 13C 同位体（非放射性）である。安定同位体標識タンパク質合成を測定するために，前述したような割合の低い同位体（13C や 2H）でアミノ酸または水を標識し，実験用のトレーサーを合成し，体内に注入するか，食物や液体で摂取する。そこからは，非標識アミノ酸と同様にタンパク質が合成されるため，トレーサーは筋のタンパク質に取り込まれる。そして，筋サンプルを採取し，質量分析により天然

レジスタンス運動への分子適応

の 12C または 1H とトレーサーの 13C または 2H を分離し，筋タンパク質におけるアミノ酸トレーサーの取り込み量を測定する。筋タンパク質中の安定同位体の増加が大きいほど，筋タンパク質合成速度が速いことを意味する。古典的に，このような実験はアミノ酸を標識し，短時間（1 〜 6 時間）の取り込みを測定することに留まっていた。しかし，1H を 2H に置き換えた重水素水を用いることで，より長い時間でタンパク質の代謝回転を測定することができるようになった。時間の経過とともに，アラニンや他のアミノ酸が 2H で標識され，これらのアミノ酸が筋に取り込まれる。こうすることで，数週間にわたる自由行動下でのタンパク質の代謝回転を直接測定することができ，ライフスタイル（食事やレジスタンス運動）の変化による長期的な影響をより正確に把握することができる。

レジスタンス運動後のタンパク質合成

　単発のレジスタンス運動後のタンパク質代謝を測定した研究から，運動習慣のない人では，レジスタンス運動後は最大 72 時間までタンパク質合成が増加することが明らかとなっている（**図 8.3**[15]）。このタンパク質合成の増加は，食事により起こる増加よりもかなり長い。興味深いことに，不慣れなストレングス選手において，最初のレジスタンス運動後のタンパク質合成の増加は，筋肥大とは関連しない。単発のトレーニング後の筋タンパク質合成の増加と筋肥大率が相関するのは，一定期間トレーニングを行った後となる[15,16]。はじめて重い重量を持ち上げた際には筋線維が損傷するため，最初のトレーニング後のタンパク質合成率は著しく高くなる。損傷を最小限に抑えることで，タンパク質合成は修復よりも成長に重点を置くことができる。

　単発のレジスタンス運動で筋タンパク質合成が増加しても，絶食状態でトレーニングを行ったのであれば，筋タンパク質分解の方がタンパク質合成の増加よりも大きくなってしまい，結果としてタンパク質出納バランスは負になる（**図 8.3**）。食後など必須アミノ酸が十分な場合に，タンパク質出納バランスは正となり，筋肥大が起こる[17]。アミノ酸の摂取と運動後のタンパク質合成の分子制御については，**第 10 章**で詳しく解説する。

　簡単に説明すると，必須アミノ酸の摂取は筋タンパク質合成を高めるだけでなく，レジスタンス運動後のタンパク質分解も減少させる。このことから，空腹時のレジスタンス運動後のタンパク質分解の亢進は，タンパク質合成のための必須アミノ酸を供給するために起きていると示唆されている。必須アミノ酸は食事か貯蔵タンパク質からしか得られないため，摂取したタンパク質が不十分な場合には，既存のタンパク質を分解して供給する必要がある。したがって，絶食状態でレジスタンス運動を行うと，新しいタン

図8.3 （**A**）レジスタンス運動は運動後72時間まで筋タンパク質合成を増加させる。Damas Fら[15]より編集。（**B**）レジスタンス運動とアミノ酸摂取を併用した場合のみ，タンパク質の出納バランスが正となる。レジスタンス運動のみ（絶食：グレー），混合アミノ酸（黒），必須アミノ酸（白）がタンパク質合成，タンパク質分解，出納バランス（プラスとなれば筋肥大に向かう）に及ぼす影響。レジスタンス運動後に混合アミノ酸または必須アミノ酸を摂取した場合のみ，タンパク質合成がタンパク質分解よりも大きくなる。Tipton KDら[17]より再描画。

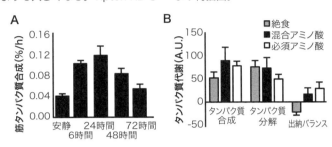

パク質を合成するのに必要なアミノ酸を供給するために，より多くのタンパク質が分解されると考えられる。トレーニングを重ねると，筋のアミノ酸再利用能が向上するため，絶食状態でも全体的なタンパク質出納バランスは良くなる[18]。

まとめると，十分な必須アミノ酸が存在する状態で限界までのレジスタンス運動を行うと，筋タンパク質合成が増加しタンパク質出納バランスが正となる。時間の経過とともに，筋原線維タンパク質が増加することで，筋線維の横断面積が増加し，筋全体が太くなる。マウスやラットなどの小型の哺乳類では，顕著な筋肥大時は過形成と呼ばれる筋線維数の増加が観察されるが，ヒトの短期間のレジスタンス運動では筋線維数はほとんど増加しないため，筋量の増加の大部分は筋線維肥大によるものである。しかし，長期のレジスタンストレーニングによりヒトの筋線維数が増加するかどうかは未だ不明である。

レジスタンストレーニングに対する分子反応と適応

分子運動生理学の研究者は，筋にかかる負荷のような力学的シグナルが筋量および筋力の増加を促進する化学的シグナルに変換される仕組みの解明を目指して多くの進歩を遂げてきた。これまでの研究により，筋量の調節には3〜4の主要な因子があることが明らかとなっている。

1. タンパク合成を増加させ筋肥大をもたらす，同化型mTORC1依存性または非依

存性のシグナル伝達経路

2. 筋の成長を阻害する，異化型ミオスタチン–Smad2/3 シグナル伝達経路

3. 損傷した線維の修復を助け，線維化を減少させ，長期的な筋肥大を可能にするためにより多くのリボソームを提供する衛星細胞

筋力適応は，筋量の増加と，増加した筋タンパク質が生み出す力を腱や骨に伝えるために必要な，より機能的な細胞外マトリックス（ECM）の産生によるものである。ここからは，これらのシグナル伝達経路，筋量と筋力を増加させると考えられているメカニズムについて詳しく解説する。

mTORC1 経路とタンパク質合成

mTORC1 は，セリン/スレオニンタンパク質キナーゼ（mTOR），中間体タンパク質（raptor），2 つのキナーゼ阻害タンパク質（DEPTOR と PRAS40）からなる複合体である。mTOR は，低分子量 G タンパク質 Rheb（Ras homologue enriched in brain）によって活性化された後，raptor の誘導によりタンパク質をリン酸化する。mTOR は，raptor が rictor（rapamycin insensitive companion of TOR）に置き換えられた第二複合体（mTORC2）も形成でき，mTOR によるリン酸化の対象となるタンパク質が異なるサブセットを持つ。

mTORC1 が活性化されると，タンパク質合成（リボソームによる mRNA からタンパク質への翻訳）およびリボソーム生合成（タンパク質翻訳の容量）は高まり，オートファジー（リソソームにおけるタンパク質および大型タンパク質複合体の分解）およびマイトファジー（ミトコンドリアの分解）などのタンパク質分解は抑制される。mTORC1 の名前の由来は，マクロライド系抗生物質であるラパマイシンによって選択的に阻害されることからその名がつけられた[19]。結果的に，ラパマイシンは mTORC1 が細胞内でどのような機能を担っているかを明らかにするための重要な研究ツールとなった。

mTORC1 経路とレジスタンス運動

mTORC1 経路は，ラットを対象にしたレジスタンス運動モデルにおいて，レジスタンス運動により活性化されることが初めて確認された[20]。この実験では，6 週間のトレーニング後の筋肥大の割合が，単発のレジスタンス運動の 6 時間後の mTORC1 の下流標的として知られる p70S6K1（S6K1 ともいう）のリン酸化の程度と直接的に関係することが示された。この研究によって mTORC1 活性と筋肥大の間に強い相関があることが示された。それ以降，負荷誘発性の筋肥大に mTORC1 が必要であることが複数の研究により示された。まず，Bodine ら[21]がマウスを用いて，ラパマイシン（mTORC1

の阻害剤）が負荷依存性の骨格筋肥大を防ぐことを示した。続いて，Drummond らがヒトを対象に，1 RM の 70％でレッグエクステンションを 10 回 11 セット行ったところ[22]，レジスタンス運動前に 12 mg のラパマイシンを投与した場合には運動後の筋タンパク質合成が増加しなかったが，生理食塩水を投与した場合（ラパマイシンなし）には筋タンパク質合成が増加したことを示している（**図 8.4** 参照）。そして最も決定的な実験として，Goodman ら[9] は mTOR を変異させ，ラパマイシンにより阻害されないラパマイシン抵抗性マウスを作製した。この実験では，野生型（対照）マウスとラパマイシン抵抗性マウスに，肥大を引き起こす協働筋切除を施した。野生型マウスでは，切除して 14 日で筋線維横断面積が平均 42％増加した。切除されたが，ラパマイシンを毎日注射された野生型マウスでは，筋線維横断面積はわずか 6％しか増加しなかった。しかし，ラパマイシン抵抗性の mTOR を発現するマウスは，ラパマイシン投与・非投与ともに筋線維横断面積が同等に増加した。まとめると，筋への負荷後にラパマイシンで mTOR を阻害すると肥大が抑制されるが，mTOR がラパマイシンに反応しなくなると（ラパマイシン抵抗性 mTOR），筋肥大は通常通り起こることが示唆され，mTOR が負荷誘発性の筋成長に重要であることが確認された。さらに，筋肥大に必要なのは mTORC1 であることを証明するために，You らは骨格筋の raptor がノックアウトされたマウスに協働筋切除を処置した[23]。上述のデータから予想されるように，raptor が機能していない骨格筋では，協働筋切除による S6K1 リン酸化はごくわずかであり，14 日の過負荷後も筋線維横断面積の増加はみられなかった。これらのデータにより，mTORC1 が負荷誘発性の骨格筋肥大に必要であることが示された。

　上記のデータは，mTORC1 が筋肥大に必要であることを示唆しているが，mTORC1 が筋肥大を引き起こすのに十分であるのかは不明であった。そこで Goodman らは，mTORC1 の活性化が筋肥大を引き起こすのに十分であることを示すため，mTORC1 を活性化する低分子量 G タンパク質 Rheb（後述）をマウスの筋にエレクトロポレーション（電気を使って筋線維内にプラスミド DNA を導入する）を行った。そして，Rheb 遺伝子を持たないコントロールプラスミド DNA の導入は筋線維のサイズに影響を及ぼさなかったのに対し，mTORC1 を活性化した筋線維は 40％程度大きくなっていることを確認した。これにより，mTORC1 の活性化は筋肥大に必要であり十分であることが示された。

mTORC1 の活性化

　上述のように，mTORC1 は負荷誘発性の骨格筋肥大に必要かつ十分である（**図 8.4**）。一方で，インスリンシグナルを考えると，mTORC2 は Akt/PKB をリン酸化すること

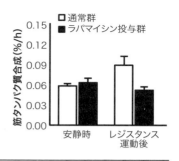

図 8.4 ラパマイシンは mTOR 阻害剤であり，ヒトの骨格筋においてレジスタンス運動によるタンパク質合成の増加を阻害する。Drummond MJ ら [22] より再描画。

でインスリン刺激によるグルコース取り込みを制御するため，mTORC1 よりもはるかに重要であると考えられるが，筋肥大においては mTORC1 が中心となる。mTORC1 は，mTORC1 の活性化因子である GTP と低分子量 G タンパク質 Rheb による 2 つの異なる経路で活性化される。GTP 結合型 Rheb は，mTOR のタンパク質配列の N 末端領域に直接結合でき，結合すると Rheb は mTOR キナーゼの活性部位内のアミノ酸残基を編成し，ATP のガンマリン酸が標的タンパク質上のセリンまたはスレオニン残基に移動するようにアミノ酸を移動させ，mTORC1 を活性化する [24]。mTOR の活性化の最後段階は同じであっても，この活性化は様々な経路により誘発される。

1. **IGF-1 やインスリンなどの成長因子**が IGF-1 受容体へ結合し，インスリン受容体基質（IRS）や phosphoinositide 3-kinase（PI3K）が細胞膜に移動することにより，mTORC1 は活性化される。細胞膜に到達すると，PI3K は脂質二重層内で基質であるホスホイノシチド 4,5 二リン酸（PIP2）を感知し，ホスホイノシチド 3,4,5 三リン酸（PIP3）に変換する。PIP3 は非常に重要なシグナル伝達分子で，通常の細胞膜内では非常に少ないが，数秒以内に 15 倍以上に増加する（例：インスリン添加後）[25]。そして，PIP3 は多くのタンパク質を膜にリクルートする機能を持つ。具体的には，PDK1 や PKB／Akt などの PH（plekstrin homology）ドメインを持つタンパク質が PIP3 に結合することで，細胞質から膜に移動する。膜に到達した PKB／Akt は，PDK1 と膜に存在する mTORC2 によって順次リン酸化され，PKB／Akt が活性化される [26]。活性化された PKB／Akt は，PRAS40 [27] と TSC2 [28] をリン酸化し，それぞれを mTOR と Rheb から解離させる。TSC2 は Rheb に対する GTPase 活性化タンパク質（GAP）であるため [29]，TSC2 を Rheb から解離させることで Rheb が GTP 結合でき，活性化させる。Rheb は近くにある mTOR を活性化することができるが，他の刺激がなければ Rheb の近くにある mTOR 量は少

図 8.5 現在考えられているインスリンと IGF-1 による mTORC1 の制御モデル。インスリン単独では TSC1/2 を Rheb から解離させるが，mTOR を Rheb に移動させることができないため，mTORC1 およびタンパク質合成は部分的な活性化にとどまる。

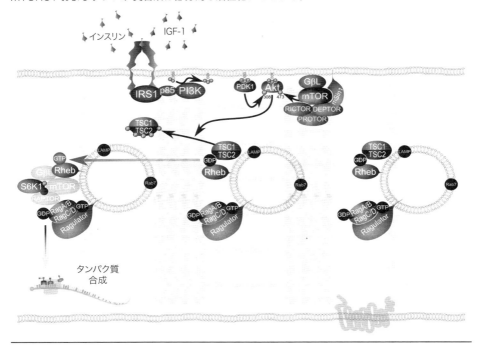

なく，結果としてタンパク質合成がわずかに増加するだけである（**図 8.5**）。この経路が筋肥大にもたらす効果は，骨格筋内での IGF-1 の過剰発現[30]や，活性型 PKB/Akt の過剰発現により証明されている[21]。しかし，インスリンや IGF-1 によるこの経路の生理的活性化は短時間（〜 60 分）であり，それ自体が筋を肥大させることはない。

2. **アミノ酸，特にロイシン**は，mTOR を Rheb に移動させることにより mTORC1 を活性化する（**図 8.6**）。mTOR の Rheb への移動は低分子量 G タンパク質 Rag のサブセットによって促進される。Rag タンパク質は，RagA または RagB のいずれかが RagC または RagD のいずれかと結合してヘテロダイマー（2 つの異なるタンパク質からなる 2 つのタンパク質の複合体）を形成している。ここではわかりやすく，RagA/RagD の二量体を取り上げる。RagA が GTP と結合し RagD が GDP と結合している時に，二量体は raptor に結合することができる[31]。これ

図 8.6 現在考えられているアミノ酸によるmTORC1の制御モデル。アミノ酸のみでは，mTORをRhebに移動させるが，Rhebを活性化できないため，mTORC1およびタンパク質合成は部分的な活性化にとどまる。

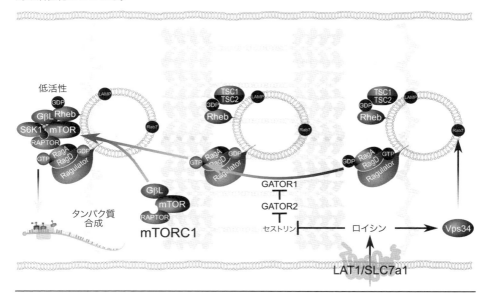

が重要であり，RagタンパクがRhebに近接して膜に繋がれているため，RagAがGTPと結合するとmTORC1がその活性化因子であるRhebに引き寄せられる。Rhebと同様に，RagAのGTP結合は厳密に制御されている。RagAにおいて，GAPはGATOR1として知られてる複合体であり[32]，グアニンヌクレオチド交換因子（GEF：guanine nucleotide exchange factor，GタンパクからGDPを除去するタンパク質）複合体はレギュレーターとして知られている[33]。ロイシンはセストリンと呼ばれるタンパク質と結合することでRagのGTP結合を調節している。セストリンはロイシンと結合すると形状を変え，GATOR2と呼ばれるタンパク質複合体から解離する[34]。GATOR2は，セストリンと結合していない時はGATOR1の阻害役として機能する。GATOR1の機能が阻害されると，レギュレーターはRagAからGDPを取り除き，細胞内ではGTPがGDPの10倍以上あるため，RagAはGTPと結合しraptorと結合してmTORをRhebに近づけることができる。またロイシンは，Vps（vacuolar protein sorting）34を活性化する。Vps34はクラスIII型PI3Kであり（PI3Kは構造と生化学的特性により3つのクラスに分類

267

される），膜結合小器官の細胞内移動を促進する．この場合，Vps34 は膜結合した RagA を細胞内に移動させて raptor と相互作用する可能性を高め，より多くの mTOR を活性化因子 Rheb に運ぶ．しかし，インスリン/IGF-1 や TSC2 を Rheb から取り除く別の刺激がなければ Rheb は不活性のままであり，結果としてタンパク質合成がわずかに増加するのみである（**図 8.6**）．

3. **レジスタンス運動**による mTORC1 の活性化は，まだ明らかにはされていないメカノレセプターが TSC2 上の R-X-R-X-X-Ser/Thr（R はアルギニン，X は任意のアミノ酸）タンパク質配列モチーフを標的とするキナーゼ（really important kinase：RIK）を活性化することによるものである（**図 8.7** 参照）．TSC2 が RIK

図 8.7 現在考えられているレジスタンス運動とアミノ酸による mTORC1 の制御モデル．未解明のメカノセンサーが RIK を活性化し，RIK は TSC2 をリン酸化して Rheb から遠ざける．ロイシンを豊富に含んだタンパク質の存在下で，RagA は GATOR1 を阻害し，GTP と結合し，Vps34 は RagA を細胞内に移動させ，すべての raptor を結合させ，mTORC1 を Rheb に引き寄せることができるようになる．そして，活性化した mTORC1 は S6K1 をリン酸化し，タンパク質合成（翻訳）を活性化させる．実際には，これよりも多くのタンパク質が関与しており，mTORC1 はタンパク質合成以外の機能も制御している．

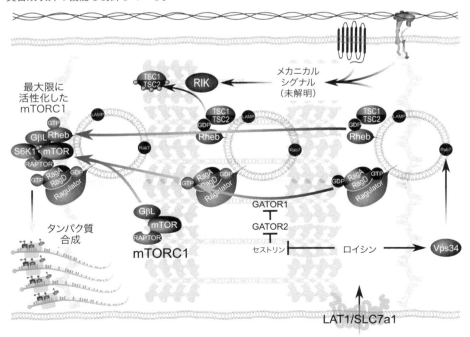

によってリン酸化されると，Rheb から離れ [35]，Rheb が GTP と結合し活性化される。このようにして，抵抗性運動は PI3K[36] および PKB／Akt[37] 非依存的に mTORC1 を活性化する。さらに，成長因子もレジスタンス運動もともに TSC2 を Rheb から遠ざけるため，レジスタンス運動は筋肥大のための IGF-1 のような成長因子の必要性を克服することができる [38]。

まとめると，成長因子やレジスタンス運動により GAP タンパク質である TSC2 が Rheb から離れ，GTP が結合できるようになる。ロイシンはセストリンに結合し，セストリンを GATOR2 から取り除く。セストリンは Rag GAP タンパク質複合体である GATOR1 に結合し，不活性化させることができる。GATOR1 が阻害されると，RagA は GTP と結合したまま活性を維持できるため，活性型 Vps34 によって細胞内を移動する raptor と結合し，mTORC1 と活性型 Rheb を引き合わせることができるようになる。両者が近づくと，活性化した Rheb が mTOR の N 末端ドメインに結合し，この mTOR の形状の変化によりキナーゼが活性化される。このため，レジスタンス運動（TSC2 を Rheb から遠ざける）とロイシンリッチプロテイン（mTOR を Rheb に近づける）を組み合わせると，どちらかの刺激だけよりもタンパク質合成と筋肥大が高まる [39]。

mTORC1 シグナルの異化制御

同化シグナル（成長因子，レジスタンス運動，食事性タンパク質）による mTORC1 の活性化は，異化シグナル（カロリー不足，運動不足，疾患）の負の効果と相殺されることがある。例えばある種の細胞では，AMP 活性化プロテインキナーゼが TSC2 をリン酸化して活性化したり [40]，raptor をリン酸化して mTOR から遠ざけたりする [41]。AMPK は持久性運動によって活性化されるため（第 9 章参照），高強度の持久的な運動を長時間行うとレジスタンストレーニングによる筋量と筋力の増加が制限されるというコンカレントトレーニング効果（第 7 章で議論）のメカニズムとして長い間考えられてきた [42]。実際に，ラットにおいて 5-aminoimidazole-4-carboxamide riboside (AICAR) を用いて AMPK を化学的に活性化すると，mTORC1 の活性化が阻害される [43]。α1AMPK をノックアウトすると，野生型マウスよりも協働筋切除による mTORC1 の活性化と筋肥大が認められる [44]。これらのデータから，代謝ストレスがレジスタンス運動による mTORC1 活性と筋肥大を制限することが示唆される。しかし，ヒトの骨格筋で中等度の持久性運動を 1 回行った後に同様の現象が観察されるかどうかは，未だ解決していない [45-47]。

mTORC1 と翻訳活性

mTORC1 の活性は，①レジスタンス運動，②アミノ酸，③成長因子，④ネガティブまたは異化シグナルの複合効果，の 4 つの前述した入力に依存する。mTORC1 が活性化されると様々な細胞機能が調節される。レジスタンス運動後最も重要な変化はタンパク質合成の増加，より専門的にいえば**翻訳活性**（RNA1 分子あたりに合成されるタンパク質，**第7章**参照）の増加である。すべての細胞において，タンパク質はリボソームによって合成される。リボソームは 79 種のタンパク質と 4 種のリボソーム RNA からなる細胞内小器官である。2009 年，Venkatraman Ramakrishnan，Thomas A Steitz，Ada E. Yonath は「リボソームの構造と機能」の研究によりノーベル化学賞を受賞した。その研究内容は，リボソームがメッセンジャー RNA が持つ情報をもとにタンパク質を翻訳する仕組みを明らかにしたものであった。mTORC1 シグナルは，既存のリボソームの活性を高め，翻訳の開始と伸長を速めることによって，タンパク質合成を促進する。この活性化は，リボソーム活性化タンパク質である 4E–BP1 と 70 kilodalton ribosomal S6 protein kinase（S6K1）のリン酸化を介して行われる。4E–BP1 のリン酸化によって，5'-RNA キャップ結合タンパク質である eIF4E から 4E–BP1 が解離し[48]，eIF4G は 4E–BP が空けた部位に結合できるようになり[49]，メッセンジャー RNA とリボソームが結合でき，翻訳を開始させることが可能になる。S6K1 がどのように翻訳開始を制御しているかはあまり明らかにはなっていないが，重要であることに変わりはない。細胞サイズの調節における S6K1 の重要性は，S6K1 タンパク質を欠損した動物の体のサイズが小さくなるという知見によって示されている[22,50]（下記参照）。mTORC1 依存性シグナルは，elongation factor 2 の制御を通じて mRNA 上のリボソームの移動（翻訳伸長）も制御している。このように，骨格筋において mTORC1 が活性化されると，翻訳の開始と伸長の速度が増加する[51]。以上のように，レジスタンス運動後は mTORC1 依存的にタンパク質合成が増加すると考えられている[22,52]。

mTORC1 と翻訳容量

mTORC1 は，既存のリボソームの活性（mRNA あたりのタンパク質合成量）を急性的に制御する以外にもリボソームの数，すなわち細胞の**翻訳容量**も制御している。mTORC1 は，リボソーム RNA の転写に重要な上流結合因子（upstream binding factor：UBF）のリン酸化とリボソームタンパクの優先的な翻訳を通じて，リボソームの量を調節している。リボソーム DNA の転写は細胞の機能にとって非常に重要であり，rDNA を 47S プレリボソーム RNA に翻訳することだけを役割とする特殊な RNA ポリメラーゼ（POL I）が存在する。ポリシストロン 47S rRNA はその後，成熟した 5S rRNA, 5.8S rRNA, 18S rRNA, 28S rRNA に切断される。リボソーム RNA は, 哺乳類細胞内の全 RNA の約 80％を構成する[53]。rDNA の転写はリボソーム生合成（新しいリボソームの合成）の最初のステップと考えられており, このプロセスはがん原遺伝子 myc, 転写因子 SL1 および UBF によって制御されている。レジスタンス運動によるリボソーム生合成の制御には, S6K1 によるリン酸化による myc の転写の増加, UBF の転写活性の増加が重要である。実際, S6K1 の活性化がリボソーム生合成を活性化させることが示されている[54]。また, レジスタンス運動後, UBF のリン酸化はリボソーム RNA 合成の増加に関連して増加することも示されている[52]。上記のように, 4 種のリボソーム RNA の他に, 79 種のタンパク質が大小のリボソームサブユニットを構成する。リボソームタンパク質をコードするすべての mRNA の 5' 非翻訳領域（UTR）にはピリミジンが連続する配列が存在している。この 5' 末端のオリゴピリミジン（TOP）トラクトと呼ばれるモチーフは, 通常, LARP1（La-related protein 1）と結合して, このタンパク質の翻訳を制限している。しかし, LARP1 が mTORC1, PKB／Akt, S6K1 によってリン酸化されると, リボソームタンパク質の mRNA の 5'UTR から外れ, リボソームタンパク質の翻訳が促進される[55]。したがって mTORC1 は, UBF の転写活性と LARP1 のリン酸化によるリボソームタンパク質 mRNA の翻訳を制御することによりリボソーム産生を制御していると考えられる。

　まとめると, mTORC1 は成長因子やレジスタンス運動, アミノ酸によって活性化され, 異化刺激によって抑制される。活性化された mTORC1 は, 翻訳の開始と伸長を促進することによりリボソーム活性を高め, タンパク質合成を急性的に増加させる。その後, 活性化した mTORC1 は, UBF のリン酸化を通じてリボソーム DNA の転写を, LARP1 のリン酸化を通じてリボソームタンパク質の mRNA の翻訳を, それぞれ増加させる。このように, リボソームにおける転写活性の急性的な活性化とその後の翻訳容量の増加が組み合わさることで, 筋原線維タンパク質合成がタンパク質分解よりも高い状態がある一定期間続き, サルコメアが並行して付加され筋線維が肥大していく。

（小谷　鷹哉）

メカノセンサーの探求

　多くの研究者はレジスタンストレーニングや類する他の骨格筋過負荷は成長因子である IGF-1 の発現を介して mTORC1 シグナル経路を活性化させると想定している。しかし, IGF-1 受容体遺伝子の改変マウス[38] や IGF-1-Akt シグナル経路を阻害した場合[38] であっても, 過負荷によって骨格筋は肥大する。また IGF-1 発現応答の

第 8 章

経時変化は mTOR 活性と一致しない。IGF-1 の必要性を否定する結果もあり，過負荷による mTOR の活性化と筋肥大に IGF-1 が必要かどうかは，『Journal of Applied Physiology』誌において一進一退の議論が展開された [56]。この研究から明らかになったことは，収縮刺激が成長因子非依存的に直接 mTORC1 を介してタンパク質合成を亢進することである [57]。現在までにメカノセンサーとして進展活性化チャネル [58]，diacylglycerol kinase ζ [59]，Titin [60]，コスタメア構造 [61] などが研究されている。これらや他のメカノセンサーが筋線維にかかる負荷を RIK の活性化，TSC2 のリン酸化による Rheb からの解離へと結びつける [35]。しかし，メカニカルストレスを受容するメカニズムについて，確かなことは依然として明らかになっていない。

骨格筋量の負の調節因子としてのミオスタチン

レジスタンス運動 -mTORC1 シグナル経路と対照的なのがミオスタチン-Smad2/3 シグナル経路である。mTORC1 とは対照的に，ミオスタチン-Smad2/3 経路は骨格筋の成長を抑制する。これはミオスタチン活性を除去した動物において最も顕著である。ミオスタチン遺伝子を欠損あるいは変異させたマウス [62]，イヌ [63]，ウシ [64] では，野生型の個体の 2 倍もの骨格筋量となる。ミオスタチン欠損とミオスタチン，transforming growth factor β (TGF-β)，activin，growth and differentiation factor (GDF)，bone morphogenetic protein (BMP) ファミリーの抑制因子の 1 つである follistatin の過剰発現は，骨格筋量をさらに増加させる [65]。**図 8.8** はミオスタチン-Smad 2/3 シグナル経路について紹介している。ミオスタチン-Smad 2/3 経路の抑制と転写抑制因子 Ski による Smad の転写活性の抑制もまた劇的な骨格筋量増加をもたらす [66]。このようにミオスタチン-Smad 経路が骨格筋量を調節することは明らかであるが，こうした骨格筋量増加は発揮筋力の増加に繋がるのだろうか。この質問に対する答えは「どのように力を評価するかによる」ということである。ミオスタチン欠損マウスでは筋自体が発揮可能な絶対的な筋力は増加するものの，固有筋力（筋重量あたりの発揮可能な張力）は野生型の個体と比べて低値を示す [67]。一方で，ヒトにおけるミオスタチン欠損家系の少年とその家族 [68] やミオスタチン遺伝子をヘテロに欠損したレースドッグ（ドッグレースに用いられるイヌ）の知見 [63] から，ミオスタチン-Smad 経路の阻害と運動トレーニングが組み合わさることで筋力やスピードは改善しうる一方で，単なるミオスタチン-Smad 経路の抑制は筋量を増加させるが収縮機能は低下させる可能性を示唆している。こうした現象の潜在的な説明因子として，ミオスタチンが TGF-β ファミリーのサイトカインの 1 つであるということが考えられる。これらのサイトカインは，コラー

図 8.8 グルココルチコイドやその他の筋萎縮を促進する刺激は，ともにミオスタチン mRNA を増加させる。転写，翻訳されたミオスタチンはプロテアーゼによる切断を受けた後細胞外へ放出される。細胞外へ放出されたミオスタチン（MSTN）は follistatin などの抑制タンパク質と結合することで不活性型の複合体を形成するが，遊離型のミオスタチンは activin- タイプ IIb / Alk4 受容体と結合する。Alk4 はミオスタチンが結合すると Smad2 や Smad3 をリン酸化する。リン酸化された Smad2，Smad3 は Smad4 とともに核内へ移行し，骨格筋量の調節にかかわる遺伝子発現を制御する。レジスタンス運動後，膜タンパク質 Notch は切断され，notch intracellular domain（NICD）が放出される。NICD は核移行し Smad の転写活性を抑制することで筋特異的にミオスタチンシグナル経路を抑制する。

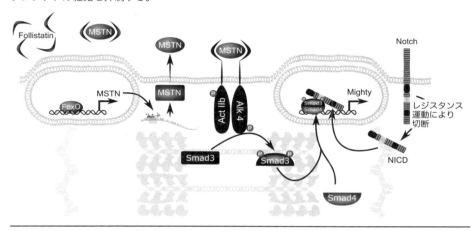

ゲンやその他の ECM タンパク質の発現調節において重要な役割を担っている。興味深いことにミオスタチンを欠損したマウスの骨格筋はコラーゲンの含有量が低く，野生型のマウスや恒常的に負荷を行ったミオスタチン欠損マウスと比較して筋収縮によるダメージ耐性は低いことがわかっている[67]。これらのデータは，ミオスタチン–Smad 経路自体の阻害は骨格筋量を増やすがコラーゲンの増加はもたらさない一方，ミオスタチン–Smad 経路の阻害と運動を組み合わせることで筋線維サイズとコラーゲンが増加し，これらが反映されることで筋力増大に繋がることを示唆する。この仮説を支持するように，コラーゲン増加の抑制は協働筋切除による筋線維の肥大を抑制しない一方で，最大張力をコントロール条件の半分まで低下させることが，動物実験で観察されている[69]。まとめとして，これらのデータからトレーニングを行っていない状態ではミオスタチン–Smad 経路の阻害は骨格筋量を増加させるが，コラーゲン量を低下させ，結果として固有張力の低下をもたらすことを示唆する。

第 8 章

ミオスタチン–Smad2／3 活性とレジスタンス運動

　遺伝的なミオスタチン–Smad2／3 経路の抑制は骨格筋の成長を促すことは確かだが，レジスタンス運動がこのシグナル経路に影響を与えるか否か，あるいはどのように作用するかについては依然として議論がなされている。Louis ら[70]は，急性のレジスタンス運動あるいは持久性運動後のミオスタチン遺伝子の経時的な発現変化を，運動後 24 時間まで観察している。彼らは，レジスタンス運動 8 時間後をピークとしてミオスタチン mRNA 発現が減少することを観察している。一方で，通常筋肥大には繋がらない持久性運動によってもミオスタチン遺伝子の発現が減少することも観察している。Kim らもまた，レジスタンス運動によってミオスタチン mRNA 発現が減少することを観察しており，同時に被験者に 16 週間のトレーニングを行いその肥大応答の程度から低応答群；筋線維径の増加なし，中程度応答群；〜 1,100 μm^2 の筋線維径増加，高応答群；〜 2,500 μm^2 の筋線維径増加に分けてミオスタチン mRNA の発現低下応答と関連を評価しているが，トレーニング適応とミオスタチン遺伝子発現低下応答の間には関連性がないことを報告している[71]。したがって，レジスタンス運動に伴うミオスタチン mRNA の発現変化と骨格筋量の変化の間には明確な関連性は認められない。

　図 8.8 に示した経路を考慮すると，ミオスタチン mRNA の発現動態が運動による骨格筋成長に関連しないことは驚くべきことではないかもしれない。筋線維内でミオスタチン mRNA が転写された後，それらは翻訳され筋線維から放出，さらに切断されることで活性化されなくてはならない一方で，ミオスタチンは抑制因子によって捕足されうる。ミオスタチンが受容体に結合すると Smad2 あるいは Smad3 を活性化し，Smad4 とともに核内移行し転写を活性化するが，これらは Smad の抑制因子である Ski，Sno や notch によって阻害される。また，我々は上半身だけのレジスタンストレーニングを行った場合，上半身の骨格筋は大きくなるが下半身の筋は小さいままである。全身性のミオスタチンの減少，すなわちレジスタンス運動がミオスタチン–Smad2／3 経路を抑制する方法であるとするならば，何故上半身のトレーニングしか行わないような怠け者の脚も大きくならないのだろうか。この疑問に対するいくつかの示唆を，MacKenzie らはレジスタンス運動がミオスタチン–Smad2／3 活性に及ぼす影響をミオスタチン–Smad2／3 経路の標的である mighty（akirin1）[72]を用いて示している[73]。著者らは急性の運動 6 時間後のミオスタチン–Smad2／3 活性が 6 週間後のトレーニングによる筋肥大応答と負に関連することを見出した。興味深いことに運動による筋内のミオスタチン–Smad2／3 活性の低下応答はミオスタチン mRNA，Smad2 のリン酸化，Ski の発現レベルとは関連していなかった。代わりに，レジスタンス運動によって Smad2／3 の抑制因子である notch が活性化されており，notch 活性はミオスタチ

274

ン–Smad2／3 活性と関連していた。Notch は通常巨大な膜タンパク質として存在しているが，レジスタンス運動時には Notch の細胞内ドメインが切断され核内へ移行することで Smad2／3 の転写活性を抑制する。こうした機構によって，急性運動時の筋線維内では局所的にミオスタチン–Smad2／3 経路が抑制されることで，トレーニングによる筋肥大適応が局所で現れるものと考えられる。

ミオスタチン–Smad2／3 活性の制御機構

　急性の運動後のミオスタチン–Smad2／3 活性の抑制は遺伝的なミオスタチン阻害とは異なるメカニズムによってもたらされる（**第 4 章**）。遺伝的なミオスタチン遺伝子の欠損，変異あるいは follistatin や ski による阻害は骨格筋細胞の発生段階からミオスタチン–Smad2／3 シグナル活性を損なう。これによって発生期における筋細胞の増殖が促進され，成体の骨格筋にはより多くの筋線維が形成される。発生後あるいは成熟個体では抗ミオスタチン抗体や follistatin，レジスタンス運動などによりミオスタチン–Smad2／3 が抑制されるとその効果は筋線維の肥大として現れる。どちらの場合も，筋原線維タンパク質合成が分解より多くなるため，並列なサルコメアの増加が生じ，再び骨格筋肥大が起こる。ミオスタチン–Smad 経路の阻害は mTORC1 シグナル経路の一部を介してタンパク質合成を増加させる。mTORC1 活性は Smad2／3 による PIP3 レベルの調節を介して調節される。Smad3 が不活性化されている状態（ミオスタチン欠損状態）では細胞膜の PIP3 レベルは増加し，結果として PKB／Akt が活性化される。PKB／Akt の活性化状態では，ミオスタチン–Smad2／3 経路の抑制によって筋原線維タンパク質合成の促進と分解の抑制が可能である。上述したようにタンパク質合成の亢進は TSC2 がリン酸化によって Rheb から解離し，Rheb が mTORC1 を活性化することで生じる[74]。しかしラパマイシンは，ミオスタチン–Smad2／3 の阻害により生じる骨格筋量の増加の 50％しか減少させることができない。ラパマイシン非依存的なミオスタチン–Smad2／3 経路の抑制効果の少なくとも 1 つは，PKB／Akt を介したタンパク質分解の抑制である。タンパク質分解を抑制するため，PKB／Akt は転写因子の FoxO をリン酸化することで細胞核外に留める。FoxO が核外へ排出されることで「atrogenes」（あるいは筋萎縮遺伝子）と呼ばれる MuRF1，MAFbx（E3 ユビキチンリガーゼ，**第 7 章**に詳述）といった FoxO の転写標的の遺伝子発現が抑制され，タンパク質分解が低下する。したがって，ミオスタチン–Smad2／3 経路の活性化は PIP3／Akt／mTORC1 シグナル経路を阻害することで筋原線維タンパク質合成を抑制し，筋タンパク質分解を PIP3／Akt の抑制による FoxO の活性化と筋萎縮遺伝子の発現により亢進させる。

第8章

E3 ユビキチンリガーゼと骨格筋量

　E3 ユビキチンリガーゼである MuRF1 と MAFbx（**第7章**に詳述）は筋萎縮時に発現増加する遺伝子として同定され[75]，これらの遺伝子のノックダウンは筋萎縮を抑制するが，E3 リガーゼは我々が認識している以上に複雑に骨格筋の成長に対しても関連している。まず，MuRF1 と MAFbx の発現レベルとプロテアソームにおけるタンパク質分解は筋肥大の過程で増加する[76]。筋肥大に伴うタンパク質分解の増加は，筋原線維のリモデリングによって，再びアミノ酸を筋原線維へ変換し，サルコメアの並列な追加を行うために必要な応答であると考えられる。次に，タンパク質同化や筋肥大，筋萎縮からの回復において機能する新規の E3 ユビキチンリガーゼ（UBR4 と UBR5）が同定された[77,78]。UBR5 は，ヒトを対象とした DNA メチル化動態のスクリーニングによって，レジスタンストレーニング後に DNA の脱メチル化と発現上昇が認められる遺伝子として同定された[79]。興味深いことに，UBR5 には single nucleotide polymorphsms（SNPs：一塩基多型）が存在し，遺伝子発現レベルと関連することがわかっている。アスリートと一般人 375 人を対象とした横断研究によると，2 つの異なる SNPs（rs105025 と rs473462）は速筋線維サイズと強く関連し，これらは持久性競技者や一般人と比較してパワー系競技者において高頻度で認められている。最後に，UBR5 のノックダウンはリボソーム量の指標である total RNA の減少，タンパク質合成の低下と筋萎縮を引き起こす[80]。また現在，E3 ユビキチンリガーゼには，タンパク質同化や骨格筋の肥大において以下の 3 つの役割がある可能性が提唱されている。

1. E3 リガーゼはタンパク質同化シグナルの抑制因子の分解に関与している可能性がある。
2. E3 リガーゼは翻訳開始因子の発現レベルを調節することで翻訳効率の制御において重要である可能性がある。
3. E3 リガーゼは損傷したタンパク質を除去することで細胞内のタンパク質の品質を維持し，骨格筋を肥大するために必要な新たなタンパク質の合成を可能にしている可能性がある。

　しかし，骨格筋量の制御におけるユビキチン化やタンパク質分解の役割を十分に理解するうえでは，これら E3 リガーゼの基質についての理解が進むことがまず重要である。

筋衛星細胞，筋損傷からの回復とレジスタンストレーニングによる適応

　ヒトの体内では，骨格筋細胞（筋線維）は最大で全長 20 cm，その表面積は 10,000 μm^2 にも達する。したがって，筋線維は α 運動神経に次ぐ身体で第二に巨大な細胞で

ある。筋線維は単一の細胞内に複数の細胞核を有し，それらは筋核と呼ばれる。ラットのタイプⅠ遅筋線維には1 mm あたり44〜116個の筋核が認められ，これはタイプⅡ線維に比較して多い[81]。この関係を当てはめた場合，ヒトの筋線維では最大で9,700〜23,000個の筋核が単一の細胞に含まれていることになる。したがって，筋線維は身体で最も多くの細胞核を有する細胞である。筋線維の特徴として，筋核は分裂できないということが挙げられる。こうした特徴は，生物学的には有糸分裂後や終末分化後といわれる。それでは，個体の出生後の成長過程において新たな筋核の追加が必要になった際や，損傷からの回復，レジスタンス運動などの刺激による筋線維径の増大に伴い細胞の体積に占める筋核数が低下した際には，どこから新たな筋核が供給されるのだろうか。

骨格筋では，筋線維への新たな筋核の供給は，**衛星細胞**と呼ばれる細胞によってもたらされる。筋衛星細胞は骨格筋に存在する幹細胞である（**第2章**，**第13章**にて詳述）。ヒトでは筋線維に認められる核のうち1.4〜7.3％が衛星細胞であり，その割合は遅筋線維の方が速筋線維に比較し高い[82]。筋衛星細胞は Alexandra Mauro 博士によって電子顕微鏡を用いてカエルの骨格筋から発見された（**図8.9**）[61]。Mauro 博士は論文の中で，筋衛星細胞は細胞膜（形質膜）と基底膜間に無理やり割り込む（原著では「wedged」）ように存在する，と著している。こうした局在の特徴から，彼はこの細胞を「衛星細胞（satellite cell）」と名付け，筋衛星細胞はその多くが非常に小さな細胞質を持つことから，骨格筋の再生を担っていると予想した[83]。

骨格筋の再生能力は1世紀以上にわたって研究されており，初期のニワトリ，ハト，ラットやマウスを対象とした研究により，骨格筋は重篤な損傷を受けた際にも完全に再生されることが示されている[84]。しかしこれらの研究の多くは旧ソビエト連邦で実

図8.9 ラットの縫工筋内の筋衛星細胞（satellite cell）。筋衛星細胞は筋線維のサルコメアとミトコンドリア間に認められる。筋衛星細胞を包む膜（筋衛星細胞膜）と筋線維を包む細胞膜（筋細胞膜）がそれぞれ認められる。写真は本書第1版より引用。

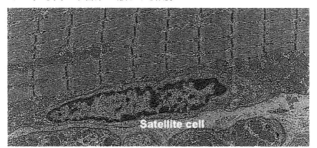

第8章

施されたうえ，その多くがロシア語で出版されているため正当に評価されていない[85]。Bruce Carlson はアメリカとソビエト間の学術交流の一環としてソビエトを訪れ，帰国後に彼の研究室においてソビエトで行われてきた研究の追試を行った。この結果，驚くべきことに，筋を切除しミンチにしたり完全に破壊して元に戻した場合であっても，14日後（ラット）あるいは28日後（カエル）には完全に再生された。こうした結果から，骨格筋は極めて再生能力が高い組織であること，また筋衛星細胞の発見から組織特異的な幹細胞の存在がこうした組織再生の根底にある可能性が示された。

幹細胞としての筋衛星細胞

　筋衛星細胞が筋再生に必須のものかあるいは貢献しているかを明確にするため，イギリスのロンドンを本拠とする研究グループは，自己複製と分化を追跡可能なレポーター遺伝子を筋衛星細胞に持つ遺伝子改変マウスの筋線維を野生型マウスへ移植した[86]。筋細胞の自己複製と分化を理解するうえでは，**第13章**の「筋衛星細胞と運動」を参照されたい。自己複製レポーターは自己複製された衛星細胞に青色のマーカーを発現させ，分化レポーターは筋衛星細胞が分化し筋線維へ融合した際もしくは新たな筋線維を形成した際に青色のマーカーを発現させる。研究チームはどちらのレポーターも宿主の再生中の骨格筋においてオンになっていることを見出した。さらに，宿主の骨格筋には多くの自己複製および分化後の筋衛星細胞が認められた。この実験から，筋衛星細胞が実際に骨格筋の幹細胞であり，自己複製と分化/筋再生が可能であることが示された[86]。最も印象深い衛星細胞の自己複製に関する移植実験は，firefly レポーター遺伝子を発現する筋衛星細胞1個を再生中の骨格筋に移植する実験かもしれない。研究者は，複数回の筋損傷と再生を繰り返した骨格筋で，単一の衛星細胞から 20,000 ～ 80,000 個もの娘細胞（初回に移植した細胞の子孫）が生み出されていることを推定した[87]。したがって，筋衛星細胞は最も主要な骨格筋の幹細胞である。骨格筋には他にも，毛細血管上の周皮細胞や mesoangioblast などの幹細胞が存在するが，これらの筋再生能は限定的である。

筋発生

　筋衛星細胞がどのようにレジスタンス運動や筋損傷に反応するか，また筋衛星細胞が再生や肥大に重要であるかを議論する前に，筋発生として認知されている筋衛星細胞と骨格筋の発生の分子メカニズムについて説明しておきたい。筋発生は，胚発生においてだけでなく，筋衛星細胞が損傷や成長刺激に反応する際にも認められる。

　初期の主要な分子筋発生の実験において，5-azacytidine を用いて非筋細胞から筋細

278

レジスタンス運動への分子適応

胞への転換が行われた。筋発生剤として用いられた 5-azacytidine は DNA からメチル化修飾を取り除く。**第6章**で述べたように，DNA のメチル化修飾は最も主要な安定的 DNA 構造変化のためのエピゲノム修飾であり，異なる遺伝子のプロモーター領域の開閉により各遺伝子の転写性を調節する。線維芽細胞を 5-azacytidine 処理し重要な筋発生遺伝子（筋原性）のプロモーターを開いた状態にすることで，線維芽細胞系譜から筋細胞への切り替えが生じる。続いて著者らは 5-azacytidine 処理によって発現が生じる 26 の遺伝子を同定した（A～Z でラベルした）。4 つの筋原性遺伝子のうち，MyoD（Myo は筋原性を意味し，D は同定された配列中の D に由来する）は線維芽細胞を筋芽細胞あるいは筋細胞へ変換することができる転写因子である[88,89]。この後に研究チームは MyoD が色素細胞，神経，脂肪，肝細胞など他の細胞も筋芽細胞へ転換可能であることを明らかにし，MyoD は一遺伝子のみで筋細胞の運命を決定する最初の遺伝子となった。その後すぐに MyoD と同様の basic-helix-loop-helix（bHLH）構造を持つ他のいくつかの筋原性遺伝子が同定された。これらの遺伝子ファミリーに含まれる MyoD, Myf5, MRF4（Myf6）と myogenin はまとめて筋原性調節因子（myogenic regulatory factors：MRFs）として知られる。生体内における筋原性調節因子の機能は遺伝子欠損マウスを用いた複数の研究によって明らかにされてきた。それでは，MyoD 遺伝子の欠損は予想されるように骨格筋の発生を阻害するだろうか。答えは否である。研究者らにとっては驚くべきことに，MyoD 欠損マウスの骨格筋は発生した。しかし，その後すぐに MyoD と別の MRF である Myf5 を同時に欠損することで筋発生が完全に阻害されることが示された〔マウスに筋芽細胞（筋細胞）は全く観察されなかった〕。これらのデータからは，MyoD と Myf5 は相似形であるため，一方がなくても補完する

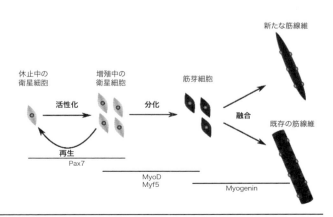

図 8.10 筋発生。筋衛星細胞は損傷後に活性化し増殖し始める。必要十分な細胞数まで増殖した後，増殖した筋衛星細胞は筋分化を開始し，既存の線維に融合するか，新たな筋線維を形成する。

ことのできる冗長性のタンパク質であることが示された[90]。MyoDとMyf5は筋芽細胞の形成に重要であるが，もう1つの筋原性調節因子であるmyogeninは，筋芽細胞が筋線維のもととなる多核の筋幹細胞へ融合するために必須の因子である[90]。したがって，MyoDとMyf5は筋芽細胞の発生と増殖を支援し潜在的な分化を引き起こす一方で，myogeninは分化と筋線維への融合を促進する（**図8.10**）。

筋原性調節因子はどのように機能するか

MyoDはゲノム上の約60,000ヵ所に存在するMyoD DNA結合領域に結合し，転写因子として機能する[91]。MyoDはDNAへ結合すると，アセチル基転移酵素およびメチル基転移酵素をリクルートしエンハンサー領域をオープンな状態にし，エンハンサーへ転写因子を動員することで筋特異的な遺伝子の発現を促進する[92]。

筋原性調節因子と筋衛星細胞の関係

筋原性調節因子は筋衛星細胞の増殖と分化，筋線維への融合を支援する。休止状態の衛星細胞では，筋原性調節因子の発現は一般的に低い状態である。休止状態では，paired box transcription factor Pax7が筋衛星細胞の維持に重要である（**図8.10**）。実際に，マウスにおいてPax7遺伝子を欠損すると筋衛星細胞は極めて少ない数となることから，Pax7は筋衛星細胞の発生に重要な遺伝子であると思われる。Pax7陽性筋衛星細胞が存在しない条件下では骨格筋の成長は抑制され筋損傷後の再生が起こらないことは，骨格筋の成長と損傷後の再生における筋衛星細胞の重要性を表わしている[93]。現在，Pax7は免疫組織化学による筋衛星細胞の検出に頻繁に用いられている。しかし，Pax7は発生期においてのみ重要であり，その機能は生体の骨格筋においては必要ない。このことは，筋衛星細胞が形成された後の成熟後の骨格筋におけるPax7遺伝子欠損による実験において確認されており，Pax7を欠損しても筋再生が通常に起こることが観察されている[94]。

まとめると，筋衛星細胞は筋損傷に反応して以下の動態の応答を示す。

1. **休止期筋衛星細胞**：ほとんどの成熟骨格筋の筋衛星細胞は，Pax7を発現し休止状態であり，MyoDは発現していない。
2. **活性化筋衛星細胞**：外傷に応答して筋衛星細胞は活性化され，基底膜を破って（**図8.9**）受傷部位へ移動し，活性化筋衛星細胞クラスターを形成する（**図8.10**）。活性化した筋衛星細胞はPax7とともにMyoDを高発現する。
3. **筋衛星細胞分化**：活性化した筋衛星細胞は次に，増殖を継続するか，休止状態へ戻るか，分化して既存の筋線維へ融合するか，他の筋芽細胞と融合することで新

レジスタンス運動への分子適応

たな筋線維を形成するかの運命決定を行う。分化中の筋衛星細胞は Pax7 の発現を消失するが，MyoD の発現は維持し，既存の筋線維の融合や新たな筋線維の形成に必要な myogenin を発現し始める（**図8.10**）。

4. **休止期筋衛星細胞への復帰**：自己複製時の筋衛星細胞は，細胞周期から離脱し MyoD の発現を消失して休止期へと戻り，筋衛星細胞数を維持する（幹細胞プール）ことで，次の損傷に備える。

筋衛星細胞の制御

　このように Pax7 と MRF に関する根本的な理解ができたところで，次なる疑問は「どのようなシグナルが筋衛星細胞を活性化するか」ということになる。しかし残念ながら，これは一致した見解には至っていない。この点については**第13章**にて持久性運動，レジスタンス運動，老化，筋衛星細胞と他の細胞とのコミュニケーションについてそれぞれより詳細に紹介している。筋衛星細胞が筋損傷において特に反応することを踏まえると，筋損傷による筋衛星細胞の活性化に免疫機構が重要であることは決して驚くべきことではないかもしれない。損傷は急性の炎症応答を引き起こし，好中球の増加と，それに引き続きマクロファージの浸潤を引き起こす。炎症性（M1）マクロファージは筋損傷後最初に浸潤し，筋再生の初期段階において優勢となる[88]。M1 マクロファージを除去すると骨格筋の再生は完全に抑制されることから，M1 マクロファージは筋衛星細胞の活性化に重要であると考えられる[95]。損傷の2日後にはM1マクロファージは減少し，次なるマクロファージ集団が骨格筋へ浸潤してくる。この次なるマクロファージは抗炎症性サイトカインを発現し，M2 マクロファージと呼ばれる。M1 から M2 マクロファージへの転換は，損傷からの骨格筋再生に重要である。M1 マクロファージは筋衛星細胞を活性化させ増殖を促進し，一方で M2 マクロファージは筋芽細胞分化と融合を促進する[95]。免疫機構は筋衛星細胞の活性化と分化を制御するものの，その他の要因が増殖速度の調節を通じて，損傷に応じた細胞量の決定に寄与する。

　様々な因子が筋損傷後の筋衛星細胞の増殖に影響を与える。骨格筋量の調節と同様に，筋衛星細胞の増殖はミオスタチン–Smad2/3 経路によって抑制され[96]，notch 経路は正に制御される[97]。前述の議論から想像されるように，ミオスタチン–Smad2/3 活性は筋衛星細胞の増殖を抑制することが示されており[98]，これは出生後の成長をミオスタチンが抑制するメカニズムの一端である可能性がある。ミオスタチン–Smad2/3 経路の負の影響と一貫するように，Smad2/3 およびそのパートナーである Smad（Smad4）と競合する転写因子である Smad1，3 と 5 は核内へ移行し，活性化した衛星細胞の増殖を促進する一方で分化を抑制する[99]。この他に衛星細胞の増殖を制御するシグナル

第 8 章

経路である Wnt／β–catenin 経路 [100] と Hippo-Taz／Yap 経路 [101,102] はともに筋衛星細胞の増殖を促進する。運動時の Notch, Smad, Wnt の筋衛星細胞に対する役割は**第 13 章**にて詳述している。まとめとして，一連の知見から，筋損傷による筋衛星細胞の活性化は M1 マクロファージによってもたらされるが，細胞増殖による細胞プールの増加はミオスタチン–Smad 経路を含む様々な成長因子によって制御されることが示唆される。

筋衛星細胞と骨格筋量

筋衛星細胞について理解した今，「筋衛星細胞はレジスタンストレーニングによる筋肥大に重要か」という疑問が生じる。この疑問は当該分野において 30 年以上にわたって議論の対象となってきた。この疑問は，細胞核と細胞質の体積比率が決まっているとする筋核ドメイン仮説と非常に密接に関連している。この仮説が真であった場合，筋線維が肥大する際には新たな核の追加（筋衛星細胞に由来する）が必要となり，一方で筋線維が萎縮する際には筋核は失われるであろう。筋肥大に対する筋衛星細胞の必要性については賛否の議論が『Journal of Applied Physiology』誌においてなされた [103]。多くの生物学と同様に明確な答えには至っていないが，この総説 [104] に関連する文献について素晴らしくまとめられている。本節では，筋衛星細胞による筋核の追加は筋肥大に必要か，また筋核ドメイン仮説は証明されたかについて要約する。前半の疑問に関する答えが否であった場合，筋核ドメイン仮説は否定されることとなるため，これは非常に興味深いトピックである。

骨格筋におけるミオスタチンの欠損 [105] や恒常的活性化型 Akt の過剰発現 [106] を行った研究は，筋核ドメイン仮説に対する最も説得力ある主張を行っている。これらの遺伝的な操作は筋核の追加を伴わずに骨格筋肥大を引き起こすため，結果的に筋核ドメインは増加することから，筋衛星細胞を介した筋核の追加は筋肥大に対して重要ではなく，また筋核ドメイン仮説は必ずしも厳密なルールではないことが示唆される。

筋衛星細胞と収縮による骨格筋肥大

収縮による筋肥大における筋衛星細胞の役割を明確にするためには，成熟した骨格筋組織から筋衛星細胞を除去し，筋が収縮に応じて肥大できるかを評価する必要がある。Rosenblatt と Parry はγ線を照射することで筋衛星細胞を死滅させ，筋肥大を引き起こすために協働筋切除による過負荷を行った。γ線照射を行わなかったコントロール群では筋量が 20％増加した一方，γ線照射を行ってから過負荷を行ったラットでは骨格筋量が最大 25％減少していた [107]。こうしたデータから，彼らは筋衛星細胞が収縮による筋肥大において重要な役割を担っていると解釈した。しかしγ線照射は筋衛星細胞を

死滅除去させるのみならず，筋線維に対しても弊害をもたらす可能性があり，この研究の方法論的な限界となっていた。それから約20年後，McCarthyらは骨格筋内の90%以上の衛星細胞を除去可能な遺伝子改変マウスを作成した。筋衛星細胞の除去は過負荷による筋肥大に全く影響を与えず[108]，筋衛星細胞ノックアウトマウスの過負荷後の筋線維では野生型のマウスと比較して少ない数の筋核と筋核ドメインの拡大が観察された。この実験からげっ歯類における協働筋切除による筋肥大に筋衛星細胞は必要ないことが示された。この遺伝子改変マウスを用いたその後の研究から，成長期においては筋衛星細胞がないと過負荷による筋肥大が生じないこと[109]，協働筋切除よりもより生理的なレベルの過負荷では筋肥大が生じること，また不活動による筋萎縮からの回復には筋衛星細胞が必要ないこと[110]が明らかになった。これらのデータから，筋衛星細胞は発生から成長までのプロセスに必要であるが，成熟した個体において過負荷による筋肥大は筋衛星細胞非依存的に生じることが示唆された。しかし現在，げっ歯類ではより生理的な条件に近い筋肥大モデルが利用可能になっており，そうしたモデルを用いた研究については第13章にて詳述したい。

ヒトのレジスタンストレーニングによる筋肥大における筋衛星細胞

　げっ歯類を対象とした協働筋切除による過負荷誘導性の筋肥大における筋衛星細胞の役割は限定的であると思われるものの，必ずしもヒトのレジスタンストレーニングによる適応における筋衛星細胞の重要性を否定するものではない。前述のようにレジスタンストレーニングに対する筋肥大応答で被験者を未反応，中程度反応，好反応に分けた研究において，Petrellaらは16週間のトレーニングによる筋線維横断面積の増加の程度が筋核数の程度と関連することを明らかにしている[111]。また，トレーニング開始前の相対的な筋衛星細胞数は，トレーニングによる筋量増加応答と関連した。興味深いことに，オランダのLuc van Loonが率いるグループは，12週間のレジスタンストレーニングによる筋肥大適応において，小径の筋線維（2,000～4,000 μm^2）の肥大応答は筋核ドメインサイズの増加応答と関連し，大径の筋線維（8,000～10,000 μm^2）の肥大応答は筋核数の増加と関連することを見出した[112]。これらのデータからは，小径の筋線維は筋衛星細胞を介した筋核の供給がなくても肥大が可能である一方，大径の筋線維は肥大に際してより筋衛星細胞依存的である可能性が示唆される。平均的なマウスの筋線維は最大1,500 μm^2であるのに対して，ヒトの筋線維は平均的に4,500 μm^2程度であることから，この観察は筋衛星細胞は筋肥大には不要であるとするげっ歯類を対象とした研究と筋衛星細胞/筋核数が筋肥大適応を予測可能であるとするヒトを対象とした研究を総合的に理解するうえで有用なものである。このように，げっ歯類（小径の筋

第 8 章

線維）では筋衛星細胞は成長に必ずしも必要ない一方で，ヒト（大径の筋線維）では筋衛星細胞は筋肥大に重要であるという観察結果は一貫している。

筋力を増加させるシグナル経路

　これまで述べてきたように，mTORC1，ミオスタチン-Smad2/3 経路，筋衛星細胞は骨格筋量の重要な決定因子である。しかし，これまでみてきたように，筋量の増加は必ずしも筋力の増加に結びつかない。骨格筋を肥大させるためには，より多くのミオシンとアクチンフィラメントが並列に追加される必要がある。骨格筋がより大きな力を発揮するためには，追加されたミオシンとアクチンフィラメントの張力が骨に伝達される必要がある。したがって，張力伝達は力の重要な規定因子である。前述したようにStantzou らは，動物に協働筋切除による過負荷を行った際に，コラーゲンの増加を阻害する holofuninone を投与することで，筋線維の肥大にはほとんど影響がないかやや改善が認められるのに対して，発揮張力の増加は食塩水を投与した対照群の動物の半分程度にしか到達しないことを観察している [69]。このことから，コラーゲンの増加が筋力の増加に必要である可能性が示唆される。これが事実であれば，収縮のような過負荷はどのようにコラーゲンを増加させるのだろうか。メカニズムの 1 つとして，Egr1（early growth factor 1）という遺伝子が介在因子として考えらえれる。Egr1 はコラーゲンやECM の産生を司る遺伝子として知られており [113]，またレジスタンス運動後の骨格筋において最も増加する遺伝子である [114]。骨格筋量と関連する前述のシグナル経路と異なり，Egr1 は骨格筋への機械的な負荷と直接関連する ERK1/2 と ERK1/2 のレジスタンス運動に伴う活性化によって制御されている [115]。これは本章の冒頭で述べた観察である，筋力を増加させるためにはより高重量を扱わなければならないことを説明できる。より高重量を扱うことで ERK1/2 はより強力に活性化され，強力な ERK1/2 の活性化は Egr1 発現をより強力に促し，Egr1 が多く発現されることで張力伝達に関連するタンパク質の発現が促進され，そしてより多くの張力伝達に関連するタンパク質（コラーゲンやその他の ECM 構成タンパク質）の発現によってモータータンパク質（ミオシンとアクチン）の発生した張力はより多く腱や骨へと伝えられることとなる。しかしレジスタンストレーニングによる筋力の増加に関与する分子シグナル経路については，さらに多くの研究が行われる必要がある。

まとめ

　レジスタンストレーニングは高重量を用いて短時間の運動を行う。どのような運動も疲労困憊に至るまで行うことで骨格筋は肥大するが，筋力の増加は扱う重量に比例する。したがって，高重量でのトレーニングを疲労困憊まで行うことで筋サイズと筋力の両方が増加するだろう。レジスタンストレーニングによる主要な適応は筋線維内でのサルコメアの並列な追加による線維サイズの増加による骨格筋組織の肥大である。絶食状態では，レジスタンス運動によって一過的に筋原線維タンパク質合成と分解が亢進する。十分な必須アミノ酸存在下では筋原線維タンパク質の代謝バランスが正となる。レジスタンス運動とロイシンを高含有するアミノ酸摂取は mTORC1 シグナル経路を活性化し，標的となる翻訳開始と翻訳伸長を増加させる分子によって翻訳を亢進させる。長時間の mTORC1 の活性化によりリボソーム生合成を介して翻訳容量も増加する。mTORC1 シグナル経路は IGF-1 やインスリンなどの成長因子，筋収縮，必須アミノ酸など様々な正のシグナルを統合する。また mTORC1 は急性の持久性運動，エネルギーの枯渇や，グリコーゲン結合などによって活性化される AMPK を含む異化経路によって抑制される。ミオスタチンは筋原線維タンパク質の合成を低下させ，分解を亢進することで骨格筋の成長を抑制する。これらの影響は Smad2/3 を介した PIP3/Akt シグナル経路の阻害によってもたらされる。Akt シグナル活性の低下はホルモン応答性の mTORC1 活性を低下させ FoxO を活性化させることでタンパク質合成の低下と分解の亢進をそれぞれもたらす。レジスタンス運動後の骨格筋では Smad2/3 活性を抑制する notch の切断による活性化が生じるため，ミオスタチン–Smad2/3 活性は抑制される。筋衛星細胞は骨格筋に存在する幹細胞である。筋衛星細胞は Pax7 遺伝子を発現し，未損傷の骨格筋では休止状態で存在する。成長や損傷の刺激によって筋衛星細胞は活性化し，MyoD を発現し，十分な細胞プールを形成した後，myogenin を発現して分化するか，再び self-renewal と呼ばれる休止状態へと戻る。筋衛星細胞は（げっ歯類でみられるような）小径の筋線維の肥大には必要ないが，おそらく（ヒトでみられるような）大径の筋線維の肥大，そして筋損傷からの再生には重要である。筋肥大に伴って追加された収縮タンパク質が発揮する張力は，コラーゲンなどの ECM 構成タンパク質を介して骨へと伝達される必要があるため，これらのタンパク質はレジスタンス運動による筋力の改善に必要である。

第 8 章

■ 確認問題 ・・

● レジスタンス運動が筋原線維タンパク質合成に与える影響についてどのようなことがわかっているか。

● mTORC1 がレジスタンス運動やその他の骨格筋過負荷によるタンパク質合成の重要な制御因子であるとする仮説に関する文献について考察しなさい。

● mTORC1 がどのように翻訳を制御するか説明しなさい。

● ミオスタチンがレジスタンストレーニングによる骨格筋適応における重要な制御因子であることを示す文献について考察しなさい。

● レジスタンス運動後の骨格筋においてどのようにミオスタチン–Smad2／3 活性が抑制されるか説明しなさい。

● 筋衛星細胞とは何か説明しなさい

● 筋衛星細胞における Pax7 と MyoD の機能を比較対照しなさい。

● 筋核ドメイン仮説について説明し，これらが実験的に確認されているか考察しなさい。

● 筋衛星細胞が筋肥大や筋損傷からの再生に必要か考察しなさい。

(阿藤　　聡)

■ 引用文献 ・・

1. Hubal MJ, et al. *Med Sci Sports Exerc*. 2005. 37(6): 964–72.
2. Mitchell CJ, et al. *J Appl Physiol*. 2012. 113(1): 71–7.
3. Wong TS, et al. 1988. 65(2): 950–4. doi:101152/jappl1988652950
4. Sale DG. *Med Sci Sports Exerc*. 1988. 20(5): S135–45.
5. Van Cutsem M, et al. *J Physiol*. 1998. 513(1): 295–305.
6. Chesley A, et al. *J Appl Physiol*. 1992. 73(4): 1383–8.
7. Lexell J, et al. *J Neurol Sci*. 1988. 84(2–3):275–94.
8. Heron MI, et al. *J Morphol*. 1993. 216(1):35–45.
9. Goodman CA, et al. *J Physiol*. 2011. 589(22): 5485–501.
10. Glenmark B, et al. *Acta Physiol Scand*. 1992. 146(2): 251–9.
11. Janssen I, et al. *J Appl Physiol*. 2000. 89(1): 81–8.
12. Forsberg AM, et al. *Clin Sci*. 1991. 81(2): 249–56.
13. Carroll CC, et al. *J Muscle Res Cell Motil*. 2004. 25(1): 55–9.
14. Miller BF, et al. *J Physiol*. 2005. 567(3): 1021–33.
15. Damas F, et al. *J Physiol*. 2016. 594(18): 5209–22.
16. Phillips SM, et al. *Am J Physiol – Endocrinol Metab*. 1997. 273(1 36– 1).
17. Tipton KD, et al. *Am J Physiol – Endocrinol Metab*. 1999. 276(4 39- 4): 628–34.
18. Phillips SM, et al. *Am J Physiol – Endocrinol Metab*. 1999. 276(1 39-1).
19. Sabatini DM, *Proc Natl Acad Sci U S A*; 2017. 114:11818– 25.
20. Baar K, et al. *Am J Physiol – Cell Physiol*. 1999. 276(1): C120– 7.
21. Bodine SC, et al. 2001. 3(11):1014–9.
22. Drummond MJ, et al. *J Physiol*. 2009. 587(7): 1535–46.
23. You JS, et al. *FASEB J*. 2019. 33(3): 4021–34.
24. Yang H, et al. *Nature*. 2017. 552(7685): 368–73.
25. Ruderman NB, et al. *Proc Natl Acad Sci U S A*. 1990. 87(4): 1411–5.
26. Sarbassov DD, et al. *Science* (80-). 2005. 307(5712):1098–101.
27. Nascimento EBM, et al. *Cell Signal*. 2010. 22(6): 961–7.

レジスタンス運動への分子適応

28. Tee AR, et al. *J Biol Chem.* 2003. 278(39): 37288–96.
29. Tee AR, et al. *Curr Biol.* 2003. 13(15): 1259–68.
30. Coleman ME, et al. *J Biol Chem.* 1995. 270(20): 12109–16.
31. Sancak Y, et al. *Science (80-).* 2008. 320(5882): 1496–501.
32. Bar-Peled L, et al. *Science (80-).* 2013. 340(6136): 1100–6.
33. Bar-Peled L, et al. *Cell.* 2012. 150(6): 1196–208.
34. Wolfson RL, et al. *Science (80-).* 2016. 351(6268): 43– 8.
35. Jacobs BL, et al. *J Physiol.* 2013. 591(18): 4611– 20.
36. Hamilton DL, et al. *PLoS One.* 2010. 5(7).
37. Hornberger TA, et al. *Biochem J.* 2004. 380(3): 795– 804.
38. Spangenburg EE, et al. *J Physiol.* 2008. 586(1): 283– 91.
39. Cermak NM, et al. *Am J Clin Nutr.* 2012. 96:1454– 64.
40. Inoki K, et al. *Cell.* 2003. 115(5): 577– 90.
41. Gwinn DM, et al. *Mol Cell.* 2008. 30(2): 214– 26.
42. Hickson RC. *Eur J Appl Physiol Occup Physiol.* 1980. 45(2– 3): 255– 63.
43. Thomson DM, et al. *J Appl Physiol.* 2008. 104(3): 625– 32.
44. Mounier R, et al. *FASEB J.* 2009. 23(7): 2264– 73.
45. Moberg M, et al. *Sci Rep.* 2021. 11(1): 6453.
46. Apró W, et al. *Am J Physiol – Endocrinol Metab.* 2015. 308(6): E470– 81.
47. Apró W, et al. *Am J Physiol – Endocrinol Metab.* 2013. 305(1).
48. Gingras AC, et al. *Genes Dev.* 2001. 15(21): 2852– 64.
49. Haghighat A, et al. *EMBO J.* 1995. 14(22): 5701– 9.
50. Montagne J, et al. *Science.* 1999. 285(5436): 2126– 9.
51. Baar K, et al. *Am J Physiol.* 1999. 276:C120– 7.
52. West DWD, et al. *J Physiol.* 2016. 594(2).
53. Henras AK, et al. *Wiley Interdiscip Rev RNA.* 2015. 6(2): 225.
54. Hannan K, et al. *Mol Cell Biol.* 2003. 23(23): 8862– 77.
55. Hong S, et al. *Elife.* 2017. 6: e25237.
56. Stewart CE, et al. *J Appl Physiol.* 2010. 108(6):1820–1.
57. Philp A, et al. *J Appl Physiol.* 2011. 110(2):561–8.
58. Spangenburg E, et al. *J Appl Physiol.* 2006. 100(1):129–35.
59. You J, et al. *J Biol Chem.* 2014. 289(3):1551–63.
60. van der Pijl R, et al. *J Cachexia Sarcopenia Muscle.* 2018. 9(5):947–61.
61. Mathes S, et al. *Cell Mol Life Sci.* 2019. 76(15):2987–3004.
62. AC M, et al. *Nature.* 1997. 387(6628):83–90.
63. Mosher DS, et al. *PLOS Genet.* 2007. 3(5):e79.
64. AC M, et al. *Proc Natl Acad Sci U S A.* 1997. 94(23):12457–61.
65. Lee SJ, et al. *Proc Natl Acad Sci U S A.* 2001. 98(16):9306–11.
66. P S, et al. *Genes Dev.* 1990. 4(9):1462–72.
67. Mendias CL, et al. *J Appl Physiol.* 2006. 101(3):898–905.
68. Schuelke M, et al. *N Engl J Med.* 2004. 350(26):2682–8.
69. Stantzou A, et al. *Neuropathol Appl Neurobiol.* 2021. 47(2):218–35.
70. Louis E, et al. *J Appl Physiol.* 2007. 103(5):1744–51.
71. Kim JS, et al. *J Appl Physiol.* 2007. 103(5):1488–95.
72. Marshall A, et al. *Exp Cell Res.* 2008. 314(5):1013–29.
73. MacKenzie MG, et al. *PLoS One.* 2013. 8(7).
74. Winbanks CE, et al. *J Cell Biol.* 2012. 197(7):997–1008.
75. Bodine SC, et al. *Science (80-).* 2001. 294(5547):1704–8.
76. Baehr LM, et al. *Front Physiol.* 2014. 5 FEB.
77. Hunt LC, et al. *Cell Rep.* 2019. 28(5):1268–1281.e6.
78. Seaborne RA, et al. *J Physiol.* 2019. 597(14):3727–49.
79. Seaborne RA, et al. *Sci Rep.* 2018. 8(1):1–17.
80. Hughes DC, et al. *Am J Physiol– Cell Physiol.* 2021. 320(1):C45–56.
81. Tseng BS, et al. *Cell Tissue Res.* 1994. 275(1):39–49.
82. Kadi F, et al. *Pflugers Archiv Eur J Physiol.* Pflugers Arch; 2005. 451:319–27.
83. Mauro AJ. *Biophys Biochem Cytol.* 1961. 9(2):493–5.
84. Studitsky AN. *Ann N Y Acad Sci.* 1964. 120(1):789–801.
85. Carlson BM. *Anat Rec.* 1968. 160(4):665–74.
86. Collins CA, et al. *Cell.* 2005. 122(2):289–301.
87. Sacco A, et al. *Nature.* 2008. 456(7221):502–6.

第 8 章

88. Lassar AB, et al. *Cell*. 1986. 47(5):649–56.
89. Davis RL, et al. *Cell*. 1987. 51(6):987–1000.
90. Arnold HH, et al. *Int J Dev Biol*. 1996. 40(1):345–53.
91. Cao Y, et al. *Dev Cell*. 2010. 18(4):662–74.
92. Blum R, et al. *Epigenetics*. 2013. 8(8):778–84.
93. Sambasivan R, et al. *Development*. 2011. 138(17):3647–56.
94. Lepper C, et al. *Nature*. 2009. 460(7255):627–31.
95. Welc SS, et al. *J Immunol*. 2020. 205(6):1664–77.
96. McKay BR, et al. *FASEB J*. 2012. 26(6):2509–21.
97. Conboy IH, et al. *Science (80-)*.2003. 302(5650):1575–7.
98. McCroskery S, et al. *J Cell Biol*. 2003. 162(6):1135–47.
99. Ono Y, et al. *Cell Death Differ*. 2011. 18(2):222–34.
100. Otto A, et al. *J Cell Sci*. 2008. 121(17):2939–50.
101. Judson RN, et al. *J Cell Sci*. 2012. 125(24):6009–19.
102. Sun C, et al. *Stem Cells*. 2017. 35(8):1958–72.
103. O'Connor RS, et al. *J Appl Physiol*. 2007. 103:1099–102.
104. Murach KA, et al. *Physiology*. 2018. 33: 26–38.
105. Amthor H, et al. *Proc Natl Acad Sci U S A*. 2007. 104(6):1835–40.
106. Blaauw B, et al. *FASEB J*. 2009. 23(11):3896–905.
107. Rosenblatt JD, et al. *J Appl Physiol*. 1992. 73(6):2538–43.
108. Mccarthy JJ, et al. *Development*. 2011. 138(17):3657–66.
109. Murach KA, et al. *Skelet Muscle*. 2017. 7(1):14.
110. Jackson JR, et al. *Am J Physiol– Cell Physiol*. 2012. 303(8).
111. Petrella JK, et al. *J Appl Physiol*. 2008. 104(6):1736–42.
112. Snijders T, et al. *Acta Physiol*. 2021. 231(4):e13599.
113. Havis E, et al. 2020. 21(5):1664.
114. Chen Y-W, et al. *J Physiol*. 2002. 545(1): 27–41.
115. Martineau LC, et al. *J Appl Physiol*. 2001. 91(2):693–702.

第9章
持久性運動に対する骨格筋の分子適応とその可塑性

Keith Baar

DOI: 10.4324/9781315110752-9

■ **本章の学習目標** ··

本章では以下のことを学習する。

1. 一般市民やアスリートに対して，科学的根拠に基づいた持久性運動を処方すること。
2. 持久性トレーニングへの応答において個人差があることの説明。
3. 生理的心肥大（スポーツ心）と病的心肥大（肥大型心筋症）の違いと，両者にかかわるシグナル伝達の仕組み。
4. 遅筋といわれるタイプ I 線維，遅筋と速筋の中間とされるタイプ IIa 線維，速筋といわれるタイプ IIx および IIb 線維の特徴。また，持久性運動や慢性的な低周波電気刺激，あるいは脱神経に対して，各筋線維タイプがどのように応答するか。
5. 筋線維タイプに影響を与えるカルシニューリン -NFAT シグナルの制御と機能についての説明や，「速筋」と「遅筋」にそれぞれ特異的な遺伝子発現。
6. ミオシン重鎖遺伝子のゲノム構成と，MyoMir-Sox6 とクロマチンリモデリングがその遺伝子発現に与える影響。
7. AMPK / SIRT / CaMK / p38 MAPK-PGC-1α シグナルが持久性トレーニングによるミトコンドリア生合成を促進させるメカニズム。
8. PGC-1α と低酸素シグナルが，VEGF などの血管新生成長因子の発現をどのように調節し，運動誘発性血管新生に寄与するか。

はじめに
··

　持久性運動は，万能薬とまではいかないが，生活習慣病の予防や治療に役立つと考えられている。持久性運動は，一般のレベルでも実施されるような 1,500 m 走から，ハ

第 9 章

ワイのアイアンマントライアスロン，ツールドフランス，レイドゴロワーズのようなアスリートが行う運動としても利用される。本章ではまず，一般的な持久性トレーニングの推奨事項（どの程度の負荷で，どの程度の時間トレーニングを行うべきかなど）の科学的根拠について述べる。現実には，日常で推奨されているプログラムの多くで科学的根拠が明らかとなっていないことも少なくない。また，運動プログラムがきちんと処方されたとしても，運動に対する応答には個人差が存在する場合もある。本章後半では，「持久性運動に対する心筋および骨格筋の適応を媒介するような分子メカニズムは何か」について述べる。まずはじめに，競技選手に認められる生理的な心肥大のメカニズムについて，競技選手の心臓で生じる事象を分子レベルで考察し，肥大型心筋症のようないわゆる病的な心肥大と比較する。次に，タイプ I 線維，タイプ IIa 線維，タイプ IIx 線維，タイプ IIb 線維について説明し，短期間の持久性運動が筋線維タイプに及ぼす影響について述べる。次に，カルシニューリン–NFAT シグナルの挙動が速筋線維と遅筋線維でどのように異なるか，それらが線維タイプ特異的な遺伝子発現に与える影響について述べる。3 つ目に，進化的に保存されたミオシン重鎖遺伝子のゲノム編成に着目する。「MyoMir–Sox6 経路」が遺伝子発現のオン・オフ制御を介して，単一のアイソフォームのミオシン重鎖のみを発現させる機構を提示する。その中で，DNA がメチル化などの遺伝以外のメカニズムによって，運動応答性の遺伝子発現が調節されているかを示す。4 つ目に，エネルギー代謝回転や細胞内カルシウム，NAD^+ などのシグナルが AMPK／SIRT／CaMK／p38 MAPK／PKA によって感知され，複数のメカニズムを介して転写共同因子 PGC-1α の活性化にどのようにつながるかを説明する。CaMK，AMPK，SIRT1 などの分子が活性化すれば，ミトコンドリア生合成のマスターレギュレーターである転写共役因子 PGC-1α を活性化させる。PGC-1α は，核やミトコンドリア DNA（mtDNA）にコードされているミトコンドリア遺伝子の発現を制御する。最後に，AMPK–PGC-1α，HIF-1，一酸化窒素（NO）が，血管内皮（細胞）増殖因子（vascular endothelial growth factor：VEGF）や細胞外マトリックス内の通り道を構成するメタロプロテアーゼの発現変動を介して，毛細血管を増加させるメカニズムを紹介する。

持久性運動の効果を規定する要因

　持久性パフォーマンスは，様々な要因によってその能力の獲得効果が左右される。その主な要因のうち，心理的な要因については本章では言及しないので，文献[1] を参照されたい。骨格筋における要因を以下に示す。

1. **最大酸素摂取量**（$\dot{V}O_2max$）：漸増運動負荷試験中に呼気ガスから算出された最大

酸素消費速度であり，持久性運動時に利用される酸素速度の最も高い値として定義される。

2. **乳酸閾値**：持久性運動中には，血液中で指数関数的に乳酸が蓄積される。この乳酸濃度の蓄積の増減によって運動強度を予測できる。パワーや速度の低下を伴わずに維持可能な $\dot{V}O_2max$ の割合を示す。

3. **機械効率**：あるパワーを発揮することや速度を維持するために必要な酸素やエネルギー需要量として定義される。

　これらを規定する因子は，心拍出量，1回拍出量，毛細血管密度，筋線維タイプごとの割合，ミトコンドリア量，腱や靱帯の硬さなど，多数のより詳細な要因に分類できる。さらに持久性パフォーマンスを規定する因子は，遺伝子特異的な要因（**第5章**）と環境要因の両方に依存するものの，持久性トレーニングの実施状況が最も重要であるとされ，食事や栄養は補助的な立ち位置として考えられる。言い換えれば，遺伝的な才能を持ち，効果的な持久性トレーニングを積み重ね，適切な食事・栄養介入（**第10章**）などのサポートを受けた者だけが，エリート持久系アスリートになれるといえる。

持久性運動：現在奨励されている運動様式，トレーナビリティ，科学的根拠

　持久力を高めるためには，どのようなトレーニングをすればよいのだろうか。レジスタンス運動（**第8章**参照）の場合と同様に，持久性トレーニングによる適応は，過負荷の原理，すなわち「**持久性トレーニングにより生じる様々な適応は，十分な頻度や強度，継続時間で実施し，段階的に負荷強度を高めた結果，獲得できる**」という原理によって規定される。**第7章**で詳述したように，持久性トレーニングプログラムを実施する際に考慮すべき重要な変数には，**トレーニング強度**（% $\dot{V}O_2max$，% HRmax，% HR reserve，%乳酸閾値，自覚的労作率，速度/ペースとして設定），**ボリューム**（セッション，日，週ごとの時間，距離，歩数），**セッションのタイプ**（連続運動，高強度インターバルトレーニング，スプリントインターバルトレーニング）などが挙げられる。また，トレーニングを実施することによる**到達目標**（有酸素運動能力，無酸素運動能力，総合体力，カロリー消費，危険因子の低減，健康増進），**進行/周期**（トレーニングプログラム中の変数の変更方法，競技に備えるためのテーパリング），**運動方法**（ランニング，サイクリング，水泳など）も重要な要素である。最後に，持久性トレーニングは，各個人（エリートアスリート，パラアスリート，トレーニング未経験者，子ども，心臓リハビリテーション患者など）に合わせて作成する必要がある。なぜなら，各個人のトレーニングに

第 9 章

対する応答性は異なるためである。

　持久性トレーニングの処方について論じる前に，持久性運動が骨格筋にもたらす 2 種類の疲労について理解しておく必要がある。1 つ目は，運動に必要なエネルギーを利用することによる代謝性疲労である。代謝性疲労は，運動を遂行するために分解された基質（炭水化物，脂肪またはタンパク質）の量を表わし，次のトレーニングを実施する前に適切に補充しなくてはならない。2 つ目の疲労は，骨格筋に対する繰り返しの運動負荷により生じる機械的疲労である。機械的疲労についてよりよく理解するために，ボート漕ぎとランニングを比較してみよう。どちらのスポーツも持久性運動として捉えられている。しかし，ランニングでは 1 分間に 180 回，体重の 2 倍以上の衝撃力で足部を地面に接地する[2]。一方，ボート漕ぎ（ローイング）では，1 分間に 30 ストロークのローイングを実施し，キャッチフェーズでの最大衝撃力は体重の 1.4 倍となる[3]。これは，ランナーでは 1 分間に体重の 360 倍以上の負荷を骨格筋や骨に与えるのに対し，ボート選手にかかる負荷は 1 分間の運動で体重の 45 倍程度であることを示す。これらの事実は，ランナーにかかる力学的負荷はボート選手の 8 倍であることを意味し，スポーツにおけるアスリートの体格や実行可能なトレーニング量は競技によって異なることを意味する。具体的には，体重が 90 〜 100 kg の 2 名の男性エリートボート選手では，クワッド種目において 1 日 2 時間半漕げるのに対し[4]，体重が 55 〜 65 kg の男性エリートランナーは，1 日のトレーニング時間は平均 1 時間 30 分に制限されるということである[5]。言い換えると，骨格筋への影響が少ない水泳選手を対象とした持久性トレーニングの条件（量と強度）は，骨格筋への影響が大きいサッカー選手には大きな弊害となりうる。

　一般的に持久性運動と呼ばれる運動には多くの変数が存在するため，すべて科学的な根拠に基づいた「理想的な」持久性トレーニングプログラムを処方することには限界がある。さらに，1 つの持久性トレーニングプログラムに対する応答は個人によって大きく異なるということも，その一因である。第 5 章で述べたように，持久性運動への応答には個人差があることを明らかにした Bouchard らの大規模研究では，20 週間のサイクリング後，481 名のうち約 24 名（5 ％）では $\dot{V}O_2max$ が不変であったが，約 20 名程度では 1 L／min 以上も増加したことを報告している[6]。一方，生理機能項目の指標である血圧や空腹時の血中インスリン濃度，血中脂質濃度を測定した場合，同様の傾向が観察され，処方されたプログラムに対する応答性が低い（あるいは悪化する）被験者は 10 ％程度存在していた[7]。特に最も興味深いのは，$\dot{V}O_2max$，体脂肪率，内臓脂肪，血中コレステロール濃度，血糖値がトレーニングによってすべて同様の変化を辿るわけではないということである。Barber らはこれらの 7 項目すべてにおいて，被験者 564

名のうち1名ではトレーニングに対する応答性が高く，別の1名では応答性が低いことを明らかにした[8]。また被験者の半数以上は，ある項目で高い応答性を示したり，他の項目において低い応答性を示す場合もあった。このように運動に対する応答性の個人差は，トレーニング負荷の相対的強度の違いの結果であるか[9]，運動応答・適応を変調する遺伝的背景の結果であるか[10]，のどちらかである。つまり，一般的に推奨される運動プログラムであってもその応答にはかなりの個人差があるが，そうであっても概ねすべての被験者（99.8%）において，少なくとも1つの項目については高い応答性を示すといえる。

　持久性トレーニングに対する応答性のばらつきや，トレーニングプログラムに含まれる様々な変数を考えると，持久性トレーニングの処方についてはどのような内容を推奨すればよいのだろうか。2011年にアメリカスポーツ医学会（ACSM）は，健康な成人に推奨される運動処方として下記の項目を挙げている[11]。

- **運動頻度**：中強度の運動を週5日以上，または高強度の運動を週3日以上，あるいは中強度運動と高強度運動の組み合わせを週3〜5日以上行うことが推奨される。
- **運動強度**：ほとんどの健康な成人には，中強度と高強度運動の両方，あるいはどちらか一方を実施することが推奨される。
- **運動時間**：1日30〜60分（週150分）の目的に応じた中強度運動，または1日20〜60分（週75分）の高強度，あるいは中強度と高強度を組み合わせた運動を実施することが推奨される。
- **運動様式**：主要な筋群を使用し，継続的かつリズミカルな運動を，目的に応じて定期的に実施することが推奨される。

　持久系アスリートに対する持久性トレーニングの処方については，どのような条件が推奨されているだろうか。特定の持久性トレーニングを推奨する多くのスポーツ関連の書籍，YouTubeで配信される動画，インターネット記事が存在する。しかし，そのほとんどの情報は主観的である。最も高いレベルの科学的根拠や，ランダム化比較試験，あるいは大規模な疫学研究から得られたデータに基づいていたとしても，特定の持久性トレーニングを奨励できる裏づけとなるエビデンスは得られていない。しかし最近では，エリート持久系アスリートを対象として，トレーニング習慣を調査した観察研究が用いられている。この文献によると，StögglとSperlich[12]は，競技シーズンを期分けした際の「ベースフェーズ」（アスリートがオフシーズンに有酸素能力を高めるためのトレーニングを行っている時期）において，このシーズン中に実施されるほとんどのトレーニングの90%程度で，ゾーン1（血中乳酸濃度2mM未満の低強度）でのトレーニングを実施しており，残りの10%程度をゾーン2（高強度インターバル，5分未満，乳酸

第9章

値 4 mM），ゾーン 3（スプリントインターバル，30 秒未満，乳酸値 4 mM）などのスプリントトレーニングにあてていることを示した。そして競技シーズンが近づくにつれ，90％を占めていたゾーン 1 を 80％程度に落とし，ゾーン 2 を 12％，ゾーン 3 を 8％といったように段階的にシフトする。つまり，大多数のエリート持久系アスリートは，トレーニングの大部分（80％以上）を低強度で実施し，残りの 20％を高強度またはスプリントインターバルトレーニングにあてるような，二極化した計画を採用していることとなる。本章後半では，持久性運動への身体の適応を促進させるシグナル分子について述べる。これらを踏まえれば，なぜこのようなトレーニング強度が使用されているのかがより明らかにだろう。

トレーニングに対する循環器系の適応

　循環器系の機能は，筋などの様々な臓器へ酸素や栄養を輸送し，組織から産生された二酸化炭素や老廃物を除去すること，さらに核心温度や pH を調節することである。このような循環器系の一連の機能は，1 分間に心臓から駆出される血流量を示す心拍出量と，血液の酸素運搬能力（赤血球量）に依存する。最大心拍出量[13]や酸素運搬能力の増加[14]は $\dot{V}O_2max$ の向上と相関するので，骨格筋への酸素供給量は $\dot{V}O_2max$ を決定する主要な因子であると認識されている。持久性トレーニングは循環血液量や酸素運搬能力（赤血球量）を増加させ[15]，地上レベル（高地などではない）ではこの適応はわずかに $\dot{V}O_2max$ の増加に関与する。本章では，持久性トレーニングによって心臓や骨格筋に生じる適応について述べる。

　エリート持久系アスリートは，場合によっては運動不足の一般人の 2 倍もの高い心拍出量をどのように獲得しているのだろうか。最大心拍出量とは，1 回拍出量と分時心拍数の掛け算によって求められる。**表 9.1** に，一般の大学生の持久性トレーニング前後の 1 回拍出量，心拍数，最大心拍出量を，オリンピック選手の値とともに示す[16]。オリンピック選手に高い心拍出量（30 L/min 以上）が認められる理由として，1 回拍出量が 60 mL も多く，トータルで 170 mL に近いこと，すなわちこの違いは 1 回拍出量による影響を大きく受けていることが読み取れる。一方，最大心拍数は年齢とともに減少することが知られており，オリンピック選手の最大心拍数は大学生よりも低い値を示すこととなる。持久性トレーニングに対する適応として生じる 1 回拍出量の増加は，運動が誘発した心臓の生理的肥大によるものであり，この生理的心肥大をスポーツ心と呼ぶ（**図 9.1**）。スポーツ心は，左心室の容積が拡大し，心筋がわずかに肥厚する[17]。スポーツ心における心肥大の要因を細胞レベルで捉えてみると，心筋細胞は横方向（心

持久性運動に対する骨格筋の分子適応とその可塑性

表 9.1 一般大学生の持久性トレーニング前後の循環器系指標をオリンピアンと比較した値

	一般の大学生 持久性トレーニング介入前	一般の大学生 持久性トレーニング介入後	オリンピアン
最大酸素摂取量 (L/min)	3.3	3.91	5.38
最大心拍出量 (L/min)	20	22.8	30.4
1回拍出量 (mL)	104	120	167
最大心拍数 (beat/min)	192	190	182

Blomqvist CG ら [16] より作成。

図 9.1 運動と疾患に伴う心筋の変化。心室容積(白破線)と心室壁の厚さ(黒実線)は高血圧,疾患(肥大型心筋症や拡張型心筋症),筋力トレーニング(心室壁への負荷)や持久性トレーニング(容量負荷)により,サルコメアが並列または直列に増加することにより変化することがある。

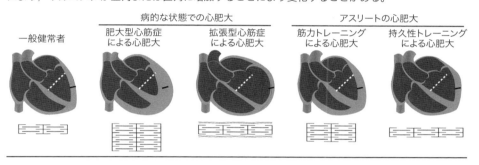

筋の厚さの増加)ではなく,縦方向(筋長の増加)にサルコメアを増加させることが明らかにされている。サルコメアの配列が縦方向に増加することで,心筋細胞の収縮速度もわずかに増加し,心臓から駆出される血液量を左心室容量で除した割合(駆出率)を高く維持し続けることが可能となる。しかし,単に心室容量が大きいことがよいとは限らない。鍛錬によって培われた心肥大であるスポーツ心(生理的な左心室肥大)と,病的な心肥大(心室の異常な拡張や心室壁の異常な肥厚)はしっかりと区別しなくてはならない。決定的な違いとして,病的な心肥大では駆出率が低下する(ポンプ機能が低下する)。また,先天的な心疾患である肥大型心筋症は,若年のアスリートにおける心臓突然死の主な原因であるとされている[18]。しかし,アスリートに起こる生理的心肥大との区別は非常に難しい。まとめると,エリート持久系アスリートの心臓適応では,駆出率は変化しないものの,1回拍出量を増加させることが可能であることが明らかとなっている。持久系アスリートにおいて認められる心肥大は,心臓突然死に関連するような病的心肥大,すなわち肥大型心筋症などとは異なる。分子運動生理学者には,スポー

第 9 章

ツ心に関して 3 つの大きな疑問がある。

1. 運動による生理的心肥大での力学的負荷に関与するシグナルは何か。
2. この力学的負荷に関与するシグナルは，どのように化学的なシグナルへと変換されるのか。
3. 生理的心肥大や病的心肥大が生じる背景には，細胞内の異なるシグナル伝達経路の関与があるのか。

これらの疑問については，ヒトから心臓のサンプルを採取することが困難であるため，生理的な心肥大に関する事実上すべての研究では，培養心筋細胞，実験動物から摘出した心臓（いわゆるランゲンドルフ灌流心実験法），遺伝子改変動物を対象として実施されている。

持久系アスリートにおける心肥大のしくみ

持久性運動によって，筋は規則的な収縮運動を繰り返す。静脈には血液の逆流を防止する静脈弁が存在するので，筋の規則的な収縮と弛緩の繰り返しは，血液を心臓へ送るポンプ作用の役割も持つ。心臓へ送られる血液量が増加すると，拡張期における心室容積が増大し，心室壁を構成する心筋細胞が伸展される。拡張期における心筋細胞への伸張負荷は，心臓への前負荷と呼ばれる（心筋壁の伸展によって心室が拡大し，多くの血液を流入させ，心室に大きな力が発生する）。Frank-Starling の法則によると，肺静脈からの静脈還流量（前負荷）が増加することで，それに比例して 1 回拍出量が増加することが示されている。したがって，持久性運動時における筋の収縮開始から弛緩までの流れの中で，心臓は心室拡張期に多くの血液量を左心室へ流入させることができる。このような状態を容量負荷と呼ぶ。

心室への容量負荷を化学的シグナルに変換する

ここでは，左心室への負荷に対して化学的シグナルがどのように左心室への容量負荷に関与するかを述べる。本項ではまず，心臓のサイズの制御に関連するシグナル経路について取り上げた研究を紹介し，運動がこれらのシグナルにどのような影響をもたらすかを説明する。

Shioi らは，マウスの心臓を対象として，遺伝子操作によるホスホイノシチド 3 キナーゼ（PI3K）の活性化が心臓のサイズを変化させることをはじめて明らかにした[19]。PI3K を活性化させると心臓のサイズが増大し，一方でドミナントネガティブ（dnPI3K）による PI3K 活性の阻害によって，心臓のサイズは減少した。その中で重要なのは，PI3K 活性を増加させても，心筋の線維化や収縮機能障害は生じなかったということで

持久性運動に対する骨格筋の分子適応とその可塑性

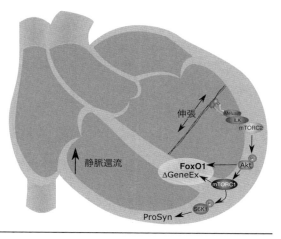

図 9.2 スポーツ心に関与するインテグリン/PI3K/Akt シグナル伝達。インテグリンは，シャペロンタンパク質であるインテグリンリンクトキナーゼとメルシンを介して，心筋細胞内へシグナルを伝達し，mTORC2 を介して Akt のリン酸化を誘発する。その後 Akt は mTORC1 経路を介してタンパク質合成を増加させ，一方で FoxO1 経路を介したタンパク質分解を亢進させ，サルコメアを直列および並列に増加させる。ProSyn：タンパク質合成，GeneEx：遺伝子発現

ある。その中で重要なのは，PI3K 活性を増加させても，心筋の線維化や収縮機能障害は生じなかったということである。したがってこの PI3K の活性化が，持久性運動への適応により生じるスポーツ心に関与する可能性が明らかになった。さらに，心臓のサイズ調節における PI3K の役割を詳細に検討するために，dnPI3K と野生型（変異を持たない WT マウス）を用いて，週 7 日の強制水泳を 4 週間実施し生理的心肥大を誘導した。その結果，WT マウスでは心臓の重量が約 40％増加した一方で，dnPI3K マウスでは約 15％程度の増加率であった[20]。この結果から，PI3K の活性化は生理的心肥大に大きく寄与する可能性が示された。興味深いことに，dnPI3K マウスは高血圧時（人為的に心室への血流量を増やした場合）には心肥大が認められたことから，病的な心肥大には PI3K とは別のシグナルが関与する可能性が考えられる。持久性運動による心室筋への生理的な過負荷は，インテグリンタンパク質や，メルシンなどのインテグリン関連タンパク質を介して，PI3K への信号伝達に寄与する可能性がある。メルシンは $\beta 1$-インテグリンの細胞質ドメインに結合し，血流量の増加やそれに起因する心室壁の伸展時に PI3K の p85 サブユニットに結合し，PI3K を膜へ移行させる。PI3K の活性化によって PIP2（phosphoinositide 4,5 bisphosphate）はリン酸化され，PIP3（phosphoinositide 3,4,5 trisphosphate）へと変換される。PIP3 はプロテインキナーゼ B（Akt）のようなプレクストリン相同ドメインを持つタンパク質と結合するため，Akt が細胞膜へ移動することによって，PIP3 は活性化される。インテグリン/PI3K/Akt シグナルが容量負荷へ応答する主要なシグナルであることを証明するために，Akt1 を欠損したマウスに 4 週間の水泳を実施させたところ，心肥大は認められないという結果が得られた[21]。

第9章

Aktの下流には，mTORC（mechanistic target of rapamycin complex）1や転写因子
であるFoxO1が存在する。FoxO1の機能を抑制すると，水泳による心臓肥大は抑制さ
れるが，dnPI3KやAkt1の遺伝子を欠損させたモデルほどの心肥大抑制効果は認めら
れなかった[22]。これらの研究から，インテグリン/PI3K/Aktシグナルは，持久性運動
による心臓の生理的肥大に大きく寄与するといえる。Aktは，mTORC1経路を介して
タンパク質合成を増加させ，核内におけるFoxO1の活性化を通じてタンパク質分解を
抑制させ，その結果サルコメア配列が変化すると考えられる（**図9.2**）。

瞬発系アスリートにおける心肥大のしくみ

　レジスタンス（ストレングス）トレーニングは，持久性運動とは異なり，骨格筋の規
則的な収縮の繰り返しによって血液を心臓へ送るわけではない。レジスタンストレーニ
ングによる筋の収縮時には，高重量の負荷を持ち上げることで，筋が持続的に大きく収
縮する。筋の収縮によって，筋と並走する血管径は減少し，末梢血管抵抗が増加する。
例えば，高重量でレッグプレスを実施した場合，血圧は安静時状態の120/80から，
320/250 mmHg程度にまで上昇するともいわれている[23]。したがってレジスタンス
運動やトレーニング実施中では，心臓から血液を全身へ駆出する際にかかる負荷（後負
荷）が，一時的に約3倍も上昇するといえる。このように，心筋の収縮により心臓へ
高い負荷がかかる「圧負荷」は，瞬発系アスリートの筋力トレーニングに対する心臓の
生理学適応である。この適応では容積の拡大を伴わず，左心室壁が肥厚することが特徴
である（**図9.1**）。細胞レベルでは，心筋細胞でのサルコメアの配列が横方向へ増加し，
心室壁の肥厚へと繋がる様相が窺える。心室の容積変化を伴わずに心室壁が肥厚するこ
とで，駆出率はわずかに増加し，それに伴い1回拍出量も増加する。

　Jeffrey Molkentinらは，圧負荷に対する心筋の急性応答について，その分子メカニ
ズムを検証した。彼らは，細胞外シグナルを調節するERK1/2（古典的MAPキナーゼ）が，
病的な症状を伴わない生理的心肥大に関与する可能性を明らかとした[24]。マウスやラッ
トの心臓を対象として，ERK1/2の上流シグナルであるMEK1遺伝子を過剰発現させ
ると，心筋が肥厚し駆出率が増加した。一方で，左心室の容積は不変であることも明ら
かとされた。したがって，MEK1を過剰発現させた際に観察される表現型は，瞬発系
アスリートに認められるスポーツ心と類似していると考えられる。一方で，MEK1の
下流に位置するERK1/2の遺伝子発現を抑制しても，慢性的な圧負荷による心肥大は
抑制されないことが，その後の研究で明らかとされた[25]。尚，本項で述べた内容の詳
細については，文献26に記載の総説を精読することをおすすめする。

肥大型心筋症

　スポーツ心とは異なり，病的心肥大のシグナルは，慢性的な変化（例：高血圧，循環血液量の減少，遺伝子変異など）に起因し，心室壁の異常な肥厚，心室容積の異常な拡大，コラーゲンの増加をもたらし，心拍出量を減少させる（図 9.1）。Eric Olson らによる肥大型心筋症の分子メカニズムをはじめて検証した報告によると，遺伝子のプロモーターに結合可能な 2 つの転写因子である NFAT（nuclear factors of activated T cells），および GATA–4（GATA binding protein 4）が増加することを発見した[27]。NFAT は，Ca^{2+} 濃度調節にかかわるカルシニューリンによって制御されるシグナルであり，病的心肥大と関連するということは興味深い結果であった。カルシニューリンの活性化によって，細胞質中の NFAT で脱リン酸化が生じ，核へ移行する。核移行後，GATA–4 とともに心筋の遺伝子発現を変化させ，病的心肥大を誘導する可能性が考えられた。そこで彼らは，カルシニューリン–NFAT シグナルが病的な心肥大の促進に関与するという仮説を実証するため，カルシニューリンまたは NFAT のいずれかを心筋細胞に特異的に過剰発現させた 2 種類の遺伝子改変マウスを作製し検証した。その結果，いずれの系統においても病的心肥大が誘発され，多数のマウスで心臓関連疾患を発症するか，早期に死亡した[27]。そこでカルシニューリン阻害剤であるシクロスポリン A をマウスへ使用したところ，病的な心肥大は改善し完全に回復することが明らかとなった。これらのデータは，カルシニューリン–NFAT シグナルの増加によって病的心肥大が誘発され，この状態はシクロスポリン A によって改善することを示唆している。この報告以降，他の研究グループもまた，カルシニューリンがアンジオテンシン II，エンドセリン I，慢性ストレスなどの病的肥大に関連するシグナルによって活性化されることが明らかとなった[26]。さらに異常な圧負荷による肥大型心筋症は，シクロスポリン A によってその病態が回復することも明らかとされた[28]。カルシニューリンが，肥大型心筋症の発症において中心的な役割を担うことが明らかとなったが，重要な分子シグナルは他にも存在する[26]。ヒトでは，高血圧により心臓へ常に圧が負荷されると，心室壁の抵抗力が増大する。心室への圧負荷は，心室の内皮細胞によって感知される（図 9.3）。心室への圧負荷によって，内皮細胞はエンドセリン –1 およびアンジオテンシン –II を分泌し，これらの物質は心筋細胞膜の G タンパク質共役型受容体に結合する。一方心筋の細胞内では，エンドセリン –1 受容体が G α q の活性化を促す。そしてホスファチジルイノシトール 4,5– ビスリン酸（PIP2）を切断し，イノシトール 1,4,5– トリリン酸（IP3），およびジアシルグリセロールの生成酵素であるホスホリパーゼ C の活性化が誘導される。IP3 はカルシウムを放出させてカルシニューリンを活性化し，NFAT の脱リン酸化によって，心房性ナトリウム利尿ペプチドや脳性ナトリウム利尿ペプチドな

ど，病的心肥大に関与するマーカー遺伝子を増加させる。

　これまでの内容を要約すると，同じ心肥大であってもその背景は全く異なる3通りの心肥大がある。1つ目は容量負荷による心肥大であり，静脈還流量の増加によって心筋細胞が伸張することに起因する。病的ではなく生理的な応答であるため，サルコメア配列は縦方向に増加し，高い駆出率であり左心室の容積が増大した状態である。このような心臓の適応は，持久性トレーニングによって生じ，最大強度で持久性運動を実施する際に，より多くの血液を体内へ循環させることが可能となる。2つ目は，生理的な圧負荷による肥大である。このタイプの心肥大では，筋力トレーニングなどで高重量の負荷を挙上する際に，血管腔を減少させた結果，心筋への圧が増加し（最大で3倍程度）生じる。サルコメア配列は横方向に増加し，心室壁が肥厚した状態である。このような心臓の適応は，左心室の容積は維持した状態で，心筋の収縮をより大きなものとするため，駆出率を増加させる。その結果，やはり多くの血液を循環させることが可能となる。3つ目は病的肥大である。病的な圧負荷は，慢性的な高血圧によって誘発されることが多い。高血圧などにより，心臓へ慢性的な圧が負荷されるような状態は異常な状態といえる。このような状態が継続すると，駆出率が低下し，肥大型心筋症の発症へと繋がる。遺伝子改変マウスを用いた研究から，生理的な心肥大と病的心肥大では，異なるシグナル伝達経路によって調節されることが明らかとなった。持久性運動時には，インテグリン/PKB/Aktシグナルが，筋力トレーニング時にはERK1/2を介したシグナル伝達経路が寄与する。慢性的な圧力過負荷による病的な肥大では，カルシニューリン–NFAT経路が一部関与して心肥大を誘発する。同時に病的心肥大に関連するマーカー遺伝子発

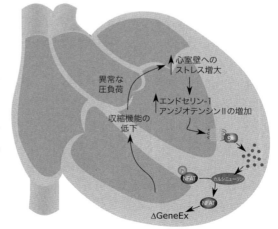

図9.3　慢性的な病的圧過負荷に対するカルシニューリンシグナル伝達。慢性的な高血圧の結果，心臓への壁ストレスが増大する。その結果，内皮細胞からエンドセリン-1やアンジオテンシンIIが産生され，Gタンパク質結合受容体を介してカルシウムが放出される。高カルシウム濃度状態によってカルシニューリンが活性化し，NFATを脱リン酸化させる。その結果NFATが核へ移行し，心房性ナトリウム利尿ペプチドや脳性ナトリウム利尿ペプチドなどの病的マーカー遺伝子を増加させる。GeneEx：遺伝子発現

現を変化させ，進行性の心機能低下をもたらすと考えられている。

骨格筋における線維タイプの調節

運動単位は，運動ニューロンとそれによって支配されるすべての筋線維によって構成される（図9.4）。運動単位は，α運動ニューロンや筋線維タイプにより以下の3通りに分類される。

- S型線維（遅筋型）の運動単位は，興奮閾値が低く細いα運動ニューロンと，少数のタイプⅠ線維を支配する。
- FR型線維（速筋耐疲労性型）の運動単位は，S型とFF型の中間の線維径のα運動ニューロンからなり，主にタイプⅡa線維を支配する。FF型およびS型の中間の機能的要素を持つ。

図9.4 運動神経と支配する筋線維タイプ。遅筋型運動単位は興奮性閾値が低く少数タイプⅠ線維を支配する。疲労耐性は最も高いが発揮筋力は最も低い。一方，疲労耐性型の運動単位では力発揮の程度はS型より高いが，疲労へと至る時間はS型より短い。主にタイプⅡa線維を支配する。速筋疲労型の運動単位は閾値が高いが発揮筋力は最も大きい。しかし疲労へと至る時間は最も短い。タイプⅡb線維およびタイプⅡx線維を多数支配する。

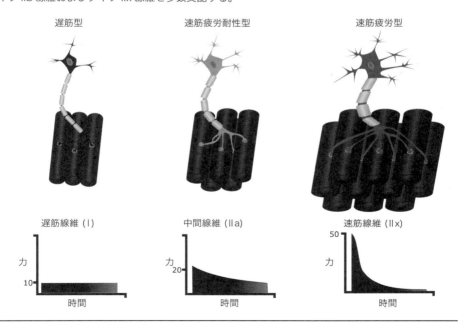

第 9 章

- FF 型線維（速筋疲労型）の運動単位は，線維径が最も大きく，興奮性閾値が高い。他の線維と比較して速い収縮を誘発可能であるが，短時間で疲労する。線維径の太い線維（タイプ IIb およびタイプ IIx 線維）を多数支配する。

本節では，異なる筋線維タイプの特徴や，筋収縮時の特徴について述べる。

骨格筋線維タイプと運動

骨格筋はいくつかの種類の筋線維によって構成され，それぞれ収縮速度や発揮筋力，疲労耐性が異なる。筋線維タイプの違いは，線維を構成するモータータンパク，調節タンパクが異なることである。特に，モータータンパク質であるミオシン重鎖（MyHC）における ATPase 活性が異なることは広く認識され，筋の収縮速度と ATPase 活性との間には，正の相関関係がある[29]。このようなミオシン ATPase と収縮速度の関係（**図9.5**）の違いは，筋線維タイプを区別するための重要なマーカーとなる。MyHC が筋線維タイプを区別する手法として普及している理由は下記のとおりである。

- ミオシン重鎖のアイソフォームを区別できる質の高い抗体が利用可能である[30]。これらの抗体を用いた分析によって，筋線維タイプを決定することができる。

- ミオシン重鎖のアイソフォームは，筋線維の横断面積あたりの最大短縮速度や張力を決定する[29,31]。したがって，アイソフォームを同定することで骨格筋の機能が理解できる可能性がある。

- ミオシン重鎖アイソフォームは，骨格筋において高いレベルで発現しており（筋 1 g あたり 45 〜 85 mg），かつアイソフォーム間の違いが大きい。このような生物学的特徴から分析が容易であり（少なくとも骨格筋で発現量が低くアイソフォーム間の違いが小さいタンパク質と比較して），マーカータンパク質として適当である。

MyHC は遅筋型のアイソフォーム（タイプ I）と速筋型のアイソフォーム（タイプ II）に分類される。さらにタイプ II におけるアイソフォームはタイプ IIa（遅筋と速筋の中間型），タイプ IIx（速筋型），タイプ IIb（速筋型，高疲労性）へと細分化される。なお，タイプ IIb 型の MyHC 遺伝子はヒトのゲノム上にも存在するが，その発現部位については今もなお議論されている。筋線維タイプごとの機能的な特徴は，**表9.2** に示す。

様々な理由から，**表9.2** に記載した筋線維タイプの特徴は単純化されたものであることに注意が必要である。筋線維は，元の線維タイプから別の線維タイプへ移行する場合がある。その際，元の線維と移行後の線維のそれぞれの MyHC アイソフォームを発現する。このように，複数のタイプの MyHC アイソフォームを発現する線維は，ハイ

302

図 9.5 筋収縮速度とミオシン ATPase 活性の関係。ミオシンタンパク質が ATP を分解する速度と筋が短縮する速度には直接的な相関関係があることは、多くの動物種において共通である。この結果は筋機能における MyHC アイソフォームの重要性を示している。Bárány M[29] のデータより作成。

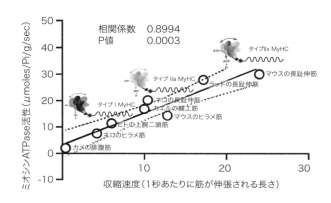

表 9.2 ヒトおよびげっ歯類の骨格筋の線維組成と特徴

筋線維組成	タイプ I	タイプ IIa	タイプ IIx/IIb *
特徴	遅筋,赤色,疲労耐性がある	中間,赤色,疲労耐性がある	速筋,白色,易疲労性
筋線維あたりの核数	多い	多い	少ない
最大収縮速度	遅い	速い	非常に速い
筋収縮時の立ち上がり速度と弛緩速度	遅い	中間	速い
ATPase 活性	低い	中間	高い
解糖系酵素活性	低い〜中間	低い〜非常に高い	高い
ミオグロビン濃度	高い	中間〜高い	低い
酸化能力・ミトコンドリア酵素活性	高い	高い	低い
筋線維あたりの毛細血管密度	高い	中間	低い

*タイプ IIb ミオシン重鎖はげっ歯類の骨格筋のみにありほとんどのヒトの骨格筋にはない。タイプ IIx はタイプ IId とも呼ばれる。

ブリッド線維ともいわれる。また，MyHC アイソフォームタンパク質量の大きさに差がある一方で，他のタンパク質量はより大きく変化し，線維間で重複する可能性もある。研究者によっては，骨格筋の筋線維の連続体として言及し，線維タイプを 3〜4 通りに分類することはあまりにも単純すぎると主張するものもいる。MyHC 遺伝子とタンパク質は，**表 9.2** に示した以外の MyHC アイソフォームが存在することも留意しなくてはならない。眼球運動に関連する筋を例にとると，外眼筋に特異的な MyHC アイソフォームが発現する。また顎の筋では，超速筋型の MyHC-16 を発現する筋も存在する。胎児型 MyHC や発生型 MyHC は，発生段階あるいは筋損傷後の損傷筋を再生させる際に発現する。異なる筋線維タイプが存在すること，およびそれらを特定可能であること

第 9 章

が明らかとなると，数多くの研究者たちは，異種間，ヒトの様々な筋群，ヒトの異なる
集団を対象として，線維タイプの比較を試みるようになった。その結果，以下に示すよ
うな事象が明らかとなった。

1. **同一集団内でのばらつき**：ヒトの線維タイプの割合は，遺伝的な変異と環境要因
   によって個体間でばらつきがある。例えば，北米に多く分布する白人種集団を対
   象とした場合，外側広筋におけるタイプ I 線維の割合は平均で約 50％であるが，
   その範囲は 15 〜 85％ある（**第 4 章**参照）。このように，線維タイプの占める割
   合は集団の中で大きく異なる。

2. **アスリートの筋線維タイプの割合**：瞬発系アスリートと持久系アスリートでは，
   そのスポーツに特異的な動作で用いる筋や代謝能力が異なる。そのため，瞬発系
   アスリートでは速筋型（タイプ II）線維の割合が高く，持久系アスリートでは遅
   筋型（タイプ I）線維の割合が高い場合が多い[33]。

3. **個人内でのばらつき**：個人内でも，筋の線維型構成は大きく異なる。ヒトの骨格
   筋において，線維タイプの構成は多様性が大きいことが明らかにされている。例
   えば，ヒラメ筋ではタイプ I 線維が 70％を占める一方で，外側広筋は 70％程度が
   タイプ II 線維である。一般的に姿勢保持に関する筋はタイプ I 線維がより多くを
   占め，収縮頻度が低く瞬発的な力発揮を行う必要のある筋はタイプ II 線維が占め
   る割合が多いとされる。

4. **動物種**：筋線維タイプの割合は，動物種や系統間でも違いがある。例えば，モルモッ
   トのヒラメ筋はタイプ I 線維が 100％を占めるが，ヒトのヒラメ筋は 70％がタイ
   プ I 線維，さらにマウスのヒラメ筋はタイプ I 線維が 35％程度である。

生化学的手法を用いて筋線維タイプを区別する方法が確立されると，次なる段階とし
て，運動介入によってヒトの筋線維タイプ移行を誘導することが可能かが注目された[34]。
この研究に最初に着手したのは，アメリカの生化学者である Phil Gollnick とスカンジ
ナビアの運動生理学者 Bengt Saltin の研究チームである[33]。彼らはまず，トレーニン
グ習慣のある男性とない男性の筋線維タイプを比較した。次に，6 人の被験者が自転車
エルゴメーターを 1 日 1 時間，週 4 日，5 ヵ月継続して実施する実験を組んだ[35]。トレー
ニングの前後で被験者の筋生検を行い，組織化学分析を用いて遅筋線維（タイプ I）や
速筋線維（タイプ II サブグループ；この分析手法ではタイプ II のより詳細な区別が不
可能だった）の割合 を測定した。その結果，持久性トレーニングによって，遅筋線維
の割合が 32％から 36％へ増加する可能性が示された（統計学的な有意差はなし）。遅
筋線維の割合変化に加え，横断面積の増加も認められた。被験者が 6 人というごく少
数であることは，この研究の限界である。しかしこれらのデータから，持久性トレーニ

304

ングは線維タイプが遅筋の特性をもつ線維へ移行する可能性や，特に遅筋線維の横断面積を増加させる可能性が明らかとなった。

この領域で最も興味を引く研究として，身体活動レベルが全く異なる一卵性双生児を30年以上にわたって追跡した研究が挙げられる。うち1人は，アイアンマンレース，ハーフのアイアンマンレースを2回完走し，トータルで34,000km以上の走行距離を記録している。もう1人は，前述の1人と比較すると身体活動量は低い。この2人の外側広筋から筋生検で筋を採取し，213本の筋線維のMyHCアイソフォームを解析した。その結果，レースに出場する運動習慣があった1人では遅筋線維が90％を占めていたが，もう1人では遅筋線維の占める割合は38％であった[36]。この結果は，持久性トレーニングの習慣とそれを継続する十分な時間があれば筋線維タイプの割合が変化しうることを示している。MyHCアイソフォーム移行には規則が存在する。収縮による細胞内カルシウムイオンの活性が増加すると，遅筋型の表現型を示し，活性が減少すると表現型はより速筋型を示す（ただしヒトでは速筋化は確認されていない）。I（遅い）↔ IIa（中間）↔ IIx（速い）↔（IIb：速い）。以下のような病的，生理的，非生理的介入によって筋線維組成は変化する。

1. **持久性運動**：短期間の運動では，主に速筋内での遅筋化が生じる。タイプIIx線維が減少する一方で，タイプIIa線維は増加し，線維タイプがわずかに移行する[37]。長期間の運動によって，タイプII線維からより遅筋の特性を持つタイプI線維へと移行する可能性がある[36]。

2. **低周波電気刺激による慢性的な負荷**：げっ歯類を対象とした研究では，持続的な慢性低周波電気刺激がタイプII線維をタイプI線維へ完全に移行させることが明らかにされた[38]。この低周波電気刺激による慢性的な負荷は，げっ歯類を対象とした低強度持久性運動として用いられる。

3. **再神経支配**：すなわち速筋型の神経を遅筋線維につなぎ変えると，筋線維は速筋型の表現型を示すようになり，逆もまた同様である。これは運動神経の発火パターンが骨格筋の筋線維タイプに与える影響を示している。

4. **脱神経（脊髄損傷後など）**：筋の支配神経損傷によって収縮活動が低下し，遅筋から速筋への表現型の移行が生じる。ヒトでは，損傷後数年経過すると，主にタイプIIx線維が多くを占める[40]。

まとめると，ヒトの骨格筋の線維組成は多様である。数ヵ月に及ぶ持久性トレーニングの結果，タイプIIx線維の割合は低下し，タイプIIa線維の割合が増加する。しかしそのような適応が生じたからといって，短距離ランナーが長距離ランナーになるわけではない。何十年もの長期的な持久性トレーニングによって，タイプII線維からタイプI

第 9 章

線維に移行する可能性がある。また，低周波電気刺激によって速筋から遅筋へと移行し，筋の神経支配の欠損によって遅筋から速筋へと移行する。

MyHC のタイプ移行とカルシニューリン–NFAT 経路

分子運動生理学者の長年の課題は，特定の刺激に対する適応反応である筋線維タイプの移行や表現型の変化について，それらに関連するシグナル経路を探索することである。長時間の持久性運動に対する筋線維タイプの適応を説明しうるシグナルの 1 つとして，カルシウムシグナルが挙げられる。筋が収縮時には筋小胞体カルシウムイオンが放出され，収縮運動の繰り返しによってその濃度は約 100 倍にまで増加する。カルシウムイオンは，リアノジン受容体を介して筋小胞体から大量に放出される。また同様に，イノシトール 1,4,5 三リン酸（IP_3）受容体を介してもカルシウムイオンが放出される[41-43]。IP3 受容体阻害剤であるゼストスポンジンは，筋小胞体からのカルシウムイオン放出を減少させる。その結果，カルシニューリンの活性が低下し，上述のように脱リン酸化により NFAT を活性化させる[42]。カルシニューリン–NFAT シグナルは，筋線維タイプを制御する因子として同定されている。Stefano Schiaffino らは，カルシニューリンシグナルの活性化が遅筋と速筋で異なるかを検証するために，筋線維内の NFAT に緑色蛍光タンパク質（GFP）を過剰発現させた（**図 9.6**）。彼らは，遅筋が大部分を占めるヒラメ筋では NFAT が核内に局在する一方で，ヒラメ筋より速筋が多い前脛骨筋では主に細胞質内に局在することを発見した[44]。また，脱神経などにより筋が不活動状態に陥ると核内の NFAT は減少したが，低周波（20 Hz）電気刺激の慢性的負荷によって筋活動が増大すると核内の NFAT が増加することも明らかになった[44]。興味深いことに，速筋線維においてよく起こる短時間の高周波数（100 Hz）電気刺激では，核でのNFAT の増加は認められなかった。これらの知見は，特徴的なカルシウムイオン濃度・動態が存在し，持久性運動がタイプ I 線維で認められるような特徴的なカルシウムイオン濃度・動態を介して，カルシニューリンを活性化することを示すものである。カルシニューリンは NFAT の脱リン酸化を促し，NFAT はタイプ I 線維や低周波刺激に応答して核へ移行する。一方，カルシウムイオン濃度の低下や，短時間の高周波刺激では，カルシニューリンの活性化が生じない。その結果，NFAT はそのまま細胞質内に留まるため，核での転写調節は生じない。

したがって，カルシニューリン経路の活性化は，下流の NFAT の活性化が筋線維タイプの制御に寄与するという仮説と一致している（**図 9.7**）。しかし，カルシニューリンが筋線維タイプを実際に制御しているという根拠は何であろうか。Eva Chin らは，この問いを説明するための研究に取り組んだ[45]。まず，カルシニューリンの過剰発現

図 9.6 遅筋と速筋における転写因子 NFATc1 の局在と脱神経に対する反応を示す模式図。(**A**) GFP タンパク質で標識された NFATc1 は、ヒラメ筋では核内に存在し、(**B**) 前脛骨筋では細胞質内に存在する。(**C**) NFATc1 の局在を定量化すると、ヒラメ筋の対照群（黒棒）では、主に核内に局在するが、脱神経によりそれらが減少する。一方、前脛骨筋では（白棒）、高周波数電気刺激（100 Hz）および対照群では核局在は生じない。低周波数電気刺激（10 Hz）では核内の NFATc1 が増加した。

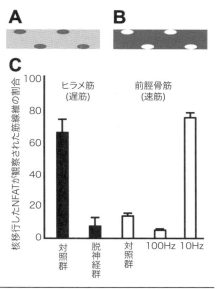

図 9.7 長期的な運動適応に対するカルシニューリンのシグナル伝達。タイプ I 線維におけるカルシウム（calcium）放出は、IP3 を介してカルシニューリン（CaN）を活性させる。次に転写因子である NFAT の核（nucleus）移行を誘導し、トロポニンやミオグロビンなどの「遅筋」遺伝子（slow genes）の発現を促す。CaM：カルモデュリン

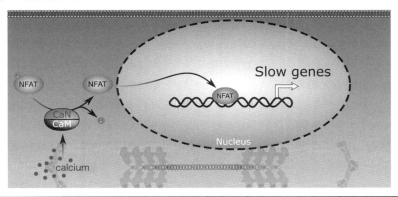

によって、筋線維タイプの移行が起こり、遅筋関連遺伝子（トロポニンやミオグロビン）が高発現することを明らかにした。さらに、この線維タイプの移行は、シクロスポリン A を用いてカルシニューリンを阻害すると抑制されることも明らかになった。次に、ラットの筋を対象としてシクロスポリン A を 6 週間投与したところ、ヒラメ筋内に存在す

第9章

るタイプⅡ線維の割合が約2倍に増加することを見出した。これらの結果は，カルシニューリンの活性化が，タイプⅡ線維を減少させ，タイプⅠ線維を増加させる中心的役割を担っていることを示している。その後彼らは，カルシニューリンを過剰発現あるいは欠損させた遺伝子改変マウスを用いた実験によって，カルシニューリン活性が高い動物ではタイプⅠ線維の割合が増加することを示した[46,47]。しかし，遺伝子学的な手法を用いたとしても，カルシニューリン–NFATシグナルへの介入によって，タイプⅡ線維がすべてタイプⅠ線維へ置き換わることはなかった。まとめると，タイプⅠ線維やタイプⅡ線維における特有のCa^{2+}パターン（特にIP_3活性化に由来する場合）では，異なるカルシニューリンの活性化パターンを誘導する。その時カルシニューリンは，タイプⅠ線維にある転写因子NFATを活性化し，トロポニンやミオグロビンなどの「遅筋」遺伝子の発現を促す。また，長期間の持久性トレーニングは，この経路を活性化させる。

(鴻崎　香里奈)

カルシニューリンは骨格筋の線維タイプを規定する唯一の制御因子か

　カルシニューリンの他にも，PGC-1α[48]，MEF2[49]，MAPK経路[50]，Tead1[51]，Myogenin[52]など，多くの経路が骨格筋の線維タイプを調節することが示唆されている。要するに，カルシニューリン–NFAT経路は骨格筋の線維タイプの主要な調節因子であるが，他にも多くのタンパク質が骨格筋の線維組成の調節に関与している。

ミオシン重鎖遺伝子クラスターとクロマチンリモデリング

　哺乳類のゲノムでは，MyHCアイソフォームをコードする遺伝子は，遅筋型/心筋型クラスターまたは速筋型/発生型クラスターのゲノム位置のいずれかに近接して配置されている。遅筋型/心筋型クラスターにはⅠα型（心筋特異的）とⅠβ型（遅筋/心筋）が，速筋/発生型クラスターにはⅡa／x／b型と胎児期および新生児期のアイソフォームがコードされている（**表9.3**）。

　核の中では，長鎖DNAがヒストンにしっかりと巻きついて，ゲノム情報を凝縮している。遺伝子を発現させるためには，このDNAの三次構造を解く必要がある。DNA–ヒストンの凝集・弛緩はクロマチンリモデリングあるいはエピジェネティックな制御と呼ばれ，このような制御が筋形成の鍵であることが示されている。MyHCアイソフォームの発現制御や線維タイプの決定にも重要な役割を担っていると考えられている。このクロマチンリモデリングが筋形成に重要な役割を果たすことは，線維芽細胞を5-アザシチジンというDNAの脱メチル化を介してクロマチン構造を弛緩させる薬で処理した初期の実験から裏付けられている。その結果，数日のうちに線維芽細胞は筋芽細胞に転

持久性運動に対する骨格筋の分子適応とその可塑性

表 9.3　ヒトゲノムにおける骨格筋と心筋のミオシン重鎖（MyHC）遺伝子の位置（染色体番号：場所（Mb））およびマウスの相同性遺伝子

アイソフォーム	MyHC I α	MyHC I β	MyHC IIa	MyHC IIx/d	MyHC IIb
遺伝子	MYH6	MYH7	MYH2	MYH1	MYH4
クラスター	遅筋型/心筋型	遅筋型/心筋型	速筋型/発生型	速筋型/発生型	速筋型/発生型
ヒト	14; 22.92Mb	14; 22.95Mb	17; 10.37Mb	17; 10.34Mb	17; 10.29Mb
マウス	14; 46.91Mb	14; 46.91Mb	11; 66.78Mb	11; 66.83Mb	11; 66.87Mb

換した。これは，筋形成に関連した遺伝子が配置されているゲノムの領域の遺伝子発現が促進されたためである[53]。クロマチンリモデリングは，DNA のメチル化，ヒストンのアセチル化，リジン残基のメチル化によって厳密に制御されており，「ヒストンコード」仮説で説明されている[54]。

　第 6 章で述べたように，骨格筋の分化にはヒストンのアセチル化を制御するヒストンアセチル基転移酵素（histone acetyltransferases：HAT）とヒストン脱アセチル化酵素（histone deacetylases：HDAC），メチル基を付加・除去するメチル基転移酵素と脱メチル化酵素が関与している。アセチル化とは荷電したアミノ酸（リジン）に荷電していないアセチル基を，メチル化とはメチル基を，それぞれ付加することを意味している。そのため，アセチル化やメチル化によって，タンパク質間の相互作用やヌクレオチド（ATP や GTP）の結合，DNA などの負電荷分子との相互作用に使われていたはずの正電荷が除去される。C2C12 筋芽細胞（マウス筋細胞株）が筋管細胞に分化する際（第2 章参照），MyHC の発現上昇を伴う。Asp ら[55]は，遺伝子の発現抑制に関連するヒストン 3 のリジン 27 のトリメチル化（H3K27me3）が，骨格筋関連遺伝子のプロモーター領域の近傍で減少することを見出した。一方，活発に転写されている遺伝子にみられるヒストン H3 のリジン 36 のトリメチル化（H3K36me3）は，C2C12 筋芽細胞から筋管細胞に分化する際に増加することも見出した。また，転写を促進するエピジェネティック修飾であるヒストン H3 の 4 番目のリジン残基のトリメチル化状態（H3K4me3）は，MyHC 遺伝子の発現量と相関していた。H3K4me3 は，ラットの足底筋（速筋優位）では速筋型の MyHC 遺伝子のプロモーターで高かったが，ヒラメ筋（遅筋優位）ではタイプ I MyHC のプロモーター周辺で最も高かった[56]。興味深いことに，ラットの後肢懸垂により，ヒラメ筋において遅筋型から速筋型へ筋線維組成の移行が生じるが，H3K4me3 はタイプ I の MyHC プロモーター領域で減少し，IIX MyHC プロモーター領域で増加することが示された。これらのデータは，筋芽細胞が筋管細胞に分化する際に，ヒストン修飾が骨格筋特異的遺伝子の発現調節に寄与し，特定の MyHC 遺伝子の

309

第9章

選択的な発現誘導に関与している可能性があるという仮説と一致するものであった。

ミオシン重鎖のオン/オフ制御と MyomiRs，Sox6

　MyHC アイソフォームの制御のユニークな特徴の1つは，発現が連続的に制御されている他の多くの遺伝子とは対照的に，その制御がオン/オフまたはバイナリであることである。つまり，ハイブリッド線維を除く個々の筋線維は，1つの MyHC アイソフォームのみを発現し，他のすべての MyHC アイソフォームの発現はほぼ完全に抑制されていることである。これは，例えば解糖系酵素や酸化系酵素が，常に発現はしているが，持久性運動や運動不足に応答してそれぞれ増加または減少するのとは，全く対照的である。Eric Olson 教授らの研究チームは，MyHC アイソフォームのオン/オフ制御が実現するメカニズムの一端を明らかにした。研究チームは，遅筋の MyHC1β 遺伝子のイントロンに，miR-208b と miR-499（MyomiRs と呼ばれる）という2種類の制御用マイクロ RNA（miRNA）が存在することを発見した[57]。これは，MyHC1β 遺伝子が転写されると，2種類の miRNA が同時につくられることを意味している。したがって，MyHC1β mRNA を発現している筋では，miR-208b と miR-499 が高レベルで存在することになる。第6章で詳述したように，miRNA は転写後のエピジェネティックレギュレーターである。miRNA が mRNA 上の標的配列と完全に一致すると，miRNA が結合した標的 mRNA は急速に分解される。配列が完全に一致しない場合，miR が結合すると配列が類似した mRNA のタンパク質への翻訳が妨げられる。Eva van Rooij らは，miR-208b と miR-499 が Sox6 mRNA と不完全に結合することを発見した。Sox6 は遅筋の MyHC の遺伝子の発現を抑制し，速筋の MyHC 遺伝子の発現を促進する転写因子である[58]。miR-208b と miR-499 が Sox6 mRNA に結合すると，Sox6 タンパク質の産生が低下し，遅筋の MyHC 遺伝子の発現を増加させる。Sox6 をノックアウトしたマウスでは，遅筋 MyHC 遺伝子の発現が7倍から80倍に増加したことから，遅筋 MyHC 遺伝子発現における Sox6 の減少の生理的意義が示された。これらの知見を統合的に考えれば，筋線維は MyHC 遺伝子の発現と miRNA の協調的な発現によって1つの表現型を維持していることが示唆される。進化的には，MyHC 遺伝子の mRNA に miRNA を組み込んで，相反するの MyHC 遺伝子の発現を減少させることで，骨格筋の筋線維組成のバイナリ的な制御が可能となっている（図9.8）。

PGC-1α と持久的適応

　MyHC の変化は，長期間の継続的なトレーニングによって生じる。一方で，ミトコ

図9.8 MyomiRs（miR-208b，miR-499）と筋の表現型。カルシニューリン（CaN）などのシグナル伝達経路は slow type I myosin heavy chain（MYH7/7b）の発現を高める。MYH7 のイントロンには mir-208b と mir-499 という 2 つの miRNA があり，MYH7 が発現するとこれらの MyomiRs も発現する。MyomiRs は転写因子 Sox6 の mRNA がタンパク質に翻訳される過程を阻害している。Sox6 は通常，I 型ミオシン重鎖の発現を抑制し，速筋型のミオシン重鎖の発現を増加させるため，I 型ミオシン重鎖が発現している筋線維では速筋型のミオシン重鎖が発現しない。このようにして，遺伝子と miRNA の協働的な発現により，筋線維は単一の線維タイプの表現型を維持している。nucleus：核，calcium：カルシウム，CaM：カルモデュリン

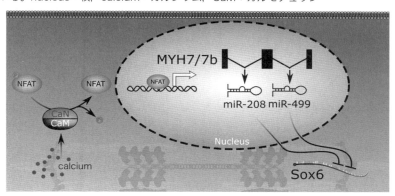

ンドリア量の増加，毛細血管密度の上昇，脂肪酸化酵素の活性上昇，インスリン感受性の改善などの他の変化は，はるかに短い期間であっても適応が生じる。持久性運動に対するこれらの骨格筋の適応の多くは，単一の転写共役因子である PGC–1α の下流標的に位置する。最も重要なことは，一過性の運動に応答して PGC–1α の mRNA が増加する。その多くは，**第 6 章**で述べた代替プロモーター[59]の活性化により生じ，この遺伝子は PGC–1α 2/3 と呼ばれている。PGC–1α は，転写因子の転写活性を高める。すなわち，核呼吸因子 1（NRF1），エストロゲン関連受容体 α（ERRα），ペルオキシソーム増殖剤活性化受容体 δ（PPARδ）などの転写因子は，配列特異的に DNA のプロモーター領域と結合してそれぞれミトコンドリア，血管新生，脂肪酸酸化にかかわる遺伝子群の発現を増大させる。一方，PGC–1α のような転写共役因子は，直接 DNA に結合しない。転写因子と結合し転写を担うポリメラーゼ II をプロモーターに動員するのである。本節では，PGC–1α の制御と下流の遺伝子発現プロセスへの影響について述べる。

持久性運動によって活性化する細胞内情報伝達経路

骨格筋は，筋小胞体からカルシウムが繰り返し放出されることに応答して張力を発揮

第 9 章

図 9.9 （**A**）安静時とホスホクレアチン（PCr）が枯渇した疲労時の 31P-NMR シグナル（Wackerhage, Zange, 未発表）。このピークは骨格筋の代謝物の濃度に比例しており，疲労に至った骨格筋では PCr が枯渇していることを示している。一方で，ATP の濃度はほとんど変化していない。（**B**）マウス前脛骨筋の電子顕微鏡像で，サルコメアとミトコンドリアを示す。スケールバー:1 μm。Greenhorn, Wackerhage, 未発表，本書第 1 版より引用。

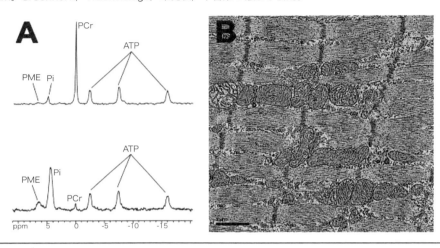

する。カルシウムは，トロポニン C に結合してアクチン上のミオシン結合部位を露出させる。これによって，クロスブリッジのサイクルが活性化する。そして，カルシウムが高い状態を維持している間はこのサイクルが継続される。この過程の各段階において，収縮，カルシウムの再吸収，$Na^+/K^+/ATPase$ 活性，その他細胞内のほとんどすべての活性過程に必要なエネルギーは，ATP の加水分解（ATP → ADP + Pi）によって供給されている。哺乳類の骨格筋の ATP 濃度は，安静時では 3.5 ～ 8 mmol/kg 程度であり，疲労困憊に至った運動時のみ減少する（**図 9.9**）。最大に筋収縮を継続した際には ATP 加水分解が 200 倍以上にもなるにもかかわらず，ATP 濃度は一定に保たれる。骨格筋の ATP が運動中にほぼ一定に保たれるのは，ATP の迅速な再合成による。ATP は，ミオキナーゼ反応（ADP + ADP → ATP + AMP），ローマン反応（ADP + ホスホクレアチン → ATP + クレアチン），解糖や酸化的リン酸化の 4 つの異なるシステムのいずれかを使用して再合成することができる（**図 9.9**）。安静時と長時間の（2 分以上）持久性運動時には，ミトコンドリアが ATP 再合成を主に担うが，高強度運動時（15 秒～ 4 分）には解糖系により ATP が産生される割合が高くなる。スプリント時（30 秒未満）にはミオキナーゼとローマン反応による ATP の産生割合が高まる。ATP の再合成過程では，ニコチンアミドアデニンジヌクレオチド（NAD^+）を用いて水素イオンが細

持久性運動に対する骨格筋の分子適応とその可塑性

胞内を移動する。NAD^+ の生物学的利用能は運動中に増加する。NAD^+ は代謝の調節に重要な役割を果たし，運動・トレーニングによって骨格筋で増加する。このことから，NAD^+ は運動による適応を導く重要な情報伝達分子となりうる（**第7章**も参照）。運動強度が高くなると，骨格筋のグリコーゲンが主たるエネルギー源として利用される。さらに，運動強度が高まると，交感神経系を活性化する全身的なストレス反応を引き起こすためにエピネフリンの分泌が高まる。以下では，Ca^{2+}，ATP 代謝回転，グリコーゲンの減少，エピネフリン濃度の上昇を骨格筋の**センサー**が感知して，細胞内の**情報伝達**や**遺伝子発現機構**を活性化し（**第7章**の「シグナル伝達仮説」），**ミトコンドリア生合成**を促進する仕組みについて説明する。

運動時間はどのように感知されるか

前述したように，骨格筋の収縮に伴って細胞内のカルシウム濃度は 100 倍以上に増加する。つまり，心臓リハビリテーションのための運動を行う患者が3分間運動しようが3時間運動しようが，運動中の骨格筋は常に高い Ca^{2+} 濃度を維持することになる。したがって，Ca^{2+} が運動時間の情報をもったシグナル分子である可能性が高い（**図9.10**）。カルシウムは，カルシウム・カルモジュリン活性化プロテインキナーゼ(CaMKs)と呼ばれる「センサー」を通じて，骨格筋の持久性代謝適応に影響を与える。骨格筋の主要な CaMK は，CaMKII である。CaMKII は運動によって活性化され[60]，骨格筋でCaMK が過剰発現すると PGC-1α の発現を増加させる。そして，増加した PGC-1α はミトコンドリア量や脂肪酸の酸化酵素の量を高め，持久性運動能力を高める[61]。これらのデータは，運動持続時間が CaMKII によって感知され，その情報は PGC-1α 2/3の増加を促し，骨格筋の持久力向上につながることを示唆している（**図9.10**）。

骨格筋の代謝的適応を引き起こすための細胞内情報伝達経路の活性化を起こすために運動中に起こるもう1つの代謝変化は，NAD^+/NADH を介した水素イオンの輸送である。細胞内で NAD^+ 濃度が上昇すると，NAD^+ 依存性の酵素群が NAD^+ のセンサーとして働き，活性化される。NAD^+ 依存性脱アセチル化酵素（タンパク質中のリジンからアセチル基を除去する酵素）であるサーチュイン（SIRT）は，これらの酵素の中で最もよく知られている。細胞質および核内には SIRT1 が多く存在しているが，ミトコンドリア内には SIRT3 が多い[62]。運動中には SIRT1 の活性が上昇することから[63]，運動中の細胞質や核の NAD^+ レベルの上昇が示唆される（**図9.10**）。SIRT1 の分子標的の1つは PGC-1α であり，PGC-1α の脱アセチル化は転写共役因子としての活性を高めることから，SIRT1 の量・活性の増加は持久性トレーニングによる代謝的な適応に重要である可能性がある[64]。

図 9.10 持久性トレーニングによる適応を仲介する情報伝達分子。長時間運動：(i) CaMKII を活性化するカルシウム放出の増加，(ii) SIRT1 を活性化する NAD⁺ の増加，(iii) グリコーゲン低下による p38MAPK の活性化。高強度運動：(i) エピネフリン分泌が増加し，cAMP を介して PKA の活性化が誘導，(ii) ATP 分解の亢進により ADP と AMP が増加し，AMPK が活性化，(iii) グリコーゲンが枯渇し，p38MAPK が活性化。上記のすべての酵素は，PGC-1α の活性化または遺伝子発現量を上昇させ，ミトコンドリア量，毛細血管，脂質酸化酵素を増加させる。

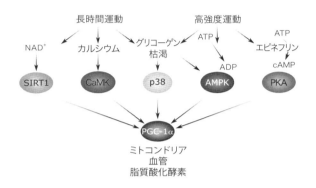

運動強度はどのように感知されるか

ATP が利用されると，ローマン反応とミオキナーゼ反応によって ATP 濃度は一定に保たれる。そのため，ミリモル単位の ATP 濃度はわずか数マイクロモルしか減少しない。一方で，ATP のわずかな減少は ADP と AMP の濃度を相対的に大きく上昇させる。ADP や AMP は安静時にはマイクロモルの範囲内にあるためである。すなわち，ATP のわずかな減少（1％未満）は，ADP と AMP の濃度を2倍にすることにつながる。ADP と AMP は AMP 活性化プロテインキナーゼ（AMPK）の活性によって感知される。AMPK はヘテロ三量体(3種類のタンパク質の複合体)として機能するプロテインキナーゼである。

- α 触媒サブユニット（Thr172 リン酸化によって活性が制御される実際のキナーゼ部位）。
- β サブユニット：グリコーゲンと結合する。
- γ サブユニット：ATP，ADP，AMP と結合する。

AMPK は，γ サブユニットが ADP または AMP と結合している時，および β サブユニットとグリコーゲンの結合が少ない時に最大に活性化される。したがって，持久性運動の開始時や高強度運動やスプリントインターバルの実行時に ADP と AMP が上昇すると，AMPK が活性化されることになる[65]。AMPK の活性化は，α サブユニットの Thr172

がリン酸化されることで持続される。このリン酸化は，ADP または AMP の結合によって酵素の脱リン酸化が妨げられることでも持続される。その結果，高強度の持久性運動中に AMPK の活性は上昇し，AMPK はその下流のシグナル伝達分子をリン酸化させ様々な生理応答や適応を導く（**図 9.10**）。

運動によるストレスはどのように感知されるのか

　強度の高い運動によるストレスは，骨格筋の局所的にはグリコーゲンの枯渇によって，全身的には交感神経系ホルモンであるエピネフリンの放出によって感知される。前述のように，グリコーゲンが少なくなると，ATP／ADP 代謝回転のセンサーである AMPK の活性が上昇する[66]。低グリコーゲンのシグナルを感知するもう 1 つのキナーゼは，p38 mitogen-activated kinase（MAPK）である。したがって，低グリコーゲンで運動を開始すると p38 MAPK 活性は高くなる[67]。P38 MAPK のγサブユニットは，一過性の運動後の PGC-1α の活性化に必要である。p38 MAPK のエフェクターとしての働きの 1 つは，PGC-1α の調節ドメインをリン酸化することである。p38 MAPK による PGC-1α の Thr262，S265，T298 でのリン酸化は，PGC-1α 活性を増加させ，ミトコンドリア生合成，血管新生，脂肪酸化にかかわる酵素の増加を促進させる[68]。

　運動によるストレスの上昇は，血液中のエピネフリン濃度の増加によって，全身にシグナルが送られる。エピネフリンの上昇は，グリコーゲンの分解を促進するグリコーゲンホスホリラーゼと呼ばれる酵素の活性を高め，グリコーゲンの分解を促進する経路の 1 つになっている。ホスホリラーゼはエピネフリンによって活性化されるが，これは世界ではじめて発見されたシグナル伝達経路である。1930 年代から 40 年代にかけて，Gerty Cori は，ホスホリラーゼという酵素がグリコーゲンの分解を触媒すること，そしてこのプロセスがエピネフリンによって促進されることを発見した。彼女は，リン酸化型と脱リン酸化型の 2 種類の酵素を結晶化し，アデニル酸（現在の cAMP）を必要とするタンパク質が，ホスホリラーゼ「B」から「A」への変換を触媒し，グリコーゲンの分解を促進させることを明らかにしたのである。今日，エピネフリンがβアドレナリン受容体に結合すると，G タンパク質が活性化され，アデニル・キナーゼを刺激して cAMP の産生を増加させることがわかっている。cAMP はプロテインキナーゼ（PK）A を活性化し，PK はホスホリラーゼキナーゼをリン酸化・活性化する。ホスホリラーゼキナーゼは最終的にグリコーゲンホスホリラーゼを活性化し，グリコーゲンの分解を促すキナーゼとなる。PKA の活性化は，グリコーゲンの分解とともに，PGC-1α 2/3 の転写を増加させることから[69]，持久性運動に対する反応と適応に関与している可能性が示唆されている。

第 9 章

　したがって，運動時間はカルシウム–CaMKII と NAD⁺–SIRT1 シグナルを介して PGC–1α 2/3 を増加させるような指令に変換される。また運動強度は，グリコーゲンの減少や ATP の利用状況などに応答して AMPK や p38 MAPK の活性化として情報が変換される。運動による全身性のストレスは，エピネフリン –PKA を介して下流の分子に情報が伝達される（**図 9.10**）。

翻訳後修飾による PGC–1α の活性の制御

　上記のように，PGC–1α タンパク質は，リン酸化とアセチル化によってその活性が修飾される。PGC–1α の Thr262，S265，T298 のアミノ酸がリン酸化された時，そして PGC–1α が脱アセチル化された時に，PGC–1α の活性は最大となる[64,70]。これらの翻訳後修飾は運動中に急速に起こると考えられており，PGC–1α 2/3 mRNA や PGC–1α のタンパク質が増加することに先立って PGC–1α の活性が高まるといった主張の論拠の 1 つとなっている[71]。p38 MAPK による PGC–1α のリン酸化は，RIP140 として知られる転写抑制因子が PGC–1α に結合できる調節ドメインで起こる[72]。このことから，グリコーゲンを枯渇させる運動は，p38 MAPK による PGC–1α のリン酸化を促し，PGC–1α と RIP140 との結合を解く。その結果として，細胞内に存在する PGC–1α が活性化される。

　運動による PGC–1α のアセチル化の制御はより複雑である。PGC–1α は，アセチル基転移酵素である p300 と GCN5 によってアセチル化され[64,73]，SIRT1 によって脱アセチル化される[64]。SIRT1 をノックアウトしても，運動後には PGC–1α と GCN5 との結合が減少するため，PGC–1α は脱アセチル化される。したがって，運動中の PGC–1α は，アセチルトランスフェラーゼの不活性化と脱アセチル化酵素の活性化の両方により脱アセチル化されることになる。PGC–1α が脱アセチル化されると，正電荷のアミノ酸（リジン）が増加する[64]。このようなタンパク質の電荷の変化は，転写を促進するために必要なタンパク質間相互作用が促進したり，PGC–1α を核内に引き込むタンパク質と結合させることを可能にする。しかし，PGC–1α のアセチル化が PGC–1α のタンパク質の活性を変える可能性があるにもかかわらず，SIRT1 を GCN5 のノックアウト[74]や過剰発現[63]させても，運動によるミトコンドリア生合成に影響は認められない。したがって，「PGC–1α のアセチル化/脱アセチル化は冗長なシステムである」あるいは「この翻訳後修飾が転写制御に対して貢献度が小さい」のいずれかであると考えられている。

PGC–1α 遺伝子の転写の促進

　最もエレガントな分子運動実験の 1 つとして，Zen Yan とそのグループは PGC–1α

持久性運動に対する骨格筋の分子適応とその可塑性

2/3 プロモーターによって発現が制御されるホタルのルシフェラーゼ遺伝子をマウスの骨格筋に導入した[75]。その後,安静時および運動後の骨格筋でPGC-1α 2/3 プロモーターの活性化を測定した(ルシフェラーゼの発光強度の測定)。次に,プロモーターに変異を導入し,運動による PGC-1α 2/3 転写の活性化に必要な配列を明らかにした。Akimoto らはこのようにして,運動に対する PGC-1α 2/3 の転写活性が MEF2 結合部位と cAMP 応答配列(CRE)に依存していることを明らかにした。興味深いことに,グルコーストランスポーター(GLUT4)のプロモーターも同じ配列を有しており[76],PGC-1α と GLUT4 の転写が運動によって同時に制御されることが示唆された。

MEF2

MEF2 の転写活性は,クラス II ヒストン脱アセチル化酵素(histone deacetylases:HDAC)との相互作用によって制御されている。HDAC と結合すると,MEF2 は転写を促進することが不可能となる。MEF2 と HDAC の相互作用は,HDAC のリン酸化によって制御されている(**図 9.11**)。HDAC がリン酸化されると,MEF2 を解離させ,HDAC は,シャペロンタンパク質 14-3-3 と結合し,核外へ輸送される[77]。すなわち,HDAC のリン酸化は,MEF2 活性の調節の中心的な役割を担っている。運動に応答して HDAC のリン酸化を制御すると考えられている主要なキナーゼは,CaMKII と AMPK である[60, 78]。CaMK は,HDAC4 の Ser246 と Ser467,HDAC5 の Ser259 と Ser498 といった部位をリン酸化し,HDAC の核外輸送を促す[77]。AMPK はこれらの同じ残基をリン酸化し[79],その結果,運動後に HDAC4 と 5 が核内で減少する[78]。このことから,MEF2 は,持続的(CaMKII の活性化を介して)または高強度の(AMPK の活性化を介して)持久性運動によって活性化されると考えられている。

CRE に依存した制御機構の活性化

PGC-1α 2/3 プロモーターに存在する cAMP 応答配列は,cAMP 応答配列結合タンパク質(CREB)ファミリーと結合する。これらのファミリーには,CREB,cAMP response element modulator(CREM),activating transcription factor-1(ATF-1)などが挙げられる。CREB は当初,プロテインキナーゼ A によって活性化される転写因子として同定された。そのため,運動によるエピネフリンの分泌量の上昇に伴う PKA 活性化は,CRE の活性化を裏付けるメカニズムと考えられている。この主張と一致するように,β 作動薬であるクレンブテロールは,CRE 依存的に PGC-1α 2/3 の転写を増加させる[69]。PKA 以外に,CREB は CaMKII[80] と AMPK[81] の両方によってリン酸化される可能性がある。他の CREB ファミリーメンバーもまた,運動応答性のキナー

図9.11 持久性運動による情報伝達の活性化。（上）高強度運動（metabolic stress）はAMPKを活性化させ，クラスⅡ HDACがリン酸化される。その後，シャペロンタンパク質14-3-3によってHDACは核（nucleus）外へ輸送される。高強度運動による全身性のストレスの増大は，βアドレナリン受容体を介してアデニル・キナーゼに信号を送り，cAMPを増加させてプロテインキナーゼA（PKA）が活性化する。PKAはCREBをリン酸化して，CREBを核内に移動させ，その補因子であるCRTC2とともにDNAのcAMP応答配列（CRE）と結合する。（下）運動時間は，筋小胞体からのカルシウムの放出によってCaMKIIの活性が高まり，CREBとクラスⅡ HDACがリン酸化されることによって感知される。リン酸化されると，CREBは核に移動してCREと結合し，一方クラスⅡ HDACはシャペロンタンパク質の14-3-3に結合し，MEF2が解離する。14-3-3はHDACを核外に出し，MEF2がPGC-1α2/3プロモーターに結合できるようにし，CREBとMEF2が協働的にPGC-1α2/3の転写を促進させる。epinephrine：エピネフリン

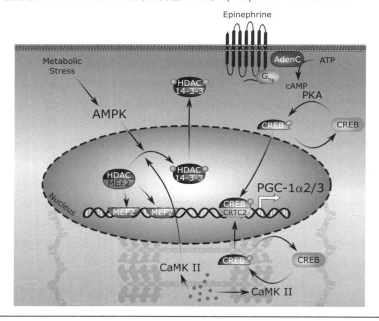

ゼによってリン酸化される可能性が指摘されている。例えば，ATF-1はp38 MAPK，AMPK，CaMKIIによってリン酸化される可能性がある。

持久性運動によるPGC-1α2/3の転写の促進

これらのデータをまとめると，長時間の持久性運動中に，収縮のたびに放出されるカルシウムがCaMKIIを活性化し，CaMKIIがHDACやCREBファミリーメンバーをリン酸化することが示唆された（**図9.11**）。HDACのリン酸化は，HDACをMEF2から解離させる。CREBのリン酸化はその転写活性を高め，結果としてPGC-1α2/3の

転写を増加させる。同様に，高強度の運動は ATP 分解を増加させ，その結果 AMP や ADP が上昇し，AMPK の活性を増加させる。CaMKII と同様に，AMPK は HDAC や CREB ファミリーメンバーをリン酸化し，PGC-1α 2/3 の転写を増加させることに寄与する。運動によるグリコーゲンの減少は，p38 MAPK を活性化，続いて p38 MAPK による ATF-1 のリン酸化を引き起こし，CRE の活性化に貢献する。最後に，高強度運動は全身性のストレス応答を惹起し，分泌量が高まったエピネフリンによって PKA 活性を上昇させ，CREB 活性を上昇させる。低強度運動と高強度運動によって，異なるメカニズムを介して PGC-1α 2/3 を増加させる。これらの知見は，メカニズムが違えど，運動強度にかかわらず同等の持久的適応を促すことの裏付けとなっている[82]。

PGC-1αの働き

PGC-1α は転写共役因子である。転写共役因子とは，DNA に直接結合せずに転写を促進するタンパク質である。転写共役因子は，DNA と配列特異的に結合する他の転写因子を活性化する。このようにして，転写共役因子は，複数の経路を制御する遺伝子の転写を同時に促進することができる。以下，PGC-1α あるいは PGC-1α 2/3 がどのようにミトコンドリア生合成や血管新生，脂肪酸の酸化酵素の発現を制御しているのかについて概説していく。

ミトコンドリアは，ミトコンドリアのタンパク質の一部をコードする独自の DNA（mtDNA と略される）を持っているため，珍しいオルガネラである。**表 9.4** に電子伝達複合体のタンパク質における核 DNA と mtDNA の比較を示す。

なぜミトコンドリアは mtDNA を保持しているのか

ミトコンドリアが独自の DNA を持つのは，数億年前に真核細胞に感染した原核生物から進化したためである。真核細胞内に取り込まれた好気性細菌は，酸素を利用してエ

表 9.4　mtDNA と nDNA にコードされている電子伝達系を構成するサブユニットの数

電子伝達系	mtDNA	nDNA
I NADH dehydrogenase complex	7	>25
II Succinate dehydrogenase	-	4
III Cytochrome bc1 complex	1	10
IV Cytochrome c oxidase	3	10
V F0F1 ATP synthase	2	11

第 9 章

ネルギーを供給することができるため，解糖系代謝と酸化系代謝を組み合わせた共生が可能になり選択的に大きな利点を得たというのが，共生仮説の考え方である。

PGC-1α はどのようにして nDNA と mtDNA にコードされたそれぞれの遺伝子の発現を高めるのか

進化のプロセスの中で，核 DNA にコードされたタンパク質を用いて，ミトコンドリア内のタンパク質を増加させる制御システムが発達した。

nDNA と mtDNA の協調的制御

ミトコンドリアゲノムにコードされているミトコンドリアのタンパク質の産生は，ミトコンドリア転写因子（mtTFA / TFAM と TFBM）が担っている。TFAM と TFBM は核 DNA にコードされ，細胞質で翻訳された後，ミトコンドリアに取り込まれ，mtDNA 遺伝子の発現と mtDNA 複製を活性化する（**図 9.12**）。PGC-1α による TFAM の制御は，Bruce Spiegelman の研究室によってはじめて報告された。この論文で Wu らは PGC-1α を同定し，PGC-1α が核呼吸因子（nuclear respiratory factor：NRF）1 と結合することによって TFAM の転写を増加させることを示した。野生型のプロモーターでは，PGC-1α は TFAM の転写を 4 倍に増加させた。NRF1 の結合部位に変異があると，PGC-1α は TFAM を増加させることができず，PGC-1α と NRF1 の結合を阻害すると，PGC-1α はミトコンドリア量を増加させることができなくなった[83]。これらのデータは，PGC-1α が NRF1 を活性化し，より多くの TFAM mRNA を産生することによって，ミトコンドリア転写を促進していることを示唆している。TFAM はその後翻訳され，ミトコンドリアへ移動し，mtDNA の複製を活性化する。NRF1 は，電子伝達鎖内のタンパク質をコードする多くの遺伝子のプロモーターにも結合することができる。したがって，NRF1 を過剰発現させると，部分的なミトコンドリア生合成が起こる[84]。これは，ミトコンドリア量の増加が，運動に応答した PGC-1α による NRF1 の共活性化によって主に制御されていることを示唆している。

脂肪酸の酸化酵素の発現制御

PGC-1α が NRF1 を活性化することによって生じるミトコンドリア生合成と同様に，脂肪酸の酸化酵素は，PGC-1α が PPAR 転写因子を活性化することによって制御される。筋グリコーゲンが少ない状況では PPARδ の活性が高まり[85]，脂肪をエネルギー源として利用する能力の上昇につながる[86]。PGC-1α は「PPARγ co-activator」という名前が示すように PPAR の共活性化因子として発見された。したがって，運動後の PGC-1

持久性運動に対する骨格筋の分子適応とその可塑性

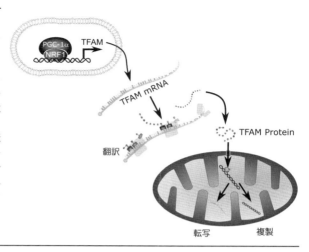

図9.12 PGC-1αとTFAMによるミトコンドリア生合成の制御。PGC-1αは核呼吸因子（NRF）1の活性化を通じて核およびミトコンドリアゲノムの転写プロセスを制御している。NRF1は核にコードされた多くのミトコンドリア遺伝子のプロモーターに結合する。また，NRF1はミトコンドリア転写因子A（TFAM）のプロモーターにも結合する。TFAMは細胞質で翻訳された後，ミトコンドリアへ移動し，mtDNAの転写と複製を開始させる。

αの活性上昇によるPPARδの活性化は，持久性トレーニングに伴って起こる脂質酸化能力の上昇の根底にあるメカニズムであると考えられる[87]。

運動による血管新生

持久性トレーニングは，心筋の適応を介して最大血流量を増加させる。それだけでなく，血管新生と呼ばれるプロセスを通じて，トレーニングした骨格筋組織内の毛細血管の数を増加させる（**図9.13**）。古くから，遅筋線維は速筋線維よりも毛細血管密度が大きいこと，持久性アスリートは一般人よりも毛細血管と筋線維の比率が大きいこと[88]，持久性トレーニングは骨格筋の毛細血管密度を増加させること[89]などが示されている。この毛細血管密度の増加は，骨格筋にPGC-1α 2/3を過剰発現させると再現できるため[90]，PGC-1αは血管新生にも関与することが示唆されてきた。

PGC-1αは，エストロゲン関連受容体（estrogen related receptor：ERR）αを活性化することにより，毛細血管を増加させる。この背景には，PGC-1αとERRαは協働して，血管内皮増殖因子（vascular endothelial growth factor：VEGF）や他の血管新生成長因子の発現を上昇させることがある[69]。ERRαをノックアウトすると，PGC-1αはVEGFの発現を増加させることができなくなる。そして，野生型マウスが14日間走ると毛細血管が75％まで増加するが[69]，ERRαの欠損マウスではトレーニングによる毛細血管密度の上昇が消失する。

運動による血管新生に関与する第二の経路は，低酸素誘導因子（hypoxia-inducible

factor：HIF）1α経路である（**第11章**で詳しく述べる）。筋の酸素分圧（PO_2）は安静時の 30 mmHg から，中等度から高度の運動時には 3〜4 mmHg に変化すると推定されている。酸素が好気性代謝の主要分子であることを考えると，酸素が細胞・分子レベルで感知され PO_2 が低下すると血管新生などの適応が引き起こされることは，驚くにはあたらない。酸素濃度が高い時，HIF-1α はプロリル水酸化酵素ドメインタンパク質（PHD）による水酸化を受け，その後急速にユビキチン化され，プロテアソームによって分解される。激しい運動中や高地では，筋中の PO_2 が低下し，HIF-1α の増加を引き起こす可能性がある[91]。PGC-1α-ERRα 複合体と同様に，HIF-1α もまた低酸素応答配列（HRE）と呼ばれる DNA 結合部位に結合して VEGF の発現を増加させる。マウスの毛細血管密度の決定における HIF-1α の役割を調べるために，Nunomiya らは安静時の筋中の HIF-1α を 2 倍以上増やす方法として PHD2 をノックダウンした[92]。しかしより興味深かったのは，PHD2 マウスが 4 週間のトレッドミル走行に応答して，野生型動物と同量（〜20％）の毛細血管密度の増加を示したという事実である。これらのデータは，HIF-1α が筋中の毛細血管を増やすことはできるが，運動に対する血管形成には関与していない可能性を示している[92]。

要約すると，PGC-1α は ERRα を共活性化することによって運動後に血管新生を刺激する VEGF などの成長因子の発現を増加させる。VEGF は，血管新生の主要な制御因子であると考えられており，内皮細胞の増殖，移動，伸展，ネットワーク形成，分岐および漏出を調節する。HIF-1α の安定化は，低 PO_2 に反応してミトコンドリア量を増加させることができる。しかし，これは運動による毛細血管の増加には必ずしも必要ではない。高地で VEGF が一過性に増加する一方で，標高 4,100m に 8 週間滞在しても毛細血管は増加せず，標高 4,100m に生育する人は通常の VEGF レベルと筋線維あた

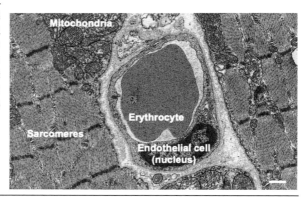

図 9.13 マウスのヒラメ筋の毛細血管の電子顕微鏡画像。毛細血管はサルコメア（sarcomeres）とミトコンドリア（mitochondria）に囲まれている。erythrocyte：赤血球，endothelial cell（nucleus）：内皮細胞（核）。スケールバー：0.5 μm。

り少数の毛細血管を示すという仮説もある[93]。これらのデータを総合すると，HIF-1αは骨格筋の基底レベルの毛細血管の新生に寄与する一方，運動はPGC-1α–ERRα依存的に毛細血管を増加させることが示唆される。

まとめ

　最大酸素摂取量（$\dot{V}O_2max$），持久性運動中に利用できる$\dot{V}O_2max$の割合（乳酸閾値），動作効率は，持久力の主要な制限因子または定量的特性である。持久性トレーニングプログラムの処方には，運動強度や運動量などの変数を定めることが必要である。持久性トレーニングが多くの人に有効であるという十分な科学的根拠があるが，特定の持久性トレーニングの推奨事項を示す根拠は限られている。一般的な推奨事項としては，トレーニングの80％以上を中程度の強度で行い，20％以下を高強度およびスプリントインターバルトレーニングを行うというように，トレーニングを二極化することが挙げられる。また，持久性トレーニングプログラムに対する反応には個人差があり，大多数の人では$\dot{V}O_2max$や疾患リスク因子などの持久力関連変数が改善されるが，少数の人では十分な効果がみられず，一部のリスク因子が悪化する可能性さえある。持久性運動に対する重要な適応は，心拍出量の増加であり，これは1回拍出量の増加に依存している。1回拍出量の増加は，生理的な心筋肥大またはスポーツ心臓の形成による。生理的な心筋肥大は，少なくとも部分的にはインテグリン/PI3K/Aktシグナルに依存していることが示唆されている。一方筋力トレーニングは，ERKシグナルに依存すると考えられる生理的な血圧上昇による心筋の肥大をもたらす。カルシニューリンシグナルが増加すると，病的な心筋肥大が促進される。筋線維は，遅筋型のタイプI線維，中間型のタイプIIa線維，速筋型のタイプIIx線維，さらに速筋型のタイプIIb線維に細分化される。名称は，筋線維に優位に発現しているMyHCに由来する。例えば，タイプIIx線維は主にタイプIIxミオシン重鎖を発現している。重要な点として，ヒトのゲノムにはMyHC IIb遺伝子が存在するが，多くの筋ではMyHC IIbタンパク質は発現していないことが挙げられる。カルシニューリン–NFATシグナルはタイプI線維で活性化し，電気刺激による骨格筋収縮などに応答して活性が高まる。カルシニューリン–NFATシグナルが活性化すると，「遅筋線維」を特徴づける遺伝子群の発現を促進する。カルシニューリン–NFATは，長期間にわたる持久性トレーニングによって生じるタイプIIx線維の減少とタイプIIa線維の増加に寄与している可能性がある。数年から数十年といったより長期にわたる持久性トレーニングにより，より顕著な線維タイプの変換が起こる可能性があるが，その証拠は限られている。MyHC遺伝子は遅筋/心筋型クラスターと速筋/

第 9 章

発生型クラスターに分かれており，これは進化的に保存されている。MyHC I の発現は MyomiRs の発現も増加させ，転写因子 Sox6 を介して速筋型の MyHC の発現を阻害する。このことは，MyHC のオン／オフ制御と筋線維タイプの決定を部分的に説明することができる。クロマチンリモデリングもまた，MyHC アイソフォームが骨格筋線維内で活発に転写されることに関与している。これはエピジェネティックな制御としても知られている。持久性運動はミトコンドリアの量を高める。カルシウムのセンサーである CaMKII と NAD$^+$ のセンサーである SIRT1，運動中の AMP と ADP の上昇とグリコーゲンの低下のセンサーである AMPK，グリコーゲン量や運動ストレスに対するエピネフリン量などのシグナルのセンサーである p38 MAPK と PKA が，運動によるミトコンドリア生合成を促す主要な情報伝達分子である。そして，これらのシグナル伝達分子は，PGC-1α のリン酸化を亢進したりアセチル化を減少させることで PGC-1α を活性化させる。運動により，RIP140 と結合する抑制ドメインを欠いた異なるアイソフォームの遺伝子（PGC-1α 2/3）の発現を促進させる。活性化された PGC-1α はエフェクターとして働き，「核 DNA にコードされたミトコンドリア遺伝子の転写／発現を増加させる転写因子」と「ミトコンドリアにコードされた遺伝子の発現とミトコンドリア DNA の複製を促進する転写因子と複製因子」を協働的に活性化させる。PGC-1α は ERRα とともに VEGF の発現を促進し，運動による毛細血管の新生にも寄与している。

■ 確認問題 ・・・

● トレーニングに対する適応性の個人差を考慮した持久性トレーニングの処方について，あなたが推奨する戦略を記述し，説明しなさい。

● 生理的な心肥大（スポーツ心臓）と病的な心肥大（肥大型心筋症）を制御するシグナル伝達経路を例に挙げ，説明しなさい。

● タイプ I，タイプ IIa，タイプ IIx，タイプ IIb 筋線維を比較し，相違点を説明しなさい。また，持久性トレーニングが骨格筋線維組成に与える影響を述べなさい。

● カルシニューリン経路が筋線維タイプの主要な調節因子であるという仮説に対する賛成論と反対論を述べなさい。

● 骨格筋におけるミオシン重鎖アイソフォームのオン／オフ制御に寄与する可能性のあるメカニズムを説明しなさい。

● 持久性運動がどのようにミトコンドリア生合成を促進するのか説明しなさい。

● 持久性運動により，エネルギー代謝の変化や酸素濃度の変化，血流量の増加がどのようにして毛細血管の新生を促すか説明しなさい。

（田村　優樹）

持久性運動に対する骨格筋の分子適応とその可塑性

■ 参考文献

Egan B & Zierath JR (2013). Exercise metabolism and the molecular regulation of skeletal muscle adaptation. *Cell Metab* 17, 162–84.

Hardie DG (2011). Energy sensing by the AMP-activated protein kinase and its effects on muscle metabolism. *Proc Nutr Soc* 70, 92–99.

Schiaffino S (2010). Fibre types in skeletal muscle: a personal account. *Acta Physiol (Oxf)* 199, 451–63.

■ 引用文献

1. McCormick A, et al. *Sports Med.* 2015. 45:997–1015.
2. Gottschall JS, et al. *J Biomech.* 2005. 38(3): 445–52.
3. Colloud F, et al. *J Sports Sci.* 2006. 24(5): 479–93.
4. Plews DJ, et al. *Int J Sports Physiol Perform.* 2017. 12(5): 697–703.
5. Stellingwerff T. *Int J Sport Nutr Exerc Metab.* 2012. 22(5): 392–400.
6. Bouchard C, et al. *J Appl Physiol.* 1999. 87(3): 1003–8.
7. Bouchard C, et al. *PLoS One.* 2012. 7(5): e37887.
8. Barber JL, et al. *Br J Sports Med.* 2022. 56:95–100.
9. McPhee JS, et al. *Exp Physiol.* 2009. 94: 684–94.
10. Timmons JA, et al. *J Appl Physiol.* 2010. 108(6): 1487–96.
11. Garber CE, et al. *Med Sci Sports Exerc.* 2011. 43(7): 1334–59.
12. Stöggl TL, et al. *Front Physiol.* 2015. 6:295.
13. ASTRAND PO, et al. *J Appl Physiol.* 1964. 19:268–74.
14. Ekblom B, et al. *J Appl Physiol.* 1975. 39(1): 71–5.
15. Montero D, et al. *Am J Physiol – Regul Integr Comp Physiol.* 2017. 312(6): R894–902.
16. Blomqvist CG, et al. *Annu Rev Physiol.* 1983. 45:169–89.
17. Scharhag J, et al. *J Am Coll Cardiol.* 2002. 40(10): 1856–63.
18. Chandra N, et al. *J Am Coll Cardiol.* 2013. 61:1027–40.
19. Shioi T, et al. *EMBO J.* 2000. 19(11):2537–48.
20. McMullen JR, et al. *Proc Natl Acad Sci U S A.* 2003. 100(21):12355–60.
21. DeBosch B, et al. *Circulation.* 2006. 113(17):2097–104.
22. Weeks KL, et al. *Am J Physiol– Heart Circ Physiol.* 2021. 320(4): H1470–85.
23. MacDougall JD, et al. *J Appl Physiol.* 1985. 58(3):785–90.
24. Bueno OF, et al. *EMBO J.* 2000. 19(23):6341–50.
25. Purcell NH, et al. *Proc Natl Acad Sci U S A.* 2007. 104(35):14074–9.
26. Nakamura M, et al. 2. *Nat Rev Cardiol.* 2018. 15:387–407.
27. Molkentin JD, et al. *Cell.* 1998. 93(2):215–28.
28. Wilkins BJ, et al. *Circ Res.* 2004. 94(1):110–8.
29. Bárány M. *J Gen Physiol.* 1967. 50(6):197–218.
30. Schiaffino S. *FEBS J.* John Wiley & Sons, Ltd; 2018. 285:3688–94.
31. Harridge SDR, et al. *Pflugers Arch Eur J Physiol.* 1996. 432(5):913–20.
32. Smerdu V, et al. *Am J Physiol – Cell Physiol.* 1994. 267(6 Pt 1):C1723–8.
33. Costill DL, et al. *J Appl Physiol.* 1976. 40(2):149–54.
34. Ingalls CP. *J Appl Physiol Am Physiol Soc.* 2004. 97:1591–2.
35. Gollnick PD, et al. *J Appl Physiol.* 1973. 34(1):107–11.
36. Bathgate KE, et al. *Eur J Appl Physiol.* 2018. 118(10):2097–110.
37. Konopka AR, et al. *J Gerontol – Ser A Biol Sci Med Sci.* 2011. 66 A(8):835–41.
38. Pette D, et al. *Rev Physiol Biochem Pharmacol.* 1992. 120:115–202.
39. Weeds AG, et al. *Nature.* 1974. 247(5437):135–9.
40. Biering-Sørensen B, et al. *Muscle Nerve.* 2009. 40:499–519.
41. Eltit JM, et al. *Biophys J.* 2004. 86(5):3042–51.
42. Jordan T, et al. *J Cell Sci.* 2004. 118(10):2295–302.
43. Hennig R, et al. *Nature.* 1985. 314(6007):164–64.
44. Tothova J, et al. *J Cell Sci.* 2006. 119(8):1604–11.
45. Chin ER, et al. *Genes Dev.* 1998. 12(16):2499–509.
46. Naya FJ, et al. *J Biol Chem.* 2000. 275(7):4545–8.
47. Parsons SA, et al. *Mol Cell Biol.* 2003. 23(12):4331–43.
48. Lin J, et al. *Nature.* 2002. 418(6899):797–801.
49. Wu H, et al. *EMBO J.* 2000. 19(9):1963–73.

第 9 章

50. Murgia M, et al. *Nat Cell Biol.* 2000. 2(3):142–7.
51. Tsika RW, et al. *J Biol Chem.* 2008. 283(52):36154–67.
52. Hughes SM, et al. *J Cell Biol.* 1999. 145(3):633–42.
53. Lassar AB, et al. *Cell.* 1986. 47(5):649–56.
54. Jenuwein T, et al., *Science.* 2001. 293:1074–80.
55. Asp P, et al. *Proc Natl Acad Sci U S A.* 2011. 108(22):E149-E158.
56. Pandorf CE, et al. *Am J Physiol – Cell Physiol.* 2009. 297(1).
57. van Rooij E, et al. *Dev Cell.* 2009. 17(5): 662–73.
58. Quiat D, et al. *Proc Natl Acad Sci U S A.* 2011. 108(25):10196–201.
59. Baar K, et al. *FASEB J.* 2002. 16(14):1879–86.
60. Smith JAH, et al. *Am J Physiol – Endocrinol Metab.* 2008. 295(3): E698–704.
61. Wu H, et al. *Science (80-).* 2002. 296(5566): 349–52.
62. White AT, et al. *Am J Physiol – Endocrinol Metab.* 2012. 303:308–21.
63. Philp A, et al. *J Biol Chem.* 2011. 286(35):30561–70.
64. Rodgers JT, et al. *Nature.* 2005. 434(7029):113–8.
65. Terada S, et al. *Acta Physiol Scand.* 2005. 184(1):59–65.
66. McBride A, et al. *Cell Metab.* 2009. 9(1):23–34.
67. Egan B, et al. *J Physiol.* 2010. 588(10):1779–90.
68. Puigserver P, et al. *Mol Cell.* 2001. 8(5):971–82.
69. Chinsomboon J, et al. *Proc Natl Acad Sci U S A.* 2009. 106(50):21401–6.
70. Pogozelski AR, et al. *PLoS One.* 2009. 4(11):e7934.
71. Wright DC, et al. *J Biol Chem.* 2007. 282(1):194–9.
72. Hallberg M, et al. *Mol Cell Biol.* 2008. 28(22):6785–95.
73. Wallberg AE, et al. Mol Cell. 2003. 12(5):1137–49.
74. Svensson K, et al. *Am J Physiol – Endocrinol Metab.* 2020. 318(2):E145–51.
75. Akimoto T, et al. *Am J Physiol – Cell Physiol.* 2004. 287(3):C790–6.
76. Thai M V., et al. *J Biol Chem.* 1998. 273(23): 14285–92.
77. McKinsey TA, et al. *Proc Natl Acad Sci U S A.* 2000. 97(26):14400–5.
78. McGee SL, et al. *J Physiol.* 2009. 587(24):5951–8.
79. McGee SL, et al. *Diabetes.* 2008. 57(4):860–7.
80. Shimomura A, et al. *J Biol Chem.* 1996. 271(30):17957–60.
81. Thomson DM, et al. *J Appl Physiol.* 2008. 104(2):429–38.
82. Gibala MJ, et al. *J Physiol.* 2006. 575(3):901–11.
83. Wu Z, et al. *Cell.* 1999. 98(1):115–24.
84. Baar K, et al. *FASEB J.* 2003. 17(12):1666–73.
85. Philp A, et al. *PLoS One.* 2013. 8(10):e77200.
86. Hulston CJ, et al. *Med Sci Sports Exerc.* 2010. 42(11):2046-55.
87. Molé PA, et al. *J Clin Invest.* 1971. 50(11):2323–30.
88. Ingjer F, et al. *Eur J Appl Physiol Occup Physiol.* 1978. 38(4):291–9.
89. Andersen P, et al. *J Physiol.* 1977. 270(3):677–90.
90. Tadaishi M, et al. *PLoS One.* 2011. 6(12):e28290.
91. Ameln H, et al. *FASEB J.* 2005. 19(8):1009–11.
92. Nunomiya A, et al. *Acta Physiol.* 2017. 220(1):99–112.
93. Lundby C, et al. *J Exp Biol.* 2004. 207(22):3865–71.

第10章
分子スポーツ栄養学

Mark Hearris, Nathan Hodson, Javier Gonzalez, James P. Morton

DOI: 10.4324/9781315110752-10

■ **本章の学習目標** ・・
　本章では以下のことを学習する。
1. 筋におけるグルコース取り込みと，グリコーゲン貯蔵を調節する分子メカニズム。
2. 高脂肪食による筋内トリグリセリドの蓄積が筋に及ぼす影響，またシグナル伝達分子としての遊離脂肪酸の役割について。
3. タンパク質摂取が筋タンパク質合成を促進させる分子メカニズムについて。
4. 運動やトレーニングによる骨格筋適応において，主要栄養素が寄与する分子メカニズムについて。

はじめに
・・・

　栄養はすべての身体活動やスポーツパフォーマンスの礎となる。我々が摂取する主要栄養素の多くは，筋内グリコーゲンや筋内トリグリセリド（intramuscular triglyceride：IMTG），あるいは血中グルコースや遊離脂肪酸（FFAs）の基質となり，運動により利用されたエネルギー基質の回復や，筋の収縮運動時に利用される。運動やその後の回復過程における栄養の役割については，約1世紀にわたりその重要性が認識されてきた。特に，筋が運動やトレーニングに適応する際に栄養がどのように関与するかについての理解は，この20年程で急速に進んだ。運動前，運動中，運動後に主要栄養素や微量栄養素を摂取することは，運動適応の際に重要なシグナル伝達経路を強化あるいは抑制する。したがって，栄養素摂取のタイミングに関する基礎的な知識を理解し実践することで，持久性および筋力トレーニングへの筋の適応をより円滑に促進できると考えられる。アスリートが毎日摂取する栄養素は，日々の練習量やトレーニング目標，競技スケジュールに応じて変化させる必要がある。したがって，アスリートの1日に必要な栄養素やその摂取量についてはそのアスリートの状況によって変化させる必

第 10 章

要がある。そこで近年，アスリート，コーチ，スポーツ科学者，分子運動生理学者の間で注目されているのが「栄養ピリオダイゼーション」であり，以下のような考え方である。

　　身体組成の変化，トレーニング適応能力の向上，スポーツパフォーマンス向上，健康
　　増進のために，エネルギーとしての栄養素（場合によってはサプリメントやエルゴジェ
　　ニックエイドを併用する）の利用方法を期分けする。

　本章では，分子運動生理学者やスポーツ栄養に携わる者に対して，現代の分子スポーツ栄養学に関する最新知見を紹介する。また，栄養が運動パフォーマンスに与える影響の分子メカニズムについて説明する。まず，食欲調節のメカニズムについて簡単に紹介し，筋へのグルコース取り込みと，グリコーゲンの貯蔵を調節する分子メカニズムと関連シグナルについて説明する。特にグルコース取り込みと，グリコーゲン貯蔵の過程を理解することは，カーボ（炭水化物）ローディングの基本原理を理解し，正しく処方することへと繋がるだろう。次に，運動中の筋グリコーゲン消費が抑制され IMTG を利用する「脂肪適応」の分子シグナルについて説明する。エネルギー貯蔵の基本原理について述べた後，ヒトの筋タンパク質合成（muscle protein synthesis：MPS）と酸化的能力の適応過程に主要栄養素がどのように関与するかを説明する。特に後者については，ミトコンドリア生合成の過程において，利用可能な貯蔵グリコーゲン量の減少（「train-low」など）が及ぼす影響について述べる。また，紙面の関係で，第 1 版で取り上げた標的組織（脳や筋など）による栄養センシングの原理などについては記載することができないので，上記内容については，本書第 1 版の Hamilton ら（2014）による第 8 章を参照されたい。

食欲調節について

食欲の定義

　食欲とは，食物を摂取する動機や嗜好，摂取する食物の選択など，様々な意味合いを含む一般的な用語である。より詳細な定義として以下のものがある[1]。空腹（hunger）：食べ物を食べたいという過程，飽食（satiation）：食べ終わるまでの過程，満腹（satiety）：それ以上食べないようにする過程（満腹感の増加や空腹感の減少）。中でも満腹（特定の食事におけるエネルギー摂取量を決定する）は，食事中の味覚変化がないため飽きることであったり，食後の満腹感によって生じると考えられている。したがって満腹は，食事により生じた胃壁の伸縮による感覚的な要因と，過去に同様の食物を摂取した際の記憶など認知的な要因により誘発される。ここでは，食欲への認知的要因の関与について説明した後，食欲の分子・生理的調節機構について説明する。

視床下部における食欲シグナルの感知と調節

　食欲の生理的な調節には脳が関与し，様々なシグナルを感知して食欲を増進したり抑制したりする。食欲に関するシグナルは，視床下部内の弓状核（arcuate nucleus：ARC）と呼ばれる領域へ投射され，室傍核（paraventricular nucleus：PVN）と呼ばれる領域を介して作用し統合され，感覚として入力される（**図10.1** 参照）[2]。ARC 内では，ニューロペプチド Y（neuropeptide Y：NPY），アグーチ関連ペプチド（agouti related peptide：AgRP），プロオピオメラノコルチン（proopiomelanocortin：POMC），コカイン・アンフェタミン制御転写物（cocaine-and amphetamine-regulated transcript：CART）という 4 種類のニューロペプチドを産生する。NPY と

図 10.1 腸管ホルモンによる食欲の制御。太い矢印は活性化，グレーの矢印は抑制を示す。PYY$_{3-36}$，GLP-1，OXM は，摂食によって消化管から分泌されるペプチドホルモンである。これらのホルモンは脳幹や視床下部の経路を介し，食欲を抑制することが可能である。また，脳 - 消化器との間で情報伝達を担う迷走神経に影響を与える。膵ポリペプチドは摂食後に膵臓から分泌され，脳幹を介して食欲を抑制すると考えられている。グレリンは，絶食状況下で胃から分泌され，視床下部あるいは迷走神経を介して摂食中枢を刺激すると考えられている。食欲に関連するシグナルの多くは，視床下部の ARC で統合され，NPY と AgRP ニューロンは食欲を促進し，POMC ニューロンは PVN にシグナル伝達して食欲を抑制する。ARC：弓状核，PVN：室傍核，NPY：ニューロペプチド Y，AgRP：アグーチ関連ペプチド，POMC：プロオピオメラノコルチン，PYY：ペプチド・チロシン；GLP-1：グルカゴン様ペプチド -1，OXM：オキシントモジュリン，PP：膵ポリペプチド。Murphy and Bloom[2] より改変。画像の一部は smart.servier.com を使用し作成。(3.0 Unported (CC BY 3.0) license, https://creativecommons.org/licenses/by/3.0/)

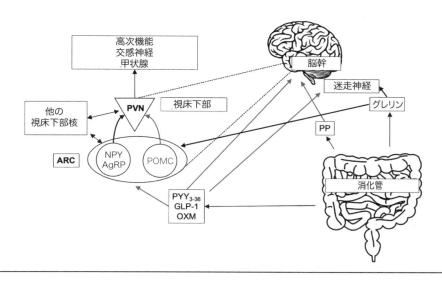

第 10 章

AgRP は食欲を促進させるように作用し（エネルギー摂取），POMC と CART は食欲を抑制させるように作用する。身体活動量によるホルモンの分泌や代謝の促進が脳の食欲中枢を刺激し，その結果，食欲の減退あるいは増進を促進する。

　食欲調節に関連するホルモンの多くは腸から分泌され，また脂肪組織からも一部分泌される。食欲抑制に関与すると考えられるホルモンには，小腸の L 細胞に発現するペプチド・チロシン（peptide tyrosine：PYY），グルカゴン様ペプチド –1（glucagon-like peptide–1：GLP-1），オキシントモジュリン（oxyntomodulin）や，小腸の I 細胞に発現するコレシストキニンがある。膵 β 細胞より分泌されるインスリンやアミリン，α 細胞から分泌されるグルカゴン，脂肪細胞から分泌されるレプチンも，食欲抑制に関与するホルモンである。一方で，食欲促進に関与する腸管ホルモンとして確認されているのは，胃から分泌されるグレリンのみである。

運動と食欲，エネルギーバランス

　長期的な体重変化は，エネルギーバランス（食事によるエネルギー摂取量と代謝によるエネルギー消費量の差）の変化の結果として生じる。食事によるエネルギー摂取量に対してエネルギー消費量が増加すると（エネルギー欠損），体重は減少する。反対に，エネルギー消費量がエネルギー摂取量を下回ると（エネルギー余剰），体重は増加する。1950 年代に陸軍士官候補生を対象として評価したところ，1 日の中で食事から摂取するエネルギー量は運動による代謝量や基礎代謝量に依存しないことが示された[3]。したがって，少なくとも短期的には，日々のエネルギー消費量と食欲の増減との間には，関連性がないかあったとしても低い可能性が示唆された。しかし長期的には，日常のエネルギー量が，食欲増減の調節機能へ影響を与えることが明らかにされている。身体活動量が低い人は，必要とされる食事摂取量よりも実際の摂取量が増加し，結果的に体重が増加する傾向がある。一方で，身体活動量が高い人は，適切な体重を維持するのに適切な量の食事を摂取する傾向がある。この研究[4]では，身体活動量の高い人の体重は，身体活動量の低い人より約 15 kg も低い値を示していた。別の研究でも，身体活動量が増加する程，摂取量が適切となるように食欲が調節されることが示されている[5]。身体活動量の増減による食欲変化の一要因として，身体活動量の高い人では GLP-1 濃度が高く，グレリン濃度が低いといったような，ホルモン分泌の変化が考えられる。運動が GLP-1 やグレリン濃度を変化させるメカニズムは未解明であるが，腸でのエネルギーセンサーの変化や，利用可能なエネルギー源の貯蔵量の増減が関与すると考えられており，そのことについて以下で説明する。

330

分子スポーツ栄養学

運動中のエネルギー代謝と食欲，エネルギーバランス

　ホルモンによる食欲調節に加え，エネルギー代謝機構の変化も，運動による食欲調節に寄与すると考えられている。運動やトレーニングの最中に（実施する運動の種類に依存するが），脂肪の利用率（脂質酸化）を増加させれば，結果として脂肪を減少させることが可能である。そのメカニズムとして，ヒトでは，エネルギーを糖質として貯蔵するよりも，脂肪として貯蔵する方が，より多くのエネルギーを貯蔵できるためである。したがって，身体の応答として，貯蔵量の少ない糖質の利用を制限し，維持する反応が生じると考えられる。運動中に糖質（貯蔵グリコーゲンやグルコース）を利用する速度は，食事から摂取するエネルギー量（糖質量）に依存する。そのため，運動の後半で利用可能なグリコーゲンやグルコースを十分に供給するためには，十分な量の糖質を摂取することが重要であり，それによって，後で利用可能な糖質が十分にあることが保証される必要がある[6,7]。

　自由摂取によるエネルギー摂取量と，エネルギー基質利用量は関連する。運動時における呼吸交換比〔二酸化炭素（CO_2）の生産と酸素（O_2）の取り込みの比率で，炭水化物の利用を反映する〕が高い人では，運動後に食事を自由に摂取すると，食事量やエネルギー収支が増加する傾向がある[8,9]。しかし呼吸交換比は，あくまでも身体内のすべての糖質由来のエネルギー消費を反映するため，それがどこから由来しているかを特定することはできない。例えば，肝グリコーゲンは最も重要なエネルギー源かもしれず，筋グリコーゲンは食欲にとってそれほど重要ではないかもしれない。そこで，トレーサーによる標識法を用いてエネルギー基質の由来を調査してみると，運動により肝グリコーゲンの利用が増加すると，運動後に食事によるエネルギー摂取量が増加することが示された[10]。一方で，筋グリコーゲン利用時には上述のような結果は認められず，肝臓におけるグリコーゲン貯蔵の増減が食欲調節により重要である可能性が高い。マウスを使った研究で肝グリコーゲン貯蔵量の増加作用を持つ「グリコーゲン標的タンパク質（protein targeted to glycogen：ptg）」の遺伝子を肝臓で過剰発現させると，食欲や実際の食事摂取量が減少することが明らかとされている。さらに ptg 遺伝子を過剰発現させたマウスの迷走神経を切断し，肝グリコーゲンレベルを探知できなくすると，食欲低下が抑制された。この結果を踏まえると，肝グリコーゲンの増減そのものが，迷走神経を介した食欲調節シグナルとなる可能性がある[11]。

キーポイント

- 食欲調節には，心理的要素と生理的要素の両方が関与する。
- 食欲の生理的要素では，脳の視床下部において，ホルモンや代謝シグナルが投射・

第 10 章

統合される。その結果，食欲が調節され，食べ物を食べたいことを感じる。

● 「満腹感」を感じるホルモン（GLP-1，レプチン，PYY など）の分泌を促進する一方で，「空腹感」を感じるホルモン（グレリンなど）の分泌を抑制し，糖質のバランスを維持すれば，体重減少に役立つ可能性がある。

エネルギー源

　スポーツ現場における栄養管理では，アスリートがトレーニングや競技を開始するまでに，筋や肝臓の貯蔵グリコーゲンを十分に確保し，運動を完遂できるようにすることがしばしば目標として掲げられる。そのためアスリートは，事前に十分なグリコーゲン量を貯蔵するために，炭水化物を多く含む食事を摂取することが推奨されてきた。炭水化物の分解（消化）によって産生されたグルコースは，小腸から吸収されて肝臓や筋へ輸送され，利用されるまでグリコーゲンとして貯蔵される。この貯蔵グリコーゲン量を増加させるために，アスリートに必要とされる 1 日あたりの炭水化物摂取量は，実施する運動の種類に応じて，1 日あたり 3 ～ 12 g/kg の範囲とされている。

炭水化物摂取による筋へのグルコース取り込み量とグリコーゲン貯蔵量の変化

　グルコースは GLUT4 と呼ばれる糖輸送タンパク質を介して筋に取り込まれるが，この際，GLUT4 が細胞質から細胞膜上へ移行してそこに存在する必要がある。さらに，筋細胞膜の内外の濃度勾配も重要である [12]。筋へのグルコース取り込みの調節には，①血液循環による筋への輸送，②筋膜を介したグルコース輸送，③筋細胞内のグルコース代謝，の 3 つのプロセスが存在する。これらのプロセスはすべて，インスリンというホルモンと筋の収縮運動によって調節される。安静時には，筋細胞膜を介したグルコースの輸送は律速となるとされているが，高強度運動時には筋細胞内でのグルコース代謝が律速となると考えられている。

　安静時には，GLUT4 は主にインスリンによって細胞質に存在するよう調節される。特にインスリン濃度が低値を示すような絶食下では，GLUT4 の筋細胞膜（一部脂肪の細胞膜上）への移行は減多に観察されず，組織へのグルコース取り込み速度も低い。炭水化物やタンパク質を含む食事を摂取すると，血中グルコース濃度や血中アミノ酸（AA）濃度が上昇し，それに伴い腸管ホルモンの分泌も促進され，膵島の β 細胞からインスリンが分泌される。分泌されたインスリンは血流によって運搬され，筋細胞のインスリン受容体に結合する。その結果，インスリンシグナルが活性化され，筋細胞内の GLUT4 小胞から GLUT4 が放出され，筋細胞膜へ移行する。筋細胞膜へ移行した GLUT4 が増

332

分子スポーツ栄養学

加すると，多くのグルコースを筋細胞内へ取り込むことが可能となり（**図10.2A**），筋でのグリコーゲン貯蔵へと繋がる。

運動時における骨格筋へのグルコース取り込み

　安静時における筋内へのグルコース取り込みは，主に摂取する食事量とインスリンの応答性に依存する。しかし運動中は，筋収縮が筋グルコース取り込みを増加させる重要な刺激となる。運動中に筋で必要なグルコースは，肝グリコーゲンの分解や炭水化物の分解により得られるグルコースから利用される。筋グリコーゲンの貯蔵量は2～3時間の運動で枯渇するため，アスリートは運動強度や運動時間に応じて30～90g/hの割合で運動中に炭水化物を摂取することを推奨されることが多い。運動中に炭水化物を摂取すると，肝グリコーゲンの枯渇を防ぎ，血糖値と全身の炭水化物の消化吸収を維持するメカニズムにより，運動強度を維持する能力（運動能力）と運動パフォーマンスが向上する。

　運動中の筋グルコース取り込み速度は安静時の100倍にまで増加する可能性があり，これは運動強度と運動時間の両方とともに増加する。筋グリコーゲンが少ない場合，血中グルコースが運動に必要なエネルギーの最大40％を占めることとなる。安静時と同様に，運動中の筋グルコース取り込みの主な調節ステップは，筋へのグルコース供給，筋膜を介したグルコース輸送，筋細胞内でのグルコース代謝などである[13]。

　運動中は筋への血流が増加するため，筋へのグルコース供給が増加し，血流の増加（安静時の最大20倍）は筋へ血液を供給する動脈と筋から血液を流出する静脈の間のグルコース濃度差の増加（安静時の最大4倍）よりもはるかに大きくなる[13]。さらに，余分な毛細血管が動員されることで，グルコース取り込みに利用可能な表面積が増加する。グルコースの取り込みは濃度勾配にも依存するため，グルコース濃度を高く維持することでグルコースの取り込みがサポートされるが，これは運動初期には肝グリコーゲンの分解の促進によってなされ，長時間の運動では炭水化物を摂取することで維持することが可能となる。

　運動時の筋へのグルコース取り込みにおいても，GLUT4が大きく関与する（**図10.2B**）。しかし，運動時のインスリン濃度は低値を示すことを考慮すると，運動時のGLUT4によるグルコース取り込みのメカニズムは，安静時とは異なると考えられる。インスリン刺激や運動刺激により生じるGLUT4の膜移行に関与するシグナル伝達では，それぞれの刺激による最初の伝達経路が異なるが，その後の伝達では同様の経路を辿る[14]。GLUT4そのものを欠損させたマウスの実験によると，運動による筋へのグルコース取り込みは促進されない。この結果から，GLUT4は運動によるグルコース取り

333

第 10 章

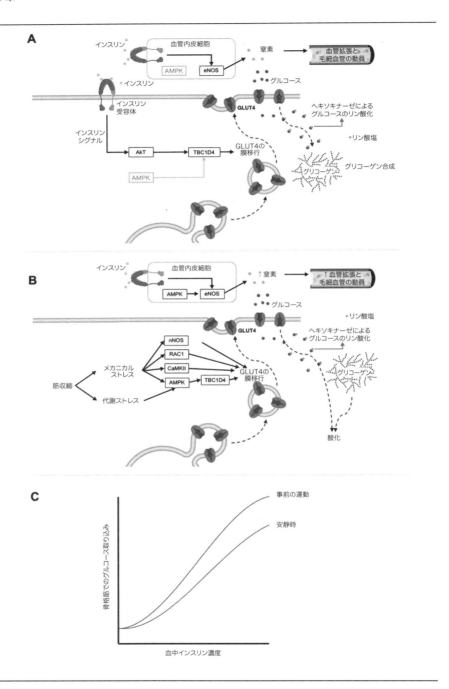

分子スポーツ栄養学

込みの増加には必須であると考えられる。しかし，運動により GLUT4 の膜移行が促進される程度は，グルコース取り込み量の増加と比較して緩やか（～ 2 倍程度）である。これを踏まえると，運動時の筋へのグルコース取り込み増加に大きく影響を与える要因は，GLUT4 の膜移行よりむしろ GLUT4 自体のグルコース輸送能力（内在性活性）である可能性が指摘されている。しかし，GLUT4 そのものの活性が変化するという考察については今でも議論されており，真実は未解明である[13]。

運動による GLUT4 の膜への移行と，筋へのグルコース取り込みのメカニズムについても，完全には解明されていない。先行研究によると，アデノシン一リン酸活性化プロテインキナーゼ（adenosine monophosphate–activated protein kinase：AMPK）が重要な制御因子であることは明確である。これは，運動による AMPK の活性化や，薬剤投与により AMPK の活性を誘導すると筋へのグルコース取り込みが増加する実験によって証明されている。実際に AMPK の活性は，安静時やエネルギー不足など，細胞でのエネルギー産生能力が低下した際（ATP に対して ADP や AMP が増加する）に上昇する。さらに，貯蔵グリコーゲン量の減少や，血中遊離脂肪酸の利用率が増加した場合においても，AMPK が活性化されると考えられている。しかし，ヒトの筋で AMPK を活性化させるためには，比較的高強度かつ長時間の運動を実施する必要があると考えられている。一方で，下肢での筋へのグルコース取り込みは低～中強度（～ 45％ $\dot{V}O_{2peak}$）運動実施から 1 時間程度で増加するが，この場合では AMPK の活性化は生じない[15]。これらは，運動時における筋へのグルコース取り込みは，AMPK の活性化に必ずしも起因するわけではないことを示す。

インスリンや運動刺激以外に GLUT4 の膜移行を促進するメカニズムとして，カルシウムイオン（Ca^{2+}）を介したシグナル伝達，マイトジェン活性化プロテインキナーゼ

図 10.2 （**A**）安静時には，主にインスリンの分泌により eNOS を介した血管拡張が生じ，GLUT4 の細胞膜への移行によって，筋へのグルコース取り込みが促進される。グルコースが筋細胞へ取り込まれると，グルコース 6- リン酸によるフィードバックを抑制する。（**B**）運動は，血流増加や GLUT4 の膜移行を誘導し，運動中および運動後の筋へのグルコース取り込みを刺激する。これは，少なくとも運動直後には，血管内皮細胞や筋細胞での AMPK の活性化を介した結果であると考えられる。その後，運動中の筋収縮により TBC1D4 がリン酸化され，インスリン刺激による筋へのグルコース取り込みをさらに促進する（**C**）。太い矢印は活性化，濃いグレーの矢印は抑制を示す。GLUT4：グルコーストランスポーター 4，eNOS：血管内皮型一酸化窒素合成酵素，nNOS：神経型一酸化窒素合成酵素，RAC1：RAS-related C3 botulinus toxin substrate 1，TBC1D4：TBC1 ドメインファミリーメンバー 4，CARMKII：カルシウム/カルモジュリン依存性タンパク質キナーゼ II，AMPK：アデノシンーリン酸活性化タンパク質キナーゼ。画像の一部は smart.servier.com を使用して作成。Attribution 3.0 Unported (CC BY 3.0) licence, https://creativecommons.org/licenses/by/3.0/

(mitogen activated protein kinase：MAPK），一酸化窒素，活性酸素種などの関与が考えられる。カフェイン（Ca^{2+}の放出を引き起こす）を筋細胞へ播種し，一定時間静置すると，筋収縮を伴わないグルコース取り込みが促進される。しかし，これらの効果はCa^{2+}そのものではなく，イオンポンプを介した輸送の際に生じたエネルギーに起因する可能性も考えられる。ERK1，ERK2，p38，JNKなどのMAPKは筋収縮中に活性化されるが，現時点では運動時の筋へのグルコース取り込みにおいて大きく関与しないと考えられている。一酸化窒素は，筋収縮時に増加するが，一酸化窒素合成酵素の働きを阻害すると，筋収縮によるグルコース取り込みを減少させる。さらにこの反応は，筋線維タイプ（「速筋」または「遅筋」）によってその応答が異なる可能性も指摘されている[13]。また，一酸化窒素合成酵素の阻害剤である（L-NMMA）をヒトへ投与すると，循環血流量の変化を伴わずに一酸化窒素合成酵素を阻害し，運動時の下肢でのグルコース取り込みを減少させる。したがって，一酸化窒素は運動時の筋へのグルコース取り込み（特に下肢での取り込み）において，重要な役割を担っている可能性がある。最後に，その他の活性酸素種が，筋収縮によるグルコース取り込みに関与する可能性が議論されている。過酸化水素（H_2O_2）に筋を静置すると，グルコースの取り込みが増加することが明らかとなっている。この結果から，運動による筋収縮によるグルコース取り込みの増加は，活性酸素の産生が増加することによって生じるとも考えられる。しかしヒトでは，運動時に活性酸素種の産生を抑制した場合，筋収縮のグルコース取り込み量に変化が認められないと考えられている。したがって，筋収縮によるグルコース取り込みにおいて，活性酸素種がどのように関与するかは不明である。明らかなことは，運動時における筋へのグルコース取り込みは，複数のシグナル伝達経路が複雑に作用し調節されているだろうということである。

　グルコースが筋細胞質へ取り込まれると，グルコースのリン酸化酵素であるヘキソキナーゼⅡによりグルコース–6–リン酸が生成される。高強度運動時には，このプロセスは筋へのグルコース取り込みを停滞させる可能性もある。なぜなら，最大運動時では，非リン酸化状態の筋内グルコース濃度が上昇することが明らかとなっている。したがって，グルコースが筋内へ取り込まれたとしても，細胞質内においてグルコースのリン酸化速度が制限されている可能性が考えられる。ヘキソキナーゼⅡによるグルコースのリン酸化反応が停滞する理由として，リン酸化によって生成されるグルコース–6–リン酸は，細胞質内で高濃度となってしまうと，ヘキソキナーゼⅡの活性が阻害されることが明らかとなっている。したがって，高強度の運動により筋グリコーゲンの急速な分解（グルコース–6–リン酸の蓄積をもたらす）が生じると，ヘキソキナーゼⅠの酵素活性が阻害され，取り込まれたグルコースのリン酸化が停滞すると考えられている[13,14]。

分子スポーツ栄養学

運動後の骨格筋へのグルコース取り込みとグリコーゲン貯蔵量の変化

　1960年代後半から，事前の運動によりグリコーゲンを枯渇させると，運動後のグリコーゲン貯蔵量が増加することが知られている。この現象は「グリコーゲン超回復」と呼ばれ，現代でも用いられるグリコーゲンローディング法を説明する理論的根拠である。少し前までは，アスリートは競技の1～3日前からグリコーゲンローディングを行う以前に，グリコーゲンをあえて枯渇させるような運動を実施し，グリコーゲンローディング期間に大量の炭水化物を摂取（負荷）することで，筋グリコーゲンの貯蔵量を高めていた。最近では，事前にグリコーゲンを枯渇させる必要はないことがわかっているが，事前の運動で筋グリコーゲンを枯渇させることで貯蔵量を増加させるという現象はまぎれもない事実である。

　筋内グリコーゲンは，筋原線維と筋細胞膜の間，筋原線維間，筋原線維内の3つの領域に局在すると考えられている[16]。筋グリコーゲンは，中強度～高強度の運動で特に大量に利用される。筋グリコーゲンの貯蔵量は少量であるため，比較的短時間で（高強度運動後2時間以内）危機的なほど低い値にまで枯渇する可能性が指摘されている。筋原線維内で貯蔵されるグリコーゲンは，運動時に速やかに利用されるため，筋グリコーゲンの枯渇と筋疲労の発生は密接に関連する可能性がある。運動後の筋グリコーゲンの回復については，どんなに積極的に炭水化物を摂取したとしても，約24時間を要すると考えられている。したがって，円滑な筋グリコーゲンの利用や回復は，特に持久性運動のパフォーマンス発揮において重要であると考えられている。2型糖尿病の発症リスクが高い人々では，摂取した炭水化物を消化・吸収し，筋グリコーゲンとして貯蔵する一連の過程が障害される場合が多い。したがって，筋グリコーゲンの利用や貯蔵がどのように調節されるかを理解することは，スポーツパフォーマンスだけでなく代謝系の健康のためにも重要である。

　筋グリコーゲンの貯蔵量は，グリコーゲンの分解と合成のバランスを反映する指標となる。グリコーゲンは，主にグリコーゲン分解酵素であるグリコーゲンホスホリラーゼおよびグリコーゲン枝切り酵素によってまず分解される。グリコーゲンホスホリラーゼは，グリコーゲン分子中の末端 α -1,4- グリコシド結合へ作用し，枝切り酵素はグルコース残基と α -1,6- 分岐点に作用する。特にグリコーゲンホスホリラーゼは，AMPやIMPによって活性化され，ATPやグルコース-6-リン酸によって阻害される。最後に，筋グリコーゲンには自己調節作用も持ち，貯蔵グリコーゲン濃度が増加すると，グリコーゲンの分解が促進されるが，これはグリコーゲンホスホリラーゼの活性化によるものと考えられている[17]。

　グリコーゲンの合成過程は，主にグリコーゲン合成酵素と枝切り酵素によって調節さ

337

第 10 章

れており，それぞれ UDP- グルコースの α -1,4- グリコシド結合によるグリコーゲンへの取り込みと，α -1,6- 分岐点の形成に関与する[17]。またグリコーゲン合成酵素は，インスリンや運動によって活性化される。一方，グリコーゲン合成酵素は，グリコーゲン濃度の増加によってその活性が阻害され，筋グリコーゲン濃度が低下すると活性化される。この調節機構には，プロテインホスファターゼ 1 が関与すると考えられている。これまでに述べた仕組みが，グリコーゲン超回復のメカニズムとして説明できる。

運動実施後，筋はグルコースの取り込みを増加させ，この要因には血流の増加と筋膜への GLUT4 移行の促進が関与する。その後の過程では，インスリン刺激によるグルコース取り込みの増加が主な要因であると考えられる（インスリン感受性，**図 10.2C**）[14]。運動によるインスリン感受性の変化は，運動終了後数時間経過しても（そして何日も）持続する場合がある。しかし，筋損傷を誘発するような過度な筋収縮は，筋へのグルコース取り込み能をむしろ低下させる。古典的な筋グリコーゲンの超回復は，事前運動によるグリコーゲンの枯渇によって，インスリン感受性が増大することに起因すると考えられる。したがって，グリコーゲン枯渇による AMPK の持続的な活性化が，この反応過程において重要であると考えられている。これは，インスリン刺激が減少し，細胞質内の GLUT4 が減少するためであると推察される。

実用的な観点から捉えてみると，運動後の早期には，筋血流の増加や GLUT4 の膜移行，グリコーゲン合成酵素の活性化が生じる。このような状態は，筋グリコーゲンを回復させるためには絶好のタイミングである。例えば，1 日の中で持久性運動を間欠的に 2 回実施するような場合では，運動と運動の合間に速やかにグリコーゲンを回復させる必要がある。したがって，1 回目の運動実施直後に，可能な限り早期に十分な量の炭水化物を補給することが重要となる。運動終了後から 4 時間以内に，体重 1 kg あたり少なくとも 1 g の炭水化物を，1 時間あたりに補給できれば円滑な回復が進むだろう。また，筋グリコーゲン濃度を低く保つことによって，筋へのグルコース取り込みが促進される。したがって，運動によるグルコース濃度の調節を円滑化させる一要因であると考えられる。

キーポイント

- 筋へグルコース取り込みの主な過程は，筋へのグルコース輸送，筋膜を介したグルコースの取り込み，筋細胞内でのグルコース代謝の 3 通りに大別できる。
- インスリンと筋収縮による刺激は，筋へのグルコース取り込みの 3 において重要である。
- 運動後のグリコーゲン超回復は，運動後のインスリン感受性を増大させる。この

過程には，血流量増加および GLUT4 の膜移行の増加が関与すると考えられ，これらは AMPK の活性化に起因すると考えられる。

ファットアダプテーション

持久性運動時，高強度運動時に利用される主要なエネルギー源がグリコーゲンであることは前述した通りであるが，ヒトでは筋内グリコーゲンが無限に貯蔵されるわけではない[18]。一方，比較的体格が「細い」といわれる人であっても，筋および脂肪組織内には多くの脂質が貯蔵されている。実際に，脂肪組織内の脂質の貯蔵量は，運動を数日間連続して実施したとしても十分に足りる。そこで，アスリートの間では，長時間運動時の疲労の発生を少しでも遅延させるために，脂質の貯蔵や利用能力を高め，筋グリコーゲンの利用を節約する方法が注目されている[19]。脂質の貯蔵や輸送，脂質酸化能力の向上は，持久性トレーニングによる古典的な適応であるが[20]，さらに毎トレーニング時に高脂肪食を摂取すれば，このような適応をさらに増長できる可能性がある。この戦略は，一般的にファットアダプテーションまたはファットローディングと呼ばれ，このような適応によって，運動中の脂質利用率を向上させ，少ないグリコーゲン貯蔵量を温存できるという前提に基づいている[21]。そこで，以下では，食事により摂取した脂肪が，運動時の脂質輸送や，エネルギー源として利用する際に関与するタンパク質を調節する分子シグナルや，それらのシグナル伝達を活性化する仕組みについて説明する。

ファットアダプテーションの時系列変化

高脂肪食摂取に対する身体の適応変化は，開始からわずか5日以内に観察される。高脂肪食の摂取は，脂質からのエネルギー産生を増加させ，エネルギー代謝に変化をもたらす。実際に，脂質からのエネルギー産生に必要な過程である脂質の酸化速度は，高脂肪食の摂取開始から5日以内で200％も増加する[22]。この増加は，通常であれば3〜4週間程度で生じる速度に匹敵する[23]。脂質を主としたエネルギー代謝への急速な変化は，主に骨格筋内に脂質（IMTG）を貯蔵する能力の向上，血流から骨格筋内に脂肪酸を取り込む能力の向上，さらに筋内へ取り込まれた脂肪酸のミトコンドリアにおける膜輸送の増加による脂質酸化能力の向上に支えられている。最後に，高脂肪食はグリコーゲン分解にかかわる（解糖系）酵素活性を低下させ，これらの酵素はグリコーゲンやグルコースからのエネルギー産生を最低限に留める。このような適応反応の結果として，運動時の筋グリコーゲン利用量は減少し，節約されることとなる[24]。

高脂肪食の摂取，または脂肪組織の分解により生じた脂肪酸が筋に取り込まれるため

には，様々な脂肪酸トランスポーターと結合することによって，細胞膜を通過する必要がある。例えば，CD36 や脂肪酸結合タンパク質（fatty acid binding protein：FABP）などが挙げられ，筋への脂肪酸の取り込みは，筋細胞膜上に脂肪酸トランスポーターがどの程度存在するかに依存する。高脂肪食の摂取は，脂肪酸トランスポーターを増加させ，より多くの脂肪酸を筋内へ取り込むことが可能となる。実際，高脂肪食の摂取からわずか5日間で，安静時における CD36 遺伝子の発現量と，タンパク質発現量は増加する[25]。一方で，FABP 発現量の変化は認められないことから，CD36 の増加が，ファットアダプテーションの主なメカニズムであると考えられている[25]。さらに，ファットアダプテーションによる CD36 の発現増加は，高炭水化物食を摂取すると，わずか1日で急速に元の数に減少することから[26]，CD36 の発現は，摂取する食事の組成によって大きく変化すると考えられている。

　脂肪酸が筋内に取り込まれると，エネルギー産生に必要な脂質酸化のため，ミトコンドリア外膜へ輸送される。短鎖および中鎖脂肪酸は，脂肪酸トランスポーターを介さずに直接ミトコンドリアに入ることが可能であるが，長鎖脂肪酸はミトコンドリアのカルニチンパルミトイル転移酵素1（carnitine palmitoyl transferase1：CPT-1）の活性を必要とする。したがって，CPT-1 の増加は長鎖脂肪酸のミトコンドリア内への輸送を増加させる。ミトコンドリア内へ取り込まれた長鎖脂肪酸は，酸化によってエネルギー産生に寄与すると考えられている。CPT-1 のタンパク質発現量の増加は，15日間のファットアダプテーションの後生じることが示されている[27]。

脂肪酸と細胞のシグナル伝達

　ファットアダプテーションに伴い生じる脂肪酸利用の増加は，CD36 や CPT-1 など新しい脂肪酸輸送タンパク質の合成を調節するシグナルを活性化させる。ファットアダプテーションに関与するシグナル伝達は，まず核内受容体タンパクであるペルオキシソーム増殖剤活性化受容体（peroxisome proliferator-activated receptors：PPAR）に脂肪酸が結合し開始される。PPAR は転写因子として脂肪酸トランスポーターの mRNA の発現を調節するが，中でも特に PPARδ は筋内に最も多く存在する。これらの転写因子が活性化されると，目的のトランスポータータンパク質（CD36 や CPT-1 など）をコードする特定の DNA 配列に結合し，新たな mRNA へと転写され，最終的に新たな脂肪酸トランスポーターが合成される。

　ファットアダプテーションによって，脂肪酸を筋へ輸送しミトコンドリア膜を通過する能力が向上することに加え，筋内の脂質（IMTG）貯蔵量も増加する。例えば，高脂肪食をわずか2日摂取しただけで，持久性トレーニングを実施したサイクリストの安

静時 IMTG 濃度は約 36％増加することが明らかになっている[28]。一方で，脂質分解阻害剤である acipimox を投与しても，この応答にはたいして影響が認められなかった。したがって，IMTG の増加は，ファットアダプテーションによって誘導された脂質酸化増加によるエネルギー代謝変化において重要な役割を担うと考えられる[28]。IMTG 濃度の増加が認められるということは，毎日実施する運動の休息時間において，脂質分解よりもむしろ脂質合成が増加するといえる。脂肪酸トランスポーターの増加は，筋に脂肪酸を取り込む能力と明らかに関連するが，一方で脂肪酸をトリグリセリドとして貯蔵するためには，グリセロール骨格に脂肪酸を結合させる必要がある。このプロセスには，グリセロール -3- リン酸アシルトランスフェラーゼ（GPAT）と，ジアシルグリセロールアシルトランスフェラーゼ（diacylglycerol acyltransferase：DGAT）といった酵素が活性化する必要がある。したがって，脂質合成に関連する酵素が増加することは，現象として正しいといえる。しかし，上述した内容を裏付けるデータは，ヒトを対象とした実験では明らかとなっていない。一方，げっ歯類を対象とした研究では，筋のDGAT1 の mRNA 発現と，肝臓での GPAT 活性の増加を示す予備的なデータが存在し，これらが脂肪酸利用率の変化に伴い増減する可能性を示す[29,30]。ファットアダプテーションが，脂肪酸合成に関与する酵素をどのように調節するかについては，今後より多くの検証が必要であるといえる。

脂肪酸と炭水化物の代謝

ファットアダプテーションは，脂肪酸の輸送，筋への取り込み，貯蔵や，脂質酸化によるエネルギー代謝亢進に関与するタンパク質発現に大きな影響を及ぼす。さらに高脂肪食を摂取すると，グリコーゲンやグルコース代謝に関連するタンパク質発現量を変化させると考えられている。その結果，エネルギー源として利用する場合のグリコーゲンやグルコースへの依存度は低下する。エネルギー源として利用可能な貯蔵グリコーゲンの量は脂肪ほど大量ではなく，限度がある。したがって，グリコーゲンやグルコースからの利用量を減少させることができれば，エネルギー代謝における糖質利用の節約へと繋がる。このような代謝変化は，糖質をより多く利用するような有酸素運動（$\dot{V}O_2$max の 80％以上）を実施するアスリートにとって，特に重要な意味を持つ[31]。一方で，特殊な地形を利用した競技（クライミングなど）やゴール型の競技，スプリント運動など，有酸素性能力をあまり必要としない高強度運動時には，短時間でエネルギーを産生するためにグリコーゲンやグルコースを大量に消費する能力が重要となる。したがって，ファットアダプテーションへの身体の適応反応は，競技の種類や運動の様式によってその効果が左右される可能性がある。また最近の研究では，ファットアダプテーションに

より競技パフォーマンスが低下することも明らかとなっており，数週間以内に約8%低下することが報告されている[22,23,32]。その詳細なメカニズムは不明であるが，エネルギー代謝において脂質への依存度が増すと，持久性パフォーマンスの強力な予測因子であるランニングエコノミー（ある速度で走行する際に必要な酸素量）が低下する可能性が指摘されている[33,34]。

ファットアダプテーションによる糖代謝の節約は，安静時および様々な運動時にグルコース分解に関与する酵素であるPDH（pyruvate dehydrogenase）の活性化の急激な低下に起因すると考えられている[35,36]。PDHの抑制は，PDK（PDH kinase）の活性化によって誘導される（図10.3）。このPDKの活性化は即時的で，ファットアダプテー

図10.3 高脂肪食に対する骨格筋の適応。脂肪酸はPPAR δのリガンドとして，脂質輸送タンパクであるCD36やCPT-1の発現調節に関与する。またファットアダプテーションはDGAT1の発現亢進を介して潜在的にIMTGの貯蔵量を増加させ，さらにPDKキナーゼ（PDK）の発現を亢進させ，PDHの活性を抑制する。CD36：スカベンジャー受容体CD36，CPT-1：カルニチンパルミトイルトランスフェラーゼI，DGAT1：ジアシルグリセロール O-アシルトランスフェラーゼ1，FABPpm：脂肪酸結合タンパク質，FA：脂肪酸，IMTGs：筋内トリグリセリド，PDH：ピルビン酸脱水素酵素，PDK：ピルビン酸脱水素酵素キナーゼ，TG：トリグリセリド。図の一部はpublicdomainvectors.orgから取得した。Creative Commons Deed CC0, https://creativecommons.org/publicdomain/zero/1.0/

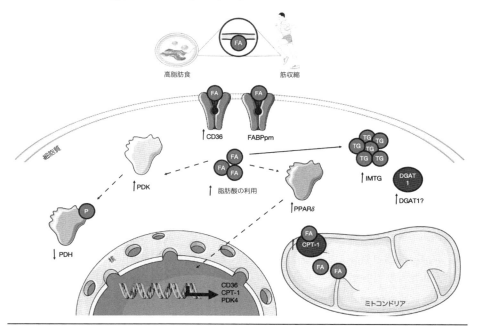

ション開始からわずか2日程度で生じると考えられている[37]。糖質を制限，あるいは枯渇させると，PDK4のmRNA発現量が増加する。したがって，ファットアダプテーションは，利用可能な脂肪酸を増加させるための適応を誘導する一方で，PDKを介したPDH活性の低下によって，糖の利用を比較的早期から制限することが明らかとなった[38-40]。それにもかかわらず，脂肪適応に反応して起こる脂肪酸利用可能性の増大と，それに伴う炭水化物摂取量の減少は，PDK活性の上昇を担う転写因子のPPARファミリーを活性化する最初の主要シグナルとなる[41]。

キーポイント

- 高脂肪食への適応反応は，開始から5日以内にその変化を確認できる。この応答は，IMTGの貯蔵能力の向上，筋への脂肪酸取り込み，ミトコンドリア外膜を介した脂肪酸輸送能力の向上，グルコースの酸化に関連する酵素活性の減少の結果，誘導される。
- 脂肪酸は，核内受容体であるPPARファミリーを活性化する主要なシグナルであり，脂質の輸送や代謝にかかわるタンパク質の転写因子として機能する。
- ファットアダプテーションは，糖質の酸化代謝に関与する酵素であるPDK活性を抑制し，運動中の糖利用を減少させる。このような適応反応は，糖質依存のエネルギー代謝を特徴とする運動を実施する場合，むしろパフォーマンスを低下させる可能性がある。

(鴻崎香里奈)

タンパク質摂取と骨格筋タンパク質合成

タンパク質のターンオーバーの定義

骨格筋はタンパク質を主成分とし，適応性の高い組織である。生涯を通じて，特に運動や栄養に反応してサイズや機能を定期的に変化させる。第8章で説明したように，骨格筋のサイズが変化するためには，タンパク質合成（MPS）とタンパク質分解（muscle protein breakdown：MPB）のバランスに変化が生じる必要がある。この合成と分解の差は，タンパク質の出納バランス（net protein balance：NPB）と呼ばれる。NPBがプラスの場合は骨格筋量は増加（筋肥大）へと向かい，マイナスの場合は減少（筋萎縮）へと向かう。6～8時間以上何も食べていない状態（絶食状態）では，MPBの割合が高く，MPSが低いため，NPBはマイナスになる。しかし食事，特にタンパク質を多く含むものを摂取すると，MPSは上昇しMPBは抑制され，NPBはプラスとなる。

第 10 章

バランスのとれた食事を摂取し身体活動のガイドラインを満たしているほとんどの一般の人では，24 時間の NPB は同等となり骨格筋量は変化しない（**図 10.4A**）[42]。レジスタンス運動を行うと，運動の直接効果とタンパク質/アミノ酸に対する感受性の増加により，MPS はさらに上昇する。結果として，1 日を通して NPB はプラスとなる（**図10.4B**）[42]。これを継続的に繰り返すことで，骨格筋のタンパク質量の長期的な増加（すなわち筋肥大）が起こる。アスリートは骨格筋量の変化を求めることが多く，そのアスリートにより的確な栄養プログラムを作成するために，筋タンパク質代謝を制御する分子プロセスを理解することが重要である。本節では，このような分子プロセスに焦点を当て，分子プロセスに関する研究がどのようにアスリートの栄養ガイドラインに活用されているのかを説明する。

タンパク質代謝の分子制御

MPS と MPB の両方が NPB の決定にかかわる。しかし，MPS は MPB よりも運動や栄養に敏感であり，特に疾患状態がない場合はその傾向が強い[43,44]。そのため，後続のセクションでは MPS の制御に焦点を当てて解説する。

第 8 章で詳述しているが, mTORC1（mechanistic target of rapamycin complex 1）と呼ばれるタンパク質複合体が，筋タンパク質代謝の変化，ひいては骨格筋サイズの変化の重要な制御因子であることが示唆されており[45]，主な役割はセリン・スレオニンキナーゼ複合体で，そのタンパク質構造中のセリン・スレオニンで他のタンパク質をリン酸化することである。リン酸化することで，タンパク質の活性を変化させ，最終的にMPS にかかわる 2 つの主要なプロセスである翻訳の開始と伸長に影響を与える（**第 3章**で紹介, **第 7 章**で解説, **第 8 章**でレジスタンス運動について述べている）。mTORC1 は，成長因子，機械的負荷・張力，アミノ酸摂取などの複数のシグナルに対して重要な収束的役割を果たすことから，しばしば「タンパク質合成のマスターレギュレーター」と呼ばれる[46]。しかし，個々のタンパク質や複合体を「マスターレギュレーター」と呼ぶことの問題点については，**第 7 章**で概説している。

ヒトの骨格筋において mTORC1 の阻害剤を用いることで，mTORC1 タンパク質複合体が MPS にとって重要であることが実験的に示されている。これらの研究では，運動や食事の前に mTORC1 阻害剤（ラパマイシン）を投与すると，アミノ酸摂取とレジスタンス運動による MPS の増加は観察されないことを報告している[47,48]。したがって，レジスタンス運動やタンパク質・アミノ酸摂取のような同化刺激に対する MPS の変化には，mTORC1 が必要不可欠であると考えられている。重要なことに，レジスタンス運動とアミノ酸摂取は，それぞれ異なるメカニズムで mTORC1 を活性化するため（**第**

図 10.4 通常の日常生活を送る人（**A**）とレジスタンス運動を行う人（**B**）の食事に対応した1日の筋タンパク質合成（MPS）と筋タンパク質分解（MPB）の変化の図。NPB：タンパク質代謝バランス

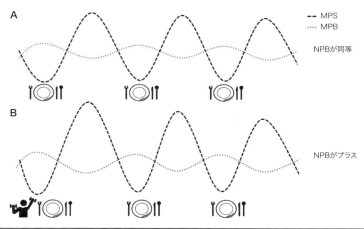

8章で紹介），これらの刺激が MPS の増加に相乗効果をもたらす[49,50]。

アミノ酸摂取後に mTORC1 が活性化されるメカニズムを理解するために，まずリソソーム（ライソゾーム）と呼ばれる細胞小器官について説明する。リソソームは細胞内でオートファジー（細胞成分の分解）が起こる場所であり，大量のアミノ酸が含まれている。細胞を対象とした研究により，アミノ酸投与後の mTORC1 の活性化には，mTORC1 がリソソーム膜上に存在する必要があることが示唆されている[51]。また，リソソーム膜上に位置するということは，大量のアミノ酸以外にも mTORC1 の2つの直接活性化因子，Ras homolog enriched in brain（Rheb）やホスファチジン酸にも位置的に近いということになる[51,52]。つまり，mTORC1 がリソソーム膜上に位置することで，活性化因子と結合できアミノ酸が供給されるため，より活性が高くなり下流の標的タンパク質をリン酸化できる。詳しくいうと，細胞内のアミノ酸濃度の上昇に応答して，リソソーム内のアミノ酸濃度の上昇を液胞 ATPase（v-ATPase）が感知し，Ragulator-Rag 複合体を活性化させる。この複合体は，次に mTORC1 内のタンパク質と結合し，キナーゼ複合体をリソソーム膜にリクルートすることができる[53,54]。

これがアミノ酸による mTORC1 活性化のメカニズムとされているが，このメカニズムを発見した研究で主に用いられていたのは筋細胞以外の細胞であった[51,53,54]。ヒトの骨格筋においては，アミノ酸摂取後に mTORC1 が活性化されるメカニズムは少し異なるようである。しかし，空腹時のヒト骨格筋では mTORC1 はリソソームから解

離しないことが示唆されている[55,56]。アミノ酸摂取に応答して mTORC1 とリソソームの共局在が変化することはないが，mTORC1 活性は上昇するため，別の分子メカニズムが関与していると考えられている[50,57]。最近の研究により，アミノ酸を与えるとmTORC1 が筋線維の末梢領域に移動し，上流活性化因子（Rheb），下流標的タンパク質，タンパク質合成を担う細胞内器官であるリボソームに近接することが明らかになった[50,55,57,58]。この mTORC1 の移動はアミノ酸摂取とレジスタンス運動のどちらにも反応して起こるが，これらの刺激が組み合わされるとより長続きし，同化刺激の相乗効果をもたらす[50,58]。実際第 8 章で述べたように，レジスタンス運動は TSC2 というタンパク質を Rheb から解離させ，GTP が Rheb と結合して活性化する。一方，ロイシンを豊富に含んだタンパク質を摂取することは mTOR を Rheb に移動させる（「ロイシンの何が特別なのか」で後述する）。mTORC1 が活性化因子 Rheb に近づくと，Rheb はmTOR の N 末端ドメインに結合し，mTOR の形状が変化し，キナーゼが活性化される。したがって，レジスタンス運動（TSC2 を Rheb から遠ざける）とロイシンリッチタンパク質摂取（mTOR を Rheb に近づける）の異なるメカニズムの両方を組み合わせることで，どちらかの刺激だけよりもタンパク質合成は長く強く活性化され，より筋が肥大するということになる。まとめると，mTORC1 が活性化するためにはリソソームと結合する必要がある。アミノ酸はこの局在性を高め，mTORC1– リソソーム複合体を筋線維の末梢部位に移動させ，Rheb によって mTORC1 が活性化されると考えられている。これらのメカニズムを図 10.5 に示す。

アミノ酸の摂取とタンパク質合成

　必須アミノ酸（essential amino acid：EAA）と非必須アミノ酸（non-essential amino acid：NEAA）の混合物を摂取すると，mTORC1 が活性化され MPS が上昇するが，EAA が最も重要である[59]。NEAA は TCA サイクルの中間体やトランザミネーション生成物から容易に合成されるのに対し，EAA は人体で大量に生産できないことから重要であることが理解できるだろう。Tipton らが骨格筋の同化反応に EAA が重要であることをはじめて示した[59]。混合アミノ酸飲料から NEAA を除去しても，MPS の増加に変化がないことを明らかにした。また，EAA を単独で摂取すると mTORC1 活性が大幅に上昇し[60]，一方 mTORC1 阻害剤を摂取すると EAA 摂取による MPS 増加が観察されないことからも，EAA が mTORC1 の活性化に重要であるといえる[47]。このように，ヒト骨格筋において mTORC1 を活性化し MPS を刺激するために摂取するアミノ酸としては，EAA が最も重要であることが明らかとなっている。

　9 種類の EAA のうち分岐鎖アミノ酸（branched chain amino acid：BCAA）（バリ

図10.5 栄養あるいはアミノ酸の摂取に応じた mTORC1 の制御。低栄養状態（**A**）では mTORC1 はリソソーム表面から離れた細胞質内（非筋細胞/げっ歯類の骨格筋）か，細胞の中心部でリソソームと結合した状態（ヒト骨格筋）にある。そのため，mTORC1 はアミノ酸輸送体，リボソーム，上流活性化因子（AKT，Rheb）とは近接しておらず，キナーゼ活性は低い。mTORC1 の下流基質（S6K1 と 4EBP1）はリン酸化されず，タンパク質合成速度も低い。栄養あるいはアミノ酸の供給量が増加すると（**B**），細胞内のアミノ酸/ロイシン濃度が上昇し，Vps34/Sestrin/Leucyl-tRNA Synthetase によって感知される。mTORC1 はその後，リソソーム表面に動員されるか（非筋細胞/げっ歯類の骨格筋），線維の末梢領域に移動する（ヒトの骨格筋）。ここで mTORC1 はアミノ酸導入部位（AATr），リボソーム，上流活性化因子（AKT，Rheb）に近接し，mTORC1 キナーゼ活性を上昇させる。そして，mTORC1 の下流の基質がリン酸化され，タンパク質合成速度が上昇する。AATr：アミノ酸トランスポーター，AKT：プロテインキナーゼ B/AKT，Rheb：Ras homolog enriched in brain，Rags：Rag family of GTPases，mTORC1：mechanistic Target of Rapamycin Complex 1，v-ATPase：vacuolar-type ATPase，S6K1：p70 ribosomal protein S6 kinase 1，4EBP1：eukaryotic translation initiation factor 4E-binding protein 1，Vps34：Vacuolar protein sorting 34/Class III PI 3-kinase。画像の一部は smart.servier.com を使用して作成。Attribution 3.0 Unported (CC BY 3.0) licence, https://creativecommons.org/licenses/by/3.0/

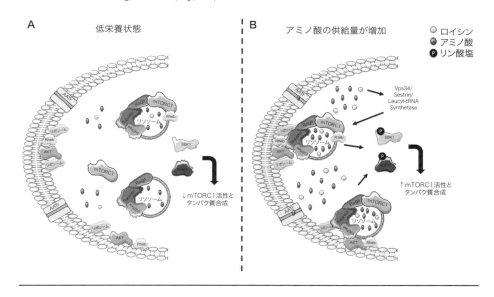

ン，イソロイシン，ロイシン）が，その中でも特にロイシンが mTORC1 活性を最も刺激できることが最近の研究でわかってきた。例えば，3.4 g のロイシンの単独摂取は mTORC1 活性を上昇させる[61]。また，レジスタンス運動後に摂取する EAA ドリンクからロイシンを除去すると（15～20 g の EAA から 2.5～3.4 g 除去）mTORC1 活性が著しく低下する[60,62]。ただし，ロイシンにこのような効果があるものの，EAA を完

第 10 章

全に摂取した方がロイシン単独よりも mTORC1 活性を高めることができるため[63]，完全な EAA サプリメントを摂取することが最も好ましいといえる。このことは MPS の活性化においても同様で，ロイシンと BCAA を単独で摂取しても MPS を上昇させることはできるが[61,64]，レジスタンス運動から 5 時間後でも MPS の上昇を維持できたのは完全な EAA 飲料を摂取した場合のみであった[49]。したがって，ロイシンと他の EAA を豊富に含むタンパク質源が MPS の上昇に最適である。

ロイシンの何が特別なのか

　前項で述べたように，ロイシンは単独で mTORC1 の活性化に顕著な効果を発揮することが知られている。このメカニズムは分子プロセスを検討した研究により明らかとなっており，いくつかの潜在的な「ロイシンセンサー」が同定されている。この「ロイシンセンサー」の中で最もよく研究されているのがセストリンタンパク質で，ロイシンが細胞内に侵入した際に結合することができる。ロイシンとセストリンタンパク質の相互作用により，セストリンは GATOR（GTPase activating proteins towards Rags）2 と呼ばれるタンパク質複合体との相互作用が外れる[65]。そして GATOR2 は活性化され，別のタンパク質複合体である GATOR1 を阻害し，最終的に mTORC1 のリソソーム膜へのリクルートをさらに増加させる[66]。しかし前述したように，ヒトの骨格筋では mTORC1 はほとんど常にリソソームに局在しているため，この分子過程はヒト骨格筋では異なる可能性がある[55]。骨格筋では他にも，Rag タンパク質を活性化するロイシル t–RNA 合成酵素[67]や，線維の周辺に移動して mTOR と共局在する Vps34 などのロイシン「センサー」が提唱されているが[57]，その役割の解明にはさらなる研究が必要である。

アスリートや運動愛好家のためのプロテインサプリメント

レジスタンス運動のためのプロテインサプリメント

　タンパク質の補給を必要とする最も一般的な運動様式は，レジスタンス運動である。これは，骨格筋にシグナル反応と MPS の基質の両方を与え，長期的に骨格筋を肥大させることを目的としている。そのため，多くの研究者が MPS を最適に活性化するための理想的なタンパク質補給戦略を明らかにすることに注力してきた。アスリートから「レジスタンス運動の後にはどれくらいのタンパク質を摂取する必要があるのですか」とよく聞かれる。初期の研究では，20 g の高品質タンパク質（分離卵タンパク質または乳清タンパク質）が MPS を最大限に刺激することができ，それ以上のタンパク質を

分子スポーツ栄養学

摂取しても MPS がさらに上昇することはなく，アミノ酸の酸化（すなわちアミノ酸分解）が起こるだけであることが確認されている[68,69]。しかし行うスポーツが違えばアスリートの体重や体組成は大幅に異なるため，摂取するタンパク質量を絶対値としてアドバイスすることには問題がある。過去に発表された複数の論文を分析した研究から，レジスタンス運動後に 0.31 g/kg 体重の高品質で EAA/ロイシンが豊富なタンパク質を摂取すると，最大限の MPS 反応が得られることが明らかになっている[70]。つまり，体重 120 kg のオリンピック重量挙げ選手が MPS を最大に刺激するには，37 g のタンパク質を摂取する必要があるのに対し，体重 50 kg の体操選手なら 15 g のタンパク質で十分ということになる。レジスタンス運動後のタンパク質摂取の頻度も，骨格筋の同化応答に重要である。筋タンパク質が増加する状態（すなわち，正の NPB）で過ごす時間が長いほど，骨格筋の肥大率が高められると考えられている。Areta ら[71]は，レジスタンス運動後のタンパク質補給の方法を，12 時間の回復期間中に 1.5 時間ごとに 10 g，3 時間ごとに 20 g，6 時間ごとに 40 g のタンパク質を摂取する 3 条件で比較検討した。その結果，3 時間おきに 20 g のタンパク質を摂取する方法が，他の 2 つの方法と比較して，回復期間全体にわたってより大きな MPS の増加を引き起こした。このことから，最適な量のタンパク質を一定の間隔で摂取することが理想的な摂取方法であるといえる。アスリートやジムに通う人たちは，短時間の「アナボリックウィンドウ」（同化応答が最大限に生じるタイミング）のために，最初のタンパク質摂取は運動直後に行うべきだと考えているようである[72]。しかしいくつかの研究では，タンパク質の即時摂取が MPS 反応に有益な効果をもたらすことは確認されなかったと報告されている。例えば，レジスタンス運動後 1 時間または 3 時間後に EAA サプリメントを摂取した場合でも，MPS と NPB への効果は両条件で同等に得られることが明らかとなっている[73]。また，レジスタンス運動により生じる筋のアミノ酸摂取に対する感受性の急性的な向上は，運動後初期の回復期（5 時間未満）ほど顕著ではないものの，24 時間は継続する[74]。したがって，これまで想定されていた短時間の「アナボリックウィンドウ」は考えられていたよりも長く，運動後すぐにタンパク質を摂取することがアスリートには好ましいかもしれないが，優先させる必要はない。ここで紹介したデータと合わせると，MPS を最大限に刺激できる高品質のタンパク質（EAA，特にロイシンを多く含む）を一定の間隔（〜3 時間）で摂取することが，理想的な骨格筋肥大を達成するための最適な方法であると考えられる。

持久性運動時のタンパク質補給

一般的に，アスリートは持久性の運動からの回復時に，エネルギー補給とパフォーマ

第 10 章

ンスの回復を最大化するために，タンパク質以外の栄養素を優先的に摂取する。しかし持久系アスリートにとって，持久性運動中にエネルギー燃料として酸化されたアミノ酸を補給するために，タンパク質自体が重要な栄養素であることが明らかになってきている[75]。アミノ酸酸化は，持久性運動中のエネルギー生産の少なくとも5%に寄与し，より高い強度またはグリコーゲン枯渇状態ではより大きな寄与となる。そのため，持久系アスリートの骨格筋量の減少を防ぐためには，運動後にこれらのアミノ酸を補充する必要がある。持久性運動の直後に高品質のタンパク質源（牛乳や乳清タンパク質）を摂取すると，炭水化物を単独で摂取した場合と比較して，MPSの割合が増加することが報告されている[76,77]。さらに，タンパク質の摂取はmTORC1活性を上昇させることから[76,77]，アミノ酸も持久性の運動後にmTORC1を活性化することが示唆される。

　レジスタンス運動[68,69]と同様の用量を摂取した際の急性的な持久性運動後の反応を検討した研究がある。この研究では，30 gの乳タンパク質を摂取した時に最大のMPSが観察され，45 gを摂取してもそれ以上の活性化はみられなかったことが示されている[78]。著者らは，MPSを最大限に活性化するのに必要な相対的なタンパク質摂取量を特定するための追加分析も行い，0.49 g/kg BWの摂取が最適であることを見出している[78]。これは，レジスタンス運動後に推奨される摂取量（0.31 g/kg BW）よりも約60%多く，持久性運動後はタンパク質の必要量が増加することを示している。これはおそらく，MPSを刺激すると同時に，エネルギー生産に失われたアミノ酸を補充する必要があるからと考えられている[75]。これまで述べてきた研究は，骨格筋の収縮タンパク質，すなわち力発揮に必要なタンパク質についてのみ行われたものである。一方で，持久性の運動は酸化的なエネルギー産生のためのミトコンドリアも必要とする。興味深いことに，摂取したアミノ酸類はミトコンドリアのタンパク質合成に影響を与えないようであり[76,79]，これは高タンパク質量であっても同様である[78]。これには，mTORC1が関与している可能性がある。ラットの持久性運動後にmTORC1阻害剤（ラパマイシン）を投与した研究では，収縮タンパク質の合成は減少したが，運動後のミトコンドリアタンパク質の合成は変化しなかったことが観察されている[80]。したがって，ミトコンドリアタンパク質合成を制御するのは，mTORC1以外のまだ特定されていない分子プロセスであると考えられる。しかし，持久系アスリートにおける持久性運動後のタンパク質補給は，適切な骨格筋の回復，リモデリング，適応に重要であり，レジスタンス運動後に提案されているものと同様の補給計画，すなわち回復初期（4時間未満）および一定間隔（3〜4時間ごと）でEAA，特にロイシンを多く含むタンパク質源を，高タンパク質ではあるが相対的タンパク質量（0.49g/kg BW）を摂取すべきであると提唱されている。

分子スポーツ栄養学

キーポイント

- 骨格筋の NPB は，MPS と MPB の割合の差であり，このうち MPS は特に栄養や運動刺激により変化しやすい。
- 分子レベルでは，MPS は主に mTORC1 によって制御されているが，持久性運動刺激によるミトコンドリアタンパク質合成の上昇は，mTORC1 とは独立したメカニズムで生じる。
- EAA の中でも特にロイシンは，mTORC1 と MPS を活性化するのに優れている。
- 運動後に骨格筋の回復と適応を最大化するためには，EAA，特にロイシンを多く含むタンパク質を回復初期（4 時間未満）およびその後一定間隔（3 ～ 4 時間ごと）に摂取することが有効である。

(小谷　鷹哉)

栄養素によるトレーニング効果の修飾

　骨格筋は極めて「可塑的」な組織であるため，運動負荷に応答して様々な適応を起こす。このプロセスには複雑なシグナル伝達機構が関与しており，最終的には DNA の遺伝情報が mRNA へと写し取られ（転写），その後 mRNA の情報をもとにアミノ酸が連結され新しいタンパク質がつくられる（翻訳）。長期的な持久性トレーニングは，ミトコンドリア量の増加，脂質利用量の向上，新しい血管の形成（血管新生として知られている）など，様々な代謝的・形態的適応を導く。このような適応は，乳酸閾値曲線の右方へのシフトによって確認することができる[81]。

　このシグナル伝達経路は，筋収縮に応答して生じる複数の代謝物の変化の積み重ねによって開始される。例えば，筋収縮に伴ってカルシウム濃度が上昇する一方，ATP 消費量の増加により AMP と ADP が増加する。これらは最終的に一次メッセンジャーとして作用し，シグナル伝達経路の中で特定のシグナル伝達キナーゼを活性化する。上記の例では，筋収縮に反応して放出されたカルシウムは，カルモジュリンと呼ばれるタンパク質に結合し，カルモジュリン活性化タンパク質キナーゼ CaMKII を活性化させる。これらのシグナルキナーゼは一旦活性化されると二次メッセンジャーとして働き，転写因子や転写共役因子を活性化して標的の遺伝子の転写を開始させる。これらのシグナル伝達は比較的短時間で終了し，24 時間以内にベースラインのレベルに戻る。しかし，定期的なトレーニングによって転写と翻訳が繰り返し増加すると，最終的に特定のタンパク質の量に変化が生じる[82]（**第 7 章**「シグナル伝達仮説」の節で詳述）。このようなシグナル伝達経路の活性化の程度は，運動の種類，強度，時間によって決まるが[83-86]，

第 10 章

栄養状態にも感受性が高い[87,88]。したがって，ある種の栄養素の利用性を変化させることでトレーニングに対する適応反応を向上させることが可能となる。

シグナル伝達分子としてのグリコーゲンの役割

筋グリコーゲンは，エネルギー源としての役割を担うと同時に，ミトコンドリア関連遺伝子の制御にも重要な役割を果たす。すなわち，グリコーゲンはシグナル伝達キナーゼの活性を変化させる制御分子としても作用する[89]。さらに，骨格筋内のグリコーゲンは，運動中のエネルギー源の利用・選択の強力な調節因子として働く。シグナル伝達経路内の主要メッセンジャーとして働く様々な代謝副産物（例えば，乳酸およびエネルギー源としての FFA の選択性）の蓄積に直接影響を与える。このように，筋グリコーゲンの量を変化させることは，下記の2つの方法でトレーニングによる適応を修飾することに繋がる。1つ目はシグナル伝達を担うキナーゼとの直接的な相互作用を変化させること，2つ目は全身の代謝に影響を与える骨格筋の局所的な変化となることである。このように考えてみると，たった 500 g のエネルギー源の貯蔵が，運動に対する骨格筋の応答性にこれほど大きな影響を与えるというのは，驚くべきことである。

グリコーゲンは，様々な代謝タンパク質と相互作用しながら局在している[89]。このうち，細胞のエネルギー状態のセンサーとして中心的な役割を果たす AMP 活性化プロテインキナーゼ（AMP- activated protein kinase：AMPK）は，β- サブユニットにグリコーゲン結合ドメインを持つ。この結合ドメインは，グリコーゲンがこのキナーゼに結合することを可能にし，AMPK が内因性グリコーゲン貯蔵量のセンサーとして機能することを可能にしている。このようにして，グリコーゲン濃度の低下は AMPK の活性化とリン酸化を促進させる刺激となる[88,90,91]。しかし，このような制御機構があることは明らかであるが，低グリコーゲン単独（つまり運動なし）で生じるシグナルは，AMPK を活性化させるには不十分である。一方で，筋グリコーゲンが少ない状態で運動を開始した時には AMPK 活性化が亢進される[90,91]。このように，低グリコーゲンと運動の組み合わせは，AMPK を活性化する強い刺激となる。実際，グリコーゲン貯蔵量が十分な条件下では，運動に応答して起こる典型的な AMPK の活性化が抑制されるケースも報告されている[90,91]。AMPK は，細胞内のシグナル伝達の下流に標的である転写因子と転写共役因子の活性化においても重要な役割を果たす。そのため，トレーニングによる適応にグリコーゲンが調節的な役割を担うと考えられてきた。例えば，AMPK はヒストン脱アセチル化酵素 5（HDAC5）をリン酸化して核外へ輸送し，その結果 MEF2 が PGC-1αに結合して活性化できるようになる。**第 9 章**で述べたように，PGC-1αの活性化は持久性トレーニングの適応に関連する多くの遺伝子の転写を促進す

図 10.6 グリコーゲンの減少によって活性化する細胞シグナル伝達経路の概要。グリコーゲンが少ない状態で運動を開始すると，血液中の脂肪酸とカテコールアミンの濃度が上昇し，AMPK のβサブユニットと結合するグリコーゲンが減少する。グリコーゲンが少なくなると AMPK のとリン酸化および活性化が促進され，PGC-1αの活性化と PGC-1αの核とミトコンドリアへの移動が生じる。核内に移行した PGC-1αは，他の転写因子（NRF1／2 など）を活性化し，COX サブユニット（COX subunits）の発現を増加させるとともに，PGC-1αの自身の発現量を自己調節する。ミトコンドリア内では，PGC-1αは TFAM を活性化し，ミトコンドリア DNA の転写を調整し，電子伝達系の主要な構成要素の発現を誘導する。AMPK はまた，別の経路で PGC-1αの発現を調節することができる。AMPK による HDAC5 のリン酸化は，MEF2 と HDAC5 の相互作用を阻害し，シャペロンタンパク質 14-3-3 による HDAC5 の核外移行に繋がる。そして，MEF2 が PGC-1αのプロモーター領域に結合できるようになる。AMPK は，CREB も直接的にリン酸化し，PGC-1α遺伝子発現を上昇することができる。筋グリコーゲンが少ない状態での運動は，血液中の脂肪酸の濃度を高め，核転写因子 である PPARδを活性化して脂質代謝にかかわるタンパク質の発現を増加させる。AD：アドレナリン，AMPK：アデノシン一リン酸活性化プロテインキナーゼ，CD36：cluster of differentiation 36，CPT-1：カルニチンパルミトイル転移酵素 1，CREB：cAMP response element binding protein，FA：脂肪酸，HDAC：ヒストン脱アセチル化酵素，MEF2：myocyte enhancer factor 2，PDK：pyruvate dehydrogenase kinase，PGC-1α：peroxisome proliferator-activated receptor gamma co-activator 1-alpha，PPARδ：peroxisome proliferator-activated receptor delta。ランナーと高脂肪食の画像は，転載の許可を必要としない publicdomainvectors.org から取得した。Creative Commons Deed CC0，https://creativecommons.org/ publicdomain/zero/1.0/

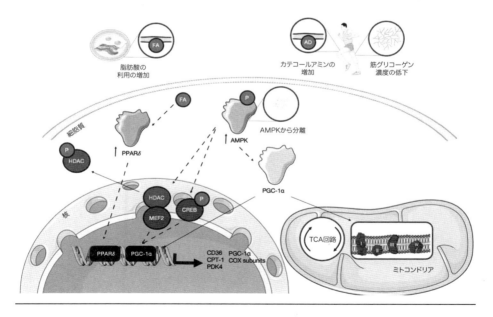

第 10 章

る。

　グリコーゲンの利用率が低い状態で運動を開始すると，全身レベルでもエネルギー代謝に劇的な変化が生じる。例えば，グリコーゲンが少ない状態で運動すると，グリコーゲンの利用率・利用量が大幅に減少し[87,92]，循環するカテコールアミンの濃度が上昇し[92]，FFA の利用率・利用量が増加する[88]（**図 10.6**）。既に述べたように，これらの代謝産物やホルモンは，シグナル伝達にかかわる様々なキナーゼの活性を変化させることができる。例えば，FFA はペルオキシソーム増殖因子活性化受容体（peroxisome proliferator-activated receptor：PPAR）を活性化し，最終的に脂質輸送タンパク質カルニチンパルミトイルトランスフェラーゼ（CPT-1）および脂肪酸トランスロース（CD36）などの脂質代謝にかかわる酵素の転写を制御する役割を担っている。さらに，**第 9 章**で述べたように，低グリコーゲン運動で生じる血液中のカテコールアミンの増加は，PGC-1αの転写にも関与する転写因子である cAMP response element-binding protein（CREB）を活性化する。

低グリコーゲン状態での運動・トレーニングの実践例

　十分なグリコーゲンの貯蔵量を確保することは，質の高いパフォーマンス発揮や運動後の回復を促すために不可欠である。しかし，運動前や運動中に意図的に炭水化物を制限することは，持久性トレーニングによる骨格筋の適応を高める戦略として利用できる。この戦略的な食事計画は「train-low, compete-high」[94] と呼ばれる。これは，トレーニング適応を高めるために慎重に計画された炭水化物制限をトレーニング期間に実施し，高強度のトレーニングセッションと競技会の前後には高い炭水化物摂取量を確保するといったモデルになっている。炭水化物制限トレーニングの期間を達成するために様々な戦略を用いることが可能であるが，1 日 2 回のトレーニングや断食トレーニング，最近の sleep-low アプローチは，アスリートが最もよく採用する戦略となっている。

1 日 2 回のトレーニングセッション

　1 日に 2 回トレーニングセッションを実施する方法では，午前中のトレーニングセッションで筋グリコーゲンを減少させ，運動後の回復期間中は炭水化物制限を行い，午後に 2 回目のトレーニングセッションを行う。このようにして，後半の運動セッションは筋グリコーゲン濃度が 50 ％程度低下した状態で開始される[91]。このような条件下で運動を開始すると，骨格筋内の代謝環境が変化し，特に FFA とアドレナリンなどのカテコールアミンの濃度が上昇する[93]。上述したように，これらの代謝物やホルモンはシグナル伝達にかかわる様々なシグナル伝達キナーゼを活性化し，最終的にミトコンド

リア関連タンパク質をコードする遺伝子の転写を調節する主要シグナルとして働く。実際に1日2回のトレーニングを定期的に行うと，TCAサイクルと電子伝達系の酸化的代謝にかかわる酵素の量を効率的に増加させることができる[93,95,96]。

絶食とトレーニングの組み合わせ

絶食状態で持久性トレーニングを実施するということをより具体的にいえば，朝食前に運動を行うということである。この方法では，一晩の絶食により筋グリコーゲン濃度は変化しないが，肝臓グリコーゲンは約40%減少する[97]。上記の筋グリコーゲンが少ない状態でのトレーニングと同様に，絶食とトレーニングの組み合わせでも血漿インスリンと循環グルコースは低下し，血液中のFFA濃度とカテコールアミン濃度は上昇する[98-101]。1日2回のトレーニングと同様に，定期的な絶食トレーニングは，酸化的代謝に関与する主要な酵素（クエン酸合成酵素やβ-HADなど）の活性を高め，ミトコンドリア量を増加させる[102]。さらに，基質代謝の調節にも大きな影響を及ぼし，グリコーゲン分解の減少[98]と，それに伴うタイプI，タイプII線維の筋内脂肪（IMCL）の増加を通じて脂質代謝への依存度を高める[103]。

sleep–low, train–low モデル

sleep–low, train–lowは，アスリートは夕方に運動を実施し，夜間の回復期間中は炭水化物を制限し，翌朝に絶食状態でさらに運動を実施するといったモデルである。このアプローチは，トレーニングセッションの時間と睡眠時間に応じて，グリコーゲンが少ない状態で過ごす時間が12〜14時間にも及ぶ。このモデルは，1日2回のトレーニングや絶食トレーニングと同様に，様々なシグナル伝達キナーゼの活性化を促し，酸化的エネルギー代謝に関与する酵素の転写や翻訳を促進する[87,88,104]。またこのモデルは，従来の高炭水化物アプローチと比較して，エリート持久系アスリートのパフォーマンス向上のメリットを明確に示した最初のものでもある[105,106]。

どの程度グリコーゲンを減少させればよいのか

train–lowによって生じるトレーニング適応の増強は骨格筋のグリコーゲン濃度に依存することを考えると，「train–lowによって骨格筋の適応を促進するためにどの程度グリコーゲンを減少させる必要があるか」という疑問はもっともである。この質問に答えるのは難しいが，グリコーゲン濃度が300 mmol.kg-1 dw以下，つまり典型的な安静時の値よりも50%以上低い状態で運動を開始した場合に，低グリコーゲンに関連するシグナル伝達の増強が特に顕著であることが示唆されている[107]。しかし，最近の研

第 10 章

究では，運動終了までに筋グリコーゲンが低値（例えば，300 mmol.kg^{-1}dw 以下）になるような十分な強度で運動を行えば，高い筋グリコーゲン貯蔵量で同様のシグナル伝達ネットワークの活性化が達成されることが示唆されつつある。おそらく，このようなシグナル伝達応答を亢進するためにアスリートにとって重要なことは，トレーニングセッションの終了時に低い運動後グリコーゲン濃度に到達することである。運動後の筋グリコーゲン濃度を低値にするためには，グリコーゲンの利用可能性がすでに低下している状態で運動を開始した場合は，より少ないグリコーゲン分解量でも達成できるということになる。

キーポイント

● AMPK は，グリコーゲン結合ドメインが存在することにより，内因性グリコーゲン貯蔵量のセンサーとして働く。AMPK の活性や局在，構造と機能は筋グリコーゲン濃度によって直接制御される。活性化した AMPK は続いて，トレーニングによる代謝的適応を制御する転写因子や転写共役因子を活性化する。

● 筋グリコーゲンが少ない状態で運動すると，エネルギー代謝に顕著な変化が生じ，脂肪酸とカテコールアミンの濃度が高まる。これらの物質は，トレーニング適応を制御する細胞内のシグナル伝達経路を活性化させる分子として作用する。

● 1日2回のトレーニング，絶食トレーニング，sleep-low, train-low モデルなど，様々な戦略によって，グリコーゲンが少ない状態での運動を行うことができる。

● 筋グリコーゲンが高い状態で運動を開始しても，運動時間と運動強度が十分で，筋グリコーゲン絶対濃度を低い値（< 300 mmol.kg dw）まで下げることができれば，同様の細胞シグナル応答を達成することができる。この場合，すでに筋グリコーゲンが減少している状態で運動を開始した場合と比較して，多くの運動量（高強度や長時間）が必要となる。

脂肪酸とトレーニングによる分子適応の制御

本章の前半で既に述べたように，炭水化物の貯蔵量が少ない状態でのトレーニングに応答して，血液循環中の脂肪酸が増加する応答・適応が生じる。このような脂肪酸の上昇は，持久性トレーニングの適応を導く主要なシグナルとして機能する。したがって，高脂肪食を摂取して血液中の脂肪酸の濃度を高めれば，PPAR ファミリーの活性化を通じて，トレーニングの適応をさらに高めることができるといった可能性は，もっともらしい。このような理論の根拠となるのは，主にマウスの研究で，FFA の濃度や利用量

分子スポーツ栄養学

を人工的に上げると，ミトコンドリア呼吸鎖を形成する様々なタンパク質（チトクローム c，COXI，COXIV，ATP 合成酵素など）の量が増え，ミトコンドリアの量が増えていることが明確に示されていることである[108]。しかしこのような知見は，理論的には有望であるが，ヒトの骨格筋内ではまだ再現されていない。例えば，高脂肪食により FFA の利用率を上昇させた先行研究では，ミトコンドリアの代謝にかかわる遺伝子の mRNA 発現の増加は観察されていない。さらに，FFA の血液中の濃度の上昇を人為的に抑制した研究（脂肪分解の薬理学的阻害剤である acipimox の投与による）では，ミトコンドリア関連遺伝子の減少を観察することができなかった。以上のことから，脂肪酸の濃度の一過性の増加は，ミトコンドリア関連遺伝子の発現を一層増加させるわけではないようである。

　トレーニングによる適応を促進するために高脂肪食を摂取することは，明確なメリットがないように思われる。一方で，アスリートにとってより懸念すべき点として，高脂肪食の摂取期間がわずか３日程度で，トレーニングによる骨格筋の適応を損ねる可能性がある。例えば，これまでの研究で，酸化的リン酸化に関与する様々なミトコンドリアタンパク質の mRNA 発現が，高脂肪食の摂取後にすべて減少することが報告されている[109]。さらに，高脂肪食の摂取は，骨格筋のミトコンドリアの呼吸機能を低下させ，ミトコンドリアの呼吸に不可欠な役割を果たすタンパク質 COXI と COXIV の発現を減少させることが示されている[110,111]。これらのミトコンドリア機能の障害は，低炭水化物/高脂肪食の摂取によって生じるエクササイズ・エコノミー（同一のスピードまたはパワー発揮における酸素消費量）の低下の説明ともなる。

キーポイント

- 脂肪酸は，PPAR ファミリーの活性化を通じて，持久性トレーニングの適応を導くシグナル伝達を変化させる。
- しかし，循環中の脂肪酸の一過性の増加は，ミトコンドリアの適応を導くシグナル伝達を必ずしも活性化しない。
- 高脂肪食の摂取は，わずか３日でミトコンドリアの適応にかかわるシグナル伝達の活性化を減弱させる可能性がある。このような適応は，高脂肪食の摂取による運動効率の低下を説明しうる。

まとめ

分子生物学の研究手法のスポーツ栄養学への導入によって，スポーツ科学者が関心を

第 10 章

寄せる基礎的な研究分野（エネルギー源の貯蔵変化など）と現代的な研究分野（栄養による骨格筋の適応など）が精力的に検討されるようになった。本章では，過去 10 年間に行われた研究を中心に，スポーツ栄養学の実践にかかわる分子運動生理学の概要を説明した。まず，グリコーゲンの貯蔵，運動中のグルコース摂取，運動後のグリコーゲン貯蔵の超回復を導く経路を理解するために，骨格筋のグルコース取り込みの分子メカニズムを概説した。さらに，三大栄養素（炭水化物，脂肪，タンパク質）の摂取が筋力トレーニング（すなわち，タンパク質合成と筋肥大）と持久性トレーニング（すなわち，筋内脂肪の増加，脂質酸化とミトコンドリア生合成の亢進）に与える影響も論じた。今後 10 年で，このような領域の知見は，アスリートのトレーニングと栄養戦略をさらに洗練し最適化できるように発展し続けることが期待される。例えば，エリートアスリートはトレーニングの適応，身体組成，栄養補給，回復の最適化という高いパフォーマンス発揮のための要素を個別化されることになるであろう。さらに，パフォーマンスの向上に寄与する可能性のある他の要素（認知機能，睡眠，けがのリスクの最適化など）を調整する栄養の役割も大きく発展すると思われる。分子生物学に基づいた技術は，今後もスポーツ栄養研究の最前線に立ち続けると，我々は考えている。

■ 確認問題 ･･･

- インスリンと骨格筋収縮が骨格筋のグルコースの取り込みを促進するメカニズムを説明しなさい。
- 運動後のグリコーゲンの超回復のメカニズムを説明しなさい。
- アミノ酸の摂取によって mTORC1 が活性化するメカニズムを説明しなさい。
- 炭水化物と脂肪の貯蔵量がトレーニングによる適応に与える影響を説明しなさい。

（田村　優樹）

■ 引用文献 ･･･

1. Blundell J, et al. *Obes Rev.* 2010. 11(3): 251–70.
2. Murphy KG, et al. *Nature.* 2006. 444(7121): 854–9.
3. Edholm OG. *J Hum Nutr.* 1977. 31(6): 413–31.
4. Mayer J, et al. *Am J Clin Nutr.* 1956. 4(2): 169–75.
5. Hagele FA, et al. *J Clin Endocrinol Metab.* 2019. 104(10): 4481–91.
6. Hopkins M, et al. *Sports Med.* 2011. 41(6): 507–21.
7. Flatt JP. *Obes Res.* 2001. 9(Suppl 4):256S–62S.
8. Almeras N, et al. *Physiol Behav.* 1995. 57(5): 995–1000.
9. Hopkins M, et al. *Br J Sports Med.* 2014. 48(200):1472–6.
10. Edinburgh RM, et al. *Am J Physiol-Endocrinol Metab.* 2018. 315(5):1062–74.
11. López-Soldado I, et al. *Diabetologia.* 2017. 60(6): 1076–83.
12. Sylow L, et al. *Curr Opin Physiol.* 2019. 12:12–19.
13. Richter EA, et al. *Physiol Rev.* 2013. 93(3): 993–1017.
14. Sylow L, et al. *Cell Metab.* 2021. 33(4): 758–80.

15. McConell GK. *Am J Physiol Endocrinol Metab.* 2020. 318(4): E564–E7.
16. Ortenblad N, et al. *Scand J Med Sci Sports.* 2015. 25(Suppl 4):34– 40.
17. Jensen TE, et al. *J Physiol.* 2012. 590(5): 1069–76.
18. Areta JL, et al. *Sports Med.* 2018. 48(9): 2091–102.
19. Burke LM. *J Physiol.* 2021. 599(3): 819– 43.
20. Hawley JA, et al. *Sports Med.* 2001. 31(7): 511–20.
21. Yeo WK, et al. *Appl Physiol Nutr Metab.* 2011. 36(1): 12–22.
22. Burke LM, et al. *J Physiol.* 2021. 599(3): 771–90.
23. Burke LM, et al. *J Physiol.* 2017. 595(9): 2785–807.
24. Burke LM, et al. *J Appl Physiol (1985).*2000. 89(6):2413–21.
25. Cameron-SmithD, et al. *Am J Clin Nutr.* 2003. 77(2):313–8.
26. Yeo WK, et al. *J Appl Physiol (1985).*2008. 105(5):1519–26.
27. Goedecke JH, et al. *Metabolism.* 1999. 48(12):1509–17.
28. Zderic TW, et al. *Am J Physiol Endocrinol Metab.* 2004. 286(2):E217–25.
29. Henriksen BS, et al. *Diabetol Metab Syndr.* 2013. 5:29.
30. Kawanishi N, et al. *Am J Physiol Regul Integr Comp Physiol.* 2018. 314(6):R892–901.
31. Hawley JA, et al. *Sports Med.* 2015. 45(Suppl 1):S5–12.
32. Burke LM, et al. *PLoS One.* 2020. 15(6):e0234027.
33. Joyner MJ, et al. *J Physiol.* 2008. 586(1):35–44.
34. Saunders PU, et al. *Sports Med.* 2004. 34(7):465–85.
35. Putman CT, et al. *Am J Physiol.* 1993. 265(5 Pt 1):E752–60.
36. Stellingwerff T, et al. *Am J Physiol Endocrinol Metab.* 2006. 290(2):E380–8.
37. Peters SJ, et al. *Am J Physiol Endocrinol Metab.* 2001. 281(6):E1151–8.
38. Cluberton LJ, et al. *J Appl Physiol (1985).*2005. 99(4):1359–63.
39. Hammond KM, et al. *J Physiol.* 2019. 597(18):4779–96.
40. Pilegaard H, et al. *Metabolism.* 2005. 54(8):1048–55.
41. Wu Z, et al. *Cell.* 1999. 98(1):115–24.
42. Churchward-Venne TA, et al. *Nutr Metab (Lond).* 2012. 9(1): 40.
43. Biolo G, et al. *Am J Physiol.* 1997. 273(1 Pt 1):E122–9.
44. Sepulveda PV, et al. *Clin Exp Pharmacol Physiol.* 2015. 42(1):1–13.
45. Saxton RA, et al. *Cell.* 2017. 169(2):361–71.
46. Laplante M, et al. *J Cell Sci.* 2009. 122(Pt 20):3589–94.
47. Dickinson JM, et al. *J Nutr.* 2011. 141(5):856–62.
48. Drummond MJ, et al. *J Physiol.* 2009. 587(Pt 7):1535–46.
49. Churchward-Venne TA, et al. *J Physiol.* 2012. 590(11):2751–65.
50. Hodson N, et al. *Am J Physiol Cell Physiol.* 2017. 313(6):C604–11.
51. Sancak Y, et al. *Cell.* 2010. 141(2):290–303.
52. You JS, et al. *J Biol Chem.* 2014. 289(3):1551–63.
53. Bar-Peled L, et al. *Cell.* 2012. 150(6):1196–208.
54. Zoncu R, et al. *Science.* 2011. 334(6056):678–83.
55. Hodson N, et al. *Exerc Sport Sci Rev.* 2019. 47(1):46–53.
56. Korolchuk VI, et al. *Nat Cell Biol.* 2011. 13(4):453–60.
57. Hodson N, et al. *Exp Physiol.* 2020. 105(12):2178–89.
58. Song Z, et al. *Sci Rep.*2017. 7(1):5028.
59. Tipton KD, et al. *J Nutr Biochem.* 1999. 10(2):89–95.
60. Apro W, et al. *FASEB J.* 2015. 29(10):4358–73.
61. Wilkinson DJ, et al. *J Physiol.* 2013. 591(11):2911–23.
62. Moberg M, et al. *Appl Physiol Nutr Metab.* 2014. 39(2):183–94.
63. Moberg M, et al. *Am J Physiol Cell Physiol.* 2016. 310(11):C874–84.
64. Jackman SR, et al. *Front Physiol.* 2017. 8:390.
65. Wolfson RL, et al. *Science.* 2016. 351(6268):43–8.
66. Chantranupong L, et al. *Cell Rep.* 2014. 9(1):1–8.
67. Han JM, et al. *Cell.* 2012. 149(2):410–24.
68. Moore DR, et al. *Am J Clin Nutr.* 2009. 89(1):161–8.
69. Witard OC, et al. *Am J Clin Nutr.* 2014. 99(1):86–95.
70. Moore DR. *Front Nutr.* 2019. 6:147.
71. Areta JL, et al. *J Physiol.* 2013. 591(9):2319–31.
72. Lemon PW, et al. *Curr Sports Med Rep.* 2002. 1(4):214–21.
73. Rasmussen BB, et al. *J Appl Physiol (1985).*2000. 88(2):386–92.
74. Burd NA, et al. *J Nutr.* 2011. 141(4):568–73.

第 10 章

75. Moore DR, et al. *Appl Physiol Nutr Metab.* 2014. 39(9):987–97.
76. Breen L, et al. *J Physiol.* 2011. 589(Pt 16):4011–25.
77. Lunn WR, et al. *Med Sci Sports Exerc.* 2012. 44(4):682–91.
78. Churchward-Venne TA, et al. *Am J Clin Nutr.* 2020. 112(2):303–17.
79. Abou Sawan S, et al. *Physiol Rep.* 2018. 6(5):e13628.
80. Philp A, et al. *J Physiol.* 2015. 593(18):4275–84.
81. Holloszy JO, et al. *J Appl Physiol Respir Environ Exerc Physiol.* 1984. 56(4):831–8.
82. Perry CG, et al. *J Physiol.* 2010. 588(Pt 23):4795–810.
83. Combes A, et al. *Physiol Rep.* 2015. 3(9):e12462.
84. Egan B, et al. *J Physiol.* 2010. 588(Pt 10):1779–90.
85. Fiorenza M, et al. *J Physiol.* 2018. 596(14):2823–40.
86. Stephens TJ, et al. *Am J Physiol Endocrinol Metab.* 2002. 282(3):E688–94.
87. Bartlett JD, et al. *Am J Physiol Regul Integr Comp Physiol.* 2013. 304(6):R450–8.
88. Wojtaszewski JF, et al. *Am J Physiol Endocrinol Metab.* 2003. 284(4):E813–22.
89. Philp A, et al. *Am J Physiol Endocrinol Metab.* 2012. 302(11):E1343–51.
90. Steinberg GR, et al. *Appl Physiol Nutr Metab.* 2006. 31(3):302–12.
91. Yeo WK, et al. *Exp Physiol.* 2010. 95(2):351–8.
92. Arkinstall MJ, et al. *J Appl Physiol (1985).*2004. 97(6):2275–83.
93. Hansen AK, et al. *J Appl Physiol (1985).*2005. 98(1):93–9.
94. Burke LM. *Scand J Med Sci Sports.* 2010. 20(Suppl 2):48–58.
95. Hulston CJ, et al. *Med Sci Sports Exerc.* 2010. 42(11):2046–55.
96. Morton JP, et al. *J Appl Physiol (1985).*2009. 106(5):1513–21.
97. Iwayama K, et al. *NMR Biomed.* 2020. 33(6):e4289.
98. De Bock K, et al. *J Appl Physiol (1985).*2008. 104(4):1045–55.
99. Horowitz JF, et al. *Am J Physiol.* 1997. 273(4):E768–75.
100. Montain SJ, et al. *J Appl Physiol (1985).*1991. 70(2):882–8.
101. Stocks B, et al. *Am J Physiol Endocrinol Metab.* 2019. 316(2):E230–8.
102. Larsen S, et al. *J Physiol.* 2012. 590(14):3349–60.
103. Van Proeyen K, et al. *J Appl Physiol (1985).*2011. 110(1):236–45.
104. Chan MH, et al. *FASEB J.* 2004. 18(14):1785–7.
105. Marquet LA, et al. *Med Sci Sports Exerc.* 2016. 48(4):663–72.
106. Marquet LA, et al. *Nutrients.* 2016. 8(12):755.
107. Impey SG, et al. *Sports Med.* 2018. 48(5):1031–48.
108. Garcia-Roves P, et al. *Proc Natl Acad Sci U S A.* 2007. 104(25):10709–13.
109. Sparks LM, et al. *Diabetes.* 2005. 54(7): 1926–33.
110. Leckey JJ, et al. *FASEB J.* 2018. 32(6):2979–91.
111. Skovbro M, et al. *J Appl Physiol (1985).*2011. 110(6):1607–14.

第11章
高度，気温，概日リズムと運動

Henning Wackerhage, Kenneth A. Dyar, Martin Schönfelder

DOI: 10.4324/9781315110752-11

■ 本章の学習目標

本章では以下のことを学習する。

1. 身体が短期，長期の高地への暴露にどのようなメカニズムで適応するか。
2. チベット人やシェルパ族などの高地に住む人々の遺伝学について。
3. 細胞が温度を感知する仕組みと，暑熱・寒冷環境に身体が対応するメカニズム。
4. 体内で時計として機能する遺伝子やタンパク質について，またそれらが日内変動を示す行動にどのように影響するかについて。

はじめに

1978年5月8日の13時過ぎに，Reinhold Messner と Peter Habeler が酸素補給なしでエベレストの頂上に到達した。探険を開始する前に，彼らは脳科学者達から，高度8,000 mを超える低酸素圧は脳に長期にわたる損傷を与える可能性があると警告されていた[1]。では，Messner と Habeler が酸素ボンベなしでエベレストに登頂できたのはなぜだろうか。彼らはどのように順応したのだろうか。彼らは極度の低酸素に順応するのに役立つ DNA バリアントを持っていたのだろうか。

Messner と Habeler のエベレスト登頂は，最も説得力のある環境運動生理学の話の1つであり，高地での人体の挙動を探る出発点である。本章ではさらに，高温環境下と低温環境下における運動と，昼夜のリズムが我々の身体にどのように影響を及ぼすかについて説明していく。最初に，一般的な古典的運動生理学を紹介し，続いて分子運動生理学と適応のメカニズムに焦点を当てていく。また，シェルパ族，チベット人やイヌイットなどの極端な場所に住む人々の遺伝学についてわかっていることを概説する。最後に，ノーベル賞受賞者 Gregg Semenza による低酸素の重要なセンサーである HIF-1 の発見と，運動による骨格筋の昼夜リズムを制御している CLOCK 遺伝子の Karyn Esser

361

第11章

による発見について概説する。

高度と運動

今日我々が呼吸している空気には20.9％の酸素（O_2）が含まれているが，これはいつでもそうだったわけではない。地球の歴史の約半分は，空気中の酸素が0.001％未満であることがほとんどであった。これが24〜21億年前に起こった「大酸化イベント」により変化し，地球全体の酸素濃度が上昇した。植物による光合成は二酸化炭素（CO_2）を消費しO_2を生み出す[2]。この大気中のガス濃度の劇的な変化が，O_2を消費してCO_2を生成する新しい種族の進化をもたらした。

単細胞生物は拡散によってガス交換を行うことができるが，一方で後生動物と呼ばれる多細胞生物は，肺から体内にO_2を取り込み，さらには細胞内のミトコンドリアにO_2を届けるために呼吸器系と循環器系を必要とする。これらのシステムは，O_2の供給と利用が連動するように厳密に制御され，クロスカントリースキー選手などの優れた持久系アスリートには，安静時の約3.5 mL／min／kg[3]から最大運動中の95 mL／min／kgまで大きく変化するものもいる。これは，ヒトが酸化的リン酸化のために利用できる酸素量に，ほぼ30倍の差があることを意味する。

大気中の20.9％の酸素は高度によっては変化しないが，気圧（P_B）は高度により変化する。気圧は気象条件によって多少変動し，高度の上昇に伴い大幅に低下する。大気中の気体の混合率はほぼ一定であるため，いわゆる酸素分圧（PO_2）は気圧に比例して低下する。したがって，乾燥した空気中の酸素分圧は常に20.9％である。John Daltonの分圧の法則はこの関係性を説明している（PO_2 ＝ O_2の割合（％）× P_BからPH_2Oを引いた値）。**図11.1**では，海面での気圧を760 mmHg，酸素分圧を149 mmHgとして，高度に対する気圧と酸素分圧をプロットしている（つまり，酸素分圧は気圧の20.9％引く水蒸気圧47 mmHgで，すべての高度において37℃の上気道の水蒸気圧は47 mmHgである）。

ヒトはいくつかのメカニズムにより，高地の低い酸素分圧に適応することができる。

1. 高地では**過換気**になるが，これは血中酸素濃度（PaO_2）が低下した時の全身反応である。

2. **低酸素シグナル伝達**は低酸素に対する細胞特異的な応答であり，例えばエリスロポエチンを介した赤血球産生の刺激作用（多血症）などの反応を引き起こし，細胞や身体が酸素濃度の低下に対して適応することを可能にする。

3. **特定の遺伝子型の自然淘汰による**高地〔チベット高原，アンデスアルティプラノ（訳

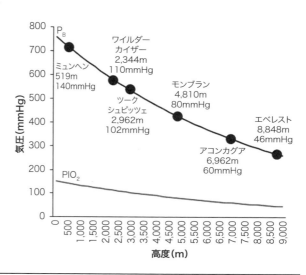

図11.1 高度と気圧（P_B），酸素分圧（PO_2, より正確には PIO_2 で「I」は吸気を表わす）の関係。PO_2 は PB の 20.9% から水蒸気圧を差し引いたもので，すべての高度において 37°C の上気道の水蒸気圧は 47 mmHg である。

注：山脈の間に広がる標高の高い高原地帯）や東アフリカの高地］**に住むヒトの遺伝**。

以下，これらの3点について解説する。

高地でより多くの換気を行うメカニズムは何か

高地では，換気（V_E すなわち呼吸，単位は L/min）は主に動脈の CO_2 圧（$PaCO_2$）によって調節されているが，動脈の O_2 圧（PaO_2）が大幅に低下すると換気はさらに増加する。このような PaO_2 の低下は，頸動脈小体と呼ばれる血管系の末梢化学受容器によって感知される。続いて頸動脈小体は，脳幹の呼吸調節中枢を刺激する。安静時の換気量は約 5〜10 L/min で，末梢（つまり大動脈と頸動脈）と中枢の視床下部にある化学受容器の両方で感知され，CO_2 圧（PCO_2）の変化に応答する。しかし，高 $PaCO_2$ だけが換気を誘発するシグナルではない。**低酸素症**と呼ばれる動脈の O_2 圧（PaO_2）が 60 mmHg 以下に低下した時にも，換気量が増加する[4]。このような低酸素誘発性の換気は，酸化的リン酸化による CO_2 の生成が変化しない可能性があるため，高地に上った時に重要である。そのためこれらの条件下では，低酸素が重要な換気増加のシグナルとなる。

酸素濃度はどのように感知されるのだろうか。O_2, CO_2 や pH の換気調節シグナルは，頸動脈小体や大動脈小体といった末梢化学受容器や，脳にある中枢化学受容器によって

第 11 章

感知される。20 mm³ の大きさの頸動脈小体は，頭部と脳に酸素を供給する頸動脈の分岐部に位置し，動脈の O_2 圧（PaO_2）を検知し，PaO_2 が約 60 mmHg 以下になると換気を促す高感度な酸素センサーである。頸動脈小体には主に 3 種類の細胞が存在する[5,6]。

1. 酸素感受性グロムス細胞（タイプ 1）
2. 支持細胞（タイプ 2）
3. 低酸素情報を脳の呼吸調節部に伝達する求心性神経線維

酸素感知の正確なメカニズムはまだ完全には解明されていない。しかし，グロムス細胞が酸素を感知するメカニズムとして，以下のことが提唱されている[5,6]。

1. ATP，AMP，NADH，活性酸素種，あるいは CO，NO，H_2S などのガスを含む代謝物が関与している可能性がある[5,6]。酸素を感知する重要なタンパク質として，*Ndufs2* 遺伝子にコードされるタンパク質がある。*Ndufs2* タンパク質は電子伝達系の一部であり，この遺伝子をノックアウトしたマウスでは，PCO_2 レベルの上昇に対する応答は消失しないが，低酸素に対する過換気反応は消失する[7]。
2. *Ndufs2* 関連メカニズムによって感知された低酸素は，カリウムイオン（K^+）チャネルを阻害することで，グロムス細胞の脱分極を誘発する。
3. 脱分極によりカルシウムイオン（Ca^{2+}）チャネルが開口し，グロムス細胞内の Ca^{2+} 濃度が増加する。
4. Ca^{2+} 濃度の上昇は，支配領域の神経線維を活性化し，低酸素メッセージを脳の呼吸調節中枢に運ぶことができるメディエーター（アセチルコリンと ATP が候補）の放出を引き起こす。

酸素摂取量を増やすために換気が促進された結果，代謝によって生成されるよりも多くの CO_2 を吐き出し，低炭酸ガス血症となる。低炭酸ガス血症になると pH は上昇し，血液はよりアルカリ性に傾く。これを呼吸性アルカローシスという[8]。この呼吸性アルカローシスは腎臓によって代償され，重炭酸塩と水が排泄される。

細胞は低酸素をどのように感知し遺伝子発現をどのように変化させるか

酸素は頸動脈小体だけでなく，ノーベル賞受賞者 Gregg Semenza によって発見された低酸素誘導因子（hypoxia-inducible factor：HIF）と呼ばれる転写因子の活性化により，人体の多くの細胞によっても感知される（**Box 11.1**）。HIF-1 は，酸素感受性アルファ（HIF-1α，HIF-2α）およびベータ（HIF-1β）サブユニットのヘテロ二量体により形成される転写複合体である。細胞内の酸素分圧が低下すると，細胞質の HIF-1α または HIF-2α タンパク質が安定化され，核内に移行して，核にある HIF-1β タンパク質とヘテロ二量体を形成する。蓄積した HIF ヘテロ二量体は，赤血球の産生

Box 11.1　Gregg Semenza：HIF の発見でノーベル賞を受賞した

　ポスドク研究員としてジョンズホプキンス大学に着任した私は，トランスジェニックマウスの技術を用いて，赤血球産生を制御するホルモンであるエリスロポエチン（EPO）をコードするヒト EPO 遺伝子の組織特異的発現に必要なゲノム配列を特定しようと試みた。EPO は胎児の肝臓で産生され，出生後は腎臓で産生されることが知られていた。我々は，故 John Gearhart の研究室との共同研究で，遺伝子全体とその隣接配列を含む 4 kb（キロベース）のヒトゲノム DNA 断片を導入した。これらのマウスは，内因性マウス EPO に加えてヒト EPO が産生されるため，赤血球増加症（ヘマトクリット値は非トランスジェニックマウスの約 45% と比較して約 60%）であった。成体トランスジェニックマウスを瀉血や溶血，または低酸素環境にさらした場合，EPO 導入遺伝子の発現は肝臓で誘導されたが，腎臓では誘導されなかった。我々はその後，腎臓での低酸素誘導発現には，5' 側に隣接した配列を含むはるかに大きな範囲の DNA 断片が必要であることを特定した。これらのトランスジェニックマウスは，ヘマトクリット値が 80% を超える高度な赤血球増加症であった。我々はこのマウスに小形の自転車を作り，乗らせたところ，持久力が大幅に向上することを発見した（冗談である）。これらのマウスはおおむね健康であったが，時々繁殖の「厳しさ」に直面した。つまり，死後硬直の状態で翌朝発見されることがあった。

　我々の次なる課題は，低酸素への応答を媒介する DNA 配列を特定することであった。我々は，標準的な組織培養条件である 20% の O_2 よりも，1% の O_2 で細胞を培養する方が，EPO 遺伝子発現が誘導される細胞株である Hep3B 細胞株の使用に移行した。（これは文献から判断した単純な計算である：細胞は 95% の空気と 5% の CO_2 で培養される。つまり 0.95 × [21% の O_2] = 20% の O_2）。我々は，現在 HRE として知られている EPO 遺伝子の 3' 側に隣接する領域にある短い配列を特定した。この HRE を用いて，1% の O_2 暴露で培養した Hep3B 細胞の核には存在するが，20% の O_2 で培養した細胞には存在しない DNA 結合能を有する因子として，低酸素誘導因子 1（HIF-1）を発見した。その後，HIF-1 は試験したすべての哺乳動物の細胞株で低酸素によって誘導されることを明らかにし，EPO 遺伝子の転写をオンにするだけではないことを示した。我々は HRE への結合を利用して，懸濁培養液で増殖した 120 L の HeLa 細胞から調製した核抽出物を使用する DNA アフィニティークロマトグラフィーによって HIF-1 を精製した。

　HIF-1 の発見とクローニングは，いくつかの研究室による HIF プロリルヒドロキシラーゼの発見につながった。それは，複数の製薬会社が EPO 遺伝子発現と赤血球産生をオンにする薬剤であるヒドロキシラーゼの低分子阻害剤を開発することにつながった。これらの薬剤は，注射ではなく経口摂取できる低分子のものであり，低酸素適応を促進する多くの遺伝子の発現を変化させるため，遺伝子組換え EPO よりも優れている。HIF 安定化剤は，我々が作成したトランスジェニックマウスと同様に，おそらく肝臓での EPO 発現を誘導することによって，無腎症患者の赤血球産生さえも増加させる。それらは現在，（マウスまたはヒトの）自転車競技者が選択する（違法な）薬物となっている。

第11章

を促進するエリスロポエチン（erythropoietin：EPO）や，血管内皮増殖因子（vascular endothelial growth factor：VEGF）といった血管新生を促進する遺伝子の発現を促進する．低酸素は3つのステップにより HIF を介して遺伝子発現を誘導している[6,9,10]．

1. **低酸素状態はプロリルヒドロキシラーゼ（PHD1-3）を不活性化する**：PHD1-3 は酸素により活性化される酵素であり，タンパク質のアミノ酸のプロリンに OH-基を付加（ヒドロキシル化）する．したがって，低酸素状態では PHD1-3 による標的タンパク質のヒドロキシル化は行われにくい．
2. **低酸素状態では HIF-1α のヒドロキシル化が減少する**：酸素分圧が低下すると HIF-1α では Pro402 や Pro564 での PHD1-3 によるヒドロキシル化の頻度が低下し，HIF-2α では Pro405，Pro531 でのヒドロキシル化が減少する．さらに，低酸素状態の間，アスパラギニルヒドロキシラーゼ（FIH-1）は，HIF-1α の Asn803，HIF-2α の Asn847 におけるヒドロキシル化を減少させることで，HIF-1 の活性を増加させる．なお，これらすべては鉄（Fe^{2+}）によって刺激される．
3. **低酸素状態では HIF-1α の分解が減少することで HIF-1α が上昇する**：酸素正常状態では，ヒドロキシル化された HIF-1α または HIF-2α は von Hippel-Lindau タンパク質（pVHL）E3 ユビキチンリガーゼ複合体に結合する．この複合体は，ユビキチンを HIF-1α と HIF-2α に付加し，タンパク質消化を行うプロテアソームによる分解の標的とする．したがって，十分な酸素がある場合 HIF-1α レベルは低い．対照的に，低酸素状態では HIF-1α のヒドロキシル化と分解を減少させ，HIF-1α の増加をもたらす．
4. **転写因子 HIF-1 は低酸素への適応を調節する**：低酸素下では HIF-1α の濃度は比

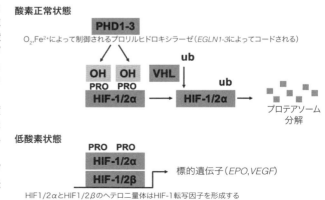

図11.2 酸素正常状態および低酸素状態での低酸素依存性遺伝子発現の調節．酸素正常状態では，HIF-1/2α は酸素の制御を受ける PHD1-3 によってヒドロキシル化される．これにより，HIF-1/2α が分解され濃度が低下する．低酸素下では HIF-1/2α のヒドロキシル化と分解が減少するため，HIF-1/2α の濃度と HIF-1/2α によって制御される遺伝子の濃度が上昇する．

較的高い。そして，HIF-1α と HIF-1β はヘテロ二量体を形成して活性型の転写因子 HIF-1 を形成する。HIF-1 は次に，低酸素応答エレメント（hypoxia-response element：HRE）として知られる DNA の G / ACGTG 配列に結合し，エリスロポエチンといった低酸素誘導型遺伝子の転写を活性化する。HIF-1 による遺伝子発現制御の概要については **図 11.2** を参照のこと。

　HIF-1 は低酸素に応答して多くの遺伝子の発現を調節するが，実際の標的遺伝子は組織によって異なる。その中には，解糖系酵素，毛細血管網の成長（血管新生）やエリスロポエチンの産生を制御する遺伝子が含まれる。

HIF-1-EPO を介した赤血球数の調節

　血液は酸素を運搬する。1 L の水は 0.03 mL の O_2 L^{-1} $mmHg^{-1}$ PO_2 しか運ぶことができないが，1 g のヘモグロビンは，体温の温度で約 1.34 mL の O_2 と結合することができる[11]。したがって，ヘモグロビンを含む赤血球は，血液が大量の酸素を運搬できるようにするために必要不可欠である。低酸素への重要な適応は赤血球の産生増加であり，これにより**ヘマトクリット値**と**総ヘモグロビン量**を増加させることである。ヘマトクリット値は，全血液に対する細胞成分の割合として定義され，ほぼ赤血球（エリスロサイト）の質量によって表わされる。したがって，ヘマトクリット値は血液の総酸素運搬能力を決定することになる。ヘマトクリット値は，男性では 42 〜 52%，女性では 37 〜 47% の範囲にあるが，高地に上った後はゆっくりと増加していく。ほとんどの研究では，アスリートのヘマトクリット値が運動習慣のない人よりも低いことを報告している[11]。これは，例えばランニング中のように血管に機械的ストレスがかかると，赤血球が破壊されることが原因であると考えられる[11]。

　ヘマトクリット値と総ヘモグロビン量は一定ではなく，**赤血球の産生**によって増加する。ヘマトクリット値が高いと酸素運搬量が増加し，そのことが $\dot{V}O_2max$ を増加させるため，持久系スポーツにとって有益である。このため，高い $\dot{V}O_2max$ が求められる持久系スポーツにおいて，エリスロポエチンを用いた「血液ドーピング」が乱用されることがある。

　しかし，ヘマトクリット値が高いと持久性パフォーマンスが向上する可能性がある一方で，一般的に静脈血栓塞栓症のリスクが高くなるといわれている[12]。したがって，ヘマトクリット値が高すぎると健康上のリスクとなるため，1997 年に国際自転車競技連合（UCI）は，健康上の理由からヘマトクリット値 50% を上限として設定することを決定した。尿サンプル中の EPO を検出することは可能であるが[13]，これはサンプリングの時間帯により検出量が異なるという問題があるため，信頼できる検査とはいいが

たい。これが原因で Lance Armstrong のアンチドーピング検査が陰性となった可能性があり，ヘマトクリット値を上限値として設定したことは理にかなっていると考えられる。

生物学に戻ると，以上のことを知ったうえで，次のことを自問することができる。低酸素はどのようにして赤血球産生を増加させ，ヘマトクリット値を増加させるのか。そして HIF-1 とエリスロポエチンの役割は何なのか。フランスの研究者達は，低酸素が赤血球数を増加させることを最初に示し，後にエリスロポエチンと呼ばれるホルモンが低酸素に応答した赤血球産生の増加に関与している可能性があることを示唆した[14]。その後，解剖学的研究により，腎臓が全身のエリスロポエチン合成の主な供給源であることが特定され[15]，肝臓も寄与しているがその程度は低いことも明らかとなった[16]。

胎児の肝臓および出生後の腎臓が原因で生じる低酸素症は，HIF-1αに類似しているがエリスロポエチン遺伝子の発現にとってより重要と考えられる HIF-2αの発現を特異的に増加させる。その証拠に，HIF-2αをノックアウトしたマウスは貧血を起こしており，HIF-2αがエリスロポエチン発現を調節する主要な転写因子であることを示唆している[17]。HIF-2αタンパク質は，HIF-1βと結合して HIF-1 転写複合体を形成することもできる。その後，HIF-1 はエリスロポエチンの発現を 100 倍まで増加させる。エリスロポエチンは 30 kDa で質量の 40％がグリコシル基（すなわち炭水化物）であり，高度にグリコシル化されたホルモンである[16]。その後，エリスロポエチンは血中を循環する。循環中のエリスロポエチンは，特に骨髄中のいわゆるコロニー形成単位である赤血球（CFU-Es）の細胞上にあるエリスロポエチン受容体（EPOR）に結合する。これにより，赤血球の生存，増殖，網状赤血球（未成熟赤血球）への分化が促進され，その後成熟赤血球へと発達する（**図 11.3**[10]）。

図 11.3 EPO による赤血球産生の調節を示す模式図。この図は『Grey's Anatomy』から引用した画像を使用したオリジナルの図であり，Creative Commons（CC0）ライセンス https://creativecommons.org/publicdomain/zero/1.0/ または Creative Commons 表示 - 継承ライセンス https://creativecommons.org/licenses/by-sa/4.0/ により許可を必要としない。

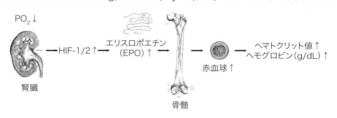

高度，気温，概日リズムと運動

高地に遺伝的に適応している人はいるのか

我々人類の祖先は，約700万年前に東アフリカの大地の裂け目の東側で進化した。それ以前にもアフリカからの移住の波があったが，解剖学的には現代人と同じである我々の直接の祖先は，約55,000〜65,000年前にアフリカから移動し，その後世界の他の地域に移り住んだ[18]。その旅の途中で，我々の祖先は古代のネアンデルタール人やデニソワ人と出会い，交配した結果，我々のゲノムの数パーセントがこれらの古代人にまでさかのぼることができた[18]。

その後比較的短期間のうちに，ヒトは地球上の様々な環境の場所に定住し，様々な栄養素や病原体，極端な温度や高度に遭遇してきた[19]。ヒトは高地にも移住した。約25,000年前，中国の青海省にあるチベット高原（約4,000 m）に定住しはじめ，約500年前に今日のシェルパ族がネパールに移住した[20]。ヒトは14,000〜15,000年前にアメリカに移住し[18]，約11,000年前から高度4,000 m弱のアンデスのアルティプラノに定住し始めた[20]。エチオピアのシミエン高原（約2,000〜2,500 m）にヒトが住み始めた時期についてはあまり知られていない[21]。このように，高地で何千年も生きてきた集団がいくつか存在している。現在，人類の居住地で最も高い場所は，ペルーのアンデス山脈の標高5,100 mにある人口60,000人の鉱山の町，ラ・リンコナダである。

高地では，人々は慢性的な低酸素状態にさらされている。例えば，海面の気圧が760 mmHgの場合，吸気酸素分圧（PIO_2）は149 mmHg，3,000 mの集落では101 mmHgとなり，4,000 mでは89 mmHg，5,000 mでは78 mmHgになる。このような低酸素状態は人体にとって大きな負荷であり，標高250 m以上に住む1億4000万人以上の人の5〜10％が慢性高山病になるリスクがあるといわれている。慢性高山病は，高いヘモグロビン濃度とヘマトクリット値，酸素飽和度の低下，肺性高血圧症と呼ばれる肺循環の血圧上昇を伴うことがしばしばある重要な健康問題である[22]。したがって，疑問は次の通りである。高地で永続的に生活する集団は，慢性的な低酸素症に遺伝的に適応しているのだろうか。彼らは，フィンランド人が持つようなヘマトクリット値を増加させるヘテロ接合型EPO受容体遺伝子（EPOR）の突然変異[23]であるDNA配列のバリアントを持っているのだろうか。

今日では，チベット人とアンデス住民が高地に対してそれぞれ異なった適応をしたことがわかっている。平均して，チベット人の平均安静時換気量は15.0 L/minで，アンデスのアルティプラノに住む人の10.5 L/minと比較して高い[20]。驚くべきことにそれとは対照的に，約4,000 mに住むチベット人のヘモグロビン濃度は比較的正常な（つまり，低地の人々と同程度の）14〜16 mg/dLであるのに対し，アンデスの人々

第11章

表11.1 高地住民の高度適応に関するまとめ[21]

表現型	チベット人	アンデス住民	エチオピア人
安静時の換気	50%高い	増加なし	報告なし
低酸素時の換気応答	海面レベルと同等	鈍い（低い）	報告なし
動脈血酸素飽和度	増加	増加なし	最小限の増加
ヘモグロビン濃度	低下	上昇	最小限の上昇
出生時体重	増加	増加	報告なし

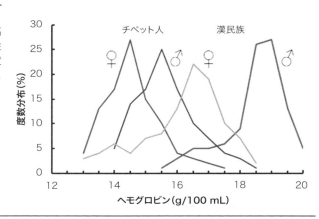

図11.4 16〜60歳のチベット人女性と男性，および標高4,525 mに住む漢民族の女性と男性のヘモグロビン濃度の度数分布。Wu Tら[25]から再描画。

は17〜18 mg/dLと高い[20]。チベット人，アンデス住民，エチオピア人の高度適応に関する我々の知見を**表11.1**にまとめる。

チベット人のヘマトクリット値やヘモグロビン濃度の平均値が比較的正常な値であることは1970年代の研究で既に確認されており，4,000 mに永住しているシェルパ族は，海面の高さに住む人々と比較して，ヘマトクリット値とヘモグロビン濃度が高くないことが研究者達によって発見された[24]。また，チベット人のヘモグロビン濃度は，4,525 mに住む漢民族のヘモグロビン濃度よりも低く（**図11.4**[25]），チベット人は低酸素EPOシステムの感受性が低いことが示唆されている。

ここで2つの疑問が生じる。第1に，なぜチベット人のヘモグロビン濃度とヘマトクリット値は高地で比較的正常（つまり，海面の高さに住む人々のような値）なのだろうか。第2に，原因となっているDNA配列のバリアントはわかっているのだろうか。最初の疑問に対する答えは，前に述べたように，高すぎるヘマトクリット値とヘモグロビン濃度は有害であるということである。例えば，ヘモグロビン濃度が高すぎると，出産時に死産などのトラブルが生じるリスクが高まる[26]。高いヘマトクリット値は血栓

高度，気温，概日リズムと運動

塞栓症とも関連しており[12]，17 g/dL を超えるヘモグロビン濃度は心疾患のリスク増加と関連している[27]。さらに，約 50,000 人を対象とした研究では，ヘマトクリット値と死亡率の間に U 字型の関係性があることが報告されている[28]。したがって，人々が高地に移動した時，ヘモグロビン濃度の上昇を制限する対立遺伝子，または高ヘモグロビン濃度の悪影響を軽減する対立遺伝子の強力な自然淘汰がなされたのである。

第 2 の疑問には，高地に住む集団のゲノムと海面の高さに住む人々のゲノムを比較することで解答されている。最初の大きなブレークスルーは，50 人のチベット民族のDNA 配列を近縁の漢民族の DNA 配列と比較した研究から生じた。これにより，低酸素関連転写因子 HIF–2α をコードする EPAS1 遺伝子付近の 1 つの SNP で 78% の頻度差があることが明らかになった[29]。さらなる研究により，高地に永住するヒトの対立遺伝子が自然淘汰されたことを示す多数の遺伝子が明らかになった（**表 11.2**）。

これらすべての遺伝子の中で，EPAS1 の DNA バリアントは，自然淘汰の最も強力な証拠を示している。これら DNA バリアントの起源を特定するために，研究者達は40 人のチベット人と 40 人の近縁の漢民族における EPAS1 遺伝子配列を再決定し，データベースを検索して，チベット人における EPAS1 遺伝子の DNA バリアントの起源を特定した。彼らは，チベット人の EPAS1 遺伝子の DNA バリアントが，ネアンデルタール人に似た絶滅した旧人類である，いわゆるデニソワ人の DNA と最もよく一致することを発見した[30]。「デニソワ」という名前は，研究者らが女性の指の骨の一部を発見し，DNA 配列を決定したアルタイ山脈にあるデニソワ洞窟に由来している。したがって，

表 11.2　高地に永住する人の DNA バリアントが明らかになっている HIF-1-EPO と AMPK 関連遺伝子の一部[21]。タンパク質の略語と名前も示した

遺伝子記号	タンパク質名
EPO	エリスロポエチン
HIF1A	HIF-1α，低酸素誘導因子 1α サブユニット
EPAS1	HIF-2α，低酸素誘導因子 2α サブユニット
ARNT	HIF-1β，アリール炭化水素受容体核内輸送体
ARNT2	HIF-2β，アリール炭化水素受容体核内輸送体
EGLN1	PHD2，プロリン水酸化酵素ドメイン結合タンパク 2
EGLN2	PHD1，プロリン水酸化酵素ドメイン結合タンパク 1
EGLN3	PHD3，プロリン水酸化酵素ドメイン結合タンパク 3
PRKAA1	AMPK，AMP 活性化プロテインキナーゼ，α1 触媒サブユニット
PRKAA2	AMPK，AMP 活性化プロテインキナーゼ，α2 触媒サブユニット
VHL	フォンヒッペル・リンダウ腫瘍抑制，E3 ユビキチンタンパク質リガーゼ

第 11 章

古代デニソワ人はすでに高地に適応していた可能性があり，デニソワ人とヒトの交配により，*EPAS1* 遺伝子の DNA バリアントがはじめてヒトゲノムに入り込んだと考えられる。その後，チベット高原への移住により，デニソワ人の *EPAS1* 対立遺伝子の強力な正の淘汰が促進されたのである。

また，*EGLN1* 遺伝子の DNA バリアントは，高地に住むチベット人，アンデス人，エチオピア人で淘汰されてきた[21]。最近，研究者達はチベット人の *EGLN1* 遺伝子のエクソン 1 にある DNA バリアントを特定し，自然淘汰の強力な証拠を示した[31]。説明すると，この DNA バリアントは，プロリルヒドロキシラーゼ PHD2 の 4 番目のアミノ酸をアスパラギンからグルタミンに，127 番目のアミノ酸のシステインをセリンに変化させたものである。この変異型 PHD2 タンパク質は，低酸素下で赤血球前駆細胞の増殖を阻害することから，変異型 PHD2 が HIF の分解を促進し，その結果赤血球前駆細胞の増殖が減少し，赤血球の産生が減少することが示唆された[31]。

もう 1 つの適応は，酸素 1 原子に対して産生される ATP 分子の数に関連しており，これはグルコースが酸化されるかまたはパルミチン酸などの脂肪酸が酸化されるかに依存する[32]。これを P / O 比と呼び，その値は次の通りである。

グルコース：$C_6H_{12}O_6 + 6 O_2 \rightarrow 6 CO_2 + 6 H_2O_2$ ；P / O 比：2.41
パルミチン酸：$C_6H_{32}O_2 + 23 O_2 \rightarrow 16 O_2 + 16 H_2O$ ；P / O 比：2.1

したがって，グルコースが酸化されると酸素 1 原子あたり 2.41 ATP が合成されるが，パルミチン酸が酸化された場合は 2.1 ATP しか合成されない。これは約 15%の差であり，高地ではグルコースや炭水化物の方が酸化効率が高いため，これが重大な差になる可能性があると想像できる。では，高地に住む人々は炭水化物を燃焼しやすいのだろうか。ペルーのアンデス山脈の標高 4,000 〜 4,500 m に生息する野生マウスと，標高 100 〜 300 m で捕獲された関連系統のマウスの 2 系統が比較された。その結果，高地に住むマウスは，運動中や低酸素にさらされている間，低地に生息するマウスよりも多くの炭水化物を酸化することが発見された[33]。これらのマウスにおける炭水化物の酸化の増加は，進化的適応の 1 つであることが示唆されている。別の研究で Horscroft らは，ヒマラヤのシェルパ族の代謝を調査し，シェルパ族は低地の人よりも脂肪酸の酸化能力が低く，炭水化物の酸化能力が高く，そして乳酸脱水素酵素活性が増加していることを発見した[34]。この高地での炭水化物の代謝の違いを説明する遺伝的，あるいは他のメカニズムは不明である。

要約すると，高地に永住するチベット人は，HIF-2α をコードする *EPAS1* や PHD2 をコードする *EGLN1* などの低酸素感知遺伝子の DNA バリアントの自然淘汰を経験してきた。これらの突然変異は，高地でのヘマトクリット値やヘモグロビン濃度の増加を

制限することで，突然変異遺伝子を持つ者が高地に関連する健康問題を回避できるようにした。これは，海面の高さに住んでいるがヘマトクリット値が高いフィンランドのEPOR 突然変異保持者とは正反対である[23]。対照的に，アンデスのアルティプラノの住民は，ヘモグロビン濃度は上昇しているが，おそらく高ヘモグロビン濃度の悪影響を減弱させる未確認の対立遺伝子の淘汰がなされた。さらに，高地のマウスとヒトは，酸素1原子あたりのATP 合成量（つまりP／O 比）の増加に関連する炭水化物の酸化を有利に行う可能性があるという証拠がある。

体温と運動

温度は我々を取り巻く環境の重要な要素であり，深部体温を狭い範囲内に維持する必要がある我々の身体にとって，体温の変動は重要な課題である。現在，地球上で最も気温が高いのは米国デスバレーで観測された 56.7℃，最も低い気温は南極のボストーク基地で観測された –89.2℃であり，その差は約 150℃である。ヒトは，赤道付近の暑い環境から，グリーンランドや北極圏のような寒い環境にまで居住してきた。ヒトがそうできるのは，地域環境への遺伝的適応，深部体温を調節する能力，そして衣服，暖房，空調設備のような技術や文化のおかげである。ここでは，最初に体温調節の生理学と分子メカニズムについて説明し，次に極端な気温の環境に住む集団の進化と遺伝学について説明していく。

ヒトは，体温を狭い範囲内に維持する調節システムを進化させてきた。体温に関して，我々の身体は 2 つの部分から構成されている。1 つ目は皮膚や四肢からなる殻であり，ここでは，例えば手足が冷えるなど，温度が大幅に変化しうる。2 つ目は生命維持に重要な内臓で構成される身体の中心部であり，ここの温度は平均で約 37℃近くに維持されている。温度は生命を維持する分子に大きな影響を与えるため，深部体温を維持することは重要である。例えば，酵素の活性は温度とともに上昇し，温度が高すぎると酵素や他のタンパク質は変性してしまう。暑くなりすぎると，全身性炎症を伴う高体温症（深部体温が 40℃を超える）である熱中症になり，臓器が障害され，最終的には死に至る可能性がある[35]。対照的に，身体が冷えると，酵素の活性は低下し，膜組織が硬くなり，イオンの流れが減少する。低体温症は，深部体温が 35℃ を下回る医学的な症候群である。低体温になると，ふるえがはじまり，無気力になり，さらには錯乱，昏睡，死に至る可能性がある。

第 11 章

体温調節の生理学と分子メカニズム

では，我々はどのようにして深部体温を維持しているのだろうか。体温は，いくつかのプロセスにより上昇または低下する。体温は，主に2つのプロセスによって上昇する（**図 11.5**[36]）。

1. **非ふるえ熱産生**：我々の脂肪組織のほとんどは白色脂肪組織であるが，「ショートカット」タンパク質である UCP1 を介して熱を産生できる2つのタイプがある。これらは褐色脂肪組織と，いわゆるベージュ（ブライト）脂肪組織と呼ばれる[38]。カテコールアミンやセクレチン[39]などのホルモン，代謝物，マイオカイン，miRNA は，UCP1 遺伝子の発現，または，熱産生 UCP1 タンパク質の活性を調整し，熱産生やエネルギー消費を高め，有益な代謝効果をもたらす[39,40]。

2. **運動またはふるえによる筋収縮**：骨格筋は，栄養素の化学エネルギーを仕事（つ

図 11.5 体温調節システムの概要。TRP イオンチャネルと内臓温度センサーは皮膚と体温を感知し，その情報は脳の視床下部にある体温調節中枢に伝えられる。この中枢は，甲状腺，筋や脂肪組織のみならず，発汗や血流を介して体温を調節する。さらに，感染症（発熱），食物摂取，運動などの刺激は，脳の体温調節中枢を介して，あるいは血液中を循環するホルモン，マイオカイン，代謝物などを介して体温調節を変化させる。この図は『Grey's Anatomy』から引用した画像を含むオリジナルの図であり，Creative Commons CC0 ライセンス https://creativecommons.org/publicdomain/zero/1.0/ または Creative Commons 表示 - 継承ライセンス https://creativecommons.org/licenses/by-sa/4.0/ により許諾を必要としない。

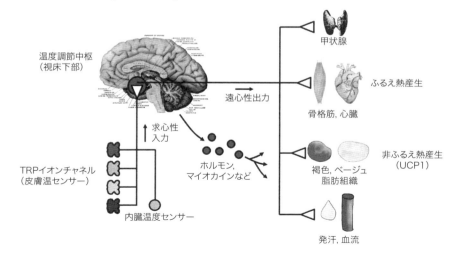

高度，気温，概日リズムと運動

まり，筋収縮と運動）と熱に変換する器官である。例えば，サイクリング中，化学エネルギーの約20%のみが仕事に変換され，通常80%が熱に変換される。運動すると身体が熱くなるのはこのためである。さらに，ふるえている時の無意識の筋収縮も，同様のメカニズムで熱を発生させている。

我々は以下のプロセスを通じて熱を失い，体温を下げる（**図11.5**）。

1. **汗の蒸発**により皮膚の水分が蒸発し身体が冷やされる。35°Cで1gの水を水蒸気に変換するための蒸発熱は2.5 kJと推定されている[41]。
2. **輻射**は，接触していない物体による熱伝達である。例としては，太陽が我々を暖めることであり，同様に我々も熱を放射することができる。
3. **伝導**は直接接触する物体への熱伝達である。例として，冷たい床の上に横になった時の熱損失がある。
4. **対流**は，移動する気体または液体による熱伝達である。例えば，風が強い時（さらに蒸発による熱損失が増加する）や泳いでいる時は，対流によって熱が失われる。

さらに，ヒトはその知性により，気温変動に対処するための技術的な解決策を使用できるユニークな存在である。住宅，暖房，空調設備，衣類の重要な機能は，体温を維持することである。これにより，ヒトは北極や赤道付近といった極端な環境で生活できるようになった。

では，体温調節システムはどのように機能するのだろうか。他のすべての適応システムと同様に，シグナルの感知，評価，効果器による反応の調節という3つの主要な部分からなる[42]。

1. 温度感受性（TRP）イオンチャネル[42]などの**温度センサー**は，皮膚，内臓，脳の深部温度を感知し，熱求心性ニューロンを介してこれらの情報を脳に伝達する。
2. 脳では**視床下部**がこの情報を受け取り評価する。
3. 遠心性ニューロンは体温を変化させる器官（骨格筋，心臓，脂肪組織，甲状腺など）を制御する。

以下，これら3つについて詳しく説明する。

体温はどのように感知されるのか

体温調節を行うためには，いくつかのタンパク質が生物学的体温計として機能する必要がある。我々の身体では，一過性受容体電位（transient receptor potential：TRP）イオンチャネルがその役割を担っている。しかし体温計とは対照的に，TRPイオンチャネルは1つではなく，温感性（TRPV1-4, TRP2-5）と冷感性（TRPM8, TRPA1,

第11章

TRPC5）のファミリーがあり，冷たい痛みから寒さ，暖かさ，熱の痛みまで感じ取ることができる。通常，ある温度に達すると TRP イオンチャネルが開き，Na^+ と Ca^{2+} イオンが流入し，TRP を発現している神経細胞を脱分極させる。TRP イオンチャネルのノックアウトマウスモデルがいくつか作製されており，複数の TRP が一緒になって，温度を感知していることが示唆されている[42]。

温度に対する反応は，視床下部の体温調節中枢で調節されている

温度は，皮膚，内臓，脊髄，脳にある TRP イオンチャネルによって感知される。しかし，この情報はどこで処理され，「暑すぎる」または「寒すぎる」という感覚に対する反応を引き起こすのだろうか。まず研究者たちは，動物が脳の基底部を損傷すると体温が急速に上昇することに注目し，この部位に体温調節中枢があることを示唆した[43,44]。現在では，体温調節中枢は**視床下部**，特に視索前野とその前部にあることがわかっている。

体温調節中枢は，皮膚，内臓，視床下部自体から温度情報を受け取り，その情報を計算し，「ちょうどいい」「暑すぎる」または「寒すぎる」のいずれかの体温調節反応を引き起こす。しかし，どのような神経細胞や神経回路が感知した温度情報を計算し，発汗やふるえなどの体温調節反応を引き起こすのだろうか。そこで，Ca^{2+}[45]，活性型神経細胞のマーカー遺伝子である cFOS[46]，活性型神経細胞のマーカーであるリン酸化 S6[47]の測定をすることで，視床下部において温熱刺激や寒冷刺激によって活性化する神経細胞を同定する研究を行った。その後，これらのニューロンを活性化したり阻害したりすることで低体温や発熱などの体温調節反応が引き起こされることが発見された。同時にこれらの実験により，温度に反応するだけではなく，体温調節反応を制御する温ニューロンと冷ニューロンが同定された[45-47]。これらの神経細胞では，グルタミンと GABA が神経伝達物質であるが，その正確な役割はまだ完全にわかってはいない[44]。

重要なことは，体温調節システムによって計算され，反応を引き起こすシグナルは温度だけではないということである。例えばプロスタグランジン E2（prostaglandin E2：PGE2）は，炎症や感染症の結果として生成される代謝物で，視床下部のプロスタグランジン受容体に結合することで体温の上昇応答を引き起こす。また，トウガラシを食べると，カプサイシンが特定の TRP イオンチャネルに結合し，体温調節反応を引き起こす。辛いカレーを食べると汗をかく人がいるのはこのためである。

体温調節中枢による効果器の調節：発汗と皮膚血流

前述したように，視床下部の体温調節中枢は，「暑すぎる」または「寒すぎる」という信号に対する体温の適応を調節する。主な反応は，暑すぎる時に生じる発汗と，皮膚

血流の制御，具体的には寒い時に起こる血管収縮や，暑い時に起こる血管拡張である。

暑い中での運動では，発汗とそれに伴う体液の喪失，脱水が重要な反応であり問題でもある。ヒトには約400万個の汗腺がある。35℃の1gの水を水蒸気に変えるには2.5 kJ必要であるため，発汗は熱損失を生み出す[41]。すべての汗腺のうち90％は小さなエクリン汗腺で，残りは大きなアポクリン汗腺である[48]。なぜ我々は汗をかくのだろうか。また，汗をかくことによって失われる水分（脱水）や塩分，イオンは，パフォーマンスにどのような影響を及ぼすのだろうか。運動中の全身の発汗量は，ヒトによって大きく異なる。暑熱環境では，通常1時間当たり0.5～2Lの汗をかくが，約2％のアスリートでは1時間当たり3L以上，極端な場合には1時間当たり6L近くの汗をかく[49]。この対策として，アメリカスポーツ医学会（ACSM）は，水分喪失による体重の減少が2％を超えないように，また電解質バランスの過度の変化を避けるために，十分な量の水分摂取を推奨している[50]。汗には塩分が含まれているため，発汗については水分だけでなくナトリウム（Na^+）の損失も重要な問題である。汗の塩分濃度には個人差があり，Na^+の濃度は10～90 mmol/Lの範囲にある[49]。したがって，高温環境で高強度の運動を長時間行うほど，また遺伝的に水分やNa^+を失いやすい体質であればあるほど，脱水して低ナトリウム血症となり，運動パフォーマンスに影響を及ぼすことになる[50]。運動に関連した低ナトリウム血症とは，血中Na^+の濃度が135 mmol/L以下の状態を指し，死に至ることもある健康被害である。典型的には，アスリートが水のようなNa^+の低い低張性の水分をとりすぎて，発汗や尿によるNa^+の損失がNa^+の摂取量を上回った場合に起こる。低ナトリウム血症は重症度によっては大きな健康問題を引き起こす可能性があり，アスリートの死亡事故の原因となっていたと考えられる[51]。

では，体温調節中枢はどのようにして発汗を調節しているのだろうか。発汗に重要な脳領域は，脳幹の吻側腹内側の髄質であると思われ，ヒトが汗をかく時に活性化される[52]。そして，アセチルコリンやノルアドレナリンを神経伝達物質とする神経細胞を介して汗腺を支配している。特にエクリン汗腺には，アセチルコリン結合性のM3-ムスカリン受容体と一部のノルアドレナリン結合性のアドレナリン受容体が発現しており，アセチルコリンは温度に応じた発汗に重要な神経伝達物質である[48]。M3-ムスカリン受容体はGタンパク質に結合し，いくつかの中間段階を経てCa^{2+}の放出を引き起こし，その結果アクアポリン5水チャネルの膜への移行を誘導する。膜内にアクアポリン5チャネルが増えると，より多くの水が汗腺に入り，その結果，汗の生成と分泌が促進される[48]。アクアポリン5（遺伝子記号：Aqp5）水チャネルは発汗に必須であると思われる。なぜならAqp5のノックアウトマウスでは，活動的な汗腺の数が劇的に減少するからである[53]。

第 11 章

　皮膚の血液循環は体温調節のもう 1 つの主要な要素である。皮膚は人体における最大の器官であり，暖かい内部と冷たい外部とを隔てる重要なバリアである（ヒトの深部体温は通常 37℃ であるため）。皮膚血流は，寒いところでは少ないが，暑いところで運動すると最大で約 8 L/min まで増加する。この 8 L/min は，トレーニングしていない人の最大心拍出量である 20 L/min の 40%，エリート持久系アスリートの心拍出量である 40 L/min の 20% に相当する[54]。神経は，視床下部にある体温調節中枢から脳幹の核を経由して，皮膚の血管平滑筋に投射される。さらに，視床下部の体温調節中枢が抑制または冷却されると血管収縮が起こり，一方で加温または興奮すると血管拡張が誘導されるが[44]，これは刺激されると血管拡張を引き起こす温ニューロンによって引き起こされている[47]。皮膚血流は，細動脈と細静脈の間の血管を力強く結合している動静脈吻合部によって調節されている。これらの吻合が閉じていると血液は皮膚に到達せず，開いていると暖かい血液が皮膚に到達し，熱の放散を可能にする[55]。

体温調節の遺伝学

　生物は，ホッキョクグマのような極地種から，最高温度 122℃ で生存および繁殖が可能なメタノピュルス・カンドレリのような好熱性細菌に至るまで，極端な「温度ニッチ」に生息している[56]。分子生物学の重要な手法であるポリメラーゼ連鎖反応（PCR）では（**第 2 章**参照），100℃ 近い温度が必要なため，生物学者は好熱性細菌サーマス・アクアティクスの遺伝的に耐熱性のあるポリメラーゼを使用している。

　ヒトの体温調節の進化における最初の大きな変化は，ヒト族が持久力のあるランナーとして進化したことである[57]。筋は，栄養素の化学エネルギーの約 20% しか仕事に変換できず，残りは身体を温める熱に変換されるため，すべての運動は大量の熱を伴う。例えば，3 L/min の酸素摂取量で運動した場合，1 分間に約 60 kJ の化学エネルギーを使用することに相当し，200 J.s（200 W に相当）の仕事と 800 J.s（800 W），すなわち 48 kJ/min の熱が発生することになる。体温の上昇を避けるために，この高い熱負荷を体外に排出する必要がある。体毛の喪失と発汗能力の向上は，体温調節システムの進化的変化であり，暑熱環境下の運動を可能にした[41]。

　ヒトは世界の民族形成の過程で，暑いアフリカのサバンナから，北極を含む世界中の様々な気候の地に移動してきた[18]。その中には，アファールの地元民が 6 月から 8 月にかけて約 45℃ にも達する平均最高気温に耐えている暑い集落，ダロールも含まれている。逆に，オイミャコンは，11 月から 3 月までの平均最低気温が −30℃ 以下という極寒の地であり，おそらく最も寒い居住地である。ダロールとオイミャコンでは，気温，日照時間，食料の入手可能性が大きく異なる。このことが，気温，日照時間，食料の入

高度，気温，概日リズムと運動

手可能性に関連した DNA バリアントの自然淘汰につながったという証拠はあるのだろうか。

　Mathieson らは，自然淘汰の証拠を調べるために，紀元前 6500 年〜300 年に生きていた古代ユーラシア人の DNA 配列と，2,000 人以上の現代人の DNA 配列を比較した[58]。この分析により，自然淘汰の証拠を持ついくつかの DNA バリアントが明らかとなり，ヒトがそれぞれの環境に適応してきたことが示唆された。彼らは，皮膚の色素をコードする SLC45A2，SLC45A5，GRM 遺伝子の対立遺伝子や，目の色の明るさに関係する HERC2/OCA2 付近の DNA バリアントが淘汰された証拠を見出した[58]。一般に，皮膚は紫外線 B 波（UVB）に依存するビタミン D 産生の主要な部位であるため，ヒトの肌の色に影響を与える対立遺伝子は，日照時間の少ない緯度に移動した時，強く淘汰される。したがって，ヒトの肌の色は，赤道付近での光防御と，日照時間の短い地域での十分なビタミン D 産生のバランスをとる進化の綱引きの結果である[59]。

　また，温度感受性 TRP イオンチャネルに関連する DNA バリアントが正の淘汰を受けている証拠もある。Key らは，冷感性イオンチャネル TRPM8 に近い DNA バリアントの頻度が，ナイジェリアの 5％からフィンランドの 88％まで緯度によって変化していることを発見し[60]，正の淘汰が起こっていることを示唆した。したがって，この DNA バリアントあるいは関連する DNA バリアントにより，フィンランド人とナイジェリア人とで寒さの感じ方が異なる理由を説明できる可能性がある。

　最後に，Fumagalli らは，グリーンランドのイヌイットの DNA バリアントを，ヨーロッパ人と漢民族の DNA バリアントと比較した。ここでは，脂肪酸不飽和化酵素（FADS1–3）に最も強い淘汰の証拠があり，これはおそらくイヌイットが魚や肉を多く含む食事をすることに関連していると思われる。TBX15 は，淘汰の証拠を持つもう 1 つの遺伝子であり，脂肪組織の発達やおそらく熱産生に関連していると考えられている[61]。

　これらの研究を総合すると，現代人は少なくとも部分的にはその地域特有の環境に適応してきたことが改めて示唆される。これには，日光暴露とビタミン D 合成のバランスをとるための肌の色の適応，食事に関連する DNA バリアント，体温調節に直接関連する DNA バリアントなどがある。

（吉田　裕輝）

時刻，体内時計と運動

　地球上の生命は，24 時間周期で変化する光と温度のリズムの中で進化してきた。地球は自転しているため，夜明けとともに新しい太陽エネルギーの波が押し寄せ，大地を

第 11 章

暖める。このことは，植物が光合成によって酸素や炭水化物を作り出すのに必要な電磁エネルギーを提供することになる。そして，夕暮れ時，地球が太陽から遠ざかることでこのエネルギーは減少する。このリズミカルな振動が，あらゆる生物界で恒常的に存在する概日（サーカディアン）リズムシステムの進化を促した。この分子時計によって，生物は地球上の生命の循環する環境条件を予測し，それに応じて生理や行動を調整することが可能となっている。

昼夜のサイクルは，代謝とエネルギーのホメオスタシスに関与しているため，スポーツや運動にも関連する。朝11時，夕方17時，夜2時に運動することを想像してほしい。運動能力，核心温度，ホルモンや栄養素の体内における濃度は，すべて1日の中の時間帯によって異なる[62,63]。一例を挙げると，Klineら[64]は，1日の時間が水泳パフォーマンスにどのように影響するかを実証した。その際，時間によって変動しパフォーマンスに影響を与える可能性のある多くの要因を，可能な限り一定に保った。その結果，彼らはパフォーマンスの概日変化を観察し，昼頃から夕方にかけてパフォーマンスがピークに達し，夜間から早朝にかけてパフォーマンスが低下することを示した[63,64]（**図 11.6**）。

運動能力の個人差は，遺伝子と環境との関係に依存する。あるいは，個々の因子の相互作用が，運動能力の相対的な時間帯差を決定している可能性もある。例えば，個々人が最適と感じる睡眠時間や活動時間はクロノタイプと呼ばれる。これは遺伝的に決定さ

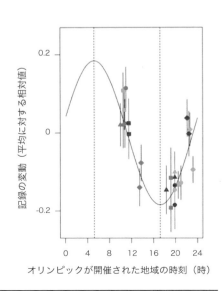

図 11.6 オリンピックにおける水泳パフォーマンスの日内変動。色の違いは水泳の中でも異なる競技種目を示す。図は Scientific Reports に掲載された Lok らの論文[63]から引用した（2020, Springer Nature）。この図は Creative Commons のもとであらゆる媒体での再利用を許可されている。Attribution 4.0 International License, https://creativecommons.org/licenses/by/4.0/

れる体内の概日時計に基づいた個人の生物学的時間と環境時刻の複雑な相互作用が行動に表出されたものといえる[65]。ヒトのクロノタイプは大きく変化し，極端な朝型と極端な夜型の間の位相差は12時間にも及ぶ。

朝型は午前中，夜型は夕方に，それぞれよりよいパフォーマンスを発揮する[62]。各年齢層で朝型と夜型の分布はおおむね同様の分布を示すが，クロノタイプは平均的には性別によって異なり，かつ生涯を通じて年齢に伴って変化する[66]。最後に，競技のためにタイムゾーンを超えて移動するアスリートは，生物学的な体内時間と環境的な体外時間のミスマッチに急激にさらされる「時差ぼけ」を経験することがある。その結果，睡眠障害，無気力感の増大，消化器系の問題，認知・身体パフォーマンスの低下などが生じる[67]。これらの問題は，タイムゾーンを超える場合，特に西地域から東地域に移動する場合により顕著になる。

本節の目的は，我々の身体の分子時計について考えることである。分子時計はそもそもどのように制御されているのか。分子時計は身体機能をどのように制御しているのか。分子時計は運動や栄養素によってどのような影響を受けるのか。分子時計はパフォーマンスと時間帯の関連性に影響を与えるのか。こういった疑問を取り上げていく。

概日〔circadian：ラテン語のcirca diem（約1日）から〕時計は我々の身体すべての有核細胞に存在する代謝/転写/翻訳/翻訳後の振動子である。概日時計は地球の自転にあわせて細胞の時間を維持している[68]。各細胞はそれぞれ強固な24時間分子時計を持っている。このような細胞間の個々の時計は，ツァイトゲーバー（zeitgeber：ド

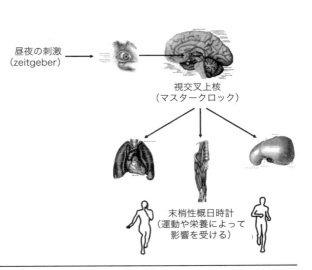

図11.7　概日リズムと身体の中枢にあるマスタークロック，末梢にある体内時計。原図は『Grey's Anatomy』から引用した臓器画像である。Creative Commons CC0ライセンスのもと，https://creativecommons.org/publicdomain/zero/1.0/ またはCreative Commons Attribution-ShareAlike License, https://creativecommons.org/licenses/by-sa/4.0/ に基づき，許諾を必要としない。

イツ語で「時間を与えるもの」）によって周期的に刺激されて同期化される必要がある。そのことが組織，器官系，多細胞生物が機能単位として効率的に活動するために必要である。視床下部のマスターペースメーカーである**視交叉上核**（suprachiasmatic nucleus：SCN）にとって，地球の 24 時間の明暗周期が主要なツァイトゲーバーとなる。光は概日周期の中で光感受性に特化された網膜神経節細胞によって，目から SCN に直接伝達される。SCN は交感神経系を活性化し，摂食，運動，体温のリズムを調節する。このように，脳内のマスタークロックは様々な代謝物の生産と配分を調整している。これらの代謝物には，様々なステロイドホルモン，脂質，炭水化物，ビタミン，補酵素などがある。そして，これらの代謝物は総合的に全身の組織における概日遺伝子の発現と代謝の調節に関与する。したがって，中枢の体内時計と末梢の体内時計との間の位相を一致させ，組織間の体内時計の一致を強固にするためには，毎日太陽光を浴びることが重要である（**図 11.7**）。

1. **概日リズムのマスタークロック**は脳の視床下部にある小さなニューロンの束である**視交叉上核**に位置する。このマスタークロックは 24 時間のリズムを生み出す。目の奥にある特殊な網膜神経節細胞が感知する周囲の光によってマスタークロックは駆動する（すなわち，光はマスタークロックのツァイトゲーバー「時間設定者」である）。

2. **末梢性概日時計**は心臓，骨格筋，肝臓などに存在する概日時計である。末梢性概日時計はマスタークロックによる概日リズムにしたがうが，運動や食物摂取がそのリズムに影響を与えることがある。

時計遺伝子と概日リズム

概日時計は，遺伝子のスイッチをオン・オフする転写調節因子として働く。概日（サーカディアン）リズム生成装置の中心には，いわゆる bHLH（basic helix–loop–helix）PER–ARNT–SIM（PAS）ドメインを含む転写因子 CLOCK（circadian locomotor output cycles kaput），および BMAL1（brain and muscle ARNT–like 1）が位置している。CLOCK と BMAL1 タンパク質は互いに結合してヘテロダイマーを形成し，ゲノム中の遺伝子のプロモーターやエンハンサーにあるいわゆる E–box（CACGTG 配列による DNA モチーフのある「エンハンサーボックス」）に結合する。CLOCK:BMAL1 転写因子はその後，何千もの標的遺伝子の発現を概日リズムに応じて制御する。

Box 11.2 で Karyn Esser 教授が述べているように，*Clock* 遺伝子は Joseph Takahashi のグループによって，ENU（N– エチル –N– ニトロソウレア）を遺伝子変異原として暴露したマウスの中で概日運動量に明らかな変化があったものを大規模に調

べた結果発見された。Takahashi のチームは常に光がない暗状態におけるマウスの24時間の活動パターンをモニターした。この条件下では，SCN 内のマスタークロックはフリーランニング状態（明暗周期に同調しない状態）となり，運動リズムから各個体の内因性概日周期を算出することができる。そして研究チームは暗状態の中で概日周期が長くなる1匹のマウスに着目した。このマウスを繁殖させたところ，子どもにも概日リズムの乱れがみられたことから，遺伝子変異が原因であることが示唆された[69]。その後，研究チームは変異した遺伝子座を Clock 遺伝子に特定し[68]，概日リズムが遺伝子の制御下にあることを証明した。

　CLOCK:BMAL1 転写因子が「活性」と「非活性」を切り替え，明暗周期に同期するのは，どのようなメカニズムなのだろうか。細胞内の中心的なメカニズムは，転写/翻訳/翻訳後修飾のフィードバックループである。このフィードバックループの正の制御においては，CLOCK:BMAL1 ヘテロダイマーが，自分自身のリプレッサーを含む何千もの標的遺伝子の発現を上昇させる。これらの標的遺伝子には，ピリオド遺伝子（PER1/2）やクリプトクロム遺伝子（CRY1/2）などがある（**図11.8**[68]）。数時間で PER1/2 と CRY1/2 タンパク質は核内に移動し，CLOCK:BMAL1 の転写活性を阻害する[68]。その結果，PER1/2 と CRY1/2 が活性化すると CLOCK:BMAL1 は不活性化し，逆に PER1/2 と CRY1/2 が不活性化すると CLOCK:BMAL1 が活性化する。PER1/2 と CRY1/2 は，カゼインキナーゼⅠなどのリン酸化酵素によってリン酸化修飾され，ユビキチン化され，概日的に分解される。そのため，これらの転写因子の活性は時間依存的になる[68]。これにより，CLOCK:BMAL1 は再び転写活性を持つようになり，活性の1サイクルは約24時間になる。CLOCK:BMAL1 のその他の標的としては，量的に非常に豊富かつ一過性の核ホルモン受容体である REV–ERBα/β がある。これらの転写抑制因子は，標的遺伝子の近傍に存在する「AGGTCA」配列の DNA モチーフに結合し，NCOR1 やヒストン脱アセチル化酵素 HDAC3 などの共役抑制因子タンパク質を動員することによって遺伝子発現を抑制させる。これらのタンパク質が協同して転写抑制複合体を形成し，クロマチン構造を変化させ転写因子のアクセスを阻害する。その結果 BMAL1 を含む標的遺伝子の抑制をもたらすことができる。この2つ目のループは時計転写因子のリン酸化，ユビキチン化，局在にさらなる影響を与える別なシグナル伝達として作用することで[71]，概日周期をさらに安定化させる[70]。まとめると，CLOCK:BMAL1 転写因子は，PER1/2，CRY1/2，REV-ERBα/β など，概日的に振動する何千もの遺伝子を制御しているのである。PER1/2，CRY1/2，REV-ERBα/β が転写・翻訳されると，PER1/2，CRY1/2，REV-ERBα/β が CLOCK:BMAL1 の転写活性を直接的，間接的に阻害するため，CLOCK:BMAL1 の活性は抑制される。

第 11 章

Box 11.2　Karyn Esser：運動に関連する時計遺伝子の発見について

　私が概日リズムの分野に足を踏み入れたのは，好奇心，新しい実験技術，タイミング，幸運，そして仲間に恵まれたことがきっかけだった。2001 年，私はイリノイ大学シカゴ校（UIC）の准教授になったばかりで，私の研究室では，高強度の収縮が筋肥大を導くメカニズムについて研究していた。特に，筋肥大につながる収縮と，その時に起きる転写と翻訳のメカニズムに関心があった。その当時，Children's National Medical Center と George Washington University で遺伝子アレイ技術を積極的に利用していた Eric Hoffman と Yiwen Chen と議論するチャンスがあったのは幸運だった。この議論がきっかけとなり，我々は高強度筋収縮モデルを用いて，遺伝子アレイ分析のための対照および実験群の骨格筋組織を作製し共同研究を行うことになった。Affymetrix 社の 8,000 個もの遺伝子が分析可能な Rat U34A 遺伝子チップを使用し，科学的に確かなアプローチに基づいた実験にはじめて踏み出すことができて非常に興奮したことを覚えている。このプロジェクトの結果は 2002 年，Chen et al. **J. Physiology** に掲載され，骨格筋肥大を誘発する筋収縮に伴って変化する転写や翻訳による遺伝子について概説した。その論文に書かれていないのは，収縮に反応して転写が変化する遺伝子として，重要な時計遺伝子である Bmal1 を同定したことである。なぜ私がこの観察に魅了されたのかはわからないが，なにしろ私は Bmal1 のとりこになった。

　それから 1～2 週間，私は **Bmal1** についての論文をあさり，体内時計のメカニズムについてさらに詳しく学んだ。このタイミングも非常に重要だった。というのも，哺乳類初の時計遺伝子である Clock が発見されたことを詳述した論文は 1994 年に発表されており，体内時計メカニズムの中核をなす他の構成タンパク質のクローニングは，この論文に続いて行われたからである。その結果，1990 年代後半から 2000 年代前半にかけて，体内時計の研究は非常に活発に行われるようになった。これらの論文には，Bmal1 の発見と体内時計におけるその役割，さらに体内時計の中核になるタンパク質が中枢神経系だけでなく末梢組織でも機能するという報告が含まれていた。Bmal1 や体内時計に関する論文を読めば読むほど，細胞の恒常性を維持する方法として体内時計のメカニズムは納得がいくものであった。

　科学における優秀な人材とその重要性についても紹介したい。私は，体内時計と骨格筋におけるその潜在的な役割にますます魅了されるようになり，Joseph Takahashi 博士に連絡を取った。Takahashi 博士の研究室はマウスを使って Clock のクローニングを最初に行っており，概日リズム機能の分子制御分野ではリーダー的存在であった。我々が発見した収縮後の骨格筋における Bmal1 遺伝子の発現変化について相談したいという最初のメールに対して，Takahashi 博士はすぐに返信してくれた。私はノースウェスタン大学の彼の研究室に車を走らせ，1 時間以上も我々の研究について語り合った。彼の熱意は，骨格筋における時計という概念が生物学的，生理学的に重要なものだろうという私の思いを高めてくれた。

　もう 1 つタイミングのよさがあった。私はちょうどテニュア（終身在職権）をもつ准教授に昇進したところであり，UIC に長く在籍していたためサバティカル（研究休暇）をとることができた。私は学部の任務から離れ，研究室の研究を強化するためにサバティカルをとろう

高度，気温，概日リズムと運動

と決めた。私は2つの全く異なる研究室を検討していたが，長年の友人であり同僚でもある Susan Kandarian のおかげでこの決断を下すことができた。最終的に Takahashi 博士の研究室が門戸を開いてくれることになり，2002年に正式にサバティカル（研究休暇）に入ることになった。

　Takahashi 博士の研究室で，私は概日リズムの専門用語，概日リズム生物学の基礎，コアクロックのメカニズムなどを学んだ。サバティカルでの私の目標は，Bmal1 遺伝子を flox 化したコンストラクトをつくり，それを相同組換えしてコンディショナルノックアウトマウスをつくることであった。いうまでもなく，技術的な目標（コンディショナルノックアウトマウスをつくること）は達成できなかった。ただ，研究室の学生，ポスドク，スタッフから学んだことは，ベンチでの成功の欠如（コンディショナルノックアウトマウスをつくれなかったこと）を補って余りあるものであった。特に，Erin McDearmon，Hee-kyung Hong，Seung-Hee Yoo，Ethan Buhr から学ぶことができ，私からも彼らに骨格筋について少しは教えることができたのではないかと思っている。

　この間，私ははじめて48時間周期のサーカディアンのコレクションに参加し，このコレクションから得られた組織を解析した結果は履歴書の中ではじめてサーカディアン遺伝子発現に関する論文（Miller et al., 2007）に用いられることとなった。Takahashi 博士の研究室のもう1つの優れた点は，Bmal1 ノックアウトマウスや Clock 変異マウスなどの遺伝子モデルマウスを利用できたことである。両者の解析により，骨格筋が衰弱し，筋線維の構造が変化し，ミトコンドリアの量と機能が低下するなど，いくつかの病的変化を示すことを明らかにできた。これらの知見は最終的に2010年に Andrews らによって発表され，骨格筋における概日時計機能の重要性が研究者たちに認知されるところとなった。

　脳内のマスターペースメーカーは，どのようにして環境の昼夜サイクルに同期しているのだろうか。クリプトクロムをコードする遺伝子 CRY1/2 は，青色光感受性タンパク質であることから，マスタークロックを環境光と関連付ける重要な候補である。しかし，Cry1/2 ノックアウトマウスにおいて環境光に反応して Per1 と Per2 の発現が増加することから[72]，CRY1 と CRY2 タンパク質はマスタークロックを昼夜のサイクルに同期させるためには必ずしも必要ではないことが示唆された。では，視交叉上核のどこがマスタークロックを同調させるための光センサーとして作用するのだろうか。目の網膜神経節細胞に内在するメラノプシンをノックアウトすることにより，正常な視覚認識を示すものの概日リズムを昼夜のサイクルに連動させることが困難になることが見出された[73]。メラノプシンは主に青色光に反応するため，青色光の波長が日中にメラノプシンの活性を高め，夜間には活性を低下させるのである。

概日リズムと運動

　概日リズムは，骨格筋と運動にどのように関係しているのだろうか。運動がもたらす

385

図11.8 概日リズムを形成する主要な時計遺伝子

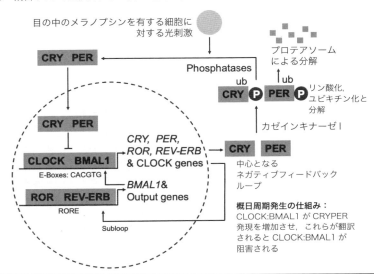

恩恵の多くは，実は概日リズムを維持することに由来している可能性がある。運動は，代謝やホルモンの変化とともに体温や血流の劇的な変化をもたらすため，強力なツァイトゲーバーとなりうる。そこで臨床医は，交代勤務者や睡眠障害の患者の概日リズムの乱れを整え，時差ぼけによる合併症を軽減する方法として，運動をすすめることが多い。

運動能力や運動に対する応答は一般にいずれも時間帯に依存した変化を示すことが知られている。しかしその正確な分子基盤はいまだに研究者によって理解の緒につき始めたばかりである。マウス[74,75]やヒト[76]の骨格筋では，何千もの遺伝子が24時間周期で発現変動している。これらの24時間周期の発現変動は，SCNによって制御される摂食と活動依存のリズムによって直接的に変化するものもあれば，SCNのマスターペースメーカーと連動した筋の概日時計遺伝子の制御によって間接的に駆動されるものもある[77]。したがって，24時間周期で変動するほとんどの骨格筋内遺伝子は，筋線維タイプ，摂食や活動パターンから生じる24時間周期の代謝と機械的シグナルに依存している。

運動が骨格筋内の概日リズムに直接影響を与えることは，ヒトのレジスタンス運動の研究ではじめて実証された[78]。健康な男性を被験者として，午後の早い時間帯である14時に，片足での等張性膝伸展運動を1バウト実施した。その後，6時間後の夕方（〜20時）と18時間後の翌朝（〜08時）に，運動した脚と運動していない脚の両方から外側広筋の生検を採取し，遺伝子発現パターンを調べた。その結果，すべての遺伝子発

現の中で特にレジスタンス運動によって時間依存的に変化がみられた数百の遺伝子を同定した。その中には時計遺伝子も含まれていた。特に，BMAL1，PER2，CRY1 の発現パターンがレジスタンス運動によってシフトすることがわかり，レジスタンス運動が概日時計の位相に影響を与えることが明らかになった。

　概日リズムの研究者たちは，時計機能がパフォーマンスや持久力にどのような影響を与えるかについても検討した。Jordan ら（2017）は，Cry1 および Cry2 ダブルノックアウトマウスにおいて持久力が増加することを見出した。CRY1/2 は，持久力向上の強力な誘因として知られる核内受容体 PPARδ の転写活性を阻害する[79]。マウスとヒトにおいてさらなる検討がなされ[80-84]，最終的にこれらのデータは，概日リズムにかかわるタンパク質が骨格筋代謝を直接制御することで，運動能力の時間依存性に影響を与えることを実証した。

　これらの関係は，運動の種類と強度を考慮した場合に特に顕著である。マウスでは，高強度の運動能力は活動期（マウスは夜行性なので夜間）の初期に大きく，中強度および低強度の運動能力は活動期の後期に大きくなる[85,86]。この現象には，サーチュインや AMP 依存的活性化プロテインキナーゼ（AMPK）など，時計遺伝子に関連した様々な代謝センサーが関与していることが知られている[87-89]。これらのデータは，低・中強度の運動能力の日内変動は，概日リズムと栄養状態との相互作用の結果であることを示唆している。

　一方，高強度運動能力の活動期と休止期における差は，運動による低酸素血症と低酸素誘導性因子 1α（HIF-1α）による解糖系遺伝子発現に関連している[86]。CLOCK や BMAL1 と同様に，HIF-1α は bHLH PER–ARNT–SIM（PAS）ドメインを持つ転写因子であり，ゲノム中の CLOCK や BMAL1 が結合する調節部位と同じ位置に結合することができる。興味深いことに，HIF-1α は概日リズムと相互作用することが知られている[90,91]。CLOCK と BMAL1 は 24 時間中の Hif1a 発現を調節することができる。その一方で，HIF-1α は BMAL と協働して Per2 や Cry1 などの共通の概日時計遺伝子と HIF の標的遺伝子の発現を調節することができる。したがって，低酸素によって組織依存的に時計の位相をずらすことが可能になる[92]。マウスの骨格筋では，日内時間依存的に HIF-1α と時計転写因子の相互作用が起こることが示され，低酸素による時計位相の調節が示された[93]。これらの関係を完全に解明するにはさらなる研究が必要であるが，これらのデータを総括すると，低・中強度運動と比較して，高強度トレーニング中の酸素レベルの適度な低下あるいは低酸素状態でのトレーニングは強力なツァイトゲーバーとなりうることが示唆される。

　多種多様な代謝やエネルギーセンサーにかかわる遺伝子群に加え，多くの筋特異的

遺伝子が 24 時間周期で変動している。筋形成制御因子 MyoD をコードする *Myod1* はその 1 つである。発生過程において MyoD はゲノム中の筋特異的遺伝子の制御 DNA 部位の閉じたクロマチンを開くことにより，筋細胞での転写を開始する因子として働く。幹細胞を筋細胞型に誘導した後，MyoD はこれらのクロマチンを開いたままにして，分化した状態を維持する。通常，静止状態の筋幹細胞では MyoD は低レベルで発現しているが（**第 8 章**，**第 13 章**参照），運動や損傷によって MyoD の発現が活性化され，筋組織のリモデリングや再生が促進される。BMAL1，CLOCK，HIF–1α と同様に，MyoD もまた basic helix–loop–helix 転写因子の 1 つである。したがって MyoD はプロモーターやエンハンサーにある「E–Box」DNA 配列に結合して標的遺伝子を活性化する。Karyn Esser のグループ（**Box 11.2**）は，*Myod1* が CLOCK:BMAL1 の直接的な標的であり[94]，かつその逆反応も起きることを明らかにした[83]。この双方向の制御は概日リズムを増強させ，かつテレトニン（Tcap）を含む他の概日リズムを制御する筋内遺伝子の 24 時間日内変動を増幅させると考えられている。この 24 時間日内変動する CLOCK:BMAL1 の標的遺伝子は Z–disc タンパク質であり，サルコメアと T 管形成およびその機能制御に関与する。興味深いことに，*Clock*$^{\Delta 19}$ マウス（Clock 遺伝子の 19 番目のエクソンに欠損をもたらす点変異を有する）は完全な不整脈を発症していた。このマウスの骨格筋では *Myod1* 転写およびタンパク質レベルの 24 時間の日内変動が顕著に損なわれていることが示された。Clock$^{\Delta 19}$，Bmal1 ノックアウト，*Myod1* ノックアウトマウスでは野生型と比較して，長趾伸筋の発揮張力が 30% 程度低く，筋機能の低下が遺伝子発現の日内変動の欠損と関連していることが示唆された[94]。しかし，骨格筋特異的な Bmal1 ノックアウトマウスでは，24 時間の *Myod1* 日内変動が増強されることが報告されている[77]。また骨格筋特異的 Bmal1 ノックアウトマウスでは 24 時間の活動パターンと摂食パターンは正常であったが，腓腹筋の発揮張力が低下し，テレトニンなどの概日遺伝子の日内変動が減弱していた[95]。これらの対照的なデータから，分化した骨格筋における概日リズム遺伝子制御における MyoD の役割を明らかにするためにはさらなる研究が必要であることが示唆される。

Atrogin1（MAFbx／Fbxo32）や MuRF1（Trim63）などの筋タンパク質分解関連遺伝子も 24 時間周期で日内変動している[74]。また筋特異的 Bmal1 欠損により発現上昇がみられることも示されている[81]。このことは，骨格筋分解が周期的なホルモン（グルココルチコイド）や代謝（絶食）による制御に加え，骨格筋内の概日時計によって局所的に制御されている可能性を示唆している。MuRF1 の発現と骨格筋時計遺伝子転写因子との直接的な関連は，マウス骨格筋で行ったクロマチン免疫沈降アッセイと骨格筋特異的 Bmal1 ノックアウトマウスの 24 時間遺伝子発現プロファイリングを組み合

わせることで検証された[81]。REV-ERBαは，グルココルチコイド受容体によって通常活性化されるゲノム上の遺伝子座の近くにある MuRF1 の発現を抑制することが示された。MuRF1 発現抑制はタンパク質の代謝回転の増加とともに，摂食期のグルココルチコイド受容体転写活性の一時的な上昇と関連していた。

骨格筋タンパク質合成も概日時計の制御下にあることが示されている。発達中のゼブラフィッシュにドミナントネガティブ CLOCK 変異体を強制発現させると，筋タンパク質合成の昼夜差がなくなり，全体的な骨格筋の発達が損なわれた[96]。タンパク質代謝の変化に加えて，概日リズムを欠失されたマウスでは，インスリン依存性グルコース取り込みおよび酸化の減少と脂質とアミノ酸代謝の重要な変化が誘発された[82, 83, 97]。これらの変化を総合すると，骨格筋の概日時計の機能，タンパク質の代謝回転，そして代謝恒常性の一般的な性質の3者間には密接な関係があることが明らかとなった。

24 時間の睡眠と覚醒のサイクルも，運動パフォーマンス，トレーニング後の適応と回復に影響を与える概日時計に関連した制御因子といえる[98]。興味深いことに，睡眠の質も骨格筋の時計機能に関連している。Bmal1 ノックアウトマウスは，暗条件下では完全に不整脈を起こし睡眠の質や睡眠不足後の回復にも影響が出てくる[99]。こうした変化の原因となる臓器を特定するため，Bmal1 ノックアウトマウスの様々な臓器に BMAL1 を再度導入し高レベルで発現させた[100]。この結果，脳内で BMAL1 を生理的濃度を超える量で再発現させてレスキューしても，正常な睡眠は回復しなかった。このことから，Bmal1 の脳外での発現が重要である可能性が示唆された。次に，BMAL1 遺伝子を，Bmal1 欠損マウスの骨格筋に選択的に高発現させた。すると，ノンレム（NREM: non rapid eye movement）睡眠の量が十分に回復し，睡眠不足からの回復能力も向上した。これらのデータは，骨格筋特異的な BMAL1 発現が睡眠に影響を与えていることを示した。しかし睡眠の重要な臓器である脳と骨格筋がどのように臓器連関を行っているのか，その正確なメカニズムはまだ解明されていない。

要約すると，体内の概日時計は骨格筋代謝と運動能力の主要な調節因子である。ここでは，概日リズムと運動（種類，強度，持続時間，1日の中での実施時刻），相対的な栄養状態，睡眠の間に存在する多くの複雑な双方向の相互作用を強調するために，いくつかの主要な研究のみを取り上げた。双方向の相互作用という点に関していえば，運動は末梢，特に骨格筋の概日リズムの同調と機能に影響を与える。一方で，運動パフォーマンスと筋代謝も相対的な概日リズムの同期に影響される。

第 11 章

まとめ

　標高 4,500 m，−20℃，午前 3 時の 30 分のジョギングは，海抜，15℃，昼食時の同じジョギングよりはるかに難度が高かった。このことから，高地，気温，概日リズムが運動能力に及ぼす影響が明らかになった。

　高所では，頸動脈内の Ndufs2 関連感知分子が低動脈血酸素濃度（PaO$_2$）を感知し，脳幹の呼吸中枢ニューロンを刺激して換気を増加させる。このメカニズムにより，高所での換気が促進され，酸素供給が促進される。さらに，骨格筋などの組織で酸素濃度が低くなると，低酸素誘導因子（HIF）が誘導され，骨格筋での遺伝子発現や赤血球の増生を促すエリスロポエチンの生成が増加するなど，より長期的な適応が引き起こされる。シェルパやチベットなどの高地に住む人々には，ヘマトクリットや換気に影響を与える EPAS1 などの遺伝子の DNA 配列変異が存在し，そのことが結果的に高地での生活に有利となっている。

　高温と低温は，寒冷と冷痛，温熱と温痛を感知する TRP （transient receptor potential） イオンチャネルによって検出される。高温や低温が閾値に達すると，TRP イオンチャネルが開き，Na$^+$ と Ca^{2+} イオンが TRP を発現する神経細胞に流れ込み，脱分極する。この情報は中枢神経系に伝えられ，発汗，褐色脂肪組織や骨格筋ふるえによる熱産生，血流などを調節し，暑さや寒さに対応する。

　概日リズムは，摂食，活動，体温のリズムによって同調する体内時計タンパク質によって制御されている。これらの時計タンパク質は，遺伝子発現と代謝の日内変動を制御する転写因子である。運動はホルモン，代謝，体温，血流を変化させるので，体内時計の同調に利用できる。逆に，概日時計は代謝にかかわる遺伝子発現を指令するため，1 日を通して運動能力に影響を与えることも可能である。

■ 確認問題

- 高度を感知する「センサー」はどのような分子であり，それに我々の身体はどのように適応するのであろうか。
- シェルパやチベット人は，海抜の低いところに住むヒトより，海抜の高い地域でどのような利点があるのだろうか。
- 我々の身体はどのように高温と低温を感知し，どのように高温，低温環境に適応しているのか。
- 概日リズムは運動能力にどのように影響し，運動は概日リズムにどのような影響を与えるのか。

高度，気温，概日リズムと運動

- 高度は概日時計にどのような影響を及ぼすか。

(中里　浩一)

■ 参考文献 ・・

Gabriel BM & Zierath JR (2019). Circadian rhythms and exercise — re- setting the clock in metabolic disease. *Nat Rev Endocrinol* 15, 197– 206.
West JB, Schoene RB, & Millede JS (2012). *High Altitude Medicine and Physiology*, Taylor & Francis Ltd.

■ 引用文献 ・・

1. Habeler P. "Ich bin kein Eroberer" Alpin Interview mit Peter Habeler 2008 [Available from: http://www. alpin.de/home/news/4873/artikel_das_ausfuehrliche_alpin- interview_mit_peter_habeler.html.
2. Lyons TW, et al. *Nature*. 2014. 506(7488):307–15.
3. Ainsworth BE, et al. *Med Sci Sports Exerc*. 1993. 25(1):71–80.
4. Dempsey JA, et al. *Physiol Rev*. 1982. 62(1): 262–346.
5. Lopez-Barneo J, et al. *Am J Physiol Cell Physiol*. 2016. 310(8): C629–42.
6. Samanta D, et al. *Wiley Interdiscip Rev Syst Biol Med*. 2017. 9(4).
7. Fernandez-Aguera MC, et al. *Cell Metab*. 2015. 22(5):　825–37.
8. West JB. *Am J Respir Crit Care Med*. 2012. 186(12):　1229–37.
9. Schofield CJ, et al. *Nat Rev Mol Cell Biol*. 2004. 5(5):343–54.
10. Jelkmann W. *J Physiol*. 2011. 589(Pt6):1251–8.
11. Mairbaurl H. *Front Physiol*. 2013. 4:332.
12. Braekkan SK, et al. *Haematologica*. 2010. 95(2):270–5.
13. Lasne F, et al. *Nature*. 2000. 405(6787):635.
14. Jelkmann W. *Eur J Haematol*. 2007. 78(3):183–205.
15. Jacobson LO, et al. *Nature*. 1957. 179(4560):633–4.
16. Haase VH. *Blood Rev*. 2013. 27(1):41–53.
17. Gruber M, et al. *Proc Natl Acad Sci U S A*. 2007. 104(7): 2301–6.
18. Nielsen R, et al. *Nature*. 2017. 541(7637):302–10.
19. Lopez S, et al. *Evol Bioinform Online*. 2015. 11(Suppl2):57–68.
20. Beall CM. *Proc Natl Acad Sci U S A*. 2007. 104(Suppl 1):8655–60.
21. Bigham AW. *Curr Opin Genet Dev*. 2016. 41:8–13.
22. Villafuerte FC, et al. *High Alt Med Biol*. 2016. 17(2):61–9.
23. de la Chapelle A, et al. *Proc Natl Acad Sci U S A*. 1993. 90(10):4495–9.
24. Morpurgo G, et al. *Proc Natl Aca Sci U S A*. 1976. 73(3):747–51.
25. Wu T, et al. *J Appl Physiol (Bethesda, MD)*: 1985). 2005. 98(2):598–604.
26. Gonzales GF, et al. *J Matern Fetal Neona*. 2012. 25(7):1105–10.
27. Chonchol M, et al. *Am Heart J*. 2008. 155(3):494–8.
28. Boffetta P, et al. *Int J Epidemiol*. 2013. 42(2):601–15.
29. Yi X, et al. *Science*. 2010. 329(5987):75–8.
30. Huerta-Sanchez E, et al. *Nature*. 2014. 512(7513):194–7.
31. Lorenzo FR, et al. *Nat Genet*. 2014. 46(9): 951–6.
32. Brand MD. *Biochem Soc Trans*. 2005. 33(Pt 5):897–904.
33. Schippers MP, et al. *Curr Biol*. 2012. 22(24): 2350–4.
34. Horscroft JA, et al. *Proc Natl Acad Sci U S A*. 2017. 114(24): 6382–7.
35. Porter RS, et al. *The Merck Manual*. 19 ed. Whitehouse Station, NJ: Merck Sharp & Dohme Corp, 2010.
36. Tansey EA, et al. *Adv Physiol Educ*. 2015. 39(3): 139–48.
37. Betz MJ, et al. *Diabetes*. 2015. 64(7): 2352–60.
38. Rosen Evan D, et al. *Cell*. 2014. 156(1): 20–44.
39. Li Y, et al. *Cell*. 2018. 175(6): 1561–74.e12.
40. Bartelt A, et al. *Nat Rev Endocrinol*. 2014. 10(1): 24–36.
41. Lieberman DE. *Compr Physiol*. 2015. 5(1):99–117.
42. Wang H, et al. *Temperature (Austin)*. 2015. 2(2):178–87.
43. Siemens J, et al. *Pflugers Archiv: Eur J Physiol*. 2018. 470(5):809–22.
44. Tan CL, et al. *Neuron*. 2018. 98(1): 31–48.
45. Song K, et al. *Science (NewYork, N Y)*. 2016. 353(6306):1393–8.

第 11 章

46. Zhao ZD, et al. *Proc Natl Acad Sci U S A*. 2017. 114(8): 2042–7.
47. Tan CL, et al. *Cell*. 2016. 167(1): 47–59.e15.
48. Hu Y, et al. *Br J Dermatol*. 2018. 178(6):1246–56.
49. Baker LB. *Sports Med (Auckland, N Z)*. 2017. 47(Suppl 1):111–28.
50. American College of Sports M, et al. *Med Sci Sports Exerc*. 2007. 39(2): 377–90.
51. Hew-Butler T, et al. *Front Med (Lausanne)*. 2017. 4:21.
52. Farrell MJ, et al. *Am J Physiol Regul Integr Comp Physiol*. 2013. 304(10): R810–7.
53. Nejsum LN, et al. *Proc Natl Acad Sci U S A*. 2002. 99(1): 511–6.
54. Gonzalez-Alonso J, et al. *J Physiol*. 2008. 586(1): 45–53.
55. Walloe L. *Temperature (Austin)*. 2016. 3(1): 92–103.
56. Takai K, et al. *Proc Natl Acad Sci U S A*. 2008. 105(31): 10949–54.
57. Bramble DM, et al. *Nature*. 2004. 432:345–52.
58. Mathieson I, et al. *Nature*. 2015. 528(7583): 499– 503.
59. Jablonski NG, et al. *Int J Paleopathol*. 2018. 23:54–9.
60. Key FM, et al. *PLoS Genet*. 2018. 14(5):e1007298.
61. Fumagalli M, et al. *Science*. 2015. 349(6254): 1343–7.
62. Teo W, et al. *J Sports Sci Med*. 2011. 10(4): 600–6.
63. Lok R, et al. *Sci Rep*. 2020. 10(1):16088.
64. Kline CE, et al. *J Appl Physiol (Bethesda, MD: 1985)*. 2007. 102(2): 641–9.
65. Wittmann M, et al. *Chronobiol Int*. 2006. 23(1–2):497–509.
66. Fischer D, et al. *PloS One*. 2017. 12(6): e0178782.
67. Leatherwood WE, et al. *Br J Sports Med*. 2013. 47(9): 561–7.
68. Partch CL, et al. *Trends Cell Biol*. 2014. 24(2): 90– 9.
69. Vitaterna MH, et al. *Science (New York, N Y)*. 1994. 264(5159): 719–25.
70. Preitner N, et al. *Cell*. 2002. 110(2): 251–60.
71. Hirano A, et al. *Nat Struct Mol Biol*. 2016. 23(12):1053–60.
72. Okamura H, et al. *Science (New York, N Y)*. 1999. 286(5449): 2531–4.
73. Guler AD, et al. *Nature*. 2008. 453(7191): 102–5.
74. McCarthy JJ, et al. *Physiol Genomics*. 2007. 31(1): 86–95.
75. Dyar KA, et al. *Mol Metab*. 2015. 4(11): 823–33.
76. Perrin L, et al. *eLife*. 2018. 7:e34114.
77. Schiaffino S, et al. *Skeletal Muscle*. 2016. 6:33.
78. Zambon AC, et al. *Genome Biol*. 2003. 4(10): R61.
79. Wang YX, et al. *PLoS Biol*. 2004. 2(10): e294.
80. Loizides-Mangold U, et al. *Proc Natl Acad Sci U S A*. 2017. 114(41): E8565–e74.
81. Dyar KA, et al. *PLoS Biol*. 2018. 16(8): e2005886.
82. Harfmann BD, et al. *Skeletal Muscle*. 2016. 6:12.
83. Hodge BA, et al. *eLife*. 2019. 8:e43017.
84. van Moorsel D, et al. *Mol Metab*. 2016. 5(8): 635–45.
85. Ezagouri S, et al. *Cell Metab*. 2019. 30(1): 78–91.e4.
86. Sato S, et al. *Cell Metab*. 2019. 30(1): 92–110.e4.
87. Nakahata Y, et al. *Cell*. 2008. 134(2):329–40.
88. Masri S, et al. *Sci Signal*. 2014. 7(342):re6.
89. Lamia KA, et al. *Science*. 2009. 326(5951):437–40.
90. Wu Y, et al. *Cell Metab*. 2017. 25(1):73–85.
91. Peek CB, et al. *Cell Metab*. 2017. 25(1):86–92.
92. Manella G, et al. *Proc Natl Acad Sci U S A*. 2020. 117(1):779–86.
93. Adamovich Y, et al. *Cell Metab*. 2017. 25(1):93–101.
94. Andrews JL, et al. *Proc Natl Acad Sci U S A*. 2010. 107(44):19090–5.
95. Dyar KA, et al. *Mol Metab*. 2014. 3(1):29–41.
96. Kelu JJ, et al. *Proc Natl Acad Sci U S A*. 2020. 117(49):31208–18.
97. Dyar KA, et al. *Mol Metab*. 2014. 3(1):29–41.
98. Watson AM. *Curr Sports Med Rep*. 2017. 16(6):413–8.
99. Laposky A, et al. *Sleep*. 2005. 28(4):395–409.
100. Ehlen JC, et al. *eLife*. 2017. 6:e26557.

第12章
がんと運動

Tormod S. Nilsen, Pernille Hojman, Henning Wackerhage

DOI: 10.4324/9781315110752-12

本章に寄稿頂いた Pernille Hojman のご冥福をお祈りいたします。

■ **本章の学習目標** ・・

本章では以下のことを学習する。

1. がん遺伝子の変異が，どのようにしてがん原性細胞をがんの様々な特徴を持つがん細胞に変化させるか。
2. がんの標準的な治療法について。
3. 身体活動とがんのリスクとの関係，がん患者における運動の効果について。
4. 運動の抗がん作用における確立されたメカニズムと潜在的なメカニズムについて。

はじめに

がんは比較的よくみられる疾患で，治療法は改善されているもののまだ不完全な状態である。世界保健機関（WHO）によると，2018年に世界で新たに診断されたがん患者1,810万人のうち，がんが原因で死亡した人は960万人と推定されている。10年間生存するがん患者はおよそ50％であるが，これはがんの種類によって著しく異なり，精巣がんは最も生存率が高く，膵臓がんは最も低い。欧米の多くの国においては乳がん，前立腺がん，肺がん，大腸がんが最も多くみられ，がん全体のおよそ半分を占めている[1]。

がんに対しては運動が推奨されており，いくつかのがんのリスクを下げ[2]，他の多くの疾患に対する有効な治療法でもある[3]。144万人の回答者のがんリスクに対する余暇の身体活動の影響を調査した研究では，26種類のがんのうち13種類において活動レベルが高いほどリスクが低いことが報告されている[4]。さらに，がん診断前後の運動は死亡率を低下させ[5,6]，がん患者の生活の質（QOL）を向上させるなど有益な効果をもたらす[7]。このように，運動はがん患者数を減らし，がん患者の治療に役立つ重要なツー

ルである。これらのエビデンスに基づき，米国スポーツ医学会（ACSM）などの団体が
がん患者の運動プログラムに関するガイドラインを発行し，がん患者が運動を勧められ
るケースが増えている[8]。

　本章では，まずがんとは何か，がんはどのように発生するか，一般的な治療法，その
後運動がもたらす可能性のある「抗がん」メカニズムについて解説する。まず，がんが
どのように発生するか，なぜがんがいまだに治療が困難な病気であるかを述べる。がん
は遺伝子の病気であり，正常な細胞をがん細胞に変えるいわゆるドライバー遺伝子が突
然変異によってどのように変化し，いわゆる「がんの特徴」を示すようになるのかも説
明する。そして，がんの標準的な治療法について，プレシジョンメディシンという考え
方も含めて紹介する。その後，主に身体活動とがんリスク低下に関連する観察研究を取
り上げ，がん治療としての運動を解説する。最後に，運動が持つ潜在的な分子的抗がん
作用メカニズムについて，運動によるがんの骨格筋の抗衰弱（悪液質）の可能性につい
て，分子レベルで議論する。

がんとは何か，なぜがんになるのか

　がんは突然変異によってがん遺伝子の DNA 配列が細胞の中で変化することによって
発生する。しかし，多くの突然変異はがん遺伝子の発現や機能を変化させないため，す
べての突然変異ががんを引き起こすわけではない。がん細胞に存在するが，がんには関
与しない変異を**パッセンジャー変異**と呼ぶ。一方，正常な細胞をがん細胞に変えてしま
う変異を**ドライバー変異**と呼ぶ[9]。

　がん遺伝子は，通常，以下に述べる細胞分裂，生存，成長，代謝といったがんの特徴
を制御するタンパク質をコードしている。がん遺伝子には，大きく分けて2つのタイ
プがある。

- **がん遺伝子**は変異促進により，がん機能を獲得する遺伝子
- **腫瘍抑制遺伝子**は，突然変異などで機能が失われるとがんが進行する遺伝子

　では，がん細胞は正常な細胞とどのように違うのだろうか。がん細胞は一般的にいく
つかのドライバー変異を持ち，それらは通常段階的に獲得され，正常な細胞をがん細胞
へ変化させる。このようながん細胞特有の性質は**がんの特徴**と呼ばれている[10]。

　がん細胞の特徴は以下の通りである。

1. 増殖（細胞分裂）：正常な細胞では増殖しないような状況においても増殖する。
2. 無制限の細胞分裂：正常な細胞にはいわゆるヘイフリックの限界がある（正常な
   ヒト細胞は寿命の間に 40 〜 60 回分裂するとそれ以上分裂できなくなる）。

がんと運動

3. 細胞死に対する抵抗性：アポトーシスなど通常の細胞死を引き起こす状況においても引き起こさない。

4. 成長が容易（同化作用）：正常な細胞よりも多く成長する。

5. 代謝の再プログラミング：多くのがん細胞はワールブルグ効果と呼ばれる解糖 – 同化代謝を正常細胞よりも多く行う。

6. 免疫回避

7. 転移：一部のがん細胞は元の部位から離れ，体内の別の場所に転移（元の部位から二次的に悪性化）を起こす。

8. 血管新生：血管が形成される。

9. 炎症：腫瘍（がん細胞の塊）によって引き起こされる。

10. ゲノム不安定性：染色体が娘細胞に異常に分割される。

　すべてのがん細胞が上記の特徴を示すわけではないが，通常，前がんである良性病変から悪性腫瘍へと進行する間にこれらの特徴を蓄積していく。

　DNA の突然変異ががんの主な原因であると仮定すると，これらの突然変異はどこから来るのだろうか。突然変異には，遺伝によるもの，環境因子（発がん性物質など）にさらされることによって起こるもの，細胞の複製や分裂，つまり DNA がコピーされ受け継がれる過程で起こるものがある。

　複製時に DNA 全体を複製する必要があるため，ほとんどの突然変異は細胞分裂の際にランダムに発生する。成体において，分裂は主に組織特異的な幹細胞で起こる。このような幹細胞は「起始細胞」や「がん細胞」になることが多い。数学者 Christian Tomasetti とがん遺伝学者 Bert Vogelstein は，組織内の自己複製細胞の推定分裂回数と，その組織でがんが発生するリスクをプロットし，r = 0.81 という強い有意な相関があることを報告した。これは，ほとんどのがんが「バッドラック（運の悪さ）」によって発生し，突然変異の頻度が細胞分裂の回数と強く結びついていることを示唆している[11]。つまり，ある組織で分裂している細胞が多ければ，その組織の発がんリスクは高いということになる。

　組織特異的な突然変異率は，タバコの煙や日光などの環境要因にさらされることでさらに上昇する可能性がある。環境因子（発がん物質や変異原など），遺伝，細胞分裂，すなわち DNA の 2 倍化は，がんドライバー遺伝子変異を含む変異を引き起こす可能性がある。同じ研究グループによるその後の分析で，環境因子，遺伝，複製が突然変異やがんの発生頻度にどのように寄与しているかが定量的に明らかにされた。その結果，細胞分裂の際に生じる突然変異がヒトのがんにおける突然変異の 2/3 を占めると結論づけられた[12]。また，原因物質が DNA に対してどのように変化を及ぼすかを示すパターンで

ある変異スペクトラムでは[13]，例えばタバコの煙に含まれる変異原は，通常肺などのタバコの煙にさらされた組織で検出可能な C-to-A 変異を引き起こすことがわかっている。

遺伝性の突然変異は**生殖細胞系突然変異**と呼ばれる。生殖細胞系突然変異の一例として，乳がん 1 型および 2 型感受性遺伝子（BRCA1／2）の突然変異や，腫瘍タンパク質 p53（TP53）遺伝子の変異であるリ・フラウメニ症候群があり[14]，生殖細胞系突然変異は体内のすべての細胞に起こりうる。

がん遺伝子とは何だろうか。また，なぜがんは良性から悪性の転移性がんに進行することが多いのだろうか。

変異したがん遺伝子について，2007 年にがんに含まれる 514 キナーゼの DNA 配列を決定し，がんの DNA と正常な DNA を比較した結果が報告された[15]。驚いたことに，最も変異が多かった遺伝子は，筋タンパク質であるタイチンをコードする TTN であった。タイチンは骨格筋と心臓にしか発現しておらず，がん細胞ではおそらくほとんど発現していない。したがって，がん細胞でタイチン遺伝子に変異があってもタイチンタンパク質が存在しないため，影響を及ぼさない。TTN の変異はこのように典型的な**パッセンジャー遺伝子変異**である。

がん遺伝子は，主に遺伝子機能の研究およびがんゲノムのバイオインフォマティクス解析の改良によって発見された[16]。最も頻繁に変異するがん遺伝子は「ゲノムの番人」とも呼ばれる腫瘍抑制因子，p53 である[17]。その正常な機能は，DNA に損傷を受けた細胞が増殖するのを防ぐことであり，p53 が失われると DNA に損傷を受けた細胞は増殖する。一般的ながん遺伝子は KRAS で，機能獲得型変異により高活性の KRAS タンパク質が生成され，がんの発生と増殖を促進する。KRAS の機能獲得型突然変異は，しばしば 12 位と 13 位のグリシンと 61 位のグルタミンを変化させ，KRAS タンパク質をより活性化させる[18]。多くの細胞種において，突然変異による p53 の欠損や，活性化による KRAS の獲得は，細胞をがんへと進行させる[18]。つまり腫瘍抑制遺伝子と腫瘍遺伝子は変異による不活性化または活性化によってその遺伝子が存在する細胞の選択的な増殖の優位性を高める遺伝子と定義される[19]。しかし，例外を除いて，1 つの遺伝子の機能変化による変異だけでは，がんを引き起こすことはできない。ほとんどの場合，本格的ながんの原因となる特徴を引き起こすには[10]，いくつかの変異が必要である[19]。

また，がんとダーウィン淘汰の間には多くの類似点がある。変異した細胞はそれぞれ存在する組織の「生態系」の中でダーウィンの淘汰を受ける。もしある細胞の突然変異がより多くの増殖やその他のがんの特徴を促進するなら，その細胞やクローンは他の細胞よりもその臓器の生態系の中でより拡大することになる[9]。さらに，腫瘍内のすべての細胞が種類や性質が同じではなく，異なるがん細胞の亜集団が一緒に「働く」ことも

ある。この現象は，がんではしばしば突然変異率が高くなること（遺伝的不安定性）とともにダーウィン淘汰と相まって，最終的にがんの不均一性をもたらす[20]。

がん細胞から腫瘍へ

　ここまでは，正常細胞が突然変異によってがん細胞に変化することを解説した。しかし，がん細胞だけでは腫瘍にはならない。がん細胞は増殖や転移を維持するために腫瘍環境を構成し，「正常」な細胞と共生関係を築く[21]。これら正常細胞には，主に線維芽細胞，内皮細胞，免疫細胞などがあり，その他にも多くの細胞が存在する。

　線維芽細胞はコラーゲンなどのマトリックスタンパク質を大量に分泌し，細胞外マトリックスを維持し，腫瘍の足場をつくる。多くの腫瘍は細胞外マトリックスが硬いため入り込みにくく，また組織の深い部位にない場合は触診可能である。増殖が早く代謝が活発ながん細胞では，栄養や酸素の供給も強く求められる。しかし，腫瘍の毛細血管網は非常に不規則であり，血液の灌流が不十分な発芽血管で構成されていることが多い。このような未熟な毛細血管網は腫瘍への栄養，酸素，免疫細胞の浸潤が不十分となり，特に抗がん剤の静脈内の投与が困難となる。また酸素の供給が少ないと腫瘍内に低酸素領域が生じ，この領域は突然変異の発生率が高く，がん細胞の転移を促進することが知られている。

　最後に，免疫細胞の浸潤は腫瘍の環境において重要な役割を果たす。細胞障害性免疫細胞，すなわち NK および CD8 T 細胞はがん細胞の根絶を通じて腫瘍の成長を制御するように働き，腫瘍内にこれらの免疫細胞が多く存在することは予後の良好さと関連がある。一方，他の免疫細胞のサブタイプは腫瘍内微小環境の炎症性プロファイルを増加させる可能性がある。もし制御されないまま放置されれば，この炎症性環境は様々な成長因子の放出を通じて腫瘍の成長を促進する可能性がある。このプロセスは創傷治癒を模倣しており，腫瘍は「治癒しない傷」と表現されてきた[22]。

現在のがんの治療法

　がん治療の主な目的は，正常な細胞を残しながら悪性のがん細胞をすべて除去することである。近年，抗がん剤治療が進歩しているにもかかわらず，根治的切除術（外科的に腫瘍を完全に切除すること）ががん治療の主な選択肢と考えられている。しかし，他のアプローチもいくつかあり，ほとんどの場合進行したがんをコントロールし，がんのステージをコントロールするのに有効な手法となっている。そのため，多くの患者は何

第 12 章

年もがんと共存することが可能になっている。

一般的ながんの治療法を以下に示す。

1. **手術**：がんの早期発見後（理想的には），がんとその周囲の組織の層を切り取る。手術はがん細胞を取り除くだけでなく，「切除断端」の外側や循環器内に存在するがん細胞を取り除くために，術前，術後に補助・追加化学療法などを併用することが多い[23]。

2. **化学療法**：がん細胞の発生にかかわる重要な特徴を狙い，薬剤を単独または組み合わせて使用する。化学療法の歴史は，第二次世界大戦中にリンパ腫患者に寛解をもたらしたナイトロジェンマスタード化合物から始まった。開発された化合物は，手術や放射線治療の補助療法としても使われるようになった[24]。

3. **放射線治療**：放射線照射によって，すべての細胞で活性酸素が発生し，DNA 損傷，オルガネラ損傷，オートファジーなど，直接的，間接的に細胞ストレスを引き起こす[25]。正常細胞はがん細胞よりも強い抗酸化力を持つため，放射線治療は正常組織を温存しつつ，放射線でがん組織を破壊することを目的として用いられる[26]。

4. **ホルモン療法**：エストロゲンやアンドロゲンなどの性ホルモンを低下させ，ホルモン受容体の有無に依存する前立腺がんや乳がんなど，ホルモン感受性の高い腫瘍を治療するために用いられる[27]。

5. **免疫療法**：免疫細胞（T 細胞等）をがん細胞に対して向けることを目的とする[28]。例えば，いくつかのがん細胞は膜タンパク質 PD–L1 を発現しており，このタンパク質は T 細胞の細胞障害作用を制御するプログラム細胞死タンパク質 1 のリガンドである。このため，悪性黒色腫のようながんでは，がん細胞が免疫反応を「オフ」にして免疫系による検出を回避することができる。チェックポイント阻害剤と呼ばれる種類の薬剤を使用することで，がん細胞上の PD–L1 がブロックされ，腫瘍が免疫細胞によってより容易に検出されるようになる。

6. **血液細胞を置換するための幹細胞移植**：採取した自己幹細胞またはドナー幹細胞から移植（同種移植）する。高投与量の高用量化学療法後に使用される。血液がんや骨髄がんなどで高用量化学療法を行った後に行われる。

手短にいえば，がんの一般的な治療法は，腫瘍を切り取ってすべてのがん細胞を除去すること，がん細胞そのものを標的とすること，あるいは抗血管新生（血管形成阻止）治療や免疫療法により免疫系ががんをより積極的に攻撃するようにすることで，腫瘍に対抗できるよう微小環境を変化させることを目的としている。問題は，これらの治療法の中には正常な細胞も影響を受けるものがあることである。例えば，細胞毒性の化学療法は，分裂しているがん細胞だけでなく，腸や毛包の細胞など，分裂している他の細胞

も殺してしまう。その結果，化学療法による脱毛や胃腸障害など，急性の副作用をしばしば引き起こす。

がん細胞の標的化において，最近の戦略としては**精密医療**，あるいは**個別化医療**がある[29]。精密医療の考え方は，「個人のばらつきを考慮した予防・治療戦略」を用いることである。前述したように，同じ種類のがんでもドライバーとなる変異が異なるため（がんの不均一性）[16]，がんはこのアプローチのよい例といえる。次世代シーケンサーを用いることで，研究者は個々のがん患者におけるドライバー変異を特定することが可能になる。また，がんにおける個別化医療の例として，慢性骨髄性白血病と診断された患者におけるフィラデルフィア染色体の発見を挙げることができる。1959年，骨髄性白血病と診断された患者において，9番染色体が異常に長く22番染色体が異常に短いことが発見された。この「正常」染色体からの逸脱は，2つの染色体間の遺伝子の相互転座に起因していた。チロシンキナーゼをコードするABL1遺伝子が第22染色体から第9染色体へと転座し，BCR–ABL1遺伝子が形成されたのである。その結果，DNA結合が損なわれ細胞分裂が無秩序に行われるようになる。この知見に基づき，がん細胞にアポトーシスを誘導する特異的なBCR–ABL1チロシンキナーゼ阻害剤であるイマチニブが開発された。これは遺伝子精密医療の一例であり，フィラデルフィア染色体陽性慢性骨髄性白血病と診断された患者の予後を劇的に改善した[30]。

しかし，精密医療が他のがんを治す戦略であるかは明らかではない。変異したがん遺伝子は他の細胞でも活動しており，標的治療によって正常な細胞の機能が変化し副作用が生じる可能性があるからである。また，実際の治療の進歩が遅いこと，複数のドライバー変異を持つ患者での薬剤のテスト，医療費の負担などが，精密医療の成功を制限しかねない重要な課題となっている[31]。

がんの連続体と運動

がんは個々の細胞の突然変異から発生し，周囲の組織と相互作用して微小環境を形成し，最終的には転移という過程を経て広がっていく。患者の立場からするとがんと診断された時点ですでに腫瘍が形成され，場合によっては転移も始まっている。ほとんどの患者は，がんと診断された時点から一次治療（手術や放射線治療），補助療法（化学療法，抗ホルモン療法，標的治療）を経て，がん罹患後の生存期のサバイバーシップと呼ばれるフェーズに移行する（がんの連続体）（**図12.1**）。

進行がんの患者では治療法がない場合もあり，その場合には延命と痛みの軽減を目的とした緩和治療を受けることになる。治療に耐えられるのであれば，患者によっては数

図 12.1 がんの連続体は発見，一次治療，無病生存，または疾患の拡散と緩和を伴うがんサバイバーシップから構成されている。運動は診断前の特定のがんリスク低下，治療に対する患者の準備（プレハビリテーション），がん関連疲労などの治療による副作用の軽減，再発やその他の治療の後期障害リスク低下など，様々な役割を担っている。各段階には運動の機会があるが治療特有の境界線も存在する。Hojman et al[32], Molecular Mechanisms Linking Exercise to Cancer Prevention and Treatment, Cell Metabolism, 2018 Jan 9;27(1): pages 10-21. Hojman P, Gehl J, Christensen JF, Pedersen BK Copyright (2017/2018) より，Elsevier の許可を得て転載。

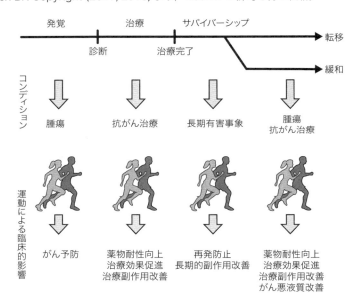

年間続けることもある。このような経過は，入院，全身療法，治療毒性，精神的苦痛，身体的苦痛，疲労（がん関連疲労）などによって特徴付けられ，これらはすべて患者の運動能力に影響を与える可能性がある。したがって，がん患者を対象とした運動介入を行う際には，様々な種類のがん，抗がん剤治療，がんの経過の段階などを考慮することが不可欠である。

　がんの連続体を考慮すると，運動による介入は治療段階と関連したタイミングを考慮する必要がある。乳がんの発症リスクが高い健康な人を対象に，いくつかの予防試験が実施されている。これらの試験は，運動トレーニングによって全身的な危険因子，特に性ホルモンレベル（エストロゲンなど）を低下させることにより，乳がん発生率を低下させることを目的として実施された。運動トレーニングによって，特に体重減少を伴う場合には，性ホルモンレベルの適度な減少が可能なことが実証された。しかし，運動に

よる乳がん危険因子の標的化が乳がん罹患率の低下，乳がん発生率の低下につながるかどうかは，より長期的な研究によって明らかにする必要がある。

術後補助化学療法中にも運動介入試験が多く実施されており，乳がん患者の症状コントロールが主な目的となっている。しかし，今後は治療毒性（がん関連疲労，QOLの低下，リンパ浮腫，神経障害，疼痛など）の減少および用量削減（指定された用量の薬剤を受ける患者数の増加）に焦点を当て，実施していくべきだろう。現状，がんに対して運動が違い（疲労の軽減，QOL低下の防止など）をもたらすことが既に確立されている。しかし，治療耐性や治療量減少の防止などでは科学的根拠は十分に得られていない。実際，前臨床データでは有酸素運動は腫瘍の血管新生を増加させる可能性があり[33,34]，理論的には循環投与される抗がん剤の効果を高める可能性があることが示唆されている。しかし，臨床試験によるデータはまだ不足している。

がん治療の一連の流れにおいて，運動トレーニングは既に広がっているがんの毒性を減弱させ，副作用を改善し，生存率を向上させる可能性がある。しかし，進行期のがん患者が運動トレーニングを実施できることを示す研究はいくつかあるものの，まだ十分に研究されていない。

がんの予防と治療のための運動：介入研究と観察研究

がん患者は運動できるのか，症状に影響はあるのか

30年前，がん患者は治療中安静にして体を動かさない方がよいと考えられていた。これは術後補助化学療法を受けている女性を対象に，最初の臨床運動試験を実施したWinninghamとMacVicar（1988）の研究ではじめて覆された。運動は安全で実行可能であり，身体機能と患者により報告された症状の改善（運動者では対照被験者よりも吐き気の感覚が少ない）と関連することが示された。この研究以来，がん患者における運動の安全性と実現可能性，および一次抗がん剤治療中やその後の治療に関連した副作用を改善する能力があることが，数多くの報告で実証されている。この幅広いアプローチの例として，がん患者を対象とした運動介入試験で実施されたエンドポイントの範囲は膨大なものである。フィットネスレベル，酸素消費量，筋量，筋力などの運動トレーニングの直接的な生理学的効果から，機能的能力や身体組成などの運動関連の結果，QOLや疲労，うつ，不安，能力向上，自尊心のレベルなどの生物学的・心理社会的結果まで含まれる。病気の再発やがん特異的死亡率などの重要な臨床研究はまだ完結していない。しかし，現在これらの臨床的に重要なエンドポイントを対象とした研究が実施されている。

第12章

　これらの知見の大部分について，がん患者やがん生存者は運動トレーニングを行う健常者と同様の反応を示すと考えられる。これらの適応の基礎となるメカニズムは，一般的な運動生理学の文献で知られているものと同じと考えられる。しかし，特に筋量の適応については，抗がん剤治療が適応的なトレーニング反応に影響を与えることが示唆されている。例えば除脂肪体重の減少を伴うアンドロゲン除去療法を受けている前立腺がん患者において，レジスタンストレーニングやレジスタンスと持久力を組み合わせたトレーニングに参加すると，筋に対する反応が大きく変化し大きな個人差が生じることがわかっている。期待通りの反応を示す患者もいれば，大量のトレーニングを行っても全く反応しない（筋量に変化がない）こともある。運動に関する文献では「レスポンダー」と「ノンレスポンダー」という用語がよく使われ，研究参加者群内の同様の運動に対する反応の不均一性を示しているが，抗がん剤治療に対する反応も同様に患者間で不均一性があると推測される。このことは，治療中のがん患者において観察される運動に対する反応が非常に不均一であることを説明するのに役立つと思われるが，これを確認するためにはより多くのデータが必要である。運動ががんに及ぼす直接的な影響について，またこの相互作用と運動ががん治療として果たす役割については，まだ研究の初期段階にある。

（宇野　博之）

運動とがん罹患率，がんの進行について：観察研究で得られたデータから

　近年，定期的な身体活動やトレーニングはがんへの罹患，疾患の再発や総死亡率などのリスクを低下させることが，観察研究によって示されている。また身体活動レベルは，大腸がんや閉経後の乳がん，子宮体がんへの罹患リスク増減と関連する可能性があると報告されている[35]。Moore らは 144 万人を対象とした大規模な観察研究において，身体活動レベルが高いほど食道，肝臓，胃，腎臓，血液，頭頸部，直腸，膀胱などの多様ながんへの罹患リスクが低いことを報告している[4]。これらの報告を踏まえると，低い身体活動レベルはがん罹患リスクの上昇と関連し，高い身体活動レベルは様々ながんへの罹患リスク低下（ただし皮膚がんを除く）に関連する可能性がある[4]。一方で，皮膚がんはこれに該当しない。その理由として，身体活動の高い人は屋外で活動する機会が多く，紫外線にさらされる時間の増加が皮膚がん発症リスクの上昇と関連する可能性が指摘されているためである[36]。

　同様に，Fridenreich らは乳がん，大腸がん，前立腺がんと診断された患者を対象とした 26 種類の研究において，身体活動レベルが最も高い患者と，最も低い患者のがん再発率を比較した。その結果，最も活動レベルの高い患者では，がんの再発リスクが減少することが明らかとなった[37]。

したがって，身体活動を増加させることは，がんへの罹患リスクを下げるのに役立つということが証明されつつある。さらに，がんと診断された後に運動を継続した場合には，がん患者の生存率向上に寄与する可能性がある。自己申告の身体活動レベルと，乳がんによるがん特異的死亡リスク，および総死亡リスクとの間に逆相関があることは，Holmes ら（2005）の研究で明らかになった。現在では，いくつかの悪性腫瘍（がんの種類）を対象とした疫学研究によって，同様に負の相関関係が示されており，身体活動が大腸がんや乳がん，子宮内膜がん，前立腺がんなどのがん関連死亡率を減少させるという強い根拠が明らかにされている[38]。システマティックレビューでは，乳がんや大腸がんにおいて，診断前または診断後の身体活動が，がん特異的死亡率や総死亡率の低下と関連することが強く示されている[5]。また，293,511 人のがん患者を対象とした大規模な前向き研究では，診断前の身体活動レベルが高い人ほど，大腸がん，肝臓がん，肺がん，ホジキンリンパ腫による死亡リスクが低いことも示されている[6]。最後に，乳がん患者（survivors）23,041 人を対象とした最近のメタ解析によると，自己申告による身体活動レベルが高い患者では，身体活動レベルが低い女性と比較して死亡リスクが42%減少すること（ランダム効果 HR = 0.58，95% CI：0.45-0.75）が報告されている[39]。これは横断的研究であるため因果関係を完全に明らかとすることは難しいが（患者の中には，単により健康であったりがんや治療による影響が少ないために身体活動が活発な人がいる可能性を排除できないなど），身体活動レベルの増加は，がん患者の生命予後を改善させる可能性があることを示唆している。

注意点すべき点としては，身体活動の増加や運動習慣ががん病態の進行に作用すると認識されている報告の多くは，あくまでも関連するか否かということのみを示しており，因果関係を証明するものではないということである。したがって，今後明らかとすべき課題として下記のような内容が挙げられる。運動が腫瘍の発生と成長に直接影響するのか，あるいは運動による抗がん作用は間接的なものであって，運動により他の組織の生理機能が向上したことに起因するのか。例えば，運動により生じる体脂肪量の減少によるのか（過度な体脂肪量ががんの危険因子であるといった報告もある）[40]，あるいはまた別のメカニズムが関与するのか。また，がん診断後早期の薬物治療への効果に影響することを考えると，運動によって身体活動レベルを高めることは常に良い方向に作用するのか，ある状況下では有害なものとなりうるのか，といったことも検討すべき課題といえる。

運動による抗がん作用のメカニズムには何が影響しているのか

動物実験によって明らかにされた様々な科学的根拠は，運動やトレーニングががんによる腫瘍の成長を抑制することを示している。最初の報告は 1943 年に実施されたもの

第 12 章

である（Rusch and Kline, Cancer Res 1943）。Rusch と Kline はマウスを回転ケージ
で 1 日 16 時間走行させ，移植した線維肉腫の成長が著しく滞ることを見出した。その
9 年後，Rashkis（Rashkis, Science 1952）は，マウスを 1 日約 1.5 ～ 4.25 時間水泳
させると，エールリッヒ腹水がん細胞を投与したマウスの腫瘍増殖が鈍化することを報
告した。近年，運動ががんに及ぼす影響を実験動物で検証する研究が盛んに実施される
ようになり，Ashcraft らによって包括的なレビューも報告されている[81]。

　実際に，腫瘍に対する運動の効果は，以下のがん発生における 3 つの基本的な事象
によって検討することができる。①正常細胞の突然変異と腫瘍の定着，②腫瘍の成長，
③転移の評価。以下，これらについて述べていく。

運動が与えるがん細胞への突然変異と腫瘍定着率への効果について

　観察研究で示されたように，多くのがんへの罹患リスクが低下することと一致して，
動物実験においても，運動やトレーニングががん発生率を低下させることが示された。
こういった実験では，マウスに発がん性の遺伝子変異を持たせ，時間をかけて身体内に
腫瘍を形成させる遺伝的腫瘍モデルが汎用される。このモデルを用いた実験では，回転
ケージを用いた自発的な運動，強制的なトレッドミル走行，水泳など様々な種類の運動
方法が用いられ，その多くの研究では，運動やトレーニングが腫瘍の発生率や増殖を低
下させたことが示されている（Colbert et al, 2009 および McClellan et al, 2014）。

　現時点で，運動が正常細胞の突然変異に影響を与えることを裏付ける証拠は不明であ
る。しかし，すべてのがんのうち 2/3 程度では，主に細胞の異常増殖によってがん細
胞への突然変異が誘導されると考えられている。したがって，運動により細胞異常増殖
を変化させることで，がんの発生頻度に影響を与える可能性も考えられる。また，がん
細胞への突然変異のもう 1 つの原因としてゲノムの不安定性が考えられ，この現象に
はテロメアの長さが関連する可能性がある。テロメアは生物が保有する染色体の末端に
存在する。テロメアは細胞分裂に伴ってその長さが短縮し，最終的にテロメアの短縮が
頭打ちとなることは，細胞老化が生じ，細胞の分裂がその時点で停止することを意味す
る。例えば，Puterman ら（2010）は運動がテロメアの短縮を抑制する可能性を発見
し[41]，その後 Sjögren らは身体活動量とテロメアの長さは関連することを明らかにし
た[42]。しかし，運動習慣がある場合のがん発生率の低さと，細胞の異常増殖によるテ
ロメア長の増加との因果関係は，未だ明らかになっていない[43]。

　一方で，運動やトレーニングは外的な要因による正常細胞突然変異の発生率に影響を
与える可能性は十分に考えられる。これは賛否両論あるが，がんを誘発する正常細胞
突然変異のうち 29％は外的な要因に関連していると考えられている[44]。予防医学の観

404

点では，がん罹患へ繋がりうる外的要因を避けるため，特殊環境下の発がん物質への暴露の回避や禁煙がうたわれる場合が多い。しかし，健康的な食生活や十分な運動量などの生活習慣も，重要で比較的修正可能な要因である。例えば，2008 年に発表されたMcTiernan らの代表的な論文では，身体活動によって性ホルモン，インスリン，IGF などのがん危険因子となりうる液性因子や炎症性マーカーなどを減少させることによって，がん罹患リスクの低下に寄与する可能性が示されている[45]。

　しかしそうしても，がんの原因となる正常細胞の突然変異は誘導され，ごく小さな腫瘍は発生する。その際，我々の免疫機構は，発生した初期段階の腫瘍を検出可能なレベルにまで増大する以前に除去するという大きな役割を担っている。実際に，腫瘍内における細胞障害性 T 細胞やナチュラルキラー細胞（NK 細胞）の出現数が多いか否かは，予後が良好か否かと関連する[46,47]。一方で，がん細胞自体は，免疫細胞の細胞傷害活性を制御する PD-L1 など，免疫細胞阻害リガンドを発現していることが多い。また，浸潤する免疫細胞の機能を抑制する TGF-β や，その他のサイトカインを高濃度で分泌する場合もある[48]。運動やトレーニングは我々の免疫機能に大きな影響を与え，自然免疫機構の働きが迅速かつ効率的に作用し，誘発された炎症を抑制する。げっ歯類を対象とした自発的回転ケージ運動の実験では，体内で循環している免疫細胞が腫瘍へと誘導され，腫瘍に浸潤した NK 細胞の細胞傷害活性が高められることが示された[49]。さらに Rundqvist らはその後に発表した別の論文において，回転ケージ運動は I3TC がん細胞を投与したマウスにおける腫瘍形成の減少に寄与すること，CD8 T 細胞が減少すると回転ケージ運動による抗がん作用が消失することを発見し[50]，運動によるがん抑制効果には機能している免疫細胞が必要であることが示唆された。まとめると，運動によるがん罹患リスク減少効果の一部のメカニズムは，血中の液性因子の変化と免疫細胞の動態や活性化状態に起因する可能性が考えられる。これらはがん細胞の増殖や成長を遅延させ，腫瘍の初期段階での検出を向上させることに役立つ可能性がある。

運動が腫瘍の成長に与える影響

　大部分の非臨床試験において，運動が腫瘍サイズの変化にもたらす効果が検証されている。このような基礎研究は，1940 年代に Rusch と Kline が報告した強制的な走運動がマウスの腫瘍増殖にもたらす効果を報告したところから，現代まで多くの研究者によって実施されている[51]。カロリー制限が腫瘍の発生を抑制する効果をもたらすことは既に知られており，エネルギー消費を増加させた場合でも同様の効果をもたらすのではないかと Rusch と Kline は仮定した。彼らは，運動群のマウスには回転ケージを用意し，対照群には回転ケージを設置せず，がん細胞を皮下投与した場合の腫瘍の成長を

第 12 章

比較した。その結果，回転ケージで運動させたマウスでは腫瘍の成長速度が遅くなることが示された。その報告以来，様々な運動が腫瘍の成長抑制に繋がることが，数多くの研究によって確認されている。これらの研究では，腫瘍形成は細胞死と細胞増殖との釣り合いによって成り立つことから，運動によって腫瘍サイズが変化するということは，その成長抑制のために様々なメカニズムが作用している可能性が考えられる。

異常な細胞増殖の遅延と細胞死の誘導

Leung らは，2種類の異なる前立腺がん細胞株（LNCaP と LN–56）由来のがん細胞を，運動を実施した男性と実施していない男性の血清中で培養し，血清中での全身性の分泌因子ががんの細胞分裂（腫瘍の成長）と細胞死に及ぼす影響を検討した[52]。今回用いた細胞株のうち LNCaP 細胞から派生した LN–56 細胞は，遺伝子のドミナントネガティブ変異により，p53 がん抑制遺伝子の機能が阻害された状態である。興味深いことに LNCaP がん細胞は，運動した男性の血清中で培養すると，細胞の複製に関連するタンパク質マーカーが，運動していない男性と比較して 30％程度減少していた。この結果から，運動後の血清に含まれる何かしらの分泌因子が，がん細胞の増殖速度を遅延させる可能性が示された。またアポトーシスによる細胞死が 371％増加し，それに伴い p53 の発現量も 2 倍増加しており，運動により分泌された因子はがん細胞の成長を遅延させるだけでなく，細胞の自己破壊を誘導して一部がん細胞の破壊に寄与することを示していた。一方で，p53 の機能を持たない LN–56 細胞を培養した場合には，上述したような変化は認められず，運動により全身性に分泌される因子ががん細胞の増殖抑制やアポトーシスを誘導するためには，p53 の機能が重要であることが示唆される。後に，この効果は運動していない男性の循環 IGF–1 の高濃度が間接的原因であったことを，同じグループが明らかにした[53]。しかし，運動後の IGF–1 濃度の急激な上昇は，骨格筋の適応を促進するが，がんへの罹患リスクに寄与するわけではないことには注意が必要である。だが，IGF–1 はがん細胞の増殖を促進し異常細胞のアポトーシスを抑制する作用を持つため[55]，IGF–1 濃度が常に上昇した状態にあると，特定のがんへの罹患リスク上昇に関連するといえる[54]。

マウスに A549 肺腺がん細胞を投与し，回転ケージで運動させる場合とさせない場合を比較すると，運動させたマウスにおいて p53 の発現量が増加することが，Higgins らによって示されている[56]。回転ケージで運動したマウスでは，腫瘍抑制因子である p53 の発現上昇と，カスパーゼ 3 の活性化が促された細胞が約 3 倍にまで増加することによって，がん細胞の成長速度が遅くなることが示された。カスパーゼの活性化は，アポトーシスマーカーの 1 つとして認識されている。このカスパーゼの活性化は，運動を実施したマウスの血清中での乳がん細胞（MCF–7 細胞）の培養において，腫瘍の

成長を抑制するメカニズムの1つとして考えられている[57]。

　まとめると，運動は腫瘍の成長に影響を与えることが，*in vivo* および *in vitro* の両実験によって示されている。その理由として，細胞周期の活性を低下させ，特に異常細胞のアポトーシスを増加させることに寄与すると考えられている。運動は，p53 の発現上昇を通して細胞周期の調節を円滑にする。そして細胞ストレスや DNA 損傷に応答して異常な細胞周期を停止させ，DNA の修復やアポトーシスの誘導を通じて，ゲノムの安定性を維持すると考えられている。

免疫機構の破綻

　がん細胞が生存し増殖し続けるためには，宿主の免疫応答を回避する必要がある[58]。実際，腫瘍細胞は受容体リガンドの阻害，TGF-β などの免疫抑制因子の分泌など，様々な戦略で免疫細胞による抗原の認識や免疫細胞の動員を低下させる[48,59]。しかし現在では，急性の運動と継続的なトレーニングが，循環血液中[60]や身体の各組織に存在する免疫細胞の質と量を変化させることがよく知られている[61,62]。運動と免疫に関する研究により，運動は免疫細胞の動員能を改善し，細胞傷害活性を増加させることで，腫瘍の発生を抑制する可能性も示された。例えば Pedersen らは，回転ケージ運動によって NK 細胞が動員され，その結果マウスにおける腫瘍の成長が減少することを報告した[49]。さらに Abdalla らは，運動によって免疫細胞による腫瘍抑制が促進されることを明らかにした[63]。具体的には，運動が腫瘍形成を活性化させる白血球やマクロファージ（IL-4, IL-10, TGF-β を発現する細胞）の数を減少させ，腫瘍抑制に寄与する細胞（インターフェロン-γ，IL-2，IL-12，TNF-α を発現する細胞）の発現を増加させる。このように，運動が免疫応答を調節し，がんの抑制に関与する可能性が示されている。しかし，そのメカニズムや臨床的な意味は未解明な点が多い。

代謝変化

　本章前半で述べたように，腫瘍細胞は正常な細胞と比較して，代謝動態が変化していることが以前より認識されている。腫瘍は，好気的条件下であっても解糖速度が亢進するように代謝を変化させる。この変化において重要なことは，解糖系によって産生された中間体や他の代謝産物を，がん細胞の増殖に必要な基質として利用可能だということである[64]。さらに，腫瘍を形成するようながんの血管は無秩序で未熟であるため，がん細胞の多くは低酸素環境下で生存することが可能であり[65]，このことから上述したエネルギー代謝応答が通常とは異なることを説明できる。解糖系によるエネルギー代謝によって乳酸が蓄積され，その結果，免疫抑制にかかわる免疫応答の促進，転移を伴う

407

第 12 章

腫瘍細胞の浸潤など，腫瘍形成に有利となるような反応が誘導され，実際にこれらは臨床で観察される症状と関連することが知られている[64,66]。

運動はエネルギーを大量に消費することが多いため，身体のエネルギー代謝に劇的な変化をもたらす。腫瘍が正常な細胞と同様に身体内における一連のエネルギー代謝に依存することを考慮すると，運動によるエネルギー代謝の変化は，腫瘍細胞内のエネルギー代謝をも変化させるといえる。例えば，7週間のトレッドミル走は，MC4–L2乳がん細胞を投与したマウスの腫瘍の成長を抑制した[67]。その際，乳酸，モノカルボン酸トランスポーター1，乳酸脱水素酵素A（LDH–A）の減少も確認された。特に乳酸，モノカルボン酸トランスポーター1，LDH–Aは，低酸素状態となった乳がん細胞で発現が増加することが示されている[68,69]。したがって，マウスに7週間のトレッドミル走を実施することで観察された乳酸濃度の低下は，がん細胞におけるグルコースの利用能が低下し，代謝速度の遅いエネルギー基質（脂肪酸など）によるエネルギー供給に移行した結果であるか，あるいは以下に述べるように，血管形成の促進により，腫瘍内への血流が増加したためであると考えられる。

運動により惹起される代謝変化に，腫瘍のエネルギー代謝が影響を受けやすいことを示唆する臨床研究はいくつか存在する。特に，元来代謝回転の高い腫瘍細胞では，運動による影響も受けやすいようである。端的に説明すると，腫瘍では利用可能なエネルギー基質が少ないため，運動による代謝変化に適応できるようがん細胞自身でエネルギー代謝能を変化させたとも推察できる。しかし，このような変化が，腫瘍の成長や他の組織への転移率にどのように影響するかは，十分には明らかにされていない[32]。

腫瘍での血管新生と微小環境の正常化

腫瘍における血管は，正常な組織とは構造的にも機能的にも異なるという意味で，「異常」であるといわれている。腫瘍における血管新生に異常が生じた結果，腫瘍は酸素供給が不十分となり[70]，低酸素環境下での腫瘍細胞の成長が実際のがん病態として出現し，また転移のリスクを増加させる[71]。腫瘍内における低酸素部位が広いことは，放射線治療に対する反応性が低いことと関連付けられている[72]。さらに，薬剤の静脈投与によるがん治療法では，治療効果は血液循環能力に依存する[71,73]。

興味深いことに臨床試験では，有酸素運動が腫瘍の血液灌流を促進することが示されている。McCulloughらは，放射性核種標識マイクロスフェア法を応用して，前立腺がん担がんラットの前立腺腫瘍内の血流や血管抵抗性に対する有酸素運動に対する急性的な効果を評価した[74]。その結果，有酸素運動中に正常な前立腺組織への血流量は減少し，それとは逆に前立腺腫瘍への血流量は増加した。McCulloughらはその理

由として，正常な組織で血管収縮が生じ，腫瘍内の異常な血管を通る血流量も増加したためと考察している。また，腫瘍細胞内への血流量の増加によって腫瘍内の低酸素状態は減少し，がん細胞の働きや生存率の低下へと繋がり，臨床的に有用である可能性が示された。さらに Jones らはこの仮説を検証するために，前立腺がんの同所移植マウスを用いて，自発的回転ケージ運動が腫瘍の成長や転移にもたらす効果を検討した。また，運動によるがん細胞の増殖抑制のメカニズムについても検討しており，この実験では MRI を用いて腫瘍への血流量を評価した[33]。その結果，運動したマウスと運動していないマウスの原発巣での腫瘍成長速度は同等であったが，運動による血液量の増加は転移関連遺伝子の発現低下と関連することが示された。また，運動による HIF–1 の活性化と VEGF の発現増加（**第11章**参照）は，腫瘍内への血流量の増加や，腫瘍内の血管形成後の血管の成熟度の向上と関連することも確認された。ただし，低酸素下における腫瘍での HIF–1 の活性化は，通常であれば異常な血管新生や血管形成，血流障害をもたらす[75,76]。したがって，あくまでも運動による HIF–1 の活性化が，血液流入量を増加させ，悪性度の低いがん細胞へと変化させるという，通常とは逆の効果をもたらす可能性があるということを述べておく。

　さらに，運動は代謝産物[77]や様々なタンパク質[78]など，血中の様々な潜在的シグナル伝達分子の濃度を変化させることもよく知られている（**図12.2**）。腫瘍細胞が運動により変化するような分子シグナルの受容体を発現するとするならば，腫瘍における血流量の増加が腫瘍細胞に大きな影響をもたらす可能性がある。

　同様に，腫瘍への血流量の増加は，特定のがん治療で用いられる薬剤投与法において，薬物の腫瘍への輸送のような治療的効果をもたらす可能性もある。例えば Betof らは，マウス由来の 4t1 乳がん細胞を乳腺に同所移植したマウスを対象として回転ケージ運動を実施し，腫瘍の成長速度や血流量，低酸素状態，血管新生，アポトーシスに関連する因子にもたらす効果を検証した[34]。回転ケージ運動を実施したマウスでは，実施していないマウスより腫瘍の成長速度が遅く，アポトーシス関連マーカーを発現する腫瘍細胞も増加していた。さらに，回転ケージ運動を実施したマウスから採取した腫瘍では，微小血管の密度が増加し，低酸素状態の部位が減少していた。また運動を実施したマウスと実施していないマウスに対して，シクロホスファミド投与による化学療法を実施したところ，その治療効果が増強した。Betof らは，この効果のメカニズムとして，腫瘍への血液流入量が増加し，その結果がん細胞への薬剤の取り込みが増加した可能性を述べている。同様の結果は，Schadler らによっても報告されており，また彼らはなぜ有酸素運動が腫瘍内血管系を正常化させるかというメカニズムについても考察している[79]。有酸素運動による血管壁への機械的刺激（剪断力）は，血管内皮細胞でのカル

図 12.2 （**A**）運動が腫瘍に影響をもたらす反応において，血液循環は深く関連する。（**B**）血液成分の内訳は代謝産物，タンパク質，血球である。（**C**）運動の影響を受けた血液は腫瘍細胞へ流入し，がん細胞の挙動や薬物感受性，免疫チェックポイントに影響を与える。図は Creative Commons CC0 ライセンス https://creativecommons.org/publicdomain/zero/1.0/ または Creative Commons 表示-継承ライセンス https://creativecommons.org/licenses/by-sa/4.0/ から引用した。タンパク質構造と代謝物の画像はそれぞれ Attribution-ShareAlike 3.0 Unported license, https://creativecommons.org/licenses/by-sa/3.0/ から引用した。

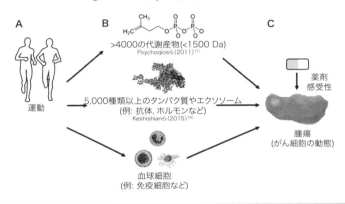

シニューリン–NFAT–TSP1 シグナルを介して，異常な血管をより正常な血管へと再生することを促進する。このような結果から，化学療法に加えて適度な運動を併用することにより，化学療法のみを実施するより腫瘍の成長を抑制する効果が示された。

要約すると，有酸素運動は腫瘍細胞内への血流量を増加させ，腫瘍血管を正常化させるような血管の再生過程を誘導する可能性がある。有酸素運動が腫瘍への血流量を増加させた結果，がん細胞により惹起される症状は軽度な状態となり，化学療法の効果を増強する可能性が，マウスを用いた実験によって示されている。一方で，上述したメカニズムを臨床的に実証した報告はごく少数である[80]。

運動とがん転移の関係

マウスを対象とした様々な基礎研究によって，運動ががんの転移にもたらす影響が検討されている。しかし，このような実験動物モデルを使用するうえで，いくつかの懸念材料があることを Ashcraft ら[81]が報告している。具体的に，運動ががんの転移過程にどのように影響するかを検証する際には，がん細胞を静脈投与することで血液とともに全身を循環させ，各組織への浸潤度を評価する場合が多い。しかしこの方法では，転移が広がる初期の過程を評価することができない。さらに，運動様式の違いも結果に影響

を及ぼす可能性が考えられる。トレッドミル走や水泳を強制的に実施することは，実験動物に大きなストレスを負荷することとなり，その結果，腫瘍そのものの生物学的プロセスに影響を与える可能性もある。

　しかし一方で，がん転移について運動やトレーニングは一定の抑制効果を持ち，そのメカニズムも示唆されている。その1つは，がん転移が腫瘍内の低酸素状態によって促進され，そのような特殊な環境が正常細胞の突然変異やがん細胞の転移と関連する可能性があるというものである。これに対して，運動やトレーニングが腫瘍内の微小環境を正常な状態に近づけ，低酸素状態から少しでも脱却させられるとすれば，がんの転移速度が減少する可能性が考えられる。もう1つは，Juらによって報告されたように，運動やトレーニングがApcMinマウスにおいて，細胞接着分子であるCadherinsの発現を調節し，がん細胞が体内を循環して他の組織で腫瘍を定着させることを抑制する可能性があるというものである[82]。

　このように，運動ががんの転移リスクを減少させるという理論的根拠は多数存在するが，強力な科学的根拠として結論づけるには，方法論的に大きな限界があるといえる。

運動ががん治療による副作用のコントロールに与える影響

　ここまでは，基礎研究における腫瘍に対する運動の効果について述べてきた。しかし，実験動物モデルで得られた結果は，必ずしもヒトのがん患者でみられる効果を反映しているとは限らない。では，がん患者における運動の利点は何だろうか。運動は汎用されるがん治療の副作用に影響を与えるのだろうか。

　まず第一に，副作用の症状と程度は，がんの種類や部位，治療法によって大きく異なる。さらに，同様の治療を受けたとしても，患者によって副作用の反応や程度が異なることもある。そのため本節では，様々な部位や治療法に共通して一般的に認識されている副作用に限定して説明することとする。

　がん患者は早期死亡のリスクを抱えているが，それは主に二次的な悪性腫瘍と心血管疾患に起因する[83,84]。長い間，運動ががん患者の生存率を向上させる可能性があることが指摘されてきたが，この仮説を支持する根拠の積み重ねは不十分である。しかし，死亡リスクの高いがん患者を対象とした前向きコホート研究や，ランダム化比較対照試験によって得られた近年のデータから，新たな知見も得られている。例えば，小児がんの既往があり，成人後も生存している患者5,689人を対象とした調査研究によると，高い運動のレベル（自己申告で週9 MET時間以上）を維持した患者や，8年にわたって運動の頻度を増やした患者（リスク比0.60，95% CI：0.44-0.82）において，運動

は死亡リスクの40％の低下と関連づけられた[85]。しかしこれらの研究は，身体活動に関する情報が自己申告によることから限界があり，また運動を実施している患者が規則正しい生活を心掛けるなど運動以外の要因が関与することも知られている。したがって，そのような要因が運動自体の効果を増強している可能性も考えられる。この問題を克服するために2020年に実施されたメタ解析では，乳がん，肺がん，同種造血幹細胞移植を受けた患者，複数のがんを患う患者に運動介入を行い，介入後の死亡率を追跡した8件の研究がその対象となった[86]。その結果，運動は死亡リスクを24％低下させることが示された（リスク比 = 0.76，95% CI：0.40–0.93）。しかし，これらの報告が前向きコホートという研究デザインであることを考えると，運動と生存率との因果関係に関する科学的根拠はまだ乏しいといえる。また，いずれの研究も，死亡率への影響を精査するようにデザインされていない。まとめると，がん診断後の死亡率に対して運動がもたらす効果については，まだ検討の余地がある。今後は，信頼できる統計的検出力となるような大規模なランダム化比較対照試験や，正確な身体活動レベルの調査方法を確立できれば，近い将来により正確な知見が得られるだろう。

健康に関連するQOL（health-related QoL）とは，身体的だけでなく精神的，社会的，機能的に健康であることと定義され，様々な研究分野で共通の質問紙表もあるが，がん医療の分野においても大変重要な指標である。がんの診断や治療を受けることは，患者のQOLに影響を及ぼすことが多い。運動とがんに関連する広範囲の文献レビューによると，健康に関連するQOLは，がん患者を対象とした運動介入や調査研究によって報告された中で，最も汎用されている[80]。様々な運動介入を実施したがん患者4,519人を含む，34の個別の研究を調査したメタ解析では，運動による効果を示す結果の値は低いものの（$\beta = 0.15$，95% CI = 0.10; 0.20），統計学的に有意な運動の効果がQOLに対して示された[87]。さらに，人口統計学的（年齢，性別，配偶者の有無，教育など），臨床的（肥満度，がんの種類，転移の有無など），介入関連（介入のタイミング，提供方法と期間，対照群の種類など），運動の変数（運動頻度，強度，種類，時間など）などの項目について，何が大きく関与するのかを調査した。その結果，唯一の有意な変数は，運動実施時にトレーナーなど他者による介入があったかということであった。このようにQOLを改善させる要因は，体力以外の要素によりもたらされる可能性もある。先述したように，運動時の他者との関係性についても，重要な要素であるかもしれない。

がんやがん治療による最も厄介な副作用は，がんに起因する倦怠感である。これは継続して現れる主観的な，身体的，感情的，精神的疲労の感覚である。多くのがん患者ではこの状態は一過性のものであるが，一部の患者では治療後も数年単位で認められ，乳がんの既往を持つ患者や[88]，悪性リンパ腫の既往を持つ患者では[89]，約30％においてがん

の診断から 10 年経過後も報告されている。がん治療中または治療後早期の患者を対象としたランダム化比較対照試験によると，運動を実施したグループは運動を実施していないグループと比較して，倦怠感による症状やそれらに伴う苦痛が軽度であったと報告されており，運動の実施によってがんによる倦怠感が一部軽減される可能性が示されている[90]。しかし，メタ解析の結果では効果量が小さいか中程度であったことは考慮しなくてはならない。さらに，運動が慢性的な倦怠感（すなわち，診断後 6 ヵ月以上症状が続く場合）に対して影響を及ぼすか否かを調査した報告はごく少数であるため，不明である。まとめると，運動はがん患者の倦怠感を改善する可能性のある数少ない手段の 1 つであるが，運動による効果が長期的に影響をもたらすか否かについては検討の余地がある。

がん患者を対象として心肺機能の指標である $\dot{V}O_2max$ または $\dot{V}O_2peak$ を測定すると，様々ながん治療実施時には値が 5 〜 26％程度減少することが示されている[91-93]。このような心肺機能の低下は，がん治療の終了とともに回復するが（例えば，治療によりヘモグロビン値が低下し $\dot{V}O_2peak$ の低下が生じるが，造血機能が回復した結果として），一方で $\dot{V}O_2peak$ の回復が認められない場合もある[91,94-96]。有酸素性の運動やトレーニングが心肺機能を向上させることは広く認識されている。2018 年のメタ解析によると，ランダム化比較対照試験を実施した 48 の研究で，がん患者を運動実施群と未実施群に分類し，心肺機能の変化を比較している。その結果，$\dot{V}O_2peak$ の平均値は両群間で 2.13 mL O_2 × kg^{-1} × min^{-1}（95％ CI, 1.58 〜 2.67）の差があることが示された。がん患者の心肺機能の低下は病態[97]や臨床症状[91,98]の程度と関連することから，心肺機能の改善は臨床的にも大変重要であるといえる。

心肺機能と同様に，骨格筋量とその機能は，身体機能や移動機能のために大変重要である。特にこの 10 年間のがん研究では，がん患者の筋量が注目されている。筋量が少ない患者では，術後合併症の発生率が高いことや，予後不良であったり術後の入院期間が延長することが，複数種類のがんにおいて示されている[99,100]。筋量が減少した状態では，化学療法中の薬物による毒性が影響を及ぼすリスクも高く[101]，がん治療中の筋量の減少は，切除不能な大腸がん患者における有害事象や，死亡率の増加と関連することが明らかになっている[102]。

前述したように，様々ながんに対して多数の治療法が存在する。これらの治療法の中には，筋量や運動・トレーニングに対する適応能力を阻害する可能性のあるものも含まれる。例えば，精巣がんや肺がんなどの治療に使用されるシスプラチンという薬剤は，ユビキチン – プロテアソーム系の活性を増大させることで，筋のタンパク質分解を促進する可能性がある[103]。放射線治療は，筋衛星細胞の活性化を（局所的に）抑制する可能性がある[104]。さらに，内分泌物質であるアンドロゲンの分泌を抑制するがん治療で

第12章

は，安静時の筋タンパク質合成を減少させる可能性や[105]，筋量低下を誘発することが報告されている[106]。グルココルチコイドは，疼痛や吐き気などの副作用をコントロールするためや，リンパ系のがん治療の一部としてなど，様々ながん治療において使用される[107,108]。しかしグルココルチコイドは，mTORの強力な阻害機能を持つregulated in development and DNA responses-1（REDD1）というタンパク質の発現を増加させ[109]，UPSを活性化してMAFbxとMuRF-1の遺伝子発現を増加させ，タンパク質合成を低下させ，タンパク質分解を亢進し，最終的には筋萎縮を誘導する[110,111]（**第7章**，**第8章**参照）。こういったメカニズムから，グルココルチコイド治療は，用量依存的な筋量減少も報告されている[112]。

図12.3に示すように，上述した特定の物質が筋細胞に影響をもたらす可能性があるが，全容は解明されていない。臨床現場では，食欲減退（食欲不振に似た状態になる）と倦怠感の両症状が，エネルギー摂取量の減少と活動量低下の原因となっている可能性も考えられる。このように様々な要因が関与することから，治療に伴う筋量減少のメカニズム研究は慎重に実施する必要がある。

がん治療中の運動は，運動による通常の効果に影響を及ぼすだろうか。抗がん剤によるがん治療中の患者に運動介入を実施し介入前後に筋生検を行った研究は，現段階で3件しかないため，上述の疑問に答えることは難しい。まずChristensenらは，胚細胞腫瘍に対するシスプラチン投与中のレジスタンストレーニングの実施が筋にもたらす影響について調べた。興味深いことに，トレーニングを実施しなかった群（標準治療のみを受けた）では筋線維横断面積が減少し，タイプⅡ線維の割合が増加する傾向であった[113]。一方，シスプラチン投与治療中に高強度のレジスタンストレーニングを実施した群では，筋横断面積の減少や筋線維タイプの変化が認められなかった。またMijwelらは，異なる2つの運動が筋組織や衛星細胞に及ぼす影響について，生化学的，組織学的に解析した。この研究では，化学療法（アントラサイクリンまたはタキサン，あるいはその組み合わせ）を受けている乳がんの女性患者を対象として，有酸素運動単独またはレジスタンス運動と組み合わせた場合とで比較した[114]。16週間におよぶ化学療法の実施中に筋生検によって採取した筋組織のクエン酸合成酵素活性，筋線維断面積，線維あたりの毛細血管数，タイプⅠ線維の割合は，化学療法を受けた運動なし群で減少したが，なにかしらの運動やトレーニング（有酸素，有酸素とレジスタンス）を行うことでそれらの項目の低下は認められなかった。またトレーニングの原理原則にしたがって，有酸素運動のみを実施した群では電子伝達系のタンパク質発現が増加し，有酸素トレーニングとレジスタンストレーニングを実施した群では衛星細胞が増加していた。Nilsenらは，抗アンドロゲン療法（ADT）を受けた前立腺がん患者を対象として，16週間の

図12.3 いくつかのがん治療法が筋タンパク質の同化反応（mTOR活性の低下）を阻害し，異化反応（MuRF-1/MAFbxの発現増加とFOXOの核移行）に関与するシグナル経路

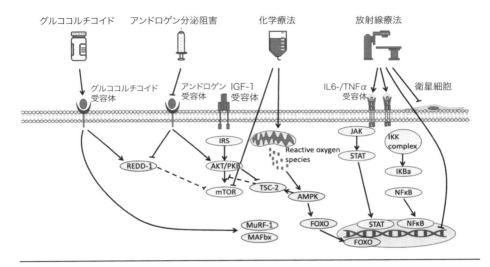

高強度レジスタンストレーニングがもたらす効果を検証した。その結果，レジスタンストレーニングによりタイプII線維の横断面積が増加したが，衛星細胞の数に変化は認められなかった。この結果は，ADTの使用による筋線維タイプへの作用を示している可能性もある。トレーニングを実施していない群では，タイプI線維の横断面積が減少し，運動群ではタイプI線維の筋核の数が増加する傾向が認められた（筋横断面積は増加しなかった）。しかし，報告数が少数であるため推測の域を出ない。

要約すると，がん治療は骨格筋において有害な副作用を誘発する可能性がある。運動はそのような副作用を打ち消す可能性があるが，それに言及した研究報告は少数であることや，サンプルサイズが小さいなどの課題もある。さらに，がん治療にかかわる様々な要素を考慮すると，この分野における研究は未解明な部分が多いといえる。

がん悪液質とは何か，そして運動はその治療に適応可能か

がん悪液質とは，がん患者の筋量低下に起因した体重減少症状であり，脂肪量の減少を伴う場合も伴わない場合もある[115]。がん悪液質は，アメリカのがん患者の60％程度に影響しているとされ，特に進行性のがんでその頻度が高い傾向にある[116]。栄養介入によって一部改善される場合もあるが，完全に改善したり抑制するような効果は現在認

第12章

められていない。「cachexia（悪液質）」という言葉はギリシャ語に由来し、「身体機能の低下」と訳すことができ、がんにより生じる筋量減少による身体機能の低下を表現する用語として適しているといえる。また身体機能の低下に加え、QOLの低下やがん治療に対する抵抗性の増加、死亡リスクの上昇も報告されている[115]。

　がん悪液質による筋量減少のメカニズムはおそらく多岐にわたり、未だ研究途上であるが、少なくとも2つの有力な仮説があり、信憑性も高い。1つは、悪性腫瘍が体内を循環する栄養素やアミノ酸を取り込み、それらを本来利用するはずであった筋や他の組織のエネルギーやアミノ酸を不足させるということである[117]。実際に転移性の腫瘍におけるエネルギーコストを数学的に構築したデータによると、嫌気性代謝によって誘導される高頻度のグルコース代謝ががん悪液質をもたらす可能性が示されている。もう1つは、腫瘍細胞が筋タンパク質分解に関連する多種多様な因子を分泌し、これらによってユビキチン - プロテアソーム系とオートファジー系の両方を介して筋のタンパク質合成が低下する結果、タンパク質分解が増加するという可能性である[118]。腫瘍と免疫機構の相互作用により生成されるサイトカインや炎症性物質が循環ストレスホルモン（アドレナリン、コルチゾール、グルカゴンなど）を増加させた結果、筋でのインスリンや他の成長因子に対する抵抗性が増し、タンパク質同化反応が抑制される[119,120]。さらに、オートファジー系やユビキチン - プロテアソーム系に関連する遺伝子の転写活性は、腫瘍や免疫細胞に由来する炎症性物質により活性化される[118]。また、腫瘍細胞が多くの栄養素やアミノ酸を取り込んでしまい、全身循環量が低下した結果、筋タンパク質の分解が亢進する可能性もある[121,122]。まとめると、免疫細胞と腫瘍細胞の相互作用は、筋タンパク質の合成を低下させ、筋タンパク質の分解を増加させ（**第7章**、**第8章**参照）、その結果筋量減少が誘発されて体重減少へとつながる。

　臨床的には、運動によるがん悪液質の進行の遅延や予防が可能かは明らかになっていない。Grandeらによる2021年のCochraneレビューによると、悪液質下の運動の効果を評価した臨床研究は4つのみである[123]。彼らはこれらの研究を統合し、運動による有効性や受容性、安全性について精査した結果、情報は限定的であり、バイアスによる影響が高く、根拠としては不十分であると報告している。しかし一方で、運動とがん悪液質に関する研究は現在も行われており、将来的にはより強力な科学的根拠が確立される可能性がある。

まとめ

がんは欧米諸国における主要な死因の1つである。早期発見や治療の選択肢の拡大

がんと運動

により，特定のがんでは再発率の低下や生存率が向上している。しかし，がん治療は時に重篤な副作用や後遺症（治療終了後1年を超えて発生または持続する副作用）を生じる。

　運動は一部のがんの発症リスクを低下させる可能性がある。そのメカニズムは，特定の遺伝子発現の調節やがん細胞自身のアポトーシスの増加，腫瘍における血管新生の改善や低酸素状態の緩和，さらにはがん細胞の代謝変化，免疫機能の改善などである。また，腫瘍細胞の成長を刺激する内分泌物質や成長因子の分泌量を低下させる可能性もある。さらに，特有の症状を緩和し（倦怠感やQOLの改善），身体機能の維持に寄与する可能性から，がん治療中の有効な選択肢ともなる。また，がん治療前に運動（プレハビリテーション）を実施することで，手術による体力低下への備えとなる可能性もある。このように，運動はがん治療のすべての段階において重要な役割を担うといえる。

■ 確認問題 ··

- がんとは何か，どのようにして発生するのか。
- がんの治療法にはどのような選択肢があるか。
- 運動はどのようにがん発症のリスクを減少させるか。
- 運動はどのように抗がん剤による化学療法の効果を高めるのか。
- 運動は闘病中のがん患者に対してどのように寄与するか。
- がん悪液質に対する運動の潜在的効果は何か。臨床研究によって明らかとなったことから何がわかるか。

(鴻崎香里奈)

■ 参考文献 ··

Ashcraft and Betof et al. (2019). Exercise as adjunct therapy in cancer. https://pubmed.ncbi.nlm.nih.gov/30573180/

Campbell et al. (2019). Exercise guidelines for cancer survivors: Consensus statement from international multidisciplinary roundtable.

Christensen et al. (2018) Exercise training in cancer control and treatment. *Compr Physiol.* 2018 Dec 13;9(1):165–205.

■ 引用文献 ··

1. CRUK. Worldwide cancer statistics 2017 [Available from: http://www. cancerresearchuk.org/health-professional/cancer-statistics/worldwide-cancer.
2. Physical-Activity-Guidelines-Advisory-Committee. Physical Activity Guidelines Advisory Committee report 2008. Washington, DC: U.S. Department of Health and Human Services; 2008.
3. Pedersen BK, et al. *Scand J Med Sci Sports.* 2015. 25(Suppl 3):1–72.
4. Moore SC, et al. *JAMA Intern Med.* 2016. 176(6): 816–25.
5. Ballard-Barbash R, et al. *J Natl Cancer Inst.* 2012. 104(11): 815–40.
6. Arem H, et al. *Int J Cancer.* 2014. 135(2): 423–31.

第 12 章

7. Fong DYT, et al. *BMJ (Clin Res ed)*. 2012. 344:e70.
8. Campbell KL, et al. *Med Sci Sports Exerc*. 2019. 51(11): 2375–90.
9. Greaves M, et al. *Nature*. 2012. 481(7381): 306–13.
10. Hanahan D, et al. *Cell*. 2011. 144(5): 646–74.
11. Tomasetti C, et al. *Science*. 2015. 347(6217): 78–81.
12. Tomasetti C, et al. *Science (New York, N Y)*. 2017. 355(6331): 1330–4.
13. Alexandrov LB, et al. *Nature*. 2013. 500(7463): 415–21.
14. Rahman N. *Nature*. 2014. 505(7483): 302–8.
15. Greenman C, et al. *Nature*. 2007. 446(7132): 153–8.
16. Lawrence MS, et al. *Nature*. 2014. 505:495–501.
17. Lane DP. *Nature*. 1992. 358(6381): 15–6.
18. Marcus K, et al. *Clin Cancer Res*. 2015. 21(8):1810–8.
19. Vogelstein B, et al. *Science*. 2013. 339(6127): 1546–58.
20. Welch DR. *Cancer Res*. 2016. 76(1):4–6.
21. Hanahan D, et al. *Cancer Cell*. 2012. 21(3):309–22.
22. Dvorak HF. *N Engl J Med*. 1986. 315(26):1650–9.
23. Wyld L, et al. *Nat Rev Clin Oncol*. 2015. 12(2):115–24.
24. DeVita VT, Jr., et al. *Cancer Res*. 2008. 68(21):8643–53.
25. Kim W, et al. *Cells*. 2019. 8(9):1105.
26. Thariat J, et al. *Nat Rev Clin Oncol*. 2013. 10(1):52–60.
27. Risbridger GP, et al. *Nat Rev Cancer*. 2010. 10(3):205–12.
28. Khalil DN, et al. *Nat Rev Clin Oncol*. 2016. 13(6):394.
29. Collins FS, et al. *N Engl J Med*. 2015. 372(9):793–5.
30. Capdeville R, et al. *Nat Rev Drug Discov*. 2002. 1(7):493–502.
31. Joyner MJ, et al. *JAMA*. 2015. 314(10):999–1000.
32. Hojman P, et al. *Cell Metab*. 2018. 27(1):10–21.
33. Jones LW, et al. *J Appl Physiol* (1985).2012. 113(2):263–72.
34. Betof AS, et al. *J Natl Cancer Inst*. 2015. 107(5):dvj040.
35. Research WCRFAIfC. 2018.
36. Gandini S, et al. *Eur J Cancer (Oxf, Engl: 1990)*. 2005. 41(1):45–60.
37. Friedenreich CM, et al. *Clin Cancer Res*. 2016. 22(19):4766–75.
38. Cormie P, et al. *Epidemiol Rev*. 2017. 39(1):71–92.
39. Spei ME, et al. *Breast*. 2019. 44:144–52.
40. Lauby-Secretan B, et al. *N Engl J Med*. 2016. 375(8):794–8.
40a. Colbert et al. *Med Sci Sports Exerc* 2009. 41(8):1597-605
40b. McClellan et al, *Int J Oncol* 2014. 45(2):861–8.
41. Puterman E, et al. *PLoS One*. 2010. 5(5):e10837.
42. Sjogren P, et al. *Br J Sports Med*. 2014. 48(19):1407–9.
43. Nomikos NN, et al. *Front Physiol*. 2018. 9:1798.
44. Tomasetti C, et al. *Science*. 2017. 355(6331):1330–4.
45. McTiernan A. *Nat Rev Cancer*. 2008. 8(3):205–11.
46. Pages F, et al. *Oncogene*. 2010. 29(8):1093–102.
47. Zhou R, et al. *Cancer Immunol Immunother*. 2019. 68(3):433–42.
48. Sharma P, et al. *Science*. 2015. 348(6230):56–61.
49. Pedersen L, et al. *Cell Metab*. 2016. 23(3):554–62.
50. Rundqvist H, et al. *Elife*. 2020. 9:e59996.
51. Rusch HPK, BE. *Am Assoc Cancer Res*. 1944. 4(2):116–8.
52. Leung PS, et al. *J Appl Physiol* (1985).2004. 96(2):450–4.
53. Barnard RJ, et al. *Eur J Cancer Prev*. 2007. 16(5):415–21.
54. Knuppel A, et al. *Cancer Res*. 2020. 80(18):4014–21.
55. Shanmugalingam T, et al. *Cancer Med*. 2016. 5(11):3353–67.
56. Higgins KA, et al. *Cancer Am Cancer Soc*. 2014. 120(21):3302–10.
57. Hojman P, et al. *Am J Physiol Endocrinol Metab*. 2011. 301(3):E504–10.
58. Hanahan D, et al. *Cell*. 2011. 144(5):646–74.
59. Wu NZ, et al. *Cancer Res*. 1992. 52(15):4265–8.
60. Peake JM, et al. *J Appl Physiol* (1985).2017. 122(5):1077–87.
61. Goh J, et al. *Front Endocrinol (Lausanne)*. 2016. 7:65.
62. Kruger K, et al. *Brain Behav Immun*. 2008. 22(3):324–38.
63. Abdalla DR, et al. *Eur J Cancer Prev*. 2013. 22(3):251–8.
64. Martinez-Outschoorn UE, et al. *Nat Rev Clin Oncol*. 2017. 14(1):11–31.

がんと運動

65. Vaupel P, et al. *Cancer Metastasis Rev.* 2007. 26(2):225–39.
66. Pavlova NN, et al. *Cell Metab.* 2016. 23(1):27–47.
67. Aveseh M, et al. *J Physiol.* 2015. 593(12):2635–48.
68. Wang ZY, et al. *Breast Cancer Res Treat.* 2012. 131(3):791–800.
69. Hussien R, et al. *Physiol Genomics.* 2011. 43(5):255–64.
70. Vaupel P, et al. *Antioxid Redox Signal.* 2007. 9(8):1221–35.
71. DeClerck K, et al. *Front Biosci (Landmark Ed).* 2010. 15:213–25.
72. Nordsmark M, et al. *Radiother Oncol.* 2005. 77(1):18–24.
73. Carmeliet P, et al. *Nat Rev Drug Discov.* 2011. 10(6):417–27.
74. McCullough DJ, et al. *J Natl Cancer Inst.* 2014. 106(4):dju036.
75. Loges S, et al. *Cancer Cell.* 2009. 15(3):167–70.
76. Ebos JM, et al. *Proc Natl Acad Sci U S A.* 2007. 104(43):17069–74.
77. Psychogios N, et al. *PLoS One.* 2011. 6(2):e16957.
78. Keshishian H, et al. *Mol Cell Proteomics.* 2015. 14(9):2375–93.
79. Schadler KL, et al. *Oncotarget.* 2016. 7(40):65429–40.
80. Christensen JF, et al. *Compr Physiol.* 2018. 9(1):165–205.
81. Ashcraft KA, et al. *Cancer Res.* 2016. 76(14):4032–50.
82. Ju J, et al. *BMC Cancer.* 2008. 8:316.
83. Kiserud CE, et al. *Eur J Cancer.* 2010. 46(9):1632–9.
84. Patnaik JL, et al. *Breast Cancer Res.* 2011. 13(3):R64.
85. Scott JM, et al. *JAMA Oncol.* 2018. 4(10):1352–8.
86. Morishita S, et al. *Integr Cancer Ther.* 2020. 19:1534735420917462.
87. Buffart LM, et al. *Cancer Treat Rev.* 2017. 52:91–104.
88. Reinertsen KV, et al. *J Cancer Surviv.* 2010. 4(4):405–14.
89. Smeland KB, et al. *Bone Marrow Transplant.* 2019. 54(4):607–10.
90. Mustian KM, et al. *JAMA Oncol.* 2017. 3(7):961–8.
91. Jones LW, et al. *J Clin Oncol.* 2012. 30(20):2530–7.
92. Hurria A, et al. *Am Soc Clin Oncol Educ Book.* 2016. 35:e516–22.
93. Jarden M, et al. *Bone Marrow Transplant.* 2007. 40(8):793–800.
94. Lipshultz SE, et al. *Circulation.* 2013. 128(17):1927–95.
95. Adams MJ, et al. *J Clin Oncol.* 2004. 22(15):3139–48.
96. Stenehjem JS, et al. *Br J Cancer.* 2016. 115(2):178–87.
97. Wood WA, et al. *Bone Marrow Transplant.* 2013. 48(10):1342–9.
98. Lakoski SG, et al. *JAMA Oncol.* 2015. 1(2):231–7.
99. Collins J, et al. *BMJ Open.* 2014. 4(1):e003697.
100. Joglekar S, et al. *J Surg Oncol.* 2015. 111(6):771–5.
101. Pin F, et al. *Curr Opin Support Palliat Care.* 2018. 12(4):420–6.
102. Miyamoto Y, et al. *PLoS One.* 2015. 10(6):e0129742.
103. Sakai H, et al. *Toxicol Appl Pharmacol.* 2014. 278(2):190–9.
104. Rosenblatt JD, et al. *J Appl Physiol (1985).*1992. 73(6):2538–43.
105. Hanson ED, et al. *J Clin Endocrinol Metab.* 2017. 102(3):1076–83.
106. van Londen GJ, et al. *Crit Rev Oncol Hematol.* 2008. 68(2):172–7.
107. Ozbakir B, et al. *J Control Release.* 2014. 190:624–36.
108. Lin KT, et al. *Steroids.* 2016. 111:84–8.
109. Frost RA, et al. *Endocrinol Metab Clin North Am.* 2012. 41(2):297–322.
110. Foletta VC, et al. *Pflügers Archiv – Eur J Physiol.* 2011. 461(3):325–35.
111. Sandri M, et al. *Cell.* 2004. 117(3):399–412.
112. Gupta A, et al. *Indian J Endocrinol Metab.* 2013. 17(5):913–6.
113. Christensen JF, et al. *Br J Cancer.* 2014. 111(1):8–16.
114. Mijwel S, et al. *FASEB J.* 2018. 32(10):5495–505.
115. Ni J, et al. *Cancer Manag Res.* 2020. 12:5597–605.
116. Advani SM, et al. *BMC Cancer.* 2018. 18(1):1174.
117. Friesen DE, et al. *Theor Biol Med Model.* 2015. 12:17.
118. Baracos VE, et al. *Ann Palliat Med.* 2019. 8(1):3–12.
119. Baracos VE, et al. *Nat Rev Dis Primers.* 2018. 4:17105.
120. Braun TP, et al. *J Exp Med.* 2011. 208(12):2449–63.
121. Surtees R, et al. *J Inherit Metab Dis.* 1989. 12(Suppl 1):42–54.
122. Guertin DA, et al. *Cancer Cell.* 2007. 12(1):9–22.
123. Grande AJ, et al. *Cochrane Database Syst Rev.* 2021. 3:CD010804.

第13章
筋衛星細胞と運動

Neil R.W. Martin, Adam P. Sharples

DOI: 10.4324/9781315110752-13

■ **本章の学習目標** ・・

本章では以下のことを学習する。

1. 筋衛星細胞の定義と，様々な刺激に対する筋衛星細胞の適応について。
2. 筋形成にかかわる分子シグナルについて。
3. レジスタンス運動と持久性運動に対する筋衛星細胞の急性・慢性応答について。
4. 筋肥大プロセスでの筋衛星細胞の重要性を理解し，研究に応用できる。
5. 加齢により生じた筋衛星細胞の機能変化について。

はじめに

骨格筋を構成する筋線維は，体内でも大きいサイズの細胞である。筋はその長軸方向に対して数百～数千の核を有しており，多数の核は筋の構造や機能維持のために大量のRNAやタンパク質を供給する役割を担っている。しかし，筋は他の多くの組織とは異なり**終末分化細胞**であるため，筋核そのものの細胞周期によって筋修復や成長を促すことはできない。にもかかわらず，筋が驚異的な再生能力を有しているのは，**筋衛星（サテライト）細胞**と呼ばれる特有の筋の前駆細胞が存在するためである。

骨格筋における筋衛星細胞の役割が明らかになるまでの簡単な経緯については，**第2章**と**第8章**で述べている。1961年，異なる2つの研究グループが，カエルの筋を高倍率の電子顕微鏡で観察していた際に，筋衛星細胞が発見された[1,2]。この細胞は，単一の核を保有し細胞質をほとんど持たず，また細胞小器官も未発達で，転写活動の低いDNAを大量に持っていた。これらは筋線維の形質膜と基底膜（筋線維を覆う結合組織）の間に位置し，その位置から衛星細胞と名付けられた[1]。これまでに，筋衛星細胞は筋の損傷や運動後の修復，再生において重要な役割を担うことが明らかにされている。

本章ではまず，筋衛星細胞の基礎的な生物学的概念について説明するが，その内容

である筋衛星細胞とその機能について認識されていることの多くは，*in vitro* および *in vivo* での実験で見出されたものである。次に，ヒトでの運動刺激による筋衛星細胞の応答について，レジスタンス運動と持久性運動という異なる運動を用いた研究について述べる。このような研究では，筋生検によって採取された試料を用いて筋衛星細胞を標識し，免疫組織化学的に筋衛星細胞の機能を評価する方法を採用している。これらの手順の詳細については**第 2 章**を参照されたい。また**第 8 章**で述べた筋肥大における筋衛星細胞の役割について，過去 10 年で繰り広げられた様々な論争の詳細を述べる。最後に，加齢変化によって筋衛星細胞はどのような影響を受けるのか，また筋衛星細胞の生存環境はその機能を制御するうえでどの程度重要であるかについて議論する。

筋衛星細胞の役割

　筋衛星細胞は，筋線維の形質膜と基底膜の間に細胞周期を休止した状態で存在する。このような休止状態では遺伝子の転写活性は低く，細胞小器官もほとんど存在しない[3]。しかし，休止状態にあった筋衛星細胞は何らかの刺激によって速やかに活性化され，細胞周期へと入り増殖を始め，その結果**筋芽細胞**となる。その後，筋芽細胞は分化，融合して筋管（未熟な筋線維）を形成するか，あるいは既存の筋線維と融合する（**図13.1**）。したがって筋衛星細胞は，筋形成におけるその前駆体であり，以下のプロセスにおいて重要な役割を果たすと考えられている。

1. **筋の再生**：外傷（過形成）により既存の筋線維が破壊されることによって，新しい筋線維を形成する。

　　損傷がより重篤であった場合，筋線維は変性と細胞死を経験し，その後筋衛星細胞由来の筋芽細胞が増殖して融合し，元の筋線維の基底内に新たな多核筋管細胞が発現する（再生）[4,5]。化学物質などの損傷により筋衛星細胞の集合体が消滅すると筋は再生されないことも，*in vivo* の研究によって示されている[6-8]。

　　この再生過程は健常者ではまれな現象であるとされ，適切な負荷の運動を実施しただけでは筋衛星細胞による再生が必要となるような筋損傷や筋線維の破壊は生じないと考えられている[9]。しかし，筋衛星細胞の生物学的意義を理解するために，ヒトの筋を対象として電気刺激による非日常的な筋収縮を実施する検討もなされている。この実験では，げっ歯類に化学的損傷や非生理的な負荷を実施した場合と同様に，筋の再生を促進させるような応答が起こる。

2. **筋の修復**：筋損傷により誘発された形態的・機能的変化を修復する。

　　筋衛星細胞は，中程度の筋損傷を修復するために，損傷した筋線維と融合する。

第13章

マウスの筋衛星細胞の融合（分化）能を阻害すると，筋損傷や筋の線維化は運動
開始後早期の段階から誘発され，さらに運動の負荷に対して耐性がなくなる[10]。
しかし，筋衛星細胞の機能が正常に戻り，筋核を形成できるようになると，損傷
や線維化は抑制される。

3. **筋の成長**：筋線維の形成（過形成）や筋肥大によって，骨格筋組織のサイズは増
大する。

通常，筋組織の成長時には筋核数が増加する[11]。この報告から，筋の成長を調
節する過程において筋衛星細胞が重要な役割を担うと考えられる。少なくともげっ
歯類では，筋衛星細胞の活性化による筋形成に寄与すると考えられているが，既
存の筋線維の肥大過程における寄与については完全に明らかになっていない。こ
の項目については本章後半で詳述する。

筋形成の分子メカニズム

休止期の筋衛星細胞は，転写調節因子である Pax7 の発現によって同定できる。マ
ウスを対象とした研究では，Pax7 遺伝子の欠損によって筋衛星細胞のプールが完全に消
失し[12]，Pax7 は筋衛星細胞の特定に重要であることが示された。休止していた筋衛星
細胞が活性化し，増殖や分化を経て筋線維となる過程を，**筋形成**と呼ぶ。筋形成は高度
に組織化されたプロセスであり，**第2章**と**第8章**で簡単に説明したように，**筋原性調
節因子**（myogenic regulator factor：MRF）と呼ばれる遺伝子の経時的変化により特
徴づけられる。

簡潔に示すと，筋衛星細胞は活性化した後,増殖を開始し筋芽細胞となる。筋芽細胞は,
MRF である Myf-5 や MyoD の発現と同時に，Pax7 の発現も維持する[13]。筋芽細胞に
おいてこれらの転写因子が正常な筋形成過程に寄与することは，Myf-5 または MyoD
遺伝子のいずれかを欠損させた研究により明らかになっている。Myf-5[-/-] を欠損させる
と筋芽細胞の増殖能は低く，分化と筋形成は促進される[14,15]。一方で，MyoD[-/-] を欠損
させると，筋芽細胞は増殖を続けるが，正常に分化しない[16,17]。大部分の筋芽細胞は
増殖を繰り返した後，終末分化を迎え，既存の筋線維に融合するか，または新たな筋管
を形成する（**図13.1**）。この過程は，Pax7 と Myf-5 の発現が消失する一方で MyoD
は持続的に発現し，その後 Myogenin と MRF4 の発現が増加するといった一連の流れ
による[18]。実際に，MyoD と Myogenin は，アクチンやミオシンなど筋の構造・収縮
にかかわる遺伝子の転写因子としての役割を持ち，したがってこれらの因子の発現は，
筋芽細胞から筋管細胞への分化過程において筋の構造と機能を維持するために必要であ

図 13.1 筋線維の再生，修復過程。筋衛星細胞は筋線維の形質膜と基底膜の間に休止状態で存在し，転写因子である Pax7 を発現マーカーとする。運動や筋損傷によって，休眠状態であった筋衛星細胞は増殖を始め，MRF である myoD と myf-5 を発現し，筋芽細胞となる。さらに活性化された筋芽細胞は，Myogenin（後に MRF4）を発現し，一方で Pax7 の発現を抑制して分化を誘導する。分化した筋芽細胞は，融合して新しい筋線維を形成したり（再生），既存の筋線維に融合し損傷の修復や筋形成を促進する。活性化した筋芽細胞の一部は，分化前に MyoD の発現が消失し，これらが再び休止状態となることで十分な筋衛星細胞数を維持する。

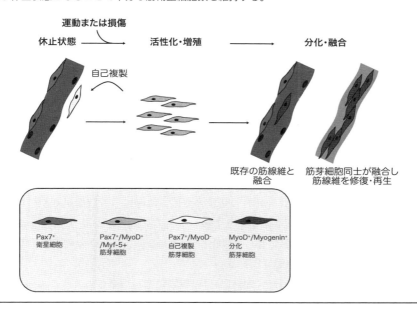

る[19,20]。

　また特筆すべきこととして，筋線維の損傷が一部分であっても，筋衛星細胞の活性化は筋線維の長軸方向に沿って全体に生じるということがある[21]。活性化された筋衛星細胞は，筋線維の損傷部位へと移動し，損傷部の筋線維と融合することが可能である。筋衛星細胞を蛍光標識し顕微鏡で観察した研究によると，筋衛星細胞は筋線維の間を遊走し，形成あるいは修復を必要とする筋線維に対して新たな筋核を供給することが示された[22]。筋衛星細胞の遊走は，HGF-MAPK（下記「衛星細胞活性化の制御」参照），PI3 キナーゼ，mTOR など多数のシグナル伝達経路によって，分子レベルで調節される[23,24]。

第13章

衛星細胞は骨格筋の組織幹細胞である

　幹細胞とは，分化能と自己複製能を持ち，特殊化されていない細胞であると定義される。自己複製能とは，活性化された筋芽細胞が，筋衛星細胞として休止期に戻り，再び将来活性化されることを待つ。したがって自己複製は，「幹細胞/筋衛星細胞プール」と呼ばれる筋に存在する筋衛星細胞の数を維持し続けるための重要なプロセスである。2005年にはこの分野の重要な研究によって，筋衛星細胞は確かに筋の幹細胞であるという報告がなされた[25]。その報告では，わずか7個ほどの筋衛星細胞を含む単一筋線維が，γ線照射によって筋衛星細胞を除去したマウスの筋に移植された。3週間後，7個の筋衛星細胞しか持たない単一筋線維を移植したにもかかわらず，数千個の筋核を含む新しい筋線維が100本以上も形成されていた。また，移植された筋衛星細胞は，移植したマウスの損傷筋線維にも新しい核を供給していた。この新しい筋線維を採取すると，筋衛星細胞プールは10倍にまで増加していた。この発見により，筋衛星細胞は，広範囲に増殖して分化し新たな筋線維を形成し，あるいは休止状態へ戻る（自己複製）能力を持っていることから，幹細胞であることが明確となった[25]。

　筋衛星細胞の自己複製能は，MRFの発現の変化に依存する。筋衛星細胞の活性化によりPax7とMyoDは共発現するが，その後は2通りの経過がありうる。Pax7の発現を抑制しMyogeninの発現を促進して分化を誘導するか，MyoDの発現を抑制して再び休止期へ戻るかである[26]（**図13.1**）。

　活性化した筋衛星細胞は，分化に進むか自己複製に進むかをどのように決定しているのだろうか。この問いについては現在も議論されているが，非対称細胞分裂に依存していることが知られている。このような筋衛星細胞の運命決定には，2つの娘細胞が異なるプロセスを辿ることが関連すると考えられている。Parタンパク質の複合体は，非対称細胞分裂の極性因子である[27]。細胞分裂（有糸分裂）中の筋衛星細胞では，Par複合体は細胞の片側に局在し，p38 Mitogen-Activated Protein Kinase（p38 MAPK）シグナルを活性化する[28]。MAPKシグナルは細胞増殖を誘導し[29,30]，細胞内のMyoDを活性化させ，2つの娘細胞のうち1つは筋芽細胞となり，p38 MAPKやMyoDの活性が低い筋衛星細胞は休止期に戻る。

　Notchシグナルも筋衛星細胞の運命決定に重要な役割を担う。Notch経路の活性化は，筋芽細胞の増殖を促進させる。また，膜貫通型のNotch-1受容体の過剰発現は，筋芽細胞においてPax7を高発現させ，筋衛星細胞の自己複製を促進する[31,32]。一方，Notchシグナルの阻害剤であるNumbは，Myf-5の発現や筋芽細胞の分化，筋管形成を促進する[31]。Numbは筋芽細胞を非対称的に分裂させ[31]，一方の娘細胞を分化へ，

もう一方を自己複製へ誘導する可能性が指摘されている。Numb の局在もまた，Par 複合体によって制御される[27]。このように，様々なシグナルが統合され，筋衛星細胞の増殖，分化，あるいは休止期へ戻ることを調節すると考えられている。

運動による筋衛星細胞の応答

　筋衛星細胞は骨格筋の再生や修復，成長において重要であることから，過去 20 年間，筋衛星細胞と運動のかかわり，運動への適応における筋衛星細胞の寄与について研究が盛んに行われてきた。

レジスタンス運動

　ヒトでは，単回のレジスタンス運動後に，筋衛星細胞は休止期から活性化状態へと移行し Pax7 と MyoD をともに発現し[33,34]，それは運動後 3 時間以内に生じる[33]。その後，筋衛星細胞の総数はレジスタンス運動後 24 時間までの間に著しく増加した[35-37]。この結果は，筋衛星細胞が複製されるのはおおむね 24 時間未満であることを発見した別の研究の結果とも一致する[38,39]。

　また，8 〜 16 週間にわたる継続的なレジスタンストレーニングを若年および高齢の男女に実施したところ，筋衛星細胞数が増加するが[40-45]，この増加には主にレジスタンストレーニング開始初期での筋衛星細胞の増殖が寄与していると考えられている[46]。衛星細胞プールの拡大はタイプ II 線維で最も顕著であり[42,44-46]，レジスタンストレーニングによる筋線維サイズの増大は筋衛星細胞プールの拡大と強く関連すると考えられる[43,46,47]。これらのことから，筋衛星細胞プールの拡大が，レジスタンストレーニング後の筋肥大に重要な役割を担っていることが示唆される。

　レジスタンス運動による筋衛星細胞の活性化と増殖によって，一部の筋衛星細胞では Pax7 の発現が消失しする[33,34]。その後，分化して既存の筋線維と融合し，新たな筋核を供給することによって，線維あたりの筋核数の増加に関与する[43,44,47,48]。このような適応は，筋衛星細胞の生物学的性質に則っているといえる。また，筋核数の増加により，筋は RNA の転写や新しいタンパク質の翻訳が生じ，筋の成長（筋肥大）が生じる。しかし，レジスタンストレーニング後に筋核数の増加が認められなかったという報告もあり[41,46]，筋線維はある一定の大きさ以上に肥大しないと，筋衛星細胞が新たな筋核を供給することや，筋肥大が誘導されないことが示唆される。このような概念は，**筋核ドメイン仮説**[41] と呼ばれ，後の項で筋肥大との関連について述べる。

　最後に，筋衛星細胞の活性化や増殖は，単回のレジスタンス運動後に増強されるとい

第 13 章

う報告があり[49]，運動によって筋衛星細胞の応答が増大する可能性が考えられる。同じ研究グループが別の実験において，短期間のトレーニング後の筋肥大効果がわずかであった際に，筋衛星細胞の活性化や増殖も確認できなかったことから，トレーニング後の筋衛星細胞の応答変化は筋肥大過程において必要である可能性が考えられる[46]。レジスタンストレーニングによる筋衛星細胞活性化のメカニズムは完全には解明されていないが，レジスタンストレーニング後の筋における毛細血管の増加が関連している可能性がある。実際，血管内皮細胞（毛細血管に存在する）と筋衛星細胞の間にはある程度の細胞間コミュニケーションがあるようであり[50]，トレーニング後の筋衛星細胞は毛細血管付近に局在するので[49]，運動刺激への反応性が高くなっている可能性も考えられる。筋衛星細胞と血管内皮細胞との細胞間コミュニケーションについては，本章の後半で詳述する。

有酸素運動

持久性トレーニングに対する筋衛星細胞の応答については，レジスタンストレーニングの場合ほど明らかになっていない。ヒトとげっ歯類で実施した研究によって，持久性トレーニング後に筋線維あたりの筋衛星細胞数は増加するが，筋核数は増加しないことが示されている[45,51-53]。この結果を踏まえると，持久性運動を実施した場合では，筋衛星細胞が活性化された後は，分化よりむしろ自己複製する（休止期へ戻る）ことが優先されることを意味する。実際に，筋衛星細胞における ATP 需要や酸素消費量は減少することから，これらの応答は自己複製能の向上と関連すると考えられる[54]。一般的な持久性トレーニング後の筋衛星細胞密度の増加は，タイプ I 線維[55,56]，あるいは高強度インターバルトレーニング後のタイプ I／IIa ハイブリッド筋線維に限定されるようである[57]。

持久性運動後の筋衛星細胞プールの拡大は，運動強度に依存する可能性がある。高齢男性を対象とした研究では，自転車エルゴメータによる高強度インターバル運動を実施すると，MyoD+ 筋衛星細胞（活性化状態の筋衛星細胞）がレジスタンス運動と同程度増加した。しかし，最大心拍数の 60％程度の低強度の運動を 30 分実施した場合では，高強度運動の場合ほどの効果が認められなかった[34]。さらにげっ歯類では，10 週間低強度のトレッドミル走を実施しても，1 日あたりの実施時間に関係なく筋衛星細胞数は増加しなかったが，高強度のトレッドミル走では，運動実施時間に関係なく明らかに増加することが観察された[58]。またヒトを対象として，中強度の持久性トレーニングを週 4 回，6 ヵ月実施しても，筋衛星細胞数は増加しなかった[59]。これらの所見を総合すると，持久性運動後の衛星細胞の活性化と増殖は，持続時間ではなく強度が重要な決定因子であることが示唆される。

筋衛星細胞と運動

　高強度の持久性運動によって筋肥大が誘導されることが多いことから，筋衛星細胞数の増加が筋肥大応答に関与しているとも考察できる。しかし，筋衛星細胞が活性化し[34,60]，筋肥大はしなくても細胞数が増加する結果[57,58,61,62]があることから，より幅広い骨格筋適応と健康における役割の可能性が示唆される。例えば，持久性運動後の筋衛星細胞の増加は，将来的に起こりうる筋損傷に対する備えとなり，炎症反応を抑制し[54]，筋形成や修復，成長過程をより円滑なものとさせる[54,62]。

　一方で，持久性運動への筋衛星細胞の応答は，持久性運動能力には関与しない可能性が指摘されている。筋衛星細胞を欠損したマウスに8週間のホイールランニングを実施させると，血管新生やミトコンドリア密度の増加，酸化的代謝能力の向上は，筋衛星細胞の有無にかかわらず生じる[63]。しかし，筋衛星細胞を欠損したマウスは走行距離が野生型マウスと比較して減少する。その理由として，筋紡錘の萎縮や筋紡錘周囲の過剰な細胞外マトリックス（extra cellular matrix：ECM）の沈着の結果[63]，筋張力感知機能が低下し，走行に支障が生じたと考えられる。

　まとめると，持久性の運動では強度依存的に筋衛星細胞数が増加しうる。また，事前の持久性トレーニングで筋衛星細胞プールを拡大することで，その後のより高強度の運動や筋損傷に対して円滑な筋形成・修復・成長を促すための備えとなりうる。

衛星細胞と骨格筋肥大

　骨格筋の筋線維内ではそれぞれの筋核が細胞質内の特定の領域を支配し，それらは筋核ドメインと呼ばれる[64-66]。筋核はmRNAが転写される過程だけでなく，筋タンパク質合成のためのリボソームの合成においても重要な役割を担う。筋線維が肥大すると筋核ドメインは拡大しうるのか否か，また筋肥大過程において筋衛星細胞は新たな筋核を供給するために寄与するのかについての議論は未だ決着していない[67,68]。しかし近年の研究では，筋核にはある程度の「備蓄」能力があることが示唆されている。新生児期には，筋核数が25〜55％程度にまで減少しても，既存の筋核が補えるほどのRNA産生能力があるため，筋機能へはあまり影響がないようにみえる。しかし筋核の少ない筋はサイズが小さい傾向があり，筋核数が75％も減少すると筋に異常が生じる[69]。この報告は，筋核数が少ないと筋のサイズは小さく，筋核数が多ければ筋のサイズは大きくなるという見解を支持するものである。また別の研究では，筋衛星細胞を持たなくても筋肥大促進剤の使用によって筋線維は肥大し筋核ドメインがかなり拡大することから[10,70-72]，おそらくは上述の筋核の持つ「備蓄」能力によって，成人における筋肥大には筋衛星細胞は必要ないことが示されている。したがって，**第8章**で紹

第 13 章

介されたように，力学的負荷や運動による筋肥大適応に筋衛星細胞や筋核数の増加が必要か否かは，この分野における今後の研究課題である。

力学的負荷による筋肥大において筋核ドメインは拡大するか

ラットの腓腹筋とヒラメ筋を外科的に切除し，足底筋の代償性肥大を誘導すると，筋核数が増加し顕著な筋肥大が生じる[73,74]。したがって，代償性肥大においては，レジスタンストレーニング時より大きな負荷がかかることで，筋衛星細胞が活性化し，核ドメイン領域が拡大する可能性が高い。したがって，筋衛星細胞は，代償性筋肥大においては，その筋肥大過程に寄与するかもしれない。先述したように，レジスタンストレーニングによる筋肥大への筋衛星細胞の関与には議論があるものの，ヒトのレジスタンストレーニング実施後の筋生検サンプルでは，筋線維横断面積（CSA）筋核数との間に正の相関があることも示されている[75]。一方で，協働筋切除から筋肥大までの経過の筋核数の変化を実際に調べてみると，筋線維が肥大する前に筋核数が増加するという報告もあれば[76]，肥大後に増加するというように[77]，相反する結果が報告されている。

またヒトの実験では，筋核数が増加しなくても中程度の筋肥大が誘導されるがそれ以上の肥大は生じないといった報告もされており[41,46]，筋核ドメイン領域の拡大には上限があると考えられる[41]。**図 13.2** に示したような例で考えると，各筋核は約 2,000 μm^2 の領域を制御し，この領域を超えて筋線維が肥大するためには筋芽細胞同士の融合による新たな筋核の増加が必要となるだろう。実際に，マウスを対象としたある研究によって，筋衛星細胞の活性を必要とせずとも，筋核は転写活性を最大 7 倍程度にまで増加させ，短期的な筋肥大を誘導することが明らかとなった[78]。さらに，ヒトのレジスタンストレーニング後のより急激な筋肥大では筋核数が増加する一方で，筋肥大の程度が緩やかな場合は筋核数の増加は関連しない可能性が指摘されている[43,48,79]。

力学的負荷による筋肥大おける筋衛星細胞の役割

筋衛星細胞が筋肥大と関連するかを検討する際には，筋衛星細胞を除去する方法が選択される。このような方法を用いれば，過度な負荷に対する筋の応答に筋衛星細胞が関与するかを検証できる。まず最初に実施された手法は，ラットの筋へ電離放射線を照射する方法であった。その結果，筋衛星細胞が消失すると，協働筋を切除しても，代償性肥大は誘発されないことが明らかとなった[80-82]。したがって，この論文の著者らは，筋衛星細胞は筋肥大に寄与するという結論へと至った。しかし放射線照射による方法では，筋衛星細胞のみならず，他の細胞へも影響が生じる可能性があり[68]，この研究結果によってすべてが解明されたとは言い難い。

図 13.2 レジスタンス運動による筋肥大での筋核ドメイン。筋線維は多核であり，それらの筋核はそれぞれ支配する領域（筋核ドメイン：MND）を持ち，筋小胞体での転写活性を制御する。線維面積の小さな筋線維では，筋衛星細胞によって筋核を増殖させなくとも，線維の肥大を誘発させることが可能である。その理由として，それぞれの筋核はリボソーム生合成に関与し，タンパク質合成過程での転写調節の際には，既存のもので賄えるためである。MND の「上限サイズ」は 2,000 μm^2 であると考えられており，この上限を超えて筋線維を肥大させるためには，筋衛星細胞の融合と，タンパク質合成を促進可能となるまで筋核数を増加させなくてはならない。Bamman MM ら[165]より改変。

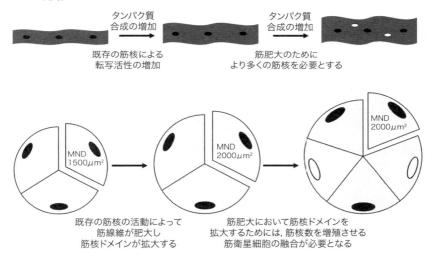

近年，遺伝子工学技術の発達により，筋衛星細胞の欠損や機能不全を伴う遺伝子改変マウスが作製され，この分野の研究者は，これらのモデルを用いて筋肥大における筋核数増加の意義や，筋衛星細胞との関連性を再検討し始めた。Pax7+ 細胞を条件付きで除去したマウス（コンディショナルノックアウトマウス）を用いた研究では，筋衛星細胞の有無にかかわらず協働筋切除から 2 週間経過時点で筋肥大が観察され，筋核ドメインの拡大も認められた[83]。しかし，協働筋切除による残存筋への負荷が長期間に及ぶと筋は線維化したため，筋衛星細胞は筋形成過程において大きく寄与する可能性がある[84,85]。一方で，同マウスを用いた他の研究では，協働筋切除による代償性肥大は認められなかった[86]。さらに，筋芽細胞の融合を誘導できないコンディショナルノックアウトマウス（MyomakerSCKO）へ協働筋切除を施した場合でも，代償性筋肥大が鈍化することが明らかとなった[87]。このように，同じ実験動物や同様の実験手法を用いたとしても，一致した見解が得られるわけではなく，分析過程におけるわずかな違いが

第 13 章

影響しているかもしれない。しかしそうであったとしても，負荷強度に応じた筋の応答を維持するためには，筋衛星細胞の関与を示唆する結果があることも，理解すべきである。

　協働筋切除による代償性筋肥大モデルでは，レジスタンストレーニングの場合より著しい筋肥大が誘導される。このような状態は，一般的に認識される筋の「成長」とは意味合いが異なり，むしろ筋への過度な負荷によって，筋損傷が誘発されることもある。その結果，代償性筋肥大モデルであるにもかかわらず，筋衛星細胞を介した筋損傷の修復や，再生が必要となってしまうだろう。そこで近年では，運動やトレーニングによって，より生理的な状態に近い筋肥大を誘導するモデルが用いられ，生理的な筋肥大に必要な筋衛星細胞の役割が検証されている。衛星細胞を除去したマウスに対してホイールランニングを 8 週間実施したところ，野生型マウスと比較して筋形成や筋肥大応答は鈍化した。さらに遺伝子発現の網羅解析によってそれらに関する遺伝子発現に変動が認められたことから，ホイールランニングによる筋適応には衛星細胞が関与する可能性が明らかとなった[88]。同様に Myomaker[SCKO] マウスを用いた介入実験においても，筋量や筋核数，筋線維の肥大応答が抑制された[10]。これらの研究報告から考察すると，生理的な負荷や日常において実施されるような運動により誘導された筋の適応には，筋衛星細胞が重要な役割を担う可能性が示された。また第 8 章では，筋肥大の過程に筋衛星細胞が必要ないと主張する多くの研究では代償性筋肥大モデルを用いていたことを述べた。また，留意すべきこととして，ヒトの筋線維サイズはげっ歯類よりも大きいことがある。ヒトを対象とした場合では，サイズの小さな線維より大きい筋線維の方が，筋形成や成長過程において筋衛星細胞が大きく関与すると考えられている。この結果は，サイズが小さい筋線維は筋核ドメインに，大きな筋線維は筋核数の増加と関連する可能性を示唆するものである（第 8 章「ヒトのレジスタンストレーニングによる筋肥大における筋衛星細胞」参照）。

　まとめると，生理的許容範囲内で筋肥大が誘導されるような状況下では，筋衛星細胞が正常に機能しないコンディショナルノックアウトマウスや，サイズの大きなヒトの筋線維では，筋肥大応答が抑制される可能性が明らかとなっている。また筋衛星細胞は，特に筋へ力学的負荷を掛けた初期に筋の線維化を防ぎ，修復するために必要である。そして，筋線維の肥大を促し維持するために，筋核数を増加させる可能性があると考えられている。しかし，力学的負荷による筋衛星細胞を介した筋核数の増加が，筋肥大応答に直接的に関与するか否かは，完全に解明されていないことも留意しなくてはならない。

(鴻崎香里奈)

430

筋衛星細胞活性化の制御因子

　運動や筋収縮がどのように筋衛星細胞の活性化を引き起こすかについて，正確にはわかっていない．しかし，片脚のみでの運動を行った際に，筋衛星細胞の活性化は対側の脚では認められないことから[89]，血液などの輸送を介した液性の因子ではなく，収縮筋とその筋内の微小環境が運動による筋衛星細胞の活性化にかかわっていることが示唆される．実際に，様々な成長因子やサイトカインが骨格筋組織から分泌され，最もよく知られるものとしては肝細胞増殖因子（hepatocyte growth factor：HGF）やインスリン様成長因子（insulin-like growth factor 1：IGF-1）があり，これらが自己分泌や傍分泌機構を介して運動による休止状態の衛星細胞の活性化に作用している可能性がある（図13.3）．

肝細胞増殖因子と一酸化窒素

　HGFは筋線維を覆うECM中に存在するが[90,91]，筋衛星細胞自体がHGFを発現し，またその受容体であるc-metを発現する[90,92-94]．HGFのc-metへの結合は複数のシ

図13.3 筋衛星細胞活性化の制御因子．筋衛星細胞は休止状態で骨格筋内に存在するが，運動後は休眠状態から目覚めて活性化され増殖可能となる．筋衛星細胞の活性化を制御する詳細なメカニズムについてはわかっていない．しかし複数のサイトカインと運動により筋から分泌されるサイトカインが筋原性遺伝子の発現と細胞周期への再侵入にかかわるシグナル経路に変わる可能性が示されている．MGF：mechano growth factor，HGF：hepatocyto growth factor-2，PI3K：phosphoinositide-3 kinase，ERK1/2：extracellular signal regulated kinase1 and 2，p38 MAPK：p38 mitogen-activated protein kinase

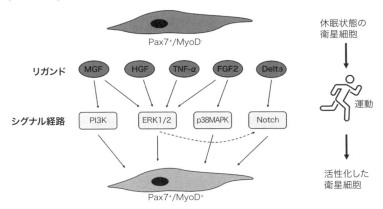

グナル経路の活性化を伴い休止状態の細胞を再び細胞周期へと誘導し[95]，単離筋衛星細胞と骨格筋抽出物を用いた研究では HGF によって休止状態の筋衛星細胞を活性化し増殖を引き起こすことが示されている[90,92]。重要なことに，ストレッチなどの機械刺激は ECM からの HGF 放出によって筋衛星細胞上の c-met への HGF の結合を可能にするが，培養筋衛星細胞では機械的な負荷による活性化は HGF 依存的に生じることから[94]，運動による筋衛星細胞の活性化には HGF が重要な役割を有している可能性がある。ヒトでは急性の伸張性運動によって生検筋組織内および血液中の HGF 濃度が増加することが観察されており[36]，収縮によってダメージを受けた筋から HGF が放出される可能性を示唆する。また伸張性筋収縮によって不活性型の HGF（HGF 前駆体）の開裂による活性化に関与するタンパク質の発現も増加することがわかっている[36]。これらの研究をまとめると，HGF が運動による筋衛星細胞活性化における強力な活性化因子である可能性が考えられる。

ECM からの HGF の放出には，一酸化窒素（nitric oxide：NO）の存在が必要である[91,96,97]。運動は一酸化窒素合成酵素（nitoric oxide synthase：NOS）の活性と[98]，骨格筋組織中の NO 濃度を増加させ，HGF の放出と筋衛星細胞の活性化を引き起こすものと思われる。実際に NOS 遺伝子を全身で欠損させたマウスの骨格筋では，筋損傷からの再生が抑制されることが観察されている[99]。NO による ECM からの HGF 放出には matrix metalloproteinase（MMPs）と呼ばれる酵素群が関与していると思われる。MMPs はエンドペプチダーゼの一種で ECM の分解やリモデリングに関与し，MMP 発現は NO によって増加する[100]。実際に単離筋衛星細胞を用いた細胞培養実験では，MMP の阻害によって機械刺激と NO による筋衛星細胞の活性化が抑制される[101]。特に MMP2 は HGF の放出と筋衛星細胞の活性化に必須であるようである[102]。したがって，NO と MMP2 を介した骨格筋 ECM からの HGF 放出は，運動や機械刺激による筋衛星細胞の活性化の要因であると考えられる。

インスリン様成長因子 1

インスリン様成長因子 1（IGF-1）は組織に対する重要な成長因子の 1 つである。IGF-1 は成長ホルモンに応じて肝臓から分泌され，脳，脾臓，腎臓，骨など様々な臓器の発生と出生後の成長を促す[103]。骨格筋もまた IGF-1 を発現しており，自己分泌あるいは傍分泌によって局所における骨格筋の成長に作用する[104]。骨格筋では IGF-1 遺伝子は mRNA の転写段階において転写後修飾（スプライシング）を受け，3 つの異なるアイソフォームあるいはスプライスバリアント，すなわち IGF-1Ea（肝臓由来の IGF-1 と同様のエクソン構成），IGF-1Eb, IGF-1Ec を生じさせる[105]。IGF-1Ec は

mechano growth factor（MGF）と呼ばれ，実際，安静時の骨格筋では検出不可能であるが，ストレッチや伸張性収縮によって速やかに遺伝子発現が増加することが，ウサギやヒトを対象とした研究によって観察されている[105]。

　中和抗体の投与や不活性型の IGF–1 受容体を強制発現させることによる IGF–1 阻害は損傷からの骨格筋再生を障害し[106,107]，障害性の筋収縮を行った 24 時間後の骨格筋において IGF–1 は筋衛星細胞上に局在していることから[108]，運動や筋損傷における筋衛星細胞の反応に対して IGF–1 が何らかの役割を有することが示唆される。興味深いことに，運動や筋損傷後の MGF mRNA 発現の増加は 24 時間以内であるのに対して，IGF–1Ea mRNA の発現上昇は 3 〜 10 日後に認められる[108-110]。この MGF mRNA の増加応答は Myf–5 mRNA の発現動態と関連することから，特に MGF が筋衛星細胞の活性化に重要である可能性がある[108]。培養細胞を用いた研究は実際にこの仮説を支持しており，筋芽細胞に MGF ペプチドを暴露することにより，細胞増殖と遊走性が向上し筋管細胞への融合は抑制されることを観察している[111-113]。しかし，MGF が筋芽細胞の分化を促進するといった報告や[114]，筋芽細胞の増殖や分化には影響を与えないとする報告も存在することに留意しなくてはならない[115]。とはいえ，大部分の研究成果に基づけば，機械刺激あるいは運動によって骨格筋内の MGF が増加し，筋衛星細胞上の IGF–1 受容体と結合することで Myf–5 遺伝子の発現にかかわるシグナル経路を活性化し[116]，衛星細胞の増殖と活性化を引き起こすものと考えられる[117]。

衛星細胞活性化にかかわるその他の因子

　筋損傷や運動は衛星細胞の存在する筋微小環境における炎症応答を引き起こし，それらは主に筋線維からの炎症性サイトカインの放出や白血球などの筋再生に重要な炎症性マクロファージの浸潤によってもたらされる[118]。実際に，非ステロイド性抗炎症薬（NSAID：non–steroidal anti–inflammatory drugs）の循環への投与や経口摂取は運動後の筋衛星細胞の増加を抑制することがヒトにおいて観察されており[119,120]，運動による筋衛星細胞の反応に対する炎症反応の重要性が明確に示されている。炎症性サイトカインである interleukin–6（IL–6）や tumor necrosis factor α（TNF–α）レベルの慢性的な増加状態は，アポトーシスによる細胞死，筋タンパク質分解，さらには筋萎縮を引き起こしうる。しかし，急性あるいは一過性のサイトカインレベルの増加は筋衛星細胞の機能に重要な役割を持つと考えられる。

　理論上，IL–6 は筋衛星細胞上の IL–6 受容体との結合を介して STAT3 をリン酸化することで活性化し，STAT3 の核内移行を引き起こす。STAT3 は核内において細胞周期および細胞増殖にかかわる遺伝子の発現を増加させることで衛星細胞を活性化する。

第 13 章

これを支持するように，安静時には観察されない衛星細胞上での IL-6 受容体の発現と IL-6 および活性化 STAT3 の発現上昇が運動後に観察されている[33,121]。当該研究分野における重要な論文の 1 つは，全身性に IL-6 を欠損したマウス（Il6-/-）の骨格筋では衛星細胞の活性化と分化による既存の筋線維への新たな筋核の追加が抑制されることで代償性過負荷（実験動物の収縮による筋肥大モデル）による骨格筋適応が障害されることを示している[122]。また，Il6-/- マウス由来の筋芽細胞は培養状態でも細胞増殖能が低いことが観察されている[122]。しかし，前述の代償性過負荷の最初の数日における衛星細胞の活性化指標である Myod の発現の程度は，野生型マウスと同等程度に生じる[122]。このことから，IL-6 は筋衛星細胞の活性化に重要ではあるものの，休止状態からの活性化には必須ではないのかもしれない。

培養筋芽細胞に対する TNF-α の暴露は細胞増殖を刺激し[123-125]，分化を抑制することが知られている[126,127]。興味深いことに，低濃度の TNF-α 暴露は分化と筋管形成を促進する[128]。これら TNF-α による筋形成における二相的な影響は，TNF-α が様々なシグナル経路を調整することによってもたらされると考えられる。例えば TNF-α は MAPK シグナルを活性化する。MAPK は筋原性遺伝子の発現を制御するシグナルとして知られており[128,129]，TNF-α は筋芽細胞の増殖と分解に重要な MAPK である extracellular signal regulated protein kinase と p38MAPK をそれぞれ活性化する[117,130]。また TNF-α は NF-κB シグナルを介した炎症性シグナルによって筋原性遺伝子である MyoD, Myogenin の発現を抑制することで筋分化を抑制する[127,131]。マウスにおける TNF-α 受容体の欠損は薬剤による筋損傷からの再生を障害することから[130]，TNF-α は生体における筋衛星細胞の機能に重要であると考えられるものの，運動による衛星細胞の活性化が TNF-α によってもたらされるかについてはまだ明らかになっていない。

上記以外のタンパク質や成長因子も筋衛星細胞の活性化に重要な役割を有することが報告されている。筋線維の損傷は Notch シグナル経路リガンドである Delta の発現増加を伴って衛星細胞を休止状態から活性化する[31,132]。Notch シグナル経路の阻害によって衛星細胞の活性化が障害されることから，運動による筋衛星細胞の活性化にも Delta の発現増加が重要である可能性がある。線維芽細胞増殖因子（fibroblast growth factor：FGF）もまた Notch シグナル経路の活性化と筋衛星細胞の活性化にかかわっている可能性がある。培養筋衛星細胞に対する複数の FGF ファミリーの暴露は細胞増殖を刺激し[133-135]，FGF-2 の阻害は損傷後の筋再生を障害することがマウスを対象に観察されている[107]。FGF-2 の受容体への結合は MAPK シグナル経路を活性化し[30,136]，Delta の発現上昇と Notch シグナル経路の活性化を誘導する[137]。また HGF と IGF-1（MGF）も MAPK シグナル経路を活性化することから[95]，これらも Notch シグナル経

路を介して筋衛星細胞を活性化している可能性がある。運動による筋衛星細胞の活性化に対する Delta／Notch シグナルと FGF-2 の重要性についてもいくつかの知見が存在するものの[137]，これらの因子と運動による筋衛星細胞の活性化の因果関係を示す直接的な知見は存在しない。

筋衛星細胞コミュニケーション

　本章の冒頭でもふれたように，運動後の筋線維と筋衛星細胞にはコミュニケーションが存在する。例えば ECM 由来の成長因子と筋線維は筋衛星細胞の活性化，増殖さらには分化を制御している可能性がある。さらに近年の研究から，筋衛星細胞自身が周囲の環境（筋衛星細胞微小環境）に存在する他の細胞とコミュニケーションを行うことで，骨格筋適応と筋衛星細胞の機能を調節する可能性が示唆されている。

筋衛星細胞 – 線維芽細胞のコミュニケーション

　骨格筋組織の線維芽細胞は筋線維間に筋衛星細胞と近接する形で存在している。線維芽細胞は運動に応答してコラーゲンなどの ECM タンパク質を分泌し[138]，これらは適切な骨格筋のリモデリングにおいても重要な役割を担っている[7]。

　マウスにおいて遺伝子改変による筋衛星細胞の除去は，安静時や薬理的な筋損傷時に線維芽細胞数の増加と ECM タンパク質の過剰な発現を引き起こす[7,85]。培養細胞を用いた研究から，筋衛星細胞が線維芽細胞と直接コミュニケーションを行うことが示されている。培養状態の筋芽細胞の培地を培養線維芽細胞へ添加すると線維芽細胞のコラーゲン合成は減少することから[85]，筋芽細胞由来の因子が線維芽細胞における ECM タンパク質合成に影響を及ぼすことが示唆される。また，筋芽細胞は miR-206 と呼ばれる micoroRNA を含むエクソソーム（exosome：微小な細胞外小胞の一種）を線維芽細胞へと輸送する。miR-206 は線維芽細胞におけるコラーゲン合成に重要な ribosomal protein binding protein 1（Rrbp-1）遺伝子の翻訳を特異的に抑制する[84]。通常，miR-206 の発現レベルは筋への負荷によって増加し，これにより Rrbp-1 の抑制を伴って線維芽細胞による ECM 産生を抑制する。一方で，筋衛星細胞が存在しない場合，miR-206 は合成されることもエクソソームを介して線維芽細胞へ輸送されることもないため，過剰なコラーゲン産生と筋組織の線維化が生じる[84]。このように筋衛星細胞は，線維芽細胞と分泌因子やエクソソームを介して収縮による骨格筋適応時の ECM タンパク質産生の制御のための情報伝達を行っていることが明らかになっている。

第 13 章

筋衛星細胞 − 筋線維のコミュニケーション

　生理的な条件下では，筋衛星細胞は運動による筋肥大をサポートするための筋線維への融合や損傷からの再生を担う。一方で近年のマウスや培養細胞を用いた研究は，代償性過負荷による筋肥大の初期において筋衛星細胞が筋線維へエクソソームによって分子を輸送することを示している[139]。過負荷を行った際に，筋衛星細胞を除去したマウスの骨格筋では野生型マウスに比較して高い MMP-9（ECM のリモデリングや骨格筋再生に関与するタンパク質）の発現が観察されている。また筋芽細胞由来のエクソソームを培養筋管細胞に添加することにより，筋管細胞の MMP-9 mRNA の発現が低下することが観察されている[139]。これらの結果は，筋肥大時に遺伝子発現を変化させるために筋衛星細胞がエクソソームを介して筋線維と情報伝達を行う可能性を示している。筋衛星細胞と線維芽細胞のコミュニケーションと同様に，筋衛星細胞と筋線維の情報伝達も microRNA の輸送がもたらしているものと思われる。

筋衛星細胞 − 内皮細胞のコミュニケーション

　内皮細胞は，骨格筋においては毛細血管および血管の内壁に認められる細胞である。筋衛星細胞は毛細血管の近傍に局在しており，本章前半で述べたように，運動によって筋衛星細胞と毛細血管はより近接する[49]。骨格筋再生においては内皮細胞と筋衛星細胞の相互作用が重要であることが明らかとなってきていることから，筋衛星細胞と内皮細胞間の情報伝達は筋衛星細胞の機能に重要である可能性がある。

　培養細胞を用いた最近の研究は，筋芽細胞と内皮細胞の共培養により筋芽細胞由来の血管新生因子 vascular endothelial growth factor A（VEGFA）が内皮細胞の筋芽細胞への遊走を引き起こすことを示している[140]。マウスにおいて筋衛星細胞の VEGFA を欠損させることで，筋衛星細胞と内皮細胞の近接度が低下し，筋衛星細胞の休止状態が損なわれることが明らかになっている[140]。内皮細胞は Notch シグナル経路のリガンドである delta-like ligand 4（Dll4）を発現しており，Dll4 は衛星細胞上の Notch 受容体を介して筋分化を抑制することで筋衛星細胞プールを維持する。実際に培養細胞では筋芽細胞と内皮細胞を共培養することで筋分化刺激後も Pax7 陽性かつ MyoD 陰性の細胞が観察されることから[140]，内皮細胞の存在下ではより多くの筋芽細胞が再び休止状態へと戻ることが示唆される。ヒトにおいても骨格筋内の毛細血管が多い者は，運動による筋衛星細胞の活性化応答や筋衛星細胞プールの増加がより顕著に起こる[141]。これらのことから，衛星細胞は内皮細胞と近接するために情報伝達を行い，それにより衛星細胞の活性化，また筋損傷時の増殖や未分化状態の維持を可能にしていることが示唆される。

筋衛星細胞と運動

加齢，筋衛星細胞と運動

加齢と筋衛星細胞

　ヒトとげっ歯類の骨格筋を対象とした解析から，加齢に伴って筋線維上の筋衛星細胞の数は最大で50％減少することが明らかになった[137,142]。筋衛星細胞の減少は特にII型筋線維で観察され[33,143-145]，筋核数も加齢状態では減少する[146]。II型筋線維は加齢に伴ってより顕著に萎縮することから，筋衛星細胞や筋核数の加齢に伴う減少が加齢性筋減弱症（サルコペニア）にかかわっているとも考えられる[147]。

　げっ歯類の研究から，加齢に伴って重度の損傷からの骨格筋再生能力が低下すること[132,148,149]，それが筋衛星細胞の増殖や免疫応答の低下を伴うことが明らかになっている[62,132]。一方で，ヒトやげっ歯類の培養細胞を用いた研究では老齢が筋芽細胞の増殖応答に与える影響については一貫しておらず，加齢に伴って増殖能が低下するとする報告[150-152]と影響はないとする報告[132,153,154]の両方が存在する。したがって，加齢に伴って筋衛星細胞は機能不全となる可能性があるが，加齢状態の骨格筋における再生能力の低下は，①単に筋衛星細胞数の低下，あるいは②筋衛星細胞による再生を阻害するような骨格筋微小環境の変化が影響している可能性がある。

　複数の研究が，筋衛星細胞微小環境（筋線維自体）の変化と全身性の環境が加齢に伴う筋衛星細胞の機能障害にかかわっている可能性を示している。老齢ラットの長趾伸筋を若齢ラットに移植すると，再生した組織の筋量と収縮能力は老齢個体から老齢個体へ移植した場合と比較して高値を示す。一方で，若齢ラットの長趾伸筋を老齢個体に移植した際には再生自体が障害される[155]。若齢と若齢の動物の循環を外科手術によって結合するheterochronic parabiosisと呼ばれる実験も，加齢環境が筋衛星細胞の機能を障害する可能性を示している。老齢マウスを若齢マウスと結合した状態で筋を損傷させた際には，骨格筋再生は通常の老齢個体よりも大幅な改善が認められる[156]。反対に若齢マウスを老齢マウスと結合した状態で筋損傷からの再生を観察すると，若齢マウスの筋再生時に線維化の増加や筋衛星細胞増殖の低下が認められる[157]。さらに，最近の研究では，加齢に伴う筋衛星細胞内の遺伝子発現変化の50％が若齢環境への暴露によって若齢と同等のレベルにまで戻ることが観察されている[158]。これらのことから，「若い」身体環境への暴露が加齢した筋衛星細胞を若返らせる可能性が示唆される。

　骨格筋微小環境（筋線維自体）の加齢は，Delta，TGFβあるいはWntといった成長因子の異常な放出によって筋衛星細胞の機能を障害する可能性がある。筋損傷はNotch-1のリガンドであるDeltaの筋線維内における発現を増加させ筋芽細胞増殖を促進するが，加齢した骨格筋では筋損傷時にDeltaの発現上昇が生じない[132,137]。老齢

437

第 13 章

骨格筋では若齢と比較してより多くの TGF β が産生される [137,159]。TGF β は基底膜（筋衛星細胞の局在部位）に存在し，細胞周期の抑制因子の発現を制御する転写因子である Smad のリン酸化によって衛星細胞の活性化を抑制する [159]。老齢マウスの血液中には筋再生時の衛星細胞の Wnt シグナルを活性化する成分が含まれている [157]。Wnt シグナル経路は筋分化に重要なシグナル伝達経路だが [160]，休止状態の筋衛星細胞への過剰な Wnt の暴露は筋芽細胞から線維芽細胞への分化を引き起こし，加齢骨格筋の再生時に認められる異所性のコラーゲン蓄積や線維化の原因となる [157]。

加齢した骨格筋における筋衛星細胞数の減少にも筋線維由来の因子が関与している可能性がある。加齢した骨格筋では FGF2 の発現が若齢時と比較して高いことが知られており [161]，FGF2 は筋衛星細胞の増殖を促進する一方で自己複製を抑制することから，衛星細胞プールの枯渇，最終的に再生能を傷害している可能性がある [161]。さらに，より加齢が進んだ状態では筋衛星細胞が休止状態から加齢状態（不可逆的な細胞周期停止）へと変化することで [162]，筋分化と自己複製を行えない状態となる可能性がある。この休止状態から加齢状態への移行は，筋衛星細胞の機能を低下させ，長期的には細胞数を減少させる。

加齢は筋衛星細胞の数と機能双方の低下と関連し，これらの大部分は衛星細胞自体を含む環境の変化によってもたらされているものと思われる。特に加齢した筋線維は，筋分化の障害，衛星細胞プールの減少，再生能力の低下につながる様々な因子の供給源となっているようである。

運動と加齢した筋衛星細胞

高齢者では，急性運動に伴う筋衛星細胞の反応は低下する。一般的なレジスタンス運動 [33,163] と損傷を伴うような伸張性筋収縮の運動 [35] の双方で，運動後の筋衛星細胞数の増加応答が若年者と比較して遅延し，またその程度も低いことが観察されている。レジスタンス運動後の MyoD 陽性筋衛星細胞数も高齢者ではほとんど観察されないことから，高齢者の筋衛星細胞では運動による活性化や筋分化能が適切に機能しない可能性がある。筋線維タイプごとに観察してみると，高齢者では運動に対する筋衛星細胞の活性化応答性は II 型筋線維でより顕著に低い [33]。これには筋収縮による MGF の発現応答が高齢者では低いことが関連している可能性がある [164]。収縮に対する II 型筋線維の筋衛星細胞の反応性の低下は，加齢に伴う筋線維特異的な筋衛星細胞の減少の一因とも考えられる。

加齢に伴い急性の運動に対する筋衛星細胞の反応性は低下するものの，慢性的な運動トレーニングによって筋衛星細胞数は増加する。興味深いことに，12 週間のレジスタ

438

ンストレーニングはⅡ型筋線維においてのみ筋衛星細胞数を増加させ[44,146]，速筋線維において損なわれた筋衛星細胞プールを回復させた。同様に，レジスタンストレーニングは特にⅡ型筋線維において新たな筋線維核の増加をもたらすが[146]，筋肥大の程度が中程度の場合にはこうした現象は認められず[45]，筋核支配領域には上限がある可能性を支持する。持久性運動もまたⅡ型筋線維における筋衛星細胞の増加をもたらすが[45]，高齢者では若齢者とは異なる応答を示すことが観察されており（有酸素運動の項目を参照），こうした違いは筋線維タイプに特異的な萎縮とⅡ型筋線維における衛星細胞数の減少が反映されているものと思われる。こうしたデータは，加齢した骨格筋の衛星細胞には慢性的な運動トレーニングによる骨格筋成長をサポートするための増殖や分化能力が保存されていることを示している。

　実験動物を用いた研究では，運動トレーニングが加齢した筋衛星細胞の筋再生能力を改善することが示唆されている。老齢ラットを対象としたある研究では，13週間の走運動は筋衛星細胞数を増加させ，運動を行ったラット由来の筋衛星細胞は高い分化能を示し，線維芽細胞への分化は低減することを観察している[52]。最近では，8週間の事前の運動介入が筋衛星細胞数を改善し，薬剤誘導性の筋損傷からの回復を，より顕著な炎症応答と線維化の抑制を伴って促進することが観察されている[62]。しかし，運動が筋衛星細胞自体の加齢を改善するか，あるいは加齢に伴う骨格筋微小環境を改善するかについては，現在までに明らかになっていない。

　まとめると，加齢した骨格筋における筋衛星細胞は急性の運動に対する反応性は損なわれているものの，慢性的な運動トレーニングはその数や機能，分化能力を回復する。したがって，加齢の進行に伴う筋衛星細胞の数や機能の低下は運動トレーニングによって回復可能である。

まとめ

　本章では，筋衛星細胞の概要と，その骨格筋の運動に対する応答と適応における重要性について概説した。筋衛星細胞は筋線維周囲に休止状態で存在する幹細胞である。レジスタンストレーニングと持久性トレーニングの両方が筋衛星細胞を活性化し，再び細胞周期へと導き増殖を始めさせるが，このプロセスには様々な分子やシグナル経路が関与しているものと考えられる。筋衛星細胞は，活性化後に再び休止状態へ戻ることで筋衛星細胞数を増加させるものと，筋線維へ融合することで新たな筋核を供給するものがあり，これらの応答はレジスタンストレーニングにおいてより顕著に認められ，骨格筋の成長を支持しているものと思われる。筋肥大に対する筋衛星細胞を介した新たな筋核

第13章

の追加の必要性については，当該分野の研究者らによって盛んに議論されている。しかし生理的な条件下では，実際に骨格筋サイズが成長する際には筋線維の核が増加し，これらの応答がないことで長期的な筋の成長は損なわれる。筋衛星細胞は骨格筋微小環境に存在する他の細胞とのコミュニケーションを通じて，ECM の分泌や活性を制御する重要な役割も担っている。加齢は筋衛星細胞を減少させその機能を障害するが，これらは周囲環境の変化によってもたらされていると思われる。最後に，加齢による筋衛星細胞の劣化は継続的な運動トレーニングによって改善が可能である。

■ 確認問題 ・・・

- 筋衛星細胞とは何か。また骨格筋適応におけるその機能を説明しなさい。
- 筋発生の分子メカニズムについて説明しなさい。
- 筋衛星細胞が急性，慢性のレジスタンストレーニングあるいは持久性トレーニングに対してどのように反応するか説明，考察しなさい。
- 骨格筋の肥大に対して筋衛星細胞が重要であるか否か考察なさい。
- 加齢と運動が筋衛星細胞にもたらす影響の違いを説明，考察しなさい。

（阿藤　　聡）

■ 参考文献 ・・・

Snijders T, Nederveen JP, McKay BR, Joanisse S, Verdijk LB, van Loon LJC, Parise G (2015) Satellite cells in human skeletal muscle plasticity Frontiers in Physiology 6:283.

■ 引用文献 ・・・

1. Mauro A. *J Biophys Biochem Cytol.* 1961. 9:493–8.
2. Katz B. *Philos Trans R Soc Lond B Biol Sci.* 1961. 243(703): 221–40.
3. Schultz E, et al. *J Exp Zool.* 1978. 206(3):451–6.
4. Bischoff R. *Anat Rec.* 1975. 182(2): 215–35.
5. Konigsberg UR, et al. *Dev Biol.* 1975. 45(2): 260–75.
6. Lepper C, et al. *Development.* 2011. 138(17): 3639–46.
7. Murphy MM, et al. *Development.* 2011. 138(17): 3625–37.
8. Sambasivan R, et al. *Development.* 2011. 138(17): 3647–56.
9. Crameri RM, et al. *J Physiol.* 2007. 583(1): 365–80.
10. Goh Q, et al. *Elife.* 2019. 8:1–19.
11. Allen DL, et al. *J Appl Physiol.* 1995. 78(5): 1969–76.
12. Seale P, et al. *Cell.* 2000. 102:777–86.
13. Yin H, et al. *Physiol Rev.* 2013. 93(1): 23–67.
14. Gayraud-Morel B, et al. *Dev Biol.* 2007. 312(1): 13–28.
15. Ustanina S, et al. *Stem Cells.* 2007. 25(8): 2006–16.
16. Yablonka-Reuveni Z, et al. *Dev Biol.* 1999. 210(2): 440–55.
17. Sabourin LA, et al. *J Cell Biol.* 1999. 144(4): 631–43.
18. Cornelison DDW, et al. *Dev Biol.* 1997. 191(2): 270–83.
19. Berkes CA, et al. *Semin Cell Dev Biol.* 2005. 16(4–5): 585–95.
20. Penn BH, et al. *Genes Dev.* 2004. 18(19): 2348–53.
21. Schultz E, et al. *Muscle Nerve.* 1985. 8(3): 217–22.

筋衛星細胞と運動

22. Jockusch H, et al. *J Cell Sci*. 2003. 116(8): 1611–6.
23. Brown AD, et al. *Biogerontology*. 2017. 18(6): 947–64.
24. González MN, et al. *Skelet Muscle*. 2017. 7(1): 1–13.
25. Collins CA, et al. *Cell*. 2005. 122(2): 289–301.
26. Zammit PS, et al. *J Cell Biol*. 2004. 166(3): 347–57.
27. Neumüller RA, et al. *Genes Dev*. 2009. 23(23): 2675–99.
28. Troy A, et al. *Cell Stem Cell*. 2012. 11(4): 541–53.
29. Bennett AM, et al. *Science*. 1997. 278(5341): 1288–91.
30. Jones NC, et al. *J Cell Biol*. 2005. 169(1): 105–16.
31. Conboy IM, et al. *Dev Cell*. 2002. 3(3):397–409.
32. Wen Y, et al. *Mol Cell Biol*. 2012. 32(12):2300–11.
33. McKay BR, et al. *FASEB J*. 2012. 26(6):2509–21.
34. Nederveen JP, et al. *Acta Physiol*. 2015. 215(4):177–90.
35. Dreyer HC, et al. *Muscle Nerve*. 2006. 33(2):242–53.
36. O'Reilly C, et al. **Muscle Nerve**. 2008. 38(5):1434–42.
37. McKay BR, et al. *PLoS One*. 2009. 4(6):e6027.
38. Siegel AL, et al. *Skelet Muscle*. 2011. 1(1):1–7.
39. Zammit PS, et al. *Exp Cell Res*. 2002. 281(1):39–49.
40. Roth SM, et al. *Journals Gerontol – Ser A Biol Sci Med Sci*. 2001. 56(6):B240–7.
41. Kadi F, et al. *J Physiol*. 2004. 5583:1005–12.
42. Mackey AL, et al. *J Physiol*. 2011. 589(22): 5503–15.
43. Petrella JK, et al. *J Appl Physiol*. 2008. 104(6):1736–42.
44. Verdijk LB, et al. *J Gerontol – Ser A Biol Sci Med Sci*. 2009. 64(3):332–9.
45. Verney J, et al. *Muscle Nerve*. 2008. 38(3):1147–54.
46. Damas F., et al. *PLoS One*. 2018. 13(1):1–12.
47. Bellamy LM. et al. *PLoS One*. 2014. 9(10):17–21.
48. Petrella JK. et al. *Am J Physiol Endocrinol Metab*. 2006. 291(5):E937–46.
49. Nederveen JP. et al. *Am J Physiol – Regul Integr Comp Physiol*. 2017. 312(1):R85–92.
50. Bellamy LM. et al. *Am J Physiol – Cell Physiol*. 2010. 299(6):1402–8.
51. Charifi N, et al. *Muscle Nerve*. 2003. 28(1):87–92.
52. Shefer G, et al. *PLoS One*. 2010. 5(10):e13307.
53. Shefer G, et al. *FEBS J*. 2013. 280(17):4063–73.
54. Abreu P, et al. *J Cachexia Sarcopenia Muscle*. 2020. 11(6):1661–76.
55. Fry CS, et al. *J Physiol*. 2014. 592(12):2625–35.
56. Murach KA, et al. *Physiol Rep*. 2016. 4(18):1–10.
57. Joanisse S, et al. *FASEB J*. 2013. 27(11):4596–605.
58. Kurosaka M, et al. *Acta Physiol*. 2012. 205(1):159–66.
59. Snijders TIM, et al. *Muscle and Nerve*. 2011. 43(3):393–401.
60. Joanisse S, et al. *Am J Physiol – Regul Integr Comp Physiol*. 2015. 309(9):R1101–11.
61. Kurosaka, et al. *J Sport Sci Med*. 2009. 8(1):51–7.
62. Joanisse S, et al. *FASEB J*. 2016. 30(9):3256–68.
63. Jackson, JR, et al. *Skelet Muscle*. 2015. 5(1):1–17.
64. Ralston E, et al. *J Cell Biol*. 1992;119(5):1063–8.
65. Dix DJ, et al. *J Histochem Cytochem*. 1988. 36(12):1519–26.
66. Pavlath GK, et al. *Nature*. 1989. 337(6207):570–3.
67. O'Connor RS, et al. *J Appl Physiol*. 2007. 103(3):1099–102.
68. McCarthy JJ. *J Appl Physiol*. 2007. 103(3):1100–102
69. Cramer A., et al. *Nat Commun*. 2020. 11(1):6287.
70. Englund DA, et al. *Am J Physiol– Cell Physiol*. 2019. 317(4):C719–24.
71. Amthor H, et al. *Proc Natl Acad Sci U S A*. 2009. 106(18):7479–84.
72. Lee SJ, et al. *Proc Natl Acad Sci U S A*. 2012. 109(35):E2353–60.
73. Roy RR, et al. *J Appl Physiol*. 1999;87(2),634–42.
74. McCall GE, et al. *J Appl Physiol*. 1998;84(4):1407–12.
75. Kadi F, et al. *Histochem Cell Biol*. 1999;111(3):189–95.
76. Bruusgaard JC, et al. *Proc Natl Acad Sci*. 2010. 107(34):15111–6.
77. van der Meer SFT, et al. *Ann Anat*. 2011. 193(1): 56–63.
78. Kirby TJ, et al. *Mol Biol Cell*. 2016. 27(5):788–98.
79. Stec MJ, et al. *Am J Physiol – Endocrinol Metab*. 2016. 310(8): E652– 61.
80. Rosenblatt JD, et al. *J Appl Physiol*. 1992. 73(6):2538–43.
81. Rosenblatt JD, et al. *Muscle Nerve*. 1994. 17(6):608–13.

441

第 13 章

82. Adams GR, et al. *Am J Physiol – Cell Physiol.* 2002. 283(452–4):1182–95.
83. Mccarthy JJ, et al. *Development.* 2011. 138(17):3657–66.
84. Fry CS, et al. *Cell Stem Cell.* 2017. 20(1):56–69.
85. Fry CS, et al. *FASEB J.* 2014. 28(4):1654–65.
86. Egner IM, et al. *Development.* 2016. 143(16):2898–906.
87. Goh Q, et al. *Elife.* 2017. 6:1–19.
88. Englund DA, et al. *Function.* 2020. 2(1):1–18.
89. Crameri RM, et al. *J Physiol.* 2004. 5581:333–40.
90. Tatsumi R, et al. *Dev Biol.* 1998. 194(1):114–28.
91. Tatsumi R, et al. *Muscle Nerve.* 2004. 30(5):654–8.
92. Allen RE, et al. *J Cell Physiol.* 1995. 165(2):307–12.
93. Sheehan SM, et al. *Muscle and Nerve.* 2000. 23(2):239–45.
94. Tatsumi R, et al. *Exp Cell Res.* 2001. 267(1):107–14.
95. Furge KA, et al. *Oncogene.* 2000. 19(49):5582–9.
96. Tatsumi R, et al. *Mol Biol Cell.* 2002. 13(8):2909–18.
97. Tatsumi R, et al. *Am J Physiol – Cell Physiol.* 2006. 290(6).
98. Roberts CK, et al. *Am J Physiol – Endocrinol Metab.* 1999. 277(240–2).
99. Rigamonti E, et al. *J Immunol.* 2013. 190(4):1767–77.
100. Ridnour LA, et al. *Proc Natl Acad Sci U S A.* 2007. 104(43):16898–903.
101. Yamada M, et al. *Muscle and Nerve.* 2006. 34(3):313–9.
102. Yamada M, et al. *Int J Biochem Cell Biol.* 2008. 40(10):2183–91.
103. Stewart CEH, et al. *Physiol Rev.* 1996. 76(4):1005–26.
104. Adams GR. *J Appl Physiol.* 2002 .93(3):1159–67.
105. Yang S, et al. *J Muscle Res Cell Motil.* 1996. 17(4):487–95.
106. Heron-Milhavet L, et al. *J Cell Physiol.* 2010. 2 25(1):1–6.
107. Lefaucheur JP, et al. *J Neuroimmunol.* 1995. 57(1–2):85–91.
108. McKay BR, et al. *J Physiol.* 2008. 586(22):5549–60.
109. Hill M, et al. *J Physiol.* 2003. 549(2):409–18.
110. Hill M, et al. *J Anat.* 2003. 203(1):89–99.
111. Ates K, et al. *FEBS Lett.* 2007. 581(14):2727–32.
112. Mills P, et al. *Exp Cell Res.* 2007. 313(3):527–37.
113. Yang SY, et al. *FEBS Lett.* 2002. 522(1–3):156–60.
114. Kandalla PK, et al. *Mech Ageing Dev.* 2011. 132(4):154–62.
115. Fornaro M, et al. *Am J Physiol – Endocrinol Metab.* 2014. 306(2):150–6.
116. Perez- Ruiz A, et al. *Cell Signal.* 2007. 19(8):1671–80.
117. Coolican SA, et al. *J Biol Chem.* 1997. 272(10):6653–62.
118. Lescaudron L, et al. 1999. 9(2):72–80.
119. Mackey AL, et al. *J Appl Physiol.* 2007. 103(2):425–31.
120. Mikkelsen UR, et al. *J Appl Physiol.* 2009. 107(5):1600–11.
121. Toth KG, et al. *PLoS One.* 2011. 6(3):e17392.
122. Serrano AL, et al. *Cell Metab.* 2008;7(1):33–44.
123. Meadows KA ,et al. *J Cell Physiol.* 2000. 183(3):330–7.
124. Li YP. *Am J Physiol – Cell Physiol.* 2003. 285(254–2):370–6.
125. Otis JS, et al. *PLoS One.* 2014. 9(3):1–10.
126. Foulstone EJ, et al. *J Cell Physiol.* 2001. 189(2):207–15.
127. Guttridge DC, et al. *Science.* 2000. 289(5488):2363–5.
128. Chen SE, et al. *Am J Physiol – Cell Physiol.* 2007. 292(5):C1660–71.
129. Wu Z, et al. *Mol Cell Biol.* 2000. 20(11):3951–64.
130. Chen SE, et al. *Am J Physiol – Cell Physiol.* 2005. 289(558–5):1179–87.
131. Langen RCJ, et al. *FASEB J.* 2004. 18(2):227–37.
132. Conboy IH, et al. *Science.* 2003. 302(5650):1575–7.
133. Kastner S, et al. *J Histochem Cytochem.* 2000. 48(8):1079–96.
134. Sheehan SM et al. *J Cell Physiol.* 1999. 181(3):499–506.
135. Yablonka- Reuveni Z, et al. *Basic Appl Myol.* 1997. 7(3–4):189–202.
136. Fedorov Y V et al. *Cell.* 2001. 152(6):1301–5.
137. Carlson ME et al. *EMBO Mol Med.* 2009. 1(8–9):381–91.
138. Koskinen SOA et al. *Am J Physiol – Regul Integr Comp Physiol.* 2001. 280(549–5):1292–300.
139. Murach KA, et al. *Function.* 2020. 1(1):1–15.
140. Verma M et al. *Cell Stem Cell.* 2018. 23(4):530–43.
141. Nederveen JP, et al. *J Physiol.* 2018. 596(6):1063–78.

筋衛星細胞と運動

142. Renault V, et al. *Aging Cell*. 2002. 1(2):132–9.
143. Shefer G, et al. *Dev Biol*. 2006. 294(1):50–66.
144. Verdijk, et al. *Am J Physiol – Endocrinol Metab*. 2007. 292(1):151–7.
145. Mackey, et al. *Acta Physiol*. 2014. 210(3):612–27.
146. Verdijk, LB et al. *Age (Omaha)*. 2014. 36(2):545–57.
147. Verdijk, LB et al. *J Am Geriatr Soc*. 2010. 58(11):2069–75.
148. Sadeh, M. *J Neurol Sci*. 1988. 87(1).67–74.
149. Zacks SI et al. *Muscle Nerve*. 1982. 5(2):152–61.
150. Beccafico S et al. *Age (Omaha)*. 2011. 33(4):523–41.
151. Chargé SBP, et al. *Am J Physiol – Cell Physiol*. 2002. 283(452–4):1228–41.
152. Lorenzon P, et al. *Exp Gerontol*. 2004. 39(10):1545–54.
153. Alsharidah M, et al. *Aging Cell*. 2013. 12(3):333–44.
154. Renault V et al. *Exp Gerontol*. 2000. pp.711–9.
155. Carlson BM, et al. *Am J Physiol – Cell Physiol*. 1989. 256(6).
156. Conboy IM, et al. *Nature*. 2005. 433(7027): 760–4.
157. Brack AS et al. *Science*. 2007. 317(5839):807–10.
158. Lazure F et al. *bioRxiv*. 2021. 2021. 05.25.445621.
159. Carlson ME, et al. *Nature*. 2008. 454(7203):528–32.
160. Brack AS, et al. *Cell Stem Cell*. 2008. 2(1):50–9.
161. Chakkalakal JV, et al. *Nature*. 2012. 490(7420):355–60.
162. Sousa-Victor P, et al. *Nature*. 2014. 506(7488):316–21.
163. Snijders T et al. *Age (Omaha)*. 2014. 36(4):9699.
164. Owino V et al. *FEBS Lett*. 2001. 505(2):259–63.
165. Bamman MM, et al. *Cold Spring Harb Perspec Med*. 2018. 8:a029751.

索　引

あ行
アイソフォーム　302
アイソメトリック　256
アガロースゲル　29
アグーチ関連ペプチド　329
悪液質　416
悪性腫瘍　403
アクチン　422
足場　78
アシル化　224
汗　375
アセチル化　57，165，224，
　309，316
アセチルコリン　217
アセチルコリン受容体　83
圧負荷　298
アデニル酸シクラーゼ　221
アデノシン 3′, 5′- 環状一リ
　ン酸　221
アデノシン一リン酸活性化プ
　ロテインキナーゼ　335
アドレナリン　211，217，
　416
アニーリング　29，47
アニール　47
アポトーシス　395，406
アミノ酸　266，346，416
アミリン　330
アメリカスポーツ医学会
　293
アンジオテンシン II　299
アンジオテンシン – ブラジキ
　ニン経路　129
アンジオテンシン変換酵素
　29
アンジオテンシン変換酵素遺
　伝子挿入/欠失多型　151
安定同位体　260
アントラサイクリン　414
アンドロゲン　398，413
アンドロゲン除去療法　402

イオンポンプ　336
異化制御　269
異化反応　415
異数性　107
イソプロパノール　34
イソロイシン　347
一塩基多型　28，105
一塩基バリアント　106
1 次治療　400
1 回拍出量　291
1 回反復最大重量　257
一過性応答　248
一酸化窒素　290，336，
　431
遺伝　87，378，395
遺伝疫学　88，93
遺伝学　7
遺伝関連研究　112
遺伝子　96
遺伝子オントロジー　55
遺伝子解析　27
遺伝子改変マウス　299
遺伝子型　29，362
遺伝子検査　117
遺伝子座特異的メチル化シー
　ケンス　42
遺伝子スコア　154
遺伝子制御ネットワーク
　11
遺伝子多型　132，135
遺伝子治療　118
遺伝子転写　45
遺伝子ドーピング　117 〜
　119
遺伝子発現　45，176，230，
　364
遺伝的形質　1
遺伝の多様性　108
遺伝の不安定性　397
遺伝率　87，90，127，
　144，145

イノシトール 1,4,5- トリリ
　ン酸　299
イムノブロッティング　58
インスリン　217，265，
　266，330，405
インスリンシグナル　332
インスリン様成長因子　431
インスリン様成長因子 1
　211，432
インターフェロン –γ　407
インテグリン　297
インテグリンタンパク質
　297
イントロン　46，98

ウェスタンブロッティング
　（ウェスタンブロット）
　57，58，62，63
ウラシル　46
運動介入　400，401
運動強度　293，314
運動時間　293，313
運動刺激　207，212，213
運動神経　301
運動生理学　402
運動単位　258，301
運動適応　11，208
運動特性　89
運動トレーニング　400
運動頻度　293
運動模倣薬　249
運動誘発性シグナル伝達経路
　216
運動様式　291，293，410
運命決定　424

衛星細胞　4，70，71，277，
　280，420，424，427
栄養素　351
栄養ピリオダイゼーション
　328

444

エールリッヒ腹水がん細胞
　404
疫学研究　403
液性因子　405
エキセントリック　256
エクソソーム　435
エクソン　46, 98
エストロゲン　398, 400
エネルギー源　332
エネルギー消費量　330
エネルギー摂取量　330
エネルギー代謝　331
エネルギーバランス　330
エピジェネティクス　1,
　16, 102, 163, 164,
　185, 194, 231
エピジェネティック解析　36
エピジェネティック修飾
　37, 103, 165, 166,
　169, 171
エピジェネティックメモリー
　202
エピトープ　67
エピメモリー　104
エフェクター　227
エフェクタータンパク質
　207, 211, 227, 228,
　239
エフェクトサイズ　136
エリスロポエチン　366
　——受容体　158
　——受容体遺伝子　157
エルゴジェニックエイド
　328
エレクトロスプレーイオン化
　65
塩基配列　94
炎症性サイトカイン　433
炎症性マーカー　405
エンドセリンⅠ　299
エンハンサー　99

応答　425
オートファジー　238, 263,
　345, 398

オートファジー – リソソーム
　系　237
オーバーロード　208
オキシントモジュリン　330
オミクス解析　244
オン/オフ制御　310
温度センサー　375

か行

カーボローディング　328
概日リズム　380, 382,
　385
回転ケージ　404
解糖　407
解読　104
介入研究　401
化学的シグナル　262, 296
化学療法　398, 410
過換気　362
核移行シグナル　225
拡張期　296
核内受容体タンパク　340
過形成　259
過剰発現　306
カスパーゼ3　406
活性化　264
活性酸素種　336
カテコールアミン　211
カフェイン　336
過負荷の原理　209, 256
可変数の繰り返し配列　106
カルシウムイオン　211,
　335
カルシニューリン　307
カルシニューリンシグナル伝
　達　300
カルシニューリン –NFAT 経
　路　306
カルシニューリン –NFAT シ
　グナル　290
カルシニューリン –NFAT-
　TSP1　409
カルニチンパルミトイル転移
　酵素 1　340
カルモジュリン　211

加齢　437, 438
カロリー制限　405
がん　394
　——関連疲労　400, 401
　——サバイバーシップ
　400
　——死亡リスク　403
　——転移　410
　——治療法　397
　——予防　401
　——罹患率　402
がん悪液質　415
がん遺伝子　394
換気　363
環境　72, 87
環境因子　395
肝グリコーゲン　331
幹細胞　278, 424
がん細胞　395, 397
幹細胞移植　398
肝細胞増殖因子　431
観察研究　401, 402
緩衝液　28
関連研究　132, 151
がん連続体　399
緩和治療　399

気圧　363
機械効率　291
機械的疲労　292
機械的負荷　76
起始細胞　395
記述運動遺伝学　8
希少対立遺伝子　105
基礎代謝量　330
基底膜　420
キナーゼ　225
機能獲得　116, 129, 148
機能喪失　116, 129
機能損失　148
逆相液体クロマトグラフィー
　64
逆転写酵素　47
逆転写リアルタイム定量的ポ
　リメラーゼ連鎖反応　46

445

索 引

休止期　422, 425
弓状核　329
急性運動　212, 216
強化化学発光　61
強縮　79
共焦点顕微鏡　69
強制的トレッドミル走行　404
協調的制御　320
協働筋切除　71, 259, 429
筋萎縮　71, 273, 343
筋衛星細胞　276, 413,
　420, 421, 428, 438
　——活性化　431, 433
　——コミュニケーション
　435
筋横断面積　257
筋核　277, 420
筋核ドメイン　71, 428
筋核ドメイン仮説　425
筋芽細胞　75, 421
筋管　421
筋管形成　75
筋管細胞　422
筋グリコーゲン　211, 220,
　328
筋形成　422
筋原性調節因子　76, 279,
　280, 422
筋原線維　276, 337
近交系マウス　130, 149
筋サイズ　125
筋細胞　336
筋細胞内脂肪　250
筋細胞膜　337
筋収縮　374
筋収縮速度　303
筋小胞体　211
筋小胞体カルシウムイオン
　306
筋生検　31, 414, 428
筋線維　259, 436
筋線維横断面積　414, 428
筋線維組成　144, 303
筋線維タイプ　145, 301,
　302, 304, 308

筋線維膜　69
筋損傷　276
筋タンパク質
　——合成　211, 243,
　258, 260, 328, 414
　——出納バランス　260
　——分解　243
筋発生　278, 279
筋肥大　71, 221, 258,
　260, 282, 343, 428
筋量　125, 139, 258
筋力　125, 128, 139,
　258, 284

クエン酸合成酵素　414
駆出率　295, 300
クライオスタット　36, 68
クライオスタット　36, 68
グラニジンチオシアン酸塩
　34
クリーンベンチ　73
グリコーゲン　352, 355
　——枝切り酵素　337
　——合成酵素　338
　——超回復　337
　——貯蔵量　332, 337
グリコーゲンホスホリラーゼ
　221, 337
グリコーゲンローディング法
　337
グリコシル化　224
グリセロール-3-リン酸ア
　シルトランスフェラーゼ
　341
クリプトクロム遺伝子　383
グルカゴン　330
グルカゴン様ペプチド-1
　330
グルコース-6-リン酸　336
グルコース残基　337
グルコース取り込み　332
　——運動後　337
　——運動時　333
グルココルチコイド　273,
　414
クロノタイプ　380

クロマチン近接性　42, 44
クロマチン構造　178, 231
クロマチンダイナミクス　192
クロマチン免疫沈降法　43
クロマチンリモデリング
　231, 308
クロロホルム　34

蛍光閾値　48
蛍光活性化セルソーティング
　73
蛍光顕微鏡　70
蛍光光度法　34
蛍光標識　29, 423
蛍光プローブ　53
形質　87
形質膜　420
血圧　292, 298
血液循環　410
血液ドーピング　157
血管径　298
血管新生　321, 401, 408,
　427
血管内皮細胞　409
血管内皮増殖因子　321
欠失　106
血中アミノ酸　332
血中グルコース　327
血糖値　292
ゲノム　110
ゲノムDNA　27
ゲノム配列　111
ゲノム編集　117
ゲノムワイド　52
ゲノムワイド解析　13
ゲノムワイド関連解析
　114, 145
ゲノムワイド関連研究　31,
　110, 154
ゲノムワイドメチル化シーケ
　ンス　37
ゲル電気泳動　59
嫌気性代謝　416
健康に関連するQOL　412
倦怠感　412

抗アンドロゲン療法　414
抗がん剤　397, 400, 402
抗がん作用　403
好気的条件　407
高強度間欠的運動　214
高強度間欠的（インターバル）トレーニング　213, 426
抗血管新生　398
抗酸化力　398
高脂肪食　339, 342, 356
広視野蛍光顕微鏡　69
抗体　69
高地　362, 369
高地住民　370
高度　362
高度適応　370
候補遺伝子　128
コカイン・アンフェタミン制御転写物　329
呼吸交換比　331
個人差　257
骨格筋間葉系前駆細胞　73
骨格筋生検　31
骨格筋量　272, 276, 282
個別化医療　399
コラーゲン　284
コルチゾール　416
コレシストキニン　330
コレステロール　292
コンカレントトレーニング　241
コンコトーム生検針　32
コンセントリック　256
根治的切除術　397
コンディショナルノックアウトマウス　429
コンピューターワークフロー　40
コンフルエント　74

さ行
サーカディアンリズム　382
サーチュイン　211, 218, 313
サーマルサイクラー　29

サイクル閾値　48
再神経支配　305
再生　421, 423
最大酸素摂取量　214, 290
最適切断温度コンパウンド　68
サイトカイン　405
再トレーニング　195
細胞外マトリックス　77, 290, 427
細胞学的アドレス　96
細胞環境　73
細胞記憶　195
細胞死　406
細胞質　332
細胞質プロテアーゼシステム　237
細胞周期　76, 420
細胞障害性免疫細胞　397
細胞障害性 T 細胞　405
細胞小器官　420
細胞性メモリー　202
細胞増殖　406
細胞内カルシウム　305
細胞内酸素分圧　210
細胞内情報伝達経路　311
細胞内センサー　217
サイレンサー　99
サテライト細胞　→衛星細胞をみよ
サプリメント　328
サルコペニア　250, 437
サルコメア　295
酸化酵素　320
酸化的代謝能力　427
酸素　294
酸素分圧　217, 362

ジアシルグリセロール　299
ジアシルグリセロールアシルトランスフェラーゼ　341
シーケンス　40
シーケンスリード　40
ジェノタイピングアッセイ　112

ジェノタイピングテスト　133
紫外線可視化　29
自家蛍光　68
磁気共鳴画像法　258
持久系アスリート　296, 304
持久性　145
持久性運動　171, 176, 178, 182, 289, 291, 305, 311, 318, 349
持久性関連形質　149, 153
持久性対立遺伝子　154
持久性トレーニング　174, 176, 295, 314
子宮体がん　402
持久的適応　310
子宮内膜がん　403
持久力　144, 149
シグナル　216, 239
シグナル経路　284
シグナルタンパク質　19
シグナル伝達　1, 11, 222, 238, 247
　──経路　239, 353
　──阻害作用　240
　──タンパク質　207, 225
　──ネットワーク　211
シグナル伝達説　207, 209, 210, 212
シグナル伝達分子　352
シクロスポリン A　299
シクロホスファミド　409
視交叉上核　382
自己組織化　78
自己複製能　424
脂質酸化　331
視床下部　329, 375, 376
システマティックレビュー　403
シスプラチン　413, 414
次世代シーケシング（シーケンサー）　30, 156
自然淘汰　371, 379

447

索　引

室傍核　329
質量分析　63, 260
質量分析装置　65
自発的運動　404
脂肪　292
脂肪酸　320, 341, 356
脂肪酸結合タンパク質　340
脂肪酸トランスポーター　340
脂肪組織　330
臭化エチジウム染色　29
収縮様式　256
修飾　57, 223, 351
修飾酵素　224
重水素標識　66
修復　421, 423
終末分化細胞　420
重量　258
宿主　407
腫瘍　397
腫瘍遺伝子　396
受容体　211
受容体リガンド　407
腫瘍定着率　404
腫瘍抑制遺伝子　394, 396
腫瘍抑制因子　406
循環器系　294
循環器系指標　295
瞬発系アスリート　298, 304
消化　332
娘細胞　424
症状　401
常染色体　95
情報伝達　319
情報伝達分子　314
ショートスプリントトレーニング　214
食欲　328, 331
食欲シグナル　329
食欲調節　328
除脂肪体重　139
真核生物の解放因子　236
真核生物の伸長因子　236
心筋　295

神経障害　401
神経伝達物質受容体　220
心室　296
心室拡張期　296
心室壁　295
心室容積　295, 296
心臓突然死　295
身体活動　402
身体機能　401
伸長　29, 47, 236
伸張性筋収縮　438
心拍出量　291
心肥大　296, 298
深部体温　373
心房性ナトリウム利尿ペプチド　299

水泳　404
ストレス　315
スプライシング　98
スプライス　46
スポーツ現場　247
スポーツ心　294, 297
スポーツ突然死　159
スモイル化　224

制御　230, 237
制御因子　145, 431, 433
制御機構　275
生検　31
制限酵素　29
制限断片長多型　30
成熟 mRNA　46
生殖細胞　95
生殖細胞系突然変異　396
性染色体　95
精巣がん　413
生存率　401, 411
生態系　396
成長　75, 422
成長因子　265
成長ホルモン　211
静的筋力　127
正の選択　110
性ホルモン　405

精密医療　399
生理的心肥大　294
赤血球産生　368
絶食　355
絶食トレーニング　355
セット数　258
線維芽細胞　397, 435
前駆細胞　420
全ゲノムシーケンシング　136
全ゲノムバイサルファイトシーケンス　37
センサー　239
センサータンパク質　207, 211, 217, 218, 221
染色体　95, 96
漸進性　256
選択的交配　130
選択的スプライシング　100
選択的繁殖　130, 149
セントラルドグマ　97
セントロメア　96
前負荷　296
前立腺がん　402

総死亡率　402
増殖　397
増殖培地　74
双生児研究　91
相対的遺伝子発現解析　49
挿入　106
総ヘモグロビン量　367
組織　68
組織化学分析　36
組織学分析　35
速筋　301, 336
速筋線維　276

た行

ダーウィン淘汰　396
体温　373
体温調節　374, 378
体温調節中枢　376
体脂肪率　292
体脂肪量　403

索　引

代謝　341
代謝性疲労　292
代謝変化　407
体重　131
代償性筋肥大　428, 430
大腸がん　402
タイチン　396
多遺伝子形質　125, 145
体内時計　379
タイプ I 線維　301, 426
タイプ IIa 線維　301
タイプ IIb 線維　301
タイプ IIx 線維　301
対立遺伝子　29, 105
対流　375
ダウンストリーム解析　31
タキシン　414
脱アセチル化　224
脱神経　305
脱トレーニング　195
脱メチル化　165, 224
脱リン酸化　224
単縮　76
炭水化物　292, 332, 341
炭水化物制限　354
単層細胞培養　74
タンデム型質量分析　65
タンパク質　58, 292, 343
　　——合成　207, 261,
　　263, 343, 346
　　——修飾　223
　　——摂取　343
　　——ターンオーバー　343
　　——代謝　344
　　——抽出　35, 58
　　——分解　207, 237,
　　343, 413
　　——補給　349
　　——翻訳　212
タンパク質 – タンパク質の相
　互作用　223

遅筋　301, 336
チミン　46
中強度持続性運動　214

中強度持続性トレーニング
　214
中鎖脂肪酸　340
抽出　58
長期的適応　248
長鎖脂肪酸　340
張力伝達　284

低グリコーゲン状態の運動
　354
低酸素　364, 366
低酸素依存性遺伝子発現
　366
低酸素環境　407
低酸素感知遺伝子　372
低酸素シグナル伝達　362
低酸素症　363
低酸素誘導因子　321, 364
低周波電気刺激　305
ディトレーニング　215
低ナトリウム血症　377
低頻度対立遺伝子　105
低分子センサー　217, 220
定量的逆転写 PCR　78
定量的分子マーカー　155
データ処理　65
デオキシリボ核酸　87
適応　208, 262, 314, 369
テストステロン　211, 217
テロメア　404
転移　397, 404
電気刺激　82
電子顕微鏡　420
電子伝達系　320, 414
転写　46, 57, 60, 96,
　97, 101, 207, 230,
　239, 316, 318
転写因子　366, 422
転写共役因子　318
転写後修飾　232
転写制御因子　228
転写調節因子　422
転写プロセス　212
伝導　375

同化反応　415
同義置換　106
動的筋力　127
動物繁殖研究　147
時計遺伝子　382, 386
突然死　159
突然変異　105, 107, 369,
　397, 404
ドナー幹細胞　398
ドライバー遺伝子　395
ドライバー変異　394
トランスクリプトーム　13
　　——解析　53, 54
トランスクリプトミクス
　52, 245
トランスジェニック動物
　147
トランスジェニックマウス
　128
トランスジェニックマウスモ
　デル　130
トランスロケーション　225
トリグリセリド　341
トレーナビリティ　145,
　256, 291
トレーニング　144, 294,
　354, 356
　　——強度　291
　　——効果　208, 351
　　——セッション　354
トレッドミル走　408
トロカール生検針　31
トロポニン　307

な行━━━━━━━━
内臓脂肪　292
ナイトロジェンマスタード化
　合物　398
内皮細胞　397, 436
ナチュラルキラー細胞　405

2 型糖尿病　250
二酸化炭素　294
二重らせん　94
ニッチ　72

449

索 引

2倍体 95
二本鎖DNA 29, 97
乳がん 402
乳がん感受性遺伝子 396
乳酸 211, 407
乳酸（性作業）閾値 145,
　291
乳酸脱水素酵素A 408
ニューロペプチド 329

ヌクレオソーム 101
ヌクレオチド 28, 47

脳性ナトリウム利尿ペプチド
　299
濃度勾配 332
ノックアウト 116
ノックイン 116
ノックダウン 116
ノルアドレナリン 211,
　217
ノンコーディングRNA
　169
ノンレスポンダー 402

は行────────────
バイアス 416
バイオインフォマティクス
　31, 396
肺がん 413
配偶子 108
ハイパーメチル化 165
ハイブリダイズ 53
培養細胞 70
配列 104
ハウスキーピングタンパク質
　61
爆発的筋力 127
発汗 376
白血球 407
発現 57
発現変動 233
発現変動遺伝子 53
パッセンジャー（遺伝子）変
　異 394, 396

ハプロイド 95
バリン 346
バルサルファイト処理 37
パワー 127
反復回数 256

非コードmiRNA 182
微小環境 408
比色分析 36
ビシンコニン酸 35
ヒストン修飾 42, 43,
　102, 167, 178, 192
ヒストンテール 166, 168
ヒストン・マーク 168
ヒストンメチル化 165,
　168
非性染色体 95
肥大型心筋症 295, 299
必須アミノ酸 261, 346
ヒト 109, 259
ヒト1番染色体 96
非同義置換 106
ヒトゲノム 87, 93, 104
ヒドロキシル化 366
非必須アミノ酸 346
非ヒト哺乳類運動適応モデル
　11
皮膚がん 402
皮膚血流 376
非ふるえ熱産生 374
表現型 128
病的心肥大 295
ヒラメ筋 322
ピリオド遺伝子 383
頻度 109

ファットアダプテーション
　339
ファットローディング 339
フィラデルフィア染色体
　399
フェノール 34
フォワードプライマー 28,
　47
負荷 256

副作用 401, 411, 412
輻射 375
複数多型 154
複製 395
不整脈突然死症候群 160
負の選択 110
ブラッドフォード 35
ふるえ 374
プレニル化 224
プレハビリテーション 400
プロオピオメラノコルチン
　329
ブロッキング 60
プロテインキナーゼA 221
プロテインサプリメント
　348
プロテインホスファターゼ1
　338
プロテオーム解析 64
プロテオームプロファイリン
　グ 66
プロテオミクス 19, 57,
　63, 245
プロモーター 46, 99
プロリルヒドロキシラーゼ
　366
分化 75, 421
分化能 424
分化培地 75
分岐鎖アミノ酸 346
分光光度計 33
分散成分 89
分子運動生理学 1
分子運動生理学小史 5
分子応答 212
分子シグナル 207, 210,
　216
分子生物学のセントラルドグ
　マ 97
分子適応 356
分子時計 381
分子反応 262
分離 59, 64

ヘイフリックの限界 394

索 引

ヘキソキナーゼ　336
ヘテロクロマチン（化）　42,
　167
ペプチド・チロシン　330
ヘマトクリット　367
ヘモグロビン濃度　370
ペルオキシソーム増殖剤活性
　化受容体　340
変異原　396
変異スペクトラム　396
変性　29, 47, 58

ホイールランニング　427
放射性核種標識マイクロス
　フェア法　408
放射線治療　398, 413
ホジキンリンパ腫　403
ホスファチジルイノシトール
　4,5- ビスリン酸　299
ホスホイノシチド 3 キナー
　ゼ　296
ホスホクレアチン　312
ホスホリパーゼ C　299
ホメオスタシス　208, 216
ポリクローナル抗体　67
ポリジーン形質　125, 145
ポリメラーゼ連鎖反応　27
ボリューム　291
ホルモン　330
ホルモン受容体　220
ホルモン療法　398
翻訳　46, 57, 96, 97,
　207, 235, 239
翻訳活性　270
翻訳後修飾　222, 316
翻訳伸長　270
翻訳制御因子　229
翻訳容量　270

ま行────────────
マイクロアレイ　13, 27,
　31, 41, 52, 53
マイクロ RNA　165
マイトジェン活性化プロテイ
　ンキナーゼ　335

マイトファジー　263
マイナー（頻度）対立遺伝子
　105
前向きコホート研究　411
膜貫通型受容体　217, 220
マクロファージ　281, 407
マスタークロック　381
マスタースイッチ　242
マスターミックス　28
マスターレギュレーター
　242
末梢血管抵抗　298
マッスルメモリー　194,
　195, 198, 199, 215
マトリックス　397
マトリックスメタロプロテ
　アーゼ　80
慢性骨髄性白血病　399
慢性ストレス　299
慢性的運動　438
マンハッタンプロット　114

ミオイド　78
ミオグロビン　307
ミオシン　422
ミオシン重鎖　302, 310
　──アイソフォーム　69
　──遺伝子　308, 309
ミオスタチン　126, 137,
　272
ミオスタチンノックアウト遺
　伝子変異　136
ミオスタチン–Smad2/3
　272, 274, 275
ミオスタチン–Smad 経路
　128
ミクロトーム　36
ミトコンドリア　318
　──遺伝子　223
　──外膜　340
　──生合成　315, 321,
　328
　──DNA　27, 105, 290

娘細胞　424

メカニズム研究　112, 116
メカノグロースファクター
　232
メカノセンサー　211, 221,
　271
メカノトランスダクション
　221
メカノレセプター　221
メジャー（頻度）対立遺伝子
　105
メタ解析　403
メタロプロテアーゼ　290
メチル化　37, 102, 224,
　309
メチローム　167
メッセンジャー RNA　44
免疫機構　407
免疫細胞　397, 398
免疫細胞化学法　67
免疫組織化学分析　36
免疫組織化学法　67
免疫チェックポイント　410
免疫標識（法）　67, 70
免疫療法　398

毛細血管　322, 397
モノカルボン酸トランスポー
　ター 1　408
モノクローナル抗体　67

や行────────────
融解曲線解析　49, 50
ユークロマチン（化）　42, 167
融合　75, 421
有酸素運動　401, 410,
　426
有糸分裂　424
ユビキチン化　63, 222,
　224
ユビキチン–プロテアソーム
　系　237, 413

容量負荷　296
予測遺伝学　8
予防医学　404

451

索　引

ら行

ラパマイシン　263, 265, 344
ランダム化比較対照試験　411
ランニングエコノミー　342
ランベルト・ベールの法則　33

リアノジン受容体　306
力学的シグナル　262
力学的負荷　428
リソソーム　345
リバースプライマー　28, 47
リファレンスゲノム　110
リボソーム　57, 223, 235, 263, 270, 427
リボソームタンパク　270
リボソーム RNA　270
リボヌクレアーゼ　46
量的形質　88, 145
量的形質遺伝子座　56, 155
緑色蛍光タンパク質　306
リン酸化　57, 224, 316
リンパ浮腫　401

レジスタンス運動　185, 192, 221, 255, 261, 263, 268, 274, 345, 348, 425, 429, 438
レジスタンストレーニング　221, 262, 276, 283, 298, 402, 428
　　——プログラム　257
レスポンダー　402
レセプター　217, 218
レプチン　330

ロイシン　266, 347, 347

わ行

ワールブルグ効果　395

A

α- アクチニン　132
α 運動ニューロン　301
α-1,4- グリコシド結合　337
α-1,6- 分岐点　337
ABL1 遺伝子　399
ACE：angiotensin converting enzyme　29
ACE 遺伝子 I/D 多型　151
ACSM：American College of Sports Medicine　293
ACTN：actinin　132
ACTN3 ノックアウト　133
ACTN3 R577X　132
ADP：adenosine diphosphate　220, 335
AICAR：5–aminoimidazole– 4–carboxamide riboside　269
AMP：adenosine monophosphate　220, 335
AMPK：AMP–activated protein kinase　211, 218, 220, 269, 315, 324, 335
AR：androgen receptor　219
ATAC：assay for transposase–accessible chromatin　45
ATG 開始コドン　97
ATP：adenosine triphosphate　220, 312, 335, 426
ATPase　302, 345

B

β アドレナリン受容体　220
β1- インテグリン　297
β-AR：β-adrenergic receptor　219, 220
BCAA：branched chain amino acid　346
BCR–ABL1 遺伝子　399

C

Beer–Lambert law　33
Bergström 針　31
BMAL（brain and muscle ARNT–like）1　382, 384, 387
Booth, Frank W　2
Bouchard, Claude　8
BRCA1/2：breast cancer type 1 and type 2 susceptibility genes　396

C

Ca^{2+}　211
cachexia　416
CaM：calmodulin　211
CaMK：Ca^{2+}/calmodulin– dependent protein kinase　218, 313
CaMKII　324
cAMP：cyclic AMP　221
CD36　340
CD8 T 細胞　397, 405
cellular milieu　73
ChIP：chromatin immuno-precipitation　43
CLOCK：circadian locomotor output cycles kaput　382, 387
CO_2 インキュベーター　73
CPT-1：carnitine palmitoyl transferase1　340
CRE：cAMP–response element　317
CRISPR–Cas　116
CRY1/2　383, 387
CSA：cross-sectional area　257, 428
CT 値　48
C–to–A 変異　396
culture hood　73
CUT&RUN　44
CUT&Tag　44

D

Delta　434, 437

DEPTOR　263

DNA　36, 87, 94, 100,
　101
　——増幅　27
　——抽出　27, 33
　——配列　93, 105, 144
　——配列変異　29, 135,
　153

DNA コドン　98

DNA シーケンサー　29

DNA シーケンス　27, 29,
　30

DNA シーケンスライブラ
　リー　40

DNA バリアント　371

DNA 変異　88, 105, 107,
　109, 112

DNA メチル化　171, 174,
　186, 37, 165

dNTPs　28, 47

dsDNA：double stranded
　DNA　29

E ─────────

E3 ユビキチンリガーゼ
　234, 238, 276

EAA：essential amino acid
　346

4E-BP1：eukaryotic
　translation initiation
　factor 4E-binding protein
　1　229, 270

ECL：enhanced
　chemiluminescence　61

ECM：extra cellular matrix
　77, 427

eEF：eukaryotic elongation
　factor　229

EGLN1　372

eIF：eukaryotic initiation
　factor　229

eIF4E　270

eIF4G　270

EPAS1　371

EPO：erythropoietin　366

EPOR：EPO receptor　158

ERK1　336

ERK2　336

ERR：estrogen-related
　receptor　228

ERR α　321

ESI：electrospray ionisation
　65

Esser, Karyn　384

F ─────────

FACS：fluorescent acti-
　vated cell sorting　73

FAK：focal adhesion kinase
　218, 221

FAPs：fibro/adipogenic
　progenitors　73

FF 型線維　302

FGF：fibroblast growth
　factor　434

FGF-2　434

FoxO：forkhead trans-
　cription factors, O-box
　subfamily　228, 275

FoxO1　298

FPKM：paired fragments
　per kilobase of transcript
　per million mapped
　reads　56

Frank-Starling の法則　296

FR 型線維　301

G ─────────

G1 期　76

G タンパク質共役型受容体
　299

GAP：GTPase activating
　protein　265

GATOR（GTpase activating
　proteins towards Rags）1
　267

GATOR2　267, 348

gDNA：genomic DNA　27

GEF：guanine nucleotide
　exchange factor　267

GFP：green fluorescent
　protein　306

GH：growth hormone　217

GHR：growth hormone
　receptor　219

GLUT4：glucose trans-
　porter type 4　332

GTP：guanosine triphos-
　phate　346

GWAS：genome-wide
　association studies　31,
　110, 134, 139, 145

H ─────────

haploid　95

HAT：histone acetyl-
　transferase　228

HDAC：histone deacetylase
　225, 228

HGF：hepatocyte growth
　factor　431

HGF-MAPK　423

HIF：hypoxia-inducible
　factor　226, 228, 364

HIF-1　366, 409

HIF-1 α　321, 366, 387

HIF-1-EPO　367

HIIE：high-intensity inter-
　mittent exercise　214

HIIT：high-intensity
　interval training　214

I ─────────

IGF：insulin-like growth
　factor　405

IGF-1　211, 217, 265,
　266, 271, 431, 432

Igf-1-Akt-mTOR 経路　128

IGF-1R：insulin-like growth
　factor 1 receptor　219

IL-6：interleukin-6　433

IMCL：intramuscular lipid
　250

INDEL：insertions and
　deletions　106

453

索 引

in vitro 72, 116
in vitro モデル 71, 76, 82
IRS：insulin receptor substrates 265
I3TC がん細胞 405

J ————————
JNK：c-Jun N-terminal kinase 336

K ————————
KEGG：Kyoto Encyclopedia of Genes and Genomes 55
KRAS 396

L ————————
L 細胞 330
LARP1：La-related protein 1 271
LDH-A：lactate dehydrogenase A 408

M ————————
MAFbx 275, 414
MAPK：mitogen-activated protein kinase 218, 336
MEF（myocyte enhancer factor）2 228, 317
MGF：mechano-growth factor 432
MICE：moderate intensity continuous exercise 214
MICT：moderate intensity continuous training 214
miRNA：microRNA 165, 169, 170, 233
MMP：matrix metalloproteinase 80
MPB：muscle protein breakdown 243, 343
MPS：muscle protein synthesis 221, 223, 243, 244, 328, 343

MRF：myogenic regulator factor 76, 422
MRF4 226, 279, 422
MRI 258, 409
mRNA：messenger RNA 44, 46, 232, 233, 235
mRNA 前駆体 46
mtDNA：mitochondrial DNA 27, 105, 263, 290, 318, 414, 423
mTORC：mechanistic target of rapamycin complex 211, 218, 221, 298
mTORC1 263, 270, 271, 344, 347, 350
mTORC1 経路 262, 263
mTORC1 シグナル 269
mTORC2 263
MuRF（muscle RING finger）1 275, 388, 414
Myf-5 226, 279, 422
MyHC：myosin heavy chain 302, 306, 309
MyHC-16 303
MyoD 226, 279, 280, 388, 422
MyoD1 388
myogenin 226, 422
myoid 78
MyomiRs 310

N ————————
NAD$^+$ 312
nDNA 319, 320
NEAA：non-essential amino acid 346
NF-κB 225
NFATc1 307
NGS：next generation sequencer（sequencing）30, 139, 140, 156
niche 72
NK 細胞 405

NKT 細胞 397
non-coding RNA 193
Notch 434
Notch シグナル 424
NPB：net protein balance 343
NRF（nuclear respiratory factor）1, 2 228

O ————————
OMIC 16, 21

P ————————
p53 がん抑制遺伝子 406
Pax7 422
PCR：polymerase chain reaction 27
PCr：phosphocreatine 312
PCR 分析 132
PDH：pyruvate dehydrogenase 342
PDK：PDH kinase 342
PDK1 265
PD-L1 398, 405
PER1／2 383
PGC（peroxisome proliferator-activated receptor γ co-activator）family 228
PGC-1α 171, 223, 310, 316, 318, 319, 321
PHD：prolyl hydroxylases 218, 226
PHD1-3 366
PI3K：phosphoinositide 3-kinase 265, 296, 423
PIP2 265
PIP3 265
PKA 324
PKB／Akt 265
p38 MAPK：p38 mitogen-activated protein kinase 315, 324, 424
PO$_2$ 210

454

索　引

POL I　270
PoWeR：progressive weighted wheel run　197，200
PPAR：peroxisome proliferator–activated receptor　228，340
PPAR δ　340
PRAS40　263，265
proteoform　64
p70S6K1　263

Q ─────────────
QOL：quality of life　401，412
qRT–PCR　78

R ─────────────
Rag　266
raptor　263
REDD1：regulated in development and DNA responses-1　414
RFLP：restriction fragment length polymorphism　30
Rheb：Ras homolog enriched in brain　346
rictor：rapamycin insensitive companion of TOR　263
RIK：really important kinase　268
RM：repetition maximum　256
RNA シーケンス　30，52，55
RNA 抽出　34
RNA 発現　45
RNA ポリメラーゼ　46，270
RNase：ribonuclease　46
RNA–seq：RNA–sequence　13，30
RPKM：reads per kilobase of transcript per million mapped reads　56

RRBS：reduced representative bisulphite sequencing　39
rRNA：ribosomal RNA　235
rt–RT–qPCR 法　48

S ─────────────
S 型線維　301
SADS：sudden arrhythmic death syndrome　160
scaffold　78
SCN：suprachiasmatic nucleus　382
SDS- ポリアクリルアミドゲル電気泳動　59
Semenza, Gregg　365
Ser／Thr キナーゼ　224
S／G2 期　76
siRNA：small interfering RNA　233
SIRT：silent mating type information regulation 2 homolog　218，313
SIRT1　211，324
SIT：sprint interval training　214
S6K1：ribosomal protein/p70 S6 kinase　229，270
sleep–low, train–low　355
SNP：single nucleotide polymorphism　28，105
SNP 解析　135
Sox6　310
SR：sarcoplasmic reticulum　211
SYBR Green 色素　48

T ─────────────
T 細胞　398
Taq ポリメラーゼ　28，47
TFAM：mitochondrial transcription factor A　228，321
TGF–β：transforming

growth factor β　272，437
TNF–α：tumor necrosis factor α　407，433
TOP：terminal oligopyrimidine　271
TP53：tumour protein p53　396
train–low　355
train–low, compete-high　354
Tri–Reagent　34
TRP（transient receptor potential）イオンチャネル　375，379
TSC2　265，346
twitch　76
Tyr キナーゼ　224

U ─────────────
UBF：upstream binding factor　270
UBR5　234，238
UPS：ubiquitin–proteasome system　237，414
UTR：untranslated region　271
UV 分光光度計　34

V ─────────────
VEGF：vascular endothelial growth factor　290，321，409
$\dot{V}O_2max$　144，145，214，290，413
$\dot{V}O_2peak$　413

W ─────────────
WGBS：whole genome bisulphite sequencing　37
Wnt　437
Wolff の法則　208

455

分子運動生理学入門【第2版】

2024 年 9 月 24 日　第 2 版　第 1 刷

編著者	Adam P. Sharples
	James P. Morton
	Henning Wackerhage
監訳者	中　里　浩　一
発行者	腰　塚　雄　壽
発行所	有限会社ナップ
	〒 111-0056　東京都台東区小島 1-7-13 NK ビル
	TEL 03-5820-7522 ／ FAX 03-5820-7523
	ホームページ　http://www.nap-ltd.co.jp/
印　刷	三報社印刷株式会社

Ⓒ 2024　Printed in Japan

ISBN 978-4-905168-81-2

JCOPY 〈出版者著作権管理機構 委託出版物〉

本書の無断複写は著作権法上での例外を除き禁じられています。複写される場合は，そのつど事前に，出版者著作権管理機構（電話 03-5244-5088, FAX 03-5244-5089, e-mail: info@jcopy.or.jp）の許諾を得てください。